高等职业院校
财经类专业三项标准

（下册）

全国财政职业教育教学指导委员会　编

中国财经出版传媒集团
中国财政经济出版社

图书在版编目（CIP）数据

高等职业院校财经类专业三项标准：全2册／全国财政职业教育教学指导委员会编．—北京：中国财政经济出版社，2016.8
ISBN 978-7-5095-6918-4

Ⅰ.①高…　Ⅱ.①全…　Ⅲ.①高等职业教育-经济-专业-标准-中国
Ⅳ.①G649.20-65

中国版本图书馆CIP数据核字（2016）第190055号

责任编辑：陈　冰　　　　　　　　　　责任校对：徐艳丽
封面设计：孙俪铭

中国财政经济出版社出版
URL：http：//www.cfeph.cn
E-mail：cfeph@cfeph.cn

社址：北京市海淀区阜成路甲28号　邮政编码：100142
营销中心电话：88190406　北京财经书店电话：64033436　84041336
北京京华虎彩印刷有限公司印刷　　各地新华书店经销
787×1092毫米　16开　58.5印张　1 426 000字
2016年8月第1版　2016年8月北京第1次印刷
定价：148.00元（上下册）
ISBN 978-7-5095-6918-4/G·0172
（图书出现印装问题，本社负责调换）
质量投诉电话：88190744
反盗版举报热线：88190492　88190446

出版说明

本标准由全国财政职业教育教学指导委员会组织开发并审定，同意作为全国高职高专院校财经类专业指导性标准。现正式发布，供参照执行。

全国财政职业教育教学指导委员会

2015 年 12 月

编委会成员名单

前言 Preface

本标准是根据财政部人事教育司、干部教育中心、全国财政职业教育教学指导委员会《关于印发全国财政职业教育教学指导委员会第三次工作会议有关文件的通知》（财人干〔2012〕157号）及附件5《全国财政职业教育教学指导委员会关于立项建设高职财经类专业三项标准的意见》的要求，由全国财政职业教育教学指导委员会组织开发、审定的全国高职高专院校财经类专业指导性标准。

为促进财经类专业建设和改革，落实全国财政职业教育教学指导委员会（简称“财指委”）第一次工作会议（2011年3月成都会议）的工作安排，全国财指委教学科研组于2011年6月在昆明召开了第一次工作会议，确定由山西省财政税务专科学校、广州番禺职业技术学院、江西财经职业学院、宁夏财经职业技术学院、淄博职业学院、江苏财经职业技术学院、河南财政税务高等专科学校、四川财经职业学院8所院校牵头开发高职财经类8个专业的专业标准、核心课程标准和教学仪器设备配备标准（简称“三项标准”）。此后，全国财指委教学科研组于2011年7月在郑州召开了第二次工作会议，专题研究了三项标准制定的有关工作。2012年11月15日，全国财指委在烟台召开专家评审会议，通过了会计、金融管理与实务、金融保险专业三项标准的结项验收。2013年5月22日，全国财指委在烟台再次召开专家评审会议，通过了资产评估与管理、投资与理财、财务管理、税务、会计电算化专业三项标准的结项验收。2015年12月16日，根据教育部颁布的新专业目录和专业教学改革变化的实际情况，全国财指委组织专家在西安对新修订内容进行了再次审定。形成了最终的会计、财务管理、会计信息管理、税务、资产评估与管理、金融管理、保险、投资与理财8个专业的三项标准。现正式发布，供全国高职院校财经类专业参照执行。

全国财政职业教育教学指导委员会

2015年12月

目 录 Contents

上 册

下 册

资产评估与管理专业

目录 Contents

第一部分

资产评估与管理专业标准

一、专业名称及对接专业

专 业 名 称：资产评估与管理
专 业 代 码：630103
接续本科专业：资产评估

二、招生对象

普通高中毕业生或同等学力者。

三、学制与学历

学制：基本学制三年，可实行学分制为基础的弹性学制。
学历：专科。

四、职业岗位

资产评估与管理专业毕业生就业主要面向资产评估事务所、会计师事务所、房地产估价公司、银行与非银行金融机构的资产评估师助理岗位、资产管理岗位、财务会计岗位等，主要就业岗位和职业发展岗位见表1－1。

表1－1 资产评估与管理专业毕业生能够胜任的业务岗位

岗位类别	初始就业岗位	就业范围	主要业务工作	发展岗位
资产评估业务	评估助理A	评估公司、商业银行、证券公司、事务所、拍卖公司、其他金融企业	现场勘察、搜集资料、整理明细表	评估业务主管、资产评估师、会计主管
	评估助理B	评估公司、商业银行、证券公司、小额贷款公司、其他金融企业	项目的组织安排、现场管理、人员、时间、费用预算和控制	

续表

岗位类别	初始就业岗位	就业范围	主要业务工作	发展岗位
资产管理	客户经理	评估公司、事务所、证券公司、其他金融企业	引导客户、业务咨询、客户的开发，维护及管理客户关系	
	资产管理	企事业单位	企事业单位资产核查清理等资产管理	
财务会计	财务会计	企事业单位、金融机构及非金融机构	企业会计核算、财务核算、成本核算、业务复核、财务报告分析	
	出纳	商业银行、证券公司、保险公司等	金融资产核算	

五、培养目标

资产评估与管理专业培养德、智、体、美等全面发展，熟悉资产评估基本理论，掌握扎实的资产评估专业知识，熟悉相关法规政策与准则，掌握基本的资产评估操作技能，具备良好职业素养和可持续发展潜能，培养“下得去、用得上、留得住、上手快”，能胜任资产评估公司、会计师事务所、国有资产监督管理机构、银行与非银行金融机构等部门资产评估工作的高素质技能型资产评估专门人才。

（一）综合素质

1. 思想政治素质：掌握马克思主义和中国化马克思主义理论体系的思想方法，具有科学的世界观、人生观和价值观；树立拥护中国共产党领导、热爱社会主义祖国、服务中国特色社会主义建设的理想信念，拥有能够支撑高职大学生职业发展的思想政治素质。

2. 人文素养与科学素质：掌握基本的人文和科学知识，对中国传统文化有基本的了解，具有宽阔的文化视野和科学的思维习惯，具备健康的审美情趣和正确的审美观。

3. 身心素质：养成良好的锻炼身体、讲究卫生的习惯，掌握保持身体强健的基本方法，达到国家规定的健康标准；具有坚强的毅力、积极乐观的态度、良好的人际关系、健全的人格品质。

4. 职业素质：具有良好的职业态度和职业道德修养；具有正确的择业观和创业观；具有诚信的品质，具有敬业、合作和创新精神；具有严格执行金融法律法规的科学态度，具有严谨、细心、耐心、谨慎的职业习惯；具有较强的亲和力和持久的工作热情。

（二）职业能力

1. 熟悉经济、资产评估、财会和市场营销的基本概念和基本原理，能初步运用经济、资产评估、财会和市场营销理论分析和解决业务问题，熟悉并能运用资产评估及相关的经济和财会法律法规。

2. 掌握资产评估的基础知识，能对单项资产及企业整体资产等进行评估，能进行相应的财务管理工作，能完成企业价值评估工作。

3. 掌握会计核算和公司理财的基本原理、业务要求与操作流程，熟悉会计信息的内涵和相互关系，能够熟练分析和解读财务信息，能够根据会计信息分析企业财务状况，并在此基础上对项目风险和企业财务能力进行评估。

4. 系统掌握资产评估学的理论与方法，熟悉有关评估问题研究的定性和定量等资产评估技术方法，具备从事资产评估领域实际工作的业务知识与专业技能。

5. 具有资产评估和管理能力；具有基本建设会计核算的能力。

6. 熟练掌握金融服务和营销的基本技能，熟悉金融营销的操作流程，熟悉客户服务礼仪并养成良好的礼仪习惯，能快速识别客户，有效地与客户沟通，能够独立开拓和维护客户。

7. 熟练运用计算机和互联网，具有搜集、处理信息和获取知识的能力。能熟练运用 Office 办公软件办理相应业务，熟练使用电子表格软件进行数据处理。

8. 了解资产评估行业发展动态，熟悉资产评估行业基本制度，熟悉国家有关资产评估方面的方针、政策和法规。

六、毕业标准

（一）学分要求

本专业按学年学分制安排课程，毕业标准为修满 128 学分。

理论课程和一体化课程每 18 学时 1 学分，实践课程一般每 28 学时 1 学分。1 学时为 45 分钟。

（二）证书要求

1. 获得以下行业从业资格考试合格证书之一：

（1）财政部门：会计从业资格考试合格证书。

（2）财政部门：助理会计师考试合格证书。

（3）人力资源和社会保障部：助理经济师资格考试“基础知识 + 专业知识”考试成绩合格证书。

（4）中国银行业协会：银行从业人员资格考试“公共基础 +1 门专业课”考试成绩合格证书。

2. 获得以下计算机应用能力证书之一：

（1）教育部门："全国高等学校计算机课程水平考试一级——计算机应用"证书。

（2）教育部考试中心："全国计算机等级考试（NCRE）一级——MS OFFICE"证书。

3. 推荐以下英语考试合格证书，但不作为获得毕业证书的必要条件：

（1）高等学校英语应用能力考试委员会：全国高等学校英语应用能力考试B级或者A级证书。

（2）全国大学英语四、六级考试委员会：全国大学生英语四级或六级考试证书。

七、课程体系

本专业课程体系包括公共基础课程、职业能力课程、职业素质拓展课程。

1. 公共基础课程：是针对大学生的思想政治素质、人文和科学素质及身心素质养成需要开设的专门课程。这类课程包括："思想道德修养与法律基础"、"毛泽东思想和中国特色社会主义理论体系概论"、"形势与政策"、"心理健康教育"、"大学生职业发展与职业规划"、"国防教育与军事训练"、"计算机应用基础"、"财经应用文写作"、"体育与健康"、"高职英语"、"经济数学"等课程。

2. 职业能力课程：是在对本专业学生必备的专业知识和专业技能进行分析的基础上系统设计的体现本专业职业要求的课程。包括专业基础课程和专业核心课程。

（1）专业基础课程：这类课程根据完成岗位工作任务和学生职业发展对专业理论知识的需要开设。这类课程不直接对应岗位工作，但对岗位工作有理论指导作用，能够帮助学生更好地理解岗位工作，是学生职业发展的基础，是进行创造性工作的重要条件。本类课程根据就业岗位和职业发展对系统理论知识的需要确定教学内容，以知识掌握、理论分析和思维训练相结合的方法组织教学，注重理论联系实际。这类课程主要包括"基础会计"、"财经法规与职业道德"、"办公自动化"、"会计信息化处理"、"经济学基础"、"财政金融基础"、"统计学基础"、"企业会计实训"。

（2）专业核心课程：这类课程是为培养学生完成岗位工作任务所应具备的专门能力而开设的。这类课程通过训练学生熟练地运用专门技术并掌握运用该技术所需的与工作过程相关的知识来达到具备从事职业岗位工作基本能力的目的。这些课程包括："企业财务会计"、"财务管理"、"资产评估基础"、"国有资产管理"、"经济法"、"机电设备评估基础"、"建筑工程评估基础"、"资产评估实务"。

（3）职业能力综合训练课程：这类课程是对上述课程所学习的知识和技能进行综合运用的课程。这类课程包括："顶岗实习"和"毕业调研"。

3. 职业素质拓展课程：这些课程根据完成岗位工作任务对专项技能的需要开设，课程对完成岗位工作任务形成专门的技能支撑，所训练的同一项技能往往会在多个不同岗位得到应用。在学生掌握本专业必备知识和技能的基础上，根据就业方向和个人发展需要所开设的课程，这类课程包括："审计基础"、"企业价值评估"、"房地产评估"、"无形资产评估"等职业素养学习课程及"人际沟通"、"商务礼仪"、"会议管理"、"公共关系"、"中国传统文化”、“书法鉴赏”、“古诗词赏析”、“音乐欣赏” 等人文素养学习课程。

八、核心课程基本内容

专业核心课程共 8 门，各门课程应当掌握的教学内容和技能训练标准见表 1－2。

表 1－2　　专业核心课程教学内容

课程名称	应当掌握的知识	应当达到的技能标准
1. 资产评估基础	• 初步了解资产评估的特点、作用和社会意义 • 熟悉资产评估业务处理的一般流程 • 掌握资产评估目的、资产评估程序等资产评估基础知识 • 掌握成本法、市场法、收益法的基本原理 • 掌握机器设备、房地产评估、企业价值评估的特点、程序和基本方法 • 熟悉资源资产、无形资产、长期投资性资产、流动资产的特点、程序和基本方法 • 掌握资产评估报告的主要内容、资产评估报告书制作的步骤和技术要点	• 具有正确理解各类资产评估特点的能力 • 能够构建资产评估基本方法体系的能力 • 具有资产评估方面的基本概念、基本理论 • 具有运用资产评估基本理论和方法进行资产评估的能力 • 具有严格执行资产评估等相关法律法规的工作态度和职业道德 • 具有较强的语言表达、职业沟通和协调能力 • 能自主学习资产评估新知识、新技术等，具有终生学习的能力
2. 企业财务会计	• 熟悉《中华人民共和国会计法》、《会计基础工作规范》、《企业内部控制规范》、《现金管理条例》、《银行支付结算办法》、《中华人民共和国票据法》等会计相关规范的内容 • 了解《企业会计准则》的内容 • 掌握规范的账簿登记方法 • 掌握会计确认、计量方法 • 掌握财产物资的清查与核对工作内容 • 了解特定经济行为的资产评估结果在财务上的运用 • 掌握企业绩效评价中对财务指标进行分析的方法 • 掌握基本的项目投资决策分析方法 • 掌握基本的投资项目的风险分析方法 • 了解财务报表编制方法	• 能够明辨各种经济业务原始单据的正确性、完整性、合理性和合法性 • 能够正确判断各种原始单据所反映的经济业务内容、性质和类型 • 能够按照《企业会计准则》确认、计量企业发生的各种经济业务 • 能够按照会计规范正确记录各种经济业务 • 能够正确进行会计职业判断 • 能够编制财务报表 • 能够确认会计计量属性与评估价值类型的关系 • 能够理解特定经济行为的资产评估结果在财务上的运用 • 能够对企业绩效评价中的财务指标进行分析 • 能够进行财务预算的编制 • 能够进行基本的项目投资决策分析 • 能够进行基本的投资项目的风险分析 • 具有较强的语言表达、会计职业沟通和协调能力

续表

课程名称	应当掌握的知识	应当达到的技能标准
		• 具有团队合作和协作精神 • 能够遵循会计职业道德，不做假账，不谋私利 • 能够自主学习会计新知识、新技术等 • 能够通过各种媒体资源查找所需信息
3. 财务管理	• 熟悉财务管理的形式、内容、职责和目标 • 了解货币时间价值内涵 • 掌握终值与现值的计算方法及风险和收益的衡量方法 • 掌握企业筹资决策方法 • 掌握项目投资的指标计算方法和项目可行性评价方法 • 掌握企业营运资本管理的基本知识以及现金、有价证券、应收账款、存货的管理内容和方法 • 熟悉股份公司利润分配的一般顺序和股利支付过程 • 掌握财务报表指标分析方法 • 掌握杜邦综合分析法的内容	• 能够理解财务管理工作的职责与基本原则 • 能够计算货币时间价值及风险与收益 • 能够计算各种融资方式的资金成本并能进行筹资决策分析 • 能够正确计算现金净流量并运用净现值等指标评价项目投资的可行性 • 能够对最佳现金持有量、应收账款和存货进行决策 • 能够制定并选择企业的股利政策 • 能够通过指标分析与评价企业的偿债能力、获利能力、盈利能力与发展能力 • 能够运用杜邦分析法对企业财务状况进行综合分析 • 具备货币时间价值和风险观念，具有资本成本意识和机会成本意识 • 爱岗敬业、客观公正、参与管理和强化服务的职业素养
4. 经济法	• 了解和掌握法学的基本概念、基础知识、基本理论，认识市场经济法律体系 • 掌握企业与公司法律制度、公司的基本制度、合伙企业制度及外资企业的法律规定 • 掌握合同法律制度及票据法律制度 • 掌握不正当竞争行为的表现形式 • 熟悉证券法律制度和税收法律制度 • 理解并掌握我国现行的资产评估相关法律法规，提高运用法律知识解决资产评估实际问题的能力	• 能够理解经济法的基本理论和具体法律规定 • 能够熟悉有关经济争议解决的程序 • 能够处理经济纠纷的能力和职业素质 • 能够具有诚信的观念和遵守法律的精神 • 具有良好的语言表达、职业沟通和协调能力 • 具备观察问题、分析问题和解决问题的能力 • 能够在资产评估执业过程中遵守并且运用相关法律法规的能力 • 能够运用所学知识分析证券发行和交易的相关法律问题 • 能够计算相关纳税额，明确违反税法行为的法律后果 • 能够在实践中订立合同 • 具备识别各票据及形式票据权利的能力，规范地处理票据业务的意识

续表

课程名称	应当掌握的知识	应当达到的技能标准
5. 国有资产管理	• 了解国有资产的含义、意义、必要性和迫切性 • 了解中国经济发展与国有资产管理的必然联系 • 了解国有资产管理体制的内涵 • 掌握建立国有资产管理体制的基本准则和内容 • 掌握国有资产产权界定及国有资产产权登记的程序 • 掌握国有资产清产核资和统计的方法 • 掌握国有资产投资效益形成过程及考核指标计算方法 • 掌握国有资产处置管理办法及清产核资的方法 • 掌握国有资产管理收益的收缴办法 • 掌握国有资产经营预算的计算 • 掌握国有资产的评估方法和评估管理 • 了解资源性国有资产的管理 • 熟悉非经营性国有资产的管理 • 熟悉国有资产管理的监督体系	• 能够掌握公共企业与市场失灵的调整方法 • 能够掌握清产核资的程序和步骤 • 能够运用国有资产投资效益进行考核 • 能够按照正确的程序和步骤处置国有资产 • 能够对国有资产产权进行界定，并依法进行登记 • 能够运用国有资产评估的三种方法：市场法、成本法、收益法 • 能够对经营业绩进行指标评价，制定评价标准，进行评价计分的计算 • 能够对国有资产进行清产核资 • 能够对资源性、非经营性国有资产进行管理
6. 机电设备评估基础	• 掌握机器生产的工艺过程，熟悉机器的组成与分类 • 掌握机器设备的机械传动、液压传动、电气装置知识的认识和分辨的方法 • 掌握对金属切削机床、数控机床及其他常见机电设备认识和分辨的方法 • 熟悉常见机电设备的分类、性能指标、技术参数、特点等知识 • 掌握设备寿命周期费用理论、设备的磨损与补偿理论，以及设备在维修保养、更新改造、报废等过程中的技术经济分析方法 • 掌握机器设备经济管理基础知识 • 掌握设备寿命估算的基本方法 • 掌握状态监测、故障诊断技术基础知识，了解常用仪器设备 • 掌握常见机器设备的质量检验及试验，运用机电设备评估基础知识进行评估	• 能够掌握机电设备评估基础领域所必需的基础知识、专业知识 • 能够对不同的机电设备进行评估和管理 • 只有严格执行机电设备评估相关法律法规的工作态度和职业道德 • 能够在机电设备评估工作过程中进行良好的沟通和协调 • 能够自主学习机电设备评估新知识、新技术等，具有良好的学习能力 • 能够通过各种学习资源查找所需信息 • 能够通过较强的综合素质进行机电设备评估 • 能够协助或独立完成某机电设备的评估工作

续表

课程名称	应当掌握的知识	应当达到的技能标准
7. 建筑工程评估基础	• 掌握建设工程及其建设程序、分类和工程建设相关法律法规 • 掌握建筑材料的分类、性质、强度等级等内容 • 掌握建设工程的组成与构造 • 熟悉并掌握建筑工程地基基础、主体结构和常见的建筑结构形式 • 熟悉有关建筑装饰装修工程的组成与构造，确定建筑装饰装修的工程量和耗损程度 • 掌握有关房屋建筑工程质量验收与损伤检测方法，对建筑工程的实体质量和损伤程度做出科学判断 • 掌握从工程图纸中读取尺寸并进行计算，获取工程量的方法 • 掌握建设工程造价的构成，正确理解工程建设过程中支付的各项费用和成本，正确分析建设过程中形成的各种数据资料 • 掌握根据不同的工程建设阶段工程造价的确定方法	• 能够独立开展社会调查的能力 • 具有良好的心理素质、礼仪修养、诚信品格和社会责任感 • 能够在建筑工程评估工作过程中进行良好的沟通和协调 • 能自主学习建筑工程评估的新知识、新技术等，具有良好的学习能力 • 能够在考虑建设用地等外部环境的条件下，根据建筑物的结构以及建筑材料进行评估 • 能够对建筑物的工程量、工程造价以及建筑损耗进行计算 • 能协助或独立完成某幢建筑物评估工作 • 能够根据其性能选择合适的建筑材料以及应用范围 • 能够识读各种建筑工程图纸
8. 资产评估实务	• 初步了解资产评估工作机构设置与资产评估人员配备的要求 • 熟悉资产评估业务处理的一般流程 • 掌握资产评估目的、资产评估程序等资产评估基础知识 • 掌握成本法、市场法、收益法在资产评估中的实践应用 • 掌握机器设备、房地产评估的前期准备工作、评估过程 • 熟悉并掌握机电设备、资源资产、无形资产、长期投资性资产、流动资产、企业价值评估的前期准备工作、评估过程 • 掌握各种资产的评估方法及评估结果 • 掌握资产评估报告编制要求和技巧	• 具有资产评估职业的就业能力和资产评估岗位（群）初步职业判断能力 • 能够从事本专业实际业务工作的能力，具备资产评估的职业技能 • 能够运用资产评估的基本理论和方法，协助资产评估师进行资产评估的能力 • 能够协助资产评估师撰写资产评估报告书的能力 • 能够搜集、分析、处理与资产评估项目相关信息的能力 • 只有严格执行资产评估等相关法律法规的工作态度和职业道德 • 具有较强的语言表达、职业沟通和协调能力 • 能够发现资产评估过程中存在的问题，并能分析和解决问题 • 能够使用资产评估相关评估软件 • 能够通过团队合作完成资产评估项目的综合能力

九、教学计划进度表

1. 教学计划进度安排参照表 1 -3。

表 1 -3　　　　资产评估与管理专业教学计划进度表

课程类别	序号	课程名称	核心课程	课程类型	学时	学分	学期安排						考核方式	主要教学场所	备注
							一	二	三	四	五	六			
							15 周	18 周	18 周	18 周	18 周	18 周			
公共基础课程	1	思想道德修养与法律基础		理论	54	3				3			考查	多媒体教室	
	2	毛泽东思想和中国特色社会主义理论体系概论		理论	72	4		3					考查	多媒体教室	课外 18 课时
	3	形势与政策		讲座	0	0	每学期安排课外讲座						考查	多媒体教室	课外 18 课时
	4	高职英语		理论	96	6	4	2					考试	多媒体教室	
	5	经济数学		理论	60	3	4						考试	多媒体教室	
	6	计算机应用基础		理论	60	3	4						考试	多媒体教室	
	7	体育与健康		实践	66	4	2	2					考查	室外操场	
	8	财经应用文写作		理论	36	2					2		考查	多媒体教室	
	9	国防教育与军事训练		实践	56	2	2 周						考查	其他	
	10	大学生职业发展与职业规划		理论	36	2					2		考查	多媒体教室	
	公共课学时、学分、周课时合计				536	29	14	7	0	3	4				
职业能力课程 专业基础课	1	基础会计		理论	90	5	6						考试	多媒体教室	
	2	财经法规与职业道德		理论	36	2		2					考查	多媒体教室	
	3	办公自动化		一体化	72	4			4				考试	多媒体教室	
	4	会计信息化处理		一体化	72	4		4					考查	多媒体教室	
	5	经济学基础		理论	72	4			4				考查	多媒体教室	
	6	财政金融学基础		理论	72	4				4			考试	多媒体教室	
	7	统计学基础		理论	72	4				4			考试	多媒体教室	
	8	企业会计实训		一体化	72	4					4		考查	校内实训室	
	小计				558	31	6	6	8	8	4				
职业能力课程 专业核心课	1	企业财务会计	*	一体化	108	6		6					考试	校内实训室	
	2	财务管理	*	一体化	72	4		4					考试	校内实训室	
	3	资产评估基础	*	一体化	108	6			6				考试	校内实训室	
	4	国有资产管理	*	理论	72	4					4		考试	多媒体教室	
	5	经济法	*	理论	108	6			6				考试	多媒体教室	

续表

课程类别			序号	课程名称	核心课程	课程类型	学时	学分	学期安排 一	二	三	四	五	六	考核方式	主要教学场所	备注
									15周	18周	18周	18周	18周	18周			
职业能力课程	专业核心课		6	机电设备评估基础	*	一体化	72	4				4			考试	校内实训室	与真实资产评估项目结合学习
			7	建筑工程评估基础	*	一体化	72	4				4			考试	校内实训室	
			8	资产评估实务	*	一体化	72	4					4		考试	校内实训室	
			小计				684	38	0	10	12	8	8				
			1	毕业顶岗实习		实践	420	15						15周		校外实训基地	
			2	毕业调研		实践	84	3						3周			
			小计				504	18									
	必修课学时、学分、周课时合计						1746	87	6	16	20	16	12				
职业素质拓展课程	职业素质		1	审计基础		理论	36×4	2×4		2	2	2	2			多媒体教室	
			2	企业价值评估		一体化										校内实训室	
			3	房地产评估		一体化										校内实训室	
			4	无形资产评估		一体化										校内实训室	
	文化素质	社会素质	1	人际沟通		理论	18×4	1×4		1	1	1	1			多媒体教室	
			2	商务礼仪		理论										多媒体教室	
			3	会议管理		理论										多媒体教室	
			4	公共关系		理论										多媒体教室	
		人文素质	1	中国传统文化		理论										多媒体教室	
			2	书法鉴赏		理论										多媒体教室	
			3	古诗词赏析		理论										多媒体教室	
			4	音乐欣赏		理论										多媒体教室	
	选修课总学时、学分、周课时合计						216	12		3	3	3	3				
总学时、总学分、周学时合计							2498	128	20	26	23	22	19	17周			

2. 各类课程学时学分比例参照表1－4。

表1－4　　各类课程学时学分比例表

课程类别		小计 学时	比例（%）	小计 学分	比例（%）	备注
必修课	公共基础课程	536	21.46	29	22.66	
	职业能力课程	1746	69.90	87	67.97	
职业素质拓展课程	职业素质	144	5.76	8	6.25	
	文化素质	72	2.88	4	3.13	
合计		2498	100	128	100	

续表

课程类别		小计		小计		备注
		学时	比例（%）	学分	比例（%）	
理论实践教学比	理论课	1044	41.79	58	45.31	
	实践课	626	25.06	24	18.75	
	一体化	828	33.15	46	35.94	
合计		2498	100	128	100	

3. 总体教学进程安排参照表1－5。

表1－5　　总体教学进程安排表

周数／内容／学期	军训入学教育	课程教学	顶岗实习	毕业调研	毕业教育	考试	机动	合计
一	2	15				1		18
二		18				1	1	20
三		18				1	1	20
四		18				1	1	20
五		18				1	1	20
六			15周	3周				18
合计	2	87	18			5	4	116

十、教学实施条件

（一）教师任职条件

1. 专任教师：

（1）爱岗敬业，认真负责，对教学工作充满热情；

（2）具有资产评估岗位工作经历，熟悉资产评估业务；

（3）精通资产评估与管理专业的基本理论与知识；

（4）具有高校教师资格证；

（5）具有较强的教学与科研能力。

2. 兼职教师：

（1）具有5年以上资产评估及相关岗位工作经历，有丰富的实际工作经验；

（2）具有资产评估师执业资格或相关中、高级职业技术资格；

（3）具有一定的教学组织能力。

（二）实践教学条件

1. 校内实践教学条件。实践教学条件是按照完成本专业核心课程教学、理论实践一体化教学需要进行配置。校内实践教学条件配置与要求如表 1－6 所示。

表 1－6　　校内实践教学条件配置与要求

序号	实训室名称	功能	主要设备的配置要求
1	财务会计实训室	根据会计业务流程分岗位模拟实训，以小组的形式让学生体验会计工作过程、培养岗位工作能力；实现多个财务软件的操作技能训练，培养学生会计信息化处理能力	配备点钞机、小键盘录入器、装订机、品牌电脑 50 台，教师机 1 台、服务器 1 台、多媒体投影仪 1 套、会计实训资料、相关财务软件
2	资产评估基础实训室	模拟某资产评估公司承接某企业一个资产评估任务，以实习者身份步入该公司，实习对既定经济行为所涉及的资产（负债）进行评估的全过程，使学生对资产评估程序、评估规范等进行全过程的演练	品牌电脑 50 台，教师机 1 台、服务器 1 台、多媒体投影仪 1 套，资产评估流程图、某企业的相关资料、与该专业相关的图片、视频资料、CAD 制图软件
3	资产评估综合实训室	提供大量实例（机器设备、房地产、无形资产、其他资产等），由实习者针对每个实例编写该资产评估的目的、评估基准日、计价标准、评估方法、出具评估报告等	品牌电脑 50 台，教师机 1 台、服务器 1 台、多媒体投影仪 1 套，资产评估模拟实训软件

2. 校外实践教学条件：

（1）具有一定数量的校外实训基地；

（2）校外顶岗实习基地应具备相应的实习条件；

（3）配备足够数量的具有丰富实践经验的顶岗实习指导教师。

（三）学习资源

电子教材及其配备的教学课件、资产评估专业教学录像、财务会计实践操作流程教学录像及技能演示录像、理实一体教学、校内仿真实训及校外顶岗实践管理制度、学生手册、资产评估相关专业法律和准则汇编、资产评估师资格考试大纲及模拟习题。

十一、教学组织与评价

（一）教学组织

本专业教学组织遵循“能力本位、工学结合、校企合作、持续发展”的高职教育教学理念，采用“理实一体教学、校内仿真实训、校外顶岗实习”的递进的形式组织教学。理实一体教学以专任教师为主、兼职教师为辅，运用多种教学方法组织课堂教学；校内仿真实训由专任教师、兼职教师、实训指导教师共同完成，通过分岗实训、混岗实训相结合的形式组织实训教学；校外顶岗实习以校外指导教师为主、校内指导教师为辅，通过在一线顶岗实践组织教学。

（二）教学评价

教学评价包括诊断性评价、过程性评价和总结性评价。

1. 诊断性评价。在教学实施前，对学生所做的工作计划进行检查，调查学生已有的知识水平、能力发展情况以及学习上的特点、优点与不足之处，了解学生的学习准备状况及影响学习的因素。

2. 过程性评价。在教学实施中，观察学生的学习方法和操作过程，发现学习过程中存在的方法问题和操作偏差，寻找教学实施方案本身存在的不足。指导学生掌握正确的学习方法和学习技巧，及时调整教学组织实施方案。

3. 总结性评价。在教学实施后，评定学生的学习成绩，考核学生掌握知识、技能的程度和能力水平，以及达到教学目标的程度。通过对毕业生的跟踪调查、就业单位意见反馈和社会评价，对专业标准的科学性、合理性、适应性和毕业生的质量以及教学组织的满意度进行考察，为修订新的专业标准和教学实施方案提供依据。

第二部分

资产评估与管理专业核心课程标准

"资产评估基础"课程标准

一、课程定位

"资产评估基础"课程是资产评估与管理专业的专业基础课程，是把资产评估思想和方法与会计融为一体的、新兴的、综合性的交叉课程，根据初学者对资产评估与管理职业认知的要求和资产评估岗位的基本工作流程设置。本课程的教学内容包括三个部分：资产评估的基本理论与基本方法、具体资产（负债）的评估和资产评估报告。通过本课程的学习，使学生能够正确认知资产评估职业在社会经济发展中的重要作用，理解资产评估的职能和对象、资产评估的原则、资产评估程序和资产评估方法等基本理论，树立资产评估职业感；使学生掌握处理具体评估业务的理论、原则和指导思想，学会在各种资产评估业务中运用资产评估理论和方法，培养学生解决实际问题的能力；学生能够掌握资产评估报告书的主要内容，了解资产评估报告书的复核要求及各使用者对它的应用。

二、课程目标

通过资产评估基础的理实一体化教学活动，教授学习评估各种资产对象的理论知识和方法，达到资产评估师理论考核标准的要求，具有协助资产评估师工作的能力，实现资产评估理论知识与助理岗位工作能力的对接。在此基础上，能够结合本课程内容综合运用资产评估法规、信息搜集和分析、客户关系维护等相关知识，初步掌握资产评估工作的理论体系。

职业能力培养目标：

1. 掌握资产评估基础理论和基本方法；掌握资产评估具体的程序和信息搜集的方法；掌握机电设备、房地产、资源、无形资产等各类评估对象的评估方法；掌握资产评估报告的主要内容及编制的方法。

2. 能够熟练掌握各种资产评估对象的评估方法，初步具备进行实际业务工作的能力；能够搜集、分析、处理与资产评估项目相关的信息；具备较扎实的资产评估与管理方面的报告处理能力，达到资产评估师所要求的理论基础。

3. 具有端正的学习态度，正确的学习方法，全面掌握资产评估方法；能够熟知资产评估相关法律法规，具有爱岗敬业、参与管理、强化服务的职业道德，树立正确的资产评估职业感。

三、设计思路

1. 本课程标准设计的总体思路是：以资产评估企业发展需要和资产评估职业岗位能力为导向，以资产评估方法为基础，以各种单项资产评估为核心，把知识学习、知识转化、能力训练等环节有机地结合在一起。突出对资产评估基本知识、资产评估基本方法、资产评估基本程序、资产评估基本技能的学习和应用。选取了资产评估职业认知、评估基本方法等11个学习任务，配合实训项目，使学生熟练掌握资产评估的方法和业务操作流程，从而培养学生进行资产评估的职业能力和职业素养，为后续专业课程的学习奠定良好的基础。

2. 按照理实一体化课程的教学要求组织教学，立足“做什么，怎么做”这一核心，不断促使学生加深对知识的理解，逐步培养学生的实践动手能力。

3. 通过校企合作、工学结合，为学生提供大量的实践机会，培养学生的综合素质和可持续发展能力。

4. 教学效果的评价采取课堂表现、小组讨论、教师评价、模拟操作、期终考试等综合评价方式，重点评价交流沟通能力和实践动手能力。

5. 本课程建议总课时为108学时（理论教学和实践教学）。

四、课时分配

表2-1　“资产评估基础”课程项目模块及课时分配

<table>
<tr><th>序号</th><th>课程项目</th><th>课程模块</th><th colspan="2">课时分配</th></tr>
<tr><td rowspan="3">1</td><td rowspan="3">资产评估职业认知</td><td>资产评估的含义及特点</td><td>2</td><td rowspan="3">6</td></tr>
<tr><td>价值类型和评估目的</td><td>2</td></tr>
<tr><td>资产评估的假设与原则</td><td>2</td></tr>
<tr><td rowspan="4">2</td><td rowspan="4">资产评估的基本方法</td><td>市场法</td><td>6</td><td rowspan="4">20</td></tr>
<tr><td>收益法</td><td>6</td></tr>
<tr><td>成本法</td><td>6</td></tr>
<tr><td>评估方法的选择</td><td>2</td></tr>
<tr><td rowspan="2">3</td><td rowspan="2">资产评估程序</td><td>资产评估具体程序和基本要求</td><td>2</td><td rowspan="2">4</td></tr>
<tr><td>资产评估中信息搜集与分析方法</td><td>2</td></tr>
<tr><td rowspan="4">4</td><td rowspan="4">机器设备评估</td><td>机器设备评估概述</td><td>2</td><td rowspan="4">12</td></tr>
<tr><td>成本法在机器设备评估中的应用</td><td>4</td></tr>
<tr><td>市场法在机器设备评估中的应用</td><td>4</td></tr>
<tr><td>收益法在机器设备评估中的应用</td><td>2</td></tr>
</table>

续表

序号	课程项目	课程模块	课时分配	
5	房地产评估	房地产评估概述	2	22
		房地产价格及其影响因素	2	
		收益法在房地产评估中的应用	4	
		市场法在房地产评估中的应用	4	
		成本法在房地产评估中的应用	2	
		假设开发法在房地产评估中的应用	2	
		基准地价修正法在房地产评估中的应用	2	
		路线价法在房地产评估中的应用	2	
		在建工程评估	2	
6	资源资产评估	资源资产评估概述	1	4
		森林、矿产资源资产评估	3	
7	无形资产评估	无形资产评估概述	1	12
		收益法在无形资产评估中的应用	3	
		成本法和市场法在无形资产评估中的应用	2	
		专利资产和专有技术评估	2	
		商标资产评估	2	
		版权、商誉的评估	2	
8	长期投资性资产评估	长期投资性资产评估的特点与程序	1	4
		债券、长期股权投资及其他长期资产的评估	3	
9	流动资产评估	流动资产评估的特点与程序	1	4
		实物类流动资产的评估	1	
		现金和银行存款、应收账款及其他流动资产的评估	2	
10	企业价值评估	企业价值评估及其特点	2	8
		企业价值评估中的价值类型与信息资料搜集	2	
		收益法在企业价值资产评估中的应用	2	
		市场法与成本法在企业价值评估中的应用	2	
11	资产评估报告	资产评估报告概述	2	8
		资产评估报告的制作	2	
		国外资产评估报告简介	2	
		资产评估报告书的应用	2	
机动			4	4
合　　计		108		

五、教学内容

表 2-2　　“资产评估基础”课程教学内容与教学要求

序号	课程项目	知识内容和要求	技能内容和要求
1	资产评估职业认知	• 了解资产评估对象 • 理解资产评估概念 • 理解资产评估假设的含义 • 掌握资产评估的特点 • 掌握资产评估理念的构成	• 能够理解资产评估的内容及特点 • 能够正确理解资产评估的假设 • 能够了解资产评估的基本作用 • 能够明确资产评估的目的
2	资产评估的基本方法	市场法 • 了解市场法的含义 • 掌握市场法的适用条件及优缺点 • 掌握市场法资产评估方法	• 能够明确市场法的基本前提 • 能够针对不同的评估对象选择合适的程序 • 能够针对不同的评估对象选择相关指标 • 能够应用市场法计算资产评估价值
		成本法 • 了解成本法的含义 • 掌握成本法的适用条件及优缺点 • 掌握成本法资产评估方法	• 能够针对不同的评估对象选择合适的程序和参数 • 能够针对评估对象选择成本估算方法计算资产价值
		收益法 • 了解收益法的含义 • 掌握收益法的适用条件及优缺点 • 掌握收益法资产评估方法	• 能够针对不同的评估对象选择合适的程序和参数 • 能够针对评估对象未来的预期收益计算资产价值
3	资产评估程序	• 了解资产评估程序的定义和分类 • 了解资产评估程序的重要性 • 熟悉资产评估的具体程序 • 熟悉执行资产评估程序的要求 • 理解执行资产评估业务过程中需要搜集的信息 • 理解执行资产评估业务过程中信息的来源 • 理解资产评估业务过程中信息的初步处理 • 理解资产评估过程中常用的逻辑分析方法	• 能够正确认识资产评估程序的重要性 • 能够掌握资产评估的具体程序 • 能够明确资产评估过程中需要搜集的信息 • 能够对搜集的信息进行逻辑分析

续表

序号	课程项目	知识内容和要求	技能内容和要求
4	机器设备评估	• 了解机器设备的特点及其分类 • 理解机器设备核查、鉴定的程序 • 掌握机器设备的评估方法	• 能够应用成本法对机器设备进行评估 • 能够应用市场法对机器设备进行评估
5	房地产评估	• 了解土地使用权的基本特征、类型及评估程序 • 理解土地使用权处置方式 • 掌握土地使用权评估各种方法 • 了解熟悉建筑物的特性及分类 • 理解建筑物评估原则及考虑的因素 • 掌握建筑物评估的各种方法	• 能够应用收益法对房地产进行评估 • 能够应用市场法对房地产进行评估 • 能够应用成本法对房地产进行评估 • 能够应用假设开发法对房地产进行评估 • 能够应用基准地价修正法对房地产进行评估 • 能够应用路线价法对房地产进行评估 • 能够对在建工程进行评估
6	无形资产评估	• 了解各类无形资产的含义和特点 • 理解无形资产的功能特性及影响评估的因素 • 掌握各类无形资产评估的方法	• 能够应用收益法对无形资产进行评估 • 能够应用成本法和市场法对无形资产进行评估 • 能够对专利资产和专有技术进行评估 • 能够对商标资产进行评估 • 能够对版权、商誉进行评估
7	长期投资资产评估	• 了解长期投资和递延资产的概念和评估特点 • 理解长期投资评估的程序 • 掌握各种长期投资和其他资产评估方法	• 能够熟悉长期投资性资产评估程序 • 能够对各种长期投资资产进行评估
8	流动资产评估	• 了解流动资产的各项内容及其特点 • 理解流动资产评估程序及应收票据评估 • 掌握各类流动资产评估方法	• 能够熟悉流动资产评估的特点与程序 • 能够对实物类流动资产进行评估 • 能够对现金和银行存款、应收账款及其他流动资产进行评估
9	企业价值评估	• 了解企业价值评估含义 • 理解企业价值评估的特点 • 掌握企业价值评估方法	• 能够熟悉企业价值评估中的价值类型 • 能够在企业价值评估中进行信息资料搜集 • 能够应用收益法进行企业价值资产评估 • 能够应用市场法进行企业价值评估 • 能够应用成本法进行企业价值评估

续表

序号	课程项目	知识内容和要求	技能内容和要求
10	资产评估报告	• 了解资产评估报告编制要求 • 理解资产评估报告书内容 • 掌握资产评估报告编制方法 • 掌握资产评估报告的使用	• 能够编制资产评估报告 • 能够熟悉委托方对资产评估报告书的使用 • 能够熟悉资产评估管理机构对资产评估报告书的运用
11	资产评估准则与行业管理	• 了解我国资产评估准则和行业管理的发展现状 • 熟悉资产评估准则体系 • 掌握资产评估行业管理模式及其选择	• 能够熟悉资产评估准则体系 • 能够掌握资产评估行业管理模式及其选择

六、教学条件

（一）教师任职条件

1. 专任教师：

（1）爱岗敬业，认真负责，对教学工作充满热情。

（2）具有扎实的理论基础，能够将资产评估实践工作经历与教学密切结合。

（3）能将资产评估职业能力渗入教学内容中，激发学生的资产评估职业感。

（4）熟悉各种资产评估业务，能够进行资产评估业务的示范教学。

（5）具备一定的教学能力，能够根据教学内容、教学对象的不同合理制订教学实施方案，形成教学内容、教学方法、教学手段一体化的个性化教学方案。

2. 兼职教师：

（1）具有资产评估企业工作经验，熟悉资产评估工作的规范，具有业务处理能力。

（2）具有资产评估师或相关中、高级职业技术资格，结合自身工作情况和环境，能激发学生对资产评估基础理论和评估方法的学习兴趣。

（二）实践教学条件

1. 配置校内资产评估基础实训室，完成资产评估基础环节实训。

2. 配备较为丰富的课堂与学习指导教学资源，具体包括教学课件与软件、案例、完整的资产评估报告样本、图书与文献资料等。

3. 建设一定数量的紧密型工学结合的校外实训基地，进行相关资产评估基本方法及工作程序的示范教学。

4. 能够建立资产评估与管理资源库等信息资源，为学生提供案例、试题库等课外的学习资源，增加学生的技能训练。

七、教学方法与手段

（一）教学方法

1. 理实一体教学法。明确任务，教学准备，教学设计，教学实施，教学检查，教学评价。以学生为主体完成相关工作任务的知识、技能、准备等，制订课程教学方案，并准备各项教学资料，实现以学生为主体的理实一体教学。

2. 案例教学法。以实际资产评估案例为例，讲解各类资产评估的基本方法、技巧，增强教学的真实感和指导性。

3. 小组讨论法。对于难点、重点教学内容，采用在教师引导下的小组讨论形式，通过小组讨论，使学生深入理解相关理论知识和应用要点，并进行细微知识点的辨析。

（二）教学手段

1. 多媒体教学手段。主要包括电子课件、投影、视频、音频、多媒体教学软件。

2. 网络教学手段。通过课程网页、网络资源平台的应用，实现学生上网自主学习或在线讨论、答疑等教学功能；借助现代化教学手段，实现教师备课、学生学习、学生实训的网络化，拓展教学空间，提升教学的实践品质。

八、检查评价

课程学业成绩由课堂表现成绩、小组讨论成绩、教师评价成绩、模拟实训成绩、期终考试成绩等部分组成，通过对学习过程和学习结果的评价，对学生知识、技能和能力进行综合考核。理论知识侧重于课堂表现，实训技能侧重于小组讨论和分组实训的结果。分组进行资产评估业务的模拟任务，由教师根据对各小组操作过程给出实训成绩。任课教师将每个学生的课堂成绩、小组成绩（讨论和实训）、教师评价和期终考试成绩相加，作为本课程的考核成绩（见表2-3）。

表2-3　评价体系表

序号	课程项目	评价方式		评价标准	分值
1	总论	课堂表现	10%		5
		小组讨论	30%		
		教师评价	10%		
		期终考试	50%		

续表

序号	课程项目	评价方式		评价标准	分值
2	资产评估的基本方法	课堂表现	10%	• 课堂表现：评价学生考勤、纪律、对知识点的反应程度 • 小组讨论：评价学生协作能力、交流沟通能力、组织能力、自主解决问题能力 • 模拟实训：评价学生模拟工作过程对工作任务的完成情况和相关任务的执行情况 • 教师评价：评价学生对知识点的应用情况、查找资料的能力和撰写分析材料的能力 • 期终考试：综合评价学生在完成工作任务的过程中对必要知识的掌握程度	5
		小组讨论	30%		
		教师评价	10%		
		期终考试	50%		
3	资产评估程序	课堂表现	10%		5
		小组讨论	30%		
		教师评价	10%		
		期终考试	50%		
4	机器设备评估	小组讨论	10%		10
		教师评价	10%		
		模拟实训	30%		
		期终考试	50%		
5	房地产评估	小组讨论	10%		10
		教师评价	10%		
		模拟实训	30%		
		期终考试	50%		
6	资源资产评估	小组讨论	10%		10
		教师评价	10%		
		模拟实训	30%		
		期终考试	50%		
7	无形资产评估	小组讨论	10%		10
		教师评价	10%		
		模拟实训	30%		
		期终考试	50%		
8	长期投资性资产评估	小组讨论	10%		10
		教师评价	10%		
		模拟实训	30%		
		期终考试	50%		
9	流动资产评估	小组讨论	10%		10
		教师评价	10%		
		模拟实训	30%		
		期终考试	50%		

续表

<table>
<tr><th>序号</th><th>课程项目</th><th colspan="2">评价方式</th><th>评价标准</th><th>分值</th></tr>
<tr><td rowspan="4">10</td><td rowspan="4">企业价值评估</td><td>小组讨论</td><td>10%</td><td rowspan="8"></td><td rowspan="4">15</td></tr>
<tr><td>教师评价</td><td>10%</td></tr>
<tr><td>模拟实训</td><td>30%</td></tr>
<tr><td>期终考试</td><td>50%</td></tr>
<tr><td rowspan="4">11</td><td rowspan="4">资产评估报告</td><td>课堂表现</td><td>10%</td><td rowspan="4">10</td></tr>
<tr><td>小组讨论</td><td>30%</td></tr>
<tr><td>教师评价</td><td>10%</td></tr>
<tr><td>期终考试</td><td>50%</td></tr>
<tr><td colspan="2">总评</td><td colspan="4">100</td></tr>
</table>

“企业财务会计”课程标准

一、课程定位

“企业财务会计”课程是高职高专院校资产评估与管理专业核心课程之一，课程对应企业财务会计核算工作岗位。通过本课程的学习，使学生在具备初步会计基础知识的基础上，能够运用会计基本理论和方法处理企业财务会计业务，熟练进行企业日常经济业务核算的会计处理，学会从原始凭证的取得到会计报表编制、报出的操作程序。该课程的学习内容与后续其他资产评估与管理专业课程的内容具有一定的关联性，即企业财务会计的核算资料能够为资产评估工作提供最原始的资料，是资产评估工作顺利进行的基础。

二、课程目标

通过对“企业财务会计”课程对应的工作岗位所涉及工作任务的学习，掌握企业财务会计的基本理论、企业财务会计核算的基本方法；熟悉《中华人民共和国会计法》《会计基础工作规范》等会计相关规范的内容；培养学生对财务会计岗位各项经济业务进行正确处理的能力，以及按照会计准则的要求编制财务会计报告的能力；初步具备能够根据社会经济环境、政策法规变化、生产方式的变化等因素判断对企业财务及资产评估结果产生何种影响的能力。

职业能力培养目标：

1. 熟悉《中华人民共和国会计法》、《会计基础工作规范》等会计相关规范的内容；熟悉并掌握企业财务会计工作岗位的基本操作技能和程序；了解财务会计与资产评估的关系。

2. 能够熟练掌握计算机常用操作方法；能够熟练运用企业财务会计相关软件；能够对各种经济业务原始单据的正确性、完整性、合理性和合法性进行正确的判断；能够按照《企业会计准则》确认、计量企业发生的各种经济业务及按照会计规范进行正确的记账；能够按照《企业会计准则》的要求编制财务会计报告；能够根据社会经济环境、政策法规变化、生产方式的变化等因素对企业财务及资产评估结果产生的影响进行初步的判断。

3. 具有较强的语言表达、沟通和协调能力；具有良好的会计职业道德和敬业精神；具有团队合作意识、良好的心理素质、礼仪修养、诚信品格和社会责任感。

三、设计思路

1. 本课程标准设计的总体思路是：本课程以企业日常典型经济业务为载体，以会计工作过程、账务处理流程为主线，依据资产评估与管理专业对本课程的要求，构建了财务会计的相关知识领域和能力目标。本课程共设计了 13 个学习项目，并根据每个学习项目对工作岗位的要求设计了若干个模块，把理论知识和技能操作结合起来。学生以学习小组为单位，通过共同完成一个或多个工作任务，培养学生的基本技能、参与意识、协作意识和自信心，实现学生知识、能力、素质的系统化培养。

2. 本课程的教学实施“教、学、做”一体化，让学生在老师的指导下边学边做，达到在学与做的过程中激发学生学习的积极性，从而提高会计业务的操作技能。

3. 通过校企合作、工学结合，为学生提供大量的实践机会，培养学生的综合素质和可持续发展能力。

4. 教学效果的评价主要从课堂表现、小组讨论、模拟实训、课后作业、期终考试等几个方面进行综合评价。

5. 本课程建议总课时为 108 学时（理论教学和实践教学）。

四、课时分配

表 2－4　“企业财务会计”课程项目模块及课时分配

<table>
<tr><th>序号</th><th>课程项目</th><th>课程模块</th><th colspan="2">课时分配</th></tr>
<tr><td rowspan="4">1</td><td rowspan="4">财务会计基础</td><td>财务会计的目标</td><td>1</td><td rowspan="4">4</td></tr>
<tr><td>财务会计的基本假设</td><td>1</td></tr>
<tr><td>财务会计的要素</td><td>1</td></tr>
<tr><td>会计计量与财务报告</td><td>1</td></tr>
<tr><td rowspan="7">2</td><td rowspan="7">金融资产</td><td>金融工具</td><td>1</td><td rowspan="7">10</td></tr>
<tr><td>现金与银行存款</td><td>1</td></tr>
<tr><td>交易性金融资产</td><td>1</td></tr>
<tr><td>持有至到期资产</td><td>1</td></tr>
<tr><td>贷款和应收款项</td><td>2</td></tr>
<tr><td>可供出售金融资产</td><td>2</td></tr>
<tr><td>金融资产减值</td><td>2</td></tr>
</table>

续表

序号	课程项目	课程模块	课时分配	
3	存货	存货的取得和发出	4	10
		存货盘存和清查	2	
		存货的期末计量	4	
4	长期股权投资	长期股权投资初始投资成本的确定	2	10
		长期股权投资核算的成本法	4	
		长期股权投资核算的权益法	3	
		长期股权投资的处置和减值	1	
5	固定资产、投资性房地产、无形资产	固定资产	4	12
		投资性房地产	4	
		无形资产	2	
		非货币性资产交换	2	
6	资产减值	资产减值概述	2	6
		资产可收回金额的计量	2	
		资产减值的会计处理	2	
7	负债	流动负债	2	10
		长期负债	2	
		债务重组	2	
		借款费用	2	
		或有事项	2	
8	所有者权益	实收资本	2	6
		资本公积	2	
		留存收益	2	
9	收入、费用、利润	收入	2	6
		费用	2	
		利润	2	
10	财务报告	资产负债表编制	4	15
		利润表编制	2	
		现金流量表编制	2	
		所有者权益变动表编制	2	
		关联方披露	2	
		会计政策、会计估计变更和差错更正	2	
		资产负债表日后事项	1	

续表

序号	课程项目	课程模块	课时分配	
11	资产评估结果在财务会计中的运用	资产评估结果在财务会计上的运用	2	4
		资产评估结果在财务会计中的运用	2	
12	财务报表分析	财务比率分析	2	8
		资产负债表、利润表、现金流量表分析	4	
		综合财务分析	2	
13	财务预测与决策	货币时间价值与风险价值	4	7
		财务预测与计划	1	
		筹资决策分析	1	
		投资决策分析	1	
合　　计				108

五、教学内容

表 2-5　　“企业财务会计”课程教学内容与教学要求

序号	课程项目	知识内容和要求	技能内容和要求
1	财务会计基础	• 了解财务会计的目标 • 掌握财务会计的基本假设 • 掌握财务会计的要素 • 了解会计计量与财务报告	• 能够掌握财务会计目标的确定方法 • 能够区分财务会计与资产评估之间的关系 • 能够掌握财务会计基本假设 • 能够了解财务会计信息的质量要求 • 能够了解反映企业财务状况的要素 • 能够掌握反映经营成果的要素 • 能够了解会计计量的属性与运用原则 • 能够掌握财务报告的核心内容
2	金融资产	• 了解金融工具 • 掌握现金与银行存款的核算 • 掌握交易性金融资产的核算 • 掌握持有至到期投资的核算 • 掌握贷款和应收款项核算 • 掌握可供出售金融资产核算 • 掌握金融资产减值核算	• 能够熟练掌握基础性金融工具的种类 • 能够了解衍生性金融工具的种类 • 能够掌握现金日记账的格式并能够进行账务处理 • 能够运用银行结算办法并掌握存款的核对方法 • 能够对其他货币资金进行会计处理 • 了解交易性金融资产的种类 • 能够对交易性金融资产进行会计处理 • 了解持有至到期投资的确定方法

续表

序号	课程项目	知识内容和要求	技能内容和要求
2			• 能够对持有至到期投资进行会计处理 • 能够对贷款和应收款项进行划分 • 能够对贷款和应收款项进行会计处理 • 能够确定具体可供出售的金融资产 • 能够对可供出售金融资产进行会计处理 • 能够对金融资产减值损失进行确认 • 能够进行金融资产减值损失的计量 • 能够对金融资产减值损失进行会计处理
3	存货核算	• 掌握存货取得和发出的核算 • 掌握存货盘存和清查核算 • 掌握存货的期末计量	• 能够了解存货的确认应具备的条件 • 能够了解不同方式取得的存货初始计量成本构成 • 能够了解存货发出的计价方法 • 能够对存货按实际成本计价法进行会计处理 • 能够对存货按计划成本计价法进行会计处理 • 能够了解存货盘存方法的优缺点及运用 • 能够对存货进行清查及会计处理 • 能够了解成本与可变现值孰低法的含义 • 能够对存货减值迹象进行判断 • 能够确定存货可变现的净值 • 能够选择不同的方法进行存货跌价准备的提取 • 能够选择正确的会计科目对企业采用成本与可变现值孰低法时进行会计处理
4	长期股权投资核算	• 掌握长期股权投资初始投资成本的确定 • 掌握长期股权投资的成本法核算 • 掌握长期股权投资的权益法核算 • 掌握长期股权投资的处置和减值	• 能够了解企业合并形成的长期股权投资的初始投资成本的确定方法 • 能够对企业合并形成的长期股权投资的初始投资成本进行会计处理 • 能够进行非企业合并形成的长期股权投资的初始投资成本的确定 • 能够理解长期股权投资成本法的适用范围 • 能够进行长期股权投资取得成本的确定及会计处理 • 能够进行成本法下投资收益的计算及会计处理 • 能够理解长期股权投资权益法的适用范围 • 能够进行长期股权投资取得成本的确定及调整 • 能够进行权益法下投资收益的计算及会计处理 • 能够进行长期股权投资的账面价值的调整 • 能够进行长期股权投资处置的会计处理 • 能够进行长期股权投资减值的会计处理

续表

序号	课程项目	知识内容和要求	技能内容和要求
5	固定资产、投资性房地产、无形资产的核算	• 掌握固定资产的核算 • 掌握投资性房地产的核算 • 掌握无形资产的核算 • 掌握非货币性资产交换的核算	• 能够对固定资产进行正确的认知 • 能够对固定资产进行初始计量 • 能够对固定资产折旧进行会计处理 • 能够对固定资产后续支出进行会计处理 • 能够进行固定资产处置的会计处理 • 能够了解投资性房地产的范围 • 能够正确把握投资性房地产的确认条件 • 能够对投资性房地产进行正确的初始计量 • 能够对投资性房地产进行正确的后续计量 • 能够正确判断投资性房地产的后续支出 • 能够进行房地产转换的会计处理 • 能够对投资性房地产的处置进行会计处理 • 能够对无形资产进行确认 • 能够进行无形资产的初始计量 • 能够进行无形资产的后续计量 • 能够对无形资产的处置进行会计处理 • 能够了解非货币性资产交换的含义 • 能够对具有商业实质且公允价值能够可靠计量的非货币性资产交换进行会计处理 • 能够对不具有商业实质或者换入资产或换出资产公允价值不能可靠计量的非货币性资产交换进行会计处理
6	资产减值核算	• 掌握资产减值的认定 • 掌握资产可收回金额的计量 • 掌握资产减值的核算	• 能够了解资产减值的含义 • 能够进行资产减值的认定 • 能够理解资产可收回金额的含义 • 能够确定资产公允价值减去处置费用后的净额 • 能够确定资产预计未来现金流量现值 • 能够确定资产可回收金额 • 能够进行单项资产减值的会计处理 • 能够进行资产组减值的会计处理 • 能够进行总部资产减值的会计处理 • 能够进行商誉减值的会计处理

续表

序号	课程项目	知识内容和要求	技能内容和要求
7	负债的核算	• 掌握应付款项的核算 • 掌握流动负债的核算 • 掌握长期负债的核算 • 掌握债务重组的核算 • 掌握借款费用的核算 • 了解或有事项	• 能够进行应付票据的会计处理 • 能够进行应付账款的会计处理 • 能够进行预收账款的会计处理 • 能够填制和审核与应付款项业务相关的原始凭证 • 能够填制和审核与此相关的记账凭证 • 能够进行应付款项相关明细账的登记 • 能够进行短期借款的会计处理 • 能够进行应付票据的会计处理 • 能够进行应付和预收款项的会计处理 • 能够进行应付职工薪酬的会计处理 • 能够进行应付股利的会计处理 • 能够进行应交税费的会计处理 • 能够进行其他应付款的会计处理 • 能够填制和审核与此相关的记账凭证 • 能够进行应付职工薪酬相关明细账的登记 • 能够进行长期借款的会计处理 • 能够进行应付债券的会计处理 • 能够进行长期应付款的会计处理 • 能够进行专项应付款的会计处理 • 能够理解债务重组的方式 • 能够理解债务重组会计处理的一般原则 • 能够进行债务重组的会计处理 • 能够对借款费用资本化进行有效的确认 • 能够进行借款费用资本化的计量 • 能够进行暂停资本化与停止资本化的会计处理 • 能够理解或有事项的含义 • 能够对或有事项进行确认和计量
8	所有者权益核算	• 掌握实收资本的核算 • 掌握资本公积的核算 • 掌握留存收益的核算	• 能够进行一般企业实收资本的会计处理 • 能够进行股份有限公司股本的会计处理 • 能够进行企业资本或股本变动的会计处理 • 能够区别资本公积与实收资本、净利润、盈余公积 • 能够进行资本溢价（股本溢价）的会计处理 • 能够进行其他资本公积的确认和会计处理 • 能够进行利润分配的会计处理 • 能够理解留存收益的组成及用途 • 能够进行留存收益的会计处理

续表

序号	课程项目	知识内容和要求	技能内容和要求
9	收入、费用、利润的核算	• 掌握收入的核算 • 掌握费用的核算 • 掌握利润形成和利润分配的核算	• 能够认知商品销售收入 • 能够进行商品销售收入的计量 • 能够进行商品销售收入的会计处理 • 能够进行提供劳务收入的确认和计量 • 能够进行提供劳务收入的会计处理 • 能够进行让渡资产使用权的确认和会计处理 • 能够进行造价合同收入和费用的确认、计量与会计处理 • 能够认知期间费用 • 能够进行期间费用的计量、会计处理 • 能够进行所得税费用的认知、确认和计量 • 能够进行所得税费的会计处理 • 能够进行利润形成的会计处理 • 能够进行利润分配的会计处理
10	财务报告的编制	• 掌握资产负债表的编制 • 掌握利润表的编制 • 掌握现金流量表编制 • 掌握所有者权益变动表的编制 • 了解关联方附注披露 • 掌握会计政策、会计估计变更和差错更正 • 了解资产负债表的日后事项	• 能够理解资产负债表的性质 • 能够理解资产负债表的功能 • 能够了解资产负债表的结构与内容 • 能够掌握资产负债表的编制方法 • 能够编制资产负债表 • 能够理解利润表的性质 • 能够了解利润表的功能 • 能够了解利润表的项目与内容 • 能够掌握利润表的编制方法 • 能够编制利润表 • 能够理解现金流量表的性质 • 能够了解现金流量表的功能 • 能够对现金流量进行分类 • 能够了解现金流量表的项目与内容 • 能够掌握现金流量表的编制方法 • 能够编制现金流量表 • 能够理解所有者权益变动表的性质 • 能够了解所有者权益变动表的功能 • 能够了解所有者权益变动表的项目与内容 • 能够掌握所有者权益变动表的编制方法 • 能够编制所有者权益变动表 • 能够对关联方的关系进行认定 • 能够了解附注披露的要求

续表

序号	课程项目	知识内容和要求	技能内容和要求
10			• 能够掌握附注披露内容 • 能够进行会计政策变更的会计处理 • 能够进行会计估计及其变更的会计处理 • 能够进行前期差错更正的会计处理 • 能够正确判断资产负债表日后事项 • 能够对资产负债表日后调整事项进行处理 • 能够对资产负债表日后非调整事项进行处理
11	资产评估结果在财务会计中的运用	• 了解会计计量属性与评估价值类型的关系 • 掌握资产评估结果在财务会计上的运用 • 掌握资产评估结果在财务会计中的运用	• 能够知晓会计计量属性包括的内容 • 能够确认会计计量属性与评估价值类型的关系 • 能够理解资产评估的目的及其对应的经济行为 • 能够理解特定经济行为的资产评估结果在财务上的运用 • 能够进行资产评估增值的相关税务处理 • 能够进行以非货币财产出资新设公司中对资产评估结果的运用 • 能够进行国有企业公司改制改建中对资产评估结果的运用 • 能够进行企业合并中对资产评估结果的运用 • 能够进行资产转让相关经济行为中对资产评估结果的运用 • 能够进行有限责任公司整体变更为股份有限公司的处理
12	财务报表分析	• 掌握财务比率分析指标 • 掌握资产负债表、利润表、现金流量表分析 • 掌握综合财务分析	• 能够熟练应用盈利能力状况的分析指标 • 能够熟练应用资产质量状况的分析指标 • 能够熟练应用债务风险状况的分析指标 • 能够熟练应用经营增长状况的分析指标 • 能够熟练应用上市公司财务报表分析比率 • 能够分析资产负债表 • 能够分析利润表 • 能够分析现金流量表 • 能够掌握杜邦财务分析法 • 能够对企业绩效评价中的财务指标进行分析

续表

序号	课程项目	知识内容和要求	技能内容和要求
13	财务预测与决策	• 掌握货币时间价值与风险价值 • 了解财务预测与计划 • 掌握筹资决策分析 • 掌握投资决策分析	• 能够计算货币的时间价值 • 能够进行相关风险和报酬的计算与分析 • 能够了解财务预测的方法和基本步骤 • 能够进行财务预算的的编制 • 能够了解权益资金筹集与债务资金筹集 • 能够进行资本结构的决策分析 • 能够进行基本的项目投资决策分析 • 能够进行基本的投资项目的风险分析

六、教学条件

（一）教师任职条件

1. 专任教师：

（1）爱岗敬业，认真负责，对教学工作充满热情。

（2）具有企业财务会计的任职工作经历，熟悉企业财务会计核算与管理的整个工作流程。

（3）能够指导学生完成财务会计每个阶段的会计核算工作任务。

（4）能够讲授本课程的业务知识。

2. 兼职教师：

（1）会计事务所或资产评估事务所从事财务评估工作的相关人员。

（2）有多年从事企业一线财务工作经验的相关人员。

（3）具有资产评估师或相关中、高级职业技术资格。

（二）实践教学条件

1. 配备仿真会计职业环境的财务会计实训室。

2. 安装财务实训软件——会计核算操作平台。

3. 具有一定数量的紧密型工学结合的校外实训基地。

4. 配备有关资产业务的各种空白原始凭证、记账凭证、总账账簿、明细账账簿。

5. 配备较为丰富的课堂与学习指导教学资源，具体包括：教学课件与软件、习题与案例、试题库、图书与文献资料、会计法律法规文件等。

6. 配备会计业务操作规范手册，包括会计法、票据法、现金管理条例、银行转账结算办法、会计基础工作规范、企业会计准则、企业会计制度、企业财务通则等。

7. 建立互联网和会计教育在线等信息资源。

七、教学方法与手段

（一）教学方法

1. 启发式教学法。以课堂教学为主，运用凭证、账簿、实例、案例教学，启发引导学生进行学习，注重培养学生的动手能力及分析和解决问题的能力。

2. 项目化教学法。让学生分别担任不同的角色，并按角色的要求进行相关的业务处理，师生对处理结果给予共同评议、总结。让学生在会计理论的指导下进行实际操作，在学与做的过程中激发学生学习的积极性，从而提高会计业务操作技能。

（二）教学手段

1. 多媒体教学。充分利用电子课件、投影、视频、音频、多媒体教学软件。其中，有关企业财务会计知识讲解可采用电子课件投影进行教学；有关案例及相关法规宣传等可采用音频教学；师生互动、课堂展示等教学环节可采用多媒体教学软件。

2. 利用仿真财务会计实训室，模拟实际工作情境，使学生在体验工作环境的过程中培养财务会计岗位工作能力。

3. 借助现代化教学手段，实现教师备课、学生学习、学生实训的网络化，拓展教学空间，提升教学的实践品质。

八、检查评价

（一）过程考核评价

针对财务会计的特点，应注重对学生学习过程的考核评价，主要考查学生的学习主动性、自觉性以及动手能力等方面的表现。

（二）效果考核评价

合理评价学生基础知识和基本技能的理解和掌握情况，主要考查基础知识掌握的全面性、准确性，实践过程操作熟练程度、准确程度等。

（三）能力考核评价

学习能力考核评价主要考核学生接受新知识、新方法、新技术的能力，以及实训工作中发现问题、分析问题、解决问题的能力。如实训会计操作中能否及时发现问题，并提出较好的解决问题的办法（见表2－6）。

表 2－6　　　　　　　　　　　　评价体系表

<table>
<tr><th>序号</th><th>章</th><th colspan="2">评价方式</th><th>评价标准</th><th>分值</th></tr>
<tr><td rowspan="4">1</td><td rowspan="4">财务会计基础</td><td>课堂表现</td><td>20%</td><td rowspan="29">• 课堂表现：评价学生考勤、纪律、对知识点的反应程度
• 小组讨论：评价学生协作能力、交流沟通能力、组织能力、自主解决问题的能力
• 模拟实训：评价学生模拟会计工作过程中的动手能力，对工作任务的完成情况和相关任务的执行情况
• 课后作业：评价学生课后对知识点的消化和应用能力
• 期终考试：综合评价学生在完成工作任务的过程中对必要知识的掌握程度</td><td rowspan="4">5</td></tr>
<tr><td>小组讨论</td><td>30%</td></tr>
<tr><td>课后作业</td><td>20%</td></tr>
<tr><td>期终考试</td><td>30%</td></tr>
<tr><td rowspan="5">2</td><td rowspan="5">金融资产</td><td>课堂表现</td><td>20%</td><td rowspan="5">10</td></tr>
<tr><td>小组讨论</td><td>10%</td></tr>
<tr><td>模拟实训</td><td>30%</td></tr>
<tr><td>课后作业</td><td>10%</td></tr>
<tr><td>期终考试</td><td>30%</td></tr>
<tr><td rowspan="5">3</td><td rowspan="5">存货</td><td>课堂表现</td><td>20%</td><td rowspan="5">10</td></tr>
<tr><td>小组讨论</td><td>10%</td></tr>
<tr><td>模拟实训</td><td>30%</td></tr>
<tr><td>课后作业</td><td>10%</td></tr>
<tr><td>期终考试</td><td>30%</td></tr>
<tr><td rowspan="5">4</td><td rowspan="5">长期股权投资</td><td>课堂表现</td><td>20%</td><td rowspan="5">10</td></tr>
<tr><td>小组讨论</td><td>10%</td></tr>
<tr><td>模拟实训</td><td>30%</td></tr>
<tr><td>课后作业</td><td>10%</td></tr>
<tr><td>期终考试</td><td>30%</td></tr>
<tr><td rowspan="5">5</td><td rowspan="5">固定资产、投资性房地产、无形资产</td><td>课堂表现</td><td>20%</td><td rowspan="5">10</td></tr>
<tr><td>小组讨论</td><td>10%</td></tr>
<tr><td>模拟实训</td><td>30%</td></tr>
<tr><td>课后作业</td><td>10%</td></tr>
<tr><td>期终考试</td><td>30%</td></tr>
<tr><td rowspan="5">6</td><td rowspan="5">资产减值</td><td>课堂表现</td><td>20%</td><td rowspan="5">8</td></tr>
<tr><td>小组讨论</td><td>10%</td></tr>
<tr><td>模拟实训</td><td>30%</td></tr>
<tr><td>课后作业</td><td>10%</td></tr>
<tr><td>期终考试</td><td>30%</td></tr>
</table>

续表

序号	章	评价方式		评价标准	分值
7	负债	课堂表现	20%	• 课堂表现：评价学生考勤、纪律、对知识点的反应程度 • 小组讨论：评价学生协作能力、交流沟通能力、组织能力、自主解决问题能力 • 模拟实训：评价学生按模拟会计工作过程中的动手能力和对工作任务的完成情况和相关任务的执行情况 • 课后作业：评价学生课后对知识点的消化和应用情况的能力 • 期终考试：综合评价学生在完成工作任务的过程中对必要知识的掌握程度	10
		小组讨论	10%		
		模拟实训	30%		
		课后作业	10%		
		期终考试	30%		
8	所有者权益	课堂表现	10%		5
		小组讨论	10%		
		模拟实训	30%		
		课后作业	10%		
		期终考试	30%		
		小组互评	10%		
9	收入、费用、利润	课堂表现	20%		8
		小组讨论	10%		
		模拟实训	30%		
		课后作业	10%		
		期终考试	30%		
10	财务报告	课堂表现	20%		10
		小组讨论	10%		
		模拟实训	30%		
		课后作业	10%		
		期终考试	30%		
11	资产评估结果在财务会计中的运用	课堂表现	20%		6
		小组讨论	10%		
		模拟实训	30%		
		课后作业	10%		
		期终考试	30%		
12	财务报表分析	课堂表现	20%		4
		小组讨论	10%		
		模拟实训	30%		
		课后作业	10%		
		期终考试	30%		

续表

序号	章	评价方式		评价标准	分值
13	财务预测与决策	课堂表现	20%		4
		小组讨论	20%		
		模拟实训	20%		
		课后作业	10%		
		期终考试	30%		
总　评			100%		100

“财务管理”课程标准

一、课程定位

“财务管理”课程是资产评估与管理专业的专业核心课程。学习本课程有助于学生理解资本配置规律，建立企业价值最大化的财务管理理念和基本价值观念，掌握财务管理的基本方法。设置本课程的目的是使学生在掌握基本财务知识的基础上，通过对企业财务活动的项目、任务的实训，使学生树立风险控制和财务管理意识，掌握资产评估的基本方法，培养具备从事筹资、投资、资金运营、利润分配、财务分析等业务的实务操作能力，为学生学习资产评估与管理后续课程奠定财务基础。

二、课程目标

通过财务管理岗位工作任务引领的教学项目活动，培养学生通过计算和分析，对企业财务状况进行客观评价和决策的能力，达到财务管理岗位考核标准的要求。同时，树立企业价值最大化的财务管理理念，提高学生发现问题、分析问题、解决问题的能力和综合职业素养。

职业能力培养目标为：

1. 掌握企业处理筹资、投资、资金营运、利润分配和财务分析等业务的基本方法；了解《中华人民共和国会计法》、《企业财务通则》、《企业会计准则》、《企业内部控制规范》和《中华人民共和国公司法》等相关法规的内容；熟悉财务管理相关业务流程。

2. 能够熟练运用所学知识对企业筹资、投资、资金营运、分配活动、财务预测和财务分析等活动进行计量、评估、预测、分析和决策；能够达到各企事业单位财务管理岗位的基本要求。

3. 树立财务管理的意识，具备从财务管理的角度对企业进行管理的思维能力；树立货币时间价值和风险的观念，具有综合考虑问题的能力；树立资本成本意识、机会成本意识；树立正确客观的态度，评价企业的经营状况；树立爱岗敬业、客观公正、参与管理和强化服务的职业素养。

三、设计思路

1. 本课程标准设计的总体思路是：以资产评估与管理岗位需求为导向，在对企业财务管理工作过程及职业能力分析的基础上，确定课程应培养的能力目标和教学内容总体框架。按照“以能力为本位，以职业实践为主线，以项目课程为主体的模块化专业课程体系”的总体设计要求，紧紧围绕完成工作任务的需要来选择和组织课程内容。根据企业筹资、投资、营运管理和利润分配等工作任务设计教学过程，按照财务管理工作流程组织教学，以学生职业能力的培养和提升为核心，突出工作任务与知识的联系，让学生在职业实践活动的基础上掌握知识，增强课程内容与职业岗位能力要求的相关性，提高学生的职业能力。

2. 本课程在“教、学、做”过程中，通过财务管理应用软件的操作，进一步加强学生职业判断、职业实践、职业拓展能力的培养。

3. 通过校企合作、工学结合，为学生提供大量的实践机会，培养学生的综合素质和可持续发展能力。

4. 教学效果的评价主要从课堂表现、小组讨论、模拟实训、课后作业、期终考试等几个方面进行综合评价。

5. 本课程建议总课时为72学时（理论教学和实践教学）。

四、课时分配

表2－7　　“财务管理”课程项目模块及课时分配

序号	课程项目	课程模块	课时分配	
1	财务管理从业准备	财务管理的基本内容	2	4
		财务管理目标和原则	2	
2	财务管理基础知识	货币时间价值	4	8
		风险和报酬	4	
3	筹资管理	资金需求量的预测	4	16
		权益资本筹资管理	4	
		债务资本筹资管理	4	
		杠杆原理	2	
		资金成本的计算	2	
4	投资管理	项目投资决策	12	16
		证券投资决策	4	

续表

序号	课程项目	课程模块	课时分配	
5	营运资本管理	现金管理	2	12
		有价证券管理	2	
		应收账款管理	4	
		存货管理	4	
6	利润分配管理	股利分配政策	4	8
		利润分配方案	4	
7	财务报表分析	财务指标分析	4	8
		财务报表综合分析	2	
	机动		2	
合计			72	7 2

五、教学内容

表 2－8　“财务管理”课程教学内容与教学要求

序号	课程项目	知识内容和要求	技能内容和要求
1	财务管理从业准备	• 了解企业的组织形式 • 了解财务管理的内容 • 了解财务管理的职能 • 了解财务管理的目标 • 掌握财务管理的原则	• 能够区分不同组织形式的企业的特点 • 能够理解财务管理的内容及特点 • 能够描述财务管理职能的要点 • 能够比较不同财务管理目标的优、缺点 • 能够运用财务管理原则指导财务管理工作
2	财务管理基础知识	• 了解货币时间价值 • 掌握单利终值与现值的计算 • 掌握复利终值与现值的计算 • 掌握普通年金终值与现值的计算 • 掌握预付年金终值与现值的计算 • 掌握递延年金终值与现值的计算 • 掌握永续年金终值的计算 • 掌握单项资产风险和报酬的计算 • 掌握投资组合风险和报酬的计算 • 了解资本资产定价模型	• 能够用货币时间价值理论分析现实问题 • 能够计算项目单利终值与现值 • 能够计算项目复利终值与现值 • 能够计算普通年金终值与现值 • 能够计算预付年金终值与现值 • 能够计算递延年金终值与现值 • 能够计算永续年金终值 • 能够计算单项资产风险和报酬 • 能够计算投资组合风险和报酬 • 能够运用资本资产定价模型给股票估值 • 能够运用资本资产定价模型给债券估值

续表

序号	课程项目	知识内容和要求	技能内容和要求
3	筹资管理	• 了解企业筹资的目标 • 熟悉企业筹资方式 • 掌握销售百分比法 • 掌握资金习性法 • 熟悉企业权益筹资相关法律法规 • 了解权益筹资的优、缺点 • 熟悉企业债务筹资相关法律法规 • 了解债务筹资的优、缺点 • 掌握权益资本成本的计算 • 掌握债务资本成本的计算 • 掌握企业加权平均资本成本的计算 • 掌握 EBIT、DOL、DFL、DCL 的计算 • 熟悉企业筹资决策制定流程	• 能够运用销售百分比法预测企业资金需用量 • 能够运用资金习性法预测企业资金需用量 • 能够计算权益筹资资本成本 • 能够计算债务筹资资本成本 • 能够计算企业加权平均资本成本 • 能够计算 EBIT • 能够计算 DOL、DFL、DCL 并进行风险分析 • 能够根据企业的实际情况制定企业筹资决策
4	投资管理	• 了解项目投资的一般程序 • 掌握项目现金流出量的计算 • 掌握项目现金流入量的计算 • 掌握项目现金净流量的计算 • 掌握项目投资利润率的计算与评价 • 掌握项目投资回收期的计算与评价 • 掌握项目净现值的计算与评价 • 掌握项目净现值率的计算与评价 • 掌握项目现值指数的计算与评价 • 掌握项目内含报酬率的计算与评价 • 熟悉股票投资基本方法 • 熟悉债券投资基本方法	• 能够确定并计算项目现金流出量 • 能够确定并计算项目现金流入量 • 能够计算项目现金净流量 • 能够计算项目投资利润率 • 能够根据项目投资利润率对项目进行评价 • 能够计算项目投资回收期 • 能够根据项目投资回收期对项目进行评价 • 能够计算项目净现值 • 能够根据项目净现值对项目进行评价 • 能够计算项目净现值率 • 能够根据项目净现值率对项目进行评价 • 能够计算项目现值指数 • 能够根据项目现值指数对项目进行评价 • 能够计算项目内含报酬率 • 能够根据项目内含报酬率对项目进行评价 • 能够综合分析各项目指标做出项目投资决策 • 能够根据企业实际情况做出证券投资决策
5	营运资本管理	• 了解营运资本持有政策 • 了解营运资本筹集政策 • 了解企业持有现金的原因与成本 • 掌握最佳现金持有量的确定方法 • 了解现金收支预算管理要点 • 了解有价证券投资的目标与特点	• 能够根据企业实际情况制定营运资本持有政策 • 能够根据企业实际情况制定营运资本筹集政策 • 能够运用成本模式计算最佳现金持有量和现金管理成本

续表

序号	课程项目	知识内容和要求	技能内容和要求
5	营运资本管理	• 了解应收账款的功能与成本 • 了解企业信用标准 • 掌握企业信用条件 • 掌握企业收账政策 • 了解应收账款日常管理要点 • 了解存货的功能与成本 • 掌握存货经济批量控制法 • 掌握存货储存期控制法 • 掌握存货 ABC 分类控制法	• 能够运用存货模式计算最佳现金持有量和现金管理成本 • 能够制定投资组合化解证券投资风险 • 能够计算信用成本前收益 • 能够计算收账成本 • 能够计算信用成本后收益 • 能够对应收账款账龄分析表进行分析 • 能够运用存货经济批量控制法计算最佳存货持有量和存货管理成本 • 能够运用存货储存期控制法计算存货储存天数和盈亏 • 能够运用 ABC 分类控制法对存货进行日常管理
6	利润分配管理	• 了解利润分配程序 • 了解股利支付形式 • 了解剩余股利政策的内容及优、缺点 • 了解固定股利政策的内容及优、缺点 • 了解固定股利支付率政策的内容及优、缺点 • 了解低股正常利加额外股利政策的内容及优、缺点	• 能够根据企业实际情况制定利润分配政策 • 能够计算在剩余股利政策下企业分配股利数额 • 能够计算在固定股利政策下企业分配股利数额 • 能够计算在固定股利支付率政策下企业分配股利数额 • 能够计算在低股正常利加额外股利政策下企业分配股利数额
7	财务报表分析	• 掌握企业偿债能力评价指标计算 • 掌握企业营运能力评价指标计算 • 掌握企业盈利能力评价指标计算 • 掌握企业发展能力评价指标计算 • 掌握上市公司市场价值评价指标计算 • 掌握杜邦财务分析法	• 能够计算企业偿债能力指标 • 能够根据指标对企业偿债能力进行分析 • 能够计算企业营运能力指标 • 能够根据指标对企业营运能力进行分析 • 能够计算企业盈利能力指标 • 能够根据指标对企业盈利能力进行分析 • 能够计算企业发展能力指标 • 能够根据指标对企业发展能力进行分析 • 能够计算上市公司市场价值评价指标 • 能够评价上市公司市场价值 • 能够运用杜邦财务分析法对企业财务状况进行综合分析

六、教学条件

（一）教师任职条件

1. 专任教师：

（1）爱岗敬业，认真负责，对教学工作充满热情。

（2）具有企业财务管理岗位工作经历，熟悉财务管理工作程序。

（3）能够示范企业财务管理工作过程。

（4）熟悉相关法律法规，能够将财务管理工作岗位实践与教学紧密结合。

（5）具备一定的教学能力，能够根据教学内容、教学对象的不同合理制订教学实施方案，形成教学内容、教学方法、教学手段一体化的个性化教学方案。

2. 兼职教师：

（1）具有多年企业财务总监、财务经理、财务会计等岗位从业经历。

（2）具有中级以上会计专业职称。

（3）语言表达能力强，掌握一定的教学手段和方法，能够按教学计划完成教学活动。

（二）实践教学条件

1. 配置校内财务会计实训室。在基本会计核算技能掌握的基础上，训练学生对财务管理软件的操作能力。

2. 积极建立校外实习实训基地，满足学生的实训需要。注重与企业财务部门的合作，组织学生到企业财务一线进行参观、交流和实习。

3. 配备较为丰富的课堂与学习指导教学资源，具体包括：教学课件与软件、电子书籍、案例、图书与文献资料等。

七、教学方法与手段

（一）教学方法

1. 体验式教学法。课程教学初期，组织学生到企业参观交流，请企业财务管理岗位工作人员给学生讲解、示范财务管理岗位的工作内容，安排学生进行业务操作，激发学生的学习兴趣。

2. 项目化教学法。教学立足于加强学生职业能力的培养，采用项目教学法，以工作任务为引领，不断提高学生的学习兴趣，引导学生主动学习、自我学习。

3. 小组讨论法。将学生分成不同的小组，每组分别完成不同岗位的工作，在培养学生学习能力的过程中，培养其团队合作意识。

（二）教学手段

1. 在教学过程中，合理有效地应用多媒体等现代教育技术。教学采用电子演示文稿、多媒体联机演示等教学手段。采用电子教案，列出课程内容的重点、难点、业务程序等，使课堂教学生动形象，不断提高教学效果和教学效率。

2. 充分利用财务会计实训室，通过使用财务管理软件，训练学生的软件操作能力。

八、检查评价

1. 本课程的评价关注学生综合运用能力的发展过程以及学习的效果，采用过程性评价与终结性评价相结合的方式，一方面关注结果，另一方面关注过程，使学习过程和学习结果的评价达到和谐统一。

2. 针对“财务管理”课程的特点，采用多样化的评价主体，全方位评价学生的表现。

3. 教师在过程性评价中，可以依照课堂表现、作业情况、模拟实训、小组讨论等进行评价；在终结性评价中，主要依照期末测试成绩进行评价。

4. 注重学生实践能力和分析问题、解决问题能力的考核，全面综合评价学生的能力（见表2－9）。

表2－9　　评价体系表

<table>
<tr><th>序号</th><th>课程项目</th><th colspan="2">评价方式</th><th>评价标准</th><th>分值</th></tr>
<tr><td rowspan="4">1</td><td rowspan="4">财务管理从业准备</td><td>课堂表现</td><td>20%</td><td rowspan="13">• 课堂表现：评价学生考勤、纪律、对知识点的反应程度
• 小组讨论：评价学生的协作能力、交流沟通能力、组织能力、自主解决问题的能力
• 模拟实训：评价学生模拟工作过程对工作任务的完成情况和相关任务的执行情况
• 课后作业：评价学生对知识点的应用情况、查找资料的能力和撰写分析材料的能力
• 期终考试：综合评价学生在完成工作任务的过程中对必要知识的掌握程度</td><td rowspan="4">4</td></tr>
<tr><td>小组讨论</td><td>30%</td></tr>
<tr><td>课后作业</td><td>20%</td></tr>
<tr><td>期终考试</td><td>30%</td></tr>
<tr><td rowspan="4">2</td><td rowspan="4">财务管理基础知识</td><td>课堂表现</td><td>20%</td><td rowspan="4">16</td></tr>
<tr><td>小组讨论</td><td>30%</td></tr>
<tr><td>课后作业</td><td>20%</td></tr>
<tr><td>期终考试</td><td>30%</td></tr>
<tr><td rowspan="5">3</td><td rowspan="5">筹资管理</td><td>课堂表现</td><td>10%</td><td rowspan="5">15</td></tr>
<tr><td>小组讨论</td><td>20%</td></tr>
<tr><td>模拟实训</td><td>30%</td></tr>
<tr><td>课后作业</td><td>10%</td></tr>
<tr><td>期终考试</td><td>30%</td></tr>
</table>

续表

<table>
<tr><th>序号</th><th>课程项目</th><th colspan="2">评价方式</th><th>评价标准</th><th>分值</th></tr>
<tr><td rowspan="5">4</td><td rowspan="5">投资管理</td><td>课堂表现</td><td>10%</td><td rowspan="20">• 课堂表现：评价学生考勤、纪律、对知识点的反应程度
• 小组讨论：评价学生的协作能力、交流沟通能力、组织能力、自主解决问题的能力
• 模拟实训：评价学生模拟工作过程对工作任务的完成情况和相关任务的执行情况
• 课后作业：评价学生对知识点的应用情况、查找资料的能力和撰写分析材料的能力
• 期终考试：综合评价学生在完成工作任务的过程中对必要知识的掌握程度</td><td rowspan="5">20</td></tr>
<tr><td>小组讨论</td><td>20%</td></tr>
<tr><td>模拟实训</td><td>30%</td></tr>
<tr><td>课后作业</td><td>10%</td></tr>
<tr><td>期终考试</td><td>30%</td></tr>
<tr><td rowspan="5">5</td><td rowspan="5">营运资本管理</td><td>课堂表现</td><td>10%</td><td rowspan="5">15</td></tr>
<tr><td>小组讨论</td><td>20%</td></tr>
<tr><td>模拟实训</td><td>30%</td></tr>
<tr><td>课后作业</td><td>10%</td></tr>
<tr><td>期终考试</td><td>30%</td></tr>
<tr><td rowspan="5">6</td><td rowspan="5">利润分配管理</td><td>课堂表现</td><td>10%</td><td rowspan="5">15</td></tr>
<tr><td>小组讨论</td><td>20%</td></tr>
<tr><td>模拟实训</td><td>30%</td></tr>
<tr><td>课后作业</td><td>10%</td></tr>
<tr><td>期终考试</td><td>30%</td></tr>
<tr><td rowspan="5">7</td><td rowspan="5">财务报表分析</td><td>课堂表现</td><td>10%</td><td rowspan="5">15</td></tr>
<tr><td>小组讨论</td><td>20%</td></tr>
<tr><td>模拟实训</td><td>30%</td></tr>
<tr><td>课后作业</td><td>10%</td></tr>
<tr><td>期终考试</td><td>30%</td></tr>
<tr><td colspan="3">总评</td><td>100%</td><td></td><td>100</td></tr>
</table>

“经济法”课程标准

一、课程定位

“经济法”课程是资产评估与管理专业的专业核心课程，是对当代大学生融入社会主义市场经济所必须具备的专业基础教育，是培养大学生知法、懂法、守法、用法，树立良好法律意识的一门极其重要的工具性理论课程。学习该课程有助于学生合法合规地从事资产评估工作，加深对资产评估专业的理解，增强法治意识、思维能力以及有关社会矛盾的协调处理能力。

二、课程目标

通过本课程的学习，使学生掌握有关经济法律制度的基本理论和具体法律规定，熟悉有关经济争议解决的程序，建立诚信观念和遵守法律的精神，并且能够对涉及经济法的问题进行简单分析，初步具备一定的处理经济纠纷的能力和职业素质。

职业能力培养目标为：

1. 了解和掌握经济法的基本概念、基础知识、基本理论，加强学生对我国现行经济法律、法规的认识和理解；掌握有关经济法律制度的基本理论和具体法律规定。

2. 增强学生的社会主义市场经济的法制观念，熟悉经济法的形式、内容、职责和目标，能够做到知法、守法；初步具有运用自己掌握的法律知识观察、分析、处理有关法律问题的能力；能够理解并在资产评估执业过程中遵守相关法律及资产评估准则。

3. 树立认真负责、细致耐心、求真务实的工作态度，具有良好的法律素养及观察问题、分析问题和解决问题的能力；事事处处讲法守法，并能够运用法律保护自己和他人权益；具有自主学习的能力，掌握案例分析方法，为以后的实践提供方法指导。

三、设计思路

1. 本课程标准设计的总体思路是：以资产评估人员业务岗位对经济法律法规知识的需求以及运用该知识解决资产评估中存在的法律问题的能力为主线，充分考虑高职学院“理论够用、着重实践能力”的教学要求，结合资产评估职业特点，以经济法原理的理解为重点，阐述经济法律关系的基本理论和财产权法律制度；以公司法律制度为核心，阐述我国各类企业法律制度；以合同法律制度为重点，阐述规范市场交易行为和维护市场交易秩序的相关法律制度；在市场调控与监督法律制度方面，主要阐述税收法律制度。根据课程的特点，将资产评估管理人员运用所掌握的经济法律法规知识处理实际问题的能力分成多个课程项目，然后根据能力项目来确定模块，以职业能力的形成为依据，选择教学内容，侧重应用性的法律法规，不仅包括公司法、合同法、票据法等，还包括国有资产法、资产评估法律制度等法律法规。

2. 充分利用现代化教学技术，以课堂教学为主，辅以大量多媒体教学资料，开辟网上课堂，通过生动形象的案例教学法，加深学生对法律知识的理解和应用。

3. 通过校企合作、工学结合，为学生提供大量的实践机会，培养学生的综合素质和可持续发展能力。

4. 教学效果的评价主要从课堂表现、小组讨论、模拟法庭、课后作业、期终考试等几个方面进行综合评价。

5. 本课程建议总课时为72学时（理论教学和实践教学）。

四、课时分配

表2-10　“经济法”课程项目模块及课时分配

<table>
<tr><th>序号</th><th>章</th><th>节</th><th colspan="2">课时分配</th></tr>
<tr><td rowspan="4">1</td><td rowspan="4">法学基础知识</td><td>法律的一般理论</td><td>2</td><td rowspan="4">8</td></tr>
<tr><td>法律行为制度</td><td>2</td></tr>
<tr><td>代理制度</td><td>2</td></tr>
<tr><td>诉讼与仲裁制度</td><td>2</td></tr>
<tr><td rowspan="6">2</td><td rowspan="6">民商法</td><td>企业与公司法律制度</td><td>12</td><td rowspan="6">48</td></tr>
<tr><td>合同法律制度</td><td>12</td></tr>
<tr><td>物权法律制度</td><td>8</td></tr>
<tr><td>企业破产法律制度</td><td>6</td></tr>
<tr><td>票据法律制度</td><td>6</td></tr>
<tr><td>知识产权法律制度</td><td>4</td></tr>
<tr><td rowspan="3">3</td><td rowspan="3">市场规制法</td><td>竞争法律制度</td><td>2</td><td rowspan="3">8</td></tr>
<tr><td>拍卖法律制度</td><td>2</td></tr>
<tr><td>土地与房地产管理法律制度</td><td>4</td></tr>
<tr><td rowspan="2">4</td><td rowspan="2">宏观调控法</td><td>证券法律制度</td><td>8</td><td rowspan="2">18</td></tr>
<tr><td>税收法律制度</td><td>10</td></tr>
</table>

续表

序号	章	节	课时分配	
5	资产评估相关法规	国有资产法律制度	4	22
		资产评估法律制度	6	
		资产评估准则	4	
		资产评估指南	2	
		资产评估指导意见	6	
机　　动				4
合　　计				108

五、教学内容

表 2-11　　“经济法”课程教学内容与教学要求

序号	章	知识内容和要求	技能内容和要求
1	法学基础知识	• 掌握法的概念与本质 • 了解法的产生及其发展 • 熟悉法的特征与作用 • 了解法的形式与分类 • 熟悉民事代理和诉讼仲裁制度 • 掌握诉讼和仲裁制度的运作原理 • 掌握经济法的概念与特征 • 熟悉经济法的地位和作用 • 了解经济法的产生和发展	• 培养学生树立法律的基本意识 • 培养学生确立认真对待经济法律问题的态度 • 会区分不同的法律行为及其效力 • 能够辨识不同类型的代理行为 • 能识别不同的代理效力 • 能够正确界定诉讼时效 • 会选择适当方式解决不同的经济纠纷 • 能识别仲裁的范围 • 能正确区分仲裁与诉讼
2	民商法	• 理解我国企业法律制度体系 • 掌握合伙企业法律制度 • 掌握个人独资企业法律制度 • 掌握公司企业及外商投资企业等各类商事主体法律制度 • 熟悉公司法的基本理论 • 了解公司的登记管理 • 了解违反公司法的法律责任 • 熟悉企业破产法律制度 • 了解破产案件受理后的法律效果 • 掌握破产清算时的清偿顺序 • 掌握物权法律制度的基本内容	• 能够正确区分不同经济组织 • 会解释不同企业组织之间内部管理体制的区别 • 会规范地模拟组建公司并使其章程规范，且组织机构设置合理 • 能够识别公司设立过程中的违法行为 • 能发现公司内部管理中的不规范行为 • 能够正确分析公司、企业典型案例资料 • 能够运用有关法律制度分析和解决企业法律问题 • 会对经济组织或经营者的经济活动及有关资料进行鉴证

续表

序号	章	知识内容和要求	技能内容和要求
2	民商法	• 熟悉不动产登记的知识 • 掌握动产交付的相关规定 • 了解我国关于所有权取得的特别规定 • 了解物权法对抵押权、质权、留置权这三种担保物权的规定 • 了解合同法的基本原则和法律规范 • 掌握合同法律制度的内容 • 掌握合同法具体制度间的联系与区别 • 理解票据的定义和特征 • 掌握各种票据行为 • 掌握票据权利 • 了解知识产权的取得 • 认识知识产权保护的重要性 • 掌握我国知识产权法保护的主要内容 • 了解侵犯知识产权所应承担的法律责任	• 能正确判断合同成立与否 • 能识别不同效力的合同 • 能正确分析违约责任归属 • 知道如何处理纠纷 • 能对合同草案提供合理化建议 • 具备在实践中订立合同的能力 • 培养学生诚实守信的合同意识 • 能识别注册商标 • 能够判断著作权的归属 • 能够在实践的经济业务中维护企业的商标权和专利权 • 树立尊重他人知识产权的法律意识 • 能区分不同的票据 • 会正确行使票据权利 • 能够形成运用票据知识规范地处理票据业务的意识 • 能够识别破产的情形 • 能够识别债务人财产 • 会在债务人破产时行使债权申报权利 • 会进行破产清算时清偿顺序的排序 • 能够区分合同效力与物权效力 • 能够理解物的担保与人的担保之间的关系 • 能够识别哪些属于不得抵押的财产 • 能分清同一物上的抵押权受偿顺序 • 能够运用所学知识分析和解决实务中的具体问题
3	市场规制法	• 掌握垄断的的概念和特征 • 了解我国当前主要的垄断行为及对策 • 熟悉不正当竞争行为的概念 • 了解不正当竞争行为的表现形式 • 了解竞争和竞争法的一般理论 • 了解各国反垄断法规及垄断行为 • 掌握拍卖的基本程序 • 熟悉拍卖抵税财物的特别规定 • 了解拍卖的特征和种类 • 了解委托人、拍卖人的法律责任 • 了解我国基本土地制度 • 熟悉我国土地所有权和使用权的基本内容 • 熟悉我国关于建设用地的有关规定 • 熟悉房地产开发的基本要求 • 了解房地产交易的一般规定	• 能正确识别不正当竞争行为 • 培养学生关注市场问题和维护自身权益的本领 • 能够判断委托人、拍卖人、竞买人和买受人在拍卖活动中的行为是否合法 • 能够运用拍卖法律知识解决拍卖交易中的基本问题 • 能够正确理解我国土地资源的权属问题 • 能够选择正确的途径处理土地权属争议 • 能够判断建设用地是否符合法律规定 • 可以运用所学知识解决房地产开发管理中的问题

续表

序号	章	知识内容和要求	技能内容和要求
4	宏观调控法	• 掌握证券发行制度 • 熟悉证券交易制度 • 熟悉限制和禁止的证券交易行为 • 掌握持续信息公开制度 • 掌握继续公司收购的特点 • 熟悉继续收购的监管 • 了解上市公司收购的一般知识 • 了解证券机构的属性和职能 • 掌握税收的概念与分类 • 掌握税法的概念及构成要素 • 掌握流转税的特征和种类 • 掌握所得税的特征和种类 • 掌握增值税征税范围 • 掌握增值税应纳数额的计算 • 熟悉增值税税率及应纳税额 • 掌握消费税计税依据 • 掌握消费税应纳税额的计算 • 了解营业税的基本内容 • 掌握企业所得税纳税额的计算 • 熟悉个人所得税应纳税额的计算 • 了解城镇土地使用税法 • 了解房产税法 • 了解税收管理体制 • 熟悉税款征收相关规定 • 知道违反税法的法律责任	• 能够识别证券发行与交易过程中的违法行为 • 能够区分公开发行股票和公开发行债券的条件 • 能够根据证券上市的条件解决实际问题 • 能够认识到虚假信息的责任 • 能够分析操纵市场行为的违法性 • 可以分析对收购人进行限制的原因 • 能够根据上市公司收购的分类分析我国证券市场中发生的收购行为 • 能够对证券公司进行分类 • 能够说明证券交易所对证券交易如何进行监管 • 能够运用证券法律知识解决证券发行和交易中的问题 • 能够辨别增值税的纳税人 • 会计算增值税应纳税额 • 能判断增值税专用发票的开具是否合法 • 会计算消费税应纳税额 • 能进行营业税及其减免的计算 • 能计算所得税的应纳税所得额和应纳税额 • 会进行企业所得税源泉的扣缴 • 会计算个人所得税应纳税所得额 • 明确城镇土地使用税的征收范围 • 明确房产税的减免税政策 • 能够区别税款征收的代位权和撤销权 • 能够正确识别违反税法的行为 • 明确违反税法行为的法律后果
5	资产评估相关法规	• 熟悉国有资产的种类 • 掌握企业国有资产管理体制 • 掌握企业国有资产法律制度 • 熟悉国有资产转让的规则 • 熟悉国家出资企业的相关规定 • 了解行政单位国有资产管理体制 • 了解事业单位国有资产管理体制 • 了解金融企业国有资产管理体制 • 了解企业国有资产的监督机制 • 掌握资产评估管理体制	• 能够判断一项资产是否属于国有资产 • 明确国家出资企业改制的程序 • 能够判断国家出资企业与关联方的交易是否合法 • 能够判断行政单位国有资产的配置、使用和处置是否合法 • 能够判断事业单位国有资产的配置、使用和处置是否合法 • 能够区分国有资产评估实行核准制和备案制的项目

续表

序号	章	知识内容和要求	技能内容和要求
5	资产评估相关法规	• 熟悉国有资产的种类 • 熟悉资产评估机构的权利和义务 • 掌握注册资产评估师应当具备的执业素质及法律责任 • 熟悉业务约定书的订立、变更和内容 • 熟悉资产评估收费管理的基本规定 • 熟悉资产评估准则 • 了解资产评估指南及指导意见	• 会判断资产评估机构设立的条件和程序是否合法 • 能够判断一项业务是否属于必须实施资产评估的业务 • 会判断资产评估机构的合并、分立、变更和终止是否合法 • 能够掌握在资产评估执业过程中应当遵守的相关准则

六、教学条件

（一）教师任职条件

1. 专任教师：

（1）爱岗敬业，认真负责，对教学工作充满热情。

（2）熟悉相关法律法规，能够将经济法工作岗位实践与教学密切结合。

（3）具备一定的教学能力，能够根据教学内容、教学对象的不同合理制订教学实施方案，形成教学内容、教学方法、教学手段一体化的个性化教学方案。

2. 兼职教师：

（1）具有律师事务所多年工作经验或法学相关专业知识的人员。

（2）具有资产评估事务所多年工作经验，熟悉资产评估相关法律法规及基本准则。

（二）实践教学条件

1. 配有课程教学资源网站，将各种教学资源集中统一管理，形成课程教学资源中心。满足专业教学和专业技能训练的需要，实现师生网上互动和多媒体资源共享，实现网上虚拟业务操作训练。

2. 配有多媒体教学资源，充分利用视频演示、电子教案、案例电子书籍等信息资源，教学资源品种多样、针对性强。

3. 有条件的组织模拟法庭，适时考虑组织学生开展法律咨询和法律服务。

七、教学方法与手段

（一）教学方法

1. 启发式教学法。首先，在教学中引导学生深刻理解课程的教学目标和内容结构，使学生产生学习的欲望和动力；其次，教会学生掌握正确的学习方法，利用启发式的引导，通过作业等多种形式，使课程内容被学生消化吸收。启发式教学的实施方式主要有提问启发、讨论启发、案例启发、实践启发几种方式。

2. 案例教学法。实施过程通常包括案例描述→思考方向→法理评析→案例启示→举一反三几个阶段。案例教学的步骤是首先选取典型案例，通过学生课前预习或者课上学习，并以大的案例贯穿始终、小的教学案例穿针引线，让学生积极参与课堂讨论。

3. 互动式教学法。在师生互动型教学中，学生是积极主动的学习者、是课堂的主人，但这并不意味着可以忽视教师的作用。相反，教师能否运用促进性的教学技能对师生互动型教学的效果具有决定性意义。

4. 模拟法庭。学生扮演法官、律师、原告和被告等角色，模拟庭审现场，激发学生的学习热情。

（二）教学手段

1. 多媒体教学。应用多媒体辅助教学可以激发学生学习经济法学的兴趣，提高教学效果。

2. 建立课程网站，通过网站设置相应的栏目，任课教师与选课学生可以通过课程网站进行案例发布讨论和作业发布讨论，还可以进行“问”与“答”交流，提高教学信息量，增强教学的互动效果。

八、检查评价

教学考核与评价的内容应包括学生知识掌握情况，以基本概念、基本原理和基本方法为主，考核学生掌握理论知识并应用其分析和解决实际问题的水平和能力。评价理念主要是理论与实践应用相结合，考核知识与能力相结合的思路。针对经济法课程的特点，结合课堂表现、小组讨论、课后作业以及考试情况，综合评定学生成绩。同时，应注重学生实践中分析问题、解决问题的考核，对待学习和应用上有独到见解的学生应特别给予鼓励，综合评价学生能力（见表2-12）。

表 2－12　　评价体系表

<table>
<tr><th>序号</th><th>章</th><th colspan="2">评价方式</th><th>评价标准</th><th>分值</th></tr>
<tr><td rowspan="4">1</td><td rowspan="4">法学基础知识</td><td>课堂表现</td><td>15%</td><td rowspan="22">• 课堂表现：评价学生考勤、纪律、对知识点的反应程度
• 小组讨论：分配角色由学生相互辩论，根据小组讨论、个体态度及表现结果评定成绩。评价学生的协作能力、交流沟通能力、组织能力、自主解决问题的能力
• 模拟法庭：评价学生模拟法庭过程对工作任务的完成情况和相关法律的应用情况
• 课后作业：评价学生对知识点的应用情况、查找资料的能力和撰写分析材料的能力
• 期终考试：综合评价学生在完成工作任务的过程中对必要知识的掌握程度</td><td rowspan="4">8</td></tr>
<tr><td>小组讨论</td><td>15%</td></tr>
<tr><td>课后作业</td><td>20%</td></tr>
<tr><td>期终考试</td><td>50%</td></tr>
<tr><td rowspan="5">2</td><td rowspan="5">民商法</td><td>课堂表现</td><td>10%</td><td rowspan="5">40</td></tr>
<tr><td>小组讨论</td><td>10%</td></tr>
<tr><td>模拟法庭</td><td>20%</td></tr>
<tr><td>课后作业</td><td>10%</td></tr>
<tr><td>期终考试</td><td>50%</td></tr>
<tr><td rowspan="4">3</td><td rowspan="4">市场规制法</td><td>课堂表现</td><td>20%</td><td rowspan="4">8</td></tr>
<tr><td>小组讨论</td><td>20%</td></tr>
<tr><td>课后作业</td><td>10%</td></tr>
<tr><td>期终考试</td><td>50%</td></tr>
<tr><td rowspan="5">4</td><td rowspan="5">宏观调控法</td><td>课堂表现</td><td>10%</td><td rowspan="5">14</td></tr>
<tr><td>小组讨论</td><td>10%</td></tr>
<tr><td>模拟法庭</td><td>20%</td></tr>
<tr><td>课后作业</td><td>10%</td></tr>
<tr><td>期终考试</td><td>50%</td></tr>
<tr><td rowspan="5">5</td><td rowspan="5">资产评估相关法规</td><td>课堂表现</td><td>10%</td><td rowspan="5">30</td></tr>
<tr><td>小组讨论</td><td>10%</td></tr>
<tr><td>模拟法庭</td><td>20%</td></tr>
<tr><td>课后作业</td><td>10%</td></tr>
<tr><td>期终考试</td><td>50%</td></tr>
<tr><td colspan="3">总评</td><td>100%</td><td></td><td>100</td></tr>
</table>

“国有资产管理”课程标准

一、课程定位

“国有资产管理”课程是资产评估与管理专业的专业核心课程。学习本课程有助于学生加深对资产评估专业的理解，建立评估理念，掌握国有资产的基本评估方法。设置本课程的目的是使学生在掌握资产管理知识的基础上，树立风险控制和资产管理意识，掌握国有资产产权的界定、登记、核资的基本理论和方法，培养具备从事资产投资管理、经营、收益管理、评估、管理效益评价等业务的资产管理能力，为学生能够参与企业管理奠定理论基础。

二、课程目标

国有资产管理是一项业务性很强的工作。通过学习“国有资产管理”课程，了解国有经济战略布局对国有资产管理的影响，理解资产评估管理与国有资产管理的辩证关系，能够界定国有资产产权，熟悉国有资产清产核资和统计，加强对国有资产的管理。借助国有资产管理方面知识的学习，全面提高学生参与企业管理工作的职业素养。

职业能力培养目标为：

1. 了解国有资产的含义、意义、必要性和迫切性；掌握国有资产产权界定和产权登记；熟悉国有资产清产核资和统计的方法；掌握国有资产投资效益形成过程；掌握国有资产管理收益的收缴办法及制度；掌握国有资产经营预算的计算；掌握国有资产的评估方法和评估管理；了解资源性国有资产的管理；熟悉非经营性国有资产的管理；熟悉国有资产管理的监督体系。

2. 能够理解建立国有资产管理体制的基本准则和内容，树立正确的资产管理意识，对企业进行管理的思维能力；能够对国有资产产权进行界定和依法登记，具有进行国有资产清产核资和统计的能力；树立正确客观的态度，具备从事资产投资管理、经营、收益管理、评估、管理效益评价等业务的资产管理能力。

3. 树立爱岗敬业、客观公正、参与管理和强化服务的职业态度；身心健康，具有较强的交际沟通能力、团队合作意识。能够通过国有资产管理的学习，对企业资产状况进行客观的评价。

三、设计思路

1. 本课程标准设计的总体思路是：根据国有资产管理与职业岗位的必然联系，以学生职业能力的培养和提升为核心，以培养学生运用理论知识分析国有资产管理体系的应用能力为目标，根据企业资产管理岗位的工作要求及运用所掌握的国有资产管理知识处理实际问题的能力，把课程内容分成国有资产管理概论、国有资产管理体制等 12 个课程项目，按照资产管理流程组织教学过程。

2. 充分利用现代化教学技术，广泛采用多媒体教学手段，充分利用网络教学在促进学生自主学习方面的作用，使学生通过课程的学习，能够全面地掌握国有资产管理岗位必需的理论知识。

3. 建立稳固的校外实训基地，定期组织参观学习，使学生进一步感受现代企业管理制度，提高运用国有资产管理知识解决实际问题的能力。

4. 教学效果的评价主要从课堂表现、小组讨论、课后作业、期终考试等几个方面进行综合评价。

5. 本课程建议总课时为 72 学时。

四、课时分配

表 2－13　“国有资产管理”课程项目模块及课时分配

<table>
<tr><th>序号</th><th>章</th><th>节</th><th colspan="2">课时分配</th></tr>
<tr><td rowspan="4">1</td><td rowspan="4">国有资产管理概论</td><td>国有资产管理的概念</td><td rowspan="2">2</td><td rowspan="4">4</td></tr>
<tr><td>国有资产分类</td></tr>
<tr><td>中国国有资产的形成</td><td rowspan="2">2</td></tr>
<tr><td>国外国有资产管理</td></tr>
<tr><td rowspan="3">2</td><td rowspan="3">公共部门经济运行与国有资产管理</td><td>市场失灵与公共企业运营</td><td>2</td><td rowspan="3">4</td></tr>
<tr><td>国有经济战略布局与国有资产管理</td><td rowspan="2">2</td></tr>
<tr><td>中国经济发展阶段与国有资产管理</td></tr>
<tr><td rowspan="3">3</td><td rowspan="3">国有资产管理体制</td><td>国有资产管理体制的内涵</td><td rowspan="2">2</td><td rowspan="3">4</td></tr>
<tr><td>建立国有资产管理体制的基本准则</td></tr>
<tr><td>国有资产管理体制的内容</td><td>2</td></tr>
<tr><td rowspan="4">4</td><td rowspan="4">国有资产管理基础</td><td>国有资产产权界定</td><td>2</td><td rowspan="4">6</td></tr>
<tr><td>国有资产产权登记</td><td>2</td></tr>
<tr><td>国有资产清产核资</td><td rowspan="2">2</td></tr>
<tr><td>国有资产统计</td></tr>
</table>

续表

序号	章	节	课时分配	
5	国有资产投资管理	国有资产投资资金来源	2	4
		国有资产投资方向、规模和结构		
		国有资产投资效益	2	
6	国有资产经营	国有资产经营的目的和原则	2	6
		国有资产经营的形式	2	
		国有资产处置管理	2	
7	国有资产收益管理	国有资产收益的含义	2	8
		国有资产管理收益的收缴	2	
		国有资产收益制度的历史演变	2	
		国有资本经营预算	2	
8	国有资产评估	国有资产评估概述	4	10
		国有资产评估方法	4	
		国有资产评估管理	2	
9	国有资产管理效益评价	国有资产管理效益的含义	2	10
		国有资产管理效益评价指标设计指导思想	2	
		中央企业综合绩效评价指标体系	2	
		中央企业负责人经营业绩评价指标	2	
		国有资产效益管理制度	2	
10	资源性国有资产管理	资源性国有资产概述	2	4
		主要资源性国有资产的管理	2	
11	非经营性国有资产	非经营性国有资产概述	2	4
		行政单位国有资产管理	2	
		事业单位国有资产管理		
12	国有资产管理监督	国有资产监督概述	2	6
		国有资产管理政府主管部门监督		
		立法监督	2	
		社会中介组织接受委托监督		
		社会新闻舆论监督	2	
		社会公众监督		
机动			2	2
合计			72	72

五、教学内容

表 2－14　　“国有资产管理”课程教学内容与教学要求

序号	章	知识内容和要求	技能内容和要求
1	国有资产管理概论	• 了解国有资产管理的概念 • 了解国有资产分类 • 了解中国国有资产的形成 • 了解国外国有资产管理	• 能够理解国有资产的定义 • 能够按不同标准对国有资产进行分类 • 能够熟悉我国国有资产的形成过程 • 能够熟悉国外国有资产管理的发展过程
2	公共部门经济运行与国有资产管理	• 了解市场失灵与公共企业运营 • 了解国有经济战略布局与国有资产管理 • 了解中国经济发展阶段与国有资产管理	• 能够理解市场失灵及其主要表现 • 能够理解政府失灵及其管理 • 能够理解国有资产与社会主义经济制度的必然关系 • 能够区分国有经济战略重点 • 能够理解社会主义初级阶段生产力发展水平与国有经济投资的适应性
3	国有资产管理体制	• 熟悉国有资产管理体制的内涵 • 熟悉建立国有资产管理体制的基本准则 • 掌握国有资产管理体制的内容	• 能够熟悉我国国有资产管理体制的历史演变 • 能够分析我国国有资产管理体制的现状 • 能够掌握分级所有、分级管理 • 能够实现资产运营效益最大化 • 能够掌握国有资产管理部门资产监管的内容 • 能够了解企业组织形式及其国有资产管理职责
4	国有资产管理基础	• 了解国有资产产权界定 • 熟悉国有资产产权登记 • 掌握国有资产清产核资 • 掌握国有资产统计	• 能够掌握产权理论 • 能够掌握国有资产产权界定的标准与方法 • 能够理解国有资产产权登记的含义 • 能够掌握国有资产产权登记的内容 • 能够掌握清产核资的内容 • 能够掌握清产核资的程序和步骤 • 能够掌握国有资产统计报告的内容
5	国有资产投资管理	• 了解国有资产投资资金来源 • 掌握国有资产投资方向、规模和结构 • 掌握国有资产投资效益	• 能够熟悉国有资产投资的性质、作用 • 能够掌握国有资产投资的资金来源 • 能够熟悉国有资产的投资方向 • 能够掌握国有资产投资规模 • 能够掌握国有资产投资结构 • 能够熟悉国有资产投资效益的概念、意义和原则 • 能够掌握国有资产投资效益的考核指标

续表

序号	章	知识内容和要求	技能内容和要求
6	国有资产经营	• 了解国有资产经营的目的和原则 • 了解国有资产经营的形式 • 掌握国有资产处置的管理	• 能够熟悉国有资产经营的目的 • 能够熟悉国有资产经营原则 • 能够掌握国有资产的股份制经营模式 • 能够熟悉国有资产的授权经营 • 能够熟悉国有资产的租赁经营 • 能够熟悉国有资产经营和改制过程中需要注意的问题 • 能够熟悉国有资产处置的程序 • 能够掌握国有资产处置的法律责任
7	国有资产收益管理	• 了解国有资产收益的含义 • 掌握国有资产管理收益的收缴 • 了解国有资产收益制度的历史演变 • 掌握国有资本经营预算	• 能够熟悉国有资产收益的概念 • 能够掌握国有资产收益的分类 • 能够熟悉国有资产收益的形式 • 能够掌握国有资产收益的收缴管理 • 能够了解国有资产收益制度的历史演变 • 能够熟悉试行国有资本经营预算的必要性 • 能够掌握国有资本经营预算的理论依据 • 能够熟悉国有资本经营预算的框架
8	国有资产评估	• 了解国有资产评估概述 • 掌握国有资产评估方法 • 掌握国有资产评估管理	• 能够熟悉资产评估的概念及其特点 • 能够掌握资产评估的市场法、成本法、收益法 • 能够掌握资产评估方法的比较和选择 • 能够熟悉我国国有资产评估业管理的进程 • 能够熟悉国有资产评估管理的法律法规制度 • 能够掌握资产评估准则
9	国有资产管理效益评价	• 理解国有资产管理效益的含义 • 理解国有资产管理效益评价指标设计指导思想 • 了解中央企业综合绩效评价指标体系 • 了解中央企业负责人经营业绩评价指标 • 掌握国有资产效益管理制度	• 能够掌握国有资产管理效益的特征 • 能够围绕国有资产管理的目标进行设计 • 能够理解综合绩效评价的内涵 • 能够掌握中央企业负责人经营业绩评价指标的评价办法 • 能够熟悉国有资产负责人效益管理制度
10	资源性国有资产管理	• 了解资源性国有资产概述 • 了解主要资源性国有资产的管理	• 能够熟悉资源性国有资产管理的内容 • 能够了解我国资源性国有资产管理的不足及其改善办法 • 能够熟悉各国有土地资源、矿产资源、森林资源、水资源的管理

续表

序号	章	知识内容和要求	技能内容和要求
11	非经营性国有资产	• 了解非经营性国有资产概述 • 了解行政单位国有资产管理 • 了解事业单位国有资产管理	• 能够掌握加强非经营性国有资产管理的必要性 • 能够熟悉我国非经营性国有资产管理体制 • 能够熟悉行政单位国有资产管理的内容 • 能够熟悉事业单位国有资产管理的内容
12	国有资产管理监督	• 了解国有资产监督概述 • 了解国有资产管理政府主管部门监督 • 了解立法监督 • 了解社会中介组织接受委托监督 • 了解社会新闻舆论监督 • 了解社会公众监督	• 能够熟悉国有资产监督的内涵及目标 • 能够熟悉国有企业监事会监督的内容 • 能够熟悉国有资产经营效益监督的内容 • 能够熟悉国有企业重大事项管理办法 • 能够熟悉立法机构监督的特点 • 能够熟悉社会中介组织接受委托监督的特点 • 能够熟悉社会新闻舆论监督的特点

六、教学条件

（一）教师任职条件

1. 专任教师：

（1）爱岗敬业，认真负责，对教学工作充满热情。

（2）熟悉相关法律法规，能够将资产管理工作岗位实践与教学密切结合。

（3）具备一定的教学能力，能够根据教学内容、教学对象的不同合理制订教学实施方案，形成教学内容、教学方法、教学手段一体化的个性化教学方案。

2. 兼职教师：

（1）具有企业资产管理岗位工作经历，熟悉资产管理工作程序。

（2）具有中级经济师以上专业职称。

（3）语言表达能力强，掌握一定的教学手段和方法，能够按教学计划完成教学活动。

（二）实践教学条件

1. 积极开发和利用网络教学资源。不断完善国有资产管理课程标准、电子教案、授课计划、课件、习题等教学文件以及师生互动平台。

2. 积极建立校外实习实训基地，满足学生实训需要。注重与国有企业资产管理部门的合作，组织学生到企业进行参观、交流和实习，体会现代化企业制度。

七、教学方法与手段

（一）教学方法

1. 体验式教学法。本课程教学初期，组织学生到企业，请企业资产管理岗位工作人员给学生讲解，参观学习，接触现代企业管理文化，激发学生的学习兴趣。

2. 案例教学法。本课程教学立足于加强学生职业能力的培养，充分认识国有资产管理的意义、方法，采用案例教学法，不断提高学生的学习兴趣，引导学生主动学习、自我学习。

3. 小组讨论法。将学生分成不同的小组，针对企业资产管理岗位的不同要求，讨论国有资产的产权界定、投资、收益等方面，每组分别完成不同岗位的工作，在使学生提高专业能力的过程中培养其团队合作意识。

（二）教学手段

1. 在教学过程中，合理有效地应用多媒体等现代教育技术。教学采用电子演示文稿、多媒体联机演示等各种先进教学手段，采用电子教案，列出课程内容的重点、难点、业务程序等，课堂教学生动活泼，不断提高教学效果和教学效率。

2. 充分利用网络，引导学生查询不同的企业管理模式作为案例，分析各自的特点，进行比较，从而培养学生分析问题，解决问题的能力，不断增强科学化管理的意识。

3. 在培养学生职业能力和传授相应知识的同时，重视职业道德和职业意识教育的渗透，帮助学生养成良好的个人品格和行为习惯，培养学生爱岗敬业精神、团队协作精神和创业精神，不断挖掘学生的潜力，为每个学生提供展示个性的机会。

八、检查评价

1. 本课程的评价关注学生理论体系构架、知识的应用能力，采用过程性评价与终结性评价相结合的方式，达到学习过程和学习结果评价的和谐统一。

2. 针对“国有资产管理”课程的特点，采用多样化的评价主体，全方位评价学生的表现。

3. 教师在过程性评价中，可以依照课堂表现、作业情况、小组讨论等进行评价；在终结性评价中，主要依照期末测试成绩进行评价。

4. 注重学生分析问题、解决问题能力的考核，全面综合评价学生的能力（见表2-15）。

表 2－15 **评价体系表**

序号	章	评价方式		评价标准	分值
1	国有资产管理概论	课堂表现	10%	• 课堂表现：评价学生考勤、纪律、对知识点的反应程度 • 小组讨论：评价学生的协作能力、交流沟通能力、组织能力、自主解决问题的能力 • 课后作业：评价学生对知识点的应用情况、查找资料的能力和撰写分析材料的能力 • 期终考试：综合评价学生理论体系的构架，对必要知识的掌握程度	6
		小组讨论	20%		
		课后作业	10%		
		期终考试	60%		
2	公共部门经济运行与国有资产管理	课堂表现	10%		4
		小组讨论	20%		
		课后作业	10%		
		期终考试	60%		
3	国有资产管理体制	课堂表现	10%		8
		小组讨论	20%		
		课后作业	10%		
		期终考试	60%		
4	国有资产管理基础	课堂表现	10%		8
		小组讨论	20%		
		课后作业	10%		
		期终考试	60%		
5	国有资产投资管理	课堂表现	10%		8
		小组讨论	20%		
		课后作业	10%		
		期终考试	60%		
6	国有资产经营	课堂表现	10%		10
		小组讨论	20%		
		课后作业	10%		
		期终考试	60%		
7	国有资产收益管理	课堂表现	10%		10
		小组讨论	20%		
		课后作业	10%		
		期终考试	60%		

续表

序号	章	评价方式		评价标准	分值
8	国有资产评估	课堂表现	10%		15
		小组讨论	20%		
		课后作业	10%		
		期终考试	60%		
9	国有资产管理效益评价	课堂表现	10%		15
		小组讨论	20%		
		课后作业	10%		
		期终考试	60%		
10	资源性国有资产管理	课堂表现	10%		6
		小组讨论	20%		
		课后作业	10%		
		期终考试	60%		
11	非经营性国有资产	课堂表现	10%		8
		小组讨论	20%		
		课后作业	10%		
		期终考试	60%		
12	国有资产管理监督	课堂表现	10%		2
		小组讨论	20%		
		课后作业	10%		
		期终考试	60%		
总评					100

“机电设备评估基础”课程标准

一、课程定位

“机电设备评估基础”课程是资产评估专业的一门核心课程，是针对该专业职业岗位必备的机械、液压、电机及电力拖动、数控等知识和机器设备的经济管理、寿命估算、故障诊断和质量评定等资产评估专业能力而设计的一门工学结合课程。通过本课程的学习，可以提高学生对机电设备的认知程度，使学生了解和掌握机电设备评估的基本理论，培养学生综合运用机电设备评估基础知识从事相关工作的能力。本课程对学生职业能力的培养和职业素质的养成起着主要支撑和明显的促进作用。

二、课程目标

通过本课程的教学，使学生认识常见的机电设备，了解常见机电设备的构成、工作原理及特点，熟悉机器设备经济管理相关知识，提高学生对机器设备质量检验的认知程度。在此基础上，能够结合本课程的内容，综合运用资产评估、经济法等相关知识，初步具备协助资产评估师从事机电设备评估基本工作的能力。

职业能力培养目标为：

1. 熟悉机器的组成和机械制造基本过程；掌握机械传动、液压传动、电动机、金属切削机床及其他常见机电设备的性能指标和特点；熟悉机器设备经济管理和质量检验等基础知识。

2. 能够认识和分辨常见的机器设备；能够对设备的维修、更新、技术改造等进行经济管理与分析；能够对常见设备进行质量检验和试验；能够就机械制造工艺过程进行技术经济分析；能够综合运用资产评估及机电设备评估基础知识协助从事评估工作。

3. 具有严谨的工作态度、良好的心理素质和职业道德；具有团队合作和协作精神；具有较强的语言表达、沟通和协调能力；能够自主学习，通过各种学习资源查找所需信息，具有终生学习的能力；具有运用网络资源、办公自动化等手段进行信息搜集和处理能力。

三、设计思路

1. 本课程标准设计的总体思路：以培养完成资产评估岗位工作任务所需的职业能力为核心，根据机电设备评估岗位工作任务对知识、技能和素质的要求及行业发展的需要来确定教学内容，着重介绍资产评估应该具备的基础理论、机电设备的工作原理、结构特点、经济管理、寿命估算以及质量评定等课程项目，按照从事机电设备评估工作所需知识由浅入深的组织教学。

2. 按照“教、学、做”理实一体化的教学要求，配合实训项目，模拟完成对机电设备评估的教学任务，为日后从事资产评估工作奠定良好的基础。

3. 搭建校外实训基地平台，发挥专任教师和企业教师各自的教学优势，利用企业的资源，提高学生对机电设备评估基本理论的理解和实践动手能力。

4. 教学效果的评价主要从课堂表现、小组讨论、课后作业、模拟实训、期终考试等几个方面进行综合评价，注重学生实践能力、分析问题、解决问题的能力考核。

5. 本课程建议总课时为72学时（理论教学和实践教学）。

四、课时分配

表2－16　“机电设备评估基础”课程项目模块及课时分配

<table>
<tr><th>序号</th><th>课程项目</th><th>课程模块</th><th colspan="2">课时分配</th></tr>
<tr><td rowspan="4">1</td><td rowspan="4">机器的组成与制造</td><td>机器的组成</td><td>2</td><td rowspan="4">10</td></tr>
<tr><td>机械制造基本过程</td><td>2</td></tr>
<tr><td>零件加工质量</td><td>2</td></tr>
<tr><td>机械制造工艺过程的技术经济分析</td><td>4</td></tr>
<tr><td rowspan="3">2</td><td rowspan="3">传动装置与电机</td><td>机械传动</td><td>6</td><td rowspan="3">14</td></tr>
<tr><td>液压传动</td><td>6</td></tr>
<tr><td>电动机及其电力拖动</td><td>2</td></tr>
<tr><td rowspan="5">3</td><td rowspan="5">金属切削机床</td><td>普通机床</td><td>6</td><td rowspan="5">14</td></tr>
<tr><td>特种加工机床</td><td>2</td></tr>
<tr><td>数控机床</td><td>2</td></tr>
<tr><td>工业机器人</td><td>2</td></tr>
<tr><td>机械加工生产线</td><td>2</td></tr>
</table>

续表

<table>
<tr><th>序号</th><th>课程项目</th><th>课程模块</th><th colspan="2">课时分配</th></tr>
<tr><td rowspan="5">4</td><td rowspan="5">其他常见的机电设备</td><td>内燃机</td><td>4</td><td rowspan="5">12</td></tr>
<tr><td>金属压力加工设备</td><td>2</td></tr>
<tr><td>压力容器</td><td>2</td></tr>
<tr><td>锅炉</td><td>2</td></tr>
<tr><td>起重机械</td><td>2</td></tr>
<tr><td rowspan="4">5</td><td rowspan="4">机器设备的经济管理</td><td>设备寿命周期费用</td><td>2</td><td rowspan="4">12</td></tr>
<tr><td>设备磨损与补偿</td><td>2</td></tr>
<tr><td>设备的经济管理与分析</td><td>6</td></tr>
<tr><td>设备管理的主要技术经济指标</td><td>2</td></tr>
<tr><td rowspan="4">6</td><td rowspan="4">机器设备的质量检验及试验</td><td>金属切削机床质量评定及试验</td><td>2</td><td rowspan="4">8</td></tr>
<tr><td>内燃机质量评定及检验</td><td>2</td></tr>
<tr><td>压力容器、锅炉的检验及试验</td><td>2</td></tr>
<tr><td>起重机的检验与试验</td><td>2</td></tr>
<tr><td colspan="3">机 动</td><td colspan="2">2</td></tr>
<tr><td colspan="3">合 计</td><td colspan="2">72</td></tr>
</table>

五、教学内容

表 2-17 “机电设备评估基础”课程教学内容与教学要求表

<table>
<tr><th>序号</th><th>课程项目</th><th>教学内容和要求</th><th>技能内容和要求</th></tr>
<tr><td>1</td><td>机器的组成与制造</td><td>• 熟悉按功能分析机器的组成
• 了解机器各个部分的主要功能
• 熟悉机器的生产过程和工艺过程
• 掌握毛坯生产的方式
• 掌握零件加工质量评定的主要指标
• 掌握不同生产类型的工艺特征
• 掌握尺寸公差带及其应用
• 熟悉不同配合的应用场合及选用原则
• 掌握计算轴孔配合公差的方法
• 熟悉单件生产、成批生产、大量生产的工艺特征</td><td>• 能够分析机器的组成
• 能够解释机器各组成部分的主要功能
• 能够区别生产过程和工艺工程
• 能够区分不同类型的毛坯生产过程
• 能够评定零件的加工质量
• 能够分清轴和孔配合的应用场合及选用原则
• 能够计算区分轴和孔配合的情况</td></tr>
</table>

续表

序号	课程项目	教学内容和要求	技能内容和要求
2	机械传动与液压传动	● 熟悉各种机械传动的特点及运动过程 ● 掌握影响机器功率数值的参数 ● 掌握机械传动的效率及其计算 ● 掌握机械传动的功率及其计算 ● 掌握传动速度比的计算 ● 掌握机械传动的机械传动系统图的阅读 ● 了解轮系的种类和功能 ● 掌握液压传动的工作原理 ● 掌握液压传动系统的组成 ● 熟悉液压传动的特点 ● 熟悉液压泵的分类及特点 ● 了解液压系统基本回路的功能、特点 ● 了解直流电动机的工作原理 ● 掌握三相异步电动机的基本结构 ● 掌握直流电动机的励磁方式 ● 掌握三相异步电动机的机械特性	● 能够区分不同的传动过程 ● 能够认识常见的传动装置 ● 能够应用曲柄摇杆机构解释实际问题 ● 能够应用曲柄滑块机构解释实际问题 ● 能够举例凸轮机构的应用 ● 能够计算机械传动的功率 ● 能够计算机械传动的效率 ● 能够计算机械传动的传动比 ● 会阅读传动系统图 ● 能够解释液压传动的原理 ● 能够区分常用液压泵的应用场合 ● 能够说明常用液压回路中所用元件的名称和作用 ● 能够计算压力、流量、功率和速度 ● 能够区分交流与直流电动机
3	金属切削机床	● 掌握机床的技术经济指标 ● 掌握机床类型、主参数等内容在机床型号中的表示方法 ● 熟悉普通车床的组成功能 ● 熟悉钻床的类型及各自特点 ● 了解镗床种类及常见镗床的特点 ● 熟悉刨床、插床和拉床的特点及应用范围 ● 了解铣床的构造特点及应用范围 ● 熟悉磨床的构造及应用范围 ● 掌握特种加工机床的特点及应用范围 ● 掌握数控机床的工作原理和特点 ● 了解数控机床的分类 ● 掌握机械加工生产线的组成及分类 ● 熟悉机械加工生产线的评价	● 能够从技术经济的层面评价机床的性能 ● 能够解释常见击穿的工作原理及其特点 ● 能够区别不同类型机床的应用范围 ● 能够评价机械加工生产线
4	其他常见机器设备	● 掌握汽油机与柴油机的主要区别 ● 掌握内燃机的主要性能指标 ● 熟悉内燃机的分类及构造 ● 了解内燃机的工作过程 ● 熟悉常用熔炼设备的结构及特点 ● 熟悉常用金属压力加工设备的分类及型号编制	● 能够分清汽油机和柴油机 ● 能够解释内燃机的基本工作原理 ● 能够阐明冲天炉的工作过程 ● 能够判断压力容器是否符合使用条件 ● 能够根据不同情况选择不同类型的起重机 ● 能够识别变压器的系列

续表

序号	课程项目	教学内容和要求	技能内容和要求
4	其他常见机器设备	• 了解压力容器的有关法规及技术标准 • 掌握压力容器的使用工艺条件及分类方法 • 掌握锅炉的分类及其基本参数的含义 • 熟悉起重机的分类 • 掌握不同类型起重机的特点及用途	
5	机器设备的经济管理	• 了解设备经济管理的基本内容 • 掌握设备寿命周期费用的构成 • 掌握设备磨损程度的度量 • 了解设备磨损与补偿的基本形式 • 熟悉设备管理中使用的主要技术经济指标 • 熟悉设备检查、维修的主要内容及方法 • 掌握设备在使用和维修过程中的成本核算及经济分析方法 • 熟悉常用的设备更新周期的确定方法 • 熟悉设备更新的经济分析 • 掌握设备技术改造经济决策中使用的基本方法 • 熟悉设备技术改造方案的经济分析方法 • 了解设备报废的原因及设备报废的条件	• 能够正确使用寿命周期费用法评价设备价值 • 能够区别不同的磨损类型 • 能够度量设备的磨损程度 • 能够针对磨损选择不同的补偿方式 • 能够对设备的使用和维修过程进行成本核算 • 能够选择正确的方法进行设备的检查和维修 • 能够确定常用设备的更新周期 • 能够对设备的技术改造方案进行经济分析 • 能够对设备的更新进行经济分析
6	机器设备的质量检验及试验	• 掌握设备精密度指数的计算及应用 • 掌握机床几何精度的检测方法 • 熟悉机器设备完好的主要内容 • 熟悉金属切削机床质量评定方法 • 熟悉金属切削机床的空转试验、负荷试验的目的、方法及结果判断 • 熟悉数控机床的质量检验 • 熟悉内燃机损伤的主要原因 • 熟悉内燃机主要故障分析 • 掌握内燃机质量评定 • 掌握压力容器的质量检验内容 • 掌握锅炉试验的目的、方法 • 熟悉锅炉质量检验的内容 • 掌握桥式起重机主要受力部件及专用零部件检验 • 了解起重机试验的条件	• 能够根据计算结果评价机器设备的精度 • 能够对金属切削机床进行质量评定 • 能够对影响机床工作精度的因素及工作精度进行评价 • 能够对内燃机进行质量评定 • 能够对内燃机进行简单故障的分析 • 能够对压力容器的安全状况等级进行划分 • 能够根据试验结果判断锅炉的质量

六、教学条件

（一）教师任职条件

1. 专任教师：

（1）爱岗敬业，认真负责，对教学工作充满热情。

（2）具有扎实的理论基础和相应的资产评估相关职业工作经历，熟悉常见机电设备的基本结构、工作原理及特点。

（3）具有对经济发展和资产评估职业的充分认识，能够加强学生对机电设备评估课程及资产评估职业的理解。

（4）具备一定的教学能力，能够根据教学内容、教学对象的不同合理制订教学实施方案，形成教学内容、教学方法、教学手段一体化的个性化教学方案。

2. 兼职教师：

（1）具有在资产评估事务所从事资产评估工作的专业人员。

（2）具有多年从事资产评估工作经验的相关人员，熟悉机电设备及其评估工作。

（3）具有中、高级资产评估职业资格的人员。

（二）实践教学条件

1. 配备资产评估综合实训室，对机电设备评估全过程进行实训。

2. 配备较为丰富的课堂与学习指导教学资源，具体包括：教学课件与软件、电子书籍、案例、图书与文献资料等。

3. 具有一定数量的紧密型工学结合的校外实训基地，能进行相关设备的基本结构及工作原理的示范教学。

4. 建立互联网和机电设备评估教育在线等信息资源。

七、教学方法与手段

（一）教学方法

1. 案例教学法。以实际案例为例，讲解机电评估的相关法律法规规定及业务办理流程，增强教学的真实感和指导性。

2. 启发式教学法。教师根据教学目标，采用各种生动形象的方法，充分调动学生学习的自觉性、主动性，引导学生积极思考，使学生融会贯通地掌握知识，激发对机电设备评估基础的学习兴趣，并在这个过程中培养学生的独立思考能力和想像力。

（二）教学手段

1. 多媒体教学。运用多媒体教学可以用大量的动画来系统细致地解析教学内容。在动画中，力图用最简练的语言、最有用的动画动作进行直观的讲解。学生可以通过看、听、视频解说来接受信息，增强课堂的现场感、真实感。

2. 充分利用资产评估综合实训室资源，提升学生对机电设备进行评估的实操能力。

八、检查评价

本课程的考核采用多元化考核，注重过程性学习能力的培养，有利于引导学生树立正确的学习态度，建立良好的学习习惯，克服学生突击复习应付考试带来的弊端，能真实反映学生的学习效果（见表2－18）。

表2－18　　评价体系表

<table>
<tr><th>序号</th><th>课程项目</th><th colspan="2">评价方式</th><th>评价标准</th><th>分值</th></tr>
<tr><td rowspan="4">1</td><td rowspan="4">机器的组成与制造</td><td>课堂表现</td><td>20%</td><td rowspan="16">• 课堂表现：评价学生考勤、纪律、学习态度及对知识点的反应程度
• 小组讨论：以小组为单位进行学习，从讨论效果、学习态度等几个方面进行综合评价，评价学生的协作能力、交流沟通能力、组织能力、自主解决问题的能力
• 模拟实训：主要根据实务操作、案例分析、实训报告的完成情况评价学生模拟工作过程对工作任务的完成情况
• 课后作业：根据平时作业上交的及时性与独立性，评价学生对知识点的应用情况、查找资料的能力和撰写分析材料的能力
• 期终考试：综合评价学生在完成工作任务的过程中对必要知识的掌握程度</td><td rowspan="4">10</td></tr>
<tr><td>小组讨论</td><td>20%</td></tr>
<tr><td>课后作业</td><td>20%</td></tr>
<tr><td>期终考试</td><td>40%</td></tr>
<tr><td rowspan="4">2</td><td rowspan="4">传动装置与电机</td><td>课堂表现</td><td>10%</td><td rowspan="4">18</td></tr>
<tr><td>小组讨论</td><td>20%</td></tr>
<tr><td>课后作业</td><td>30%</td></tr>
<tr><td>期终考试</td><td>40%</td></tr>
<tr><td rowspan="4">3</td><td rowspan="4">金属切削机床</td><td>课堂表现</td><td>20%</td><td rowspan="4">18</td></tr>
<tr><td>小组讨论</td><td>10%</td></tr>
<tr><td>课后作业</td><td>30%</td></tr>
<tr><td>期终考试</td><td>40%</td></tr>
<tr><td rowspan="4">4</td><td rowspan="4">其他常见的机电设备</td><td>课堂表现</td><td>20%</td><td rowspan="4">16</td></tr>
<tr><td>小组讨论</td><td>20%</td></tr>
<tr><td>课后作业</td><td>20%</td></tr>
<tr><td>期终考试</td><td>40%</td></tr>
</table>

续表

<table>
<tr><th>序号</th><th>课程项目</th><th colspan="2">评价方式</th><th>评价标准</th><th>分值</th></tr>
<tr><td rowspan="5">5</td><td rowspan="5">机器设备的经济管理</td><td>课堂表现</td><td>10%</td><td rowspan="10"></td><td rowspan="5">20</td></tr>
<tr><td>小组讨论</td><td>20%</td></tr>
<tr><td>模拟实训</td><td>20%</td></tr>
<tr><td>课后作业</td><td>10%</td></tr>
<tr><td>期终考试</td><td>40%</td></tr>
<tr><td rowspan="5">8</td><td rowspan="5">机器设备的质量检验及试验</td><td>课堂表现</td><td>10%</td><td rowspan="5">18</td></tr>
<tr><td>小组讨论</td><td>20%</td></tr>
<tr><td>模拟实训</td><td>20%</td></tr>
<tr><td>课后作业</td><td>10%</td></tr>
<tr><td>期终考试</td><td>40%</td></tr>
<tr><td colspan="3">总评</td><td>100%</td><td></td><td>100</td></tr>
</table>

“建筑工程评估基础”课程标准

一、课程定位

“建筑工程评估基础”课程是资产评估专业的核心课程之一。通过本课程的学习，学生能够了解建设工程及其建设程序，以及相关的法律法规；掌握常用建筑材料的种类、特性及基本用途；建设工程与建筑装修工程的组成与构造；熟悉房屋建筑工程的质量验收与损伤评定方法；熟练掌握建设工程造价的确定，并且能对建设工程进行财务和功能评价。提高学生对建筑工程评估的认知程度，使学生了解和掌握建筑工程评估的基本理论，训练学生综合运用基础知识从事相关工作的能力。本课程对学生职业能力的培养和职业素质的养成起着主要的支撑和明显的促进作用。

二、课程目标

本课程通过建筑工程评估岗位的工作任务引导教学活动，细分成各个教学模块，具体地培养学生掌握建筑工程评估专业知识的能力，达到资产评估专业考核标准的要求。同时，参照实际建筑工程评估工作岗位的要求，使两者能够在未来的工作中有一个很好的衔接。在此基础上，能够结合本课程内容综合运用质量验收与损伤评定、建设工程造价的确定、建筑物的损耗等相关知识，具备在实际的工作环境中对建设工程进行评估的能力。

职业能力培养目标为：

1. 了解建设工程建设程序以及相关的法律法规；掌握建筑工程材料的相关知识；熟悉建设工程的组成与构造；熟悉工程质量验收与损伤评定。

2. 能够具有常用建筑工程评估的检测能力；能够具有正确、合理地选择建筑材料的能力；能够具有对工程图纸进行识别的能力；具有对工程量及建筑物损耗进行计算的能力。

3. 具有良好的心理素质、礼仪修养、诚信品格和社会责任感；具有团队合作和协作精神；具有较强的语言表达、沟通和协调能力；具有运用网络资源、办公自动化等手段进行信息搜集和处理能力。

三、设计思路

1. 本课程标准设计的总体思路：以培养资产评估企业发展需要和达到资产评估职业岗位应具备的能力素质为导向，以培养资产评估行业所需的职业能力为核心，紧密联系资产评估企业建筑工程评估的工作实际，突出对建筑工程评估基本知识、基本方法、基本原理的学习和运用，让学生在学习过程中学会评估方法，激发自我发展的愿望。课程教学内容根据资产评估岗位工作任务对知识、技能、素质和能力的要求以及行业发展的需要来确定。设计了建筑材料、建设工程的组成和构造等八个课程项目，为后续相关课程奠定了良好的基础。

2. 按照“教、学、做”理实一体化的教学要求，配合实训项目，模拟完成建筑工程评估教学任务。

3. 建立稳固的校外实训基地，定期组织实地教学、参观学习，丰富教学内容，利用企业的资源，提高学生对建筑工程评估基本理论的理解和实践动手能力。

4. 教学效果的评价主要从课堂表现、小组讨论、课后作业、模拟实训、期终考试等几个方面进行综合评价，注重学生实践能力、分析问题、解决问题的能力考核。

5. 本课程建议总课时为 72 学时（理论教学和实践教学）。

四、课时分配

表 2－19　“建筑工程评估基础”课程项目模块及课时分配

序号	课程项目	课程模块	课时分配	
1	概述	建设工程及其建设程序	4	8
		建设工程分类	2	
		工程建设相关法律法规	2	
2	建筑材料	常用的建筑材料	2	10
		混凝土和钢筋混凝土	2	
		建筑功能材料	2	
		建筑装饰装修材料	2	
		复合墙体材料	2	
3	建设工程的组成和构造	建筑工程地基基础	2	8
		房屋建筑工程主体结构	2	
		常见建筑结构形式	2	
		水、暖、电建筑安装工程	2	

续表

序号	课程项目	课程模块	课时分配	
4	建筑装饰装修工程	楼地面装饰装修工程	2	8
		墙面装饰装修与幕墙工程	2	
		顶棚装饰装修工程	2	
		门窗装饰装修工程	2	
5	房屋建筑工程质量验收与损伤评定	质量验收	2	8
		损伤检测内容	2	
		常见质量病害分析	2	
		新旧程度参考标准	2	
6	建筑工程量计算	工程识图	2	10
		房屋建筑面积计算方法	3	
		房屋建筑工程量计算	3	
		其他土木工程量计算	2	
7	建设工程造价及其构成	建设工程造价构成	3	6
		建筑安装工程费用	3	
8	建筑工程造价的确定	投资估算	4	14
		设计概算	4	
		施工图预算	2	
		工程量清单计价法	2	
		工程结算及竣工决算	2	
总计			72	72

五、教学内容

表 2-20　　“建筑工程评估基础”课程教学内容与教学要求

序号	课程项目	知识内容和要求	技能内容和要求
1	概述	• 熟悉建设项目及其组成 • 了解建设项目的分类 • 熟悉工程项目建设程序 • 了解房屋建筑工程分类 • 熟悉其他土木工程分类	• 能够区别不同工程所属类别的能力 • 能够从不同角度对建设工程项目的类别进行区分 • 能够按程序掌握工程项目的七个阶段以及每个阶段的具体工作内容

续表

序号	课程项目	知识内容和要求	技能内容和要求
1	概述	• 了解工程建设法律法规体系及其实施 • 熟悉工程建设相关法律法规的主要内容	• 能够掌握桥梁、隧道、道路等其他土木工程的规模标准 • 能够掌握建筑许可办理的相关手续 • 能够辨析建筑工程发包和承包的权利与义务 • 能够冷静地按照规定的程序处理工程监理相关工作 • 能够熟悉城市房地产开发经营管理条例的具体内容 • 能够掌握国有土地征收要求的判定
2	建筑材料	• 了解建筑材料的分类 • 熟悉水泥的种类、性质、强度等级及应用范围 • 熟悉木材的物理力学性质 • 熟悉建筑钢材的相关内容以及技术性质 • 熟悉气硬性胶凝材料的技术性能 • 了解砌墙砖、建筑砂浆和建筑砌块的种类和性质 • 熟悉混凝土的种类和配合比 • 熟悉钢筋混凝土的技术性质 • 了解建筑防水材料、建筑隔热材料、建筑防火材料、建筑防腐材料 • 熟悉建筑装饰装修材料 • 复合墙体的特点、组成以及常用的复合墙体主材	• 能够根据水泥的性质进行工程施工 • 能够对木材的物理性质和力学性质进行简单的阐述 • 能够熟知钢材的技术性能，特别是具有辨析抗拉四个阶段的能力 • 能够区分钢筋混凝土的特征 • 能够学会计算钢筋混凝土的配合比 • 能够掌握混凝土在特定条件下具有的性质 • 能够掌握预应力混凝土的基本原理 • 能够按照要求判断建筑功能材料的类型 • 能够根据实际选择适合要求的玻璃类型 • 能够掌握涂料的组成以及组成部分所发挥的作用 • 能够按照需要选择合适的复合墙体主材
3	建筑工程的组成与构成	• 了解建筑结构荷载 • 熟悉结构构件的强度、刚度和稳定性 • 熟悉建筑工程构件的基本变形和受力分析 • 建筑工程的基本组成 • 地基基础概述、基础的设计 • 基础的分类及构造、基础的防潮和防水 • 墙体、楼盖、楼梯与台阶和屋顶 • 砖混结构、排架结构、框架结构、钢筋混凝土剪力墙结构和框架—剪力墙结构 • 建筑水、暖、电建筑安装工程 • 其他土木工程的基本构造	• 能够根据具体情况对失稳现象进行分析 • 能够根据建筑构件的受力分析，判定构件在基本变形状态下能否安全工作 • 能够根据地基承载力的大小来确定基础底面积和基础埋深的能力 • 能够按照外形对基础分类进行概述和对分类的属性进行界定 • 能够根据图形分析基础防潮层位置正确与否 • 能够对不同建筑结构形式承受的主要荷载及其传递路线进行分析

续表

序号	课程项目	知识内容和要求	技能内容和要求
4	建筑装饰装修工程	• 了解装饰装修工程的分类和特点 • 楼地面的构造层次 • 楼地面饰面的分类 • 常见楼地面的构造 • 墙面装饰装修工程和幕墙工程 • 直接式顶棚和悬吊式顶棚的基本构造 • 门窗的种类 • 塑钢门窗	• 能够对楼地面的三个构造层次进行简单的分析 • 能够对整体式楼地面和木楼地面的特点和构造方式进行分析 • 能够对墙面装饰装修工程构造特别是贴面类墙体饰面构造根据要求选择合适的方法进行贴挂 • 能够分析悬吊式顶棚的构造组成与所用材料 • 能够根据所用材料分类对不同材料门窗的优、缺点进行分析 • 掌握塑钢门窗范围内的玻璃钢门窗、钢塑复合低发泡门窗、彩色塑钢门窗和铝塑复合保温窗的优、缺点
5	房屋建筑工程质量验收与损伤评定	• 了解房屋建筑工程质量验收的依据 • 了解房屋建筑工程施工质量验收的程序和标准 • 掌握房屋建筑工程质量验收的内容 • 掌握建筑装饰装修工程质量验收的主要内容 • 了解房屋建筑工程损伤检测程序和检测方法 • 掌握房屋建筑工程损伤检测的主要内容 • 掌握地基基础的损伤对建筑物的影响 • 掌握结构设计考虑不周对建筑物的影响 • 了解建筑装饰装修工程常见的质量病害 • 了解房屋完损等级评定标准、危险房屋鉴定标准、民用建筑可靠性鉴定标准和工业建筑可靠性鉴定标准 • 了解工程结构可靠性设计统一标准	• 主控项目与一般项目的区分 • 能够详细说明建筑主体结构工程的主控项目及其检验方法 • 能够说明混凝土分项工程主要主控项目原材料和配合比设计 • 能够全面阐述砖砌体分项工程的主要主控项目 • 能够运用不同的检测方法对地基基础承载力进行检测 • 能够确定钢筋混凝土损伤检测的主要内容以及检测方法 • 能够熟练的对砌体结构的损伤进行检测 • 能够对钢结构的损伤进行检测 • 能够根据地基基础沉降产生墙体裂缝、柱体破坏进行分析的能力 • 能够对钢筋混凝土结构设计中受力主筋配置不当产生的裂缝进行分析 • 能够对主梁纵向构造筋配置不当造成梁侧出现的垂直裂缝进行分析

续表

序号	课程项目	知识内容和要求	技能内容和要求
6	建筑工程量计算	• 掌握工程图纸及其分类 • 掌握识图原理和建筑工程图纸 • 掌握建筑面积及其计算规则 • 掌握建筑面积计算示例 • 掌握土方工程、门窗工程和砌体工程建筑工程量的计算 • 掌握混凝土及钢筋混凝土工程中模板工程量、混凝土工程量、钢筋工程量的计算方法和计算过程 • 掌握楼地面工程和装饰装修工程工程量的计算 • 其他土木工程工程量的计算	• 能够根据图纸上的标注识别其代表的建筑对象 • 具备识别建筑立面图、剖面图和建筑详图的能力 • 能够根据给出的条件计算房屋的建筑面积 • 能够根据给出的条件计算土方工程、门窗工程和砌体工程建筑工程量 • 具备计算模板工程量、混凝土工程量、钢筋工程量的能力 • 具备计算装饰装修工程中不同装修部位的能力
7	建筑工程造价及其构成	• 了解建筑工程造价的基本概念 • 掌握建筑工程定额定价和工程量清单计价 • 了解建设工程造价 • 掌握设备及工器具购置费用、建筑安装工程费用、工程建设其他费用和预备费、建设期贷款利息、固定资产投资方向调节税 • 掌握建筑安装工程费用的内容及构成 • 掌握直接费、利润及税金 • 工程施工发包与承包计价办法	• 能够阐明建设工程造价的内容构成 • 具备计算设备购置费用的能力 • 能够根据给出的已知条件计算直接工程费和措施费 • 能够计算间接费和税金 • 能够掌握工料单价法和综合单价法
8	建设工程造价的确定	• 了解投资估算的内容 • 掌握投资估算的编制方法 • 了解设计概算的概述和内容 • 掌握单位工程概算编制方法 • 施工图预算的内容和分类 • 一般土建工程施工图预算的编制程序和方法 • 给排水、采暖、燃气、电气照明安装工程施工图预算的编制 • 工程量清单计价的内容和方法 • 了解工程决算和竣工决算	• 能够熟练运用固定资产投资的估算方法 • 能够运用单位建筑工程概算编制方法 • 能够运用单位设备及安装工程概算编制方法的能力 • 能够阐述单价法、实物法和综合单价法 • 能够编制给排水、采暖、燃气、电气照明安装工程施工图的程序 • 能够熟练的对工程量清单计价

六、教学条件

（一）教师任职条件

1. 专任教师：

（1）爱岗敬业，认真负责，对教学工作充满热情。

（2）具有扎实的理论基础，熟悉建筑工程评估的基本方法、工程造价原理。

（3）具有高校教师资格证书，引导学生加深对建筑工程评估课程的理解。

（4）具备一定的教学能力，能够根据教学内容、教学对象的不同合理制订教学实施方案，形成教学内容、教学方法、教学手段一体化的个性化教学方案。

2. 兼职教师：

（1）具有多年的从事工程预算的经历，具备丰富的实际工作经验。

（2）具有多年资产评估事务所工作经验的专业人员。

（3）具有相关中、高级职业技术资格证书的专业人员。

（二）实践教学条件

1. 配备资产评估综合实训室，对建筑工程评估全过程进行实训。

2. 配备较为丰富的课堂与学习指导教学资源，具体包括：教学课件与软件、电子书籍、案例、图书与文献资料等。

3. 具有一定数量的紧密型工学结合的校外实训基地，能进行相关建筑工程评估的示范教学。

4. 建立互联网和机电设备评估教育在线等信息资源。

七、教学方法与手段

（一）教学方法

1. 项目化教学法。本课程在教学过程中应立足于加强学生实际应用技能的培养，通过项目教学、以工作任务驱动提高学生的学习兴趣，培养学生的协作意识和在真实业务场景下的职业适应能力。

2. 示范式教学法。根据课程需要，组织学生到施工现场进行教学，请行业专家进行现场讲解、示范。

3. 引导式教学法。在教学过程中，教师应积极引导学生提升职业素养，提高职业道德，养成严谨认真的工作习惯，达到知识、技能和态度的有机统一。

（二）教学手段

1. 在教学过程中，要充分利用实际的案例和施工图纸，应用多媒体、投影、电脑、网络等教学资源辅助教学，帮助学生熟练掌握建筑工程要点。

2. 实训室教学。充分利用资产评估实训室资源，提升学生对建筑工程进行评估的实操能力。

八、检查评价

1. 本课程的评价以实际案例的准确度作为主要依据，以掌握课程知识作为次要依据，评价的标准按照理论和实际双重考核标准来确定。

2. 结合课堂提问、平时作业、平时测验及考试情况，综合评价学生成绩。注重学生动手能力和实践中分析问题、解决问题能力的考核，对在学习和应用上有创新的学生应予特别鼓励，全面综合评价学生能力。

3. 课程平时成绩占40%，主要考核完成学习性工作任务的准确度和速度，包括课堂表现、小组讨论、课后作业和模拟实训。期末卷面考试占总评成绩的60%（见表2-21）。

表2-21　　评价体系表

<table>
<tr><th>序号</th><th>课程项目</th><th colspan="2">评价方式</th><th>评价标准</th><th>分值</th></tr>
<tr><td rowspan="4">1</td><td rowspan="4">概述</td><td>课堂表现</td><td>10%</td><td rowspan="16">• 课堂表现：评价学生考勤、纪律、学习态度及对知识点的反应程度
• 小组讨论：以小组为单位进行学习，从讨论效果、学习态度等几个方面进行综合评价，评价学生的协作能力、交流沟通能力、组织能力、自主解决问题的能力
• 模拟实训：主要根据实务操作、案例分析、实训报告的完成情况评价学生模拟工作过程对工作任务的完成情况
• 课后作业：根据平时作业上交的及时性与独立性，评价学生对知识点的应用情况、查找资料的能力和撰写分析材料的能力
• 期终考试：综合评价学生在完成工作任务的过程中对必要知识的掌握程度</td><td rowspan="4">10</td></tr>
<tr><td>小组讨论</td><td>20%</td></tr>
<tr><td>课后作业</td><td>10%</td></tr>
<tr><td>期终考试</td><td>60%</td></tr>
<tr><td rowspan="4">2</td><td rowspan="4">建筑材料</td><td>课堂表现</td><td>10%</td><td rowspan="4">15</td></tr>
<tr><td>小组讨论</td><td>20%</td></tr>
<tr><td>课后作业</td><td>10%</td></tr>
<tr><td>期终考试</td><td>60%</td></tr>
<tr><td rowspan="4">3</td><td rowspan="4">建设工程的组成与构造</td><td>课堂表现</td><td>10%</td><td rowspan="4">15</td></tr>
<tr><td>小组讨论</td><td>20%</td></tr>
<tr><td>课后作业</td><td>10%</td></tr>
<tr><td>期终考试</td><td>60%</td></tr>
<tr><td rowspan="4">4</td><td rowspan="4">建筑装饰装修工程</td><td>课堂表现</td><td>10%</td><td rowspan="4">10</td></tr>
<tr><td>小组讨论</td><td>20%</td></tr>
<tr><td>课后作业</td><td>10%</td></tr>
<tr><td>期终考试</td><td>60%</td></tr>
</table>

续表

序号	课程项目	评价方式		评价标准	分值
5	房屋建筑工程质量验收与损伤评定	课堂表现	10%		10
		小组讨论	10%		
		模拟实训	20%		
		期终考试	60%		
6	建筑工程量计算	课堂表现	10%		15
		小组讨论	10%		
		模拟实训	20%		
		期终考试	60%		
7	建设工程造价及其构成	课堂表现	10%		10
		小组讨论	10%		
		模拟实训	20%		
		期终考试	60%		
8	建设工程造价的确定	课堂表现	10%		15
		小组讨论	10%		
		模拟实训	20%		
		期终考试	60%		
总评			100%		100

"资产评估实务"课程标准

一、课程定位

"资产评估实务"课程是资产评估与管理专业的实践技能课，也是资产评估与管理专业核心课程之一，是在学习了"资产评估基础"课程的前提下后续开设的课程。其功能在于培养学生全面掌握现代资产评估的基本理论方法、评估原则和评估程序。根据课程内容，结合资产评估工作的实际，通过项目任务教学，增强学生的实践能力，培养学生的职业素质；熟悉市场法、成本法、收益法的原理和步骤；通过案例教学，培养学生综合运用专业知识的能力，并在学习中学会做人、学会学习，学会生活，学会做事，以发展和促进学生业务能力和技能为中心，初步掌握从事现代资产评估实践活动必须具备的基本技能和基本方法。

二、课程目标

通过各种具体的案例教学项目活动，旨在使学生树立资产评估观念，培养完成资产评估各种业务的能力，明确资产评估任务、目的和意义，掌握将资产评估的基本原理、基本方法应用于实际资产评估工作的技能，形成资产评估的职业能力，以便充分发挥资产评估在市场经济中的作用，为社会主义现代化建设服务。

职业能力培养目标为：

1. 了解资产评估事务所具体的岗位设置；熟悉资产评估的基本程序和操作流程；熟悉资产评估方法的应用；熟悉资产评估报告的编写内容与技巧。

2. 树立正确的资产评估观念，明确资产评估任务、目的和意义；能够熟练运用资产评估的基本原理、基本方法参与实际资产评估工作；能够进行资产评估与管理，并具有编写评估报告的能力，具有较强的综合素质和职业岗位能力。

3. 培养爱岗敬业精神，健全的心理品质、健康的体魄和良好的职业道德，团结协作的团队意识。在资产评估工作中，培养能够"下得去、用得上、留得住、上手快"的优良工作作风。

三、设计思路

1. 本课程标准设计的总体思路是：本着"以学生为本、理实结合、能力与素质培养相统一”的现代高职教育理念，以培养学生的职业能力为主线，把知识学习、知识运用各环节有机地结合在一起，紧密联系评估企业的实际情况，合理安排课程内容。本课程设计了十个工作项目，都以案例的形式展开，同时配有资产评估实训软件，让学生在完成具体项目的过程中学会评估，达到理论知识的应用、熟悉资产评估工作的程序、掌握资产评估的岗位技能和职业能力的目标。注意对企业文化与精神的了解，培养学生的敬业与合作精神，树立全局意识。以工作任务为中心组织课程内容，让学生在完成具体评估项目的过程中掌握流动资产评估、机器设备评估、房屋建筑物评估、土地使用权评估、负债的审核与评估、企业价值评估等资产评估方法，编制资产评估报告。在教学过程中，通过校企合作、责任意识，激发学生自我发展的愿望。

2. 按照“教、学、做”理实一体化的教学要求，在案例分析的基础上，针对每一个项目，在老师的指导下，边学边练，突出提高学生的实际操作水平。

3. 通过校企合作、工学结合，为学生提供大量的实践机会，培养学生的综合素质和可持续发展能力。

4. 教学效果的评价主要从课堂表现、小组讨论、知识的巩固、模拟实训、期末考试等几个方面进行综合评价，注重学生实践能力、分析问题、解决问题的能力考核。

5. 本课程建议总课时为72学时（理论教学和实践教学）。

四、课时分配

表2－22　“资产评估实务”课程项目及课时分配

课程项目		学时
资产评估实务	项目一：实训说明	4
	项目二：流动资产评估案例实训	6
	项目三：机器设备评估案例实训一	8
	项目四：机器设备评估案例实训二	8
	项目五：房屋建筑物评估案例实训一	8
	项目六：房屋建筑物评估案例实训二	8
	项目七：土地使用权评估案例实训	8
	项目八：负债的审核与评估案例实训	4
	项目九：企业价值评估案例实训	10
	项目十：资产评估报告	6
	复　习	2
合　计		72

五、教学内容

表 2 – 23　　“资产评估实务”课程项目内容与任务要求

课程项目	实训任务	学习任务
实训说明	任务：熟悉资产评估的工作	学习任务 1：资产评估人员工作内容
		技能训练任务 1：课堂讨论：资产评估人员的工作内容
		学习任务 2：资产评估员的工作职责
		技能训练任务 2：课堂讨论：熟悉资产评估员的工作职责
		学习任务 3：资产评估的工作流程
		技能训练任务 3：课堂讨论：熟悉资产评估的工作流程
流动资产评估案例实训	任务：××企业拟以流动资产原材料质押用于银行贷款	学习任务 1：了解流动资产评估的方法
		技能训练任务 1：课堂讨论：回忆流动资产评估的方法有哪些
		学习任务 2：熟悉流动资产评估的程序
		技能训练任务 2：课堂讨论：熟悉评估准备阶段、现场调查阶段、评定估算阶段、撰写评估报告、评估报告审核和报出需要有哪些准备工作
		学习任务 3：掌握各类流动资产评估方法
		技能训练任务 3：实训模拟：××企业拟以流动资产原材料质押用于银行贷款的应用案例
机器设备评估案例实训	任务一：××汽车配件厂拟就其机床抵押贷款进行评估 任务二：××公司拟受让旧机动车一辆	学习任务 1：了解机器设备评估的相关知识
		技能训练任务 1：课堂讨论：机器设备评估的方法有哪些
		学习任务 2：理解机器设备核查、鉴定的程序
		技能训练任务 2：课堂讨论：熟悉机器设备的核查、鉴定程序和需要做的准备工作有哪些
		学习任务 3：机器设备的评估及评估报告
		技能训练任务 3：实训模拟：××汽车配件厂拟就其机床抵押贷款进行评估的应用案例 技能训练任务 4：实训模拟：××公司拟受让旧机动车一辆

续表

课程项目	实训任务	学习任务
房屋建筑物评估案例实训	任务一：××有限公司拟抵押其自有房产评估 任务二：××有限公司拟对××房地产拆迁的价值进行评估	学习任务1：了解房屋建筑物的相关知识
		技能训练任务1：课堂讨论：建筑物的特性有哪些及怎样分类
		学习任务2：建筑物评估原则及基本程序
		技能训练任务2：课堂讨论：明确估价基本事项、如何拟定估价方案、搜集估价资料、现场评估和评估计划、调整评估结果、撰写评估报告等工作
		学习任务3：掌握房屋建筑物评估
		技能训练任务3：实训模拟：××有限公司拟抵押其自有房产评估的应用案例 技能训练任务4：实训模拟：××有限公司拟对××房地产拆迁的价值进行评估的应用案例
土地使用权评估案例实训	任务一：××公司国有土地使用权抵押价格评估 任务二：××市土地储备中心国有土地使用权出让评估	学习任务1：了解土地使用权评估的方法
		技能训练任务1：课堂讨论：地使用权评估的基本方法有哪些
		学习任务2：理解土地使用权评估的程序
		技能训练任务2：课堂讨论：评估准备、制定评估作业计划、现场勘查、搜集资料、选择评估方法和撰写评估报告
		学习任务3：掌握土地使用权评估
		技能训练任务3：实训模拟：××公司国有土地使用权抵押价格评估的应用案例 技能训练任务4：实训模拟：××市土地储备中心国有土地使用权出让评估的应用案例
负债评估实训	任务：负债价值评估的新思路	学习任务：负债价值评估方法
企业价值评估案例实训	任务：ZY公司改制评估	学习任务1：了解企业价值评估的特点
		技能训练任务1：课堂讨论：企业价值评估的特点有哪些
		学习任务2：理解企业价值评估的程序
		技能训练任务2：课堂讨论：评估人员执行企业价值评估业务时如何搜集信息资料
		学习任务3：企业价值评估的方法

续表

课程项目	实训任务	学习任务
		技能训练任务 3：课堂讨论：收益法在企业价值评估的应用
		学习任务 4：企业价值评估
		技能训练任务 4：实训模拟：ZY 公司改制评估的应用案例
撰写资产评估报告	任务：资产评估报告	学习任务 1：了解资产评估报告编制要求
		技能训练任务 1：课堂讨论：资产评估报告编制要求有哪些
		学习任务 2：理解资产评估报告书内容
		技能训练任务 2：课堂讨论：资产评估报告书内容包括哪些
		学习任务 3：掌握资产评估报告编制方法
		技能训练任务 3：课堂讨论：资产评估报告编制的技术方法

六、教学条件

（一）教师任职条件

1. 专任教师：

（1）爱岗敬业，认真负责，对教学工作充满热情。

（2）具有扎实的理论基础，熟悉常见资产评估的三种方法和各种资产的评估特点及程序。

（3）具有对资产评估职业的充分认识，并将其渗入教学内容中，激发学生对资产评估职业的理解。

（4）具备一定的教学能力，能够根据教学内容、教学对象的不同，合理制订教学实施方案，形成教学内容、教学方法、教学手段一体化的个性化教学方案。

2. 兼职教师：

（1）在资产评估事务所多年从事资产评估工作的专业人员，熟悉机电设备、流动资产、企业价值等资产的评估工作。

（2）具有中、高级经济师（会计师）技术资格，能够结合自身工作情况和环境，引导学生对资产评估的学习兴趣。

（3）具有在资产评估企业工作经验，熟悉资产评估工作规范，具有业务处理能力。

（二）实践教学条件

1. 校内实训条件。配置校内资产评估综合实训室，教学环境和设备能够基本满足实践教学要求。软硬件的应用为开展实践教学创造了有利的条件，可以利用这些条件仿真实训教学，学生可以利用实训室进行自主学习，培养学生的操作能力、分析能力和判断能力。

2. 校外实习环境。资产评估与管理专业依托的校外实训基地，采取“请进来，走出去”的办法，一方面把有实践经验的资产评估人员聘为该课程的实习指导教师，开展有效的实践指导；另一方面，定期安排学生到下面的实习实训基地实习，满足学生了解企业实际、体验企业文化的需要。

3. 配备较为丰富的课堂与学习指导教学资源，具体包括：教学课件与软件、案例、完整的资产评估报告样本、图书与文献资料等。

七、教学方法和手段

（一）教学方法

为强化学生能力的培养，据课程内容和学生特点，灵活运用案例分析、分组讨论、角色扮演、启发引导等教学方法。

1. 案例教学法。案例教学法包括课内案例分析、课外案例练习、校外评估实践。课内案例分析配合任务导向教学模式等。案例教学法侧重学生“做”的方面，有利于学生操作技能的提高和职业能力的形成。

2. 启发引导式教学法。在教学实施过程中，教师应着重引导学生按照规范化的要求和资产评估工作流程模拟工作过程，并以“过程+结果”的方式进行课程考核。

（二）教学手段

1. 多媒体教学。通过多种形式的展示，提升案例教学的效果。

2. 创设仿真教学环境。建设资产评估综合实训室，安装资产评估软件，使学生不出校门就可以对虚拟企业、虚拟项目进行案例分析，制作资产评估报告书等，提高教学质量和效率。

3. 网络教学网站。课程网站提供有本课程的课程标准、教案课件、教学案例、在线答疑等资源以及课程整体设计、教学录像。网络教学资源丰富，达到有效共享。

八、检查评价

本课程的考核采用多元考核，注重过程性学习能力的培养，有利于引导学生树立正确的学习态度，建立良好的学习习惯，克服学生突击复习应付考试带来的弊端，以1:1:1:4:3的比例来进行考核，突出实训操作能力的比重，能真实反映学生的学习效果。

1. 本课程的评价关注学生综合运用能力的发展过程以及学习的效果，一方面关注结果，另一方面关注过程，使对学习过程和对学习结果的评价达到和谐统一。

2. 针对资产评估的特点，采用多样化的评价主体，全方位评价学生的学习情况。

3. 教师在过程性评价中，可以依照课堂表现、知识巩固、模拟实训、小组讨论等进行评价；在终结性评价中，主要依照期终测试成绩进行评价。

4. 注重学生的实践能力和分析问题、解决问题能力的考核，全面综合评价学生的能力（见表2－24）。

表2－24　　评价体系表

<table>
<tr><th>序号</th><th>课程项目</th><th colspan="2">评价方式</th><th>评价标准</th><th>分值</th></tr>
<tr><td rowspan="5">1</td><td rowspan="5">实训说明</td><td>知识巩固</td><td>10%</td><td rowspan="25">● 知识巩固：评价学生对前置课程“资产评估基础”掌握的程度
● 课堂表现：评价学生考勤、纪律、对知识点的反应程度
● 小组讨论：评价学生协作能力、交流沟通能力、组织能力、自主解决的问题能力
● 模拟实训：评价学生模拟工作过程对工作任务的完成情况和相关任务的执行情况
● 期终考试：综合评价学生在完成工作任务过程中对必要知识的掌握程度</td><td rowspan="5">5</td></tr>
<tr><td>课堂表现</td><td>10%</td></tr>
<tr><td>小组讨论</td><td>10%</td></tr>
<tr><td>模拟实训</td><td>40%</td></tr>
<tr><td>期终考试</td><td>30%</td></tr>
<tr><td rowspan="5">2</td><td rowspan="5">流动资产评估案例实训</td><td>知识巩固</td><td>10%</td><td rowspan="5">10</td></tr>
<tr><td>课堂表现</td><td>10%</td></tr>
<tr><td>小组讨论</td><td>10%</td></tr>
<tr><td>模拟实训</td><td>40%</td></tr>
<tr><td>期终考试</td><td>30%</td></tr>
<tr><td rowspan="5">3</td><td rowspan="5">机器设备评估案例实训（一）</td><td>知识巩固</td><td>10%</td><td rowspan="5">10</td></tr>
<tr><td>课堂表现</td><td>10%</td></tr>
<tr><td>小组讨论</td><td>10%</td></tr>
<tr><td>模拟实训</td><td>40%</td></tr>
<tr><td>期终考试</td><td>30%</td></tr>
<tr><td rowspan="5">4</td><td rowspan="5">机器设备评估案例实训（二）</td><td>知识巩固</td><td>10%</td><td rowspan="5">10</td></tr>
<tr><td>课堂表现</td><td>10%</td></tr>
<tr><td>小组讨论</td><td>10%</td></tr>
<tr><td>模拟实训</td><td>40%</td></tr>
<tr><td>期终考试</td><td>30%</td></tr>
<tr><td rowspan="5">5</td><td rowspan="5">房屋建筑物评估案例实训（一）</td><td>知识巩固</td><td>10%</td><td rowspan="5">10</td></tr>
<tr><td>课堂表现</td><td>10%</td></tr>
<tr><td>小组讨论</td><td>10%</td></tr>
<tr><td>模拟实训</td><td>40%</td></tr>
<tr><td>期终考试</td><td>30%</td></tr>
</table>

续表

序号	课程项目	评价方式		评价标准	分值
6	房屋建筑物评估案例实训（二）	知识巩固	10%		10
		课堂表现	10%		
		小组讨论	10%		
		模拟实训	40%		
		期终考试	30%		
7	土地使用权评估案例实训	知识巩固	10%		10
		课堂表现	10%		
		小组讨论	10%		
		模拟实训	40%		
		期终考试	30%		
8	负债的审核与评估案例实训	知识巩固	10%		5
		课堂表现	10%		
		小组讨论	10%		
		模拟实训	40%		
		期终考试	30%		
9	企业价值评估案例实训	知识巩固	10%		20
		课堂表现	10%		
		小组讨论	10%		
		模拟实训	40%		
		期终考试	30%		
10	资产评估报告	知识巩固	10%		10
		课堂表现	10%		
		小组讨论	10%		
		模拟实训	40%		
		期终考试	30%		
总评			100%		100

第三部分

资产评估与管理专业
教学仪器设备配备标准

一、专业基本信息

专业名称：资产评估与管理
专业代码：630103
招收对象：普通高中毕业生或同等学历者
学　　历：专科
学　　制：三年

二、专业基本技能

1. 能熟练进行数字键盘的传票录入；能够熟练运用计算器进行传票算和账表算；能快速准确地进行电脑汉字输入；能规范地填写票据和进行字符书写；能准确、快速地进行点钞和验钞。

2. 具有对各种经济业务原始单据的正确性、完整性、合理性和合法性的辨别能力；具有按照《企业会计准则》确认、计量企业发生的各种经济业务，而且能按照会计规范进行正确的记录的能力；具有按照会计准则的要求编制财务会计报告的能力。

3. 熟练操作会计软件，能准确分析和解读会计信息，能够根据会计信息分析企业的财务状况和赢利能力，并在此基础上对项目风险进行评估。

4. 熟悉资产评估的操作流程，能够进行资产评估业务的接洽及相关事项的处理；能够编制清产核资工作方案，进行账务处理、资产清查及资产的现场勘查与鉴定。

5. 掌握资产评估的基本方法，能运用市场法、收益法、成本法对机器设备、房地产、无形资产等进行资产评估，完成评估报告的编写。

三、实训项目及主要内容

资产评估与管理专业的实训项目主要包括：会计操作技能实训、会计实务实训、财务信息化实训、资产评估前期准备、资产评估综合实训。各实训内容见表 3－1。

表 3－1　　资产评估与管理专业实训项目及主要内容

实训项目	实训内容	实训场所
会计操作技能实训	数字小键盘录入	财会实训室
	电脑汉字快速录入	
	点钞与验钞	
	票据的识别与保管	
	印鉴保管和使用	
	计算器翻打传票和账表算技术	
	打印机、复印机、扫描仪等设备的操作	

续表

实训项目	实训内容	实训场所
会计实务实训	期初建账	财会实训室
	凭证填制与审核	
	账簿设置与登记	
	成本计算与结转	
	账项调整	
	对账与结账	
	编制会计报表	
	会计资料装订	
财务信息化实训（以考证为主）	系统安装	财会实训室或多媒体机房
	系统服务	
	总账系统	
	报表系统	
	现金管理系统	
	职工薪酬系统	
	固定资产系统	
	采购与应付款管理	
	销售与应收款管理	
	仓储管理	
	财务数据综合分析	
资产评估基础实训	受理资产评估业务	资产评估基础实训室
	了解客户基本情况	
	编写承诺函	
	编制评估方案	
	编制企业清产核资工作方案	
	进行账务处理、资产清查	
	资产鉴定	
资产评估综合实训	根据实例选择市场法、收益法、成本法进行评估	资产评估综合实训室
	机电设备评估	
	房地产评估	
	无形资产评估	
	企业价值评估	
	资产评估报告	

四、实训室建设标准

（一）财务会计实训室

1. 实训室的功能。财务会计岗位实训室是基于网络环境下，按岗位进行财务会计工作全过程仿真实训的专门实训室。该实训室应具有手工模拟实训、岗位实训、网络教学、教师备课、教学管理和社会服务功能。

2. 实训室的布局。单个实训室按照能满足 50 人同时实训的要求设置，实训室的面积建议为 220 平米左右，5 人实训桌 10 组，模拟财务科职业环境装修设计。

财务会计实训室的配备标准见表 3－2。

表 3－2 财务会计实训室配备标准

<table>
<tr><th>项目</th><th>品名</th><th>建议规格型号</th><th>数量</th><th>备注</th></tr>
<tr><td rowspan="9">实训室硬件设备</td><td>空调</td><td></td><td>满足需要</td><td></td></tr>
<tr><td>网络机柜</td><td></td><td>1 套</td><td></td></tr>
<tr><td>交换机</td><td>24 口</td><td>3 台</td><td></td></tr>
<tr><td>音响扩音设备</td><td></td><td>1 套</td><td></td></tr>
<tr><td>多功能输出设备（包括复印、打印、扫描仪功能）</td><td></td><td>1 台</td><td></td></tr>
<tr><td>投影仪</td><td></td><td>1 套</td><td></td></tr>
<tr><td>电脑</td><td></td><td>50 台</td><td></td></tr>
<tr><td>5 人实训桌</td><td>根据需要</td><td>10 组</td><td></td></tr>
<tr><td>教师多功能工作台</td><td></td><td>1 套</td><td></td></tr>
<tr><td rowspan="6">实训室硬件设备</td><td>服务器</td><td></td><td>1 台</td><td></td></tr>
<tr><td>实训座椅</td><td></td><td>50 把</td><td></td></tr>
<tr><td>教师机</td><td></td><td>1 台</td><td></td></tr>
<tr><td>电脑桌椅</td><td></td><td>50 套</td><td></td></tr>
<tr><td>文件柜（含展示、档案保管及资料陈列柜）</td><td></td><td>2 组</td><td></td></tr>
<tr><td>环境布置</td><td>会计工作流程图、职业操守文字图片、实训管理制度等</td><td></td><td></td></tr>
</table>

续表

项目	品名	建议规格型号	数量	备注
实训室软件设备	小键盘录入软件		1 套	
	财务软件	市场占有率较高的企业版财务软件		
	多媒体教学软件		1 套	
实训室资料配备	模拟企业经济业务发生的原始凭证（教学用仿真业务）			
	空白单据、票证、记账凭证、各种账簿、报表等资料			
	财会工作用具		每小组一套	

（二）资产评估基础实训室

1. 实训室的功能。根据资产评估与管理专业培养目标，基于资产评估工作过程，建设资产评估基础实训室。由实习者步入该公司开始，模拟对既定经济业务进行评估的过程，对资产评估程序、准备工作、评估规范等全过程进行演练。

2. 实训室的布局。单个实训室按照能满足 50 人同时进行实训的要求设置。实训室的面积建议为 120 平方米左右，模拟资产评估事务所职业环境装修设计。

资产评估基础实训室的配备标准见表 3－3。

表 3－3　　资产评估基础实训室配备标准

项目	品名	建议规格型号	数量	备注
实训室硬件设备	空调		满足需要	
	网络机柜		1 套	
	交换机	24 口	3 台	
	音响扩音设备		1 套	
	多功能输出设备（包括复印、打印、扫描仪功能）		1 台	
	投影仪		1 套	
	电脑		50 台	
	实训桌椅	根据需要	50 套	
	教师多功能工作台		1 套	
	服务器		1 台	
	实训座椅		50 把	

续表

项目	品名	建议规格型号	数量	备注
实训室硬件设备	教师机		1台	
	文件柜（含展示、档案保管及资料陈列柜）		1组	
	环境布置	资产评估流程图、实训管理制度等		
实训室软件设备	小键盘录入软件		1套	
	CAD制图软件		1套	
	多媒体教学软件		1套	
实训室资料配备	某企业的相关资料			
	资产评估业务约定书			

（三）资产评估综合实训室

1. 实训室的功能。根据提供的实例资料，针对各种资产实施评估，根据评估结果出具资产评估报告，完成资产评估全过程的综合实训。

2. 实训室的布局。单个实训室按照能满足50人同时进行实训的要求设置，实训室的面积建议为120平方米左右，5人实训桌10组，模拟资产评估事务所职业环境装修设计。

资产评估综合实训室的配备标准见表3－4。

表3－4　　资产评估综合实训室配备标准

项目	品名	建议规格型号	数量	备注
实训室硬件设备	空调		满足需要	
	网络机柜		1套	
	交换机	24口	3台	
	音响扩音设备		1套	
	多功能输出设备（包括复印、打印、扫描仪功能）		1台	
	投影仪		1套	
	电脑		50台	
	5人实训桌	根据需要	10组	
	教师多功能工作台		1套	
	服务器		1台	
	实训座椅		50把	

续表

项目	品名	建议规格型号	数量	备注
实训室硬件设备	教师机		1台	
	文件柜（含展示、档案保管及资料陈列柜）		1组	
	环境布置	企业文化环境布置、实训管理制度等		
实训室软件设备	资产评估模拟软件		1套	
	多媒体教学软件		1套	
实训室资料配备	模拟企业相关资料			每小组1套
	资产评估相关法律法规汇编资料（包括评估准则）			

编写说明

为搞好“资产评估与管理”专业三项标准的建设工作，落实全国财政职业教育教学指导委员会的工作安排，宁夏财经职业技术学院作为“资产评估与管理”专业三项标准建设牵头院校，制订了详细的项目建设方案，进行了总体设计，组建了由宁夏财经职业技术学院、陕西财经职业技术学院、江苏财经职业技术学院、四川财经职业学院、宁夏建设职业技术学院、河南财政税务高等专科学校等6所高职院校，以及中联资产评估集团宁夏华恒信有限公司、中和资产评估公司宁夏瑞衡分公司、宁夏银川宏源资产评估事务所等多家企业参与的项目建设团队，历经2年时间，走访调研了宁夏注册会计师和资产评估师管理中心、中国资产评估协会标准部等多家资产评估公司、行业协会等，召开了多次由专业教师与行业、企业人员共同参与的三项标准专题研讨会。2013年5月22日，全国财政职业教育教学指导委员会组织部分专家在烟台对该项目进行了审定，提出了修订意见，并在此基础上进行了进一步修改完善，最终成稿。

本项目由宁夏财经职业技术学院院长郭伟教授主持，并负责完成了项目的总体设计、组织实施、初稿的补充和修改、最终定稿的审定。本项目的参与人和编写分工为：宁夏财经职业技术学院马成旭、马建华编写了“‘资产评估与管理’专业标准”；宁夏建设职业技术学院刘燕玲、程志敏编写了“‘资产评估基础’课程标准”；宁夏财经职业技术学院张瑞编写了“‘企业财务会计’课程标准”；宁夏财经职业技术学院苑玉新、江苏财经职业技术学院何秀贤编写了“‘财务管理’课程标准”；宁夏财经职业技术学院陈银月、罗海环，河南财政税务高等专科学校王建军编写了“‘经济法’课程标准”；宁夏建设职业技术学院来进琼、王固琴编写了“‘机电设备评估基础’课程标准”；宁夏财经职业技术学院李良艳、中和资产评估公司宁夏瑞衡分公司董文忠编写了“‘建筑工程评估基础’课程标准”；宁夏财经职业技术学院教师沈玉星、中联资产评估集团宁夏华恒信有限公司武静编写了“‘资产评估实务’课程标准”；宁夏财经职业技术学院蔡伟、陕西财经职业技术学院徐寒、四川财经职业学院周海彬编写了“‘国有资产管理’课程标准”；宁夏财经职业技术学院马建华编写了“教学仪器设备配备标准”。

资产评估与管理专业三项标准项目组

金融管理专业

目录 Contents

第一部分

金融管理专业标准

一、专业名称及对接专业

专 业 名 称：金融管理
专 业 代 码：630201
衔接中职专业：金融事务
接续本科专业：金融学

二、招生对象

普通高中毕业生及同等学力者。

三、学制与学历

学制：基本学制三年，可实行学分制为基础的弹性学制。
学历：专科。

四、职业岗位

金融管理专业毕业生面向商业银行、证券公司、保险公司及其他金融企业的基层业务岗位，能够胜任的初始就业岗位包括柜台业务、前台客户服务、金融产品营销、营业现场管理、客户关系维护、综合理财规划、金融企业会计及业务复核、风险控制和其他基础性业务工作。经过3~5年工作经验积累后可向具有综合业务职能和管理职能的岗位发展，能够胜任的岗位主要包括：基层业务主管、理财规划师、公司客户经理、网点负责人。主要就业岗位和职业发展岗位见表1-1。

表1-1 金融管理专业毕业生能胜任的业务岗位表

岗位类别	初始就业岗位	就业范围	主要业务工作	发展岗位
前台业务	前台柜员	商业银行、保险公司、证券公司、村镇银行、其他金融企业	临柜交易、客户服务、前台业务	业务主管、理财规划师、公司客户经理、网点负责人
	前台服务	证券公司、保险公司、小额贷款公司、其他金融企业	前台接待、客户服务	

续表

岗位类别	初始就业岗位	就业范围	主要业务工作	发展岗位
营销服务	大堂经理	商业银行、证券公司、保险公司、其他金融企业	引导客户、业务咨询、产品营销、现场管理	业务主管、理财规划师、公司客户经理、网点负责人
	客户经理	商业银行、证券公司、保险公司、小额贷款公司、其他金融企业	开发客户、营销产品、客户关系维护	
	理财经理	商业银行、证券公司、保险公司、其他金融企业	综合理财规划、理财产品营销、投资理财咨询	
后台业务	会计	商业银行、证券公司、保险公司、其他金融企业	金融企业会计核算、业务复核、财务管理、国际结算业务	
	内部管理	商业银行、证券公司、保险公司、小额贷款公司、其他金融企业	业务复核、风险管理、内部事务管理	

五、培养目标

本专业面向商业银行、证券公司、保险公司及其他金融企业的基层业务岗位，培养拥护党的基本路线，具备现代公民意识，具有诚信、合作、敬业的职业素质，掌握金融专业基本理论知识及相关经济管理和市场营销知识，具备熟练的金融业务操作技能和金融营销服务技能，能够综合运用所学的知识和技能熟练地从事金融业务的发展型、复合型和创新型的技术技能人才。

（一）综合素质

1. 思想政治素质：掌握马克思主义和中国化马克思主义理论体系的思想方法，具有科学的世界观、人生观和价值观；树立拥护中国共产党领导、热爱社会主义祖国、服务中国特色社会主义建设的理想信念，拥有能够支撑高职大学生职业发展的思想政治素质。

2. 人文素养与科学素质：掌握基本的人文和科学知识，对中国传统文化有基本的了解，具有宽阔的文化视野和科学的思维习惯，具备健康的审美情趣和正确的审美观。

3. 身心素质：养成良好的锻炼身体、讲究卫生的习惯，掌握保持身体强健的基本方法，达到国家规定的健康标准；具有坚强的毅力、积极乐观的态度、良好的人际关系、健全的人格品质。

4. 职业素质：具有良好的职业态度和职业道德修养；具有正确的择业观和创业观；具有诚信的品质，具有敬业、合作和创新精神；具有严格执行金融法律法规的科学态度，具有严谨、细心、耐心、谨慎的职业习惯；具有较强的亲和力和持久的工作热情。

（二）职业能力

1. 熟悉经济、金融、财会和市场营销理论的基本概念和基本原理，能初步运用经济、金融、财会和市场营销理论分析和解决业务问题，熟悉并能运用金融及相关的经济和财会法律法规。

2. 掌握会计核算和公司理财的基本原理、业务要求与操作流程，熟悉会计信息的内涵和相互关系，能熟练分析和解读财务信息，能够根据会计信息分析企业财务状况，并在此基础上对项目风险和企业财务能力进行评估。

3. 掌握商业银行业务、证券业务和保险业务的基本原理、业务要求和操作流程，具备从事综合柜台业务、银行会计业务、银行卡业务、结算业务、中间业务、信贷业务、金融产品营销、理财规划、投资分析、证券客户服务、保险代理、保险经纪、现场管理等业务工作的职业能力。

4. 掌握金融投资分析的基本原理，能够熟练运用证券分析方法，熟悉各种金融产品和金融市场，了解典型上市公司的财务状况，熟悉典型上市公司的行业背景和市场背景，对行业发展和市场趋势能够做出基本的专业判断。

5. 掌握基层营业网点管理的基本知识和业务规范，能进行基层营业机构的现场管理，能快速判断客户需求并分流和引导客户，能指导客户使用自助设备，能冷静处理突发事件。

6. 熟练掌握金融业务操作的基本技能，能准确快速进行手工点钞，能准确鉴别假币和进行现金挑残，能熟练使用防伪点钞设备、自动存取款设备和工作场所的办公设备，能快速进行数字键盘的传票录入和传票算，能快速进行电脑字符输入和规范书写。

7. 熟练掌握金融服务和营销的基本技能，熟悉金融营销的操作流程，熟悉客户服务礼仪并养成良好的礼仪习惯；能快速识别客户，有效地与客户沟通，能够独立开拓和维护客户。能够独立开展金融产品营销，独立开展综合理财规划的基础工作。

8. 熟练运用计算机和互联网，具有搜集、处理信息和获取知识的能力。能熟练运用银行业务、证券业务和保险业务软件办理相应业务。熟练使用电子表格软件进行数据处理。

9. 了解国际金融业务的基本概念、基础理论与相关的业务要求。熟悉金融专业英语基本词汇，能够运用基本金融服务英语口语。

六、毕业标准

（一）学分要求

本专业按学年学分制安排课程，毕业标准为修满 126 学分。

理论课程和一体化课程每 18 学时 1 学分，实践课程一般每 28 学时 1 学分。1 学时为 45 分钟。

其中：

必修课要求修满 105 学分，占总学分的 80.77%。

选修课要求修满 25 学分，占总学分的 19.23%。

（二）证书要求

1. 获得以下金融行业从业资格考试合格证书之一者。

（1）中国银行业协会：银行从业人员资格考试“公共基础+1门专业课”考试成绩合格证书。

（2）中国证券业协会：证券从业人员资格考试“证券市场基础知识+1门专业课”考试成绩合格证书。

（3）人力资源和社会保障部：助理理财规划师资格考试“理论知识+实操知识”考试成绩合格证书。

（4）财政部门：会计从业资格考试合格证书。

2. 获得以下计算机应用能力证书之一者。

（1）教育部门：“全国高等学校计算机课程水平考试一级——计算机应用”证书。

（2）教育部考试中心：“全国计算机等级考试（NCRE）一级——MS OFFICE”证书。

（3）国家人力资源和社会保障部：“办公软件应用”四级（操作员级）及以上证书。

3. 推荐以下英语考试合格证书，但不作为获得毕业证书的必要条件

（1）高等学校英语应用能力考试委员会：全国高等学校英语应用能力考试B级证书。

（2）商务部：中国国际贸易学会颁发的全国职场英语证书。

（3）全国大学英语四、六级考试委员会：全国大学生英语四级或六级考试证书。

七、课程体系

本专业学生应当学习的职业能力课程体系及部分主要课程见图1－1。

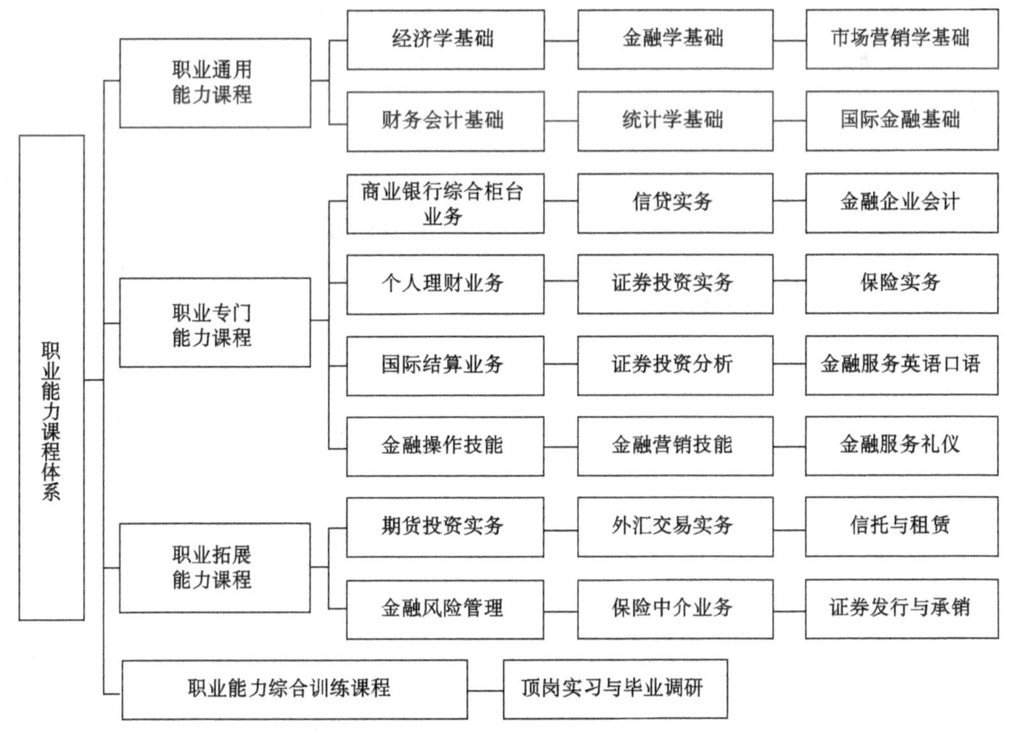

图1－1 职业能力课程体系

（一）基本素质课程

基本素质课程是针对大学生的思想政治素质、人文和科学素质及身心素质养成的需要开设的专门课程。这类课程包括：思想道德修养与法律基础、毛泽东思想和中国特色社会主义理论体系概论、形势与政策、心理健康教育、职业规划与就业指导、公益劳动、国防教育与军事训练、办公软件应用、财经应用文写作等必修课和体育、科技知识、人文知识、艺术修养等选修课。

（二）职业能力课程

职业能力课程是在对本专业学生必备的专业知识和专业技能进行分析的基础上系统设计的体现本专业职业要求的课程。包括职业通用能力课程、职业专门能力课程、职业拓展能力课程和职业能力综合训练课程。

1. 职业通用能力课程：这类课程根据完成岗位工作任务和学生职业发展对专业理论知识的需要开设。这类课程不直接对应岗位工作，但对岗位工作有理论指导作用，能够帮助学生更好地理解岗位工作，是学生职业发展的基础，是进行创造性工作的重要条件。本类课程根据就业岗位和职业发展对系统理论知识的需要确定教学内容，以知识掌握、理论分析和思维训练相结合的方法组织教学，注重理论联系实际。

这类课程包括两种不同类型：一是专业基础理论课程。包括“经济学基础”、“金融学基础”、“市场营销学基础”；二是专业应用理论课程。包括“财务会计基础”、“统计学基础”、“经济法基础”、“国际金融基础”。

2. 职业专门能力课程：这类课程是为培养学生完成岗位工作任务所应具备的专门能力而开设的。这类课程通过训练学生熟练地运用专门技术、并掌握运用该技术所需的与工作过程相关的知识来达到具备从事职业岗位工作基本能力的目的。这类课程按其与工作过程的关系可以分为两类：

（1）直接对应岗位工作领域的课程：这些课程根据岗位工作内容确定教学内容，按照岗位工作过程组织教学过程，运用岗位业务平台进行能力训练，采用教与做、学与做相结合的教学方式，目的是达到教学与岗位工作的对接。这些课程均为一体化的课程，是操作技能、业务知识和与工作过程相关的应用理论相结合的课程。

这些课程包括：“商业银行综合柜台业务”、“证券投资实务”、“保险实务”、“信贷实务”、“个人理财业务”、“金融企业会计”、“国际结算业务”。

（2）专项技能训练课程：这些课程根据完成岗位工作任务对专项技能的需要开设，课程不直接对应具体的工作岗位，但对完成岗位工作任务形成专门的技能支撑，所训练的同一项技能往往会在多个不同岗位得到应用。这些课程根据完成岗位工作任务对专项技能的需要确定教学内容，按照专项技能训练达标的需要组织教学过程，采用反复训练逐步提高作为主要教学方式，以熟练操作或形成习惯作为训练目标。

这些课程包括：“金融操作技能”、“金融营销技能”、“金融服务礼仪”、“金融服务英语口语”。

3. 职业拓展能力课程：是在学生掌握本专业必备知识和技能的基础上根据就业方向和

个人发展需要所开设的选修课程，这类课程包括横向的能力拓展和纵向的能力提升两种课程。

这类课程包括："经济数学"、"财政学基础"、"税法"、"商业银行业务管理"、"银行风险管理"、"外汇交易实务"、"保险公司经营管理"、"保险中介业务"、"证券发行与承销"、"证券交易"、"期货投资实务"、"信托与租赁"。

4. 职业能力综合训练课程：这类课程是对上述课程所学习的知识和技能进行综合运用的课程。

这类课程包括：顶岗实习和毕业调研。

八、核心课程基本内容

专业核心课程共10门，各门课程应当掌握的教学内容和技能训练标准见表1－2。

表1－2　专业核心课程教学内容表

课程名称	应当掌握的知识	应当达到的技能标准
1. 金融学基础	• 熟悉金融的含义及其在经济中的作用 • 熟悉货币的本质、职能、层次划分和货币制度 • 理解信用的本质、信用形式及其特点，理解利率的基本原理和利息的计算方法 • 理解金融市场的基本原理，熟悉货币市场、资本市场的特点和内容 • 熟悉我国金融机构体系的构成；了解中央银行、政策性银行的业务类型；熟悉商业银行、证券公司、保险公司、信托机构、财务公司的主要业务类型 • 熟悉货币供求的基本内容及影响因素；理解通货膨胀与通货紧缩对经济的影响 • 掌握货币政策工具的基本内容和操作原理 • 了解金融风险的防范与控制措施；了解金融监管的含义、范围和基本做法	• 能够运用货币理论解释货币现象 • 能够联系实际对各层次货币进行初步分析 • 能辨析现代生活中的各种形式的信用，并分析其优劣 • 能够分析利率对经济的影响 • 能联系实际对中国金融市场做总体描述和初步评价 • 能够从总体上描述金融机构体系的现状 • 能通过业务类型辨析各类金融机构 • 能结合当前经济形势分析中央银行业务 • 能联系实际分析通货膨胀或通货紧缩的危害及其治理措施 • 能结合当前经济形势分析应采取的货币政策 • 能列举现实经济中存在的金融风险并提出防范建议

续表

课程名称	应当掌握的知识	应当达到的技能标准
2. 金融操作技能	• 熟悉假币的类型和特点，熟悉假币收缴方法；熟悉近年人民币假币新趋势，掌握第五套人民币、港币、美元、欧元的基本特征及其反假要点 • 熟悉人民币残缺污损的兑换标准，掌握人民币残缺券的挑剔要求 • 熟悉居民身份证、护照的识别要点 • 熟悉阿拉伯数字、大小写金额和日期的书写规范及其错误订正规则，掌握单据填制基本规范和装订要求 • 熟悉手工点钞、机器点钞的方法及捆钞技术 • 熟悉计算器盲打指法、翻打传票技术、账表算技术 • 熟悉电脑键盘指法和录入规范，熟悉五笔输入和中文拼音录入 • 熟悉电脑数字小键盘盲打技术和电脑传票录入技术 • 熟悉打印机、传真机、复印机的使用规范	• 具备通过反假币上岗证考试的能力 • 能够辨别主要货币真伪 • 能够处理假币和进行残币兑换 • 能够辨别身份证和护照真伪 • 能够准确、清晰、快速、规范地在各种票据上书写和更正大、小写金额及日期 • 能够准确、清晰、快速、规范地对各种票据、单证进行归类、装订和归档 • 能够熟练地点钞、捆扎、盖章 • 能够在点钞中识别假钞，剔除残缺污损钞票 • 能够在规定的时间内使用两种单指单张点钞手法和两种多指多张点钞手法完成清点任务 • 能够快速、熟练地运用机器点钞技术 • 能够实现计算器盲打 • 能够快速点准各种币面钞票的张、把、捆数，能够快速准确利用计算器计算总金额 • 能够限时完成传票翻打和表格加总计算 • 能够实现快速盲打输入汉字 • 能够使用电脑小键盘快速准确地进行数据录入 • 能够按特定设置要求打印、复印、传真、扫描资料
3. 金融营销技能	• 熟悉沟通的原则和各种不同的沟通方式，熟悉沟通障碍和有效沟通的步骤，熟悉适应不同年龄阶段、不同职业、不同性格客户的沟通方式 • 熟悉面谈沟通、电话沟通、商务信函沟通、电子邮件沟通、商务传真沟通和手机短信沟通技巧及注意事项 • 熟悉金融机构内部沟通的原则、技巧 • 熟悉金融客户信息的主要内容、搜集客户信息的主要方法、掌握客户挖掘的方法和技巧、熟悉客户关系建立的基本流程 • 熟悉金融客户关系维护的工具和方法、熟悉客户关系维护的流程及制度 • 熟悉金融营销调研的步骤、方法 • 了解金融产品销售展示技巧、方法	• 具备较强的听、说、问、答四大沟通基本能力 • 具备较强的目光、表情、体姿等非语言沟通能力 • 具备较强的电话拨打、接听、转移、交流的沟通能力 • 能够运用商务信函、商务传真、电子邮件、QQ、微博、手机短信等方式进行沟通 • 具备在实践中与领导、其他部门人员和部下进行沟通的能力 • 能够针对客户年龄、职业、性格选择沟通方式，并能有效地进行沟通 • 能够通过各种渠道搜集、分析、整理客户信息，并能够利用信息挖掘和满足客户需求 • 能够运用各种方法挖掘现有客户、开发潜在客户 • 能够按照规范要求完成客户拜访、处理客户异议、应对客户拒绝、面对客户投诉、维护客户关系 • 能够设计规范的调查问卷、撰写规范的调研报告

续表

课程名称	应当掌握的知识	应当达到的技能标准
3. 金融营销技能	• 掌握金融产品推销的主要方法、推销技巧 • 了解金融营销活动策划的总体要求，熟悉金融营销活动策划的各种类型、步骤	• 能够熟练展示金融产品，能够熟练地运用各种推销法 • 能够按照规范的流程策划金融营销活动 • 能够在行业专家指导下通过电话、现场、网络等方式拜访客户、推销产品并实现有效成交
4. 商业银行综合柜台业务	• 了解银行柜员岗位设置 • 熟悉银行柜员工作流程 • 熟悉银行柜员服务礼仪 • 熟悉储蓄存款业务流程及规定 • 熟悉对公存款业务流程及规定 • 熟悉个人贷款业务柜台处理流程及规定 • 熟悉公司信贷业务柜台处理流程及规定 • 熟悉银行卡业务柜台处理流程及规定 • 熟悉辖内业务、同城业务的处理流程及规定 • 熟悉电子联行业务的处理流程及规定 • 熟悉代理业务的主要类型及操作规程	• 能按照行业标准做岗前工作准备和仪容仪表准备 • 能够按照银行柜员服务规程进行系统操作 • 能按照行业岗位规范要求办理如下柜面业务：活期存款业务、定期存款业务、通知存款业务、定活两便储蓄存款业务、外币储蓄业务、单位活期存款业务、单位定期存款业务、个人住房贷款业务、个人汽车贷款业务、单位贷款业务、银行卡业务、辖内现金通存业务、通兑业务、辖内转账通存业务、通兑业务、代理业务、证券投资基金业务、银证转账业务、代理货币兑换业务、结平现金和账务
5. 证券投资实务	• 熟悉证券账户、资金账户、第三方存管管理规定 • 熟悉证券交易流程，熟悉行情和委托系统 • 熟悉证券的分红、派息、拆分、除权等相关规定及资金流转程序 • 熟悉一款主流行情软件；熟悉交易所证券报价成交机制 • 熟悉 K 线图、分时走势图、个股行情数据、股价指数、大盘 K 线及走势图、大盘优先指标 • 了解证券的理论价格或投资价值；了解证券投资的成本费用、收益 • 熟悉证券投资的风险和风险防控工具；理解证券组合投资理论 • 熟悉基本面分析指标和技术分析指标 • 了解衍生品的定价原理 • 熟悉证券相关法律法规	• 能够按照行业规范办理开户手续，整理、准备证券账户，办理相关交接手续 • 能够开展客户咨询活动 • 熟练操作行情软件，能够进行行情分析、研判 • 能够进行下单委托 • 能运用适当方法计算出主流证券品种的理论价格 • 能准确计算证券投资收益率 • 能准确计算证券投资的各项成本 • 熟练操作现实市场中的各种风险防控工具，运用各种风险防控方法 • 能运用证券组合投资理论，实施证券组合投资操作，降低风险 • 能初步运用基本面分析、技术分析理论解读证券市场行情，为证券投资决策提供依据 • 能撰写行业及个股研究报告 • 熟练操作国内主要衍生品 • 能够运用证券相关法规约束自己及他人的从业及投资行为

续表

课程名称	应当掌握的知识	应当达到的技能标准
6. 保险实务	• 了解风险的种类和风险管理的方式 • 熟悉可保风险的要件 • 了解保险的基本职能 • 了解保险市场的构成要素 • 熟悉保险经营的一般程序 • 了解保险中介的主要业务内容 • 熟悉保险的经营流程、险种及其内容 • 熟悉保险的核保和承保条件 • 了解保险合同的原则、变更和争议处理 • 熟悉保险理赔的流程和内容 • 熟悉保险客户服务内容 • 了解家庭财产保险、团体人身保险、企业财产保险、机动车辆保险、飞机和船舶保险、国内货物运输保险、海洋货物运输保险、进出口货物运输保险、建筑工程保险、机器损坏保险、公众责任保险、信用保证保险的主要险种及展业、核保、理赔应注意的问题	• 能识别各类风险并设计相应的风险管理方案 • 能分析保险市场的供求要素 • 能根据客户需要设计人寿保险方案 • 能运用规范的技巧进行人寿保险展业 • 能处理人寿保险合同的订立、变更和纠纷 • 能进行人寿保险核保和理赔业务处理 • 能进行人寿保险售后服务 • 进行健康险的核保承保业务 • 能根据健康保险合同的特殊规定进行保险事故分析 • 能处理健康险的理赔事项 • 能进行人身意外伤害保险责任的界定 • 能处理人身意外伤害保险保险金给付事项 • 能处理团体人身保险展业、核保、理赔业务 • 能进行企业财产保险展业、核保、理赔业务 • 能进行家庭财产保险展业和承保业务 • 能处理家庭财产保险核损与理赔事项 • 能办理机动车辆保险的投保和理赔业务 • 能办理机动车交强险、飞机和船舶保险、货物运输保险、工程保险、责任保险、进行信用保证保险主要业务处理
7. 信贷实务	• 了解信贷岗位设置和信贷业务的主要内容 • 熟悉信贷业务的基本程序、熟悉贷款通则 • 熟悉贷款申请的法规要求、贷款申请操作流程和申请资料审核的基本要点 • 熟悉信贷调查的方式和一般操作流程、熟悉财务分析方法和非财务分析方法 • 熟悉信贷担保法规、了解信用评级的基本方法 • 熟悉贷款审查的基本内容，熟悉财务审查、非财务审查、担保审查的方法 • 了解信贷合同签订流程、熟悉贷款合同条款、熟悉签订担保合同要求 • 了解信用卡挂失的规定、熟悉信用卡业务系统的界面及操作要点	• 能够对信贷产品进行基本分析 • 能够对客户进行贷款营销，进行面谈 • 能够对借款人进行资格审查 • 能够对客户进行贷款申请的初步审核 • 能够对客户资料进行基本审核 • 能够对客户进行基本情况调查并填写借款人基本情况调查表 • 能够结合实训软件对客户进行财务分析 • 能够针对客户的特点进行非财务分析 • 能够对信贷担保情况进行分析 • 能够结合调查报告对客户进行全面风险评价 • 能够对客户的基本情况进行审查 • 能够对信贷业务的合规性、政策符合性进行审查 • 能够进行财务审查和非财务审查 • 能够进行担保审查，能够充分揭示信贷风险 • 能够提出信贷方案和审查结论

续表

课程名称	应当掌握的知识	应当达到的技能标准
7. 信贷实务	• 了解贷款发放和支付法规、了解实贷实付的法规、熟悉贷款支付的操作要点 • 熟悉贷后管理的主要内容、贷后检查流程、熟悉贷款风险分类方法 • 熟悉不良贷款管理基本方法、了解贷款收回及处置	• 能够完成贷款及相关合同的签订、变更、解除和纠纷处理 • 能够审核贷款支付要求的各种要件 • 能够系统地完成贷款支付流程发放中的风险 • 能够进行贷后检查和监测，进行风险分析和预警 • 能够对不良贷款进行管理、收回及处置 • 能够撰写贷后管理报告 • 能够进行信贷档案管理
8. 个人理财业务	• 熟悉个人理财服务职业和个人理财服务业务岗位，了解职业资格考证，熟悉个人理财业务内容，熟悉个人理财业务流程 • 熟悉潜在客户和客户关系管理（CRM）知识，熟悉客户家庭生命周期和客户风险偏好知识 • 熟悉家庭资产、负债的分类及整理，熟悉家庭资产负债表的格式和家庭收入支出表 • 熟悉银行储蓄产品，了解银行理财产品的特性 • 熟悉风险的识别、估测和评价，熟悉各种保险产品和保险产品组合 • 熟悉股票、债券、基金及其投资的特点，熟悉证券投资的基本方法 • 熟悉黄金理财产品、房地产投资、收藏品投资的特点和主要产品 • 熟悉理财规划方案的内容及理财规划后续服务的主要工作	• 掌握个人理财的计算技术 • 掌握寻找潜在客户的技巧 • 能够与客户有效沟通、能够熟练搜集和整理客户信息 • 能够很好地维护客户关系 • 熟练掌握家庭财务报表的编制方法 • 能够熟练进行家庭财务情况分析和诊断 • 能够熟练配置当前各银行推出的各类理财产品类型、风险和收益特点及适应人群 • 能判断客户家庭面临的各种风险 • 能选择合适的风险管理技术进行风险管理 • 能为客户推荐恰当的保险产品 • 能熟练运用行情分析系统进行证券技术分析，并据此为客户介绍合适的证券进行投资 • 能根据客户的资料及其财务状况，为其设计合适的证券理财产品组合 • 能根据客户的需要及其风险承受能力选择合适的实物投资产品 • 能够为客户进行理财规划；能够根据客户的需求制订出合理、科学的理财方案 • 能够进行理财规划的售后服务
9. 金融企业会计	• 熟悉金融企业会计岗位工作内容和基本核算方法 • 掌握商业银行存贷业务、结算往来及外汇业务的核算方法 • 掌握证券公司自营证券、代理证券及证券回购的核算方法 • 掌握保险公司财产保险、人寿保险和再保险业务的核算方法	• 能运用借贷记账法对资金变化情况进行会计处理 • 能核算各种存款、利息，能填制会计凭证、登记分户账 • 能对各种贷款开户、发放、收回、利息计算等环节进行核算 • 能签发各类银行票据、结算凭证，填制会计凭证，并进行核算

续表

课程名称	应当掌握的知识	应当达到的技能标准
9. 金融企业会计	• 掌握信托租赁公司信托存款、委托存款、融资性租赁业务、经营性租赁业务的核算方法 • 熟悉金融企业固定资产、流动资产、所有者权益、收入、成本、利润的核算方法 • 熟悉年度决算流程和会计报表的编制方法	• 能办理商业银行与人民银行及其他商业银行之间往来的核算 • 能对外汇买卖业务、外汇存款和贷款业务进行会计核算 • 能对代理证券业务、自营证券、回购证券进行会计核算 • 能对信托存款业务、委托存款业务、融资租赁业务、经营性租赁业务、人身保险业务、财产保险业务、再保险业务进行会计核算 • 能办理资产、所有者权益、收入和成本的核算 • 能编制资产负债表、利润表
10. 证券投资分析	• 了解证券投资分析理论的发展与演变，熟悉证券投资分析信息来源渠道 • 熟悉证券投资分析的主要方法和策略，掌握债券、股票的估值方法 • 熟悉宏观经济政策对证券市场的影响、熟悉证券市场各参与主体（央行、证监会、上市公司、投资者）的行为活动和心理预期 • 熟悉证券市场的供求关系、影响行业兴衰的主要因素、掌握行业分析的主要方法 • 熟悉公司的基本分析，熟悉上市公司偿债能力、营运能力分析的主要指标 • 掌握行业的竞争结构与生命周期 • 了解技术分析的基本假设与要素，熟悉道氏理论、波形理论、K 线图及其组合的形态和应用 • 掌握 MA 和 MACD；WMS、KDJ、RSI 和 BIAS；PSY 和 OBV；ADL、ADR 和 OBOS 指标的计算和应用法则 • 掌握证券基本分析、技术分析以及各种技术分析理论和指标之间的关系 • 了解证券投资的风险与防范，熟悉不同风险态度下的证券投资组合 • 掌握阅读证券投资分析报告的方法，熟悉证券投资研究分析报告的基本框架和内容	• 能熟练通过互联网和软件了解证券市场信息 • 能运用恰当的方法对债券、股票以及金融衍生工具进行估值 • 能预测宏观经济环境和政策的变化趋势，能分析宏观经济政策对证券市场的影响 • 能熟练使用证券基本分析软件，能对证券投资行业行情进行分析、研判 • 能对行业热点板块的政策及市场背景进行分析 • 能利用上市公司财务数据进行分析 • 能综合运用各种信息、理论和方法对个股价值进行研判 • 能根据客户的类型、需要提出具有建设性的证券投资建议 • 能熟练运用交易软件进行证券买卖 • 会运用 K 线形态和成交量分析股市总体趋势 • 能熟练运用支撑线、压力线、趋势线和轨道线分析股市总体趋势和个股走势 • 能熟练、综合地运用各种技术指标对个股进行研判 • 能独立对股市大盘、个股进行分析，并做出投资决策 • 能对股市的每周大盘进行解盘，能对股市走势进行预测 • 能综合运用各种技术分析理论和技术分析指标对个股的变化趋势进行解读 • 能熟练操作现实市场中的各种风险防控工具，运用各种风险防控方法

续表

课程名称	应当掌握的知识	应当达到的技能标准
10. 证券投资分析	• 熟悉证券投资咨询岗位的要求，掌握证券投资咨询业务客户沟通知识	• 能针对不同的股市选择适当的操作策略 • 能针对持不同风险态度的投资者提出合理的投资建议 • 能撰写简单的股市评论、个股投资分析报告、行业分析报告、证券投资分析报告 • 能熟练进行证券投资现场咨询、电话咨询和网上咨询业务 • 能开展简单的证券投资教育活动

九、教学计划进度

1. 教学计划进度安排应当参照表1－3。

表1－3　　　　教学计划进度表

课程类别	课程性质	序号	课程名称	核心课程	课程类型	学分	总学时	教学周学时/教学周数						考核评价方式	主要教学场所	说明
								一	二	三	四	五	六			
								17周	18周	18周	18周	18周	17周			
基本素质与能力课	必修课	1	思想道德修养与法律基础		理论	3	54			3/18				考试	多媒体教室	
		2	毛泽东思想和中国特色社会主义理论体系概论		理论	4	72		3/18					考试	多媒体教室	结合素质拓展需要安排每门18课时
		3	形势与政策		讲座	1								考查	多媒体教室	
		4	心理健康教育		讲座									考查	多媒体教室	
		5	职业规划与就业指导		讲座									考查	多媒体教室	
		6	公益劳动		实践									考查	其他	
		7	国防教育与军事训练		实践	2	56	2W						考查	其他	
		8	办公软件应用		一体化	3	54	4/14						考试	计算机教室	
		9	财经应用文写作		理论	2	36				4/9			考试	多媒体教室	
		小计				15	272									
	选修课	1	体育（项目可选）		实践	3	60	具体选修项目结合全校开设的运动项目课程确定								
		2	科技、人文和艺术选修课（课程可选）		理论	6	108	具体选修课程结合开设的全校选修课确定								
		小计（要求必选9学分）				9	168									

续表

课程类别	课程性质	序号	课程名称	核心课程	课程类型	学分	总学时	教学周学时/教学周数 一	二	三	四	五	六	考核评价方式	主要教学场所	说明
								17 周	18 周	18 周	18 周	18 周	17 周			
职业能力课	必修课	1	经济学基础		理论	3	56	4/14						考试	多媒体教室	
		2	金融学基础	⊙	理论	3	56	4/14						考试	多媒体教室	
		3	市场营销学基础		理论	2.5	45	3/15						考试	多媒体教室	
		4	财务会计基础		一体化	6	112	8/14						考试	校内实训室	
		5	统计学基础		一体化	3	54					3/18		考试	校内实训室	
		6	互联网金融基础		理论	2.5	45						5/9	考试	多媒体教室	
		7	国际金融基础		理论	3	54					3/18		考试	多媒体教室	
		8	金融操作技能	⊙	实践	2.5	70		2/16	1/18	1/8	1/12		考试	校内实训室、金融理财服务中心、金融项目工作室	与真实业务项目结合训练
		9	金融营销技能	⊙	实践	3.5	98		2/18	2/18	3/9			考试		
		10	金融服务礼仪		实践	2	54		1/18	2/18				考试		
		11	金融英语		一体化	4	72		2/18	2/18				考试		
		12	金融服务英语口语		实践	2.5	72				2/9	3/18		考试		
		13	商业银行综合柜台业务	⊙	一体化	3.5	64			4/16				考试	校内实训室	
		14	证券投资实务	⊙	一体化	4	72		4/18					考试	校内实训室	
		15	保险实务	⊙	一体化	4	72		4/18					考试	校内实训室	含考证辅导
		16	信贷实务	⊙	一体化	4	72			4/18				考试	校内实训室	
		17	个人理财业务	⊙	一体化	4	72				8/9			考试	校内实训室	
		18	国际结算业务		一体化	2.5	45						5/9	考查	校内实训室	
		19	金融企业会计	⊙	一体化	3.5	64					4/16		考试	校内实训室	
		20	财务报表分析		一体化	3	54		3/18					考试	校内实训室	
		21	证券投资分析	⊙	一体化	4	72					4/18		考试	校内实训室	
		22	公司理财业务		一体化	4	72						8/9	考试	多媒体教室	
		23	顶岗实习与毕业调研		实践	16	448				9W		7W	考查	校外实习基地	
		小计				90	1895									
	选修课	1	经济数学		理论	3	54		3/18					考试	多媒体教室	
		2	财政与税收		理论	3	54		3/18					考试	多媒体教室	
		3	商业银行业务管理		理论	2	36			2/18				考试	多媒体教室	
		4	保险中介业务		理论	2	36			2/18				考查	多媒体教室	
		5	证券发行与承销		理论	2	36			2/18				考证	多媒体教室	含考证辅导
		6	证券交易		理论	2	36				4/9			考证	多媒体教室	
		7	金融风险管理		理论	2	36				4/9			考证	多媒体教室	
		8	期货投资实务		一体化	2	36					2/18		考查	校内实训室	
		9	信托与租赁		一体化	2	36					2/18		考试	校内实训室	
		10	外汇交易实务		理论	2	36						4/9	考查	多媒体教室	
		要求必选 16 学分				16	288									
总学分、总学时、必修课周学时合计						130	2623	23	21	18	18	18	18			

（注：在第四学期安排顶岗实习的目的是为了推行“工学交替的顶岗实习”，如不具备条件集中分段安排，可将第六学期的 9 周校内课程与第四学期的 8 周顶岗实习互换。）

2. 总体教学进程安排参照表1－4。

表1－4　　总体教学进程安排表

学期＼周数＼内容	军训入学教育	课程教学	顶岗实习	毕业调研	毕业教育	考试	机动	合计
一	2	15				1		18
二		18	假期4			1	1	20
三		18				1	1	20
四		9	8 假期6			1	1	19
五		18				1	1	20
六		9	8		0.5	0.5	1	19
合计	2	87	16		0.5	5.5	5	116

3. 各类课程学时学分比例参照表1－5。

表1－5　　各类课程学时学分比例表

课程类别		小计		小计		备注
		学时	比例	学分	比例	
必修课	基本素质与能力课	272	10.37%	15	11.54%	
	职业能力课	1895	72.25%	90	69.23%	
选修课	基本素质与能力课	168	6.40%	9	6.92%	
	职业能力课	288	10.98%	16	12.31%	
合计		2623	100%	130	100%	
理论实践教学比	理论课	778	29.66%	40	30.77%	职业能力选修课按照理论课252课时、一体化课36课时计算
	实践课	858	32.71%	35.5	27.31%	
	一体化	987	37.63%	54.5	41.92%	
合计		2623	100%	130	100%	

十、教学实施条件

（一）教师任职条件

1. 校内专任教师和校内兼课教师。校内专任教师要求具有高校教师资格证；有强烈的事业心和高度的责任感，忠诚于教育事业，学而不厌，诲人不倦；能够坚持真理，坚持正义；具备深厚的经济理论功底，有较强的金融专业能力；有较强的语言表达能力；对经济现实有敏锐的洞察力，能够组织专业研究和专业实践；能够运用现代教育技术，善于汲取新知识和新思想；能够从事专业教学研究和课程开发；职业专门能力课程、职业拓展能力课程和职业能力综合训练课程教师必须具有双师素质或具备行业专项技能；基本素质课程和职业通用能力课程教师必须具有硕士研究生以上学历；对于金融操作技能、金融营销技能等以操作为主的课程教师要求具有在金融企业的相关业务工作岗位任职3年以上的经历。专业教学团队中，高级职称教师比例不低于30%，中级职称教师比例40%左右。教师结构总体上与课程结构相适应，教师数量与招生规模相适应。校内职业能力课程专任教师的师生比应当参照高于1∶30的标准配备。

校内兼课教师除不要求能够从事专业教学研究和课程开发外，其他要求与校内专任教师相同。

2. 校外兼职教师和校外兼课教师。校外兼职教师须具备较熟练的柜面业务、理财服务、产品营销、现场管理等金融行业一线业务工作能力之一，具备通畅的语言表达能力，能够热心指导和关心学生，能够带领和指导学生从事教学计划安排的实践教学活动。其中，聘请到校内任课的校外兼职教师必须具有本科以上学历，同时具备中级专业技术职务或在基层业务部门担任业务主管或部门负责人职务；顶岗实习指导教师必须具备大专以上学历，同时具有3年以上的行业岗位工作经历或担任业务班组负责人或以上职务。校外兼职教师中，来源于银行、保险、证券等业务部门的比例应与课时的比例基本适应。

校外兼课教师除讲座教师不要求具备一线业务工作能力但需具备对行业业务发展的前瞻性研究以外，其他与兼职教师相同。

除上述要求外，校外兼职教师和校外兼课教师的基本条件都必须符合教育部、财政部、人力资源和社会保障部、国务院国有资产监督管理委员会印发的《职业学校兼职教师管理办法》设定的人员条件。

（二）实践教学条件

1. 本专业应当配备的校内仿真实训基地参照表1－6。

表1－6　　校内仿真实训基地配备表

序号	实训室名称	实训项目	设备配置要求		实训室规模
			主要设备名称	数量	
1	金融操作技能实训室	1. 假币和假证鉴别 2. 点钞 3. 汉字输入 4. 数字书写 5. 计算机速算 6. 小键盘输入	多媒体教学设备	1套	以50人为标准教学班配置
			点钞机	13台	
			假币鉴别设备	13台	
			世界各国主要币种样品	51套	
			算盘（选购）	51把	
			计算器		

续表

<table>
<tr><th rowspan="2">序号</th><th rowspan="2">实训室名称</th><th rowspan="2">实训项目</th><th colspan="2">设备配置要求</th><th rowspan="2">实训室规模</th></tr>
<tr><th>主要设备名称</th><th>数量</th></tr>
<tr><td rowspan="7">1</td><td rowspan="7">金融操作技能实训室</td><td rowspan="7">7. 设备操作
8. 票据填写及装订
9. 珠算（选修）</td><td>凭证装订设备</td><td>13 台</td><td rowspan="7">以 50 人为标准教学班配置</td></tr>
<tr><td>打印机</td><td>4 台</td></tr>
<tr><td>传真机</td><td>4 台</td></tr>
<tr><td>复印机</td><td>2 台</td></tr>
<tr><td>扫描仪</td><td>4 台</td></tr>
<tr><td>电脑</td><td>51 台</td></tr>
<tr><td>点钞练习券、实训练习题、银行业务原始凭证</td><td></td></tr>
<tr><td rowspan="11">2</td><td rowspan="11">金融营销技能实训室</td><td rowspan="11">1. 有效沟通
2. 客户拓展
3. 金融产品销售
4. 金融服务礼仪</td><td>电脑</td><td>51 台</td><td rowspan="11">以 50 人为标准教学班配置</td></tr>
<tr><td>录音电话及传输控制设备</td><td>51 部</td></tr>
<tr><td>多媒体教学设备</td><td>2 套</td></tr>
<tr><td>打印机</td><td>2 台</td></tr>
<tr><td>服务器及网络设备</td><td>1 套</td></tr>
<tr><td>电话呼叫席位</td><td>51 套</td></tr>
<tr><td>录音笔</td><td>6 支</td></tr>
<tr><td>客户关系管理软件</td><td>1 套</td></tr>
<tr><td>网络营销平台</td><td>1 套</td></tr>
<tr><td>礼仪训练专用场地</td><td></td></tr>
<tr><td>礼仪训练音像资料</td><td>1 套</td></tr>
<tr><td rowspan="8">3</td><td rowspan="8">银行柜台业务实训室</td><td rowspan="8">1. 本外币储蓄
2. 银行卡
3. 对公业务
4. 代理业务
5. 结算业务
6. 前台账务处理
7. 日初及日终处理</td><td>电脑</td><td>51 台</td><td rowspan="8">以 50 人为标准教学班配置</td></tr>
<tr><td>服务器及网络设备</td><td>1 套</td></tr>
<tr><td>网络打印机</td><td>2 台</td></tr>
<tr><td>票据打印机</td><td>2 台</td></tr>
<tr><td>扫描仪</td><td>2 台</td></tr>
<tr><td>商业银行综合柜台业务软件</td><td>1 套</td></tr>
<tr><td>银行卡管理系统及读写设备</td><td>51 套</td></tr>
<tr><td>多媒体教学设备</td><td>1 套</td></tr>
</table>

续表

<table>
<tr><th rowspan="2">序号</th><th rowspan="2">实训室名称</th><th rowspan="2">实训项目</th><th colspan="2">设备配置要求</th><th rowspan="2">实训室规模</th></tr>
<tr><th>主要设备名称</th><th>数量</th></tr>
<tr><td rowspan="8">4</td><td rowspan="8">信贷业务实训室</td><td rowspan="8">1. 客户关系管理
2. 信贷业务管理
3. 信贷风险管理
4. 信贷资产管理
5. 信贷核算管理业务</td><td>电脑</td><td>51 台</td><td rowspan="8">以 50 人为标准教学班配置</td></tr>
<tr><td>服务器及网络设备</td><td>1 套</td></tr>
<tr><td>网络打印机</td><td>2 台</td></tr>
<tr><td>票据打印机</td><td>2 台</td></tr>
<tr><td>扫描仪</td><td>2 台</td></tr>
<tr><td>商业银行信贷业务软件</td><td>1 套</td></tr>
<tr><td>多媒体教学设备</td><td>1 套</td></tr>
<tr><td>全套信贷业务原始凭证</td><td></td></tr>
<tr><td rowspan="9">5</td><td rowspan="9">证券业务实训室</td><td rowspan="9">1. 证券公司前台业务
2. 证券买卖操作及账务
3. 行情分析研判
4. 客户服务咨询
5. 模拟交易大赛</td><td>电脑</td><td>51 台</td><td rowspan="9">以 50 人为标准教学班配置</td></tr>
<tr><td>服务器及网络设备</td><td>1 台</td></tr>
<tr><td>网络打印机</td><td>2 台</td></tr>
<tr><td>票据打印机</td><td>2 台</td></tr>
<tr><td>扫描仪</td><td>2 台</td></tr>
<tr><td>证券投资业务软件</td><td>1 套</td></tr>
<tr><td>多媒体教学设备</td><td>1 套</td></tr>
<tr><td>上市公司信息资源</td><td></td></tr>
<tr><td>证券业务单据</td><td></td></tr>
<tr><td rowspan="8">6</td><td rowspan="8">保险业务实训室</td><td rowspan="8">1. 财产保险业务
2. 人身保险业务
3. 分出和分入保险业务
4. 风险控制
5. 投保和理赔
6. 保险营销</td><td>电脑</td><td>51 台</td><td rowspan="8">以 50 人为标准教学班配置</td></tr>
<tr><td>服务器及网络设备</td><td>1 套</td></tr>
<tr><td>网络打印机</td><td>2 台</td></tr>
<tr><td>票据打印机</td><td>2 台</td></tr>
<tr><td>扫描仪</td><td>2 台</td></tr>
<tr><td>保险业务软件</td><td>1 套</td></tr>
<tr><td>多媒体教学设备</td><td>1 套</td></tr>
<tr><td>保险合同文本、单据，原始凭证</td><td></td></tr>
</table>

续表

序号	实训室名称	实训项目	设备配置要求		实训室规模
			主要设备名称	数量	
7	个人理财业务实训室	1. 建立和管理客户关系 2. 分析和诊断客户财务状况 3. 熟悉和开展银行、证券、保险、实物理财业务 4. 运用理财软件设计综合理财方案 5. 理财方案的实施和后续服务	电脑	51 台	以 50 人为标准教学班配置
			服务器及网络设备	1 套	
			网络打印机	2 台	
			模拟理财产品	典型产品	
			模拟客户资料	典型客户	
			理财业务软件	1 套	
			多媒体教学设备	1 套	
			合同文本、单据，原始凭证		

（注：对于招生规模较小的学校，可以将上述实训室简并为：银行业务实训室、保险业务实训室和证券业务实训室。）

2. 本专业应当配备的校内真实项目训练基地参照表 1 －7。

表 1 －7　校内真实项目实训基地配备表

序号	基地名称	实训项目	设备配置要求		实训室规模
			主要设备名称	数量	
1	金融理财服务中心	1. 真实的银行、证券、保险产品营销，包括现场营销、电话营销、网络营销 2. 客户理财服务，包括社区理财服务 3. 信息咨询服务 4. ATM 存取款服务	台式计算机	5 台	要求能组织 50 人轮流开展业务
			录音电话及控制设备	5 套	
			笔记本电脑	5 台	
			ATM 机	2 台	
			CD 行情显示屏、液晶显示屏	3 套	
			各类金融产品		
			营销业务及核算用软件		
			金融企业设置的宣传、营销设施		
2	项目工作室 5 间	包括适应学生规模需要的多个工作室，是学生项目小组从事营销活动的组织、策划、实施和协调的场所	台式计算机	5 台×5	每个项目工作室能容纳 5 名学生开展业务
			录音电话及控制设备	5 台×5	
			笔记本电脑	1 台×5	
			打印机	1 台×5	
			各类金融产品		

3. 本专业应当配备的校外实习基地。校外实习基地的数量和规模应与本专业学生的规模相适应，能够满足本专业全体学生进行专业实习的需要。校外实习基地包括下列五种类型：一是能够提供训练学生从事银行柜台业务处理、银行产品营销、营业现场管理等业务条

件的商业银行基层业务部门；二是能够训练学生从事保险产品营销、客户服务、内勤管理等业务条件的保险企业业务部门；三是能够提供训练学生从事证券柜台业务、投资顾问服务、内勤管理等业务条件的证券公司营业机构；四是能够提供训练学生从事收银、会计核算、财务管理、内勤等业务条件的非金融企业；五是第三方理财机构、小额贷款公司、典当机构等其他相关企业。这些实训基地的基本条件是：数量足够、能为学生提供实习及食宿条件、拥有足够数量符合条件的指导教师。具体要求见表 1－8。

表 1－8　　校外实习基地配备表

序号	企业类型	数量	功能	接纳学生规模（可根据实际需要确定）
1	商业银行	6 家	1. 训练学生从事银行柜台业务处理的能力 2. 训练学生从事银行理财产品营销和理财规划的能力 3. 训练学生从事营业现场管理和服务的能力 4. 训练学生从事后台和内勤事务的能力	50 人
2	保险企业	6 家	1. 训练学生从事保险产品营销和理财规划的能力 2. 训练学生从事保险客户服务的能力 3. 训练学生从事保险企业内勤事务工作的能力	80 人
3	证券公司	6 家	1. 训练学生从事证券公司柜台业务的能力 2. 训练学生从事证券客户服务、产品营销和投资咨询的能力 3. 训练学生从事内勤事务工作的能力	80 人
4	非金融企业和其他相关企业	4 家	1. 训练学生从事收银业务的能力 2. 训练学生从事会计核算、财务管理的能力 3. 训练学生从事企业管理部门内勤业务的能力 4. 训练学生从事产品营销、理财服务、项目评估、风险管理的能力	120 人

第二部分

金融管理专业核心课程标准

“金融学基础”课程标准

一、课程定位

本课程是金融管理专业职业能力课程体系的一门必修基础理论课程，课程立足中国实际，反映经济体制改革、金融体制改革的进展和理论研究成果，其目标是通过课程的学习，使学生系统地理解和掌握货币体系、金融市场体系、金融机构体系、金融调控体系和金融监管体系等金融学的基本理论知识。初步熟悉国内外金融理论的现状，掌握观察和分析金融问题的正确方法，培养辨析基本金融理论问题和解决金融实际问题的能力，为学习金融专业其他理论和业务课程以及从事实际工作奠定坚实的理论基础。

二、课程目标

通过学习金融学基本理论、基本知识，使学生对货币与货币政策、信用、利率、金融市场、金融机构、货币供求与均衡、货币政策、金融监管及金融创新等方面的基本内容有较系统的掌握；通过学习过程中结合中国金融行业实际情况的分析、思考和讨论，能够初步掌握金融运作的内在规律，为进一步认识和探讨经济社会中的各种金融现象打下基础。通过知识学习和能力训练的结合，提高学生的理论素养，把握运用金融理论来观察和分析金融问题的正确方法，培养解决金融实际问题的能力，同时也为其他专业理论课程和业务技能课程的学习奠定坚实的基础。

职业能力培养目标：

1. 熟悉货币制度内容，能够运用货币理论解释货币现象；理解信用、利息的本质，了解主要信用工具，能联系实际分析利率对经济的影响。

2. 熟悉金融市场构成要素和基本类型，能联系实际描述和评价中国货币市场和资本市场的特点和内容；熟悉金融机构体系的构成，熟悉中央银行、政策性银行、商业银行、信托机构、保险机构、证券机构的职能、作用和主要业务内容，能结合当前经济形势分析中央银行业务。

3. 熟悉货币供给与货币需求的基本内容，理解货币均衡的含义，能辨析通货膨胀和通货紧缩的成因并能联系实际提出见解；熟悉货币政策及其目标的内容，能根据当前经济形势分析判断应采取的货币政策。

4. 了解金融监管的内容，了解金融风险及其防范措施；了解金融与经济发展的关系，能够结合实际分析现阶段金融创新的主要形式。

三、设计思路

1. 课程总体设计思路：本课程教学内容的选择既要考虑职业教育技术技能型人才培养的特征，又要兼顾高等教育对系统的理论知识学习的需要。由于本课程在专业课程体系中处于基础地位，因此，其重点是培养学生运用理论知识分析金融体系运作过程的应用能力。课程以市场经济条件下的金融运行现象为对象，以系统的金融理论知识为工具，联系中国经济转型和金融改革发展的实际以及全球金融发展、演进的历史和现实来组织教学内容，根据由浅入深、由微观向宏观、由具体向抽象的认知顺序理论联系实际地组织教学过程，采用理论联系实际、项目驱动或案例引导的教学方法，重在把握金融运行的基本规律，以对现代金融实际进行研究的过程性考核和对基础理论知识进行考试的终结性考核作为成绩考核方式，最终促使学生通过在掌握金融基础知识基础上的初步训练实现理论思维和应用能力的提升。

2. 课程设计的目标：通过准确把握课程在专业中的基础地位，科学安排课程内容结构，兼顾宏观与微观、国际与国内金融各领域知识的学习，注重现代金融工具在经济社会中的作用和金融机构的发展趋势，及时吸纳学科发展的最新研究成果以确保本课程的发展性和领先性，充分利用现代教学资源和技术手段促进学生对基础知识的理解和运用，为今后专业基础知识的学习打下坚实的基础。

3. 课程内容的确定：本课程内容设计从便于教学组织出发，根据学生逻辑思维特点，使教学内容按照理论与实际、微观与宏观、具体与抽象相结合的形式呈现出来，强调了逻辑性和层次感，符合由浅入深的认知规律，体现局部独立性和整体系统性的统一。同时又充分考虑了高等职业教育对理论知识学习的需要，并融合相关职业资格证书（如银行业从业人员资格考试、助理理财规划师考试中金融基础知识模块）对金融基础知识进行整合，着力提高学生对金融基础知识的认知和理论联系实际的能力。

四、课时分配

表 2－1　　课程教学内容与课时分配表

序号	章	节	课时分配	
1	金融与金融学	金融和金融学的含义	2	4
		金融在现代经济体系中的作用	2	
2	货币与货币制度	货币的产生与发展	2	6
		货币的本质与职能	2	
		货币层次与货币制度	2	

续表

序号	章	节	课时分配	
3	信用与利息	信用的功能和形式	2	6
		信用工具	2	
		利息和利率的本质	2	
4	金融市场	金融市场的类别和功能	2	8
		货币市场	3	
		资本市场	3	
5	金融机构	金融机构体系	3	10
		商业银行	3	
		中央银行及政策性银行	2	
		非银行金融机构及准金融机构	2	
6	通货膨胀与紧缩	通货膨胀与紧缩的原因和影响	3	6
		通货膨胀与紧缩的治理	3	
7	货币政策	货币政策与经济政策	3	6
		货币政策工具及传导机制	2	
		货币政策效应	1	
8	金融监管	金融风险及其防范	2	4
		金融监管的内容及措施	2	
9	金融创新	金融创新的内容和表现	2	3
		金融创新的动因和作用	1	
10	国际金融	外汇与汇率	1	3
		国际金融市场	1	
		国际金融机构	1	
总计				56

五、教学内容

表 2－2　　课程教学内容与教学要求

序号	章	知识内容和要求	技能内容和要求
1	金融与金融学	• 熟悉金融的含义和类别 • 了解金融学的基本特征和金融学的研究对象 • 了解金融的产生与发展 • 熟悉金融在现代经济中的地位和作用	• 能从现象上简单说明金融对经济的影响
2	货币与货币制度	• 了解货币的起源和本质，掌握货币的职能 • 理解货币形态的变迁过程，掌握货币形成的原理，深刻理解货币层次的划分 • 理解货币制度含义，深刻理解货币制度演变过程，掌握货币制度的构成	• 能够运用货币理论解释货币现象 • 能够联系实际对各层次货币进行初步分析
3	信用与利息	• 了解信用产生的历史及信用的本质，深刻理解现代信用形式及其特点 • 理解信用工具的特点，熟练掌握信用工具的用途和操作方法 • 理解利率的概念和种类及利息的本质 • 了解我国的利率管理体制，深刻理解影响利率变化的主要因素	• 能辨析现代生活中的各类形式的信用并分析其优劣 • 能分析利率对经济的影响
4	金融市场	• 了解金融市场的基本概念及其分类，熟练掌握货币市场的特征和内容 • 深刻理解资本市场的特点和内容，熟练掌握资本市场中各种投资工具的操作方法 • 了解衍生品市场的特点和类型	• 能联系实际对中国金融市场做总体描述和初步评价
5	金融机构	• 了解金融机构体系的发展过程，熟悉金融机构的基本功能 • 熟悉金融机构之间相互的关系，熟悉我国现有银行类金融机构和非银行金融机构的体系构成 • 熟悉中央银行制度的主要内容和基本业务类型 • 了解政策性银行在金融体系中的地位和作用，了解政策性银行的业务类型 • 熟悉商业银行的主要业务类型 • 了解证券、保险、信托等非银行类金融机构及准金融机构的主要业务类型	• 能够从总体上描述金融机构体系的现状 • 能通过业务类型辨析各类金融机构 • 能结合当前经济形势分析中央银行业务

续表

序号	章	知识内容和要求	技能内容和要求
6	通货膨胀与紧缩	• 熟悉货币供给与货币需求的基本内容，了解货币供给与货币需求的影响因素 • 了解不同时期的货币供给理论和货币需求学说及其历史意义 • 理解货币均衡的含义，理解货币供给与需求对均衡的影响 • 理解通货膨胀与通货紧缩的基本含义，理解通货膨胀与通货紧缩对经济的影响和在两种情况下经济体系的运行情况 • 熟练掌握通货膨胀与通货紧缩的危害及其治理方法	• 能联系实际分析通货膨胀或通货紧缩的危害及其治理措施
7	货币政策	• 理解货币政策与货币政策目标的概念及其与经济政策的关系 • 掌握货币政策工具的基本内容，掌握基本的操作原理 • 理解货币政策的中介指标、传导机制及政策的效用	• 能结合当前经济形势分析应采取的货币政策
8	金融监管	• 理解金融风险的概念和类型 • 了解金融风险的防范与控制措施 • 了解金融监管的含义、内容和基本措施	• 能列举现实经济中存在的金融风险并提出防范建议
9	金融创新	• 了解金融创新的概念和内容，了解金融创新的动因和作用	
10	国际金融	• 了解外汇、外汇市场的含义和汇率的标价方法 • 了解国际收支的内容，理解国际收支平衡对一国经济发展的重要性与必要性 • 了解国际金融市场和国际金融机构的基本情况	

六、教学条件

（一）教师任职条件

1. 专任教师。具有高校教师资格，拥有经济类专业研究生学历，取得教师专业技术职称，熟悉经济理论，精通金融专业的基本理论，熟悉中国金融业的现状和发展历史，对当前的金融问题有认真的研究。

2. 兼职教师。经济类专业本科毕业，具有丰富的金融机构工作经验，取得金融行业从业资格，能理论联系实际进行示范教学和金融基础理论教学。

（二）实践教学条件

1. 多媒体教学：配备可用于展示电子课件、投影、视频、音频的多媒体设备和教学软件。

2. 实训场所：校内配置能够搜索金融市场和金融政策信息以及网络教学资源的计算机教室，配备基本的分析工具和演示文稿制作软件，能够提供分组讨论和展示演示文稿的环境；校外实习基地能够满足学生对货币、信用市场、金融机构等方面认知和体验的要求。

七、教学方法与手段

（一）教学方法

1. 讲授法。通过课堂讲授、课堂提问与讨论、课堂练习、最新资讯分析等教学手段实现课堂教学的启发与互动，强调课堂教学与课外指导的结合、理论与实际的结合、教师精讲与学生多练的结合，充分调动学生的主观能动性和学习积极性。课堂讲授还应保证信息的充分传递，突破教材内容的滞后性，使教学内容充分吸纳国内外金融学研究的最新成果，反映金融学发展的最新动态。

2. 案例教学法。基于“金融学基础”课程的特点，案例教学法可作为本课程的常规授课方法。在每一个教学单元开始之前设计恰当的导入案例，引导学生围绕案例确定自己的学习任务，促使学生带着问题、有目的而学，提高学生的学习主动性。也可以在学习完基本原理之后选取适当的案例供学生分析之用。

3. 直观教学法。教师通过相关实物或图像资料的演示，帮助学生理解抽象的概念。比如在学习外汇的概念时，教师可向学生演示美元现钞、秘鲁币现钞、美元旅行支票等，直观地告诉学生哪一个是外汇，哪一个不是，并讲解为什么，这样学生很容易就可以理解外汇的概念，并且印象深刻。

4. 角色互换法。在教学过程中，注重培养和锻炼学生的创新能力、团队协作精神，激发创造力，提高学生学习的主动性和趣味性。可以选择个别章节作为学生自学、自讲、自评的内容，学生以小组协作形式对课程内容进行研讨，制作自己的课件，并由小组成员协作在课堂上讲授，小组成员以外的同学及教师提问，小组成员回答后由教师进行点评。

5. 讨论式教学法。可以选取现实经济生活相关的热点话题，把学生分成两部分，分别搜集正反两方面的论据、资料，准备充分之后把学生划分为三组，其中两组分别持正反两派论点进行观点陈述、辩论，第三组充当评判者，教师要控制好局面。比如针对是否应该调整利率、是否发生了通货膨胀的话题即可采取讨论式教学法，以更好地考察和培养学生运用知识的能力。

（二）教学手段

1. 多媒体教学手段。多媒体教学手段主要包括电子课件、投影、视频、音频、多媒体教学软件。教学案例、实物图片、视频资料等可通过多媒体系统直观地呈现在学生面前，有助于取得更好的教学效果。

2. 网络教学手段。可以考虑充分利用校园网资源，建立师生互动平台。教师可以利用平台答疑解惑，把更多的教学案例等教学资源放到网上，弥补课堂教学的不足。

八、检查评价

本课程采取终结性考核和过程性考核评价相结合的方式：

1. 过程性考核：结合单元教学活动进行，重点考核学生对理论知识的理解和运用能力，考核的形式主要采取分析报告、现场讨论、课后作业等方式。分析讨论主要以团队协作的形式完成，以金融事件、经济现象、金融机构等为对象，通过制作课件进行研究讨论，该部分成绩占比 30%，平时学习态度、参与度、考勤等成绩占 10%。

2. 终结性考核：在课程全部教学活动完成之后进行考核，考核学生对基本概念和理论的识记能力和分析运用能力，考核方式为笔试，采取闭卷的形式，该部分成绩占比 60%。

“金融操作技能”课程标准

一、课程定位

本课程是金融管理专业的职业核心能力课程。随着金融行业竞争的越来越激烈，金融主要业务工作岗位对操作基本技能的要求越来越高，掌握熟练的金融操作技能对完成岗位工作越来越重要。本课程结合现代金融服务业人才发展目标，以金融机构的银行前台和财会工作岗位等业务处理所需的操作技能为主要依据，旨在通过对基本操作技能的反复训练，使学生熟练掌握钞票辨别、财经数据书写、钞票清点、计算器操作和文字速录及常用办公设备使用等技能，从而更好地适应商业银行和其他金融机构业务岗位的需要。本课程不解决各种业务岗位的特殊操作问题，也不解决各种岗位所需要的分析判断能力。本课程重点解决的是金融机构工作岗位通用的识假、书写、点钞、速算和速录的动手操作技能问题。

二、课程目标

本课程在分析金融机构银行前台和财会岗位等一线业务人员所需的操作技能的基础上，采用情境化、项目训练为特色的实践教学，反复训练学生实际工作中所需的各种操作技能，锻炼学生通过技能训练提高处理日常业务效率的能力。通过训练形成规范的操作习惯，切实提高学生的职业技能和处理实际问题的综合素质，使其能够更好地适应金融机构的各种岗位对动手能力的需要，成为一名优秀的金融机构从业人员。

职业能力培养目标：

1. 熟悉国家法律法规有关货币管理的内容，熟练掌握人民币和主要流通外币的真假辨别、残币兑换和挑剔能力；掌握居民身份证和护照识别的基本能力。

2. 具备财经字符规范书写能力，包括汉字和阿拉伯数字的书写与常用单据财经字符的规范填写和错误订正。

3. 熟练掌握多种手工点钞和机器点钞、捆扎的技术。

4. 了解计算器的基本功能，掌握使用计算器翻打传票与账表算技术。

5. 掌握电脑字符速录和小键盘数据速录技术，实现盲打，重点掌握五笔字型汉字录入技术。

6. 熟悉打印机、复印机、凭证装订机和传真机的使用与维护。

三、设计思路

1. 课程总体设计思路：采用项目达标引领的模块化训练的设计思路。在教学内容方面，把金融机构柜台业务、财会岗位的基本工作技能要求转化为课程教学模块，从课程目标需要掌握的技能出发，把课程分成“识假”、“书写”、“点钞”、“速算”、“速录”、“常用办公设备使用”六个项目，并在每个项目下设计不同的学习模块。在教学条件方面，结合具体教学内容和教学情境，建设具备技能训练条件的校内实训室，通过模拟的操作训练，提高学生的技能水平。在师资方面，由掌握操作技能基本方法和技巧的专任教师，以及银行柜台和财会部门具有较强操作能力的业务能手，专兼结合承担教学任务。采用反复训练为主的教学方式，以掌握金融操作技能的熟练程度作为成绩考核的主要标准。

2. 课程设计的目标：准确把握课程定位，理顺课程设计思路，科学安排教学内容，精心组织教学过程。以学生为中心，充分发挥学生在学习和训练中的主动性，利用专任教师和兼职教师各自的教学优势，采用科学高效的训练方法和现代化的教育技术手段，借助功能完备的校内实训室，使学生通过反复练习，能够准确熟练地把握各项操作技能。

3. 课程设置的依据：本课程设置以现代金融服务业人才发展目标和金融机构的银行和财会工作岗位完成工作任务所需的操作技能为依据；教学项目设计的依据是通过归纳得出需要掌握的典型操作技能；教学内容设计的依据是金融机构银行和财会工作人员应具备的基本操作技能；教学场所的建设依据是在参照金融机构银行和财会岗位的工作场景的基础上，同时考虑方便训练的需要；课程开发的主体是学校专任教师和金融机构操作技术能手所组成的团队，课程开发的全过程自始至终贯穿于金融机构实际操作技能的需要，课程开发的立足点是广泛的调研论证和典型操作技能归纳。

4. 课程内容的确定：课程教学内容根据金融机构银行和财会工作岗位完成典型工作任务对其操作技能的要求来确定，具体内容涵盖金融从业一线人员，尤其是银行和财会岗位日常工作的主要内容。在认知层面，考虑到国内外制造、编造和贩卖假币的犯罪活动日益猖獗，为了维护国家和银行等金融机构的权益，金融从业人员必须十分熟悉人民币、外币的一般防伪特征，了解假币的种类和辨别技巧，掌握人工鉴别与机器鉴别人民币和外币的方法，以及假币的处理和残币的兑换挑剔。随着我国经济的迅速发展和人口流动的不断加速，居民身份证的使用越来越频繁，金融机构在办理相关业务时也必须熟悉居民身份证的特征。同时，随着我国改革开放程度的提高，国外在我国办理各种金融业务的人员越来越多，因此还应掌握护照识别的基本知识。在操作层面，财经字符书写、点钞、计算器速算、计算器小键盘数字录入和中文五笔字型汉字录入、常用办公设备如打印机、复印机和传真机的使用，都是金融机构银行柜员和财会部门每天必须面对的基础工作，熟练掌握这些技能是学校培养技术技能型金融机构从业人员必须的要求。据此，根据以上对金融从业人员岗位需要掌握的基本金融操作技能，设置了“识假”、“书写”、“点钞”、“速算”、“速录”、“常用办公设备使用”六个项目分别进行训练。

5. 教学过程的组织：在教学组织方面，把“知识内容”和“技能内容”相结合，遵循由易到难的教学规律，课时贯穿课程开设的每个学期，分学期逐步推进不同的技能训练，并设置相应的难度评价标准。课程的全部内容均是围绕金融机构银行和财会工作岗位人员的典型操作技能项目而设置教学项目。本课程重在学生技能的强化训练，通过反复训练，使学生熟练掌握基本的金融操作技能，形成规范的操作习惯，从而适应金融机构各岗位工作的需要。在教学评价方面，参考国内商业银行柜台上岗人员入职的各项达标能力设定考试标准，课程终结时进行全部技能的综合测评。

四、课时分配

表 2－3　　　　课程项目模块及课时分配表

<table>
<tr><th>序号</th><th>课程项目</th><th>课程模块</th><th colspan="2">课时分配</th></tr>
<tr><td rowspan="5">1</td><td rowspan="5">识假</td><td>货币反假及其法规</td><td>1</td><td rowspan="5">8</td></tr>
<tr><td>人民币反假技术</td><td>4</td></tr>
<tr><td>外币反假技术</td><td>3</td></tr>
<tr><td>残币兑换和挑剔技术</td><td>1</td></tr>
<tr><td>居民身份证和护照识别技术</td><td>1</td></tr>
<tr><td rowspan="2">2</td><td rowspan="2">书写</td><td>财经数码字书写</td><td>2</td><td rowspan="2">10</td></tr>
<tr><td>常用单据填写</td><td>4</td></tr>
<tr><td rowspan="3">3</td><td rowspan="3">点钞</td><td>点钞的基本要领和环节</td><td>1</td><td rowspan="3">16</td></tr>
<tr><td>机器点钞技术</td><td>1</td></tr>
<tr><td>手工点钞技术</td><td>10</td></tr>
<tr><td rowspan="2">4</td><td rowspan="2">速算</td><td>计算器的种类和基本功能</td><td>1</td><td rowspan="2">16</td></tr>
<tr><td>使用计算器传票算和账表算技术</td><td>11</td></tr>
<tr><td rowspan="3">5</td><td rowspan="3">速录</td><td>电脑键盘输入的基本方法</td><td>2</td><td rowspan="3">18</td></tr>
<tr><td>电脑中文快速录入技术</td><td>10</td></tr>
<tr><td>电脑数字快速录入技术</td><td>2</td></tr>
<tr><td rowspan="2">6</td><td rowspan="2">常用办公设备使用</td><td>打印机和复印机的使用</td><td>1</td><td rowspan="2">2</td></tr>
<tr><td>传真机和扫描仪的使用</td><td>1</td></tr>
<tr><td colspan="4">合计</td><td>70</td></tr>
</table>

五、教学内容

表 2－4　　课程教学内容与教学要求

<table>
<tr><th>课程项目</th><th>课程模块</th><th>知识内容和要求</th><th>技能内容和要求</th></tr>
<tr><td rowspan="5">识假</td><td>货币反假及相关法规</td><td>• 了解货币的发行
• 熟悉货币的一般防伪措施
• 熟悉假币的类型和特点
• 熟悉假币收缴方法</td><td rowspan="5">• 通过训练人民币和外币假钞识别能力，具备通过银行反假币上岗证考试的能力
• 能够口述第五套人民币的基本特征并辨别真伪
• 能够口述主要流通外币的基本特征并辨别真伪
• 能够口述假币处理方式并进行模拟处理
• 能够口述收缴残币兑换方式并进行模拟处理
• 能够口述身份证和护照的特征并辨别真伪</td></tr>
<tr><td>人民币反假技术</td><td>• 了解人民币发行历史和现状
• 了解人民币相关的法律法规
• 熟悉近年人民币假币新趋势
• 掌握第五套人民币的基本特征及其反假要点</td></tr>
<tr><td>外币反假技术</td><td>• 掌握美元基本特征及其反假要点
• 掌握港币基本特征及其反假要点
• 掌握欧元基本特征及其反假要点</td></tr>
<tr><td>残币兑换和挑剔技术</td><td>• 熟悉人民币残缺污损的兑换标准
• 掌握人民币残缺券的挑剔要求</td></tr>
<tr><td>居民身份证和护照识别技术</td><td>• 掌握居民身份证的识别方法
• 掌握护照的识别方法</td></tr>
<tr><td rowspan="2">书写</td><td>财经数码字规范书写</td><td>• 掌握阿拉伯数字的书写规范
• 掌握大小写金额和日期书写规范
• 熟悉书写错误订正规则</td><td rowspan="2">• 能够准确、清晰、快速、规范地在各种票据上书写和更正大、小写金额及日期
• 能够准确、清晰、快速、规范地在对各种票据、单证进行归类、装订和归档</td></tr>
<tr><td>常用单据填写规范</td><td>• 掌握单据填制基本规范和装订要求</td></tr>
<tr><td>点钞</td><td>点钞的基本要领和环节</td><td>• 掌握手工点钞前的准备工作
• 掌握点钞记数的基本方法
• 掌握夹条式、单圈缠绕式两种扎把和捆钞技术
• 掌握盖章的技术要求</td><td>• 能够掌握正确的点钞记数方法，不能发出声音
• 能够掌握扎把技术，无论抽取任何一张，也不散把
• 能够准确、清晰地盖章
• 能够在点钞中识别假钞，剔除残缺污损钞票</td></tr>
</table>

续表

课程项目	课程模块	知识内容和要求	技能内容和要求
点钞	机器点钞能技术	• 掌握点钞机的类型及特点 • 掌握点钞机的操作程序 • 了解机器点钞故障处理	• 能够按照正确的程序操作点钞机 • 能够快速、熟练地运用机器点钞技术
	手工点钞技术	• 掌握手持式单指单张点钞法 • 掌握台按式单指单张点钞法 • 掌握手持式多指多张点钞法 • 掌握台按式多指多张点钞法 • 了解硬币清点的一般常识和整理技术	• 能够在规定的时间内使用两种单指单张点钞手法完成清点任务 • 能够在规定的时间内使用两种多指多张点钞手法完成清点任务
速算	计算器的种类和基本功能	• 了解计算器的种类及其功能 • 掌握计算器盲打指法	• 训练计算器的各手指指法，能够实现盲打 • 训练运用计算器的退格键、C、AC、CE、M+、M-、MR，能够完成连加连减训练任务 • 能够快速点准各种币面钞票的张、把、捆数，能够快速准确利用计算器计算总金额
	使用计算器传票算和账表算技术	• 了解传票的种类 • 掌握翻打百张传票技术 • 掌握使用计算器账表算技术	• 训练百张传票翻打，能够限时完成翻打任务 • 训练使用计算器对资产负债表和利润表等各种账簿和表格进行加总计算，数据要进行纵横加总的，纵横双方总额轧平
速录	电脑键盘录入的基本方法	• 掌握电脑键盘指法 • 了解英文字母与符号录入规范 • 了解中英文录入练习软件	• 训练电脑键盘左右两手键位指法
	电脑中文快速录入技术	• 掌握中文五笔字根表 • 掌握五笔输入基本方法和原则 • 掌握中文拼音录入技术 （一般要求采用字型输入法，建议采用五笔字型输入法，也可采用拼音输入法，但必须保证不能识别读音的字符的输入）	• 训练五笔字根、一级简码、常用字、难拆字 • 训练五笔词组打法 • 训练中文文章快速录入，能够实现快速盲打
	电脑数字快速录入技术	• 掌握电脑数字小键盘盲打技术 • 掌握数字的定位与快速阅读技术 • 了解电脑传票录入练习软件介绍	• 能够使用电脑小键盘快速准确地进行数据录入 • 能够掌握数字的定位与快速阅读技术

续表

课程项目	课程模块	知识内容和要求	技能内容和要求
常用办公设备使用	打印机、复印机、传真机和扫描仪的使用	• 掌握打印机、复印机的设置和故障处理 • 熟悉墨盒更换的操作 • 掌握传真的发送、接收和故障处理 • 掌握扫描仪的使用程序	• 能够按特定设置要求打印资料 • 能够进行身份证双面复印 • 能够解决传真过程中缺纸、卡纸的处理 • 能够按特定设置要求扫描资料

六、教学条件

（一）教师任职条件

1. 专任教师。具有商业银行柜台岗位等相关工作培训经历，熟悉人民币假币收缴和鉴定、残缺污损兑换等内容的财经法律法规和处理流程；具有丰富的人民币和外币防伪知识；能够示范操作各种手工点钞技术、计算器翻打传票和账表算技术、电脑中文录入和小键盘数据录入技术；能够示范操作常用办公设备使用和故障处理；能够指导学生采用情境教学法、角色扮演法、竞赛等形式进行各项技能训练。

2. 兼职教师。银行等金融机构或企业财会部门货币防伪能手，熟练掌握第五套人民币的特点，能进行真假钞辨别和残币兑换挑剔等示范教学；银行等金融机构或企业财会部门点钞能手，能进行验钞、点钞、捆钞、翻打传票和账表算等业务技能的示范教学；企业等文秘和财会业务速录能手，能用电脑进行中英文快速盲打、小键盘数据和计算器数据快速录入等业务技能的示范教学。

（二）实践教学条件

1. 配置具备模拟金融机构典型业务环境的金融操作技能实训室，能够用于本课程规定的操作技能训练。

2. 配置第五套人民币票样、各种主要外币票样、验钞机、点钞机、点钞券、捆钞条、海绵缸、甘油、个人印章、计算器、技术比赛百张传票、教学算盘；电脑、打印机、复印机、传真机、扫描仪；各种仿真现金支票、转账支票、银行汇票、银行本票、商业汇票、进账单、托收凭证等银行票据和银行结算单据。

3. 配置中英文打字训练软件和计算机小键盘录入软件。

4. 配置各种手工点钞、翻打传票和五笔输入法的教学视频和课件。

5. 配备操作规范手册，包括人民币管理条例、假币收缴鉴定管理办法、残缺污损人民币兑换办法、五笔字根表等。

七、教学方法与手段

（一）教学方法

本课程以强化训练为主，注重寓教于乐，积极营造一种愉快学习、自主学习的氛围。利用现场模拟进行测试考评，采用启发式、互动式的教学方法。要求学生课余进行自主练习，在课余时间开放机房与实训室，对学生进行指导性练习。教学方法主要包括直观教学法、角色扮演法、技能竞赛法等进行教学。

1. 直观教学法。通过教师示范展示、观看实际操作录像等直观的方法演示操作过程，进行操作示范。“识假”、“点钞”、“速算”和“速录”等操作技能均可采用直观教学法。

2. 角色扮演法。划分学习小组，每小组指定不同人员分别扮演银行柜员、存款客户、会计、企业客户等角色，模拟存款业务钞票清点、真假币识别、残币兑换和挑剔等业务办理过程，使学生体验不同角色的岗位任务和岗位职责。

3. 技能竞赛法。定期组织金融操作技能大赛，展开假钞识别知识竞赛和点钞、翻打传票、中文录入等技能竞赛，激发学生的竞争意识和训练的主动性。

（二）教学手段

1. 多媒体教学手段。多媒体教学手段主要包括：电子课件、视频、多媒体教学软件。其中有关假钞识别中防伪措施、假币类型和特点可以采用电子课件直观展示；有关手工点钞中的手持式单指单张、台按式单指单张等多种点钞法，以及翻打传票的技术要点可以采用视频教学；有关中英文录入中的五笔打字可以采用金山打字2011版打字软件进行训练。

2. 网络教学手段。建设金融操作技能网络课程，教师可以定期组织技能比赛，在网上公布名次，提高学生的主动性和积极性；上载并播放全国各银行举办的点钞大赛等视频，激励学生不断训练，提高专业技能水平。

八、检查评价

1. 评价依据。本课程以掌握各项金融操作技能的规范和熟练程度作为成绩考核的主要标准。由于本课程的实践性强，考核评价应采用形成性评价与总结性评价相结合的方式。形成性评价，是在教学过程中对学生的学习态度和技能掌握情况进行的评价；总结性评价，是在教学项目结束时，对学生整体技能情况的评价。考核结果包括两部分：形成性评价结果和总结性评价结果，两者比例各占50%。学生该门课程的最终成绩＝（形成性评价结果＋总结性评价结果）/2。

2. 形成性评价。在教学过程中按照教学项目进行评价，课程结束时进行综合评价，各教学项目按照重要性程度大致确定如下评价比重：识假（10%）、书写（20%）、点钞

（20%）、速算（20%）、速录（20%）、常用办公设备使用（10%）。学生该门课程的平时成绩 = 项目 1 评价结果 ×10% + 项目 2 评价结果 ×20% + 项目 3 评价结果 ×20% + 项目 4 评价结果 ×20% + 项目 5 评价结果 ×20% + 项目 6 评价结果 ×10%。

3. 总结性评价。本课程可分为技术能力考核和非技术能力考核两部分。课程考核配合课程开设可以分学期在多个学期完成，学生必须完成全部金融操作技能考核。其中技术能力考核分阶段设立不同难度评价标准，从易到难逐步提高。初学时设定阶段性初级评价标准，避免打击学生积极性；课程终期必须通过达标测试，并激励学生达到能手级标准。非技术能力在学习终期采用闭卷考试方式考核。

表 2－5　“金融操作技能”评价内容

评价内容	能力类别	分值	考核内容
识假（10 分）	非技术能力	10	货币反假知识
书写（20 分）	非技术能力	20	财经字符书写规范和单据填写
点钞（20 分）	技术能力	10	单指单张点钞法
		10	多指多张点钞法
速算（20 分）	技术能力	10	翻打传票
		10	账表算
速录（20 分）	技术能力	10	中文五笔录入
		10	小键盘数字录入
常用办公设备使用（10 分）	非技术能力	10	打印机、复印机、传真机和扫描仪的使用
合计		100	

4. 技术能力评价标准。

（1）点钞。

考核要求：熟练掌握手持式单指单张、手持式多指多张、台按式单指单张和台按式多指多张四种手工点钞法。每把钞券 100 张为基准，测试卷设置 50% 错把率，把点钞的数字填写在试卷上。手工点钞测试时间为单指单张和多指多张各 10 分钟，学生应在测试时间内完成拆把、点钞、扎把、盖章四道工序，做到点准、墩齐（无折角、不露头）、扎紧（任意一张无法抽出，不成船形、梯形）、盖章清楚端正，印章应盖在扎把腰条的侧面。点钞考核标准参照表 2－6。

（2）速算。

考核要求：使用计算器或算盘翻打传票（也可采用 Excel 录入后自动汇总）。传票标准为：每 100 张传票为一把，每张传票印一个 4～7 位的数字，其中小数点后两位，小数点前每隔 3 位加一个分节号。每把传票中 4 位、5 位、6 位和 7 位数字各占 25%，随机分布。按传票页码顺序将每把传票分为 5 组，每 20 张为一组。在测试时间内以正确打完的组数为计分依据，测试时间为 10 分钟。速算考核标准参照表 2－7。

表 2-6 **点钞考核标准表**

<table>
<tr><th>考核项目</th><th>等级</th><th>评分标准</th><th>说明</th></tr>
<tr><td rowspan="5">单指单张点钞</td><td>初级</td><td>要求达到 10 把</td><td rowspan="10">准确率为 100%
必须捆紧，盖章</td></tr>
<tr><td>达标</td><td>要求达到 12 把</td></tr>
<tr><td>三级能手</td><td>要求达到 18 把</td></tr>
<tr><td>二级能手</td><td>要求达到 20 把</td></tr>
<tr><td>一级能手</td><td>要求达到 22 把</td></tr>
<tr><td rowspan="5">多指多张点钞</td><td>初级</td><td>要求达到 12 把</td></tr>
<tr><td>达标</td><td>要求达到 16 把</td></tr>
<tr><td>三级能手</td><td>要求达到 22 把</td></tr>
<tr><td>二级能手</td><td>要求达到 28 把</td></tr>
<tr><td>一级能手</td><td>要求达到 32 把</td></tr>
</table>

表 2-7 **速算考核标准表**

<table>
<tr><th>测试项目</th><th>等级</th><th>评分标准</th><th>说明</th></tr>
<tr><td rowspan="5">翻打传票</td><td>初级</td><td>10 分钟内 6 组答案正确</td><td rowspan="5">答案有误、书写不清无法辨认、小数点点错（漏），不得分</td></tr>
<tr><td>达标</td><td>10 分钟内 8 组答案正确</td></tr>
<tr><td>三级能手</td><td>10 分钟内 12 组答案正确</td></tr>
<tr><td>二级能手</td><td>10 分钟内 14 组答案正确</td></tr>
<tr><td>一级能手</td><td>10 分钟内 18 组答案正确</td></tr>
</table>

（3）速录。

考核要求：测试时间为 30 分钟，采用字型输入法录入汉字（建议采用五笔字型输入法，也可采用拼音输入法，但必须保证不能正确识别读音的汉字的直接输入），要求姿势和指法规范，必须盲打。使用专门的打字软件（如金山打字 2011）测试，由任课教师任意指定一篇中文文章，学生按屏幕所提示中文对照录入。速录考核标准参照表 2-8。

表 2-8 **速录考核标准表**

<table>
<tr><th>测试项目</th><th>等级</th><th>评分标准</th><th>说明</th></tr>
<tr><td rowspan="5">中文录入</td><td>初级</td><td>每分钟 40 字</td><td rowspan="5">准确率不低于 97%</td></tr>
<tr><td>达标</td><td>每分钟 60 字</td></tr>
<tr><td>三级能手</td><td>每分钟 90 字</td></tr>
<tr><td>二级能手</td><td>每分钟 120 字</td></tr>
<tr><td>一级能手</td><td>每分钟 150 字</td></tr>
</table>

“金融营销技能”课程标准

一、课程定位

本课程是金融管理专业的职业能力核心课程，随着金融市场竞争的不断加剧，金融营销已经渗透到金融行业主要的业务工作岗位。因此，训练学生掌握熟练的金融营销技能是完成岗位工作的必要条件。本课程以金融机构一线营销服务人员完成其工作任务所需的营销技能为依据，通过反复的技能训练，使学生熟练掌握客户拓展、客户维护、营销调研、产品销售、营销策划、有效沟通等工作技能，从而更好地适应金融机构营销业务岗位的需要。本课程不解决营销总监所考虑的市场策略制定的技能问题，也基本不解决部门经理所考虑的营销活动组织的技能问题。本课程重点解决的是银行客户经理、证券客户经理、保险营销人员等一线营销人员通过反复训练强化营销技能的问题。

二、课程目标

本课程在分析金融机构一线业务人员所需的营销技能的基础上，采用以情境化、项目训练为特色的实践教学，反复训练学生实际工作中所需的各种营销技能，锻炼学生通过技能训练形成工作思路与方法的能力，切实提高学生的职业技能和处理实际问题的综合素质，使其能够更好地适应金融机构营销岗位的需要，成为一名优秀的金融机构从业人员。

职业能力培养目标：

1. 了解与金融营销相关的金融政策、法律法规，熟悉各种金融产品，熟悉金融营销人员从事营销工作的基本思路和方法，掌握熟练的营销技能，能够熟练地进行现场营销、电话营销、网络营销及其他方式的营销。

2. 能够通过各种渠道搜集客户信息，能够对信息进行提炼、分析与整理，进而为客户建立档案，并进行管理和维护；能够采用计算机、数据库管理等技术工具和科学手段对客户进行细分；能够通过各种手段识别和挖掘现有客户的需求；能够采用各种方法开发潜在客户；选择恰当的沟通方式实现与客户之间的有效沟通，促进与客户之间的交流；掌握内部沟通技巧，能够与上下级、其他部门之间进行沟通和协调，增强营销团队之间的向心力和凝聚力；能够成功地拜访客户；能够正确分析客户出现异议的原因，了解客户的心理，有效化解客户的异议和拒绝，赢得客户的信任；能够通过各种手段保持、深化与优质客户之间的联系。

3. 能够运用恰当的方法开展金融营销调研活动；能够成功地展示和销售金融产品；能够围绕某一“营销主题”，策划目标明确、针对性强的营销活动。

4. 具有较强的语言表达和人际交往能力，具有较强的观察、判断、应变和谈判能力；具有较强的合作意识和团队精神，具有较强的社会适应能力；具有较强的人际沟通能力和良好的心理素质；具有较高的自身修养，能够展示自己良好的形象；爱岗敬业，谦虚好学，诚实守信，遵纪守法。

三、设计思路

1. 课程总体设计思路：课程设计基于工作内容，从多个金融营销岗位中归纳典型的营销技能项目，根据金融机构一线营销人员的营销技能要求确定教学内容，根据金融机构一线营销人员的具体工作情景组织训练过程。结合具体教学内容和教学情境，建设同时具备营销技能训练、商务洽谈训练、商务礼仪训练等功能的金融营销技能实训室，辅以功能齐全的校外实训基地作为上课场所。由掌握金融营销基本理念、方法和技巧的专任教师，以及具有较强营销能力的金融机构营销精英，专兼结合承担教学任务。采用反复训练为主的教学方式，以掌握各项金融营销技能的熟练程度作为成绩考核的主要标准，最终实现将技能固化为习惯。

2. 课程设计的目标：准确把握课程定位，理顺课程设计思路，科学安排教学内容，精心组织教学过程。以学生为中心，充分发挥学生在学习和训练中的主动性，利用专任教师和兼职教师各自的教学优势，采用科学高效的教学方法和现代化的教育技术手段，借助功能完备的校内实训中心和校外实践基地，使学生通过反复练习，能够准确熟练地把握各项营销技能。

3. 课程设置的依据：本课程设置的依据是金融机构一线营销人员完成工作任务对营销技能的需要，教学项目设计的依据是通过归纳得出的金融机构一线营销人员的典型技能项目，教学内容设计的依据是金融机构一线营销人员应具备的营销技能。教学场所的建设依据是在参照金融机构一线营销人员的工作场景的基础上同时考虑方便训练的需要，课程开发的主体是学校专任教师和金融机构业务精英所组成的团队，课程开发的全过程自始至终贯穿于金融机构的营销实践，课程开发的立足点是广泛的调研论证和典型营销技能归纳。

4. 课程内容的确定：课程教学内容根据金融机构一线营销人员完成典型工作任务对其营销技能的要求来确定，具体内容涵盖金融营销人员日常工作的主要内容。在现代金融业中，银行客户经理、证券客户经理、保险营销人员作为一线金融营销人员，均肩负着发展客户、培育客户、维护客户的重任。其主要工作内容是与客户进行联络和沟通，及时了解客户需求及变化，营销金融产品或服务，为客户提供个性化的金融服务方案。营销人员还是与客户进行信息沟通和业务联系的主要渠道，既充当金融产品进入市场的销售主角，也能够反馈市场和客户的重要信息。因此，在广泛调研和论证的基础上，将金融营销人员的工作任务界定为：开发客户、维护客户、营销产品、内部协调。围绕金融营销人员的典型工作任务，本课程设置了客户拓展、金融产品销售等主要教学项目，并根据金融营销人员的具体工作内容设置相应的模块，使学生通过课程的训练掌握一线金融营销人员的基本技能。金融营销人员的工作性质决定了他们要具备较强的沟通能力和社交能力，沟通是营销人员开展业务的基础，而礼仪则是营销成功的保障，如果把沟通能力看作营销人员的内在素质的话，那么良好的礼仪就是其内在素质的外在体现，据此，本课程设置了有效沟通教学项目，金融营销礼仪则另外开设了专门的训练课程。因此，本课程教学内容的设置既考虑了一线金融营销人员的典型技能项目，也考虑了其完成这一任务所应具备的基本素质，既符合教学规律的要求，也能够满足学生未来职业发展的需要。

5. 教学过程的组织：在课程内容组织方面，考虑到金融营销人员的工作性质，首先学习最基本的沟通技能，使学生具备最基本的能力，在此基础上逐步进入金融营销人员的核心工作环节——客户拓展和产品销售。课程的全部内容均是围绕金融营销人员的典型营销技能项目而设置的教学项目，每一个学习模块都是在一个仿真化的工作情境中训练学生的技能。本课程重在学生技能的强化训练，通过反复训练，使学生熟练掌握基本的金融营销技能，从而适应金融机构各岗位工作的需要。为提高学习效果，本课程需要建设配套的金融营销技能实训室，通过模拟金融机构营销工作情境和开展营销实战训练，配合专业客户关系管理和营销调研等软件，运用各种实训工具设备和仿真材料，创造一个仿真化的教学环境，实现学生职业能力培养目标。

四、课时分配

表 2－9　　课程项目模块及课时分配表

<table>
<tr><th>序号</th><th>课程项目</th><th>课程模块</th><th colspan="2">课时分配</th></tr>
<tr><td rowspan="3">1</td><td rowspan="3">有效沟通</td><td>外部沟通</td><td>5</td><td rowspan="3">10</td></tr>
<tr><td>内部沟通</td><td>2</td></tr>
<tr><td>沟通方式选择</td><td>1</td></tr>
<tr><td rowspan="5">2</td><td rowspan="5">客户拓展</td><td>客户细分</td><td>2</td><td rowspan="5">16</td></tr>
<tr><td>客户开拓</td><td>2</td></tr>
<tr><td>客户约访</td><td>4</td></tr>
<tr><td>客户异议处理</td><td>2</td></tr>
<tr><td>客户关系维护</td><td>2</td></tr>
<tr><td rowspan="4">3</td><td rowspan="4">金融产品销售</td><td>金融营销调研</td><td>2</td><td rowspan="4">22</td></tr>
<tr><td>金融产品销售展示</td><td>4</td></tr>
<tr><td>金融产品推销</td><td>6</td></tr>
<tr><td>金融营销活动策划</td><td>4</td></tr>
<tr><td rowspan="3">4</td><td rowspan="3">营销实战训练</td><td>电话营销实战</td><td>12</td><td rowspan="3">50</td></tr>
<tr><td>现场营销实战</td><td>16</td></tr>
<tr><td>网络营销实战</td><td>6</td></tr>
<tr><td colspan="3">总计</td><td>70</td><td>98</td></tr>
</table>

五、教学内容

表 2－10　　课程教学内容与教学要求

序号	课程项目	课程模块	知识内容和要求	技能内容和要求
1	有效沟通	外部沟通	• 熟悉沟通的原则和各种不同的沟通方式 • 熟悉沟通障碍和有效沟通的步骤 • 掌握面谈沟通、电话沟通、商务信函沟通、电子邮件沟通、商务传真沟通和手机短信沟通技巧及注意事项	• 具备较强的听、说、问、答四大沟通基本能力 • 具备较强的目光、表情、体姿等非语言沟通能力 • 具备较强的电话拨打、接听、转移、交流的沟通能力 • 能够运用商务信函、商务传真、电子邮件、QQ、微博、手机短信等方式进行沟通
2		内部沟通	• 熟悉内部沟通的原则 • 熟悉影响内部沟通效果的因素 • 掌握纵向内部沟通技巧及注意事项 • 掌握横向内部沟通技巧及注意事项	• 具备在实践中与领导和部下进行沟通的能力 • 具备在实践中与其他部门人士进行沟通的能力
3		沟通方式选择	• 熟悉适应不同年龄阶段、不同职业、不同性格客户的沟通方式	• 能够针对客户年龄、职业、性格选择沟通方式，并能有效地进行沟通
4	客户拓展	客户细分	• 熟悉客户信息的主要内容 • 掌握搜集客户信息的主要方法 • 熟悉客户细分的主要方法	• 能够通过各种渠道搜集、分析、整理客户信息，并能够利用信息挖掘和满足客户需求 • 能够按照不同标准对客户进行细分
5		客户开拓	• 熟悉潜在客户的特征 • 掌握现有客户挖掘的方法和技巧 • 掌握潜在客户开发的方法和技巧	• 能够运用各种方法挖掘现有客户 • 能够运用各种方法开发潜在客户
6		客户约访	• 熟悉客户关系建立的基本流程 • 掌握事先预约客户的技巧、与客户正式洽谈的技巧、成功销售的技巧	• 能够按照规范要求完成客户拜访活动
7		客户异议处理	• 了解客户异议产生的原因和处理客户异议的原则 • 掌握处理客户异议、应对客户拒绝和面对客户投诉的技巧	• 能够按照规范要求灵活处理客户异议 • 能够按照规范要求灵活应对客户拒绝 • 能够按照规范要求灵活面对客户投诉

续表

序号	课程项目	课程模块	知识内容和要求	技能内容和要求
8	客户拓展	客户关系维护	• 了解客户关系维护的基本原理 • 掌握客户关系维护的基础工具和方法 • 掌握客户关系维护的基本技巧 • 熟悉客户关系维护的流程及制度	• 能够运用分层维护、差别维护、超值维护、产品跟进、追踪制度等方法维护客户关系 • 能够在实践中借助科学的方法维持长期客户关系
9	金融产品销售	金融营销调研	• 了解金融营销调研的目标 • 熟悉金融营销调研的步骤 • 掌握金融营销调研的方法	• 能够采用访问调查法、观察调查法、实验调查法调研 • 能够设计规范的调查问卷 • 能够撰写规范的调研报告
10		金融产品销售展示	• 了解金融产品销售展示的目的 • 掌握金融产品销售展示的技巧 • 掌握金融产品销售展示的方法	• 能够熟练利用柜台展示、宣传资料或产品手册展示金融产品 • 能够熟练利用写字板、活动挂图、计算机投影仪等展示金融产品 • 能够熟练制作并演示 PPT 展示金融产品
11		金融产品推销	• 掌握金融产品推销的主要方法 • 掌握金融产品的推销技巧	• 能够熟练运用 FDB 技术 • 能够熟练运用切身利益推销法 • 能够熟练运用扩大利益推销法 • 能够熟练运用量体裁衣推销法 • 能够熟练运用观念指导推销法
12		金融营销活动策划	• 了解金融营销活动策划的总体要求 • 熟悉金融营销活动策划的各种类型 • 掌握金融营销活动策划的步骤	• 能够按照规范的流程策划金融营销活动 • 能够按照规范的流程策划街头路演活动 • 能够按照规范的流程策划公关促销活动
13	营销实战训练	电话营销实战		• 在行业专家指导下利用行业原有客户资源通过电话回访和客户调查等方式有效地营销产品 • 在行业专家指导下对陌生客户开展电话营销实战，有效拓展客户
14		现场营销实战		• 在行业专家指导下利用校内金融理财服务中心营销真实的金融产品，实现成交 • 在行业专家的带领下深入社区开展理财拓展活动
15		网络营销实战		• 在行业专家指导下利用网络媒介营销产品

六、教学条件

（一）教师任职条件

1. 专任教师。具有金融机构营销岗位工作经历，熟悉金融专业知识，具有丰富的社会知识，熟知与金融业务相关的政策法规、规章制度；掌握市场营销理论和金融营销理论的基本思想、理念、方法和技巧；能够通过模拟情境演示有效沟通、客户拓展、金融产品销售、金融营销礼仪等各项金融营销技能；能够指导学生采用角色扮演法、情景模拟法进行各项金融营销技能的强化训练。

2. 兼职教师。商业银行、证券公司、保险公司等金融机构营销精英，具备相关的职业资格证书，从事营销岗位工作满3年以上，积累了较为丰富的营销工作经验；具备丰富的专业知识和社会知识，了解与金融营销相关的政策、法律法规，具有敏锐的市场洞察与调研分析能力、较强的沟通协调与营销能力、市场和客户信息的搜集分析判断与反馈能力、金融产品的综合运用与创新能力；能够结合自身营销工作实践总结和归纳开展营销工作必备的各项技能；能够结合各种情境进行各项金融营销技能的示范教学。

（二）实践教学条件

1. 配置有专业客户关系管理软件、营销调研软件和网络环境的金融营销技能实训室，能够模拟金融机构营销工作情境，能够同时满足学生实现有效沟通、客户拓展、金融产品销售、营销礼仪规范等技能提升的、总占地面积约200平方米的金融营销技能实训室。

2. 配置功能齐全、设施完善的校内金融理财服务中心和校外实训基地，使学生接触真实的工作情境，面对真实的客户，推销真实的金融产品，完成真实的工作任务，从而实现各项营销技能的提升。

3. 配置电脑、电话、传真机、信函、名片、笔记本、计算器、写字板、活动挂图、投影仪、录音笔等实训工具设备。

4. 配置金融产品宣传资料、金融产品手册、活页书等仿真实训资料（注：金融产品手册或宣传资料应包括以下金融产品：企业固定资产贷款、流动资金贷款、住房贷款、助业贷款、助学贷款、汽车贷款、耐用消费品贷款等银行贷款产品；活期储蓄存款、定期储蓄存款、定活两便储蓄存款、外币储蓄等银行存款产品；银证转账、代收代扣、外币兑换、国际汇款等银行中间业务产品；外汇买卖、代理证券投资基金、代销商业保险、代理国债等银行投资产品；借记卡、贷记卡、智能卡等银行卡产品；网上银行、手机银行、自助银行等电子银行业务产品；银行理财产品；期货、期权、互换等衍生金融产品；股票产品；债券产品；证券投资基金产品；权证产品；融资融券产品；券商理财产品；财产保险产品；人寿保险产品；养老保险产品；健康保险产品；意外伤害保险产品；分红保险产品；责任保险产品；保险理财产品等）。

5. 配置 WiseCRM 专业客户关系管理软件、SPSS 调研统计软件、OFFICE 办公自动化软件，帮助学生实现客户信息搜集、客户信息整理与分析、客户档案管理、客户细分、市场营销调研、营销策划等方面技能的提升。

6. 配置各种相关法律法规，包括商业银行法、证券法、保险法、贷款通则、外汇管理条例、储蓄管理条例、银行卡业务管理办法等。

七、教学方法与手段

（一）教学方法

本课程以强化训练为主，注重寓教于乐，积极营造一种愉快学习、自主学习的氛围。教学过程中教师应积极引导学生提升职业素养，培养职业道德，养成严谨认真的工作习惯，实现知识、技能和态度的有机统一。通过分组训练、角色扮演、情景模拟等方法培养学生的协作意识和职业适应能力。

1. 角色扮演法。划分学习小组，每小组分别指定一部分人员扮演客户角色，另一部分人员扮演金融营销人员角色，通过角色扮演训练学生面对面沟通、电话沟通、内部沟通、客户开拓、客户约访、客户异议处理、金融产品推销等技能。还可以通过角色互换，使学生深刻体验客户心理以及营销岗位工作任务和职责，真正掌握各项金融营销技能。

2. 情景模拟法。对于部分教学内容，可以通过模拟真实工作场景训练其技能，例如客户约访，可在角色扮演的基础上，模拟客户的办公环境，借助模拟情景，训练“拜访准备—事先预约—正式洽谈—拜访结束—拜访总结”整个流程中所需的技能。

3. 真实情景法。在学生完成各项技能模拟训练后，应安排学生到校内金融理财服务中心和校外实训基地，让学生在真实的工作场景下与真实的客户进行沟通、交流，通过客户满意度检验学生各项技能的掌握程度。

4. 直观教学法。通过教师示范、视频演示等直观的方法展示工作过程，进行技能示范。例如拜访客户训练，教师可以先演示其技能的要领，学生在此基础上进行反复训练。

5. 案例教学法。成功的营销案例对于营销技能的提升仍然具有不可替代的作用，尤其是对于客户开拓、产品推销等实践性教学环节，由于没有固定的模式，可以参考一些成功的案例，采用启发式、讨论式、研究式等生动活泼的教学方法，让学生在案例学习中把握营销技能。

（二）教学手段

1. 多媒体教学手段。主要包括电子课件、动画、视频、音频等。其中每一项技能，教师可以先通过多媒体演示要点和注意事项，学生再进行反复训练。

2. 网络教学手段。主要包括网络课程、网络电子书籍、电子期刊、数字图书馆、营销专业网站等网络资源，使学生能够随时随地自主学习。

八、检查评价

（一）评价依据

本课程以掌握各项金融营销技能的规范和熟练程度作为成绩考核的主要标准。由于本课程的实践性强，考核评价应采用形成性评价与总结性评价相结合的方式。形成性评价，是在教学过程中对学生的学习态度和技能掌握情况进行的评价；总结性评价，是在教学项目结束时，对学生整体技能情况的评价。考核结果包括两部分：形成性评价结果和总结性评价结果，两者比例各占50%。学生该门课程的最终成绩＝（形成性评价结果＋总结性评价结果）/2。

（二）形成性评价方法

1. 在教学过程中按照教学项目进行评价，课程结束时进行综合评价，各教学项目按照课时分配比例以及重要性程度大致确定如下评价比重：有效沟通（15%）、客户拓展（18%）、金融产品销售（22%）、营销实战训练（45%）。学生该门课程的平时成绩＝项目1评价结果×15%＋项目2评价结果×18%＋项目3评价结果×22%＋项目4评价结果×45%。

2. 在对每一个教学项目进行评价时，评价主体包括三个层次：其一为学生互评和自评，由小组成员各自评价结果的加权平均值作为这一层次的最后评价结果；其二为教师评价，教师根据学生技能训练中的表现给出评价结果；其三为客户评价，在真实场景的训练中，根据客户满意度给出客户评价结果。三个层次的比重各占1/3。例如，项目1评价结果＝（学生评价结果＋教师评价结果＋客户评价结果）/3。

3. 在学生评价和教师评价过程中，应充分发挥学生的主动性和创造性，注重考核学生的职业素养及职业能力，对知识、技能和能力进行综合考核。

（三）总结性评价方法

1. 评价目的：考核学生按照金融机构从业人员的基本要求与规范，利用推销与沟通技巧熟练进行金融产品现场推销的技能，在考核学生以上技能的同时对其在实际操作过程中所表现出来的职业素养进行综合评价。

2. 评价方式：每3～5人组成一个团队（自由组合），根据某种具体的金融产品，设计仿真性强的模拟金融产品推销表演。要求学生在多媒体教室进行现场推销并有幻灯片进行辅助说明。

3. 评价标准：如表2－11所示。

表 2-11　　金融产品营销评价标准表

评价内容	考核点	分值	考核标准
职业素养（15分）	职业道德	5	诚实严谨，遵守纪律，独立完成任务
	职业能力	5	具有充分的自信和较高的专业水平，有一定的说话技巧，能抓住客户的心理，具有丰富的金融专业知识和清晰的表达能力，能准确把握金融产品的卖点，能在规定时间内完成任务
	商务态度	5	从容冷静，仪容整洁，服饰大方得体，体现职业要求，姿态端正，稳健，神态自然，热情大方
推销演示（85分）	推销开场	2	微笑：推销的第一技能，做到自然大方
		2	问候：打开话题的前提，做到文明礼貌
		2	注视：用眼睛传递诚恳自信
		2	自我介绍：姓名、单位、来意
		2	开场白与众不同，语言新颖，能够吸引顾客
	推销过程	5	观察顾客反应，判断消费者心理，初步判断消费者的购买动机
		5	能针对不同金融产品和顾客选择适当的推销方法，推销策略恰当
		5	语言表达准确，口齿清晰，动作大方
		5	表情丰富，具有感召力，具有良好的推销礼仪
		10	能准确全面地介绍金融产品情况，突出产品差异、特点、优势和带给消费者利益，能唤起顾客兴趣
		5	能与顾客进行沟通，产生互动，并能得到顾客的信任
		10	能判断顾客的购买动机，从而找到产品的卖点，使顾客对产品产生兴趣
		10	能解答顾客的各种疑问，消除顾客的疑虑，能巧妙处理顾客异议，让顾客信服
推销演示（85分）	推销结束	5	及时把握成交机会，结束推销
		5	征求顾客意见，巧妙地取得顾客联系方式
		5	推销结束，礼貌告辞，给顾客留下好印象
		5	限时10分钟完成，超时或未完成考核任务酌情扣1~10分
合计		100	

“商业银行综合柜台业务”课程标准

一、课程定位

本课程是金融管理专业的职业能力核心课程，课程对应商业银行综合柜台业务工作岗位。通常情况下这一岗位处于学生职业生涯的第一个阶段，是本专业人才培养目标所指向的最基本的岗位，因而在本专业标准中本课程是形成专业核心能力的关键课程之一。本课程旨在通过完成学习性工作任务的训练，为完成真实性工作任务和岗位工作任务打下基础。课程的目的是在学生掌握初步的金融理论知识和经过基本的财经技能训练的基础上，通过在仿真的商业银行工作场景中，运用仿真的商业银行业务软件进行仿真的商业银行业务操作，训练学生熟练从事商业银行综合柜台业务的工作能力。

二、课程目标

通过商业银行综合柜台岗位工作任务引领的教学项目活动，训练处理商业银行综合柜台各项业务的能力，达到我国主要商业银行综合柜员考核标准的要求，符合银行实际工作中的柜员标准，实现与商业银行综合柜员岗位的对接。在此基础上，能够结合本课程内容，综合运用金融服务礼仪、金融产品推介、营业现场管理等相关知识，形成在工作环境中待人接物的能力，初步具备对营业现场突发事件的应变能力。

职业能力培养目标：

1. 了解国家关于存款、贷款、银行卡、结算业务和中间业务的政策规定和相关知识，熟悉柜员处理这些业务的基本程序和操作规程，熟悉营业现场突发事件处理的程序。

2. 能够熟练操作商业银行营业场所各种设备；能够熟练运用商业银行业务软件；能够熟练运用柜面业务所涉及的会计科目、票据、单证以及专用印章；能按照规定的程序和要求处理银行柜面业务，处理业务的速度和准确度达到银行柜员上岗标准。

3. 具有诚恳、热情、谦卑、专业的态度，事事处处能够设身处地为客户着想；能够结合“银行服务礼仪”、“银行基本技能”、“金融产品营销”等课程内容，提升柜员岗位整体形象。

三、设计思路

1. 课程总体设计思路：以培养完成商业银行综合柜台岗位工作任务所需的职业能力为核心，根据商业银行综合柜台业务岗位的工作内容确定教学内容，根据商业银行综合柜台岗位处理业务的工作顺序组织教学过程，以具备商业银行营业部工作环境，并配备商业银行营业部相同的设备和软件的商业银行综合柜台业务实训室作为上课场所，以有商业银行柜台工作经历的教师参与的“双师”结构课程教学团队承担教学任务，采用教、学、练三者结合、以练为主的教学方式，以对处理商业银行柜台业务速度和准确度的检验作为成绩考核的主要方式，考核标准参照银行评定柜员等级的标准，最终目的是实现基本不需经过任何其他培训就可直接上岗。

2. 课程设计的目标：通过准确把握课程定位，理清课程设计思路，有针对性地选择适用的教学内容，科学安排课程内容结构，全面建设立体化的教学资源，在行动导向下以任务驱动教学进程，广泛采用现代教育技术手段，充分利用网络教学在促进学生自主学习方面的作用，运用多种科学的教学方法，充分发挥“双师”教学团队的优势，充分利用校内外实践教学条件，完善与行业要求相适应的评价体系，把本课程建设成真正意义上的工学结合的一体化课程，使其在促进更多学生到商业银行就业产生推动作用。

3. 课程设置的依据：本课程设置的依据是商业银行综合柜台业务岗位工作任务对职业能力的需要。教学项目设计的依据是商业银行综合柜台业务岗位的工作项目，学习性工作任务设计的依据是商业银行综合柜台业务岗位工作任务，教学场所建设的依据是商业银行基层营业场所综合柜台业务的工作环境，课程开发的主体是在学校与商业银行合作基础上的行业专家和专职教师共同组织的团队，课程开发的全过程自始至终贯彻基于商业银行综合柜台业务工作过程的思想，课程开发的立足点是广泛的行业岗位调研和行业专家岗位工作任务分析。

4. 课程内容的确定：课程教学内容根据完成商业银行综合柜台业务岗位工作任务对知识、技能和素质的要求以及行业发展的需要来确定，具体内容涵盖银行柜员日常工作的主要内容。根据商业银行综合柜员完成存款、贷款、银行卡和各种中间业务的柜面操作等工作任务的需要，本课程设置了岗前准备、储蓄存款业务、对公存款业务、贷款业务、银行卡业务、支付结算业务、代理业务、日终处理等八个教学项目。在每个教学项目中，再根据工作步骤或业务类别设置相应的模块，使学生通过课程的学习能够全面地模拟综合柜台岗位的全部业务操作。根据学生职业发展的需要，课程内容同时适当考虑了学生从事金融产品营销和理财业务的一些基本环节。课程内容既是从事综合柜员工作必须的，同时也是未来职业发展的需要。教学内容的编排以工作内容的逻辑顺序为依据，在项目顺序上按照工作过程的顺序并由简单业务到复杂业务循序渐进地编排，在每个项目的模块安排上根据柜员接待顾客的工作顺序的时间先后来确定教学内容的先后，同时也适当考虑了教学规律的要求。

5. 教学过程的组织：课程教学内容按照银行柜员日常工作的操作顺序排序，以完成真实工作任务的过程序化教学过程。在具体操作训练上，根据柜台业务工作场景设置教学场景，根据柜台业务操作规程来设置学习性的工作任务。课程的全部内容就是完成根据八个工作项目设置的教学项目，每一个学习模块的学习性工作任务就是按照真实业务工作同样的要求完成每一笔具体的柜台业务。每一个教学模块都是对知识的学习、技能的训练和态度的培养三者的有机结合，在讲授操作过程的同时进行动手操作训练，在训练的同时强化风险防范的意识和优质服务的理念。课程中的理论、法律、规程等知识点分别与对应的实践相结合，分解到相应的操作过程中。为与本课程配套改革，需要建设商业银行综合柜台业务实训室作为本课程的上课场所，该实训室需具备仿真的银行前台工作环境，配备与银行实际应用相同的设备和用具，配备与银行实际应用相同或高度仿真的业务软件，配备与银行业务相同或仿真的耗用品，如：磁卡、凭证、账簿、货币等。教学目标不仅仅是学会，而是在学会的基础上熟练地操作。

四、课时分配

表 2-12　　课程项目模块及课时分配表

序号	课程项目	课程模块	课时分配	
1	岗前准备	熟悉柜员岗位设置及基本知识	2	5
		日初处理	2	
		银行安全保卫与风险防范	1	
2	储蓄存款业务	活期储蓄柜面业务的处理	3	10
		定期储蓄柜面业务的处理	4	
		其他储蓄柜面业务的处理	3	
3	对公存款业务	单位活期存款业务的处理	4	6
		单位定期存款业务的处理	2	
4	贷款业务	个人住房贷款业务的处理	3	8
		个人汽车贷款业务的处理	2	
		单位贷款业务的处理	3	
5	银行卡业务	银行卡发放业务的处理	4	7
		银行卡结算业务的处理	2	
		银行卡特殊业务的处理	1	
6	支付结算业务	同城结算业务的处理	3	14
		电子联行业务的处理	2	
		转账支票业务的办理	1	
		本票业务的办理	1	
		银行汇票业务的办理	2	
		商业汇票业务的办理	2	
		汇兑业务的办理	2	
		委托收款、托收承付业务的办理	1	

续表

序号	课程项目	课程模块	课时分配	
7	代理业务	代收业务的处理	3	10
		代付业务的处理	2	
		代理证券业务的处理	3	
		代理外汇买卖业务的处理	2	
8	日终处理	柜员日终轧账签退处理	1	4
		营业网点日终业务处理	1	
	机动	到商业银行营业部现场考察等	2	
总计			64	64

五、教学内容

表 2－13　　课程教学内容与教学要求

序号	工作任务	知识内容和要求	技能内容和要求
1	岗前准备	• 了解银行柜员岗位设置和柜面业务的主要内容 • 了解柜员仪表仪容的基本要求 • 了解银行员工礼仪规则 • 熟悉日初处理的基本程序 • 熟悉现金业务规程 • 熟悉重要空白凭证管理业务规程 • 熟悉印章、压数机、电子密压器和密码的管理业务规程 • 熟悉账户管理业务规程 • 了解银行安全保卫与风险防范知识 • 了解突发事件的处理程序	• 会办理签到手续，能够通过签到进入系统 • 会办理现金和重要凭证的领用与出库，领出现金和重要凭证 • 能够运用柜员服务礼仪和服务基本技巧 • 能够按要求整理仪容仪表 • 能够按要求管理印章、压数机、密压器、密码、账户等 • 能够进行岗位常规安全检查，判断有无安全隐患 • 能够冷静地按照规定的程序处理突发事件
2	储蓄存款业务	• 了解储蓄的政策原则和储蓄业务的基本规则 • 熟悉储蓄存款的种类及适用范围 • 理解个人结算账户与储蓄账户的异同 • 熟悉客户证件审核的基本要点 • 熟悉活期储蓄存款业务流程及规定 • 熟悉定期储蓄存款业务流程及规定 • 熟悉定活两便、通知存款、教育储蓄业	• 能够审核储蓄客户的证件、文本并指导客户填写储蓄存款的各种单据，判断有无风险 • 能够在系统界面上熟练操作活期存款开户、续存、取款、换折和销户业务的输入、修改、打印、保存 • 能够在系统上熟练操作活期储蓄异地存款、取款业务的输入、修改、打印、保存 • 能够在系统上熟练操作定期（双整、零整、

续表

序号	工作任务	知识内容和要求	技能内容和要求
2	储蓄存款业务	务流程及规定 • 熟悉储蓄软件系统的界面及操作要点 • 熟悉国家关于现金管理的法规 • 熟悉存折、存单管理的规定 • 熟悉客户密码的使用和管理	存本取息、教育储蓄等）存款开户、销户、部分提前支取业务的输入、修改、打印、保存 • 能够在系统上熟练操作定活两便储蓄存款、通知存款、外币储蓄业务的输入、修改、打印、保存 • 能够在系统上熟练操作挂失、查询、冻结、扣划业务的输入、修改、打印、保存 • 能够按照要求收付现金、鉴别伪钞，办理顾客签字及各种手续 • 能够按照要求的态度、规范的语言、标准的流程接待顾客
3	对公存款业务	• 了解对公存款的种类及适用范围 • 熟悉对公存款业务流程及规定 • 熟悉开户申请书的填写要求 • 理解基本账户、一般存款账户、临时存款账户、专用存款账户的适用范围和政策规定 • 熟悉预留印鉴及支票防伪鉴别和审查的要点 • 了解上门收款的注意事项 • 熟悉对公存款业务系统的界面及操作要点	• 能够审核对公存款业务的证件、合同、印鉴及文本并指导客户填写对公存款的各种单据，判断有无风险 • 能够在系统上熟练操作单位活期存款的开户、续存、现金支取、转账、销户业务的输入、修改、打印、保存 • 能够在系统上熟练操作单位定期存款的开户、部分提支、到期销户业务的输入、修改、打印、保存 • 能够按照要求收付现金、鉴别伪钞，办理顾客签字及各种手续 • 能够针对对公业务客户的特点，按照要求的态度、规范的语言、标准的流程接待顾客
4	贷款业务	• 了解贷款的种类及适用范围 • 熟悉个人住房贷款的政策规定和个人住房贷款发放所需提供的资料 • 熟悉个人汽车贷款的政策规定和个人汽车贷款发放所需提供的资料 • 熟悉单位贷款的政策规定和单位贷款发放所需提供的资料 • 熟悉信用贷款、担保贷款、票据贴现的含义 • 熟悉信贷业务柜台处理流程及规定 • 熟悉贷款业务系统的界面及操作要点	• 能够审核各种贷款业务的证件、合同及文本，并指导客户填写贷款业务的单据，判断有无风险 • 能够在系统上熟练操作个人住房贷款发放、收回业务的输入、修改、打印、保存 • 能够在系统上熟练操作个人汽车贷款的发放、收回业务的输入、修改、打印、保存 • 能够在系统上熟练操作单位贷款的开户、发放、回收业务的输入、修改、打印、保存 • 能够针对贷款业务客户的特点按照要求的态度、规范的语言、标准的流程接待顾客

续表

序号	工作任务	知识内容和要求	技能内容和要求
5	银行卡业务	• 了解银行卡的种类及适用范围 • 熟悉银行卡及其收费标准 • 了解银行卡的营销知识和银行卡风险防范知识 • 熟悉银行卡业务柜台处理流程及规定 • 了解 ATM 机存取款的安全常识 • 了解银行卡挂失的规定 • 熟悉银行卡业务系统的界面及操作要点	• 能够审核各种银行卡业务的证件并指导客户填写银行卡业务的单据、合同及文本，判断有无风险 • 能够在系统上熟练操作银行卡的开户、续存、支取、汇款、挂失、销户业务的输入、修改、打印、保存 • 能够熟练操作银行卡的制作 • 能够针对银行卡业务客户的特点，按照要求的态度、规范的语言、标准的流程接待顾客
6	支付结算业务	• 了解支付结算业务的种类及适用范围 • 了解同城交换业务程序的要点和同城交换票据的格式和审核要点 • 熟悉同城业务和辖内业务的处理流程及规定 • 熟悉电子联行业务的处理流程及规定 • 熟悉支付结算纪律 • 熟悉支付结算工具的类别和适用范围、业务处理流程 • 熟悉转账支票、银行本票、银行汇票、商业汇票防伪的要点 • 熟悉支付结算业务系统的界面及操作要点	• 能够审核各种支付结算业务的证件、合同、凭证及文本并指导客户填写支付结算业务的单据，判断有无风险 • 能够在系统上熟练操作辖内现金通存业务、通兑业务、辖内转账存业务、辖内转账通兑业务的输入、修改、打印、保存 • 能够在系统上熟练操作提出代付业务、提出代收业务、提入代付业务、提入代收业务、同城资金清算业务和电子联行业务的输入、修改、打印、保存 • 能够针对支付结算业务客户的特点，按照要求的态度、规范的语言、标准的流程接待顾客
7	代理业务	• 了解代理业务的主要类型及基本程序 • 熟悉代理业务的操作规程及规定 • 熟悉代收业务、代付业务、代理证券业务、代理外汇买卖业务的种类和适用范围 • 熟悉代收业务、代付业务、代理证券业务、代理外汇买卖业务的政策规定 • 了解实时交易与委托交易要点 • 理解汇率及其风险 • 熟悉代理业务系统的界面及操作要点	• 能够审核各种代理业务的证件、合同、凭证及文本并指导客户填写代理业务单据，判断有无风险 • 能够在系统上熟练操作代收天然气费、代收自来水费、代收有线电视用户费、代理移动话费、代发工资、代理领取养老金业务的输入、修改、打印、保存 • 能够在系统上熟练操作凭证式国债的发行、到期兑付、逾期兑付业务、提前兑付业务的输入、修改、打印、保存 • 能够在系统上熟练操作证券投资基金认购（申购）、赎回业务的输入、修改、打印、保存 • 能够在系统上熟练操作银证转账开通、资金划转业务的输入、修改、打印、保存

续表

序号	工作任务	知识内容和要求	技能内容和要求
7	代理业务		• 能够在系统上熟练操作代收保险费业务的输入、修改、打印、保存 • 能够在系统上熟练操作代理人民币兑换外币业务的输入、修改、打印、保存 • 能够针对代理业务客户的特点，按照要求的态度、规范的语言、标准的流程接待顾客
8	日终处理	• 了解日终处理的流程及规定 • 熟悉日终平账操作的要点及注意事项 • 熟悉交接班的处理规程	• 能够按要求办理结平现金手续 • 能够按要求核对重要空白凭证 • 能够按要求结平账务 • 能够按要求交接班

六、教学条件

（一）教师任职条件

1. 专任教师。具有银行柜员岗位工作经历，熟悉商业银行综合柜员业务；能够示范商业银行综合柜员业务办理工作过程；能够指导学生办理综合柜员业务；能够讲授本课程的业务知识。

2. 兼职教师。银行现任柜员、柜长、大堂经理或基层网点负责人；有柜员工作经历的银行内部培训讲师、管理人员、客户经理。

（二）实践教学条件

1. 配备与本课程教学内容配套的商业银行综合柜台业务实训室，配备与银行实际业务相同或高度仿真的设备和软件，使之具备现场教学、实验实训的功能，实现教学与实训合一，满足教、学、做一体化的要求。

2. 配有课程教学资源网站，将各种教学资源集中统一管理，形成课程教学资源中心。满足专业教学和专业技能训练的需要，实现师生网上互动和多媒体资源的共享，实现网上虚拟业务操作训练。

3. 配有各种现代信息技术资源，充分利用 Flash 演示、视频演示、电子书籍、电子期刊、数据库、数字图书馆、教育网站和电子论坛等网上信息资源，教学资源品种多样、针对性强。

七、教学方法与手段

（一）教学方法

1. 讲授法。通过教师课堂讲授操作流程和相关知识，并辅助示范操作，引领学生进入岗位工作状态，为课堂操作训练做好准备。在项目一“岗前准备”和此后各项业务处理项目中对业务性质的区分和对流程的理解应采用讲授法。

2. 训练法。由于本课程不以学生掌握应知应会为目的，而是以在此基础上的熟练操作为目的。因此，在教学过程中，应立足于加强学生实际操作技能的培养，通过以工作任务驱动的反复训练来达到熟能生巧的目的。

3. 比赛法。本课程的操作平台附有相应的考试比赛软件，通过竞赛的方式检验学生完成工作熟练程度和准确程度，可以实现以赛促学、以赛促教的目的，把比赛内容纳入日常教学中，有利于提高学生的学习兴趣，提升学习效率，同时为“全国大学生银行技能比赛”做准备。平时的比赛成绩可以作为学生考核的依据。

4. 网络自主学习法。本课程已经建成丰富的网络资源，包括国家金融专业教学资源库、国家精品课程、省级精品课程等，通过利用这些网络资源可以使学生不受时空限制地坐在宿舍、图书馆甚至在家里，随时随地的学习，能够有效提高学生的学习积极性，提升课程的教学质量。

5. 现场教学法。通过组织学生到各商业银行参观学习或顶岗实习，以及请银行工作人员给学生讲解业务的方式进行辅助教学。

（二）教学手段

1. 在教学过程中，要充分利用商业银行综合柜台业务实训室的各种设备和软件，应用多媒体、投影、电脑、网络等教学资源辅助教学，帮助学生熟练掌握操作流程及业务要点，实现对各种业务的熟练操作。

2. 充分利用网络课程资源，引导学生自主学习。利用网络课程中形象化的操作演示和各大银行的业务操作手册指导学生的操作。通过网上提供模拟业务项目训练，指导学生进行大量操作练习，提升操作技能。

3. 教学过程中教师应积极引导学生提升职业素养，提高职业道德，养成严谨认真的工作习惯，达到知识、技能和态度的有机统一。通过分组训练、分角色训练等方式培养学生的协作意识和在真实业务场景下的职业适应能力。

八、检查评价

1. 本课程的评价以实际业务操作的熟练程度和准确度作为主要依据，以掌握课程知识作为次要依据，评价的标准按照现行商业银行员工考核标准来确定。

2. 改革传统的学生成绩以结业考试为主、平时成绩为辅的评价方法，采用阶段评价、过程评价与目标评价相结合，理论与实践一体化、以实际操作达标为主的评价模式。考试方法以上机考试为主，书面考试为辅。

3. 结合课堂提问、平时作业、平时测验、技能竞赛及考试情况，综合评价学生成绩。注重学生动手能力和实践中分析问题、解决问题能力的考核，对在学习和应用上有创新的学生应予特别鼓励，全面综合评价学生能力。

4. 课程平时成绩占 60%，主要考核完成学习性工作任务的准确度和速度，根据软件系统的记载和平时学习表现来评定，也包括个人自评、小组互评和教师评价。期末总评成绩占 40%，包括期末卷面考试和上机考试。平时成绩比重如表 2 - 14 所示。

表 2 - 14　　柜台业务检查评价表

序号	典型工作任务	评价方式		评价标准	分值
1	岗前准备	个人自评	20%	评价学生完成相关任务过程中的执行情况，完成相关任务效果、小组协作能力、交流沟通能力、自主解决问题能力	10
		小组互评	20%		
		教师评价	60%		
2	储蓄存款业务	个人自评	20%		20
		小组互评	20%		
		教师评价	60%		
3	对公存款业务	个人自评	20%		15
		小组互评	20%		
		教师评价	60%		
4	贷款业务	个人自评	20%		10
		小组互评	20%		
		教师评价	60%		
5	银行卡业务	个人自评	20%		15
		小组互评	20%		
		教师评价	60%		
6	支付结算业务	个人自评	20%		15
		小组互评	20%		
		教师评价	60%		
7	代理业务	个人自评	20%		10
		小组互评	20%		
		教师评价	60%		
8	日终处理	个人自评	20%		5
		小组互评	20%		
		教师评价	60%		
	总评	100			

“证券投资实务”课程标准

一、课程定位

本课程是金融管理专业的一门职业能力核心课程，通过本课程的学习，要求学生熟悉证券市场基本知识，熟练掌握证券投资和服务客户的操作技能，能够深刻体会主要证券市场的运行规律，初步运用证券投资的基本分析和技术分析方法指导自己的证券投资操作，塑造守法、稳健、诚信的职业意识。本课程对于增强学生的职业意识、激发学生学习金融专业的兴趣、增强学生的实际动手能力具有重要意义。本课程以“经济学基础”、“金融学基础”、“财务会计基础”和“财务报表分析”等课程为先修课程，是进一步学习“证券投资分析”、“证券投资基金”、“期货投资实务”等课程的基础。

二、课程目标

本课程依据证券公司经纪人的工作任务设计教学内容，训练学生从事证券经纪工作的能力，主要内容包括证券客户服务、证券投资咨询、金融产品推介、证券技术分析等方面，达到证券业及证券公司对证券经纪人的基本要求，实现课程与证券公司柜员岗位及客户经理岗位的对接。在此基础上，掌握风险防范的技巧，逐步形成敏锐的对宏观经济、金融运行的观察力，增强理财意识、风险意识、稳健守法等职业意识。

职业能力培养目标：

1. 熟悉证券市场状况，熟悉证券交易流程和证券交易规则，熟悉证券交易所报价成交机制，熟悉证券分红、派息、拆分、除权等规定。能够为客户提供证券工具和产品的咨询服务，能够熟练为投资者提供证券投资规则及流程的相关咨询服务，能对证券企业产品进行一般解读。

2. 熟练操作行情软件，能够运用多种方式下单委托。能熟练处理证券（资金）账户业务。能够按照证券行业规范办理相关开户手续，整理归纳证券账户档案，办理相关第三方存管手续。

3. 能运用主要方法计算主流证券品种的理论价格，能够准确计算证券投资成本和投资收益率。了解基本面分析、技术分析理论，能够初步分析证券市场行情，能够为客户提供基本的咨询服务。

4. 熟练应用各种风险防范工具和方法，识别与控制投资风险与账户管理风险。能运用证券相关法规约束自己及他人的从业及投资行为，引导新客户签署协议及进行投资者教育。

5. 通过学习使学生具备“诚信、合规、创新”的职业素质。具有与客户沟通的能力，具备良好的职业道德，保持高度的风险意识，建立良好的职业习惯。

三、设计思路

1. 课程总体设计思路：本课程以工学结合作为教学设计的指导思想，其课程的设计思路是：“项目与岗位相结合”、“工作任务典型化”、“教学活动学中练”、“上班式课堂做载体”。

2. 课程设计的目标：通过分析学生毕业后所从事的职业岗位，确定人才培养目标；分析证券客户经理岗位典型工作任务，确定职业能力培养目标；分解具体的工作任务和学习任务，把教学过程与工作过程融为一体。具体表现在：一是深入企业调研、分析岗位能力、提取典型工作任务；二是转化典型工作任务为学习任务，构建“上班式”课程教学环境；三是项目导向、任务驱动教学模式完成教学任务并贯穿素养培养；四是“过程考核 + 结果考核 + 综合考核”等综合评价检验学习成果。

3. 课程设置的依据：课程的实践教学是立足证券企业当前实际，基于证券公司客户经理典型工作任务，紧密结合行业前沿动态来设计的。根据实际职业岗位工作的具体要求，综合运用本专业的知识和技能，集中进行综合性、系统化的训练。目的是通过模拟现行证券公司主要岗位的业务流程，培养学生的岗位能力，培养责任意识、团队协作的专业素养。

4. 课程内容的确定：本课程围绕证券客户经理岗位的需要开展教学，教学内容的安排紧密围绕着工作内容及岗位能力形成展开，教学所使用的证券行情采用真实的、即时的软件系统，案例背景、操作目标依托于我国及国外证券市场的经济和金融的真实环境，课程教学在证券业务实训室进行，每位同学应配有独立的可上网的电脑，供其操作行情系统、模拟委托系统和进行投资分析，学生的学习是在一种接近真实的工作任务、工作流程、工作软件以及各种信息和数据的氛围中进行，充分体现本课程的职业性。

5. 教学过程的组织：本课程教学的主导思想是教师指导和学生训练相结合，学生是主体，根据每个项目的要求，独自或以团队形式开展学习、讨论、制订方案、演练，并做自我评价或相互评价。教师是教练，根据证券客户经理的典型工作任务设计教学活动，把教学内容按照业务类型分成不同的项目，再把每一个项目分解成不同的任务，针对完成每一项任务关键知识和操作环节进行指导并提出要求，由学生自主完成实训项目并反复训练，最终使学生准确、熟练、灵活地掌握证券客户经理业务。

四、课时分配

表 2－15 课程项目模块及课时分配

序号	课程项目	课程模块		课时分配（课时）	
1	证券从业准备	1	证券及证券市场认知	3	10
		2	股票及股票市场认知	2	
		3	债券及债券市场认知	1	
		4	基金及基金市场认知	1	
		5	证券公司及证券客户经理岗位认知	3	
2	柜台业务办理	1	证券账户业务办理	1	5
		2	资金账户业务办理	1	
		3	第三方存管账户业务办理	1	
		4	指定交易的申请和撤销业务办理	2	
3	看盘与操作	1	研读 K 线图和分时走势图	6	15
		2	研读个股行情数据	5	
		3	研读大盘	4	
4	投资收益计算	1	套算货币资金时间价值	2	8
		2	对证券进行估值	3	
		3	计算证券投资的收益率	3	
5	证券投资分析	1	证券宏观、行业、公司分析基础	4	14
		2	证券技术指标及分析基础	6	
		3	股票（基金）行情综合研判基础	4	
6	证券衍生品操作	1	认知证券衍生品	2	8
		2	国内主要衍生品操作	2	
		3	利用衍生品进行风险控制	4	
7	证券风险管理	1	证券市场风险分析	2	8
		2	风险防控工具操作	2	
		3	证券投资组合理论的运用	4	
8	自律和监管	1	认知证券资料和监管的法律法规	2	4
		2	约束自己及他人的执业行为	2	
合计					72

五、教学内容

表 2－16　　课程教学内容与教学要求

序号	工作任务	知识内容和要求	技能内容和要求
1	证券从业准备	• 理解证券及证券市场的基本概念、特征和运作 • 熟悉股票概念与特点 • 熟悉股票分类及中国股票市场分类 • 熟悉国内外股票市场 • 了解股份公司与上市公司关系 • 熟悉债券概念与特点 • 熟悉债券分类及中国债券市场 • 熟悉基金概念与特点 • 熟悉基金分类及中国基金市场 • 熟悉国内外基金市场 • 了解基金公司与基金的关系 • 熟悉证券公司及其机构设置和分工 • 熟悉证券客户经理岗位职责和工作内容	• 了解组建、运作股份公司的基本流程，能够熟练通过互联网查找上市公司信息 • 能根据股票及股票市场基本知识，初步为模拟投资者提供股票投资的简单咨询服务 • 能根据债券及债券市场基本知识，初步为模拟投资者提供债券投资的简单咨询服务 • 能根据基金及基金市场基本知识，初步为模拟投资者提供基金投资的简单咨询服务 • 能对证券公司的整体构架和分工进行口头描述
2	柜台业务办理	• 熟悉证券账户、资金账户、第三方存管管理规定 • 熟悉银证通操作流程 • 熟悉证券交易流程 • 熟悉证券的分红、派息、拆分、除权等相关规定及资金流转程序	• 能熟练办理开户手续，整理、准备证券账户代办、银证通的资料，办理相关的交接手续，解答客户相关问题 • 能办理客户咨询业务 • 能办理第三方存管业务 • 能办理转托管业务 • 能办理销户业务
3	看盘与操作	• 熟悉一款主流行情软件安装、操作要点 • 熟悉委托系统安装操作要点 • 理解 K 线图、分时走势图、个股行情数据、股价指数、大盘 K 线及走势图、大盘优先指标 • 理解交易所证券报价成交机制	• 熟练操作行情软件 • 能进行行情分析、研判 • 能下单委托、查询和撤单 • 能根据买卖盘报价情况做出有利报价

续表

序号	工作任务	知识内容和要求	技能内容和要求
4	投资收益计算	• 理解货币的时间价值 • 理解证券的理论价格或投资价值 • 理解证券投资的收益 • 理解证券投资的成本费用	• 能运用适当方法计算出主流证券品种的理论价格 • 能准确计算证券投资的各种收益率 • 能准确计算证券投资的各项成本
5	证券投资分析	• 熟悉证券宏观、行业分析理论、熟悉上市公司基本面分析 • 熟悉上市公司财务分析、证券技术指标及分析 • 了解技术分析的理论基础、基本要素及技术分析方法 • 熟悉多种常见技术指标的含义与特征 • 熟悉股票（基金）行情综合研判	• 能应用证券宏观分析理论说明证券行情 • 能应用证券行业分析理论说明行业走势 • 能初步综合运用上市公司基本面和财务状况分析股票走势 • 能初步运用技术分析指标，分析有价证券的价格走势 • 能初步撰写行业及个股研究报告
6	证券衍生品操作	• 熟悉衍生品的定价原理	• 熟练操作国内主要衍生品 • 能进行衍生品投资策略的制定和实施 • 能利用衍生品进行风险控制投资策略的制定和实施
7	证券风险管理	• 熟悉证券投资的风险类别及来源 • 熟悉风险防控工具 • 熟悉证券组合投资理论	• 能熟练操作现实市场中的各种风险防控工具，运用各种风险防控方法 • 能运用证券组合投资理论实施证券组合投资操作，降低风险
8	自律和监管	• 熟悉证券业自律和监管的规章制度	• 能够运用证券相关法规约束自己及他人的从业及投资行为

六、教学条件

（一）教师任职条件

1. 专任教师。具有证券公司或金融机构的工作经历，熟悉证券交易流程和证券市场行情分析方法；能够示范操作证券交易、证券分析、证券投资方案设计等业务；能够指导学生采用角色扮演法、情境教学法、仿真教学法和上班式教学法进行证券投资等相关业务的演示。

2. 兼职教师。在证券公司等金融机构任职能从事证券交易业务技能的示范教学；在证券公司等金融机构从事证券营销业务，能开展示范教学；在证券公司等金融机构从事证券柜台业务，能开展示范教学。

（二）实践教学条件

1. 建设与本课程配套的证券业务实训室，配备与证券营业部实际业务相同或仿真的柜员终端、交易平台、证券行情平台等设备与软件，能满足本课程项目导向任务驱动教学模式的需要，达到“教、学、做”合一的教学要求。

2. 开发课程教学资源网站，将大纲、教案、课件、技能库、教学录像、学生作业、学生情境演示等内容上网，使多种教学资源集中统一管理，形成课程教学资源中心。学生能够通过网络课程中的技能库、习题库等进行网上技能训练和自主学习，实现师生网上互动和多媒体资源的共享。

3. 配套建设证券行业资料资源，充分利用现代信息技术设备，如多媒体、网络、电脑，积累证券经纪人开展证券业务时所需的资料，如开展工作时所需的宣传页、利率表、名片及工作夹、证券账户业务单据。同时配备证券业务操作规范手册，包括证券法、证券经纪人管理暂行条例、证券公司监督管理条例、证券投资顾问业务暂行规定。

七、教学方法与手段

在项目导向教学模式下，本课程的教学方法应采用“项目或业务流程要求讲解 + 小组讨论做方案 + 模拟情境训练 + 自我归纳总结”的教学方法体系。其中以情境教学法、角色扮演教学法等为主，辅助采用案例教学法、项目大赛法、上班式教学法等。体现学生是主体，教师是教练的课堂教学组织原则，让学生在团队合作中完成项目，最终学会工作。

1. 情景模拟教学。教师根据不同的任务设计场景，学生在场景中分角色去完成一个典型的工作任务。

2. 直观教学法。通过教师演示、观看实际操作录像等直观的方法演示工作过程，进行操作示范。证券交易流程、柜台业务流程演示、模拟股票投资流程演示等采用直观教学法。

3. 角色扮演法。划分学习小组，每小组指定不同人员分别扮演证券客户经理、客户等等角色，模拟证券投资、证券咨询业务办理过程，使学生体验不同角色的岗位任务和岗位职责。

4. 案例教学法。以实际案例办理为例，讲解证券交易及证券市场的相关法律法规规定及业务办理流程，增强教学的真实感和指导性。

5. 证券投资项目大赛。该方法以证券职业能力大赛为载体，采用技能比赛考核方式，“以赛促教，以赛促学”，实现专业核心课程考核模式改革。比赛项目组织与实施以学生为主，教师指导为辅，目的在于提高学生的专业能力、方法能力和社会能力，体现学生的专业性和职业性。

6. 上班式教学法。课堂就是证券公司营业部或驻点银行。学习任务就是证券经纪人完成工作任务或训练职业素养，学习形式就是上班，学生是员工，老师是指导者。学生工作形式按证券客户经理的工作小组来要求。职业要求就是从穿正装、打卡和礼仪全面按证券客户经理的工作状态去要求。考核标准是按照证券企业的业务标准去要求。

八、检查评价

1. 突出过程评价与综合评价。本课程考核由过程考核、结果考核、综合考核等三部分组成。过程考核主要是平时学生完成的具体的工作任务；结果考核是在完成工作任务中所撰写的各种方案或调研报告；综合考核是对学生完成工作任务的情景模拟或角色扮演、案例讨论分析、技能竞赛等综合能力评价。

2. 评价标准以企业标准为主，评价重点以学生分析、解决问题的能力和团队合作能力为重点，对在学习和应用上有创新的学生在评定时给予鼓励。

3. 本课程过程考核占30%，结果考核占30%，综合考核占40%。考核形式有模拟演练、任务竞赛、书面报告撰写、上机考试等。

“保险实务”课程标准

一、课程定位

本课程是金融管理专业的职业能力核心课程，是以金融行业基层业务及管理岗位群的保险营销、服务等典型工作任务为依据设置的。该课程主要通过“保险从业准备”、“保险合同业务处理”、“人寿保险经营”等十大工作项目的展业、核保、承保、核赔、理赔等实务操作过程中任务引领型活动，培养学生掌握保险与风险、保险原则、保险合同、保险产品以及保险经营流程等保险业务与管理的基本理论知识和保险经营过程中的实务操作技能，使学生可熟练进行保单设计、流程处理和案例分析等业务的办理。

二、课程目标

学生通过工作任务引领的教学活动，掌握保险与风险、保险原则、保险合同、保险产品以及保险经营流程等保险业务与管理的基本理论知识，初步具备保险从业的操作技能和基本职业素养，能够在承担保险业务销售和服务等环节的工作任务中，遵守《保险法》、《合同法》及保险监管部门规章、行业自律组织规范等法律规章；能够以诚守信，以信守约，避免为了自己的利益对客户进行误导或对公司进行欺骗；能够勤勉尽责，忠诚服务，不超越客户和公司授权，正确处理执业中的利益冲突；能够不断开拓创新，为客户提供优质产品和服务；能够不断提高业务技能，做到专业胜任，爱岗敬业；能够在与客户交往时文明礼貌，善于沟通；能够在与同事合作时团结互助，公平竞争。最终形成以下的职业能力和素养，为今后职业能力的发展奠定良好的基础。

职业能力培养目标：

1. 能遵守《保险法》、《合同法》及保险监管部门规章、行业自律组织规范等法律规章，以诚守信，以信守约，勤勉尽责，忠诚服务，不超越客户和公司授权，正确处理执业中的利益冲突。

2. 开拓创新，为客户提供优质产品和服务。同时不断提高业务技能，做到专业胜任，爱岗敬业。

3. 能注重与客户交往时文明礼貌，善于沟通，与同事合作时团结互助，公平竞争。

4. 能熟练掌握各项具体的保险种类的业务操作。

5. 能敏锐地捕捉目标市场上的潜在目标。
6. 能根据客户的不同需求设计不同的保单。
7. 能进行基本的风险评估。
8. 能熟练运用保险原理和原则进行保险案例分析。
9. 能掌握日常售后服务的技巧。

三、设计思路

"保险实务"课程是整合了"保险学原理"和"保险业务实训"内容的一门一体化课程。其总体设计思路以高职教育专家和行业专家对保险从业岗位工作任务和职业能力分析为基础，采用保险营销和服务等工作过程系统化为依据的课程开发方法，根据个人寿险经营或团险经营等工作项目设置学习情境，依据展业、签约等工作情景设计学习子情境，以学习性的工作任务为导向，按照保险业务流程组织教学过程，以学生职业能力的培养和提升为核心，采用"教、学、做"一体的教学方法，反映了当前保险实务领域的业务内容，体现了职业教育的教学理念。

课程内容的选取是依据行业专家研讨的"金融管理专业工作任务与职业能力分析表"中个人保险销售、团体保险销售、银行保险销售和客户服务工作项目为设计依据，考虑到个人保险、团体保险和银行保险销售中熟悉产品、寻找目标市场、针对不同需求提供方案、风险评估、售前交流、给付理赔、日常售后服务等工作任务在不同险种中的共性和个性。为保证工作任务的连续感，我们在组织教学中，采用了以险种为一个工作过程的纵向结构，即以"保险从业准备"、"保险合同业务处理""人寿保险经营"、"健康保险和人身意外伤害保险经营"、"团体人身保险经营"、"企业财产保险经营"、"家庭财产保险经营"、"机动车辆保险经营"、"其他财产损失保险经营"、"责任保险和信用保证保险经营"十大工作项目为教学内容，以完成每一工作项目的实际工作流程为组织教学的主线，让学生在完成各类险种经营的具体项目过程中学会完成相应的工作任务，并构建相关的保险理论知识。课程设计突出对学生职业能力的训练，创设从投保、承保、理赔到售后服务的工作情景，理论知识的选取紧紧围绕十大工作项目中工作任务完成的需要来进行，同时又结合保险代理人、经纪人、公估人资格等相关职业资格证书对知识、技能和态度的要求，突出发展学生保险经营的职业能力。

四、课时分配

表 2－17　　　　课程项目模块及课时分配表

序号	课程项目	课程模块	课时分配	
1	保险从业准备	识别和管理风险	2	6
		熟悉保险和保险市场	2	
		熟悉保险机构和业务岗位	2	

续表

序号	课程项目	课程模块	课时分配	
2	保险合同业务处理	保险合同订立与履行	2	6
		保险合同变更与终止	2	
		保险合同纠纷处理	2	
3	人寿保险经营	人寿保险展业	4	10
		人寿保险核保与承保	2	
		人寿保险理赔和售后服务	4	
4	健康保险和人身意外伤害保险经营	健康保险经营	3	6
		人身意外伤害保险经营	3	
5	团体人身保险经营	团体人身保险承保	2	4
		团体人身保险理赔	2	
6	企业财产保险经营	企业财产保险承保	5	10
		企业财产保险理赔	5	
7	家庭财产保险经营	家庭财产保险承保	2	4
		家庭财产保险理赔	2	
8	机动车辆保险经营	机动车辆保险承保	5	10
		机动车辆保险理赔	5	
9	其他财产损失保险经营	货物运输保险经营	4	8
		工程保险经营	4	
10	责任保险和信用保证保险经营	责任保险经营	4	8
		信用保证保险经营	4	
总计			72	72

五、教学内容

表 2－18　　课程教学内容与教学要求

序号	工作任务	知识内容和要求	技能内容和要求
1	保险从业准备	• 了解人类面临的风险和风险管理的方式 • 熟悉可保风险的要件 • 理解保险的职能 • 了解保险市场的构成要素 • 熟悉保险经营的一般程序 • 熟悉保险公司的机构设置和主要岗位职责	• 能准确识别各类风险并设计相应的风险管理方案 • 能熟练利用保险转移来进行可保风险管理 • 能分析保险市场的供求要素 • 能口头描述保险公司的机构设置和人员职责

续表

序号	工作任务	知识内容和要求	技能内容和要求
2	保险合同业务处理	• 理解保险合同的基本原则 • 熟悉保险合同的要素 • 理解保险合同当事人的资格 • 熟悉保险合同的订立、生效事项 • 熟悉保险合同的变更的范围和条件 • 熟悉保险合同终止的形式和条件 • 理解保险合同的标准条款 • 熟悉保险合同的争议处理原则和处理方式	• 能熟练填制保险合同 • 能准确处理保险合同的生效、履行、变更和终止事项 • 能熟练运用保险合同的基本原则分析保险事故 • 能准确通过保险合同的标准条款分析保险事故
3	人寿保险经营	• 熟悉人寿保险的经营流程 • 熟悉人寿保险的险种及其内容 • 了解人寿保险的核保和承保条件 • 熟悉人寿保险理赔的流程和内容 • 熟悉人寿保险客户服务内容	• 能准确根据客户需要设计人寿保险方案 • 能熟练运用常规技巧进行人寿保险展业 • 能准确进行人寿保险核保和理赔业务处理 • 能准确进行人寿保险售后服务
4	健康保险和人身意外伤害保险经营	• 熟悉健康保险的经营流程 • 理解健康保险的特殊规定 • 熟悉健康保险的主要险种 • 熟悉人身意外伤害险的险种 • 了解人身意外伤害险的核保和理赔	• 能准确进行健康险的核保承保业务 • 能根据健康保险合同的特殊规定熟练进行保险事故分析 • 能准确处理健康险的理赔事项 • 能熟练进行人身意外伤害保险责任的界定 • 能准确处理人身意外伤害保险保险金给付事项
5	团体人身保险经营	• 熟悉团体人身保险展业应注意的问题 • 了解团体人身保险核保应注意的问题 • 了解团体人身保险理赔过程中特殊性	• 能熟练处理团体人身保险展业业务 • 能基本处理团体人身保险核保业务 • 能基本处理团体人身保险理赔业务
6	企业财产保险经营	• 熟悉企业财产保险展业的渠道 • 熟悉企业财产保险的主要险种及其内容 • 理解企业财产保险合同 • 熟悉企业财产保险的核保承保事项 • 熟悉企业财产保险理赔事项	• 能熟练进行企业财产保险展业业务 • 能准确处理企业财产保险核保与承保事项 • 能准确处理企业财产保险理赔事项

续表

序号	工作任务	知识内容和要求	技能内容和要求
7	家庭财产保险经营	• 熟悉家庭财产保险的险种及其基本内容 • 熟悉家庭财产保险的理赔事项	• 能熟练进行家庭财产保险展业和承保业务 • 能准确处理家庭财产保险核损与理赔事项
8	机动车辆保险经营	• 熟悉机动车辆保险的业务流程 • 理解机动车辆保险基本险和附加险的内容 • 理解机动车交通事故责任强制保险的内容 • 了解机动车辆保险理赔事项	• 能熟练办理机动车辆保险投保业务 • 能准确办理机动车辆保险理赔业务 • 能准确办理机动车交强险的有关业务
9	其他财产损失保险经营	• 了解国内货物运输保险的险种及其主要内容 • 熟悉我国海洋货物运输保险的险种及其主要内容 • 了解进出口货物运输保险的赔款处理 • 熟悉建筑工程保险的主要内容和赔偿处理 • 熟悉安装工程保险的主要内容和赔偿处理	• 能基本进行货物运输保险理赔处理 • 能基本进行工程保险理赔处理
10	责任保险和信用保证保险经营	• 熟悉公众责任保险的险种及其主要内容 • 了解信用保证保险的险种及其主要内容	• 能准确进行责任保险主要业务处理 • 能基本进行信用保证保险主要业务处理

六、教学条件

（一）教师任职条件

1. 专任教师。具有在金融机构从事基层业务工作或管理工作的经历，熟悉保险法律法规和保险处理业务流程；能够进行现场指导，示范操作各险种销售和服务业务办理过程；能够指导学生采用角色扮演法、情境模拟法、小组讨论法进行各险种业务处理的演示。

2. 兼职教师。保险公司、银行等金融机构资深业务人员或管理人员，能进行保险展业、核保承保、核赔理赔、售后服务等业务处理的示范教学；保险培训师，能进行保险营销、风险分析、保单设计、保险案例分析、售后服务技巧等示范教学。

（二）实践教学条件

1. 实训场所：环境仿真的用于模拟保险公司实际业务流程的校内模拟项目实训基地——保险业务实训室；用于组织参加项目训练的全体学生开展面向社会的真实金融产品营销服务的校内真实项目基地——金融理财服务中心。

2. 实训工具设备：多媒体教学设备、计算机、票据打印机、ATM 提款机、存折打印机、视频录音电话系统、外线电话、LED 显示屏、液晶电视、保险业务模拟教学系统、保险营销人员资格考试培训系统、各类保险单据。

3. 配备保险业务员操作手册，保险法、合同法及保险监管部门规章、行业自律组织规范、保险中介监管等法律法规等。

七、教学方法与手段

（一）教学方法

本课程教学主要灵活采用了角色扮演法、小组讨论法、案例分析法、归纳演绎法、情境教学法以及网络自主学习法等各种教学方法。

1. 角色扮演法。将每一个学习情境都作为一个工作项目，在实际工作中，每一工作项目的流程需要保险人、投保人、保险代理人、保险经纪人等共同完成。所以本课程利用互动教学软件，模拟现实工作情境，将班上同学分成不同角色，共同完成整个工作任务。每一角色的成员在熟悉和完成自己的任务后，还需要交替扮演不同的角色，这样可以全方位熟悉所要掌握的知识内容。分角色实训有利于学生在工作中进行换位思考，也有利于学生从不同角度得到技能的全面训练。

2. 小组讨论法。小组讨论式教学法是学生在教师的指导下，分成若干小组，就教材中的基础知识或疑难问题，或学科中有争议的学术问题，在独立思考、研究的基础上，进行讨论和辩论，然后由小组代表向全班总结汇报。这种教学方法有利于发挥学生的学习主动性，同时也有利于学生实现由掌握知识向发展能力的转化。

3. 案例分析法。本课程采用的教学案例包括保险基础知识案例和保险实务处理及保险纠纷案例，案例的表现形式有：文字、图片、影像、Flash 演示、动漫等。通过案例演示能够较好地引导课程内容的展开，激发学生的学习兴趣；通过案例分析能够较好地促进学生的思考，加深对保险的理解；教学中教师和学生要共同直接参与对案例的分析、讨论、评价、寻找相关的法律依据。

4. 归纳演绎法。在“保险法”课程中，学生对保险金额计算的学习有一定难度，它要求学生较好掌握人身保险和财产保险等保险知识，而且学生必须有相关的数学知识，通过教学中归纳与演绎方法，使学生的能力得到了锻炼，收到了良好的教学效果。在教学中根据课程的特点和具体情况灵活运用上述教学的各种方法后收到了一定的成效，学生的各种能力得以提高，并养成了自觉主动学习和积极思考的习惯。

5. 情境教学法。这种教学方法主要通过情景创设、角色选定、剧情演绎、自主总结、知识构建、考核评价几个程序完成工作任务。如对寿险展业，需要学生进行充分的展业准备后，创设一个模拟的生活或办公情境，由学生充当客户和业务员进行保险营销的演绎，最后通过剧情体验，总结营销所需的技巧，进行展业准备和宣传方面的知识构建。最后，教师对完成任务的成果进行评价，小组进行互评。

6. 网络自主学习法。首先要建设网络课程，形成以网站为载体的教学资源库，包括教学内容、重难点分析、电子课件、习题、考试、案例、保险视频、Flash、保险法规汇集、保险单证下载、考证专栏等丰富资源，可以使学生不受时空限制地坐在宿舍、图书馆甚至在家里，随时随地的学习，能够有效提高学生的学习积极性，提升课程的教学质量。此外，师生可以通过网络课程的实时交流、在线答疑、交流论坛、班级邮箱等栏目进行交流互动，以及时解决问题，并能够及时更新知识、开拓视野。网络教学的运用，突破传统的教学在时间与空间上的局限性，能够让学生更及时、更全面、更主动地去学习。

此外，在教学中还可以不定期采用现场教学法等其他方法，如：组织学生到保险公司进行现场教学，请行业专家开办讲座等等。

（二）教学手段

1. 保险业务实训室模拟保险业务的办理。保险业务实训室在现代化教学手段运用方面，为学生准备了保险实务模拟教学软件，从客户、人寿保险公司、财产保险公司、经纪公司、保险代理人五个角色的角度，提供人寿保险、财产保险等险种业务全程的模拟流程训练。

2. 金融理财服务中心网络和电话营销的运用。配备了现代化技术手段的金融理财服务中心，为学生提供了金融类课程校内生产性实训的优良平台，学生可以在这个平台里将真实的保险产品通过电话或网络进行营销，通过与保险公司联网来帮助同学了解最新金融产品信息，从信息技术的角度实现了由模拟教学向真实实训的过渡或转换。

3. 网络课程。网络课程集中了多种教学资源，包括教学录像、教学案例、网络课件、练习题库、保险视频、互动论坛、在线答疑等，还有保险相关法律法规、保险考证信息、保险单证、保险公司培训资料等，可激发学生自主学习的热情，培养学生自学的能力。

4. 多媒体教学。本课程在配备有多媒体设备的实训室进行教学，教师均能够熟练制作多媒体课件，同时为学生通过仿真操作办理保险业务提供了技术支持和设备支持。

八、检查评价

课程学业成绩采用过程性评价与目标评价相结合、理论与实践一体化评价模式。在教学过程中对学生的学习态度和各项任务完成情况进行形成性评价，在教学项目结束时，对学生整体能力形成情况进行总结性评价。关注评价的多元性，结合课堂表现、学生作品、小组讨论、模拟实训、真实项目及期终考试情况，综合评价学生成绩。应注重学生动手能力和实践中分析问题、解决问题能力的考核，全面综合评价学生能力。“保险实务”检查评价参照表2－19。

表 2－19　　“保险实务”检查评价表

<table>
<tr><th>序号</th><th>典型工作任务</th><th colspan="2">评价内容</th><th>评价标准</th><th>分值</th></tr>
<tr><td rowspan="3">1</td><td rowspan="3">保险从业准备</td><td>课堂表现</td><td>30%</td><td rowspan="29">课堂表现：评价学生考勤、纪律、对知识点的反应程度
小组讨论：小组协作能力，交流沟通能力、自主解决问题能力
模拟实训：评价学生按模拟教学软件对工作任务的完成情况和相关任务的执行效果
真实项目：评价学生完成相关任务过程中的执行情况，完成相关任务效果
学生作品：评价学生完成保险方案的设计情况
期终考试：综合评价学生在完成工作任务的过程中对必要知识的掌控程度</td><td rowspan="3">4</td></tr>
<tr><td>小组讨论</td><td>30%</td></tr>
<tr><td>期终考试</td><td>40%</td></tr>
<tr><td rowspan="3">2</td><td rowspan="3">保险合同业务处理</td><td>课堂表现</td><td>30%</td><td rowspan="3">6</td></tr>
<tr><td>小组讨论</td><td>30%</td></tr>
<tr><td>期终考试</td><td>40%</td></tr>
<tr><td rowspan="5">3</td><td rowspan="5">人寿保险经营</td><td>课堂表现</td><td>10%</td><td rowspan="5">20</td></tr>
<tr><td>学生作品</td><td>10%</td></tr>
<tr><td>模拟实训</td><td>20%</td></tr>
<tr><td>真实项目</td><td>20%</td></tr>
<tr><td>期终考试</td><td>40%</td></tr>
<tr><td rowspan="5">4</td><td rowspan="5">健康保险和人身意外伤害保险经营</td><td>课堂表现</td><td>10%</td><td rowspan="5">8</td></tr>
<tr><td>学生作品</td><td>10%</td></tr>
<tr><td>模拟实训</td><td>20%</td></tr>
<tr><td>真实项目</td><td>20%</td></tr>
<tr><td>期终考试</td><td>40%</td></tr>
<tr><td rowspan="4">5</td><td rowspan="4">团体人身保险经营</td><td>课堂表现</td><td>20%</td><td rowspan="4">6</td></tr>
<tr><td>学生作品</td><td>20%</td></tr>
<tr><td>模拟实训</td><td>20%</td></tr>
<tr><td>期终考试</td><td>40%</td></tr>
<tr><td rowspan="5">6</td><td rowspan="5">企业财产保险经营</td><td>课堂表现</td><td>10%</td><td rowspan="5">18</td></tr>
<tr><td>学生作品</td><td>10%</td></tr>
<tr><td>模拟实训</td><td>20%</td></tr>
<tr><td>真实项目</td><td>20%</td></tr>
<tr><td>期终考试</td><td>40%</td></tr>
<tr><td rowspan="4">7</td><td rowspan="4">家庭财产保险经营</td><td>课堂表现</td><td>20%</td><td rowspan="4">6</td></tr>
<tr><td>小组讨论</td><td>20%</td></tr>
<tr><td>模拟实训</td><td>20%</td></tr>
<tr><td>期终考试</td><td>40%</td></tr>
</table>

续表

序号	典型工作任务	评价内容		评价标准	分值
8	机动车辆保险经营	课堂表现	10%		18
		小组讨论	10%		
		模拟实训	20%		
		真实项目	20%		
		期终考试	40%		
9	其他财产损失保险经营	课堂表现	30%		6
		小组讨论	30%		
		期终考试	40%		
10	责任保险和信用保证保险经营	课堂表现	30%		8
		小组讨论	30%		
		期终考试	40%		
	总评	100			

“信贷实务”课程标准

一、课程定位

本课程是金融管理专业的职业能力核心课程，课程对应商业银行信贷工作岗位。本课程旨在通过完成学习性工作任务的训练，为完成真实性工作任务和岗位工作任务打下基础。课程的目的是在学生掌握扎实的金融知识、财务管理知识及商业银行经营管理知识的基础之上，通过理论教学与仿真实训相结合，完成将理论应用于实践的训练，使学生具备从事信贷岗位工作的职业能力。

二、课程目标

本课程通过商业银行信贷岗位工作业务流程引领的教学项目活动，训练处理商业银行信贷岗位各项业务的能力，达到商业银行信贷岗位考核标准的要求，符合商业银行实际工作中的信贷岗位要求，实现与商业银行信贷岗位的对接。在此基础上，能够结合本课程内容综合运用“金融学基础”、“商业银行业务管理”及“财务会计知识”，初步具备信贷客户经理的职业能力。

职业能力培养目标：

1. 了解国家关于信贷业务的政策规定和相关知识，熟悉信贷业务基本程序和操作规则；
2. 具备初步的信贷营销、信贷调查和信贷分析能力，能够对客户进行财务分析和非财务分析；
3. 具备信贷资料的整理、信贷文书写作和信贷合同的签约能力，能够对信贷相关法律问题有初步的判断和处理能力；
4. 具备良好的银行信贷经营管理能力，具有诚恳、热情、专业的服务态度；
5. 能够结合“银行职业礼仪”、“金融营销技能”等课程内容，提升信贷业务服务水平。

三、设计思路

1. 课程总体设计思路：本课程以培养学生具备商业银行信贷岗位工作任务所需的职业

能力为核心，根据商业银行信贷业务的工作内容确定教学内容，根据商业银行信贷岗位处理业务的业务流程组织教学过程，以具备商业银行信贷部门工作环境并配备商业银行信贷部门相同的设备和软件的商业银行信贷业务实训室作为上课场所，以有商业银行信贷工作经历的教师参与的“双师”结构课程教学团队承担教学任务，采用“教、学、练”三者结合、以练为主的教学方式，使学生具备处理信贷业务的能力。

2. 课程设计的目标：通过对课程在学习领域中地位的确立，有针对性地选择合适的教学内容，根据教学和银行实际工作的要求，合理安排课程结构。以行动导向和任务驱动完成教学过程。采用现代教育手段，利用网络教学和模拟实训软件促进学生学习的主动性，发挥学生的主体作用。使本课程成为工学结合的一体化课程，促进学生的职业能力完善，推进学生就业。

3. 课程设置的依据：本课程设置依据是银行信贷岗位工作对职业能力的要求，教学项目设计结合了商业银行信贷岗位的工作流程，根据公司信贷和个人贷款业务设计了相应的工作项目。课程开发的主体是在学校与商业银行合作基础上的行业专家和专职教师共同组织的团队，课程开发的过程将银行信贷业务工作流程与教学实践相结合，课程开发的立足点是广泛的行业岗位调研和行业专家岗位工作任务分析。

4. 课程内容的确定：课程教学内容根据完成商业银行信贷业务岗位工作任务对知识、技能和素质的要求以及行业发展的需要来确定，具体内容涵盖银行信贷参与部门的主要内容。根据完成商业银行信贷岗位的工作任务的需要，本课程设置了岗前准备、信贷申请和受理、贷款调查与风险评价、信贷审查和审批、信贷合同签订、信贷发放和支付、贷后管理及贷款回收、信贷案例等八个教学项目。在每个教学项目中，再根据工作流程中的需要设置相应的模块，使学生通过课程的学习能够全面地模拟信贷岗位的全部业务操作。

5. 教学过程的组织：课程教学内容按照银行信贷业务的工作流程，以完成不同信贷产品的工作流程组织教学过程。课程的全部内容就是整个信贷业务流程的教学项目，通过对整个信贷业务流程和不同工作岗位的操作，学生能够完整地掌握信贷业务流程和操作规范。为与本课程配套改革，需要建设商业银行信贷业务实训室作为本课程的上课场所，该实训室需具备仿真的银行信贷业务软件，通过动手操作，完成各项工作任务，在做中学，学中做，从而实现理实一体化的教学过程。

四、课时分配

表 2－20　　课程项目模块及课时分配表

序号	课程项目	课程模块	课时分配	
1	岗前准备	熟悉信贷岗位设置及信贷基本知识	4	6
		信贷岗位职业技能和职业道德要求	2	
2	贷款申请与受理	公司贷款的申请和受理	6	10
		个人贷款的申请和受理	4	

续表

序号	课程项目	课程模块	课时分配	
3	贷款调查与风险评价	公司贷款的调查与风险评价	12	18
		个人贷款的调查与风险评价	6	
4	贷款审查和审批	公司贷款业务的审批	2	4
		个人贷款业务的审批	2	
5	贷款合同签订	公司贷款业务合同签订	6	10
		个人贷款业务合同签订	4	
6	贷款发放和支付	公司贷款的发放和支付	4	6
		个人贷款的发放和支付	2	
7	贷后管理及贷款回收	贷后管理	4	8
		贷款回收与处置	4	
8	信贷案例	公司信贷案例	4	10
		个人信贷案例	4	
	机动	到商业银行信贷部现场考察等	2	
总计			72	72

五、教学内容

表 2-21　　课程教学内容与教学要求

序号	工作任务	知识内容和要求	技能内容和要求
1	岗前准备	• 了解信贷岗位设置和信贷业务的主要内容 • 了解信贷岗位的基本要求 • 熟悉信贷业务的基本程序 • 熟悉贷款通则 • 熟悉信贷职业道德	• 能够判断信贷业务流程 • 能够冷静地按照规定的程序处理突发事件 • 能够口述信贷岗位职责和业务内容
2	贷款申请和受理	• 了解贷款申请的含义 • 熟悉贷款申请的法规要求 • 熟悉贷款申请操作流程 • 熟悉客户申请资料审核的基本要点	• 能够对客户进行贷款营销，进行面谈 • 能够对借款人进行资格审查 • 能够对客户进行贷款申请的初步审核 • 能够对客户资料进行基本审核

续表

序号	工作任务	知识内容和要求	技能内容和要求
3	贷款调查与风险评价	• 了解贷款调查的基本工作要求 • 熟悉尽职调查的方式和一般操作流程 • 熟悉基本调查方法 • 熟悉财务分析方法和非财务分析方法 • 熟悉信贷担保法规 • 熟悉尽职调查报告的写法 • 了解信用评级的基本方法 • 熟悉风险评价业务操作	• 能够对客户进行基本情况调查 • 能够掌握调查的基本要点 • 能够填写借款人基本情况调查表 • 能够结合实训软件对客户进行财务分析 • 能够针对客户的特点进行非财务分析 • 能够对信贷担保情况进行分析 • 能够结合调查报告对客户进行全面风险评价
4	贷款审查和审批	• 了解审贷分离的法规要求 • 熟悉个审贷分离的操作流程 • 熟悉贷款审查的基本内容 • 熟悉贷款审查事项 • 熟悉财务审查、非财务审查、担保审查的方法 • 熟悉风险审查的方法 • 熟悉贷审会流程	• 能够审核信贷资料的完整性 • 能够对客户的基本情况进行审查 • 能够对信贷业务的合规性、政策符合性进行审查 • 能够进行财务审查和非财务审查 • 能够进行担保审查 • 能够充分揭示信贷风险 • 能够提出信贷方案和审查结论
5	贷款合同签订	• 了解信贷合同签订流程 • 熟悉贷款合同条款 • 熟悉签订贷款合同的要求 • 熟悉签订担保合同 • 了解银行卡挂失的规定 • 熟悉银行卡业务系统的界面及操作要点	• 能够对贷款的条款进行初步解释 • 能够完成贷款及相关合同的签订过程 • 能够填写贷款合同 • 能够填写担保合同 • 能够处理基本的合同纠纷 • 能够对合同进行变更和解除
6	贷款发放和支付	• 了解贷款发放和支付法规 • 了解实贷实付的法规 • 熟悉贷款支付的操作要点 • 了解贷款支付的风险	• 能够审核贷款支付要求的各种要件 • 能够系统地完成贷款支付流程 • 能够判断贷款发放和支付风险 • 能够应对贷款发放和支付中的风险
7	贷后管理及贷款回收	• 了解贷后管理的含义 • 熟悉贷后管理的主要内容 • 熟悉贷后检查流程 • 熟悉贷款风险分类方法 • 熟悉不良贷款管理基本方法 • 了解贷款收回及处置	• 能够进行贷后检查和监测 • 能够进行风险分析和预警 • 能够进行不良贷款管理 • 能够撰写贷后管理报告 • 能够进行信贷档案管理 • 能够对不良贷款进行收回及处置
8	信贷案例	• 熟悉公司信贷案例 • 熟悉个人贷款案例	• 能够根据知识判断案例 • 能够对案例进行分析 • 能够对案例中反映的问题进行进一步的反思

六、教学条件

（一）教师任职条件

1. 专任教师。具有银行信贷岗位工作经历，熟悉商业银行信贷业务；能够示范信贷业务办理工作过程；能够指导学生办理信贷业务；能够讲授本课程的业务知识。

2. 兼职教师。银行现任信贷经理或信贷管理部门负责人；有信贷工作经历的银行内部培训讲师、管理人员、客户经理。

（二）实践教学条件

1. 配备与本课程教学内容配套的商业银行信贷业务实训室，配备与银行实际业务相同或高度仿真的设备和软件，使之具备现场教学、实验实训的功能，实现教学与实训合一，满足“教、学、做”一体化的要求。

2. 配有课程教学资源网站，将各种教学资源集中统一管理，形成课程教学资源中心，满足专业教学的需要，实现师生网上互动和多媒体资源的共享。实现网上虚拟业务操作训练。

3. 配有各种现代信息技术资源，充分利用 Flash 演示、视频演示、电子书籍、电子期刊、数据库、数字图书馆、教育网站和电子论坛等网上信息资源，教学资源品种多样、针对性强。

七、教学方法与手段

（一）教学方法

1. 示范教学。通过教师演示、观看实际操作录像等演示工作过程，进行操作示范，提高操作技能。

2. 业务仿真。教学中应选用典型的银行信贷业务产品为载体，教师的讲授与学生操作互动，学生提问与教师解答、指导相结合。

3. 角色模拟。划分学习小组，每小组指定不同人员分别扮演客户、银行信贷客户经理、信贷经理及风险经理，模拟信贷业务的办理过程，使学生体验不同角色的岗位任务和岗位职责。

4. 案例评析。以实际案例办理为例讲解信贷业务办理的相关法律法规规定及业务办理流程，各业务环节应注意的问题，增强教学的真实感和指导性，使学生从中受到启发。

5. 情境再现。组织学生到校外实训基地，让学生在真实的工作场景下进行各项信贷工作技能的训练，通过校外实训基地老师的评价检查学生各项技能的掌握程度。

（二）教学手段

充分利用商业银行信贷业务沙盘实训室的各种设备和软件，应用多媒体、投影、电脑、网络等教学资源工具设备辅助教学，帮助学生熟练掌握信贷业务操作流程及业务操作要点。

充分利用网络课程中形象化的操作演示和各大银行的信贷业务操作手册指导学生的业务操作。通过网上提供的教学活动设计项目，指导学生进行大量操作练习，提升操作技能。

教学过程中教师应积极引导学生培养职业素养，提高职业道德，养成严谨求实的工作习惯，达到知识、技能和态度的有机统一。

八、检查评价

1. 本课程的评价以学生信贷调查及分析能力作为主要依据，通过对不同信贷产品的分析和判断，为客户提供合适的信贷产品。同时通过对客户资料的调查分析进行贷款实务训练，提高学生的分析和判断能力。

2. 学生考试成绩采用分小组考核，用小组形式进行学习，采用阶段评价、过程评价与目标评价相结合，考试方法以上机考试和书面考试相结合的方法。

3. 结合课堂提问、平时作业、平时测验、技能竞赛及考试情况，综合评价学生成绩。注重学生动手能力和实践中分析问题、解决问题能力的考核，对在学习和应用上有创新的学生应予特别鼓励，全面综合评价学生能力。

4. 课程平时成绩占40%，主要考核完成学习性工作任务的准确度和速度，根据软件系统的记载和平时学习表现来评定；也包括个人自评、小组互评和教师评价。期末总评成绩占60%，包括期末卷面考试和上机考试。

平时成绩40%的主要考核内容：

（1）完成书面练习考核：如分析报告、调查报告、业务工作方案、业务流程图表、课后作业；

（2）完成口头练习考核：如回答问题、模拟业务营销、银行产品介绍、业务流程介绍、问题分析；

（3）完成上机操作考核：如商业银行信贷教学系统操作、银行业务产品功能与作用；

（4）完成实际工作任务考核：如填写并审查客户的助学贷款申请书和相关材料，并写出审查意见；根据信贷对象、条件，审查信贷申请，确定贷款额度、贷款利率、贷款期限、贷款方式、还款方式；根据借款人信用分析与评价的内容和方法，分析与评价借款人信用；根据中长期贷款项目评估内容和方法，对商业银行中长期贷款进行项目评估等。

期末主要考核内容：

（1）考核时间：在完成本课程全部教学活动之后进行考核。

（2）考核内容：主要包括：理论考核，占20%，考核对相关知识的掌握；实务考试，占40%，主要考核对银行信贷业务经营管理方法与技能的综合运用能力。

“个人理财业务”课程标准

一、课程定位

本课程是金融管理专业的职业能力核心课程，课程根据银行、保险、证券等金融机构对理财一线工作岗位的人才要求而开设。课程教学内容是以理财工作岗位典型工作任务为依据确定的，主要包括建立和管理客户关系、分析和诊断客户财务状况、银行理财业务、证券理财业务、保险理财业务、其他理财业务、专项理财设计、综合理财规划方案设计及后续服务等业务办理的流程及相关规定。通过课程的学习，能使学生掌握个人理财的基本原理和操作规范，培养学生在个人理财业务过程中根据客户家庭财务状况和理财目标，利用银行、证券、保险、外汇、信托、黄金等理财产品进行理财规划和客户服务的能力。

二、课程目标

通过个人理财岗位工作任务引领的教学项目活动，训练学生从事个人理财岗位各项业务工作的能力，达到理财客户经理考核标准的要求，实现与理财工作岗位的对接。

职业能力培养目标：

1. 了解个人理财业务岗位的基本内容和要求，熟悉财经法律法规有关个人理财业务的规定，了解当前个人理财业务的现状和发展趋势。

2. 能与客户进行有效沟通，熟练搜集客户信息；能准确判断客户所处的家庭生命周期；能判断客户的风险偏好；能熟练编制客户资产负债表、收支表，并能做出正确的财务分析和诊断。

3. 熟悉当前银行的各种理财产品、保险公司的各种产品和各种证券理财产品，并能根据客户面临的风险状况、客户的风险偏好、家庭财务状况为其选择合适的理财产品。

4. 了解当前黄金、房地产及收藏品市场情况，并能根据客户的风险偏好、家庭财务状况为其选择合适的实物理财产品。

5. 能分析和评价客户的理财目标，并能根据客户的财务情况及理财目标做出现金规划、消费支出规划、投资规划、子女教育规划、风险管理与保险规划、纳税筹划、财产分配与传承规划。

6. 能进行综合理财规划设计，能熟练制作理财规划方案书，并呈递给客户，指导客户实施方案并能提供后续服务。

三、设计思路

“个人理财业务”课程按照基于工作过程的课程设计思路，以个人理财业务一线工作岗位的典型工作任务，即为客户提供理财规划方案作为课程教学内容；按照理财工作过程“建立和管理客户关系——编制家庭财务报表——分析和诊断客户家庭财务状况——理财产品组合设计——理财专项规划设计——综合理财规划方案撰写——理财规划方案的实施及后续服务”的业务流程组织教学过程、序化教学内容；在教学中通过引进银行、保险、证券的真实理财产品，利用校内实训中心的仿真训练和校内金融理财服务中心的真实业务训练，以“教、学、做”一体化为基本教学形式，训练学生的理财规划和服务能力，实现课程教学与岗位工作的对接。

课程每个教学项目的学习与训练都围绕理财业务操作流程为载体设计的活动来进行，以工作任务为依据整合理论知识和实践操作。教学过程中所涉及的每项工作任务都以个人理财市场的现实产品和业务要求为基准，按照各类理财产品和理财规划的业务操作流程顺序逐项安排教学活动。借助实训室的各种软硬件设施和仿真的客户资料，通过设计市场调查、仿真规划、情景模拟、角色互换等实训练习，结合真实案例的分析和真实业务的训练，培养学生胜任各类金融机构一线理财服务岗位的职业能力。教学效果评价采取过程评价与结果评价相结合的方式，通过理论与实践相结合，重点评价学生的职业能力和理财素质。

四、课时分配

表 2-22　　　　课程项目模块及课时分配表

序号	课程项目	课程模块	课时分配	
1	从业准备	认知个人理财业务岗位	1	4
		熟悉理财业务的内容和流程	1	
		树立理财的基本观念	2	
2	建立客户关系并分析客户财务状况	建立和管理客户关系	2	8
		编制家庭财务报表	3	
		家庭财务状况分析与诊断	3	
3	配置银行理财产品	认知银行理财业务	2	8
		分析银行理财产品	4	
		配置合适的银行理财产品	2	

续表

序号	课程项目	课程模块	课时分配	
4	配置保险理财产品	认知和管理家庭风险	2	6
		分析家庭保险产品	2	
		配置家庭保险产品	2	
5	配置证券理财产品	认知证券理财业务	4	8
		分析股票、债券、基金理财产品	2	
		配置合适的证券理财产品	2	
6	配置实物理财产品	认知实物理财业务	2	6
		分析黄金、房地产、收藏品的投资价值	2	
		选择合适的实物投资	2	
7	专项理财规划设计	现金规划设计	2	16
		消费支出规划设计	2	
		教育规划设计	2	
		风险管理与保险规划设计	2	
		投资规划设计	2	
		纳税筹划设计	2	
		退休养老规划设计	2	
		财产分配与传承规划设计	2	
8	综合理财规划方案设计	确定客户的理财目标	2	10
		制订综合理财规划方案	8	
9	理财规划方案的实施与后续服务	实施综合理财规划方案	2	6
		开展理财后续服务	2	
	机动	参观考察金融机构	2	
总计			72	72

五、教学内容

表 2-23　　课程教学内容与教学要求

序号	工作任务	知识内容和要求	技能内容和要求
1	从业准备	• 了解个人理财规划的含义 • 熟悉个人理财规划内容 • 掌握个人理财规划的流程 • 树立个人理财规划的基本观念	• 能描述个人理财业务岗位工作内容 • 能描述理财规划内容 • 能描述理财规划基本流程 • 能计算货币时间价值

续表

序号	工作任务	知识内容和要求	技能内容和要求
2	建立客户关系并分析客户财务状况	• 了解潜在客户的类型 • 熟悉有效沟通的方法 • 熟悉客户关系管理流程 • 了解家庭生命周期理论 • 了解家庭资产负债表结构 • 了解家庭收支表结构 • 熟悉家庭财务评价指标	• 会寻找潜在客户 • 能建立客户关系 • 能完成客户信息的搜集 • 能判断客户家庭所处生命周期 • 会编制客户家庭财务报表 • 能计算家庭财务评价指标 • 能分析并诊断客户家庭财务状况
3	配置银行理财产品	• 了解银行理财业务的发展现状 • 熟悉银行理财产品 • 熟悉银行代理理财产品	• 能够按照理财客户经理岗位服务要求，用规范的语言、标准的流程接待客户 • 能分析并向客户推荐银行储蓄产品 • 能分析并推荐银行卡产品 • 能分析并推荐个人银行贷款产品 • 能分析推荐人民币理财产品 • 能分析外汇理财产品 • 能分析 QDII 理财产品 • 熟悉银行理财产品的购买及赎回
4	配置保险理财产品	• 了解风险的类别 • 熟悉各种人身风险 • 熟悉各种财产风险 • 熟悉各种责任风险	• 能分析和判断客户家庭面临的风险 • 能为客户选择合适的人身保险产品 • 能为客户选择合适的财产保险及责任保险产品 • 能为客户设计全面的风险管理和保险方案
5	配置证券理财产品	• 了解证券理财业务的现状 • 分析股票、债券、基金理财产品 • 掌握股票、债券、基金的投资方法	• 能为客户介绍股票、债券、基金的基本投资方法，熟悉开户、交易等基本业务流程 • 能为客户介绍主要的股票、债券、基金类型，分析各类产品的风险和收益 • 能根据客户的风险承受能力为客户配置证券理财产品
6	配置实物理财产品	• 了解实物投资市场的情况 • 熟悉黄金、房地产、收藏品的投资价值 • 选择合适的实物投资的方法	• 能为客户介绍黄金、房产、收藏品投资的基本方法 • 能为客户分析黄金、房产、收藏品投资的特点，能为客户投资决策提供建议

续表

序号	工作任务	知识内容和要求	技能内容和要求
7	专项理财规划设计	• 熟悉现金规划设计的主要内容 • 熟悉消费支出规划设计的主要内容 • 熟悉教育规划设计的主要内容 • 熟悉风险管理与保险规划设计的主要内容 • 熟悉投资规划设计的主要内容 • 熟悉纳税筹划设计的主要内容 • 熟悉退休养老规划设计的主要内容 • 熟悉财产分配和传承规划设计的主要内容	• 能够根据客户的财务情况为客户做出现金规划 • 能够根据客户的需求和财务状况为客户做出消费支出 • 能够根据客户自身或子女教育的需求为客户做出教育规划 • 能够根据客户面临的风险状况为客户做出风险管理与保险规划 • 能够根据客户的情况做出合适的投资规划 • 能够为客户计算税收负担并做出合适的纳税筹划 • 能根据客户的养老需求及财务状况为客户做出退休养老规划 • 能根据客户的具体情况为客户做出财产分配和传承规划
8	综合理财规划方案设计	• 了解理财目标的类型 • 熟悉理财规划方案书的结构	• 能根据客户的需求确定理财目标 • 能为客户制订完整的理财规划方案书
9	理财规划方案的实施与后续服务	• 熟悉综合理财规划方案的主要内容 • 了解理财后续服务的主要工作	• 能与客户沟通理财方案实施方法，并指导客户实施理财规划方案 • 能在规定的时间对客户回访，并根据客户的需要进行理财方案的适当调整

六、教学条件

（一）教师任职条件

1. 专任教师。具有银行、证券、保险公司等金融机构理财岗位工作经历或实习经历，或拥有理财规划师资格证书，熟悉理财业务流程，具有一定的理财实践经验；能够讲授本课程的业务知识，能够讲解并示范操作理财业务办理工作过程；能够指导学生采用角色扮演法、情境教学法等方法进行理财程序的演示。

2. 兼职教师。银行、证券、保险等金融机构理财经理或客户经理，能进行理财规划业务操作技能的教学；银行、证券、保险等金融机构的理财能手，能根据客户的家庭情况制定出高水平的理财规划方案，能指导学生制定综合理财规划；第三方理财公司的理财专业人员，能为不同生命阶段的家庭制订高水平的理财规划方案，并能示范教学。

（二）实践教学条件

1. 校内实训场所：校内实训场所包括理财业务实训室和金融理财服务中心。理财业务实训室应配置有理财业务软件、证券行情分析软件和计算机、打印机等硬件；金融理财服务中心应具备相当于金融机构理财业务营业场所的软硬件条件，能够提供真实的理财服务。

2. 校外实训场所：与银行、证券、保险公司等金融机构建立合作机制，在这些金融机构建立校外实训基地，为学生实践个人理财业务提供实习岗位。

3. 实训工具：客户资产情况调查表、客户负债情况调查表、客户风险承受能力评估调查表、客户收入支出调查表、客户拥有的社会保障情况调查表、客户已购商业保险调查表、理财计算器、纸张、笔等。

七、教学方法与手段

（一）教学方法

1. 任务驱动教学法。在教学中，教师精心挑选典型的客户资料，给学生布置探究性的学习任务，促使学生查阅资料，进行思考，对理财产品体系进行系统分析，制订出专项理财设计或者方案，再选出代表进行讲解，最后由教师进行总结。任务驱动教学法可以以小组为单位进行，也可以以个人为单位组织进行。任务驱动教学法可以让学生在完成“任务”的过程中，培养分析问题、解决问题的能力，培养学生独立探索及合作精神。

2. 六步教学法。将教学组织分为明确任务、教学准备、教学设计、教学实施、教学检查、教学评价六步。以学生为主体进行完成相关工作任务的知识、技能、准备等信息搜集，制订课程教学方案，并准备各项教学资料。在教学实施过程中，教师应着重指导学生按照规范化的要求和理财工作流程实施模拟工作过程，并以“过程＋结果”的方式进行课程考核。

3. 角色扮演法。划分学习小组，每小组指定不同人员分别扮演理财客户经理、客户等角色，模拟理财规划过程，使学生体验不同角色的岗位任务和岗位职责。分岗模拟实训时采用角色扮演法，使学生真切体验个人理财业务工作过程。

4. 案例教学法。在教学过程中，选择具有代表性的典型案例，引导学生利用相关的证券行情分析软件、理财规划软件进行理财规划模拟操作。通过模拟操作，提高学生运用理论知识的能力，提升学生的理财实务操作能力。在教学中注重利用课堂提问、实务操作、课后作业等手段，进行实践性教学效果的考核。充分发挥学生的主动性和创造力，注重学生创新能力的培养，注重考核学生个人理财的职业素养及职业能力。

5. 讲座教学法。为了调动学生的学习兴趣，邀请商业银行、证券公司与保险公司的行业专家，将理财业务的最新发展动态、相关的新知识、新的研究成果，以讲座的形式传授给学生，让学生以最快的速度掌握理财领域的最新市场信息、研究成果和前沿动态。

（二）教学手段

1. 多媒体教学手段：多媒体教学手段主要包括：电子课件、投影、视频、音频、多媒体教学软件。其中有关理财基本理念、投资规划、保险规划等家庭理财内容等可以采用视频辅助教学、师生互动、课堂展示等多种方式。

2. 仿真软件教学手段：教学场所应配备包括各类金融理财产品的行情分析和模拟操作软件，可以让学生及时了解实时行情，并可以进行模拟操作，为训练学生的理财规划能力提供良好的条件。

3. 网络教学手段：通过建立个人理财业务网络课程，将课程教学资料、教学课件、参考资料、教学录像传至网上，学生可以实现网上点播、网上自学或复习、网上与老师交流提问，还可以进行网上自测。

八、检查评价

1. 本课程以学生完成的理财规划方案的适用性及创新性作为重要评价依据，结合学生应掌握的相关理财知识和平时完成项目训练的情况给出综合评价。

2. 采用理论与实践一体化的评价方式。考试内容既要包括基本理论知识考核，也要包括实际操作能力考核，还应重点考核理论知识的应用能力，结合学生的理论与实操的水平给出适当的评价。

3. 采用阶段评价、过程评价与目标评价相结合的方式，结合课堂提问、平时作业、平时测验、技能竞赛及考试情况，综合评价学生成绩。注重学生动手能力和实践中分析问题、解决问题能力的考核，对在学习和应用上有创新的学生应予特别鼓励，全面综合评价学生的能力。

平时成绩40%的主要考核内容：

完成书面练习考核：如家庭财务分析报告、理财规划方案、课后作业。

完成口头练习考核：如回答问题、模拟业务训练、问题分析。

完成上机操作考核：如理财业务软件操作。

完成实际工作任务考核：如完成客户风险测评、客户家庭财务状况诊断、银行产品配置、保险产品配置、证券产品配置、理财规划方案的实施。

期末主要考核内容：

考核时间：在完成本课程全部教学活动之后进行考核。

考核内容：理论考核，占20%，考核对相关知识的掌握；实务考试，占40%，主要考核对个人理财业务方法与技能的综合运用能力。

“金融企业会计”课程标准

一、课程定位

本课程是金融管理专业的一门职业能力核心课程。主要内容包括：商业银行业务、证券业务、保险业务、信托租赁业务等多种金融企业的多项经济业务的会计核算。本课程目的是使学生在掌握了初步的金融业务知识和会计核算方法的基础上，进一步熟练地掌握银行、证券、保险、租赁、信托、基金管理等金融各行业的会计核算程序和方法；使学生熟悉金融企业会计岗位工作的内容及会计核算的基本理论、基本知识和基本技能；能够熟练地处理金融企业会计的各项核算业务；使学生具备从事金融企业会计核算、组织管理以及运用会计知识从事金融经营和金融监督工作的能力。

二、课程目标

通过课程的学习，培养学生从事金融企业会计业务工作的能力，以提高学生动手能力为核心的就业竞争能力为目标。通过课程教学过程中理论与实践相结合、教学情境和实际工作岗位相结合，缩短学生在学校的学习内容与金融企业会计职业岗位所要求的专业知识和职业技能之间的距离，使学生就业后能迅速进入工作状态。同时通过严格的模拟训练，培养学生爱岗敬业、团结协作的职业精神，为走向工作岗位胜任会计工作奠定良好的基础。

职业能力培养目标：

1. 熟悉金融企业会计及与之相关的法律法规和有关业务处理的制度规范；熟悉金融企业会计岗位的操作规程，熟悉各项业务的内容及处理流程。

2. 掌握商业银行业务、证券业务、保险业务、信托租赁业务等各类金融业务会计核算的处理方法；能根据经济业务原始凭证编制记账凭证、登记账簿，并根据会计账簿编制会计报表。

3. 具有良好的人际交往能力和团队协作能力；具有高度的工作责任心和认真仔细的工作态度；具有严格执行会计、财务相关法律法规的态度。

三、设计思路

1. 课程总体设计思路："金融企业会计"是一门与金融企业会计岗位对应的课程。课程设计直接面向金融企业的会计工作岗位，以职业能力培养为重点，根据工作任务确定教学项目，在教学项目中根据教学需要创设学习情境，通过"教、学、做"相结合，以实践操作过程引领理论知识学习来实现教学目标。在教学中以金融企业日常交易的会计核算贯穿整个教学过程，以具体的工作任务引导学生自主地学习相关理论知识。

2. 课程设计的目标：以就业为导向，以能力为本位，以职业技能为主线。培养学生良好的职业道德和素养，使学生具有熟练的职业技能、具有系统的应用知识、具有持续发展的能力。

3. 课程设置的依据：以金融企业会计岗位分析为基础，从典型的工作任务出发，以金融企业会计完整的工作过程作为确定教学内容的基本依据。根据岗位业务工作及个人职业发展对知识、素质和操作能力以及职业资格标准的要求来安排和组织教学内容，形成以工作过程为导向、以学生为中心、理论与实践一体化的工学结合教学模式。通过反复学习和训练，使学生掌握金融企业会计职业岗位的工作流程和业务要求，达到独立自主判断并处理各项会计核算工作的要求。

四、课时分配

表 2－24　　课程项目模块及课时分配表

序号	课程项目	课程模块	课时分配	
1	金融企业会计从业准备	认知金融企业会计	2	5
		金融企业会计基本核算方法	3	
2	商业银行业务的会计核算	存款业务的核算	4	23
		贷款业务的核算	4	
		支付结算业务的核算	9	
		金融机构往来的核算	4	
		外汇业务的核算	2	
3	证券业务的会计核算	自营证券业务的核算	3	8
		代理证券业务的核算	3	
		证券回购业务的核算	2	

续表

序号	课程项目	课程模块	课时分配	
4	保险业务的会计核算	财产保险业务的核算	3	8
		人寿保险业务的核算	3	
		再保险业务的核算	2	
5	信托租赁业务的会计核算	信托存款业务的核算	2	8
		委托存款业务的核算	2	
		融资性租赁业务的核算	2	
		经营性租赁业务的核算	2	
6	资产和所有者权益的会计核算	固定资产与流动资产的核算	2	6
		所有者权益的核算	2	
		收入、成本、利润的核算	2	
7	年度决算和会计报表	年度决算	4	6
		会计报表的编制	2	
总计			64	64

五、教学内容

表 2－25　　课程教学内容与教学要求

序号	工作任务	知识内容和要求	技能内容和要求
1	金融企业会计从业准备	• 了解金融企业会计的概念、特点、作用、职能 • 了解金融企业会计要素及其确认与计量原则 • 了解金融企业会计工作的组织与管理 • 全面了解金融企业会计核算方法的构成以及其基本核算方法体系 • 熟悉会计科目的分类、主要会计科目的使用方法以及会计凭证的填制、账簿的登记方法	• 能够辨析金融会计核算的要素，掌握金融会计核算的要求 • 能对会计科目进行分类，能辨析会计科目的核算内容 • 能运用借贷记账法对发生的资金增减变化情况进行处理

续表

序号	工作任务	知识内容和要求	技能内容和要求
2	商业银行业务的会计核算	• 熟悉单位存款业务、储蓄存款业务核算方法 • 熟悉存款利息计算的规定 • 熟悉信用贷款、担保贷款、个人消费贷款的核算方法 • 熟悉贷款损失准备金、贷款利息的计算规定 • 熟悉票据结算业务的核算规定 • 熟悉银行卡的核算规定 • 熟悉金融机构往来的内容，熟悉商业银行向人民银行存取款项的核算方法、法定存款准备金的考核、异地结算转汇与同业拆借的核算 • 熟悉法人机构与分支机构准备金账户的区别；再贷款与再贴现的核算；票据交换的核算 • 熟悉外汇买卖的核算、国际贸易结算业务的核算、外汇存款业务的核算和外汇贷款业务的核算等规定	• 能核算活期储蓄存款、单位活期存款利息，填制会计凭证，登记分户账 • 能核算定期储蓄存款、单位定期存款利息，填制会计凭证，登记分户账 • 能对个人贷款开户、发放、收回等环节进行核算 • 能对企业贷款开户、发放、收回、逾期业务处理等环节进行核算 • 能结计及核算企业贷款利息，登记分户账 • 能签发各类银行票据，填制会计凭证，并进行核算 • 能填制和审核各类结算凭证，并进行核算 • 能根据商业银行与人民银行的主要业务范围及要求办理商业银行与人民银行往来的核算 • 能根据商业银行之间往来的方式办理银行往来的核算 • 能对外汇买卖业务、外汇存款和贷款业务进行会计核算
3	证券业务的会计核算	• 了解证券业务的种类 • 熟悉代理证券业务核算的规定 • 熟悉自营证券、证券回购业务核算的规定；熟悉证券销售与证券发行科目的作用与使用区别	• 能对代理证券业务进行会计核算 • 能对自营证券、回购证券等业务进行会计核算
4	保险业务的会计核算	• 熟悉人身保险业务核算的规定 • 熟悉财产保险业务核算的规定 • 熟悉再保险业务核算的规定	• 能对人身保险业务进行会计核算 • 能对财产保险业务进行会计核算 • 能对再保险业务进行会计核算
5	信托租赁业务的会计核算	• 熟悉信托存款业务核算的规定 • 熟悉委托存款业务核算的规定 • 熟悉融资性租赁业务核算的规定 • 熟悉经营性租赁业务核算的规定	• 能对信托存款业务进行会计核算 • 能对委托存款业务进行会计核算 • 能对融资租赁业务进行会计核算 • 能对经营性租赁业务进行会计核算

续表

序号	工作任务	知识内容和要求	技能内容和要求
6	资产和所有者权益的会计核算	• 熟悉固定资产与流动资产核算的规定 • 熟悉所有者权益与损益核算的规定 • 熟悉收入、成本、利润核算的规定	• 能处理固定资产和流动资产的核算业务 • 能处理所有者权益的核算业务 • 能对各收入和成本进行确认并核算
7	年度决算和会计报表	• 了解年度决算的意义和内容 • 熟悉年度决算的准备工作 • 熟悉损益的结转和决算报表的编审汇总 • 熟悉资产负债表编制的步骤和方法 • 熟悉利润表编制的步骤和方法 • 熟悉现金流量表编制的步骤和方法	• 能根据年度决算的要求做好年度决算准备工作 • 能完成年度决算日的工作 • 能编制资产负债表 • 能编制利润表 • 能编制现金流量表

六、教学条件

（一）教师任职条件

1. 专任教师。具备热爱学生、严谨求实、爱岗敬业的工作作风和工作态度，取得高等学校教师任职资格；具有扎实的金融专业理论知识和基本的会计理论知识，具备熟练的金融企业会计操作技能，了解学科范围内学术发展的动态，能搜集本学科的科研信息，不断更新知识；具有银行或其他金融机构相关岗位工作经历或有定期在相关岗位挂职锻炼的经历，能够对金融会计业务技能进行教学演示；具有与所从事的教学工作相应的专业技术职务或取得相关行业的从业资格证书，如取得经济系列、会计系列或教师系列专业技术职务或取得会计从业资格证、银行从业资格证等。

2. 兼职教师。具备良好的会计职业道德、会计专业素养和较高的金融企业会计从业技能水平；具有金融专业工作实践、中级以上专业技术职务，或在相关行业领域享有较高声誉、具有丰富实践经验；品行端正，身心健康，胜任相应的教学工作，有能力及信心完成相应的教学工作；口头表达能力强，善于沟通，思维敏捷，有个人魅力。

（二）实践教学条件

1. 实训场所：具有能够满足手工会计核算和电算化会计核算要求的模拟实训室，配备满足会计工作需要的基本设备。

2. 实训工具和用品：模拟企业印章和银行会计印章（企业财务专用章、法人代表名章、现金收讫、现金付讫章、银行转讫章、相关会计人员名章）、点钞券、点钞机、模拟银行票据（现金支票、转账支票、银行汇票、银行本票、商业汇票、进账单、托收凭证等银行票据和银行结算单据）、模拟记账凭证、各类账簿和会计报表。

3. 仿真核算资料及模拟业务软件等。

七、教学方法与手段

（一）教学方法

1. 直观教学法。在教学过程中，通过教学课件、教师演示或将录制的实际商业银行等金融企业会计工作情况的音像资料形象生动地展现出来，包括业务技能示范以及业务处理所使用的各种原始凭证、业务操作工具、业务处理过程、业务处理环境等，使学生获得直观的业务认知和现场感受。

2. 案例教学法。在教学过程中，以真实的案例为载体，通过案例把课本知识和实际应用结合起来，要求学生运用所学的知识对案例进行处理，加深学生的理解，有利于学生尽快掌握知识，同时还能提高学生对问题的分析和处理能力。如个人活期储蓄存款业务核算中，可以用客户真实开户所需要的资料、按真实业务流程进行处理。

3. 对比法。学生在学习金融企业会计之前已学习过工商企业会计，在学习金融企业会计时，很容易把金融企业会计和工商企业会计混淆，因此教师在教学过程中应针对金融企业会计和一般企业会计的不同处理方法进行对比总结。例如讲解各种票据的处理时，将银行出票、兑付票据的会计分录与工商企业申请出票、兑付的分录联系起来，进行对比，以此加深学生的认识，提高学习效果。

4. 角色扮演法。在教学过程中，根据课程的教学内容设置不同的学习情境，让学生置身于模拟的工作岗位中。根据不同岗位设置对应的学习情境，让学生担任不同角色在不同的学习情境中完成工作任务。通过这种仿真的角色体验，结合真实的会计软件操作，营造出仿真的工作环境，实现校内教学与实际工作岗位的对接，在强化技能训练的同时提高学生的职业意识。

5. 流程图法。针对金融会计资金流转环节多的特点，在教学中可以结合实际采用流程图法。例如，在支付结算业务中，各种结算方式涉及会计主体多、业务流程复杂，通过绘制各种结算业务的流程图，能让学生直观地了解各种支付结算方式的业务流程，理清各会计主体的关系，正确做出出票行、收款行的会计分录，也便于各种结算方式进行比较。

（二）教学手段

1. 多媒体教学手段。围绕教学内容，制作多媒体课件，采用视频、音频、动画、仿真等多种形式表现课程内容，提高学生的学习兴趣。

2. 网络教学手段。利用网络教学平台建立课程网站，构建网络教学资源库，使学生在任何时间、任何地点、以任何方式和选择任何内容进行自主式、个性化学习，提升课程的教学质量。

3. 仿真实训。通过模拟的金融企业会计业务，训练学生动手填制各类传票、账表和操作业务软件的能力。

4. 开展各种金融技能的竞赛，激发学生的学习热情和兴趣。

八、检查评价

课程考核包括对学生在学习过程中的学习态度、实际操作能力、课堂讨论、作业等情况的考核，以及在课程结束时对学生的知识和技能整体掌握情况的综合考核。考核由三部分构成：平时成绩占总成绩的20%、实践操作占总成绩的30%、期末考试成绩占总成绩的50%。

其中：平时成绩考核主要包括对平时学习表现、学习态度、课堂提问、讨论、作业完成情况的评价；实践操作考核主要包括对根据经济业务编制会计凭证、登记账簿、编制的会计报表等业务完成情况的考核；期末考试是学期末进行的卷面综合考试，采用闭卷形式，着重考核学生对基本知识、基本理论和基本技能的掌握情况。

“证券投资分析”课程标准

一、课程定位

本课程是金融管理专业职业核心能力的核心课程，是一门理论与实践相结合、以实践为主的一体化课程。其目标是通过完成仿真的工作任务，使学生掌握证券投资价值分析与估值方法、证券投资的基本面分析、技术分析以及证券投资的组合策略，并运用它们来指导证券投资的实践活动。通过课程学习使学生掌握搜集和处理证券信息的方法；掌握宏观分析、行业分析、公司分析的理论和方法；掌握趋势分析、K线分析、形态分析、指标分析等各种技术分析理论及其应用；掌握各种形式的股市评论、投资分析报告的撰写方法；熟悉投资分析咨询业务的流程，了解国内外宏观经济走势和证券市场的变动与发展，激发学生进行证券投资和金融理财的兴趣，为以后完成真实工作任务和岗位工作任务打下基础。

二、课程目标

通过本课程学习，学生能够在具体的实际工作过程中综合运用证券投资分析的基本理论，根据宏观经济和政策环境、行业环境以及上市公司财务数据等资料，分析股市的总体趋势、市场热点和个股走势，实时解读大盘，并根据不同的市场趋势，选择合理适当的证券买卖策略。通过模拟的交易训练和交易大赛，树立其证券投资风险意识，能根据不同投资者的风险态度，给出不同的证券投资组合策略建议。逐步建立敏锐的宏观经济、金融运行观察力、理财意识、风险意识、稳健守法等职业意识。

职业能力培养目标：

1. 能运用恰当的方法对有价证券投资价值进行分析与估值；
2. 能全面把握和灵活运用证券投资分析的各种基本理论和技术指标；
3. 能熟练操作证券行情软件，并获取相关证券市场行情信息；
4. 能根据宏观经济环境和政策环境研判股市总体走势，实时解读大盘；
5. 能对市场热点进行科学的分析和研判；
6. 能熟练运用分析软件获取上市公司相关数据，并对个股走势进行科学分析和研判；
7. 能熟练运用各种股市走势下的买进和卖出策略完成证券买卖操作；
8. 具备较强的风险意识，掌握风险防控技术；

9. 能熟练运用证券投资组合技术；

10. 能针对持不同风险态度的投资者给出恰当的证券投资组合建议；能撰写各种形式的评论、投资报告；能独立开展各种形式的投资咨询业务；

11. 能较好地适应监管要求。

三、设计思路

1. 课程总体设计思路：以证券投资分析工作过程为主线，依据完成证券投资分析任务的需要，兼顾证券从业资格考试“证券投资分析”科目的知识与技能要求，基于证券投资分析过程、以工作任务为载体，充分利用学校和企业资源，创设仿真的工作场景。以职业能力培养为重点，与行业企业合作进行基于工作过程的课程开发与设计，根据行业企业发展需要和完成职业岗位实际工作任务所需的知识、能力、素质要求选取教学内容，让学生在完成实训任务的过程中自我建构知识、技能、态度和经验，并为学生可持续发展奠定良好的基础。

2. 课程内容的确定：本课程立足于学生职业能力培养，对课程内容的选取以工作任务和岗位能力的需要为基础。学习过程即工作过程，将学生角色转化为证券投资者、证券经纪人、客户经理和理财经理，教师转化为工作和学习过程的指导者，促进学生的自主学习与能力提升。本课程的设计以完成证券分析能力训练为导向，将能力训练内容分解成若干工作项目。在教学方法上，充分利用校内教学资源和校外实训基地，使课堂教学和课外教学紧密结合，将教、学、做融为一体。

3. 教学过程的组织：本课程教学内容的安排紧密围绕着工作内容及职业综合能力的形成展开，教学行情软件系统完全是真实的、即时的，证券投资活动完全依托于我国及国外证券市场的经济和金融的真实环境，学生上课在证券业务实训室、金融理财服务中心、金融项目工作室等场所，每位同学都配有独立的可上网的电脑，供其操作行情系统、模拟委托系统和进行投资分析，学生的学习是在一种接近真实的工作任务、工作流程、工作软件以及各种信息数据的氛围中进行，充分体现了本课程的职业性。

四、课时分配

表 2－26　　课程项目模块及课时分配表

序号	课程项目	课程模块	课时分配	
1	证券投资分析基础与准备	证券投资分析的主要方法与策略	8	2
		获取证券投资分析的信息		2
		有价证券的估值		4

续表

序号	课程项目	课程模块	课时分配	
2	证券投资的基本分析	宏观经济分析	16	6
		行业经济分析		4
		公司分析		6
3	证券投资的技术分析	运用K线理论进行证券投资技术分析	18	4
		运用切线理论进行证券投资技术分析		2
		运用形态理论进行证券投资技术分析		4
		运用波形理论进行证券投资技术分析		2
		运用量价关系理论进行证券投资技术分析		2
		运用技术指标进行证券投资技术分析		4
4	证券投资的实时解盘	对大盘走势进行解读	14	6
		对个股走势进行解读		8
5	证券投资风险与证券资产组合	证券组合分析	10	4
		资本资产定价模型		4
		套利定价模型		2
6	证券投资分析报告	证券投资分析报告	6	4
		证券投资咨询业务		2
总计			72	72

五、教学内容

表2－27　　课程教学内容与教学要求

序号	工作任务	知识内容和要求	技能内容和要求
1	证券投资分析基础与准备	• 了解证券投资分析的含义和目标 • 了解证券投资分析理论的发展与演变 • 熟悉证券投资分析信息来源渠道 • 熟悉金融衍生工具的投资价值分析方法 • 熟悉投资于证券的流程 • 掌握证券投资分析的主要方法和策略 • 掌握债券、股票的估值方法	• 能够熟练通过互联网和炒股软件了解证券市场信息 • 能熟练操作一款主流炒股软件 • 能在仿真环境下进行股票投资开户 • 能运用各种证券投资方法和策略 • 能运用恰当的方法对债券、股票以及金融衍生工具估值

续表

序号	工作任务	知识内容和要求	技能内容和要求
2	证券投资的基本分析	• 了解各种财政政策和货币政策工具 • 了解行业分类的方法 • 了解杜邦财务分析法 • 了解公司财务状况综合分析的方法 • 熟悉宏观经济政策对证券市场的影响 • 熟悉证券市场各参与主体（央行、证监会、上市公司、投资者）的行为活动和心理预期 • 熟悉证券市场的供求关系 • 熟悉影响行业兴衰的主要因素 • 掌握行业分析的主要方法 • 掌握公司的基本分析 • 掌握公司的资产负债表、利润表和现金流量表 • 掌握上市公司偿债能力、营运能力分析的主要指标 • 掌握行业的市场结构 • 掌握行业的竞争结构与生命周期	• 能通过报纸、电视和互联网等各种媒体了解当今经济形势 • 能熟练通过互联网等媒体了解当期宏观经济政策 • 能对了解到的各种信息进行分析、整理，能形成自己对当今经济形势、政策的看法和观点 • 能预测宏观经济环境和政策的变化趋势，能分析宏观经济政策对证券市场的影响 • 能通过宏观经济分析对股市的整体走势进行研判，并能对客户提出有针对性的投资建议 • 能熟练使用证券基本分析软件 • 能通过互联网等媒体了解国家的产业政策 • 能对证券投资行业行情进行分析、研判 • 能对行业热点板块的政策背景及市场背景进行分析 • 能对板块涨跌幅进行分析 • 能对上市公司的产品结构和竞争力进行分析 • 能利用上市公司财务数据进行分析 • 能熟练利用分析软件 F10 阅读个股研究报告摘要 • 能熟练运用股东榜进行研判 • 能综合运用各种信息、理论和方法对个股价值进行研判 • 能对根据客户的类型、需要提出具有建设性的证券投资建议
3	证券投资的技术分析	• 了解技术分析的基本假设与要素 • 熟悉道氏理论的基本原理及应用 • 熟悉证券市场的趋势分析 • 熟悉趋势线、轨道线的画法和应用技巧 • 熟悉波形理论的基本原理及应用 • 掌握 K 线图及其组合的形态和应用 • 掌握支撑线、压力线的作用与相互转化	• 能熟练运用炒股软件进行证券的投资买卖 • 会运用 K 线形态和成交量分析股市总体趋势 • 会运用 K 线形态和成交量分析个股走势 • 能熟练运用支撑线、压力线、趋势线和

续表

序号	工作任务	知识内容和要求	技能内容和要求
3	证券投资的技术分析	• 掌握反转突破的各种形态及特点和预测原理 • 掌握持续整理形态的各种形态及特点和预测原理 • 掌握 MA 和 MACD 趋势型指标的计算、特点以及组合应用 • 掌握 WMS、KDJ、RSI 和 BIAS 超买超卖型指标的计算和应用法则 • 掌握 PSY 和 OBV 人气型指标的计算及应用法则 • 掌握 ADL、ADR 和 OBOS 大势型指标的计算和应用法则	• 轨道线分析股市总体趋势和个股走势 • 能正确地识别股市所处的形态并对以后的走势做出判断 • 能正确识别股市的浪结构并熟练运用它对股市走势进行研判 • 能熟练、综合地运用各种技术指标对个股买卖进行研判 • 能独立对股市大盘、个股进行分析，并做出投资决策
4	证券投资的实时解盘	• 了解当日主要的财经新闻 • 了解全国的经济形势和经济政策 • 了解全球的经济形势 • 熟悉股票价格指数 • 熟悉股票价格指数的走势特征 • 掌握股票价格指数的形态与重要技术指标 • 掌握证券基本分析、技术分析以及各种技术分析理论和指标之间的关系	• 能分析当日财经新闻对股市的影响 • 能对股市的每周大盘进行解盘 • 能分析市场的热点变化 • 能对股市走势进行预测 • 能综合运用各种技术分析理论和技术分析指标对个股的变化趋势进行解读 • 能综合运用多种技术分析手段去把握股票买卖的时机
5	证券投资风险与证券资产组合	• 了解证券投资的风险与防范 • 了解套利定价模型 • 熟悉 K 线形态分析、成交量分析 • 熟悉证券投资组合理论 • 熟悉不同风险态度下的证券投资组合 • 掌握资本资产定价模型 • 掌握各种股市下，股票买卖的操作策略	• 能熟练操作现实市场中的各种风险防控工具，运用各种风险防控方法 • 能对市场总体趋势和个股的局部走势做出判断 • 能针对不同的股市选择适当的操作策略 • 能针对不同的态度选择适当的证券投资组合 • 能针对持不同风险态度的投资者提出合理的投资建议
6	证券投资分析报告	• 掌握阅读证券投资分析报告的方法 • 熟悉简单股市评论的撰写方法 • 熟悉行业分析报告的基本框架、内容和撰写方法 • 熟悉证券投资研究分析报告的基本框架和内容 • 熟悉综合性的投资报告的撰写方法 • 熟练证券投资咨询岗位的要求 • 熟练掌握证券投资咨询业务客户沟通技巧	• 会阅读证券投资分析报告 • 能撰写简单的股市评论 • 能撰写简单的个股投资分析报告 • 会撰写简单的行业分析报告 • 能撰写简单的证券投资分析报告 • 能根据客户的需要提供简单的证券投资建议 • 能熟练进行证券投资现场咨询、电话咨询和网上咨询业务 • 能开展简单的证券投资教育活动

六、教学条件

（一）教师任职条件

1. 专任教师。具有证券公司或金融机构工作经历，熟悉证券行情分析方法；能够熟练操作炒股软件，示范操作证券交易；能够指导学生开展证券投资、理财服务；熟知与本课程相关的经济、金融、统计分析等方面的知识，能讲授本课程的业务知识。

2. 兼职教师。证券公司等金融机构的客户经理、理财经理或大堂经理；证券公司等金融机构内部培训讲师、管理人员。

（二）实践教学条件

1. 配备与本课程教学内容配套的证券业务实训室，实训室配备可供全班学生同时使用的电脑和教师机，并配有专门针对高校开发的股市投资教学系统，使之具备现场教学、实验实训的功能，实现教学与实训合一、教学与考证合一，满足“教、学、做”一体化的要求。

2. 配有证券交易模拟实训软件，模拟证券营业部拥有柜员终端、交易平台、证券行情平台。

3. 配有课程教学资源网站，搭建远程教育平台，完善网上在线辅导系统，为学生提供随时随地的学习、交流平台。

4. 配备证券经纪业务操作规范手册，包括《证券法》、《证券经纪人管理暂行条例》、《证券公司监督管理条例》、《证券投资顾问业务暂行规定》。

七、教学方法与手段

（一）教学方法

1. 任务引领。课堂教学的进程，由典型工作任务（即实训任务）引领，而非教师的讲授来推进。教学过程是一个“在做中教，在做中学”的过程，即“做学一体”。教师在学生完成任务过程中“教”，学生在完成任务过程中“学”，进而掌握证券投资分析知识、提高证券投资分析技能、积累证券投资分析经验和培养证券职业态度。

2. 角色扮演。在教学中大量实施角色扮演，由学生扮演证券分析人员的角色，以证券分析人员具体的工作任务为载体，通过教师的讲授、示范与学生操作互动，学生提问与教师解答、指导有机结合，让学生在“学”与“练”的过程中提高业务技能。如在证券投资分析咨询中，可由学生互相扮演证券分析师和投资者的角色，组织实施教学。在教学中安排固定时间由每位学生进行大盘点评。

3. 案例教学。在证券投资实践中积累了丰富的案例素材，本课程精选部分最新的国内外证券投资分析的案例、证券市场热点问题等素材进行案例教学，并将教材中较难掌握和理解的有关内容、分析方法，结合实战案例进行即时的解答和点评，鼓励学生独立思考、分析、应用，从而掌握和运用证券投资分析的基本原理，如在股票价值评估中使用巴菲特的案例。在技术分析教学中使用案例，效果非常好。

4. 分组讨论。教学中将不定期进行证券行情分析研讨。在教学中合理安排小组成员，根据证券市场热点的转换选择不同的讨论主题，提出明确的讨论目标与要求，通过分组讨论形成小组结论并进行报告。讨论时注意要充分调动每位学生的积极性。教学过程中教师应积极引导学生提升职业素养，培养团队的合作精神，提高职业道德，达到知识、技能和态度的有机统一。

（二）教学手段

1. 应用多媒体、投影等教学资源辅助教学，帮助学生熟练掌握证券投资软件的操作及在行情分析中的运用。

2. 建设用于本课程教学的实训室，使之具备现场教学、实训的功能，实现教学与实训合一，满足“教、学、做”一体化的要求。

3. 建设课程教学资源网站，形成课程教学资源中心，满足专业教学、专业考证和专业技能训练的需要，实现师生网上互动和多媒体资源的共享，提高课程资源利用率，充分发挥辐射和示范作用。

4. 积极开发和利用网络资源，充分利用电子书籍、电子期刊、数据库、数字图书馆、教育网站和电子论坛等网上信息资源，不断增加教学资源的品种，不断提高教学资源的针对性。使教学资源多样化、专业学习趣味化，提高学生的学习积极性。

八、检查评价

本课程采用过程评价与目标评价相结合，理论与实践一体化考核的评价模式。结合平时课堂提问、作业、案例分析讨论、仿真工作任务、技能竞赛等进行综合评价。注重学生动手能力和实践中分析问题、解决问题能力的考核，全面综合评价学生能力。具体考核方法、内容见表2－28。

表 2－28　证券投资分析检查评价表

<table>
<tr><td rowspan="20">平时考评50%</td><td>序号</td><td>典型工作任务</td><td colspan="2">评价方式</td><td>评价标准</td><td>分值</td></tr>
<tr><td rowspan="3">1</td><td rowspan="3">证券投资分析基础与准备</td><td>个人自评</td><td>20%</td><td rowspan="18">评价学生完成任务过程中的执行情况、完成相关任务的效果，小组协作能力、交流沟通能力、自主解决问题能力</td><td rowspan="3">8</td></tr>
<tr><td>小组评价</td><td>20%</td></tr>
<tr><td>教师评价</td><td>60%</td></tr>
<tr><td rowspan="3">2</td><td rowspan="3">证券投资的基本分析</td><td>个人自评</td><td>20%</td><td rowspan="3">20</td></tr>
<tr><td>小组评价</td><td>20%</td></tr>
<tr><td>教师评价</td><td>60%</td></tr>
<tr><td rowspan="3">3</td><td rowspan="3">证券投资的技术分析</td><td>个人自评</td><td>20%</td><td rowspan="3">28</td></tr>
<tr><td>小组评价</td><td>20%</td></tr>
<tr><td>教师评价</td><td>60%</td></tr>
<tr><td rowspan="3">4</td><td rowspan="3">实时解盘</td><td>个人自评</td><td>20%</td><td rowspan="3">25</td></tr>
<tr><td>小组评价</td><td>20%</td></tr>
<tr><td>教师评价</td><td>60%</td></tr>
<tr><td rowspan="3">5</td><td rowspan="3">证券投资风险和证券资产组合</td><td>个人自评</td><td>20%</td><td rowspan="3">10</td></tr>
<tr><td>小组评价</td><td>20%</td></tr>
<tr><td>教师评价</td><td>60%</td></tr>
<tr><td rowspan="3">6</td><td rowspan="3">证券投资分析报告</td><td>个人自评</td><td>20%</td><td rowspan="3">9</td></tr>
<tr><td>小组评价</td><td>20%</td></tr>
<tr><td>教师评价</td><td>60%</td></tr>
<tr><td colspan="2">平时总评</td><td></td><td colspan="3">100</td></tr>
<tr><td rowspan="3">期末考评50%</td><td>1</td><td colspan="4">模拟交易比赛</td><td>50</td></tr>
<tr><td>2</td><td colspan="4">仿真工作任务</td><td>50</td></tr>
<tr><td colspan="2">期末总评</td><td colspan="4">100</td></tr>
<tr><td colspan="3">课程总评</td><td colspan="4">平时考评50%＋期末考评50%</td></tr>
</table>

第三部分

金融管理专业
教学仪器设备配备标准

一、专业基本信息

专业名称：金融管理
专业代码：630201
招收对象：普通高中毕业生或同等学力者
学　　历：专科
学　　制：基本学制三年，可实行学分制为基础的弹性学制

二、专业基本技能

1. 能准确快速进行手工点钞和机器点钞，能准确鉴别人民币和主要流通外币的真假和进行现金挑残；能熟练使用防伪设备、自动存取款设备和工作现场的办公设备；能熟练进行数字键盘的传票录入，能够熟练运用计算器进行传票算和账表算；能快速准确地进行电脑汉字输入，能规范地填写票据和进行字符书写。

2. 熟练掌握金融服务营销的基本技能，熟悉金融营销的操作流程，熟悉客户服务礼仪并养成良好的礼仪习惯，能快速识别客户和成功拜访客户，能够有效地与客户沟通和进行内部沟通，能够独立开拓和维护客户，有效化解客户的异议和拒绝。能独立开展金融产品营销，独立进行理财规划。

3. 能够熟练运用商业银行、保险公司和证券公司业务软件；能够熟练运用金融业务所涉及的业务单证、合同、票据、会计科目以及专用印章；能按照规定的程序和要求处理金融业务，处理业务的速度和准确度达到行业上岗标准。

4. 掌握会计核算和财务管理的基础知识、业务要求与操作流程，熟悉会计信息的内涵和相互关系，能准确分析和解读会计信息，能够根据会计信息分析企业财务状况和盈利能力，并在此基础上对项目风险进行评估。

5. 掌握证券投资分析的基本方法，熟悉各种证券产品和市场，熟悉典型上市公司的基本情况和行业背景，对行业发展和市场趋势能够做出基本的专业判断。能够应用证券知识为客户提供咨询服务。能熟练操作行情软件，能够运用多种方式下单委托。能熟练处理证券（资金）账户业务，能够进行证券行情分析、研判，能够识别与控制投资风险与账户管理风险，能引导新客户签署协议及投资者教育。

6. 掌握金融行业基层营业网点管理和服务的基本知识和业务规范，能进行基层营业机构的现场服务和管理，能快速判断客户需求并分流和引导客户，能指导客户使用自助设备，能冷静处理突发事件。

三、实训项目及主要内容

（一）金融操作技能实训

本实训项目主要训练学生的钞票辨别技能、钞票清点技术、文字速录技术、财经数据书写和票据填写技能、计算器运用技能、网络银行客户端操作技能、通用办公设备和银行专用设备操作技能等操作能力。具体训练项目如下：

1. 识假：训练货币反假法规的运用能力、人民币反假能力、主要流通外币反假能力、票据反假能力、残币兑换和挑剔能力以及中国人民银行反假币上岗证书考证辅导。

2. 点钞：训练点钞的基本要领和环节、手工点钞技术、机器点钞技术、货币捆扎技术。

3. 速算：训练计算器运用的基本要领、计算器翻打传票和账表算技术。

4. 书写：训练财经数码字规范书写和填制票据能力。

5. 速录：训练电脑键盘输入的基本方法、电脑汉字快速录入技术、电脑数字快速录入技术。

6. 设备操作：训练打印机、传真机、复印机、扫描仪、ATM 机、叫号机及网络银行客户端操作的能力。

（二）金融营销技能实训

本实训项目主要训练学生建立与管理客户关系的能力、与客户沟通的能力、市场调查和分析的能力、产品推广的能力、电话营销能力、网络营销能力、现场营销能力以及金融营销服务礼仪的训练。

1. 有效沟通：训练听、说、问、答四大沟通基本功和目光、表情、体姿等非语言沟通能力，能够根据对象不同年龄、不同职业、不同性格选择有效的沟通方式，实现良好的外部沟通和内部沟通。

2. 客户拓展：训练进行客户细分、客户开拓、客户约访、客户异议处理和客户关系维护的基本能力，形成以客户为中心的服务理念，养成处处以客户为中心的习惯，有效开发和维护客户关系，最终达成营销目的。

3. 金融产品销售：训练进行金融营销调研、金融产品销售展示、金融产品推销、金融营销活动策划的能力，能够有效运用现场营销、电话营销、网络营销等方式推销金融产品。

4. 金融服务礼仪：训练运用仪容仪表礼仪规范、会面礼仪规范、餐饮礼仪规范、礼品礼仪规范的能力，通过反复训练养成良好的礼仪习惯，并通过习惯固化礼仪来提升人的气质和修养。

（三）商业银行柜台业务实训

本实训项目主要训练学生熟练操作商业银行营业场所各种设备、熟练运用商业银行业务软件、熟练运用柜面业务所涉及的票据、单证以及专用印章，按照规定的程序和要求处理银行柜面业务能力，要求处理业务的速度和准确度达到银行柜员上岗标准。具体训练项目如下：

1. 训练柜台业务系统初始业务操作，修改操作密码及创建钱箱信息；训练柜台业务系统日初业务处理操作，包括凭证的领用及出库、现金出库、钱箱轧账等操作。

2. 训练柜台业务个人业务系统的日常业务操作，包括个人储蓄开户、存取款业务操作、转账业务、挂失业务、销户业务、一卡通业务的操作；训练个人业务的特殊业务处理操作；训练个人代理业务的操作；训练银行卡开卡、还款及取现等业务操作方法。

3. 训练柜台业务对公业务系统的日常业务操作，包括对公存贷业务的开户业务、一般活期及临时存款业务、定期存款业务、贷款业务、支付结算业务、代理业务、票据交换业务、外汇业务的操作。

4. 训练柜台业务日终处理业务的操作方法，包括训练上缴未使用的重要空白凭证、现金入库及打印营业日报表等。训练部门轧账、尾箱轧账等日终处理的方法。

（四）证券业务实训

本项目主要训练学生从事证券业务的能力，主要包括办理客户开户和销户手续、提供客户咨询服务、指导客户进行股票交易、债券交易、基金交易和分析证券行情；撰写个股研究报告、撰写行情分析报告等。具体训练项目如下：

1. 训练学生前台接待客户、办理开户手续、接受客户咨询、指导客户办理交易事项的能力，掌握证券交易账户开立方法与流程，掌握证券交易资金第三方存管开户及转账交易流程。

2. 训练从事股票买卖、基金买卖、债券买卖及权证买卖等操作的能力；掌握股票买卖委托方法、成交查询及委托查询方法。掌握证券资金流水账、汇总账、明细账、对账单的查询方法。

3. 训练学生熟悉证券实时行情的基本要素，包括证券代码、证券名称、开盘价、最新价、成交量、买入价、卖出价、涨跌幅、市盈率等，掌握如何查看证券实时行情数据。

4. 训练学生证券市场分析的能力，能够运用证券实时行情分时线、K 线图分析方法的能力，理解 MA、MACD、RSI、DMA、EXPMA 等技术指标分析方法；学会如何通过证券资讯及技术指标判断证券的投资价值。能够进行宏观分析、行业分析和公司分析。

5. 训练证券交易账户资金的分配、资金存取、资金的冻结、解冻及资金冲账方法。掌握账户资金余额、当天成交、历史成交及持仓、平仓记录、挂单记录查询方法。掌握盈亏情况计算、快速买卖盘揭示、交易排行榜查询方法。

6. 组织个人证券模拟交易比赛、班际证券模拟交易比赛及校际证券模拟交易比赛。

（五）保险业务实训

本项目主要训练学生从事保险业务的能力，训练内容主要包括商业保险公司核心业务系统业务流程及业务规范。学生通过扮演承保专员、理赔专员、保全专员、复核专员角色，全面熟悉和掌握保险公司人寿保险业务及财险业务操作方法。具体训练项目如下：

1. 风险识别和相应风险管理方案的设计，保险市场调研和供求要素分析。

2. 人身保险业务实训，包括展业技巧训练（计划和寻找准客户、接触前准备、售前接触、讲解商品、化解拒绝、促成交易、售后服务），保险建议书制作，投保、承保、核保、理赔、核赔、保全等业务流程操作，人身保险纠纷案例的分析和处理。

3. 企业财产保险、家庭财产保险业务实训，包括风险分析训练，投保、承保、核保、理赔、核赔、售后服务等业务流程操作，企业财险、家庭财险案例分析和处理。

4. 机动车保险业务实训，包括机动车投保、承保、核保、理赔、核赔、售后服务等业务流程操作，机动车保险案例分析和处理。

5. 货物运输保险业务实训，包括货运险承保和理赔等业务流程操作，货运险案例分析和处理。

6. 工程保险业务实训，包括工程险理赔处理。

7. 责任保险、信用保证保险业务实训，包括责任保险、信用保证保险承保和理赔等业务流程操作，责任保险、信用保证保险案例分析和处理。

（六）信贷业务实训

本项目主要训练信贷业务的基本业务流程及规范，主要包括信贷客户关系的建立、贷前调查、授信、信贷业务管理、贷后调查、信贷风险评估、信贷资产管理等业务操作，通过模拟信贷工作中的多种不同角色，完成各个业务岗位的信贷业务操作。具体训练项目如下：

1. 训练信贷客户信息的建立与维护方法，通过信贷客户信息管理系统掌握客户基本信息管理、客户业务活动信息管理、客户交易信息管理、客户财务信息管理、个人客户信息管理的操作方法。

2. 训练授信业务操作流程及方法，掌握商业银行对优质客户或能够提供低风险担保的客户所有授信业务操作方法。

3. 训练企业贷款、个人贷款的申请审批业务操作，训练企业授信、贷款展期、信用等级评估等信贷业务的处理方法。掌握贷款申请基本资料、其他业务申请资料、逐级审批、各项财务指标测算、各种合同签订和借据生成等操作方法。

4. 训练信贷风险评估方法，包括贷款五级分类、客户风险监控预警、信贷风险监控预警、黑名单管理、贷款执行情况评价方法。

5. 训练信贷资产管理操作方法，包括对客户的不良资产进行登记及建立相关账务的方法，掌握不良贷款台账、协议收购管理、贷款诉讼管理、贷款核销、资产处理等操作方法。

6. 训练信贷报表的输出方法，贷款统计分析方法。

（七）个人理财业务实训

本项目主要训练学生对家庭、个人收支状况的分析能力和理财规划能力，训练内容主要包括熟悉各种金融理财产品并能根据客户情况进行灵活配置。学生通过模拟证券、银行、保险等金融机构的理财咨询、理财顾问、理财产品营销工作，训练从事个人理财客户经理的能力。具体训练项目如下：

1. 训练客户信息创建与管理的能力，包括建立客户关系、进行客户信息搜集、客户分类及对客户资料进行管理维护。掌握各种规范化的信息采集表的运用，包括单一规划的信息采集表、综合规划信息采集表、收入支出采集表、资产负债信息采集表等。

2. 通过各种分析判断功能及财务诊断功能，掌握客户基本资料评估、家庭资产结构分析、人生大事分析、终身现金流量分析的基本方法，快速准确地分析和诊断客户财务状况，及时发现客户的财务问题并确立理财规划目标。

3. 训练开展银行、证券、保险、实物理财业务，快速准确分析客户的各种需求，根据当前金融市场产品供给情况推荐理财产品，根据客户的理财目标和风险承受能力为客户制订综合理财规划方案，并组织实施以及开展跟踪服务。

4. 训练理财规划软件的运用，能够利用系统提供的产品接口，建立自己的产品数据库，建立个性化的资产配置方案；掌握各种分析数据维护的方法，并根据市场动态调整各类数据，定期对客户的理财规划进行监控和调整。

（八）金融理财服务和金融项目工作实训

上述各项实训内容主要是模拟的训练，金融理财服务和金融项目工作提供的是真实的金融理财业务服务训练。为真实业务训练配备的金融理财服务中心是直接对外开展金融服务的营业场所，金融项目工作室是分小组进行真实业务训练的后台工作场所。本训练项目通过提供真实的理财产品，在行业专家的指导下直接面向市场开展真实业务，学生在每个不同的阶段从事各种单项业务操作，通过掌握单项工作的基本流程逐步积累工作经验，为顶岗实习做准备。具体项目如下：

1. 金融超市服务，包括真实的银行、证券、保险产品的营销，集中多种金融机构的产品和服务，由行业专家直接指导。

2. 客户理财服务，包括金融理财服务中心的现场服务和深入社区的理财服务，项目工作室的电话和网络服务。

3. 信息咨询服务，包括证券、银行、保险及相关的经济信息和政策信息咨询服务。

4. 其他服务：ATM 存取款服务、拉卡拉服务、证券交易服务、网络银行服务。

四、实训设施整体构架及环境要求

（一）实训设施整体构架

本专业实训设施体系由下列实训室构成：一是作为基本技能训练场所的专门技能训练实训室，主要包括金融操作技能实训室和金融营销技能实训室；二是作为专业核心课程一体化教学场所的模拟业务实训室，主要包括：银行柜台业务实训室、信贷业务实训室、证券业务实训室、保险业务实训室和个人理财业务实训室；三是具有“校中厂”功能的用于真实业务训练的金融理财服务中心和作为项目小组业务工作场所的若干金融项目工作室，见图 3－1。

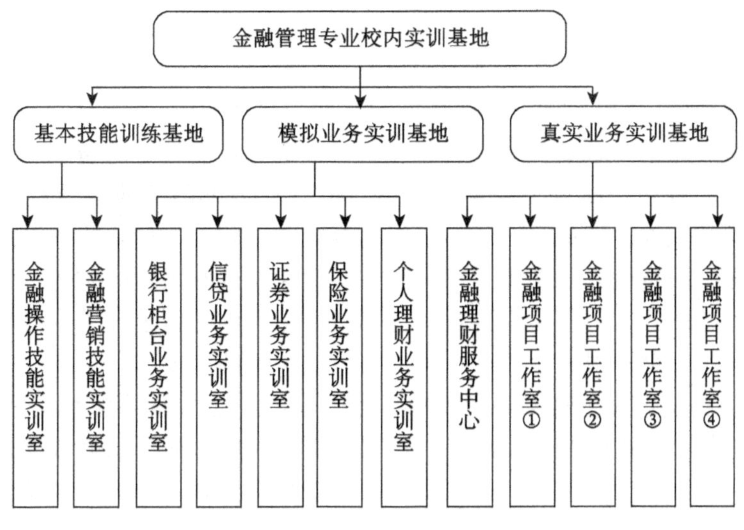

图 3-1　专业实训体系构架

1. 金融操作技能实训室。本实训室是用于训练学生从事金融业务最基本的通用操作技能的实训室，实训室的环境和业务不针对特定的岗位，但所训练的技能在多个银行岗位和金融行业其他岗位都可能用到。适应金融类专业及财经类其他专业开展点钞、假币鉴别、文字录入和书写、票据填写、计算器及银行常用办公设备操作实训的要求。满足金融操作技能课程教学需要。

2. 金融营销技能实训室。本实训室模拟金融机构营销工作情境，配备金融营销技能训练所需的各种硬件和软件，分综合营销区、商务洽谈区和商务礼仪区，可进行客户沟通、客户拓展、金融营销调研、金融产品销售、营销礼仪规范等营销技能的实战训练。学生可以通过实训体验自己所扮演的“职业角色”，有效提高学生的营销实践能力和综合素质。本实训室同时也是一个生产型综合服务平台，可以通过为金融机构提供市场调研、分析、营销活动策划和实施等服务训练学生的营销能力。满足金融营销技能、金融服务礼仪课程教学及保险实务、证券投资实务、个人理财业务等课程部分技能训练的需要。

3. 银行柜台业务实训室。本实训室模拟商业银行柜台业务操作流程和场景，配备柜台业务的设备和软件及各种单证，能提供商业银行柜台业务课程教学和实训的条件，能够在进行商业银行综合柜台业务课程教学的同时模拟商业银行前台业务的全部操作，满足金融类专业开展本外币储蓄、银行卡及对公柜台业务实训的需要，重点培养银行前台岗位的核心技能。满足商业银行综合柜台业务课程教学及金融企业会计等课程部分技能训练的需要。

4. 证券业务实训室。本实训室主要针对证券经纪人开展经纪业务的需要，模拟证券经纪人完成工作任务的操作流程和场景，配备证券业务所需的设备、软件和凭证，注重证券投资分析能力训练，强化风险防范能力的培养。适应学生进行证券业务操作和模拟证券交易实训的要求。本实训室根据证券营业部的营业环境、业务种类、交易功能、工作任务进行建设，完整的证券业务实训室应包括证券投资分析区、证券开户区和证券营销区。本方案的证券开户区、证券营销区设置在金融理财服务中心，因此，本实训室只包括证券投资分析区。满足证券投资实务、证券投资分析、证券交易、证券投资基金等课程教学的需要。

5. 保险业务实训室。本实训室模拟保险公司的业务流程和场景，配备保险业务所需的设备和软件，模拟保险公司的财产保险、人身保险以及分出和分入保险业务操作和风险控制流程，注重投保和理赔环节的训练，注重保险营销能力的培养，适应学生进行保险业务实训的要求。满足保险实务课程教学及保险公司业务管理部分技能训练的需要。

6. 信贷业务实训室。本实训室模拟商业银行信贷业务部门的业务流程和场景，配备信贷业务所需的设备和软件，模拟银行信贷部门的客户关系管理、信贷业务管理、信贷风险管理、信贷资产管理、信贷核算管理等业务。注重客户的优选和风险的防范，强化客户财务及信用状况分析能力的培养，适应学生进行银行信贷业务实训的要求。满足信贷实务课程教学需要及金融风险管理、财务报表分析等课程部分技能训练的需要。

7. 个人理财业务实训室。本实训室模拟商业银行营业场所理财服务区业务流程和场景，配备理财业务专用软件和理财产品信息平台，可以进行家庭记账、家庭收支预算、家庭资产负债管理、家庭专项理财规划设计、家庭综合理财规划、金融计算等各种功能，其核心是利用理财客户经理专用的理财软件制作规范的理财规划方案书。同时通过共享其他实训室的股票、期货、外汇、股指期货行情接收软件及模拟交易软件，共享银行、保险、基金、黄金等多种理财产品信息，以适应银行理财业务实训、保险理财业务实训、证券理财业务实训的要求。满足个人理财业务课程教学的需要。

8. 金融理财服务中心。通过行业专家将金融市场的产品和服务引入校内，由学生在行业兼职教师的指导下直接面向市场提供产品和服务，为正式的校外顶岗实习打好基础。本中心设置银行营销服务柜台、保险营销服务柜台、证券营销服务柜台（含证券开户区和证券营销区）、综合理财服务柜台、大堂经理服务台，提供银行、保险、证券投资产品和综合理财服务。满足金融营销技能、证券投资实务、保险实务、个人理财业务等专业核心课程真实业务训练的需要。

9. 金融项目工作室。根据学生在金融理财服务中心从事真实业务训练的需要，提供给各项目小组活动的工作场所，能够满足训练学生网络营销、电话营销、营销策划、理财规划以及团队协作能力的需要。满足金融营销技能、证券投资实务、保险实务、个人理财业务等专业核心课程真实业务分组训练的需要。

（二）实训室环境总体要求

1. 实验室面积和位置：单个实验室建筑面积 180 平方米左右，金融理财服务中心和金融项目工作室应位于校园中心或靠近街道的人流集中位置。

2. 实验人数：单个实验室按照满足 50 人同时实训的要求设置，可以满足三年制金融类专业每年招生 300 人的教学需求。执行中应根据招生人数增减每个实训室的座位数或增加实训室的数量。

3. 实训室装修设计应分别与商业银行、证券公司、保险公司业务部门装修风格一致，达到模拟仿真的效果。在实训室四周墙体和内外空间，分别模拟商业银行、证券公司、保险公司环境布置。

（注：对于招生规模较小的学校，上述实训室可以简并为：银行业务实训室、保险业务实训室和证券业务实训室。）

五、实训室软件配备标准

（一）银行柜台业务实训室

表 3 – 1

软件名称	技　术　要　求
商业银行柜台业务实训平台软件	1. 系统要求达到与典型的大型商业银行实际应用软件相同的仿真效果，使学生可以在仿真的银行环境中进行业务训练，可以实现商业银行柜员的所有业务操作 2. 系统采用与商业银行相同的业务操作流程，允许学员扮演银行实际工作中的各种特定角色（如会计、储蓄、出纳、贷款、报表管理、综合查询、个人客户、企业客户等） 3. 存折打印支持系统应支持各种主流存折打印机，磁卡读写及密码输入系统能完全仿真商业银行实际应用设备的功能，能实现语音提示密码输入，能够读写磁卡、普通存折 4. 系统应为教师考评学生的实际操作能力提供相应的工具。教师可以通过系统检验学生对实际商业银行应用系统的动手能力

（二）证券业务实训室

表 3 – 2

软件名称	技　术　要　求
证券投资模拟交易实训平台软件	1. 系统功能模块应包括：证券开户、资金存管、行情分析、证券交易、证券投资模拟比赛等 2. 行情分析系统：能通过 Internet 接收并实时显示全球各主要证券、外汇、期货交易所的行情。提供实时行情录制功能，实现闭市期间任何时段（包括周六、周日）动态行情教学 3. 资讯系统：提供有交易所官方授权高速实时传送的全球主流的交易市场行情及实时财经新闻，能提供全面的专业财经资讯及财务分析数据，提供知名专业资讯机构的研究报告，提供专业的证券基本面资料，提供真实详细的上市公司资讯 4. 模拟交易系统：能提供支持 A 股、B 股、权证、基金、债券、期货、外汇的委托下单系统，其交易规则与各大专业交易所正式交易规则完全同步，使学生体验到专业市场的交易流程 5. 教学管理功能：具备学生、教师、管理员三个管理层次，可实现批量开户，班级授权，交易规则设置，查询学生交易明细等功能

（三）保险业务实训室

表 3－3

软件名称	技 术 要 求
保险业务实训平台软件	1. 系统应包含人身保险核心业务实训模块及财产保险核心业务实训模块：要求能够实现目前国内现有主要险种的业务训练，支持续保的完整处理，支持理赔的全部流程，支持保险单、批单、查勘报告书、定损清单、预借赔款审批书、赔款计算书、拒赔报告书、销案报告书、拒赔通知书、权益转让书等业务凭证 2. 如实反映工作流程，角色分配和互换，涵盖保险公司真实业务部门及岗位，系统可以体现不同的部门和岗位在系统中的作用和权限 3. 系统的后台管理可以进行灵活的参数设置，应符合保险公司对业务多样性和方便新增产品种类的管理要求。通过后台管理的参数设置，可以方便地设置保险产品种类、保险产品费率 4. 系统可实时动态统计学生实训成绩，教师可导出学生实训成绩报表

（四）信贷业务实训室

表 3－4

软件名称	技 术 要 求
信贷业务及风险管理实训平台软件	1. 客户信息管理模块应包含功能：客户基本信息管理、客户业务活动信息管理、客户交易信息管理、客户财务信息管理、个人客户信息管理 2. 信贷业务管理模块应包括各种企业贷款、个人贷款的申请审批，以及企业授信、贷款展期、信用等级评估等信贷业务的处理 3. 信贷风险管理模块应提供完善可靠的风险管理机制，对风险的跟踪管理应贯穿于信贷业务开展的各个环节 4. 信贷资产管理模块应提供对客户的不良资产进行登记及建立相关账务的功能：不良贷款台账、协议收购管理、贷款诉讼管理、贷款核销、资产处理等 5. 信贷报表管理模块可由用户自定义，并初始化提供丰富的信贷业务常用报表，如贷款统计分析、人民银行要求上报的统计报表等

（五）个人理财业务实训室

表 3－5

软件名称	技　术　要　求
个人理财业务实训平台软件	1. 个人理财业务实训教学系统应包括理财客户关系管理、客户家庭财务状况分析诊断、理财产品和资讯、产品配置、单项理财规划设计、综合理财规划设计、理财规划实施和售后服务等功能模块，并提供系统管理和帮助等辅助功能模块 2. 理财组合模块能根据客户对风险偏好程度的不同，训练学生分别就银行类理财产品、保险类理财产品、证券类理财产品构成多种不同的投资组合，训练学生分别配置各类产品的能力，并能根据金融市场的变化动态调整 3. 教学系统管理模块能够提供登录和账户管理等内容，能够对学生实训情况进行记录，具有成绩管理和输出功能。提供丰富的理财案例分析系统，为理财建议书的制作增添个性化色彩

（六）金融操作技能实训室和金融营销技能实训室

配备金山打字 2011 软件；小键盘录入软件；电话录音和控制软件；WiseCRM 专业客户关系管理软件；SPSS 调研统计软件；OFFICE 办公软件等。

六、实训室硬件配备标准

（一）银行柜台业务实训室

表 3－6

序号	设备名称	技术要求	数量（台）
1	电脑桌	根据商业银行柜台业务环境定制	50
2	学生座椅	根据商业银行柜台业务环境定制	50
3	多媒体讲台	根据商业银行柜台业务环境定制	1
4	教师座椅	根据商业银行柜台业务环境定制	1
5	投影仪		1
6	PC 机（学生）		50
7	PC 机（教师）		1
8	服务器		1
9	机柜		1
10	交换机	支持 24 个 10/100/1000Mbps 自适应以太网端口	3

续表

序号	设备名称	技术要求	数量（台）
11	*分体式电教中控系统		1
12	*柜式空调		4
13	*音响		1
14	*LED 利率显示屏		1
15	实训专用磁卡	定制，与商业银行磁卡存储格式一致	1000
16	实训专用存折	定制，与商业银行存折存储格式一致	1000
17	*触摸查询一体机		1
18	*排队叫号系统		1
19	打印复印扫描机		1
20	存折打印机		4
21	磁卡机		51
22	点钞机		5
23	*密码小键盘		5
24	*银行专用计算器		10
25	*捆钞机		1
26	*文件柜		2
27	环境布置	1. 实训室外部布置有关货币历史、世界货币、金融机构标志、历史场景等图片，体现一种历史文化氛围 2. 实训室内部模拟商业银行前台业务环境布置 3. 实训管理制度、实训程序等内容的布置 4. 各种个人业务和对公业务单据，业务原始凭证 5. 报警装置、压数设备、专用印章	

（二）证券业务实训室

表 3－7

序号	设备名称	技术要求	数量（台）
1	电脑桌	根据证券公司营业环境定制	50
2	学生座椅	根据证券公司营业环境定制	50
3	多媒体讲台	根据证券公司营业环境定制	1
4	教师座椅	根据证券公司营业环境定制	1
5	投影仪		1
6	PC 机（学生）		50

续表

序号	设备名称	技术要求	数量（台）
7	PC 机（教师）		1
8	服务器		1
9	机柜		1
10	交换机	支持 24 个 10/100/1000Mbps 自适应以太网端口	3
11	打印复印扫描机		1
12	*分体式电教中控系统		1
13	*柜式空调		4
14	*音响		1
15	*LED 证券信息显示屏		4.4
16	DID 工业拼接屏		6
17	*文件柜	根据证券公司营业环境定制	2
18	环境布置	1. 室外布置各大证券市场的标志性建筑图片，体现历史文化氛围，当地证券市场情况文字图片 2. 室内布置证券业务及相关业务文献资料 3. 实训管理制度、实训程序等内容的布置	

（三）保险业务实训室

表 3－8

序号	设备名称	技术要求	数量（台）
1	电脑桌	根据保险公司业务环境定制	50
2	学生座椅	根据保险公司业务环境定制	50
3	多媒体讲台	根据保险公司业务环境定制	1
4	教师座椅	根据保险公司业务环境定制	1
5	投影仪		1
6	PC 机（学生）		50
7	PC 机（教师）		1
8	服务器		1
9	机柜		1
10	交换机	支持 24 个 10/100/1000Mbps 自适应以太网端口	3
11	打印复印扫描机		1
12	*分体式电教中控系统		1

续表

序号	设备名称	技术要求	数量（台）
13	＊柜式空调		4
14	＊音响		1
15	＊文件柜	根据保险公司业务环境定制	2
16	环境布置	1. 实训室外部环境布置有关保险历史、世界各大保险机构标志、场景等图片，体现一种历史文化氛围 2. 实训室内部模拟保险公司业务环境布置 3. 实训管理制度、实训程序等内容的布置 4. 各种保险业务单据，全套业务原始凭证	

（四）信贷业务实训室

表 3－9

序号	设备名称	技术要求	数量（台）
1	电脑桌	根据商业银行公司金融部或个人金融部环境定制	50
2	学生座椅	根据商业银行公司金融部或个人金融部环境定制	50
3	多媒体讲台	根据商业银行公司金融部或个人金融部环境定制	1
4	教师座椅	根据商业银行公司金融部或个人金融部环境定制	1
5	投影仪		1
6	PC 机（学生）		50
7	PC 机（教师）		1
8	服务器		1
9	机柜		1
10	交换机	支持 24 个 10/100/1000Mbps 自适应以太网端口	3
11	打印复印扫描机		1
12	＊分体式电教中控系统		1
13	＊柜式空调		4
14	＊音响		1
15	＊文件柜	根据商业银行公司金融部和个人金融部环境定制	2
16	环境布置	1. 实训室外部布置有关信贷历史、产品介绍、金融机构标志、场景等图片，体现一种历史文化氛围 2. 实训室内部模拟商业银行信贷业务部门环境布置 3. 实训管理制度、实训程序等内容的布置 4. 各种信贷业务单据，业务原始凭证	

（五）个人理财业务实训室

表 3－10

序号	设备名称	技术要求	数量（台）
1	电脑桌	根据商业银行个人理财业务营业场所环境定制	50
2	学生座椅	根据商业银行个人理财业务营业场所环境定制	50
3	多媒体讲台	根据商业银行个人理财业务营业场所环境定制	1
4	教师座椅	根据商业银行个人理财业务营业场所环境定制	1
5	投影仪		1
6	PC 机（学生）		50
7	PC 机（教师）		1
8	服务器		1
9	机柜		1
10	交换机	支持 24 个 10/100/1000Mbps 自适应以太网端口	3
11	打印复印扫描机		1
12	*分体式电教中控系统		1
13	*柜式空调		4
14	*音响		1
15	*文件柜	根据商业银行个人理财业务环境定制	2
16	环境布置	1. 实训室外部环境布置有关个人理财业务历史与现状的文字图片，体现一种历史文化氛围 2. 实训室内部模拟商业银行个人理财业务环境布置 3. 实训管理制度、实训程序等内容的布置 4. 各种个人理财业务单据，全套业务原始凭证	

（六）金融操作技能实训室

表 3－11

序号	设备名称	技术要求	数量（台）
1	电脑桌	根据商业银行业务环境围绕技能训练需要定制	50
2	学生座椅	根据商业银行业务环境围绕技能训练需要定制	50
3	多媒体讲台	根据商业银行业务环境围绕技能训练需要定制	1
4	教师座椅	根据商业银行业务环境围绕技能训练需要定制	1
5	投影仪		1

续表

序号	设备名称	技术要求	数量（台）
6	PC 机（学生）		50
7	PC 机（教师）		1
8	点钞机	为训练不同设备的使用，建议选购多个不同品牌	13
9	验钞机	为训练不同设备的使用，建议选购多个不同品牌	13
10	凭证装订设备	为训练不同设备的使用，建议选购多个不同品牌	13
11	传真机	为训练不同设备的使用，建议选购多个不同品牌	4
12	复印机	为训练不同设备的使用，建议选购多个不同品牌	4
13	扫描仪	为训练不同设备的使用，建议选购多个不同品牌	4
14	打印机	为训练不同设备的使用，建议选购多个不同品牌	4
15	第五套人民币票样		51
16	主要流通外币票样		51
17	银行专用计算器		51
18	* 教学算盘		1
19	* 学生用算盘		50
20	训练耗材	五笔字根表 50 张 点钞券 1000 把（每把 100 张） 捆钞条（2000 条） 沾水盒 50 个 甘油 2 瓶 印章 26 套 百张传票 50 套 适量仿真现金支票、转账支票、银行汇票、银行本票、商业汇票、进账单、托收凭证等银行票据和银行结算单据	
21	服务器		1
16	机柜		1
17	交换机	支持 24 个 10/100/1000Mbps 自适应以太网端口	3
19	* 分体式电教中控系统		1
20	* 柜式空调		4
21	* 音响		1
22	* 文件柜	根据实训室环境定制	2
23	环境布置	1. 指法（点钞、捆扎、计算机操作、电脑输入）示意图，货币防伪要点示意图 2. 字根表 3. 票据填写规范示意图 4. 训练标准	

（七）金融营销技能实训室

表 3－12

序号	区域	设备名称	技术要求	数量（台）
1	综合营销区	电脑桌及学生电话呼叫席位	根据商业银行营业场所环境和技能训练的需要定制	50
2		学生呼叫席座椅	根据商业银行营业场所环境和技能训练的需要定制	50
3		多媒体讲台及教师电话呼叫席位	根据商业银行营业场所环境和技能训练的需要定制	1
4		教师座椅	根据商业银行营业场所环境和技能训练的需要定制	1
5		投影仪		1
6		PC 机（学生）		50
7		PC 机（教师）		1
8		录音电话及传输控制设备		51
9		服务器		1
10		机柜		1
11		交换机	支持 24 个 10/100/1000Mbps 自适应以太网端口	3
12		打印复印扫描机		1
13		*分体式电教中控系统		1
14		*音响		1
15	商务洽谈区	洽谈桌	根据商业银行营业场所环境和技能训练的需要定制	6
16		洽谈用椅	根据商业银行营业场所环境和技能训练的需要定制	12
17		办公桌	根据商业银行营业场所环境和技能训练的需要定制	1
18		办公椅	根据商业银行营业场所环境和技能训练的需要定制	1
19		传真机	普通纸传真机	1
20		沙发茶几		1
21		*文件柜	根据业务环境定制	2
22		宣传资料	海报展板、金融产品手册、活页书、法律法规	1
23		办公用品	笔记本、笔、名片、计算机、信函	
24		录音笔		6

续表

序号	区域	设备名称	技术要求	数量（台）
25	商务礼仪区	PC 机（教师）		1
26		投影仪		1
27		* 音响		1
28		玻璃镜	贴墙	1
39		凳子		50
30	其他	* 柜式空调		4
31		* 文件柜	根据业务环境定制	2
32		环境布置	1. 实训室外部环境布置有关营销规范、程序图片 2. 各种场合应用礼仪的示意图 3. 礼仪用语	

（八）金融理财服务中心

表 3－13

序号	设备名称	技术要求	数量（台）
1	柜台	半开放式低柜	
2	座椅	根据柜台环境定制	5
3	PC 机（营业用）		5
4	PC 机（客户用）		5
5	笔记本电脑（社区理财用）		5
6	录音电话及传输控制设备		5
7	ATM 机	行业提供	2
8	拉卡拉终端		2
9	打印复印扫描机		1
10	* 柜式空调		2
11	* 音响		1
12	* 文件柜	根据业务环境定制	2
13	环境布置	1. 金融产品信息、合作企业信息 2. 实训管理制度、实训程序等内容的布置 3. 各种个人理财业务单据，全套业务原始凭证	

（九）金融项目工作室

表 3-14

序号	设备名称	技术要求	数量（台）
1	电脑桌	根据工作室业务环境定制	5
2	座椅	根据工作室业务环境定制	5
3	PC 机		5
4	笔记本电脑		1
5	录音电话及传输控制设备		1
6	打印复印扫描机		1
7	* 文件柜	根据工作室业务环境	1
8	环境布置	1. 业务流程、工作计划、管理制度 2. 产品简介 3. 工作室自身文化环境布置 4. 各种业务单据，全套业务原始凭证	

编写说明

本标准由广州番禺职业技术学院教务处长兼财经学院院长杨则文教授主持，负责项目的总体设计、组织实施、书稿的补充和修改，执笔编写了“金融管理专业标准”、“商业银行综合柜台业务课程标准”及“金融管理专业教学仪器设备配备标准”中的银行柜台业务实训室配置标准。北京财贸职业学院张存萍、武飞编写了“证券投资实务课程标准”和“金融管理专业教学仪器设备配备标准”中的证券业务实训室部分；广州番禺职业技术学院邓华丽编写了“保险实务课程标准”和“金融管理专业教学仪器设备配备标准”中的保险业务实训室部分；四川财经职业学院钟用、王超、杨滢编写了“信贷实务课程标准”和“金融管理专业教学仪器设备配备标准”中的信贷业务实训室部分；广州番禺职业技术学院陈琼编写了“个人理财业务课程标准”和“金融管理专业教学仪器设备配备标准”中的个人理财业务实训室部分；淄博职业学院高丽萍、肖全章编写了“证券投资分析课程标准”；广州番禺职业技术学院郝雯芳编写了“金融操作技能课程标准”和“金融管理专业教学仪器设备配备标准”中的金融操作技能实训室部分；山西财政税务专科学校王波编写了“金融营销技能课程标准”和“金融管理专业教学仪器设备配备标准”中的金融营销技能实训室部分；江西财经职业学院刘佳编写了“金融企业会计课程标准”；广西国际商务职业技术学院李永红、张万里编写了“金融学基础课程标准”；深圳市智盛信息技术有限公司彭家源、乐雪飞编写了“金融管理专业教学仪器设备配备标准”中的软件和设备配备标准；广发银行广州分行个人金融部副总经理连壁钦参与了总体设计和最终审稿。

金融管理专业三项标准项目组

保 险 专 业

目录 Contents

第一部分

保险专业标准

一、专业名称及对接专业

专 业 名 称：保险
专 业 代 码：630205
衔接中职专业：保险事务
接续本科专业：保险学

二、招生对象

普通高中毕业生及同等学力者。

三、学制与学历

学制：基本学制三年，可实行学分制为基础的弹性学制。
学历：专科。

四、职业岗位

本专业主要就业职业领域为：产、寿险公司的展业、承保、核保、查勘定损、核赔、风险管理咨询、职业培训、客户服务、财务核算等相关业务岗位，获得一定工作经验后可获得的发展岗位群主要包括：产、寿险公司和保险中介公司的各业务管理岗位，预计平均获得时间为3~5年左右。同时根据专业培养目标可迁移至从事银行保险业务、理财规划业务的销售及基层管理岗位和产、寿险公司的法律合规、追偿、反保险欺诈、通赔管理、后勤等相关业务岗位。具体职业岗位分析见表1-1：

五、培养目标

本专业培养适应区域经济建设和社会发展需要，主要面向区县级和地市级产、寿险保险公司及其他金融机构保险业务和管理岗位，具有诚信、合作、敬业的职业素质，熟练掌握保险业务知识及金融、会计等基本知识，具备保险营销、承保、理赔、客服、文档管理、财务核算和理财规划等技能，能从事保险展业、承保、核保、查勘定损、核赔、风险管理咨询、职业培训、客户服务、财务核算、银行保险业务和理财规划业务等工作的德、智、体、美、

表 1－1　保险专业面向职业岗位分析

就业部门	初始岗位	主要工作任务	发展岗位	迁移岗位
销售部门	展业岗	根据本部门业务销售政策开发市场、完成业务销售指标	部门经理岗	1. 法律合规岗、追偿岗、反保险欺诈岗、通赔管理岗、医疗审核跟踪岗、人员管理岗、统计分析岗、总务岗、内勤岗等 2. 商业银行银保产品业务岗、理财客服岗、信托公司保险业务岗、理财客服岗 3. 其他金融企业综合内勤岗、营销岗、精算岗等
	营销管理岗	负责公司产品的销售及推广，开拓新市场，发展新客户，增加产品销售范围；负责辖区市场信息的搜集及竞争对手的分析；负责销售区域内销售活动的策划和执行；管理维护客户关系	部门经理岗	
	渠道管理岗	负责现有渠道的维护，配合产品上线推广与销售，与合作渠道共同进行各类营销推广活动；搜集信息，开发潜在客户，拓展合作渠道	部门经理岗	
理赔部门	查勘定损岗	向客户提供快速、准确、高质量的查勘定损等现场服务	部门经理岗	
	理算岗	审核赔偿案案卷资料、对有疑问的赔偿案提请复审、对资料齐全的赔偿案进行理算、并保证数据的准确性和完整性	部门经理岗	
	核赔岗	向客户提供高质量的理赔服务、强化理赔管理	理赔管理岗 部门经理岗	
	防灾防损岗	细化并执行总公司有关防灾防损工作管理制度；负责重大灾害数据、信息、资料的搜集、整理上报工作，承担灾害预警功能；组织分公司全辖的防灾防损工作，有效控制灾害风险；对重大防灾项目的检查审核和防灾费的使用管理提出建议，对大客户提供防灾服务	部门经理岗	
客服部门	客户服务岗	统筹公司客户服务资源，维护客户关系，提高客户服务质量，培养客户忠诚；负责短信平台的管理、应用和维护；负责客户服务项目的开发和组织实施；负责各种渠道客户投诉的受理和协调、监督工作	二级主管岗 部门经理岗	
	客户资源管理岗	实时处理新增客户申请，落实总公司关于客户信息管理方面的制度，并提出改进建议，指导并监督下级公司人员提高客户信息质量的相关工作	二级主管岗 部门经理岗	
	报案岗	受理、记录各类呼入来电，负责报案信息在公司内外部的有效传递，根据有关规定搜集和验证报案环节客户信息	二级主管岗 部门经理岗	
	调度岗	根据报案岗提供的报案信息，按照有关规定指挥调度查勘定损、医疗审核介入、车辆救援	二级主管岗 部门经理岗	
	咨询/投诉岗	受理、记录各类通过服务电话进行的咨询、投保、投诉等呼入来电，负责客户回访和核赔后通知客户领取赔款等电话呼出工作	二级主管岗 部门经理岗	

续表

就业部门	初始岗位	主要工作任务	发展岗位	迁移岗位
综合部门	出单岗	负责对拟承保业务进行初步审核、负责投保单填写完整性、为业务人员及客户提供保费测算、业务咨询等相关服务、负责自己使用承保单证的领用与保管、并按业务规定进行单证的清分	部门经理	
	秘书岗	根据部门工作安排，承办公司领导及公司综合秘书事务，提供综合保障服务	办公室主任 部门经理	
	档案管理岗	负责本公司文件材料的形成、积累、保管和整理归档工作，指导公司各部门、支公司文档的整理、编目、立卷、归档工作，负责档案材料的安全、保密、借阅、复印、销毁工作	办公室主任 部门经理	
	单证管理岗	贯彻落实上级公司有关单证管理办法及有关文件精神，确保单证的安全、完整；负责辖区内单证征订、入库、领用/分发、结算、检查环节管理和协调；监控辖区内单证运转流程；检查指导辖区内单证管理	办公室主任 部门经理	
财务部门	收付岗	负责集中支付单位的赔付支出、负责登记备用金备查簿、负责打印明细凭证清单、并随整理好的原始凭证与出纳交接、每日清点现金	财务主管岗、 会计主管岗	
	出纳岗	负责银行账户、现金的管理、资金的收付、登记或打印本级现金、银行存款日记账、负责定期存单、支票和有价证券等的保管工作、相关备查账簿的管理与登记、定期向开户银行取得银行对账单、负责保管有关印签、负责业务收费的收付费处理和其他收付业务处理工作、与收付员的交接并对收付员实施管理	会计岗、 财务主管岗	
	资金专管岗	动态监控分公司资金运转情况、确保资金安全合规、负责按资金管理办法的规定开设各类账户、负责定期对各类账户进行清理、负责资金的划拨和超定额资金的申请、负责按备用金管理办法拨付备用金、负责审核全辖银行对帐单及银行存款余额调节表	会计岗、 财务主管岗	
	财务单证管理岗	贯彻落实有关财务单证管理办法、确保单证的安全、完整、负责财务单证使用的申报、领用、保管及发放、检查及归档工作、负责上级公司授权财务单证的印制、负责财务单证的登记、清理、盘存、确保账物相符、单证流水号无差错、并按规定时间上报、负责会计凭证、会计账簿、会计报表的装订与会计档案的保管工作	财务主管岗 部门主任岗	

续表

就业部门	初始岗位	主要工作任务	发展岗位	迁移岗位
财务部门	预算管理岗	负责组织协调全辖经营预算的编制工作、汇总编制全辖经营预算、负责区/县级支公司上报经营预算的审核、制定区/县级支公司经营预算、对预算执行情况进行动态监控、考核评估及合理调整、及时提出完成年度经营预算的对策、负责定期分析全辖经营预算的完成情况	财务主管岗 部门主任岗	
	会计岗	负责审核原始凭证的合法性、合规性、完整性，负责编制、审核会计凭证，负责编制银行存款余额调节表，监督和关注未达账项，负责审核项目风险核算的准确性及会计凭证整理	会计主管岗 部门主任岗	
培训部门	教育培训岗	根据本部门工作安排，拟定员工年度培训计划并具体组织实施，保障教育培训项目及效果落实、负责公司网络教育培训系统的管理和应用推广	讲师	

劳方面全面发展、具有较强可持续发展能力的高级技能型专门人才。培养目标及规格如下：

（一）综合素质

1. 思想政治素质：掌握马克思主义和中国化马克思主义理论体系的思想方法，具有科学的世界观、人生观和价值观；树立拥护中国共产党领导、热爱社会主义祖国、服务中国特色社会主义建设的理想信念，拥有能够支撑高职大学生职业发展的思想政治素质。

2. 人文素养与科学素质：掌握基本的人文和科学知识，对中国传统文化有基本的了解，具有宽阔的文化视野和科学的思维习惯，具备健康的审美情趣和正确的审美观。

3. 身心素质：养成良好的锻炼身体、讲究卫生的习惯，掌握保持身体强健的基本方法，达到国家规定的健康标准；具有坚强的毅力、积极乐观的态度、良好的人际关系、健全的人格品质。

4. 职业素质：具有良好的职业态度和职业道德修养；具有正确的择业观和创业观；具有诚信的品质，具有敬业、合作和创新精神；具有严格执行金融法律法规的科学态度，具有严谨、细心、耐心、谨慎的职业习惯；具有较强的亲和力和和持久的工作热情。

（二）职业能力

1. 熟悉金融、保险、会计、理财、营销和管理理论的基本概念和基本原理，能初步运用理论分析和解决业务问题，熟悉保险的各项重要原则并能够利用这些原则来指导保险活动和分析保险案例。

2. 能够分析实际生活中人们遇到的风险状况，分辨哪些属于可保风险，哪些属于不可保风险，并能够针对不同风险选择不同种类的保险来进行风险管理。

3. 掌握人身保险、非车财产保险、车险的主要产品及条款、费率表等文件的使用，熟悉机动车辆的基本知识，熟悉保险公司、保险代理公司、保险经纪公司、保险公估公司的主要业务，掌握保险承保、核保、售后服务等业务要求与操作流程。

4. 熟练掌握保险与保险理财产品营销的基本技能和操作流程，熟悉客户服务礼仪并养成良好的礼仪习惯，能快速识别客户，有效地与客户沟通、分析客户的需求，能够独立开拓和维护客户。能独立开展保险产品营销，能独立开展保险理财规划的基础工作。

5. 掌握保险公司组训和营销经理岗位的工作要求，初步具备运用团队经营与管理的关键技能。

6. 熟练掌握保险会计业务操作的基本技能，能够全面地进行保险公司会计核算业务操作。

7. 了解保险监管的内容，了解制定保险法律法规及方针政策的客观依据。

六、毕业标准

（一）学分要求

修完教学计划规定的所有课程并考核合格或重修合格，最低要求修满136学分。

（二）证书要求

1. 推荐以下英语考试合格证书，但不作为获得毕业证书的必要条件。

（1）高等学校英语应用能力考试委员会：全国高等学校英语应用能力考试B级（证书）。

（2）商务部中国国际贸易学会：全国职场英语证书。

（3）全国大学英语四、六级考试委员会：全国大学生英语四级或六级考试证书。

2. 获得以下计算机应用能力证书之一。

（1）教育部门："全国高等学校计算机课程水平考试一级——计算机应用"证书；

（2）教育部考试中心："全国计算机等级考试（NCRE）一级——MS OFFICE"证书；

（3）国家人力资源和社会保障部："办公软件应用"四级（操作员级）及以上证书；

3. 获得以下职业资格证书之一。

（1）劳动和社会保障部：助理理财规划师证书；

（2）县级以上财政部门：会计从业资格证书。

七、课程体系

本专业学生应当学习的职业能力课程体系及部分主要课程见图 1 – 1：

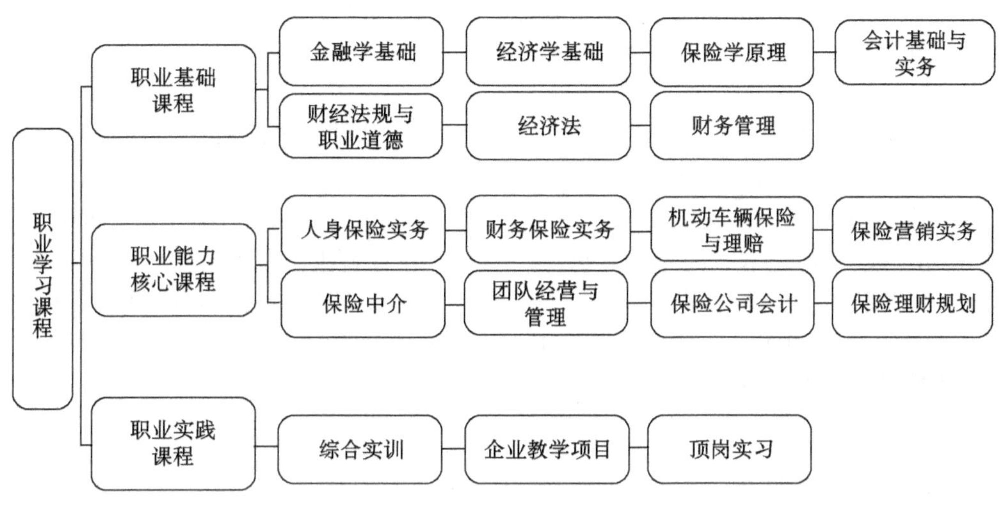

图 1 – 1　职业能力课程体系

依据保险专业培养定位和岗位能力要求，建立项目化的课程体系，由此构建由基础学习课程、职业学习课程、拓展学习课程所组成的项目化课程体系，在该课程体系中，学生应当学习下列课程：

（一）基础学习课程

该领域课程主要是培养大学生合格的思想政治素养，具备健全的人格及身心素质。

课程主要包括：

1. 思想政治课：形势与政策教育、大学生心理健康教育、思想道德修养与法律基础、毛泽东思想和中国特色社会主义理论体系概论。

2. 公共基础课：体育与健康、专项体育技能、经济数学、读写说能力训练、大学英语、计算机应用能力、军事理论教育、新生入学教育、军训与国防教育、大学生职业发展与就业指导、大学生创新创业教育。

（二）职业学习课程

该领域课程主要是培养学生全面的职业综合素养，使学生具备从事保险工作所需的各种专业技能。

课程主要包括：

1. 职业基础课程：金融学基础、经济学基础、保险学原理、会计基础与实务、财经法规与职业道德、经济法、财务管理。

2. 职业能力核心课程：人身保险实务、财产保险实务、机动车辆保险与理赔、保险营销实务、保险中介、团队经营与管理、保险公司会计、保险理财规划。

3. 职业实践课程：综合实训、企业教学项目、顶岗实习。

（三）拓展学习课程

该领域课程主要是拓宽学生的学习领域，开阔学生的知识视野，提高学生的综合素质，增加就业竞争力。

课程主要包括：

1. 职业限选课：保险法规、会计电算化、应用统计基础、风险管理、保险经营沙盘模拟、Excel 在管理中的应用、再保险、社会保障概论。

2. 人文素质任选课：人文美育、公共关系、申论写作、应用数学拓展、演讲与口才、当代世界经济与政治、艺术欣赏导论、职场礼仪、中外著名旅游景点导览、电子商务创业、茶艺、英文影视赏析、英语口语、英语考级强化训练、大学生 KAB 创业基础、商务交流、Flash 动画制作、网页制作、计算机网络技术、Photoshop 图像处理、电脑组装与维护、形体训练、劳动与就业保护实务。

八、核心课程基本内容

专业核心课程共 10 门，各门课程应当掌握的教学内容和技能训练标准见表 1－2：

表 1－2　专业核心课程教学内容表

专业课程	应当掌握的知识	应达到的技能标准
1. 金融学基础	• 了解货币的定义、性质、职能、类型、层次划分及货币制度 • 掌握信用的含义、作用及主要信用工具 • 掌握利率的概念、种类及利息的计算方法 • 了解金融机构的产生、发展、作用及构成框架 • 了解商业银行的产生发展、类型、组织制度、性质、职能、业务类型及经营过程 • 了解保险的含义、职能、作用、种类及保险合同的基本知识 • 了解中央银行性质、业务及作用，掌握货币政策运作原理 • 了解金融市场基本知识，熟悉货币市场和资本市场的内容、分类及金融工具	• 能利用所学知识分析金融市场现象，并提供分析报告 • 能熟练计算各种利息 • 能够利用模拟教学软件办理银行、保险、证券业务中的简单业务 • 能进行简单的股票交易和证券投资分析 • 能进行基本的汇率变动分析和计算 • 能简单分析市场上面临的金融风险，并提出应对之策

续表

专业课程	应当掌握的知识	应达到的技能标准
1. 金融学基础	• 了解货币均衡，理解通货膨胀与通货紧缩现象 • 了解国际收支的内容，掌握外汇与汇率的基本知识 • 了解资产证券化、金融全球化、自由化的基本知识	
2. 保险学原理	• 理解保险的职能与作用，掌握保险的含义、要素与特征 • 了解保险学的研究对象及特点 • 认识保险在社会经济中的职能和作用、保险的起源与发展 • 理解保险的分类、掌握保险的业务种类 • 掌握保险合同的相关重要问题及保险的各项重要原则 • 了解保险市场发展前景，理解保险市场要素 • 理解制定保险法律法规及方针政策的客观依据	• 能分辨哪些属于可保风险，哪些属于不可保风险 • 认识保险运行的基本环节和基本规律 • 能够填写各类保险单证，办理相关单证业务 • 能够判断保险事件是否符合保险原则 • 能够进行理赔计算
3. 人身保险实务	• 了解人身保险市场 • 具备人身保险从业的基本职业道德和素质 • 具备辨别人身风险和设计风险管理措施的能力 • 掌握人身保险合同的订立、变更、终止的程序和要求 • 了解各种人身保险产品，包括人寿保险、人身意外伤害保险和健康保险等 • 了解人身保险精算的基础知识 • 掌握人身保险产品营销的方法和技巧 • 具备人身保险各业务环节的操作能力 • 了解人身保险监管的规定	• 能够对人身保险市场信息资料进行搜集整理与分析 • 能够使用保险职业礼仪从事保险活动 • 能够为客户提供人身风险管理建议 • 能填写各种形式的人身保险合同 • 能处理人身保险合同的订立、变更、终止等事项 • 能为客户解释人身保险合同，调解纠纷 • 能为客户分析不同保险产品并根据客户情况为其设计险种搭配方案 • 能科学计算人身保险保费 • 能够独立开展保险营销活动 • 能够组织团队活动，策划、主持召开晨会、产品说明会等会议 • 能够指导客户填写投保书，完成投保工作 • 能够指导客户进行索赔 • 能利用模拟软件办理保险承保、核保、理赔、客服等保险业务 • 能识别保险活动违规事项并做出处理意见

续表

专业课程	应当掌握的知识	应达到的技能标准
4. 财产保险实务	• 了解财产保险从业人员基本职业素质要求 • 掌握财产保险的概念、类型、特征及主要承保和理赔方式 • 掌握财产保险合同的要素、形式、订立、生效、履行、变更与终止 • 掌握财产保险经营原则 • 掌握财产保险承保、核保流程，认识防灾防损的意义，掌握财产保险理赔过程及内容，学会客户关系管理 • 熟悉财产保险基本险和综合险的保险责任和责任免除内容 • 熟悉家庭财产保险的主要险种 • 掌握商业机动车保险和交强险的主要条款，理解保险责任及责任免除，学会保费计算及赔款理算 • 了解工程保险，熟悉农业保险主要特点及险种，理解责任保险、信用保险、保证保险含义和特征，认识相关险种	• 能识别和评估企业的风险并撰写风险评估报告 • 能够为企业和家庭客户提出风险管理建议 • 能够熟悉财产保险条款，并能够向客户做出解释和说明 • 能熟练完成保险承保单证的填制 • 能利用模拟教学软件独立完成财产保险各险种的核保、理赔、核赔业务 • 能为客户进行险种搭配策划并出具保险规划方案 • 能够正确处理财产保险合同纠纷 • 能进行保险客户的开发与关系维护 • 能正确计算保险金额及保险费 • 能够完成查勘定损，赔款理算工作 • 能够争取分析与处理实务案例
5. 机动车辆保险与理赔	• 了解机动车的一般分类标准，掌握保险业务中对机动车的分类 • 了解我国及世界主要汽车集团及汽车品牌情况 • 了解道路交通事故发生的主要原因 • 了解道路交通的相关法律法规体系，理解《道路交通安全法》中“车辆和驾驶人”相关规定，重点掌握“道路通行规定”内容 • 熟悉我国交通事故责任认定的相关规定 • 掌握交强险的赔偿责任、分项赔偿限额 • 掌握交强险费率及其浮动规定 • 掌握机动车第三者责任保险、机动车辆损失保险、机动车车上人员责任险、机动车盗抢保险等基本险以及相应附加险保险业务的赔偿责任条款、免责条款 • 了解保险公司车险业务承保、核保环节的工作要求 • 了解交通事故车险理赔的一般业务流程 • 掌握交通事故现场查勘工作要求、准备物品、查勘要点、拍照技巧、核定损失等操作环节	• 能够熟练说出机动车零部件名称、功能 • 能够知晓机动车各零部件配置价位等 • 能够分析判断机动车常见故障问题 • 能够准确的划分三十六种交通事故情形的责任问题 • 熟练辨认现行交通法规中的各种交通信号、标志指示等 • 能够迅速计算各类型机动车的交强险费率 • 够对各种典型的交通事故，迅速明确交强险的赔偿责任 • 够准确分析交强险各种特殊的理赔纠纷案例 • 为不同车况的机动车制订相应车险投保服务方案 • 针对不同车型、车况、投保人职业等因素，客观分析其车险投保需求，并制订具有针对性的车险综合服务方案 • 能够熟练的进行保单录入、核保、签发保单、批改等各环节操作 • 能够使用相机对事故现场正确的进行拍照

续表

专业课程	应当掌握的知识	应达到的技能标准
5. 机动车辆保险与理赔	• 了解我国汽车消费信贷行业的发展现状及存在问题 • 掌握商业银行、汽车金融公司各自的汽车信贷业务模式及相应的风险控制措施 • 掌握信贷业务涉及到的《物权法》等法律问题	• 准确核定车辆损失的保险理赔范围，并进行相应计算 • 能够为客户制订通过商业银行、汽车金融公司、汽车经销商等各种途径获得资金的融资服务方案
6. 保险营销实务	• 理解我国主要保险产品的特点和各类保险机构的经营状况 • 了解保险公司身处的宏观环境、微观环境以及营销环境变化带来的机遇挑战 • 掌握保险市场细分和目标市场选择的基本概念和策略 • 掌握保险产品的整体概念、保险产品的品牌策略、保险产品策略、保险产品价格策略及渠道策略 • 掌握保险公司的促销组合要素，保险公司广告的策略以及促销原则 • 掌握保险营销风险管理	• 能够设计调查问卷，对保险市场进行调研、评估和细分，能根据调研情况选择目标市场 • 能够用保险营销实务基础理论和基础知识制定保险营销策划 • 能够进行保险营销环境分析，正确制定保险营销战略与策略 • 熟悉银保险公司等金融企业的营销思路、规律和实务流程 • 能进行保险产品开发和推介 • 具备客户关系的维护能力，与客户建立良好的关系 • 掌握保险公司营销风险管理的目标，能够进行风险管理的实务工作 • 能熟悉保险网络营销，能进行保险营销创新及创新谋略，掌握我国保险营销发展趋势
7. 保险中介	• 了解保险中介和保险市场的相关性 • 会区分广义的保险中介与狭义的保险中介 • 掌握保险代理人、保险经纪人和保险公估人之间的关系 • 认识保险中介行为的规范 • 能了解保险中介的发展历程及其发展现状 • 了解我国保险中介的法律约束 • 熟悉保险代理、经纪、公估合同的特征 • 掌握保险代理、经纪、公估合同的要素分析 • 了解保险代理、经纪、公估监管的内容 • 熟悉保险公估报告 • 了解保险公估费用 • 了解保险代理、经纪、公估从业人员的职业道德和执业操守	• 搜集并理解保险中介市场的相关数据信息 • 能了解与保险中介相关的社会考证情况 • 分析我国保险中介的发展前景、发展方向和发展走势 • 熟悉保险代理、经纪、公估合同当事人的权利和义务 • 了解保险代理、经纪、公估合同的订立、变更和终止 • 了解保险代理、经纪、公估合同的争议处理 • 熟悉个人保险代理、经纪、公估人业务流程 • 制定保险销售策略 • 掌握保险销售技巧 • 学会解释说明保险产品 • 把握保险代理人的客户服务 • 编制保险计划书 • 编制保险公估报告

续表

专业课程	应当掌握的知识	应达到的技能标准
8. 团队经营与管理	• 了解保险团队的构成要素和角色定位 • 了解保险团队的文化建设 • 理解团队主管的工作职责 • 了解目标制定的原则，熟悉目标管理的流程 • 团队业务规划的步骤及方法 • 制订团队计划的步骤，理解计划的特征 • 掌握业务追踪的流程 • 明确编排行事历的注意事项，熟悉行事历的内容 • 了解保险业务推动的时机、原则和步骤 • 学会业务推动方案的设计和编排 • 掌握增员对象的来源及其开拓方法与技巧 • 掌握创业说明会的组织运作方法 • 掌握经营总结会的目的、月经营总结会的运作流程和操作要领 • 掌握团队教育训练规划的主要类别和团队教育训练的需求分析 • 掌握陪访的流程、新人辅导流程和新人销售流程辅导 • 掌握绩效考核的具体指标 • 掌握绩效分析的步骤 • 了解各项关键绩效指标问题背后所蕴藏的原因，学会针对实际分析指标，并且能结合团队经营情况提出相应的提高绩效的措施或方法 • 掌握团队激励方案制订的流程	• 能够组建一支大学生保险团队并确立队训和团队文化 • 能够进行团队成员之间的初步沟通与合作 • 能够清楚认识并描述保险公司各职级的管理职责和能力素质要求 • 能规划本年度团队人力发展方案 • 能够根据团队发展目标制定行事历 • 能够参与策划并组织召开经营总结会 • 能够制定教育训练规划 • 能够帮助业务主管对团队内的新人进行陪访和辅导 • 制订团队激励方案 • 能够对团队绩效进行衡量，并做出分析 • 能熟练掌握团队业务规划的技巧和模式 • 能够进行团队人员管理，掌握管理技巧和方式 • 能够策划开展各种会议，参与会议管理 • 能够进行团队绩效管理，掌握绩效管理的方法 • 能够开展团队教育训练，具备组训师的技能 • 能够运用激励方法和技巧
9. 保险公司会计	• 了解保险会计的概念、构成、特点和基本前提 • 熟悉保险会计的信息质量要求和会计要素，了解保险公司会计制度 • 熟悉货币资金、外币资产、应收及预付款项、保险投资、金融资产、股权投资资产、固定资产、无形资产的概念和内容，掌握它们的账户设置 • 熟悉金融负债的概念、内容和账户设置 • 熟悉实收资本、资本公积、留存收益的概念内容和账户设置 • 熟悉收入、成本费用、利润和概念、内容和	• 能准确辨识保险会计要素 • 能够准确使用各资产账户，并正确进行各项资产核算 • 能够准确使用各负债账户，并正确进行各项负债核算 • 能够准确使用各所有者权益账户，并正确进行各项所有者权益核算 • 能够准确使用收入、成本费用、利润账户，并正确进行收入、成本费用、利润核算 • 能够准确使用非寿险保险公司会计核算账户，并正确进行其保费收入、准备金、赔款和短期人身意外保险和健康保险业务核算

续表

专业课程	应当掌握的知识	应达到的技能标准
9. 保险公司会计	账户设置 • 了解非寿险公司业务及财产保险公司保费收入、准备金、赔款的概念、内容及账户设置 • 了解短期人身意外伤害保险和短期健康保险的概念和内容，掌握其账户设置 • 了解寿险公司业务及其保费收入、保险金给付的概念、内容及账户设置 • 熟悉长期人身意外伤害保险和长期健康保险的概念和内容，掌握其账户设置 • 了解再保险公司业务及其分出、分入业务的概念、内容及账户设置	• 能够准确使用寿险保险公司会计核算账户，并正确进行其保费收入、保险金给付和长期人身意外保险和健康保险业务核算 • 能够准确使用分出业务和分入业务核算账户，并正确进行分出业务和分入业务会计核算
10. 保险理财规划	• 了解风险的本质属性 • 了解风险管理的基本原理、程序与方法 • 了解保险的基本概念、术语 • 了解保险规划流程和基础工具 • 了解建立客户关系的各种方法、搜集客户信息的内容及分析客户财务状况的基本方法 • 了解理财方案制订的方法和执行流程 • 熟悉人寿保险规划方案的制订 • 熟悉健康保险与人身意外伤害保险规划方案的制订 • 熟悉养老保险规划方案的制订 • 熟悉教育金保险规划方案的制订 • 熟悉投资型寿险规划方案的制订 • 熟悉财产保险规划方案的制订 • 了解保险理财规划设计建议书的制作要点和内容	• 能够为客户分析风险状况 • 能够搜集全面有效的客户信息并据此制订理财方案、执行方案 • 能够制定寿险理财规划 • 能够制定健康保险与人身意外伤害保险理财规划 • 能够制定养老保险理财规划 • 能够制定教育金保险理财规划 • 能够制定投资型寿险理财规划 • 能够制定财产保险理财规划 • 能够制定综合保险理财规划

九、教学计划进度

1. 本专业的教学计划进度安排建议如表 1 - 3 所示。

表 1-3　　保险专业教学计划进度表

学习领域	课程类别	课程名称	课程类型	学分	总学时	开课学期						说明
						第一学年		第二学年		第三学年		
						1	2	3	4	5	6	
基础学习课程	思想政治课程	形势与政策理论	理论			√	√	√	√	√		讲座
		大学生心理健康教育	理论	2	34	1/16	1/18					
		思想道德修养与法律基础	理论	3	54	3/16						
		毛泽东思想和中国特色社会主义理论体系概论	理论	4	72		4/18					
	合计			9	160	4	5					
	公共基础课程	体育与健康	实践	2	34	1/16	1/18					
		专项体育技能	实践	2	36			1/18	1/18			
		经济数学	理论	5	84	3/16	2/18					
		读写说能力训练	理论	4	72		2/18	2/18				
		大学英语	理论	6	102	3/16	3/18					
		计算机应用能力	理实一体	6	100	4/16	2/18					
		军事理论教育	理论			√	√					讲座
		新生入学教育	理论	1	28	1 周						集中时间授课
		军训与国防教育	实践	2	56	2 周						
		大学生职业发展与就业指导	理论	2	40	1			1	1	1 周	
		大学生创新创业教育	理论	2	36					1 周		
	合计			32	588	12	10	3	2	1		
职业学习课程	职业基础课程	金融学基础	理论	4	64	4/16						
		经济学基础	理论	3	48	3/16						
		保险学原理	理论	4	72		4/18					
		会计基础与实务	理实一体	4	72			4/18				
		财经法规与职业道德	理论	2	36			2/18				
		经济法	理论	4	72				4/18			
		财务管理	理实一体	4	72					4/18		
	合计			25	436	7	4	6	4	4		
	职业能力核心课程	人身保险实务	理实一体	4	72		4/18					
		财产保险实务	理实一体	4	72			4/18				
		机动车辆保险与理赔	理实一体	4	72				4/18			
		保险营销实务	理实一体	4	72			4/18				
		保险中介	理实一体	4	72				4/18			
		保险公司会计	理实一体	4	72				4/18			
		团队经营与管理	理实一体	4	72					4/18		
		保险理财规划	理实一体	4	72					4/18		

续表

学习领域	课程类别	课程名称	课程类型	学分	总学时	开课学期						说明
						第一学年		第二学年		第三学年		
						1	2	3	4	5	6	
职业学习课程	合计			32	576		4	8	12	8		
	职业实践课程	综合实训	实践	6	108		2/18	2/18	2/18			
		企业教学项目	实践	4	72					4/18		
		顶岗实习	实践	16	448						16周	毕业调研、毕业教育各1周
	合计			26	628		2	2	2	4		
必修课总计				124	2 388	23	25	19	20	17		
拓展学习课程	职业选修课程（8选4）	保险法规	理实一体	2	36		2/18					
		应用统计基础	理实一体	2	36		2/18					
		Excel在管理中的应用	理实一体	2	36			2/18				
		风险管理	理实一体	2	36			2/18				
		会计电算化	理实一体	2	36				2/18			
		再保险	理实一体	2	36				2/18			
		社会保障概论	理实一体	2	36					2/18		
		保险经营沙盘模拟	理实一体	2	36					2/18		
	合计			8	144		2	2	2	2		
	人文素质任选课	人文美育、公共关系、申论写作、应用数学拓展、演讲与口才、当代世界经济与政治、艺术欣赏导论、职场礼仪、中外著名旅游景点导览、电子商务创业、茶艺、英文影视赏析、英语口语、英语考级强化训练、大学生KAB创业基础、商务交流、Flash动画制作、网页制作、计算机网络技术、Photoshop图像处理、电脑组装与维护、形体训练、劳动与就业保护实务（备注：人文素质任选课可以根据学生需求情况自行选择其他课程）										
	合计			4	72				2/18	2/18		
选修课合计				12	216				2	2		
总计				136	2 604	23	27	21	24	21		

2. 总体教学进程安排参照表1-4：

表1-4　总体教学进程安排表

周数 内容 / 学期	军训入学教育	课程教学	顶岗实习	创新创业教育	毕业教育	考试	机动	合计
一	2	16				1	1	20
二		18				1	1	20
三		18				1	1	20

续表

周数 \ 内容 学期	军训入学教育	课程教学	顶岗实习	创新创业教育	毕业教育	考试	机动	合计
四		18				1	1	20
五		18		1		1		20
六			16		1	1		18
合计	2	88	16	1	1	6	4	118

3. 各类课程学时学分比例应当参照表 1 – 5：

表 1 – 5　　各类课程学时学分比例表

课程类别		小计		小计		备注
		学时	比例	学分	比例	
必修课	基础学习课程	748	31. 32%	41	33. 06%	
	职业学习课程	1 640	68. 68%	83	66. 94%	
合计		2 388	100%	124	100%	
选修课	人文素质课	72	33. 33%	4	33. 33%	
	职业能力课	144	66. 67%	8	66. 67%	
合计		216	100%	12	100%	
理论实践教学比	理论课	850	32. 64%	48	35. 29%	人文素质选修课按照理论课与实践课 1∶1 计算。
	实践课	790	30. 34%	34	25. 00%	
	理实一体化	964	37. 02%	54	39. 71%	
合计		2 604	100%	136	100%	

十、教学实施条件

（一）教师任职条件

1. 专业带头人任职条件：忠诚党的教育事业，具有良好的社会公德和职业道德，为人师表，教书育人，学风端正，团队意识强；具有本科及以上学历、学士及以上学位；具有副高级及以上专业技术职称或职业资格证书；专职教师必须具备双师素质，具有高校教师资格证；从事本专业领域教学达到 5 年以上；在职期间教学质量考核均为优秀；具备过硬的科研能力和成果。

2. 专任教师任职条件：具备高校教师资格证；有强烈的事业心和高度的责任感，忠诚党的教育事业；具备深厚的经济理论功底，较强的保险专业能力和语言表达能力；对经济现实具有敏锐的洞察力，能够组织专业研究和专业实践；能够运用现代教育技术，善于汲取新知识和新思想；能够从事专业教学研究和课程开发；具备双师素质或企业锻炼或企业工作的经验。

3. 兼职教师任职条件：具有较强的保险岗位工作能力；有强烈的事业心和高度的责任感；具备基本的保险专业能力和语言表达能力；能够带领学生进行实践教学活动；校外兼课教师应具备本科及以上的学历和中级及以上的专业技术职务；顶岗实训指导教师必须具备大专及以上学历和 5 年以上基层工作的经验。

4. 骨干教师任职条件：热爱教育事业、具有高度的责任心和事业心；本科及以上学历；讲师及以上职称；具备企业工作经历或顶岗锻炼经历；具有优秀的科研能力和成果；来自于企业的骨干教师还必须具备相关专业中级职称和在保险行业业务部门 3 年以上的工作经验。

（二）实践教学条件

1. 校内仿真实训室。

本专业的校内仿真实训室情况具体如表 1 - 6 所示。

表 1 - 6　校内实训室

序号	实训室名称	实训项目	规模	主要设备
1	保险业务实训室	1. 从事人身（财产、机动车辆）保险业务工作的综合技能实训 2. 人身（财产、机动车辆）保险合同的填写及处理技能实训 3. 人身（财产、机动车辆）保险产品分析、比较和规划技能实训 4. 保险需求测算与费率计算技能实训 5. 人身（财产、机动车辆）保险各环节业务的办理技能实训 6. 人身（财产、机动车辆）保险日常售后服务技能实训 7. 人身（财产、机动车辆）保险产品营销技能实训	60 人	电脑 60 台 保险业务模拟教学系统 1 套 液晶电视 1 台 桌椅 60 套 电话 60 套 教师机 1 台 文件柜 4 个 空调 1 台 投影仪及投影幕 1 套
2	保险理财实训室	1. 保险理财岗位基本工作技能实训 2. 建立和管理客户关系实训 3. 分析和诊断客户财务状况实训 4. 开展银保理财业务实训 5. 开展保险理财业务实训 6. 设计和实施保险理财方案实训 7. 研读理财规划案例实训	60 人	电脑 60 台 教师计算机 1 台 操作台 10 套 UPS 不间断电源 2 套 交换机 1 台 理财业务模拟操作软件 1 套 空调 1 台 投影仪及投影幕 1 套

续表

序号	实训室名称	实训项目	规模	主要设备
3	会计实训室	1. 会计入门 2. 填制与审核原始凭证 3. 填制与审核记账凭证 4. 设置与登记账簿 5. 编制会计报表 6. 辨识保险会计要素 7. 使用资产账户 8. 使用负债账户 9. 使用所有者权益账户 10. 使用收入、成本费用、利润账户 11. 使用非寿险保险公司会计核算账户 12. 使用寿险保险公司会计核算账户 13. 使用分出业务和分入业务核算账户	60 人	电脑 60 台 教师计算机 1 台 学生操作台 60 套 UPS 不间断电源 2 套 交换机 1 台 财会模拟保险公司印章、财会模拟银行业务受理章、财会模拟投保人财务章及凭证 61 套 小键盘练习软件 1 套 会计实训软件 1 套 空调 1 台 投影仪及投影幕 1 套
4	综合业务实训室	1. 人身保险业务实战 2. 财产保险业务实战 3. 机动车辆保险业务实战 4. 保险营销业务 5. 保险理财业务 6. 保险客服工作	20 人	电脑 6 台 液晶拼接屏 1 套 保险业务真实操作系统 1 套 保险客户管理软件 1 套 空调 2 台 业务办理台 3 套 贵宾室桌椅 1 套 客户等待椅两组 档案柜 1 组

2. 校外实习基地。校外实习基地应当立足本地，兼顾省外其他地区，同时以满足本专业及专业群的学生校外顶岗实习的需要来开发实习基地群。校外实习基地具体要求详见表 1－7：

表 1－7　　校外实习基地类型及功能

序号	企业类型	数量	功能	接纳学生人数
1	保险公司	4～6 家	为学生提供训练从事保险营销能力的机会 为学生提供训练从事保险客户服务能力的机会 为学生提供训练从事保险公司内勤服务能力的机会 为学生提供训练从事保险核保、理赔能力的机会	60 人
2	商业银行	4～6 家	为学生提供见习办理相关业务的场所 为学生提供训练银保联合理财产品营销能力的机会 为学生提供训练从事营业现场管理和服务能力的机会 为学生提供参与银行保险业务活动的机会 为教师提供下企业锻炼的机会	60 人
3	第三方代理机构	4～8 家	为学生提供训练从事有关产品营销能力的机会 为学生提供训练从事会计核算、财务管理能力的机会等	60 人

（三）教学资源

本专业教材均应选用高职高专类型的优秀教材或自编高质量教材，并结合教材整合详细的学习资源。学习资源包括保险专业专业标准、各课程的课程标准、各课程的教案、电子课件、教学大纲、案例素材库、练习题库、习题（试题）库、实训资料、行业政策法规资料、职业考证信息等，同时还应开发在线辅导练习系统，配备与专业教学相关的图书资料、电子杂志等相关的学习辅助性资源，并通过网络发布、共享。

（四）教学方法、手段与教学组织形式建议

1. 教学方法。本专业主要包括六步教学法、课堂讲授法、情景式教学法、以赛促学教学法、“课证结合”教学法、分角色实训法、案例引导分析法、网络自主学习法、实地调研法、合作学习法等教学方法，并通过各种教学方法的综合使用，提高教学效果。

2. 教学手段。本专业很多课程应在配备有多媒体设备的实训室进行，现代化的教学手段应贯穿课程教学的始终，利用仿真的模拟教学系统极大的激发了学生的学习和操作兴趣，并且不断完善网络课程，使学生在下课后也能够自学。

3. 教学组织形式。本专业教学组织遵循“能力本位、工学结合、校企合作、持续发展”的高职教育教学理念，采用“模拟演练、边学边做、企业课堂、工学交替”的教学模式，对核心课程实施理实一体的教学方法。校内理实一体教学以专任教师为主，兼职教师为辅。校内实训由专任教师、兼职教师和实训指导教师一起完成，通过各种仿真实训组织教学，校外顶岗实习，以校外指导教师为主，校内指导教师为辅，在校外实习基地组织教学。

（五）教学评价、考核建议

1. 考核评价方法多元化，重视实践考核。综合运用闭卷、开卷、实际操作、答辩、论文写作、实习报告、场景演练、情景测验等多种考核方式，考核评价可以综合考核，也可分项目单项考核。

2. 注重考评学生知识、技能及态度。这是高职教育与其他类型、层次教育的显著区别。除了考核学生对理论知识的掌握能力，还要重点考核学生对业务技能的掌握程度，注重专业技术水平和职业能力的考评，并且要强调态度考核，培养学生学习、工作的端正态度，养成严谨守时、敬业合作的优良职业作风。

3. 重要课程渗透职业资格考试教育，努力使学生取得“职业资格证书”，同时把学生取得“双证”率作为考评教学质量的重要依据。

4. 考评与就业创业结合，注重培养和考核学生的岗位技能、适应能力和创新精神与创业能力，坚持正确的就业导向。

5. 考试记分办法。

（1）闭卷笔试方式：考试课成绩采用百分记分制，一般依据期末成绩和平时成绩评定，期末成绩占70%，平时成绩占30%；考查课考试成绩采用百分记分制，主要依据各种平时出勤、作业、课堂表现和阶段性考试成绩综合评定。

（2）其他考试方式：考查课或选修课采用的考试方法灵活多样，除闭卷考试外，还有

开卷、口试、论文、报告等考试方法。

（3）实习考试：一般采用五级记分制，即优、良、中、及格、不及格。实习成绩考核方式采用出勤考核、笔试、口试、报告、现场操作、答辩、企业鉴定等多种方式或几种方式相结合的综合考试方式。

（4）职业技能考核：成绩采用百分记分制。考试主要采用笔试与操作考试相结合的综合考核方法进行。笔试主要考核“应知”内容，操作考试考核“应会”内容。

（5）综合素质考核：根据学生品行、态度、学习成绩、以及在各项活动中的表现对学生做出定性的综合评价，分出差别，作为奖学金评定等的依据。主要由学生管理部门和辅导员评价。一般每学年评价一次。

第二部分

保险专业核心课程标准

“金融学基础”课程标准

一、课程定位

“金融学基础”是保险专业的职业基础能力课程。通过本课程的学习，能够使学生较全面地掌握金融的基本理论与方法，认识货币、信用、金融机构活动的基本规则，联系我国货币金融政策、法律规章制度、金融体制改革的成就和深化改革的要求，培养、提高分析与解决金融理论与实际问题的能力。本课程是进一步学习人身保险实务、财产保险实务、保险中介等职业核心能力课程的基础。

二、课程目标

通过学习金融基础知识，使学生对货币、信用、金融机构、宏观政策与调控等方面的基本内容有较系统的掌握，提高学生的理论素养，培养学生解决金融实际问题的能力，同时也为其他专业理论课程和业务技能课程的学习奠定坚实的基础。

职业能力培养目标：

1. 理解货币在现代经济活动中的作用。掌握我国现行的货币层次划分和人民币制度的相关内容，并能解释有关的货币现象。

2. 掌握信用的涵义、形式和信用工具的基本内容，理解现代经济实质上就是信用经济。

3. 熟练掌握利息的计算方法，初步分析判断利率的走势。

4. 掌握各种金融机构的性质及我国目前的金融机构设置状况。

5. 运用金融市场产生发展的一般原理，分析我国金融市场的现状。

6. 掌握商业银行的性质、职能及主要业务，了解商业银行经营管理的基本架构。

7. 掌握中央银行的性质、职能及主要业务，明确中央银行与商业银行的区别与联系，理解中央银行业务与职能以及他们与货币供给之间的关系。

8. 掌握商业保险的涵义、原则、合同内容以及商业保险的主要业务，理解商业保险的职能、作用。

9. 读懂我国的国际收支平衡表；能够根据影响汇率变动的因素分析判断我国人民币汇率变动的趋势；能够理解汇率变动对我国经济的影响。

10. 理解二级银行体制下的货币供给机制。

11. 根据通货膨胀、通货紧缩的基本原理，解释我国现实经济生活中的相关经济现象。

12. 运用货币政策的基础知识、基本原理，分析我国货币政策的实行情况，并能根据相关经济数据的变化，初步分析判断我国中央银行的货币政策趋向。

13. 了解我国的金融监管现状，具备良好的金融风险意识。

14. 运用金融基础知识和基本原理，初步具备观察和分析金融问题的能力。

三、设计思路

保险专业课程体系的构建就是基于该专业就业面向的企业岗位的典型工作任务，并强调基础课程设计服务于专业培养目标。

据此金融学基础课程的总体设计思路是：坚持理论适度够用，以任务驱动、项目导向为改革方向，紧紧围绕工作任务来构建相关知识点，为学生后续职业核心能力课程的学习打下坚实的基础。根据课程定位及课程总体设计思路，并融合相关职业资格证书、对知识的要求，有针对性地选择教学内容，构建合理、适用的课程结构。在教学内容组织上，每一个知识点都以案例形式形成工作任务，由学生围绕工作任务寻求相关理论知识支撑，训练其分析问题、解决问题的能力，培养其职业能力。在教学过程中，可以广泛采用现代教育技术手段，并通过校企合作，建设校内实训基地等多种途径，充分开发教学资源，真正实现理实一体化教学。

金融学基础课程的基本框架可以概括为：三根支柱（货币、信用、银行），一个空间（金融市场），上有调控（中央银行、货币政策、金融风险与金融监管等），外有扩展（国际金融关系如外汇与汇率、国际收支与国际储备、国际货币体系、国际金融机构等）。根据课程设计目标和保险专业课程体系需要，考虑到金融学基础课程的特点，本课程内容划分为货币与货币制度，信用、利息与利率，金融机构体系，商业银行，商业保险，中央银行与货币政策，金融市场，货币供求与通货问题，国际金融，金融风险与金融监管十章。

四、课时分配

表 2-1　　课程项目任务及课时分配

序号	章	节	课时分配	
1	货币与货币制度	货币的定义与职能	1	4
		货币形态	1	
		货币层次划分	1	
		货币制度	1	
2	信用、利息与利率	信用概述	1	5
		信用形式与信用工具	2	
		利息与利率	2	

续表

序号	章	节	课时分配	
3	金融机构体系	金融中介机构的产生与发展	1	4
		现代金融机构体系的构成	2	
		我国的金融机构体系	1	
4	商业银行	商业银行概述	2	8
		商业银行业务	2	
		商业银行经营与管理	2	
		网络银行	2	
5	商业保险	保险概述	2	8
		保险的基本原则	2	
		保险合同	2	
		保险公司业务管理	2	
6	中央银行与货币政策	中央银行概述	2	6
		中央银行业务	2	
		中央银行的货币政策	2	
7	金融市场	金融市场概述	1	9
		货币市场	2	
		资本市场	2	
		外汇与黄金市场	2	
		金融衍生市场	2	
8	货币供求与通货问题	货币需求	1	6
		货币供给	2	
		货币均衡	1	
		通货膨胀与通货紧缩	2	
9	国际金融	外汇与汇率	2	8
		国际收支	2	
		国际储备	2	
		国际金融机构	2	
10	金融风险与金融监管	金融风险与金融危机	2	4
		金融监管	2	
机动			2	2
合计				64

五、教学内容

表 2－2　　课程教学内容与教学要求

序号	章	知识内容和要求	技能内容和要求
1	货币与货币制度	• 经济生活中的货币概念、经济学中的货币含义 • 货币的职能 • 货币的各种形态 • 货币层次的划分标准和情况 • 货币制度	• 能够把握现实生活中货币的地位及其在经济活动中的基础性作用 • 能够自行区分不同层次的货币 • 能够对我国当前的货币制度进行简要的分析
2	信用、利息与利率	• 信用的含义、特征、产生与发展 • 各种信用形式及特征 • 利率的来源、种类、计算、决定和作用	• 能够理解信用在整个现代经济中的作用 • 能够大致掌握如何利用信用工具来为个人及公司理财 • 能够熟练进行利息计算 • 能够初步分析判断利率走势
3	金融机构体系	• 商业银行和现代金融机构体系的形成 • 各种金融机构的不同与联系 • 我国金融机构体系的现状与演变	• 能够掌握我国目前金融机构体系的大致情况 • 能够理解不同金融机构的分工
4	商业银行	• 商业银行的性质、职能、类型和组织结构 • 商业银行的业务 • 商业银行的经营原则及资产、负债管理 • 网络银行的定义、特征、发展、存在问题及我国的网络银行	• 能够掌握商业银行基本业务的划分及处理办法并模拟操作 • 能够掌握商业银行管理的基本原则并模拟操作 • 能够实际运用网络银行解决相关业务问题
5	商业保险	• 保险的概念、职能、作用及分类 • 保险的最大诚信原则、保险利益原则、损失赔偿原则和近因原则 • 保险合同的特征、主体、客体及内容 • 保险公司的核保、理赔及客户服务	• 能够掌握商业保险的具体作用 • 能够知道如何购买商业保险并清楚其整个理赔过程，将所学运用于实际生活中 • 能够为客户代办商业保险并明确自身的职责和义务

续表

序号	章	知识内容和要求	技能内容和要求
6	中央银行与货币政策	• 中央银行的产生、发展、性质、职能及制度类型 • 中央银行活动的原则及业务 • 中央银行的货币政策	• 能够明确中央银行在整个经济发展及金融活动中的重要地位 • 能够掌握我国当前货币政策的基本概况并预测短期内的变动情况 • 具备分析中央银行货币政策与现实经济活动关系的基本能力
7	金融市场	• 金融市场的概念、要素、类型和功能 • 银行同业拆借市场、票据市场、国库券市场、回购协议市场和大额可转让定期存单市场 • 股票市场、债券市场和投资基金市场 • 外汇市场和黄金市场 • 金融期货市场、期权市场和互换市场	• 了解金融市场的基本要素，同时对我国金融市场的发展程度和水平有初步的理解 • 能够掌握在各个金融市场中投资的基本流程及要求 • 具备自行进行简单的股票交易和证券投资的能力
8	货币供求与通货问题	• 货币需求及其相关概念 • 货币需求理论 • 影响货币需求的因素 • 货币供给与货币供给量 • 货币均衡 • 通货膨胀和通货紧缩	• 能够明确消费者在整个货币供求体系中起到的基础性的作用 • 能够根据实际情况判断我国当前货币供求的概况 • 能够对于通货膨胀或通货紧缩提出简要的应对方案
9	国际金融	• 外汇的含义及分类 • 汇率的概念及标价方法 • 汇率的决定及影响因素 • 汇率变动对经济的影响 • 汇率制度和我国人民币汇率 • 国际收支与国际收支平衡表 • 国际储备及管理 • 国际金融机构	• 能够了解目前人民币所处的国际形势和地位 • 掌握当前的汇率水平并能简单分析未来大致的走势 • 能够大致掌握当前中国的国际储备概况及其对我国政治经济的影响
10	金融风险与金融监管	• 金融风险的特点、类型、成因 • 金融风险与金融危机 • 金融危机的类型及其表现 • 金融监管的必要性、发展情况、组织体制及目标、原则、内容和手段 • 存款保险制度	• 能够辨别金融风险的类型 • 能够了解金融风险管理的目标 • 能够判断当前金融监管的大致发展趋势 • 熟悉我国的存款保险制度内容

六、教学条件

（一）教师任职条件

1. 专任教师：本课程主讲教师应是专业“双师型”教师；能够用案例教学法、情境教学法等引导学生围绕工作任务进行理论知识学习，激发学生学习兴趣；能够进行理实一体化教学，注重培养学生分析问题、解决问题的能力；能够运用多媒体等现代化教学手段。

2. 兼职教师：商业银行、保险公司等金融企业的一线业务骨干或专家作为兼职教师，进行仿真教学；银行等金融机构具有丰富从业经验的专家学者作专题报告或讲座。

（二）设备场所条件

1. 实训场所：利用校内的银行、保险或金融综合实训室，分配给学生不同的角色，通过模拟仿真业务实际操作，实现理实一体化教学；通过实地参观商业银行、保险公司、证券公司等金融机构，使学生直观了解不同金融机构在性质、主要业务、管理架构等方面的不同。若条件允许还可以让学生利用假期随岗见习。

2. 实训工具设备：多媒体教学设备、学生电脑、各项业务相关单据、金融业务相关法律法规、金融业务模拟软件系统等。

3. 网络资源：可以充分利用中国人民银行、各商业银行、保险公司等金融机构的官方网站以及其他相关的网络资源，让学生做一些小论文或简单的分析报告，训练其知识运用的能力。

七、教学方法与手段

（一）教学方法

本课程教学以课堂讲授为主，教学中可根据具体内容的需要采取灵活多变的教学方法，避免填鸭式教学。建议采取如下教学法：

1. 案例教学法。基于金融学基础课程的特点，案例教学法可作为本课程的常规授课方法。在每一个教学子情境开始之前设计恰当的导入案例，引导学生围绕案例确定自己的学习任务，促使学生带着问题、有目的而学，提高学生的学习主动性。也可以在学习完基本原理之后选取适当的案例供学生分析之用。

2. 直观教学法。教师通过相关实物或图像资料的演示，帮助学生理解抽象的概念。比如在学习外汇的概念时，教师可向学生演示美元现钞、秘鲁币现钞、美元旅行支票等，直观地告诉学生哪一个是外汇，哪一个不是，并讲解为什么，这样学生很容易就可以理解外汇的概念，并且印象深刻。

3. 讨论式教学法。可以选取现实经济生活相关的热点话题，把学生分成两部分，分别搜集正反两方面的论据、资料，准备充分之后把学生划分为三组，其中两组分别持正反两派论点进行观点陈述、辩论，第三组充当评判者，教师要控制好局面。比如针对是否应该调整利率、是否发生了通货膨胀的话题即可采取讨论式教学法，以更好地考察和培养学生运用知识的能力。

（二）教学手段

1. 多媒体教学手段。多媒体教学手段主要包括电子课件、投影、视频、音频、多媒体教学软件。教学案例、实物图片、视频资料等可通过多媒体系统直观地呈现在学生面前，有助于取得更好的教学效果。

2. 网络教学手段。可以考虑充分利用校园网资源，建立师生互动平台。教师可以利用平台答疑解惑，把更多的教学案例等教学资源放到网上，弥补课堂教学的不足。

八、检查评价

本课程教学评价应体现理论评价与实践评价相结合，过程评价与结果评价相结合，教学评价的内容应包括基础知识、基本理论的掌握情况考核、知识运用能力的考核，考核的形式可以多样化，学生学业成绩按百分制计算。建议对理论知识的考核在期末集中进行，采取闭卷方式，权重占40%。知识运用能力的考核分两部分，一是学生平时在课堂情境式教学、讨论式教学等教学活动中的表现及得分情况，权重占30%；二是期末的知识综合运用能力测试，以开卷、小论文或口答等方式进行，权重占30%。

“保险学原理”课程标准

一、课程定位

本课程是保险专业职业基础课程体系的一门必修基础理论课程，其目标是通过课程的学习，使学生较全面地了解保险市场的基础知识、能够分析日常所遇到的与保险有关的基本情况、掌握分析的方法和从事保险工作相关的专业基础技能。本课程也是进一步学习人身保险实务、财产保险实务等职业核心能力课程的基础。

二、课程目标

通过学习保险学基本理论、基本知识，使学生对风险与保险、保险合同、保险的基本原则、保险市场、财产保险、人身保险、再保险及保险监管等方面的基本内容有较系统的掌握；通过学习过程中结合中国保险行业实际情况的分析、思考和讨论，能够初步掌握保险运作的内在规律，为进一步学习和掌握保险其他知识与技能打下基础。通过知识学习和能力训练的结合，提高学生的理论素养，培养学生解决保险实际问题的能力，同时也为其他专业理论课程和业务技能课程的学习奠定坚实的基础。

职业能力培养目标：

1. 熟悉保险的职能与作用，掌握保险的含义、要素与特征，能够分析实际生活中人们遇到的风险状况，分辨哪些属于可保风险，哪些属于不可保风险，并能够针对不同风险选择不同种类的保险来进行风险管理。

2. 熟悉保险合同的构成要素，了解保险合同的相关重要问题，能掌握保险合同订立、变更、中止及终止的相关操作和技术要点。

3. 熟悉保险的各项重要原则，能够利用这些原则来指导保险活动和分析保险案例。

4. 熟悉保险市场要素，认识保险运行的基本环节和基本规律，能结合所学及实际情况分析保险市场的发展前景。

5. 掌握人身保险、财产保险、再保险等重要保险业务类型的特点和业务开展技能。

6. 了解保险监管的内容，了解制定保险法律法规及方针政策的客观依据。

三、设计思路

保险专业课程体系的构建就是基于该专业就业面向的企业岗位的典型工作任务，并强调基础课程设计服务于专业培养目标。

据此保险学原理课程的总体设计思路是：坚持理论适度够用，紧紧围绕工作任务来构建相关知识点，为学生后续职业核心能力课程的学习打下坚实的基础。根据课程定位及课程总体设计思路，并融合相关岗位以往从业资格对知识的要求，有针对性地选择教学内容，构建合理、适用的课程结构。在教学内容组织上，每一个知识点均撰写了学习目标，章节当中围绕学习目标系统介绍相关内容。在教学过程中，广泛采用现代教育技术手段，并通过校企合作，建设校内实训基地等多种途径，充分开发教学资源，真正实现理实一体化教学。

本课程内容划分为风险与保险、保险合同、保险的基本原则、保险市场、财产保险、人身保险、再保险、保险监管共八章，学生通过学习能初步具备分析保险和运用保险的意识，熟悉各种保险的险种原理，熟悉国家对保险行业监管法律法规的管理，养成独立、客观、公正、诚实守信、善于沟通和合作的个人职业素养，为上岗就业做好准备。

四、课时分配

表 2－3　　课程教学内容与课时分配表

序号	章	节	课时分配	
1	风险与保险	风险与风险管理	4	10
		保险概述	4	
		保险的起源与发展	2	
2	保险合同	保险合同概述	2	10
		保险合同的要素	2	
		保险合同的主体、客体和内容	2	
		保险合同的订立、变更和终止	2	
		保险合同的争议处理	2	
3	保险的基本原则	保险利益原则	3	12
		最大诚信原则	3	
		补偿原则及代位原则、分摊原则	3	
		近因原则	3	
4	保险市场	保险市场概述	2	6
		保险市场要素	2	
		保险市场组织形式	2	

续表

序号	章	节	课时分配	
5	财产保险	家庭财产保险	2	8
		机动车辆保险	2	
		货物运输保险	2	
		建筑工程保险	2	
6	人身保险	人寿保险	4	12
		健康保险	4	
		意外伤害保险	4	
7	再保险	再保险概述	2	6
		再保险方式	2	
		再保险合同	2	
8	保险监管	保险监督管理概述	2	6
		保险监督管理的内容	2	
		保险监督管理的方式	2	
机动			2	2
合计				72

五、教学内容

表 2－4　　　　课程教学内容与教学要求

序号	章	知识内容和要求	技能内容和要求
1	风险与保险	• 风险的含义 • 风险因素、风险事故、损失之间的关系 • 投机风险和纯粹风险的含义 • 保险的概念和要素 • 保险的起源与发展	• 认识风险与保险等的基本概念 • 能够对风险进行分类 • 能够掌握纯粹风险与投机风险的区别
2	保险合同	• 保险合同的特点及种类 • 保险合同的主体、客体和内容 • 保险合同的订立与生效 • 保险合同的变更与终止 • 保险合同争议的处理	• 能够认识保险合同的各个要素 • 掌握保险合同生效和变更以及终止应具备的要素和要求 • 能够通过协商、仲裁、诉讼等方式解决合同争议

续表

序号	章	知识内容和要求	技能内容和要求
3	保险的基本原则	• 保险利益原则 • 最大诚信原则 • 近因原则 • 损失补偿原则 • 代位原则	• 能够认识保险利益原则和最大诚信原则 • 能够正确理解和把握近因原则、损失补偿原则在保险实践中的运用
4	保险市场	• 保险市场的概念 • 保险市场的组织形式 • 保险中介的作用	• 能够分析保险市场中供应和需求的形成原因
5	财产保险	• 财产保险的概念和分类 • 财产保险的特征 • 火灾保险、运输保险、工程保险的概念及发展历史	• 具备发现问题、分析问题、解决从事财产保险业务活动中一般问题的能力，有一定的创新能力 • 掌握财产保险公司和保险中介机构承保、核保、理赔、查勘、定损等岗位所要求的职业技能 • 能熟练运用保险原理和原则进行财产保险案例分析 • 能掌握展业和日常售后服务的技巧 • 能对家庭或企业所面临的风险作全面分析，提供合理的风险管理建议，并能结合客户风险给出合理的保险组合建议 • 具备良好的沟通能力和团队协作能力
6	人身保险	• 人身保险的概念、特点 • 人身保险与财政保险的不同点 • 人身保险的分类 • 人身保险合同中的常用条款 • 人寿保险、健康保险、意外伤害保险的定义及责任范围	• 掌握人身保险主要险种的内容及业务流程 • 能按照工作规程进行人身保险业务系统操作 • 能开发人身保险客户并进行客户管理 • 能根据客户风险和需求为其量身设计保险规划 • 能熟练运用保险原理和原则进行保险案例分析

续表

序号	章	知识内容和要求	技能内容和要求
7	再保险	• 再保险的概念 • 再保险的职能作用 • 再保险业务经营管理流程	• 理解再保险与保险的关系 • 掌握再保险的种类 • 掌握再保险的经营形式及其特点 • 掌握比例再保险与非比例再保险合同的主要内容
8	保险监管	• 了解保险监督管理的概念及内容 • 保险监管机构的内涵 • 保险业务范围、保险条款和保险费率、保险合同的监管 • 了解保险财务监管的内容	• 掌握保险公司的整顿与接管，解散、撤销、破产和清算的监管 • 掌握保险资金运用的监管

六、教学条件

（一）教师任职条件

1. 专任教师：具有高校教师资格，取得教师专业技术职称，“双师型”教师或具备“双师素质”，熟悉金融及经济理论，精通保险专业的基本知识，熟悉中国保险业现状及发展历史，对保险问题有深入研究，能够运用多媒体等现代化教学手段，熟练掌握各种教学方法，了解教学规律和学生学习规律。

2. 兼职教师：保险公司的一线业务骨干；在保险公司或其他金融机构相关岗位从事保险方向工作，并具有极其丰富的从业经验。

（二）设备场所条件

1. 实训场所：利用校内的保险或金融综合实训室，分配给学生不同的角色，通过模拟仿真业务实际操作，实现理实一体化教学；通过实地参观保险公司、保险监管部门、商业银行等金融机构，使学生直观了解保险公司的主要业务、管理架构等方面的内容。若条件允许还可以让学生利用假期随岗见习。

2. 实训工具设备：多媒体教学设备、学生电脑、各项业务相关单据、保险业务相关法律法规、保险业务模拟软件系统等。

3. 网络资源：可以充分利用中国保监会、各大保险公司的官方网站以及其他相关的网络资源，让学生做一些小论文或简单的分析报告，训练其知识运用的能力。

七、教学方法与手段

（一）教学方法

本课程教学以课堂讲授为主，教学中可根据具体内容的需要采取灵活多变的教学方法，避免填鸭式教学。建议采取如下教学法：

1. 案例教学法。基于保险学原理的特点，案例教学法可作为本课程的常规授课方法。在学习完基本原理之后选取适当的案例供学生分析之用。

2. 讨论式教学法。可以选取现实经济生活相关的热点话题，把学生分成两部分，分别搜集正反两方面的论据、资料，准备充分之后把学生划分为三组，其中两组分别持正反两派论点进行观点陈述、辩论，第三组充当评判者，教师要控制好局面。比如针对是否违反保险基本原则、是否发生了业务违规操作等即可采取讨论式教学法，以更好地考察和培养学生运用知识的能力。

（二）教学手段

1. 多媒体教学手段。多媒体教学手段主要包括电子课件、投影、视频、音频、多媒体教学软件。教学案例、实物图片、视频资料等可通过多媒体系统直观地呈现在学生面前，有助于取得更好的教学效果。

2. 网络教学手段。可以考虑充分利用校园网资源，建立师生互动平台。教师可以利用平台答疑解惑，把更多的教学案例等教学资源放到网上，弥补课堂教学的不足。

八、检查评价

本课程教学评价应体现理论评价与实践评价相结合，过程评价与结果评价相结合，教学评价的内容应包括基础知识、基本理论的掌握情况考核、知识运用能力的考核，考核的形式可以多样化，学生学业成绩按百分制计算。建议对理论知识的考核在期末集中进行，采取闭卷方式，权重占40%。知识运用能力的考核分两部分，一是学生平时在课堂情境式教学、讨论式教学等教学活动中的表现及得分情况，权重占30%；二是期末的知识综合运用能力测试，以开卷、小论文或口答等方式进行，权重占30%。

“人身保险实务”课程标准

一、课程定位

本课程是保险专业的一门职业能力核心课程，是以人身保险公司和保险中介机构基层业务及管理岗位群的人身保险营销、服务等典型工作任务为依据设置的。旨在使学生通过完成“人身保险合同业务处理”“人身保险展业”“人身保险核保与承保”“人身保险售后服务”等七大学习性工作项目的训练，培养其人身保险实务工作的操作能力，为完成真实性工作任务和岗位工作任务打下基础。该课程是保险营销、保险理财规划等后续课程的学习基础，并与保险中介、团队经营与管理等课程密切相关。

二、课程目标

该课程主要通过七大工作项目的实务操作过程中任务引领型活动，培养学生掌握人身风险、人身保险相关原则、人身保险产品、人身保险合同以及人身保险经营流程等人身保险业务与管理的基本理论知识和人身保险经营过程中的实务操作技能，在提高学生关于人身保险展业、投保、核保、承保、售后服务等实务操作能力的同时，促进学生风险分析、保障设计、产品营销、案例剖析和纠纷处理等业务能力和经营管理能力的提高，同时应使本专业学生达到保险销售人员和经纪人以往从业资格考试中相关内容的基本要求，初步具备人身保险从业的操作技能与基本职业素养，能够在承担人身保险业务销售和服务等环节的工作任务中，遵守《保险法》、《合同法》及保险监管部门规章、行业自律组织规范等法律规章，形成良好的职业能力和素养，为今后职业发展奠定良好基础。

职业能力培养目标：

1. 掌握人身保险相关基本知识、基本理论、监管规定及人身保险市场的国内外最新动态和前沿知识；了解常见的人身风险；熟悉各类人身保险产品；掌握人身保险从业的法律法规；熟悉人身保险各种业务的基本流程和要求。

2. 能开发人身保险客户并进行客户管理；能利用所掌握的保险营销技巧熟练进行人身保险营销；能根据客户风险和需求为其量身设计保险规划；能按照工作规程进行人身保险业务系统操作；能熟练运用保险原理和原则进行保险案例分析；能按照行业规范展开客户售后服务工作。

3. 培养学生以诚守信，以信守约，避免为了自己的利益对客户进行误导，对公司进行欺骗；勤勉尽责，忠诚服务，不超越客户和公司授权，正确处理执业中的利益冲突；开拓创新，为客户提供优质产品和服务；同时要不断提高业务技能，做到专业胜任，爱岗敬业；与客户交往时文明礼貌，善于沟通；与同事合作时团结互助，公平竞争。

三、设计思路

保险行业基层业务及管理岗位群的任职要求是设置专业课程的依据。本课程教学团队通过进行广泛的社会、学生、保险公司和保险中介机构的调研，以高职教育专家和行业专家对保险从业岗位工作任务和职业能力分析为基础，依据人身保险外勤销售和内勤管理及服务工作岗位的典型工作任务确定了七大工作项目为教学内容，同时又结合保险销售从业人员和经纪人、公估人从业人员以往资格考试等相关职业资格证书对知识、技能和态度的要求，突出发展学生人身保险经营的职业能力。

教学过程中由专职和企业兼职教师共同组建“双师素质”教学团队，团队成员一起以人身保险营销和服务等工作过程系统化为依据进行课程资源开发及教材、实训资料的编写，按照人身保险业务流程组织教学过程，以学生职业能力的培养和提升为核心，采用教学做一体化的教学方法，反映了当前人身保险实务领域的业务内容，体现了职业教育的教学理念，并且采用多元化的评价形式，对学生进行过程性评价和总结性评价，最终实现培养高端技能型保险专业人才的目标。

四、课时分配

表 2－5　　　　课程教学内容与课时分配表

序号	课程项目	课程模块	课时分配	
1	人身保险从业准备	认知人身风险和人身保险	4	8
		了解人身保险市场	2	
		了解人身保险业务岗位	2	
2	人身保险产品比较	认知人寿保险产品	3	12
		认知健康保险产品	3	
		认知意外伤害保险产品	3	
		认知团体人身保险	3	
3	人身保险合同业务处理	人身保险合同订立与生效	2	12
		人身保险合同履行与终止	2	
		人身保险合同条款解读	4	
		人身保险合同解释与纠纷处理	4	

续表

序号	课程项目	课程模块	课时分配	
4	人身保险需求测算与保险费率计算	人身保险需求测算	4	8
		人身保险费率计算	4	
5	人身保险展业	开拓与管理客户	4	12
		制作保险销售计划书	4	
		人身保险销售技巧训练	4	
6	人身保险核保与承保	人身保险核保	5	10
		人身保险承保	5	
7	人身保险售后服务	处理客户抱怨和投诉	5	10
		提供保险售后服务	5	
总计				72

五、教学内容

表 2－6　　课程教学内容与教学要求

序号	课程项目	知识内容和要求	技能内容和要求
1	人身保险从业准备	• 了解人身面临的风险和风险管理的方式 • 理解人身保险的基本功能和创新功能 • 了解人身保险市场的构成要素 • 了解人身保险公司和中介机构的相关业务岗位	• 能准确识别各类人身风险并设计相应的风险管理方案 • 能够对人身保险市场信息资料进行搜集整理与分析
2	人身保险产品比较	• 熟悉传统型人寿保险产品 • 熟悉创新型人寿保险产品 • 熟悉健康保险产品 • 熟悉人身意外伤害保险产品 • 了解团体人身保险产品 • 熟悉保险产品说明会的有关流程	• 能准确地向客户介绍各项人身保险产品 • 能够策划、主持产品说明会

续表

序号	课程项目	知识内容和要求	技能内容和要求
3	人身保险合同业务处理	• 理解人身保险合同的基本原则 • 熟悉人身保险合同的要素 • 理解人身保险合同当事人的资格 • 熟悉人身保险合同的订立、生效事项 • 熟悉人身保险合同变更的范围和条件 • 熟悉人身保险合同终止的形式和条件 • 理解人身保险合同的标准条款 • 熟悉人身保险合同的争议处理原则和处理方式	• 能熟练填制人身保险合同 • 能准确处理人身保险合同的生效、履行、变更和终止事项 • 能为客户解释人身保险合同，调解纠纷 • 能熟练利用人身保险合同的基本原则分析保险事故 • 能准确通过人身保险合同的标准条款分析保险事故
4	人身保险需求测算和保险费率计算	• 了解影响人身保险需求的要素 • 了解人身保险需求测算方法 • 熟悉生命周期表 • 了解人身保险费率的计算方法	• 能对人身保险需求进行定性分析 • 能利用简易法、年收入资本化法量化家庭人身保险需求 • 能科学计算人身保险保费
5	人身保险展业	• 熟悉人身保险的经营流程 • 熟悉人身保险的展业技巧 • 熟悉人身保险准客户开拓的方法 • 熟悉人身保险客户管理方法 • 熟悉人身保险计划的内容和设计原则	• 用保险职业礼仪从事保险活动 • 能熟练运用人身保险展业技巧进行独立营销活动 • 能通过各种途径开拓人身保险客户，并能对客户进行分类管理 • 能准确根据客户需要设计险种搭配方案 • 能够组织团队活动，策划、主持召开晨会等活动
6	人身保险核保与承保	• 熟悉人身保险核保内容 • 熟悉人身保险核保工作流程 • 熟悉人身保险承保工作流程	• 能指导客户填写个人投保书，完成投保工作 • 能准确判别标准体和非标准体并进行核保处理 • 能利用模拟软件办理保险核保、承保等保险业务
7	人身保险售后服务	• 熟悉保险售后服务的主要内容 • 熟悉客户报怨和投诉的处理流程 • 熟悉人身保险理赔业务的流程 • 熟悉人身保险理赔所需的各项单证	• 能够指导客户进行索赔及其他售后服务项目 • 能正确处理客户的报怨和投诉 • 能识别保险活动违规事项并做出处理意见 • 能为客户提供相关附加服务 • 能利用模拟软件办理理赔、客服等保险业务

六、教学条件

（一）教师任职条件

1. 专任教师：具有在保险相关机构从事基层业务工作或管理工作经历，熟悉保险法律法规和保险业务处理流程；能够进行现场指导，示范操作人身保险各险种销售和服务业务办理过程；能够指导学生采用角色扮演法、情境模拟法、小组讨论法进行人身保险各险种业务处理的演示。

2. 兼职教师：作为保险公司、保险中介等机构资深业务人员或管理人员，能进行人身保险展业、核保承保、签约、保全、售后服务等业务处理的示范教学；作为保险培训师，能进行人身保险营销、风险分析、保单设计、保险案例分析、售后服务技巧等示范教学。

（二）设备场所条件

1. 实训场所：环境仿真的用于模拟人寿保险公司实际业务流程的校内模拟项目实训基地——保险业务实训室；用于组织参加项目训练的全体学生开展面向社会的真实金融产品营销服务的校内真实项目基地——综合业务实训室；用于学生观摩体验和实习的校外实训基地。

2. 实训工具设备：多媒体教学设备、计算机、票据打印机、视频录音电话系统、外线电话、LED 显示屏、液晶电视、人身保险业务模拟教学系统、以往的保险中介人员资格考试培训系统、各类人身保险业务相关单据。

3. 配备人身保险业务员操作手册，保险法、合同法及保险监管部门规章、行业自律组织规范、保险中介监管等法律法规等。

七、教学方法与手段

（一）教学方法

本课程教学主要灵活采用了角色扮演法、小组讨论法、案例分析法、归纳演绎法、情境教学法以及网络自主学习法等各种教学方法。

1. 角色扮演法。将每一个学习情境都作为一个工作项目，在实际工作中，每一工作项目的流程需要保险人、投保人、保险代理人、保险经纪人等共同完成。所以本课程利用互动教学软件，模拟现实工作情境，将班上同学分成不同角色，共同完成整个工作任务。而且由于相互之间是互动关系，一种角色完不成任务的话，会影响班上其他角色的扮演者，所以这种角色扮演法既实现了仿真操作，增加了真实性和趣味性，又从客观上起到了督促同学们认真完成各自实训任务的作用。每一角色的成员在熟悉和完成自己的任务后，还需要交替扮演不同的角色，这样可以全方位熟悉所要掌握的知识内容。分角色实训有利于学生在工作中进行换位思考，也有利于学生从不同角度得到技能的全面训练。

2. 小组讨论法。小组讨论式教学法是学生在教师的指导下，分成若干小组，就教材中的基础知识或疑难问题或普遍有争议性的问题，在独立思考、研究的基础上，进行讨论和辩论，然后由小组代表向全班总结汇报。这种教学方法有利于发挥学生的学习主动性，同时也有利于学生实现由掌握知识向发展能力的转化。在讨论法教学中要把握好三方面的问题，首先是讨论问题的提出，包括讨论问题的确定和提出讨论问题的方式。一般教师在确定讨论问题时应注意提出的讨论问题要有针对性、争论性和两难性（如健康险合同究竟是补偿性合同还是给付性合同，为什么）；其次是教师要充分发挥在讨论过程中的控制和引导作用；最后是讨论结束后教师要对学生的讨论做认真的总结归纳，充分肯定正确的认识观点并指出错误的原因等，做到从安排讨论、讨论前的启发、讨论中的简评、讨论后的综合评述，整个过程安排得井井有条，对学生的发言循循善诱，既与学生产生思想的碰撞并跳跃出思想的火花，又解惑、传导，启发学生进一步思考问题。

3. 案例分析法。本课程采用的教学案例包括人身保险基础知识案例和人身保险实务处理及人身保险纠纷案例，案例的表现形式有：文字、图片、影像、Flash 演示、动漫等。通过案例演示能够较好地引导课程内容的展开，激发学生的学习兴趣；通过案例分析能够较好地促进学生的思考，加深对保险的理解；教学中教师和学生要共同直接参与对案例的分析、讨论、评价、寻找相关的法律依据。

案例教学法具有启发性、实践性，是提高学生决策能力和综合素质，保证完善地贯彻教学思路的新型有效的方法，案例教学中，教师在传授知识的同时，把来自于人身保险实务中并经科学整理的实例介绍给学生，让学生面对现实，依据所学理论知识做出分析，从而在讨论分析中接触到人身保险实际业务中的有关做法。

4. 归纳演绎法。在人身保险实务课程中，学生对保险需求测算和保险金额计算的学习有一定难度，它要求学生需较好掌握人身保险知识和相关的数学知识，通过教学中归纳与演绎方法，使学生的能力得到锻炼，并养成自觉主动学习和积极思考的习惯，从而收到良好的教学效果。

5. 情境教学法。这种教学方法主要通过情景创设、角色选定、剧情演绎、自主总结、知识构建、考核评价几个程序完成工作任务。如对人身保险展业，需要学生进行充分的展业准备后，创设一个模拟的生活或办公情境，由学生充当客户和业务员进行保险营销的演绎，最后通过剧情体验，总结营销所需的技巧，进行展业准备和宣传方面的知识构建。最后，教师对完成任务的成果进行评价，小组进行互评。

6. 网络自主学习法。首先要建设各种网络课程，形成以网站为载体的教学资源库，包括教学内容、重难点分析、电子课件、习题、试题、案例、保险视频、flash、保险法规汇集、保险单证下载、考证专栏等丰富资源，可以使学生不受时空限制地坐在宿舍、图书馆甚至在家里，随时随地的学习，能够有效提高学生的学习积极性，提升课程的教学质量。此外，师生可以通过网络课程的实时交流、在线答疑、交流论坛、班级邮箱等栏目进行交流互动，以及时解决问题，并能够及时更新知识、开拓视野。网络教学的运用，突破传统的教学在时间与空间上的局限性，能够让学生更及时、更全面、更主动的去学习。

此外，在教学中还可以不定期采用现场教学法等其他方法，如组织学生到人寿保险公司进行现场教学，请行业专家开办讲座等等。

（二）教学手段

1. 保险业务实训室模拟保险业务的办理。保险业务实训室在现代化教学手段运用方面，为学生准备了人身保险实务模拟教学软件，从客户、人寿保险公司、经纪公司、保险代理人四个角色的角度，提供人身保险等险种业务全程的模拟流程训练。

2. 综合业务实训室网络和电话营销的运用。配备有现代化技术载体的综合业务实训室为学生提供金融类课程校内生产性实训的优良平台，学生可以在这个平台里将真实的保险产品通过电话或网络进行营销，通过与保险公司联网来帮助同学了解最新的金融产品信息。从信息技术的角度实现了由模拟教学向真实实训的过渡或转换。

3. 网络课程。精品资源共享课、慕课等网络课程集中了多种教学资源，包括教学录像、教学案例、网络课件、练习题库、保险视频、互动论坛、在线答疑等，还有保险相关法律法规、保险考证信息、保险单证、保险公司培训资料等，可激发学生自主学习的热情，培养学生自学的能力。

4. 多媒体教学。本课程在配备有多媒体设备的实训室进行教学，教师均能够熟练制作多媒体课件，同时为学生通过仿真操作办理保险业务提供技术支持和设备支持。

八、检查评价

1. 课程学业成绩采用过程性评价与目标评价相结合，理论与实践一体化评价模式。在教学过程中对学生的学习态度和各项任务完成情况进行形成性评价，在教学项目结束时，对学生整体能力形成情况进行总结性评价。

2. 关注评价形式的多元性，结合课堂表现、学生作品、小组讨论、模拟实训、真实项目及期终考试情况，综合评价学生成绩。前三项占总成绩的 20%，模拟实训和真实项目占总成绩的 30%，期终考试占总成绩的 50%。期终考试要注重反映学生动手能力和实践中分析问题、解决问题能力的考核，全面综合评价学生的能力。

3. 关注评价渠道的多元性，改革学生能力考核与评价体系，突出职业能力培养的目标，将教学评价变换为学习能力评价（完成具体任务能力的评价），采取“过程考核模式”、“销售业绩考核模式”、“以证代考模式”等多种形式，实现“以考核察能力”、“以考核促应用”、“以考核培素养”的目标。

"财产保险实务"课程标准

一、课程定位

财产保险实务是高职高专保险专业的核心课程之一。根据高职高专人才培养目标，结合保险专业岗位群和职业能力要求，社会需要及以往岗位职业资格证书的要求，课程定位是培养学生分析问题和解决问题的能力，通过本课程教学，使学生具备从事财产保险业务工作所必需基本技能，包括：财险市场需求调查与分析、风险评估与风险管理方案设计、财险销售、核保、核赔、查勘定损、理赔、客户服务等能力，为从事财产保险工作打下坚实基础。财产保险实务其先导课程应设定为金融基础，后续课程包括金融营销实务、顶岗实训等内容，以提高学生综合技能。

二、课程目标

本课程依据保险代理人的工作任务和需求设计教学内容，培养面向一线和基层的保险业务运营流程各环节的高素质高技能人才；结合金融保险专业岗位群和职业能力要求以及社会需要，参考以往岗位职业资格证书的要求，课程定位为：培养能够熟练掌握财产保险基础理论、学会财产保险投保、核保、承保、核赔、理赔等实务操作手续与规程。

职业能力培养目标：

1. 了解财产保险的特征、职能和作用；理解财产保险合同的内容；了解财产保险经营原则；理解财产保险费率厘定原理及偿付能力标准；熟悉国内现有财产保险险种；掌握主要财产保险险种的责任范围、附加险种；熟悉财产保险公司和保险中介的工作流程及岗位要求；掌握财产保险主要业务的操作流程。

2. 培养学生具备发现问题、分析问题、解决从事财产保险业务活动中一般问题的能力，有一定的创新能力；掌握财产保险公司和保险中介机构承保、核保、理赔、查勘、定损等岗位所要求的职业技能；能熟练运用保险原理和原则进行财产保险案例分析；能掌握展业和日常售后服务的技巧；能对家庭或企业所面临的风险作全面分析，提供合理的风险管理建议，并能结合客户风险给出合理的保险组合建议。

3. 培养学生具备良好的沟通能力和团队协作能力；具备高尚的职业道德。

三、设计思路

课程的总体设计思路："培养善于思考，动手能力强，能工巧匠型的高职生"是设计财产保险实务课程坚持的教学理念，综合考虑知识、技能、态度、素质四个能力要素的融合，合理规划教学方法、内容、手段和考核等教学体系和环节。财产保险实务按照由岗位要求→能力标准→培养目标→课程内容→职业技能→岗位应用→岗位要求的循环往复，使学生的学习始终围绕能力标准及岗位要求的核心展开，课堂教学内容来自岗位要求，并且接受岗位实践检验，实习内容直接来自岗位业务流程，以财产保险的实际业务流程组织教学过程和校内仿真实训，实行教学做一体化。

课程设计的目标：通过准确把握课程定位，理清课程设计思路，有针对性地选择适用的教学内容，科学安排课程内容结构，全面建设立体化的教学资源，在行动导向下以任务驱动教学进程，广泛采用现代教育技术手段，充分利用网络教学在促进学生自主学习方面的作用，运用多种科学的教学方法，充分发挥"双师"教学团队的优势，充分利用校内外实践教学条件，完善与行业要求相适应的评价体系，把本课程建设成真正意义上的教学做一体化课程，使其在促进更多学生到财产保险公司就业产生推动作用。

课程设置的依据：本课程设置的依据是财产保险公司内勤、客服、理赔、核算等岗位工作任务对职业能力的需要，教学项目设计的依据是财产保险公司内勤、客服、理赔、核算等业务岗位的工作项目，学习性工作任务设计的依据是财产保险公司内勤、客服、理赔、核算等业务岗位工作任务，教学场所建设的依据是财产保险公司营业场所的工作环境，课程开发的主体是在学校与财产保险公司合作基础上的行业专家和专职教师共同组织的团队，课程开发的全过程自始至终贯彻财产保险公司工作过程中的思想，课程开发的立足点是广泛的行业岗位调研和行业专家岗位工作任务分析。

课程内容的确定：本课程以工作过程为导向，以典型工作任务为基点，包括财产保险从业准备、保险合同业务处理、财产保险运行、企业财产保险、家庭财产保险、机动车辆保险、货物运输保险、工程保险、农业保险、责任保险与信用保证保险等十大项目，课程内容在注重对财产保险理论知识培养的同时，还注重对学生基本研究方法、财产保险实务操作技能的培养，使学生具备财产保险案例分析的能力、初步具备财产保险的承保、理赔与事故现场查勘、客户服务等各岗位的技能；初步分析客户风险、提出风险管理建议的技能；能结合客户风险给出合理的保险组合建议，为学生的从业能力奠定基础，为就业上岗作好准备。同时又结合以往保险代理人、经纪人、公估人资格等相关职业资格证书对知识、技能和态度的要求，突出发展学生保险经营的职业能力。

课程内容的组织：教师教学应体现"以学生为本"的理念，以多媒体课件的形式呈现教学资料，以单据实物和模拟软件演示操作处理流程，注重"教"与"学"的互动，以提高学生的学习兴趣；教学过程中应以设计完成的项目活动为基础，通过多情景模拟、角色体验、角色互换、情景再现、案例分析等多种手段，强调学生做中学，突出技能培养目标，注重对学生实际操作能力的训练；教学中，应注重保险业务操作系统软件的使用，条件允许情况下，设计开发课程配套的教学实训系统软件；教师必须重视财产保险业务一线实践经验的学习，重视现代信息技术的应用，积极探讨适合高职学生认知特点和保险公司业务操作技能要求的职业教育教学模式，为学生提供自主发展的时间和空间，努力培养学生参与社会实践的职业能力；教师应积极引导学生提升职业素养，培养学生诚实守信、善于沟通和合作的品质。

四、课时分配

表 2－7　　　　课程项目任务及课时分配表

序号	课程项目	课程模块	课时分配	
1	财产保险从业准备	认识财产保险	2	4
		认识财产保险的保险方式	1	
		了解财产保险发展简史	1	
2	财产保险合同业务处理	财产保险合同基本原则	2	8
		财产保险合同的形式	2	
		认识财产保险合同要素	2	
		财产保险合同的运作	2	
3	财产保险运行	财产保险展业与承保	3	10
		财产保险防灾防损	2	
		财产保险理赔	3	
		财产保险客户服务	2	
4	企业财产保险	企业财产保险基础	2	8
		企业财产保险基本内容	3	
		企业财产保险险种	3	
5	家庭财产保险	家庭财产保险基础	3	6
		家庭财产保险险种	3	
6	机动车辆保险	商业机动车辆保险	5	10
		机动车交通事故责任强制保险	5	
7	货物运输保险	国内货物运输保险	3	6
		国际货物运输保险	3	
8	工程保险	建筑工程保险	2	4
		安装工程保险	2	
9	农业保险	农业保险基础	3	8
		农业保险险种	5	

续表

序号	课程项目	课程模块	课时分配	
10	责任保险与信用保证保险	责任保险经营	3	6
		信用保证保险经营	3	
机动			2	2
合计				72

五、教学内容

表 2-8　　课程教学内容与教学要求

序号	课程项目	知识内容和要求	技能内容和要求
1	财产保险从业准备	• 理解财产保险的含义及特征 • 掌握财产保险的标的 • 了解财产保险的类型 • 掌握财产保险的承保方式和理赔方式 • 了解财产保险的发展及我国财产保险概况	• 能够准确判断保险标的的范围 • 能够区分保险价值及保险金额 • 能够正确分析财产保险的理赔方式 • 能够分析我国财产保险中存在的问题
2	财产保险合同业务处理	• 理解最大诚信原则的内容、近因的认定、损失补偿原则的实现方式及量的限定 • 掌握保险利益的确定和保险利益原则的应用方法 • 了解财产保险合同的形式 • 掌握财产保险合同的要素 • 理解财产保险合同的订立、生效、履行、变更与终止的要点	• 能够运用近因原则判断风险与保险标的损失之间的因果关系 • 能够在保险人之间分摊损失补偿 • 能够正确填写财产保险合同 • 能够准确处理保险合同争议
3	财产保险运行	• 明确保险展业的概念和意义，掌握保险展业的策略，熟悉财产保险展业渠道及模式 • 掌握财产保险承保实务，熟悉核保、承保的工作流程及内容 • 了解财产保险理赔的意义 • 理解财产保险防灾防损的重要意义及方式 • 理解财产保险理赔的原则、内容 • 掌握财产保险理赔的工作过程及内容 • 掌握财产保险客户关系管理的方式与技巧	• 能够处理财产保险承保、核保的具体业务 • 能够处理财产保险理赔的具体业务 • 能进行保险客户的开发与关系维护活动

续表

序号	课程项目	知识内容和要求	技能内容和要求
4	企业财产保险	• 掌握企业财产保险的含义，了解企业财产保险的特征 • 掌握企业财产保险基本险的保险责任及除外责任 • 掌握企业财产保险综合险的保险责任及除外责任 • 了解机器损坏险及利润损失险的内容，理解并掌握企业财产保险的保险赔偿方法	• 能够运用运用企业财产保险的基本内容对特定的企业财产进行投保 • 能够运用所用的保险赔偿知识进行企业财产保险赔款的计算 • 能够准确处理企业财产保险合同争议
5	家庭财产保险	• 了解家庭面临的各种风险及可供转嫁风险的相关保险服务 • 了解家庭财产保险业务的基本特征与主要险种的经营实务 • 掌握家庭财产综合保险的保障范围 • 理解家庭财产两全保险、附加险的意义和作用 • 了解投资保障型家庭财产保险	• 能够对家庭财产风险进行分析给出合理的风险管理建议 • 能够合理设计家庭财产投保方案 • 能够准确处理家庭财产保险理赔事宜
6	机动车辆保险	• 掌握机动车辆损失险的保险责任、责任免除与保险金额 • 掌握第三者责任险的保险责任、责任免除与保险金额 • 理解其他车辆保险的保险责任与责任免除 • 掌握机动车交通事故责任强制保险的保险条款 • 理解机动车辆保险保费计算与赔款理算	• 能够全面理解各种机动车辆保险的保险条款，能够向客户做出解释和说明能够理解强制责任险与商业责任的关系，能处理二者之间的业务交叉 • 能够正确计算机动车辆保险的保费与赔款
7	货物运输保险	• 了解货物运输所面临的风险 • 掌握单独海损与共同海损的含义 • 掌握海上运输货物保险的保险责任范围 • 了解陆上运输货物保险、航空运输货物保险和邮包运输保险的险别及责任范围	• 能够分析具体事例中损失的性质 • 能够根据货物运输保险的条款判断保险人的责任范围 • 能够准确处理货物运输保险合同争议

续表

序号	课程项目	知识内容和要求	技能内容和要求
8	工程保险	• 掌握建筑工程保险、安装工程保险的含义 • 了解建筑工程保险、安装工程保险的保险责任与除外责任 • 掌握建筑工程保险的保险金额与保险费率 • 掌握建筑工程保险的赔偿处理 • 熟悉安装工程保险的保险金额与保险费率	• 能够区分建筑工程保险和安装工程保险 • 能够确定建筑工程保险的保险金额与保险费率 • 能够判断建筑工程保险的赔偿金额 • 能够分析安装工程保险中的保险金额与保险费率
9	农业保险	• 掌握农业保险的含义和特征 • 了解我国农业保险发展历史与现状 • 掌握种植业和养殖业农业保险的种类	• 能够描述说明农业保险的重要作用 • 能够分析农业保险政策性特征的原因及表现 • 能够明确说明各类农业保险条款
10	责任保险与信用保证保险	• 掌握责任保险的含义和特征 • 理解责任保险的险种 • 掌握信用保险、保证保险的含义与相互区别 • 理解信用保险、保证保险的险种	• 能够区分责任保险、信用保险和保证保险 • 能够说明各险种的保险责任与除外责任 • 能够分析处理实务案例

六、教学条件

（一）教师任职条件

1. 专任教师：具备保险企业实践工作经历，熟悉财产保险工作业务流程；善于运用多种适合有效的教学方法引导学生掌握课程知识与岗位技能，能够运用现代化教学手段改善教学条件，提升教学水平；能够胜任财产保险业务咨询工作，能够指导学生校内仿真实训、校内生产性实训以及校外实习，并配合开展课程社会服务项目。

2. 兼职教师：保险公司业务骨干，长期从事财产保险一线业务工作；具备相应的教学能力，能够进行财产保险的示范教学，指导学生实践教学；具有较强的责任心，能够参与课程的改革与建设过程。

（二）设备场所条件

1. 实训场所：用于单证填写与清分、案卷制作与保管的校内实训室；配有财产保险核保理赔模拟操作软件的多媒体机房；设有模拟事故现场、接线电话、仿真工作环境的模拟保险公司。

2. 实训工具设备：仿真投保、核保、理赔单证；模拟服务大厅、办公桌椅、部门牌码；教学用汽车、数码相机、打印机、报案电话、卷宗制作工具；投影机、投影机吊架、幕布、电脑、视频展台、中央控制系统、稳压电源、话筒、功放、音箱、教师桌椅、学生桌椅、铁柜、交换机，服务器等。

3. 财产保险实务模拟实训软件：构造丰富的保险业务情节，学生可在不同的背景下和不同的客户特征下分别扮演客户或保险公司进行交互式操作，按照提供的保险业务情节有针对性地进行投保或承保、拒保；当各类“事故”发生时，双方还要就理赔进行协商处理等等。

4. 承保柜台业务系统：承保柜台业务系统完成承保与批改两大类业务。包括正常投保、协议投保、续保、投保复核、签发保单等承保业务功能；批改被保人、保单转让、期限批改、标的批改、文字批改、退保等批改业务功能；重打保单、重打批单、联机查询保单号与保单信息等辅助性功能。

5. 理赔柜台业务系统：理赔柜台业务系统主要功能有报案登记、接案立案、抄单、查勘登记、定损清单录入、赔款计算、定损复核等；同时还包括理赔案后处理功能如权益转让与追偿、损余物资登记与回收、案后批改、摊回登记等。

6. 核保系统：核保系统完成投保件核保与批单核保两大类功能。核保系统主要功能是浏览投保单相关内容或批单相关内容，根据权限签发核保意见。对于小额投保件，根据条款参数，自动核保通过；大额投保件，将对应不同的核保权限，按区县公司→市公司→省公司→总公司的顺序逐级上报；区县、市、省公司都有核保系统；省公司可代总公司签发核保意见。市级以上公司需要查看原始单证时，可通过单证影像系统传送电子化单证。

7. 核赔系统：浏览赔案相关内容以及定损明细情况，根据权限签发核赔意见。根据赔款额度的大小，将对应不同的核赔权限，按区县公司→市公司→省公司→总公司的顺序逐级上报；区县、市、省公司都有核赔系统；省公司可代总公司签发核赔意见。市级以上公司需要查看原始单证时，可通过单证影像系统传送电子化单证。

8. 险种全面：软件需要涵盖当前市面上已有的多个险种，包括寿险、健康险、财险、车险、责任险、分红险、运输险、以及团体险等等，更广泛地帮助学生对各个险种更为感性的认识和了解，达到掌握各险种的不同业务流程的目的。

9. 配备财产保险实务规范手册，包括中华人民共和国保险法、保险公司管理规定、中华人民共和国道路交通安全法、交通事故处理程序规定、保险业重大突发事件应急处理规定等。

七、教学方法与手段

（一）教学方法

本课程教学方法主要包括案例分析讨论、能力培养任务驱动、角色模拟扮演、业务流程仿真训练、调查与访问、分组讨论。

1. 案例分析法。通过多种实际案例，使学生了解实际工作的复杂多变，并通过案例分析学会正确处理实际问题的能力，并学会具体问题具体分析，活学活用核保理赔理论知识。

2. 任务驱动法。通过设定岗位工作任务，培养学生的岗位能力。例如给出学生事故场景，要求学生完成正确定损，合理计算赔偿金或给付金额，撰写查勘报告，制作理赔卷宗等工作任务，实现教学与岗位的对接。

3. 角色扮演法。通过设定客户、核保人员，客户与理赔人员等多重角色，让学生充分体会客户心理，锻炼学生的临场反应，提高语言表达能力与沟通能力，尽早适应岗位工作环境。

4. 模拟训练法。通过对业务流程的仿真训练，学生在反复操作练习中掌握岗位工作要求，提升业务技能。

5. 实地调研法。通过设定财产保险客户调查与访问任务，学生学会严密思考，能够分析案件细节，学会识别虚假投保与索赔。

6. 合作学习法。通过组成学习小组，加强学生的团队意识，有助于培养学生的团队合作，通过交流与分析，小组成员的理论知识、岗位能力能够相互促进、共同提高。

（二）教学手段

1. 教学过程采用多媒体授课。

2. 利用实训室电脑条件，采用教师机广播教学的方法，并利用学生机进行任务驱动教学和仿真业务流程软件实训。

3. 利用视频、动画等多种形式，再现真实工作环境与流程，使学生理解准确清晰，提高学习积极性。

4. 通过网络课程资源，实现教学互动、自主学习、社会培训、远程教学以及现场视频实时传输。

八、检查评价

采用过程考核与结果考核、个人评价与小组评价相结合的方法。具体如表2－9所示：

表2－9　　学生成绩考核表

序号	考核方式	评价类型	评价内容
1	过程考核	个人评价	学习态度
			平时作业
			课堂抽查
		小组评价	案例讨论
			调查报告
			实践操作

续表

序号	考核方式	评价类型	评价内容
2	结果考核	教师评价	命题测试
			撰写调查报告
			分析案例
			制作理赔案分析书
			实际操作

学生个体差异、指导学生的发展方向、激发学生内在评价的需要。通过过程考核使教师及时了解学生学习状态，反馈信息，调整教学；学生及时发现学习中存在的问题，改进学习思路和方法，更好地掌握和运用所学知识。通过对学习小组评价，强化学生的团队意识，加强团队合作的能力，锻炼学生的集体荣誉感。

例如：学习态度。根据平时学生课堂表现情况确定，可以从课堂纪律、学生参与度、与人合作表现等情况综合评定，评定等级可以分为 A、B、C、D 四个等级（也可实行百分制）。合格率可根据实际情况控制在 90% 左右。对于评定为“待合格”的学生，教师应向其指出缺点，帮助其改变；对于学期结束前有明显改进的，可重新评定。

例如：实践操作。可以从小组成员情境模拟、实训总结以及学习的主动与创新性综合评价。财产保险实务作为一门保险技能课，应通过选择命题测试、撰写调查报告、分析案例、制作理赔案分析书、口试和实际操作等多种方法加强考核。

“机动车辆保险与理赔”课程标准

一、课程定位

“机动车辆保险与理赔”是保险专业的一门核心主干课程。学生在完成“保险基础知识”等相关课程学习后，进入该课程的学习。本课程不仅具有较强的理论性，同时还具有非常强的应用性，因此在教学性质上属于理实一体课。车险业务作为财产保险公司保费收入的主要来源，与人身险、财产险（非车险）共同构成保险业的三大业务体系。车险在财产保险公司和人身保险公司（交叉销售）的经营管理中占有极其重要的地位。机动车辆保险作为财产保险公司的核心业务，为社会提供了大量就业岗位。本课程以支持学生直接就业为出发点，使学生毕业后在从事车险营销、事故查勘、理赔等工作岗位的过程中实现无缝对接。

二、课程目标

通过本课程的学习，使学生熟练掌握机动车险的运作流程、业务环节、操作技能等，为从事该项险种的工作奠定扎实的基础。

职业能力培养目标：

1. 通过教学，使学生了解机动车构造基本知识，掌握交强险和各种汽车商业险种（基本险和附加险）保险合同的核心条款，为今后在保险公司从事车险营销打下坚实基础。

2. 通过实训教学，培养学生车险投保、承保、核保、事故查勘、定损、理赔等环节的业务技能，为今后在保险公司、保险公估公司等机构从事该类岗位打下良好基础，以发挥综合优势。

3. 通过教学，使学生掌握汽车信贷业务模式及其风险管理措施，为其今后在商业银行、汽车金融服务公司以及4S店等机构的车贷岗位工作中打下良好的业务基础。

三、设计思路

课程的总体设计思路：以培养完成机动车辆保险营销、事故查勘、核保、理赔等岗位工作任务所需的职业能力为核心，根据保险公司等机构相关业务岗位的工作内容确定教学内容，根据各机构相关工作岗位处理业务的工作顺序组织教学过程，以具备保险公司工作环境并配备保险公司营业部相同的设备和软件的保险业务实训室作为上课场所，以有保险公司销售、核保、理赔等工作经历的教师参与的“双师”结构课程教学团队承担教学任务，采用教、学、练三者结合以练为主的教学方式，以对车险业务知识、技能的掌握程度及处理保险业务录入、核保、理赔业务速度和准确度的检验作为成绩考核的主要方式，最终目的是实现基本不需经过任何其他培训即可直接上岗。

课程设计的目标：通过准确把握课程定位，理清课程设计思路，有针对性地选择适用的教学内容，科学安排课程内容结构，全面建设立体化的教学资源，在行动导向下以任务驱动教学进程，广泛采用现代教育技术手段，充分利用网络教学在促进学生自主学习方面的作用，运用多种科学的教学方法，充分发挥“双师”教学团队的优势，充分利用校内外实践教学条件，完善与行业要求相适应的评价体系，把本课程建设成真正意义上的工学结合的一体化课程，使其在促进更多学生到保险公司就业方面产生推动作用。

课程设置的依据：本课程设置的依据是财产保险公司及相关代销机构车险销售岗位及财产保险公司核保、查勘、理赔等业务岗位工作任务对职业能力的需要，教学项目设计的依据是保险公司车险销售、查勘、定损岗位要求的技能项目，学习性工作任务设计的依据是保险公司车险营销岗位的工作任务，教学场所建设的依据是保险公司基层营业场所保单录入、核保、保全、理赔等柜台业务的工作环境，课程开发的主体是在学校与保险公司合作基础上的行业专家和专职教师共同组织的团队，课程开发的全过程自始至终贯彻基于财产保险公司车险业务工作过程的思想，课程开发的立足点是广泛的行业岗位调研和行业专家岗位工作任务分析。

课程内容的确定：课程教学内容根据完成保险公司车险各相关岗位工作任务对知识、技能和素质的要求以及行业发展的需要来确定。根据保险公司保险销售从业人员完成车险营销业务等工作任务的需要，本课程设置了机动车交通事故责任强制保险、机动车商业保险两个教学项目。在每个教学项目中，再根据业务类别设置相应的模块，使学生通过课程的学习能够全面地掌握车险产品的业务知识。根据保险公司承保岗位工作任务的需要，本课程设置了机动车辆承保实务教学项目，在该项目中，再根据业务流程分别设置了车险核保实务、车险缮制与签发保险单实务、车险续保与批改实务等模块。根据保险公司查勘理赔岗位工作任务的需要，本课程设置了车险理赔案件的受理、车险理赔处理技术等模块。同时，为了解决不同学校保险专业学生预修课程情况存在差异的情况，本课程增设了机动车构造基础知识项目，以解决学生在此领域知识储备不足的问题。

课程内容的组织：课程教学内容按照保险公司相关岗位工作程序，以完成真实工作任务的过程序化教学过程。在具体操作训练上，根据保险公司不同岗位的特点设置相应的教学场景，安排相应的学习性和技能性工作任务。课程的全部内容就是完成根据七个工作项目设置的教学项目，每一个学习模块的学习性工作任务就是按照真实业务工作同样的要求完成每一笔具体的业务。每一个教学模块都是对知识的学习、技能的训练和态度的培养三者的有机结合，在讲授操作过程的同时进行动手操作训练。课程中的理论、法律、规程等知识点分别与对应的实践相结合，分解到相应的操作过程中。为与本课程配套改革，需要建设车险业务综合实训室作为本课程的上课场所，该实训室需具备仿真的保险公司工作环境及业务软件。教学目标不仅仅是学会，而是在学会的基础上熟练地操作。

四、课时分配

表 2－10　　课程项目模块及课时分配

序号	课程项目	课程模块	课时分配	
1	机动车构造基本知识	机动车定义及种类	2	6
		我国和世界主要汽车集团及品牌介绍	2	
		机动车零部件名称及构造	2	
2	道路交通规定及交通事故责任划分	道路交通规定	2	6
		交通事故责任划分	4	
3	机动车交通事故责任强制保险	机动车交通事故责任强制保险业务	4	12
		机动车交通事故责任强制保险案例分析	8	
4	机动车商业保险	机动车辆商业第三者责任保险业务及案例分析	4	26
		机动车辆损失保险业务及案例分析	4	
		机动车车上人员责任险业务及案例分析	4	
		机动车盗抢保险业务及案例分析	4	
		机动车附加险业务及案例分析（共 17 项）	10	
5	机动车辆承保实务	机动车辆保险投保实务	4	10
		机动车辆保险核保实务	2	
		机动车辆保险缮制与签发保险单	2	
		机动车辆保险续保与批改	2	
6	机动车辆保险理赔实务	机动车辆保险理赔案件的受理	2	6
		机动车辆保险理赔处理技术	4	
7	机动车消费信贷实务	汽车消费信贷的概念及特点	2	6
		汽车消费信贷的业务模式	2	
		汽车消费信贷的相关法律问题	2	
合计				72

五、教学内容

表 2－11　　课程教学内容与教学要求

序号	课程项目	知识内容和要求	技能内容和要求
1	机动车构造基本知识	• 了解机动车的一般分类标准，掌握保险业务中对机动车的分类 • 了解我国及世界主要汽车集团及汽车品牌情况	• 能够熟练说出机动车零部件名称、功能 • 能够知晓机动车各零部件配置价位等 • 能够分析判断机动车常见故障问题
2	道路交通规定及交通事故责任划分	• 了解道路交通事故发生的主要原因 • 了解道路交通的相关法律法规体系，理解《道路交通安全法》中“车辆和驾驶人”相关规定，重点掌握“道路通行规定”内容 • 熟悉我国交通事故责任认定的相关规定	• 能够准确的划分三十六种交通事故情形的责任问题 • 能够熟练辨认现行交通法规中的各种交通信号、标志指示等
3	机动车交通事故责任强制保险	• 掌握交强险的赔偿责任、分项赔偿限额 • 掌握交强险费率及其浮动规定	• 能够迅速计算各类型机动车的交强险费率 • 能够对各种典型的交通事故，迅速明确交强险的赔偿责任 • 能够准确分析交强险各种特殊的理赔纠纷案例
4	机动车商业保险	• 掌握机动车第三者责任保险、机动车辆损失保险、机动车车上人员责任险、机动车盗抢保险等基本险以及相应附加险保险业务的赔偿责任条款、免责条款	• 能够为不同车况的机动车制订相应车险投保服务方案 • 能够针对不同车型、车况、投保人职业等因素，客观分析其车险投保需求，并制订具有针对性的车险综合服务方案
5	机动车辆承保实务	• 了解保险公司车险业务承保、核保环节的工作要求	• 能够熟练的进行保单录入、核保、签发保单、批改等各环节操作
6	机动车辆保险理赔实务	• 了解交通事故车险理赔的一般业务流程 • 掌握交通事故现场查勘工作要求、准备物品、查勘要点、拍照技巧、核定损失等操作环节	• 能够使用相机对事故现场正确的进行拍照 • 能够准确核定车辆损失的保险理赔范围，并进行相应计算

续表

序号	课程项目	知识内容和要求	技能内容和要求
7	机动车消费信贷实务	• 了解我国汽车消费信贷行业的发展现状及存在问题 • 掌握商业银行、汽车金融公司各自的汽车信贷业务模式及相应的风险控制措施 • 掌握信贷业务涉及的《物权法》等法律问题	• 能够为客户制订通过商业银行、汽车金融公司、汽车经销商等各种途径获得资金的融资服务方案

六、教学条件

（一）教师任职条件

1. 专任教师：必须经过保险专业的系统化学习，具备深厚的人身保险、财产保险专业理论功底，并取得高等学校教师任职资格；具备热爱学生、严谨求实、爱岗敬业、乐于奉献的工作作风和工作态度；能够熟练掌握保险业务操作技能，并具有运用专业知识处理实际问题的能力和在专业领域的创新能力。

2. 兼职教师：应当具有与所从事的教学工作相应的专业技术职务，具备从事相关行业的执业能力；来自金融或保险部门一线；在保险公司或其他金融机构相关岗位从事保险方向工作，并具有极其丰富的从业经验。

（二）设备场所条件

1. 实训场所：具备一定的校内外实训条件，通过校内仿真实训，训练学生的基本承保、核保、理赔等操作能力，学生要能够熟练的使用保险业务系统进行业务操作。在沙盘教学中，实训室应有能够满足沙盘教学的硬件设施，便于学生在课堂上进行角色定位后的训练。通过校外实训强化学生职业技能，为实现零距离就业奠定基础。

2. 实训工具设备：多媒体教学设备、学生电脑、各项业务相关单据、保险业务相关法律法规、保险业务模拟软件系统或保险沙盘设备等。

3. 网络资源：建立网络教学平台，有较为丰富的课堂与学习指导教学资源，具体包括教学课件与软件、案例库、资料库、典型交通事故视频库、图表库、Internet 互联网等信息资源。也可以充分利用中国保监会、各大保险公司的官方网站以及其他相关的网络资源。

七、教学方法与手段

（一）教学方法

本课程建议以培养学生的职业能力为切入点，科学设计和组织教学活动，以案例教学、技能实训为核心，采用讲授、角色扮演、情境模拟、课堂分组讨论、沙盘式教学等教学方法，实现教、学、做的有机结合，做到理论与实践的一体化。在教学过程中，要最大限度的激发学生的学习动机，让课堂“动”起来。

另外，本课程与行业的发展结合较为紧密，因此建议教师应密切关注保监会、保险行业协会的最新监管、自律规定，同时随时了解各主要财产保险公司的最新业务动态，尤其特别关注最新的法院案件判决情况。并将上述信息及时、准确的通过多种渠道如课堂、QQ 群等传达给学生。

（二）教学手段

1. 多媒体教学手段。多媒体教学手段主要包括电子课件、投影、视频、音频、多媒体教学软件。教学案例、实物图片、视频资料等可通过多媒体系统直观地呈现在学生面前，有助于取得更好的教学效果。

2. 网络教学手段。可以考虑充分利用校园网络资源，建立师生互动平台。教师可以利用平台答疑解惑，把更多的教学案例等教学资源放到网上，弥补课堂教学的不足。

八、检查评价

1. 本课程的评价以所学专业知识在实际业务操作中运用的熟练程度为主要依据，以掌握课程知识作为次要依据，评价标准按照保险行业对相关岗位从业人员应该具备的能力考核标准来确定。

2. 本课程采用阶段评价、过程评价与目标评价相结合的评价方法，形成理论与实践一体化的评价模式。

3. 本课程应结合课堂提问、平时作业、平时测验、技能竞赛及考试情况，综合评价学生成绩。注重学生动手能力、分析和解决问题能力的考核，对在学习和应用上有创新的学生应予特别鼓励，全面综合评价学生能力。

4. 课程平时成绩占 50%，包括课间表现、实训报告和模拟操作，期末总评成绩占 50%，包括期末卷面考试。

“保险营销实务”课程标准

一、课程定位

本课程是保险实务专业的职业能力课程，重点突出应用和实践技能的训练，是形成本专业核心能力的技能型课程之一。该课程涵盖了保险营销概念、营销环境分析、市场细分与目标市场选择、产品策略、定价策略、渠道策略、促销策略、营销技巧等内容。学生在全面、系统掌握保险营销基本理论的基础上，重点培养学生对保险营销的实际操作能力，使学生不仅具备从事保险行业相关职业能力与职业素养，还具备从事保险销售、保险客户服务等的相关能力。

二、课程目标

通过对课程的学习，掌握营销实务方面的基础知识、基本理论，对保险营销有全面、系统的了解和较为深刻的认识，熟悉营销活动的流程及岗位要求，能够承担销售及销售管理等环节的工作任务，同时具有信息搜集能力、市场调研及团队协作精神，具备良好的保险营销从业人员职业道德、职业操守和心里素质。

职业能力培养目标：

1. 了解保险营销的内涵，掌握保险营销的特征及营销要点，能分析不同产品的优劣势。
2. 掌握保险营销调研程序，学会信息搜集，能运用调查问卷、访谈等不同方式进行产品营销调研，撰写产品调研报告。
3. 掌握对具体的市场需求进行细分并有效选择目标市场的能力。
4. 针对目标市场根据具体的营销环境有针对性地策划、组织营销活动的能力。
5. 掌握保险营销技巧，能运用所学的营销知识和技能销售保险产品，设计理财方案。
6. 掌握客户维护的技巧，具备对保险产品营销活动进行总结和分析的能力。

三、设计思路

课程的总体设计思路：该课程的教学是以营销岗位群需求为导向，培养学生不仅具有扎实的、系统的营销理论知识，而且具有较强的实践能力、社会适应能力、应变能力、沟通协调能力、团队合作能力。在整个教学过程中以有保险营销工作经历的教师参与的“双师”结构课程教学团队承担教学任务，始终采用教、学、做一体化的教学方式。

课程设计的目标：是从行业实际需求出发，依据保险公司营销人员岗位对知识、技能、态度等方面的要求确定课程的内容，同时又充分考虑了高等职业教育对理论知识学习的需要，重点培养学生的实践能力。教学过程中，通过与企业的合作，校内仿真实训室等多种途径，给学生提供丰富的实践机会。有利于学生系统掌握本课程知识及提高运用本课程知识的能力，为学生可持续发展、拓宽就业面奠定坚实的基础，把本课程建设成真正意义上的工学结合的一体化课程。

课程设置的依据：按照职业教育的要求，为满足金融营销市场对技能型人才的需求而对课程的主要内容进行设计。本课程在内容设计方面，根据岗位要求设置工作任务，在学习营销基本内容的基础上，根据营销工作的过程确定教学内容。学生通过对本课程的学习，能够掌握保险营销的技巧，为保险产品制订营销方案并能运用所学的保险营销知识和技能销售保险产品，做好客户的维护和总结。

课程内容的确定：本课程在教学内容的选取上，针对营销一线岗位的工作要求，注重学生营销技能的训练，强调培养学生的专业意识和职业素质。教材应充分体现任务引领、实践导向的课程设计思想，合理安排教材的内容。包括保险营销与营销理念、保险营销市场、保险营销管理、保险营销环境分析、保险目标市场决策、保险营销策略、保险营销技巧七个方面的内容，以岗位技能为目标，从基本认知到操作到管理决策，并且涵盖了以往国家职业资格证书（保险代理人、保险公估人和保险经纪人）的考试大纲及相关保险法律法规对保险市场营销的要求。

课程内容的组织：教学内容的编排以工作内容的逻辑顺序为依据，在项目顺序上按照工作过程的顺序进行编排，在考虑了教学规律的要求的同时根据工作顺序的时间先后来确定教学内容的先后。在教学活动中以保险产品营销工作任务为核心，整合理论与实践的教学内容，与任务或问题相结合，以探索问题来引导和维持学生的学习兴趣和动机，在学习具体教学项目的过程中，构建自己的知识经验，通过新经验和原有知识经验的相互作用，充实和丰富自身的知识能力，实现理论讲授与任务完成的一体化教学。

四、课时分配

表 2－12　　课程项目模块及课时分配表

序号	课程项目	课程模块	课时分配	
1	保险营销与营销理念	保险营销概述	2	4
		保险公司的营销理念	2	
2	保险营销市场	保险营销市场概述	2	4
		保险营销市场的营销主体、客体和对象	2	
3	保险营销管理	保险营销计划	4	6
		保险营销活动的组织、执行与控制	2	

续表

<table>
<tr><th>序号</th><th>课程项目</th><th>课程模块</th><th colspan="2">课时分配</th></tr>
<tr><td rowspan="3">4</td><td rowspan="3">保险营销环境分析</td><td>保险营销内部环境分析</td><td>3</td><td rowspan="3">8</td></tr>
<tr><td>保险营销外部环境分析</td><td>3</td></tr>
<tr><td>SWTO 分析</td><td>2</td></tr>
<tr><td rowspan="2">5</td><td rowspan="2">保险目标市场决策</td><td>保险市场细分</td><td>4</td><td rowspan="2">8</td></tr>
<tr><td>目标市场选择</td><td>4</td></tr>
<tr><td rowspan="2">6</td><td rowspan="2">保险营销策略</td><td>保险产品开发与定价</td><td>6</td><td rowspan="2">12</td></tr>
<tr><td>保险分销与促销</td><td>6</td></tr>
<tr><td rowspan="6">7</td><td rowspan="6">保险营销技巧</td><td>开拓准客户</td><td>3</td><td rowspan="6">20</td></tr>
<tr><td>约访客户</td><td>3</td></tr>
<tr><td>接触客户</td><td>4</td></tr>
<tr><td>促成保险合同签订</td><td>4</td></tr>
<tr><td>保险售后服务</td><td>3</td></tr>
<tr><td>客户关系维护</td><td>3</td></tr>
<tr><td colspan="3">机动</td><td>2</td><td>2</td></tr>
<tr><td colspan="4">总计</td><td>64</td></tr>
</table>

五、教学内容

表 2－13　课程教学内容与教学要求

<table>
<tr><th>序号</th><th>课程项目</th><th>知识内容和要求</th><th>技能内容和要求</th></tr>
<tr><td>1</td><td>保险营销与营销理念</td><td>• 了解保险营销的定义
• 掌握保险营销的特点
• 掌握保险营销的作用和功能
• 掌握保险营销管理程序
• 熟悉营销理念的演变过程</td><td>• 学会设计调查问卷
• 掌握搜集信息的方法
• 掌握营销产品调研报告的撰写
• 能分析保险营销市场环境</td></tr>
<tr><td>2</td><td>保险营销市场</td><td>• 掌握保险市场的含义
• 了解保险市场的要素
• 熟悉国内外保险市场的发展环境</td><td>• 掌握保险市场的概念、结构和种类
• 了解国内、国际保险市场的现状和发展</td></tr>
<tr><td>3</td><td>保险营销管理</td><td>• 了解保险营销管理的程序
• 明确保险营销计划的性质和内容
• 理解保险策略计划的制订过程中的基本活动
• 了解保险营销计划的要素</td><td>• 能够制订保险营销计划
• 分析保险营销机会
• 掌握保险营销管理的程序</td></tr>
</table>

续表

序号	课程项目	知识内容和要求	技能内容和要求
4	保险营销环境分析	• 了解营销环境分析的基本方法 • 理解营销环境和企业营销行为的关系 • 掌握营销环境的概念 • 掌握间接营销环境的构成要素及对营销行为的影响 • 掌握直接营销环境的构成要素及对营销行为的影响	• 能够进行保险营销市场的宏观分析 • 能够进行保险营销市场的微观分析 • 能够进行 SWOT 分析
5	保险目标市场决策	• 了解保险市场细分的含义、原则和依据 • 掌握保险市场细分的方法和程序 • 了解保险目标市场的选择依据 • 掌握保险市场定位的主要策略 • 掌握制定保险市场定位的主要步骤	• 能够进行保险市场的细分 • 能够根据一定的依据进行目标市场的选择
6	保险营销策略	• 了解保险产品开发的原则，熟悉保险产品开发的主要程序及保险产品组合的原则和方法 • 熟悉保险产品生命周期、保险产品导入期、成熟期、衰退期的营销策略 • 了解保险产品开发的原则、保险产品开发的主要程序、保险产品组合的原则和方法 • 了解保险定价的主要原则、影响保险定价的主要因素	• 能够具备基本的保险产品分析和营销管理能力 • 能分析保险产品的渠道模式 • 能设计保险产品分销的渠道模式 • 能设计保险产品的销售方案 • 能为不同的保险产品选择适合的广告方式 • 能制定保险产品广告战略及评估广告效果 • 能做出保险产品策划营销方案
7	保险营销技巧	• 了解客户开拓的步骤、准客户所需具备的条件、客户约访的方法、接触与探寻客户的步骤、能力展示和说明的步骤、销售缔结的方法和注意事项、拒绝处理的原则和技巧 • 了解售后服务在营销中的作用、售后服务的原则和功能、售后服务的方法、客户关系维护的内容、客户关系维系的方法 • 了解客户关系维护的方法：客户开拓技巧、客户接触、约访技巧、接触与探询、能力展示和说明、缔结协议、拒绝处理	• 掌握客户开拓的方法和技巧，与客户的接触技巧、如何探询客户、缔结协议以及面对拒绝处理的方法 • 掌握售后服务的方法与客户关系维护的方法 • 掌握保险产品售后服务的内容以及方法，能通过良好的售后服务提高客户的忠诚度、开发新的客户 • 使用良好的技巧博取客户的第一印象并能与客户进行更深一步的交流，能通过良好的展示引导客户缔约或促成，了解面对拒绝处理的心态、对客户拒绝原因的探讨以及处理异议的方法等

六、教学条件

（一）教师任职条件

1. 专任教师：具备高校教师资格证；具有营销等相关专业本科及以上学历，具有团队管理、会议经营、团队教育训练等方面的工作经历；具备深厚的经济理论功底，较强的保险专业能力和语言表达能力；形象气质佳，表达能力强；能够运用现代教育技术，善于汲取新知识和新思想；能够从事保险专业教学研究和课程开发；具备双师素质或企业锻炼或企业工作的经验。

2. 兼职教师：从事过保险组训、客户经理等工作，有一定的团队经营管理经验；热爱教育事业，有强烈的事业心和高度的责任感；具备基本的金融保险专业能力、语言表达能力和文字组织能力；能够带领学生进行实践教学活动；具备本科以上学历和中级专业技术职务。

（二）设备场所条件

1. 实训场所：配有能进行课程仿真实训的校内多功能教室，配备与团队组建、规划、会议经营等业务相同或高度仿真的设备，为实践教学创建真实的职业氛围，实现教、学、做一体化；建立校外实习基地，为学生进行现场观摩和体验创造条件。

2. 实训工具设备：多媒体教学设备、学生计算机、会议使用工具、会议场景布置等。

3. 配有课程教学资源网站，将各种资源集中统一管理，形成课程教学资源中心，满足专业教学和专业技能训练的需要，实现师生网上互动和多媒体资源的共享；配有各种现代信息技术资源，充分利用 flash 演示、ppt 演示、视频演示、电子书籍、电子期刊、数据库、数字图书馆、教育网站和电子论坛等网上信息资源，教学资源品种多样、针对性强。

七、教学方法与手段

（一）教学方法

1. 课堂讲授法。讲授法是教学的基本方法，在教学过程中，教师通过口头语言，深入浅出、理论联系实际，向学生介绍书本的基础知识和技能，使学生能够深入领会并理解，并通过运用多媒体等现代教学手段来加强教学的直观性、生动性。

2. 情景式教学法。利用仿真的模拟实训室，创造一个模拟营销环境，给学生分配模拟的角色，让他们模拟实际金融产品营销的各个环节。学生从所扮演角色的角度出发，运用所学知识，自主分析与决策，提高学生实际决策的技能，使枯燥的理论学习变得形象直观。

3. 现场教学法。建立校外的实习基地，组织学生到银行、证券、保险等金融企业参观实践，让学生直接与金融机构人员接触和对话，提高学生对金融产品及其营销方法的感性认知。在真实的岗位环境中全方位培养学生的职业能力。

4. 案例教学法。教师在教学的过程中，选择典型案例，提出问题，让学生分组讨论并发表意见。培养学生的自主学习能力、解决问题的能力及团队合作能力等。

（二）教学手段

1. 多媒体教学手段。主要包括电子课件、投影、视频、音频、多媒体教学软件。教学案例、实物图片、视频资料等可通过多媒体系统直观地呈现在学生面前，有助于取得更好的教学效果。

2. 网络教学手段。可以考虑充分利用校园网资源，建立师生互动平台。教师可以利用平台答疑解惑，把更多的教学案例等教学资源放到网上，弥补课堂教学的不足。

八、检查评价

对于课程的评价不仅要注重结果，更要注重学生成长发展的过程，因此对于本课程我们在考核方式上采取终结性考核和过程性考核评价相结合的方式。

过程性考核：采用阶段评价、过程评价与目标评价相结合，理论与实践一体化以实际操作达标为主的评价模式。结合课堂提问、作业、测验、演讲及考试情况，综合评价学生成绩。注重学生动手能力和实践中分析问题、解决问题能力的考核，对在学习和应用上有创新的学生应予特别鼓励，全面综合评价学生能力。考核的形式主要采取分析报告、工作方案、课后作业等方式。分析报告和工作方案主要是以团队协作的形式完成的，该部分成绩占比 40%。

终结性考核：在课程全部教学活动完成之后进行考核，考核每个学生对基本概念和理论的识记能力，考核方式为笔试，采取闭卷的形式，该部分成绩占比 60%。

“保险中介”课程标准

一、课程定位

本课程是保险专业的职业技能核心课程。本课程使学生具备从事保险代理业务、保险经纪业务的职业能力与职业素养。使学生具备从事简单承保与理赔等相关保险公估操作的能力，并为后续工学结合、顶岗实习夯实基础。

二、课程目标

通过模拟保险代理、保险经纪、保险公估的工作任务，训练处理对应岗位的各项业务的能力，达到我国保险中介考核标准的要求，符合保险中介实际工作中的柜员标准，实现与保险中介岗位的对接。

职业能力培养目标：

1. 了解保险中介相关业务的政策规定和相关知识，熟悉处理这些业务的基本程序和操作规程。

2. 能够应用保险中介相关理论与方法分析、解决保险中介领域实际问题的能力。

3. 掌握根据不同的保险对象进行分析，制定相应的销售对策，具有诚信、专业的职业素质。

4. 熟悉风险分析的程序，并且能够根据风险分析的结果，来形成有效的风险管理对策。

5. 能具备独立处理简单理赔案件的能力，掌握计算保险事故损失的方法。

三、设计思路

课程的总体设计思路：该课程的教学是以保险中介行业岗位需求为导向，培养学生扎实系统的保险中介行业理论知识和较强的实践能力、应变能力、社会适应能力、沟通协调能力和团队合作能力。在整个教学过程中以有保险工作经历的教师参与的“双师”结构课程教学团队承担教学任务，始终采用教、学、做一体化的教学方式。

课程设计的目标：从行业实际需求出发，依据保险代理公司、保险经纪公司和保险公估公司一线专业岗位对知识、技能、态度等方面的要求确定课程的内容。为了学生系统掌握本课程知识及提高运用本课程知识的能力，充分考虑了高等职业教育对理论知识学习的需要，并重点培养学生的实践能力，在教学过程中通过校企合作、校内仿真实训室等多种途径提供丰富的实践机会。把本课程建设成真正意义上的理实一体的课程，为学生可持续发展、拓宽就业面奠定坚实的基础。

课程设置的依据：按照职业教育的要求，为满足保险中介市场对技能型人才的需求而对课程的主要内容进行设计。本课程在内容设计方面，根据岗位要求设置工作任务，在学习基本保险中介理论内容的基础上，根据保险代理人、经纪人、公估人工作的过程确定教学内容。学生通过对本课程的学习，能够掌握一线保险代理人、经纪人和公估人的基本工作内容和工作技巧，能运用所学的知识和技能在实际工作中取得较好的成绩，并在实际工作中继续提升自我。

课程内容的确定：本课程在教学内容的选取上，分别针对保险代理公司、保险经纪公司和保险公估公司一线专业岗位的工作要求，注重学生专业技能的训练，强调培养学生的专业意识和职业素质。教材应充分体现任务引领、实践导向的课程设计思想，合理安排教材的内容。包括保险中介基础理论模块、保险代理实务运作模块、保险经纪实务运作模块与保险公估实务运作模块四个方面的内容，以岗位技能为目标，从基本认知到操作到业务决策，并且涵盖了以往国家职业资格证书（保险代理人、保险经纪人和保险公估人）的考试大纲及相关保险法律法规对保险中介从业人员的要求。

课程内容的组织：教学内容的编排以工作内容的逻辑顺序为依据，在项目顺序考虑了教学规律的要求的同时，以保险中介三大机构业务流程中涉及的步骤为参考。在教学活动中以代理人的营销活动和售后服务、经纪人的市场拓展、投保活动和协助索赔服务、公估人的编制保险公估报告等工作任务为核心，整合理论与实践的教学内容，与任务或问题相结合，以探索问题来引导和维持学生的学习兴趣和动机，充实和丰富学生的知识能力，实现理论讲授与任务完成的一体化教学。

四、课时分配

表 2－14　　　　课程教学内容与课时分配表

序号	课程项目	课程模块	课时分配	
1	保险中介基础理论模块	了解保险中介的基础概念	1	4
		了解保险中介的发展与现状	1	
		了解与保险中介相关的考证情况	2	
2	保险代理实务运作模块	了解保险代理相关法律知识	4	24
		掌握保险代理发展的现状及存在的问题	6	
		掌握保险代理服务的操作程序	8	
		了解保险代理公司的服务形式与内容	6	

续表

序号	课程项目	课程模块	课时分配	
3	保险经纪实物运作模块	了解保险经纪相关法律知识	4	20
		掌握保险经纪的发展现状与存在的问题	4	
		掌握保险经纪实务操作的流程	8	
		了解保险经纪公司的客户服务形式	4	
4	保险公估实物运作模块	了解保险公估相关法律知识	4	22
		掌握保险公估的发展现状与存在的问题	6	
		掌握保险公估实务操作的流程	10	
		了解保险公估人的职业道德	2	
机动			2	2
合计			72	72

五、教学内容

表 2－15　　　　课程教学内容与教学要求

序号	课程项目	知识内容和要求	技能内容和要求
1	保险中介基础理论模块	• 了解保险中介和保险市场的相关性 • 会区分广义的保险中介与狭义的保险中介 • 掌握保险代理人、保险经纪人和保险公估人之间的关系 • 认识保险中介行为的规范 • 能了解保险中介的发展历程及其发展现状	• 搜集并理解保险中介市场的相关数据信息 • 能了解与保险中介相关的社会考证情况 • 分析我国保险中介的发展前景、发展方向和发展走势
2	保险代理实务运作模块	• 了解保险代理人的概念 • 了解我国保险代理人的法律约束 • 熟悉保险代理合同的特征 • 掌握保险代理合同的要素分析 • 了解保险代理机构 • 了解保险营销模式 • 了解保险代理监管的内容 • 了解保险代理从业人员的职业道德和执业操守	• 熟悉保险代理合同当事人的权利和义务 • 了解保险代理合同的订立、变更和终止 • 了解保险代理合同的争议处理 • 熟悉个人保险代理人业务流程 • 制定保险销售策略 • 掌握保险销售技巧 • 学会解释说明保险产品 • 把握保险代理人的客户服务 • 编制保险计划书

续表

序号	课程项目	知识内容和要求	技能内容和要求
3	保险经纪实物运作模块	• 了解保险经纪人 • 了解保险经纪人的法律约束 • 熟悉保险经纪合同的特征 • 掌握保险经纪合同的要素分析 • 了解保险经纪监管的内容 • 了解保险经纪从业人员的职业道德和执业操守	• 熟悉保险经纪合同当事人的权利和义务 • 了解保险经纪合同的订立、变更和终止 • 了解保险经纪合同的争议处理 • 熟悉保险经纪人业务流程 • 把握保险经纪人的客户服务
4	保险公估实物运作模块	• 了解保险公估人 • 了解保险公估人的法律约束 • 熟悉保险公估合同 • 掌握保险公估合同的要素分析 • 熟悉保险公估报告 • 了解保险公估费用 • 了解保险公估的监管 • 了解保险经纪从业人员的职业道德和执业操守	• 熟悉保险公估合同当事人的权利和义务 • 了解保险公估合同的订立、变更和终止 • 了解保险公估合同的争议处理 • 熟悉保险公估人业务流程 • 把握保险经纪人的客户服务 • 编制保险公估报告

六、教学条件

（一）教师任职条件

1. 专任教师：本课程主讲教师应是专业“双师型”教师；能够用案例教学法、情境教学法等引导学生围绕工作任务进行理论知识学习，激发学生学习兴趣；能够进行理实一体化教学，注重培养学生分析问题、解决问题的能力；能够运用多媒体等现代化教学手段。

2. 兼职教师：保险公司、证券公司的一线业务骨干或专家作为兼职教师，进行仿真教学；保险公司、商业银行等金融机构有极其丰富的保险行业从业经验的专家学者作专题报告或讲座。

（二）设备场所条件

1. 实训场所：利用校内的保险或金融综合实训室，分配给学生不同的角色，通过模拟仿真业务实际操作，实现理实一体化教学；通过实地参观保险公司、保险监管部门、商业银行等金融机构，使学生直观了解保险公司的主要业务业务、管理架构等方面的内容。若条件允许还可以让学生利用假期随岗见习。

2. 实训工具设备：多媒体教学设备、学生电脑、各项业务相关单据、保险业务相关法律法规、保险业务模拟软件系统等。

3. 网络资源：可以充分利用中国保监会、各大保险公司的官方网站以及其他相关的网络资源，让学生做一些小论文或简单的分析报告，训练其知识运用能力。

七、教学方法与手段

本课程教学为适应工学结合教学改革，在继承传统教学方法的基础上，结合保险中介的特点和教学资源的实际，对教学方法做出了一些创新，灵活采用了现场教学法、分角色实训法、课堂讲授法以及网络自主学习法等各种教学方法，这些教学方法的灵活运用能够很好地引导学生积极思考、勤于实践、积极完成学习项目和工作任务。

（一）教学方法

1. 场景训练法。由于保险代理人、经纪人，每天面对客户，满足客户的各种业务需求。因此我们在保险中介教学中采用了场景训练法，学生在场景训练中扮演的主要角色就是"代理人"、"经纪人"和"客户"。不同成员需要交替扮演不同的角色，这样有利于明确学生在小组中的责任，也便于不同小组交替完成不同的工作任务。

2. 教师课堂讲授法。课堂讲授法是传统的教学方法，作为基本知识、技能的传授方式，课堂讲授起着不可替代的作用。

3. 学生实训比赛法。我们在教学过程中，会布置几个实训任务，然后限定时间，让所有的学生开始实训比赛，比赛成绩考核以完成的时间和完成的质量为准。每次实训比赛结束，我们会要求班长、学委登记成绩，作为学生平时成绩的依据，从一定程度上提高了学生学习的积极性和能动性。

4. 请银行专家开办讲座。每学期都会请保险行业的专家过来给学生做讲座，并解答学生提出的各种问题。举办这样的活动，可以让信息更为畅通、为学生了解更多银行的实际状况，也为学生熟练走上工作岗位做铺垫。

5. 网络自主学习法。网络教学是引导学生自主学习的重要手段，通过建立网络教学平台，形成以网站为载体的教学资源库，可以使学生不受时空限制地坐在宿舍、图书馆甚至在家里，随时随地的学习，能够有效提高学生的学习积极性，提升课程的教学质量。

6. 现场教学法。我们在教学中还不定期采用了现场教学法等其他方法，如：组织学生到各保险公司参观学习，让保险工作人员给学生讲解业务等。

（二）教学手段

课堂教学中运用现代化教学手段，把幻灯机、投影仪、录像机、电视机、电影机、DVD机、计算机等等搬入课堂，打破了"一部教科书、一支粉笔、一块黑板"讲到底的传统教学模式。围绕教学内容，制作了多媒体课件，采用视频、音频、动画、仿真等多种形式表现课程内容。提高学生的学习兴趣和理解能力。提高学生的学习兴趣，也提高了教学效果。此外，还充分利用校园网、互联网等现代信息技术。

八、检查评价

1. 本课程的评价以实际业务操作的熟练程度和准确度作为主要依据，以掌握课程知识作为次要依据，评价的标准按照现行商业银行员工考核标准来确定。

2. 改革传统的学生成绩以结业考试为主、平时成绩为辅的评价方法，采用阶段评价、过程评价与目标评价相结合，理论与实践一体化以实际操作达标为主的评价模式。考试方法以上机考试为主，书面考试为辅。

3. 结合课堂提问、平时作业、平时测验、技能竞赛及考试情况，综合评价学生成绩。注重学生动手能力和实践中分析问题、解决问题能力的考核，对在学习和应用上有创新的学生应予特别鼓励，全面综合评价学生能力。

4. 课程平时成绩占60%，主要考核完成学习性工作任务的准确度和速度，根据软件系统的记载和平时学习表现来评定。也包括个人自评、小组互评和教师评价。期末总评成绩占40%，包括期末卷面考试和上机考试。

“团队经营与管理”课程标准

一、课程定位

本课程是保险专业的职业能力核心课，课程对应保险公司组训讲师和营销经理岗位，通常情况下这一岗位处于学生职业生涯的第二阶段，是本专业人才培养目标所指向的发展岗位，因而在专业标准中本课程是培养专业核心能力的关键课程之一。课程旨在通过完成学习性工作任务和大量的案例分析及情景模拟，训练学生熟练从事保险公司组训和营销经理岗位的工作能力。课程的目的是在学生掌握初步的保险理论、人身保险和财产保险知识的基础上，通过对团队组建与发展、业务规划与推动、增员管理、团队训练、团队激励等业务学习，使学生正确认识团队精神的必要性、管理理论与实践的重要性。同时课程注重实操训练，使学生能较好的符合保险公司组训讲师和营销经理岗位的工作能力要求。

二、课程目标

通过保险公司组训讲师和营销经理岗位工作任务引领的教学项目活动，训练学生处理团队经营与管理的能力，达到保险公司组训讲师和营销经理考核标准的要求，实现与保险公司组训讲师和营销经理岗位的无缝对接。在此基础上，结合本课程内容综合运用保险服务礼仪、保险产品推介、营业现场管理等相关知识，形成在工作环境中待人接物的能力，初步具备运用团队经营与管理的关键技能，打造高绩效保险团队的能力。

职业能力培养目标：

1. 了解保险团队文化建设、目标管理的原则和流程、增员的基本流程、早会的意义等，熟悉团队业务规划的步骤和方法、早会经营与管理的要点、新人训练的主要内容、绩效考核的具体指标和成员激励的各种方式。

2. 能组建大学生保险营销团队；能编排各类行事历，并能正确填写各类追踪表；能策划保险业务推动方案；能组织和策划一次大学生创业说明会；能策划并组织不同主题的保险公司早会、保险产品说明会和保险经营总结会；能熟练操作陪同新人展业和销售辅导的技巧和流程；会制订主题明确的团队激励方案等。

3. 具有诚恳、敬业、乐观向上、专业的工作态度，具有协调、教育、策划、推动影响的能力，能搜集市场信息并能分析、预测市场动态变化，具有良好的品德修养、威信，能激励同仁发挥潜能，达成目标。

三、设计思路

课程的总体设计思路：以培养完成保险公司组训和营销经理岗位工作任务所需的职业能力为核心，根据完成这些岗位工作任务对知识、技能和素质的要求以及行业发展的需要确定内容，根据岗位工作任务并将其分解为工作过程，以完成工作过程组织教学，以模拟保险公司工作环境的多媒体教室、校内实训室和真实保险公司职场作为上课场所，以校企合作开发的教材、实训资料及课程材料作为教学资源，以有保险从业经验的教师参与的“双师”结构课程教学团队承担教学任务，采用教、学、练三者相结合并以练为主的教学方式，以对团队职场情景模拟和任务完成准确度的检验作为成绩考核的主要方式，考核标准参照保险公司组训和营销经理岗位考核标准，最终目的是培养学生熟练掌握保险组训的工作方法和具备乐观向上的工作态度，实现学生毕业后“零距离”上岗。

课程设计的目标：通过合理确定课程定位，明晰课程设计思路，依据岗位需求和学情有针对性地选择适用的教学内容，合理安排课程的内容结构，充分利用立体化的教学资源，在行动导向下以任务驱动教学进程，采用现代教育技术和课堂教学相结合的教学手段，运用案例分析、课堂讨论、游戏互动等科学的教学方法，充分发挥“双师”教学团队的优势，充分利用校内外实践教学条件，完善与行业要求相适应的评价体系，把本课程建设成真正意义上的工学结合的一体化课程，使其在促进更多学生到保险公司就业产生推动作用。

课程设置的依据：本课程设置的依据是保险公司组训和营销经理岗位工作任务对职业能力的需要，教学项目设计的依据是组训和营销经理岗位的工作项目，学习性工作任务设计的依据是组训和营销经理岗位工作任务，教学场所建设的依据是保险公司基层营业场所工作环境，课程开发的主体是在学校与保险公司合作基础上的行业专家和专职教师共同组织的团队，课程开发的全过程自始至终贯彻基于保险公司团队经营与管理工作过程的思想，课程开发的立足点是广泛的行业岗位调研和行业专家岗位工作任务分析。

课程内容的确定：课程教学内容根据完成保险公司组训和营销经理岗位工作任务对知识、技能和素质的要求以及行业发展的需要来确定，具体内容涵盖保险组训和营销日常工作的主要内容。根据保险公司组训和营销经理完成团队组建、业务规划与推动、人员管理、会议运作、团队训练、绩效考核和团队激励等七个教学项目。在每个教学项目中，再根据工作步骤或业务类别设置相应的模块，使学生通过课程的学习能够全面地模拟组训和营销岗位的全部业务操作。课程内容既是从事组训和营销工作必须的，同时也是未来职业发展的需要。课程内容的编排以工作内容的逻辑顺序为依据，在项目顺序上按照工作过程编排，在每个项目的模块安排上再根据工作过程先后确定教学内容的先后，同时也适当考虑了教学规律的要求。

课程内容的组织：课程教学内容按照组训和营销日常工作的操作顺序，以完成真实工作任务的程序化教学过程。在具体内容组织上，根据组训和营销工作场景设置教学场景，根据组训和营销的岗位任务设置学习任务。课程的全部内容就是完成七个工作项目设置的教学项目，每一个学习模块的学习任务就是按照真实工作同样的要求完成每一个模块的组训和营销任务。每一个教学模块都是对知识的学习、技能的训练和态度的培养三者的有机结合，在讲授的同时进行情景模拟训练，在训练的同时强化团队意识和现代管理理念。课程中的团队组建、增员管理、会议经营等知识点分别与对应的实践相结合，分解到相应的教学和训练过程中。为与本课程配套改革，需要将上课环境布置为模拟组训或模拟保险营销环境，或者采用模拟保险综合实训室，综合实训室需配备与实际组训或营销环境相同的设备和用具，配备与保险公司实际应用相同或高度仿真的业务软件，配备与保险组训相同或仿真的耗用品，如：投影仪、电子教鞭、会议桌等。教学目标是在学会理论的基础上熟练地完成组训与营销任务。

四、课时分配

表 2－16　课程项目任务及课时分配

<table>
<tr><th>序号</th><th>课程项目</th><th>课程模块</th><th colspan="2">课时分配</th></tr>
<tr><td rowspan="2">1</td><td rowspan="2">保险团队组建与职级发展</td><td>保险团队组建：团队；团队文化；高效团队特征；寿险团队特点组训</td><td>2</td><td rowspan="2">4</td></tr>
<tr><td>保险团队职级发展：团队发展；职级发展；现实问题</td><td>2</td></tr>
<tr><td rowspan="4">2</td><td rowspan="4">团队业务规划与推动</td><td>团队业务规划：目标管理；规划步骤</td><td>2</td><td rowspan="4">12</td></tr>
<tr><td>团队计划制订与实施：计划制订；计划执行；业务追踪；各类计划表格填写</td><td>4</td></tr>
<tr><td>行事历编排：行事历简介；行事历内容</td><td>2</td></tr>
<tr><td>团队业务推动：推动精髓；推动时机；推动步骤；激励机制；短训提高；推动误区</td><td>4</td></tr>
<tr><td rowspan="2">3</td><td rowspan="2">团队人员管理</td><td>增员管理：增员意义；流程；创业说明会</td><td>4</td><td rowspan="2">10</td></tr>
<tr><td>团队日常管理：会议管理；考勤管理；活动量管理；报表管理；职场管理；督导管理</td><td>6</td></tr>
</table>

续表

序号	课程项目	课程模块	课时分配	
4	团队会议经营与管理	早会经营与管理：早会意义与类别；早会基本流程；早会策划；早会管理；早会创新	6	16
		产品说明会运作：运作流程；注意事项；常见问题；改进创新	6	
		经营总结会运作：目的；流程；DOME 工作方法	4	
5	团队教育训练	团队教育训练规划与实施：训练目标；训练需求分析；训练规划；训练实施	4	10
		新人训练、陪访与辅导：新人训练；新人陪访；新人辅导	6	
6	团队绩效管理	团队绩效考核指标：绩效考核重要性；指标；计算与分析；指标运用	4	8
		绩效分析与提高：绩效分析与步骤；问题原因与措施；转正率；指标分析注意事项	4	
7	团队激励	团队激励的基础知识：激励的含义；激励分类；激励理论；激励过程；激励原则	4	10
		团队激励的方式：团队激励方法；团队激励方式；激励针对性	4	
		激励方案的制订：团队激励原则；制订激励方案	2	
机动			2	2
总计			72	72

五、教学内容

表 2－17　　课程教学内容与教学要求

序号	课程项目	知识内容和要求	技能内容和要求
1	保险团队组建与职级发展	• 了解保险团队的构成要素和角色定位 • 了解保险团队的文化建设 • 学会与团队成员之间的初步沟通与合作 • 了解团队发展阶段 • 熟悉团队主管工作职责 • 能清楚认识保险公司各职级的管理职责和能力素质要求	• 能组建大学生保险营销团队 • 学会团队内部的沟通与交流 • 能处理团队发展各阶段的关键问题 • 能帮助团队顺利进入下一阶段工作 • 能熟悉各级主管的职责 • 能画出自己的职业生涯树
2	团队业务规划与推动	• 了解目标管理的原则 • 熟悉目标管理的流程 • 熟悉团队业务规划的步骤和方法 • 能诊断团队存在的问题并制订行动方案 • 理解团队计划的特征 • 熟悉团队业务规划的实施和业务追踪流程 • 明确编排行事历的注意事项 • 熟悉行事历的内容 • 了解业务推动的精髓及其意义 • 识记保险业务推动的时机、原则和步骤	• 能分析团队发展中存在的问题并进行诊断 • 能规划本年度的团队人力发展方案 • 能制订团队的短、中、长期发展计划 • 能编排各类行事历 • 学会对团队成员和客户管理的业务追踪 • 能正确填写各类追踪表 • 能根据团队发展目标制定年、季、月行事历 • 能按正确步骤推动团队业务 • 能策划保险业务推动方案 • 能策划短期业务竞赛活动
3	团队人员管理	• 了解增员的基本流程 • 熟悉增员对象的来源和开拓方法 • 掌握创业说明会的组织运作方法 • 了解团队日常管理的各项内容 • 熟悉团队会议管理的方法 • 熟悉考勤管理流程 • 熟悉活动量管理方法 • 掌握报表管理方法 • 熟悉职场布置的原则和方法 • 了解督导管理的主要内容	• 学会团队增员的技巧 • 能策划和组织一次大学生创业说明会 • 能对团队进行考勤管理 • 能采用不同方法对团队进行活动量管理 • 会填写各类营销报表 • 会设计职场布置方案并做一次职场布置 • 会进行督导管理

续表

序号	课程项目	知识内容和要求	技能内容和要求
4	团队会议经营与管理	• 了解早会的意义和类别 • 了解早会管理的具体内容 • 熟悉早会经营的基本流程 • 熟悉掌握产品说明会的运作流程 • 明确产品说明会运作的注意事项 • 熟悉经营总结会的目的 • 熟悉总结会的操作流程和要领	• 能策划并组织不同主题的保险公司早会 • 能制定早会行事历 • 能创新早会形式 • 能策划并实际参与运作保险产品说明会 • 能处理产品说明会上的随机问题 • 能协助组织策划所在团队的月（周）经营总结会
5	团队教育训练	• 了解团队教育训练的目标 • 熟悉团队教育训练规划的一般要素 • 会分析团队教育训练的需求 • 熟悉 PESOS 教育训练程序和方法 • 掌握新人训练的主要内容 • 掌握新人陪访的流程和注意事项 • 熟悉新人辅导流程	• 能解决教育训练时容易遇到的问题 • 能对绩优业务员进行培训 • 能制订新人训练和辅导计划 • 能陪同新人展业 • 能对新人进行销售辅导 • 能帮助业务主管对团队的新人进行陪访和辅导
6	团队绩效管理	• 了解团队绩效考核的重要性 • 熟悉绩效考核的具体指标 • 了解关键绩效指标问题产生的原因 • 掌握绩效分析的步骤	• 会计算绩效考核的具体指标 • 能找出自己存在的绩效障碍 • 能对团队绩效进行衡量和分析 • 能解决关键绩效指标考核中存在的问题
7	团队激励	• 了解激励意义和分类 • 理解双因素理论 • 掌握团队激励的基本原则 • 熟悉需求层次理论的含义 • 熟悉激励机制的建立和实施方法 • 熟悉团队激励的各种方法和方式 • 明确团队激励应注意的问题 • 掌握团队激励方案制订的流程	• 能对不同类型的销售人员采用有针对性的激励方法 • 能制订竞赛激励方案 • 能运用团队激励的常用理论解决成员激励问题 • 能有针对性的采用适当方式激励成员 • 能帮助团队针对目前出现的各种问题，综合运用各种激励方式，制订有针对性的团队激励方案

六、教学条件

（一）教师任职条件

1. 专任教师：具备高校教师资格证；具有团队管理、营销等相关专业本科及以上学历，具有团队管理、会议经营、团队教育训练等方面的工作经历；具备深厚的经济理论功底，较强的金融保险专业能力和语言表达能力；形象气质佳，表达能力强；能够运用现代教育技术，善于汲取新知识和新思想；能够从事金融保险专业教学研究和课程开发；具备“双师”素质或企业锻炼或企业工作的经验。

2. 兼职教师：从事过保险组训、客户经理等工作，有一定的团队经营管理经验；热爱教育事业，有强烈的事业心和高度的责任感；具备基本的金融保险专业能力、语言表达能力和文字组织能力；能够带领学生进行实践教学活动；具备本科以上学历和中级专业技术职务。

（二）设备场所条件

1. 实训场所：配有能进行课程仿真实训的校内多功能教室，配备与团队组建、规划、会议经营等业务相同或高度仿真的设备，为实践教学创建真实的职业氛围，实现教、学、做一体化；建立校外实习基地，为学生进行现场观摩和体验创造条件。

2. 实训工具设备：多媒体教学设备、学生计算机、会议使用工具、会议场景布置等。

3. 配有课程教学资源网站，将各种资源集中统一管理，形成课程教学资源中心，满足专业教学和专业技能训练的需要，实现师生网上互动和多媒体资源的共享；配有各种现代信息技术资源，充分利用 flash 演示、ppt 演示、视频演示、电子书籍、电子期刊、数据库、数字图书馆、教育网站和电子论坛等网上信息资源，教学资源品种多样、针对性强。

七、教学方法与手段

（一）教学方法

1. 情景模拟教学法。本课程教学的关键是情景模拟教学，针对各章节的不同特点，可采用具体的角色扮演、现场作业、模拟会议等增强教学内容的针对性、直接性和可信性。此法能做到讲授、示范和学生模拟的互动，学生模拟和教师指导相结合，可以极大地激发学生的学习激情，提高学生理论与实践相结合的能力。

2. 项目教学法。将一个相对独立的项目，例如“行事历编排”、“团队业务规划”、“团队教育训练规划”等，交由学生自己处理，由学生搜集信息、设计方案、实施项目和最终评价等，让学生了解并把握整个过程及每一环节中的基本要求，使教学过程更具实践性、自主性、开放性和过程性，使学生能将多学科知识进行交叉，提高综合运用能力。

3. 任务驱动教学法。教师将教学任务设计为一个或多个具体的任务，以任务驱动，以某个实例为先导，提出问题引导学生思考，让学生通过学和做掌握教学内容，培养学生分析和解决问题的能力。例如本课程教学中可以对“团队会议经营与管理”采用以任务为中心引领知识、技能和态度，让学生在完成“早会、产品说明会和经营总结会”等工作任务的过程中学习相关理论知识，发展学生的综合职业能力，实现教、学、做一体化，提高学生学习的主动参与意识，激发学生的学习兴趣。

4. 邀请专家来校讲座。为拓展学生视野，不定期的邀请金融保险行业的专家来校做讲座、讲学等活动，与学生进行面对面的接触和对话，使学生能深入了解金融保险业团队经营与管理的相关问题，更能体会到学习本课程的重要性，培养学生在困境中顽强战斗的奋斗精神。

5. 让学生享受体验式教学的乐趣。充分利用校外实习基地，老师带领学生亲历金融机构具体工作中的团队管理情景，加深学生对团队管理业务、管理模式、管理流程等的认识。还可以利用假期和周末等时间参与金融机构相关团队管理部门的调研。通过“走出去”使学生体会到工作中学习的乐趣，提高课程学习的积极性。

（二）教学手段

1. 板书与多媒体演示相结合。板书是一种传统的课堂教学手段，其精心设计和规范书写也彰显一种艺术魅力。例如团队激励基础知识等，可以采用板书教学。多媒体教学是借助多媒体技术制作和演示课件来实施课堂教学的，主要包括：电子课件、投影、视频、音频、多媒体教学软件。大量的团队管理案例可以借助多媒体技术和海量的互联网信息资源进行视频教学直观演示；团队管理的组建与职级发展、团队绩效管理和团队激励等内容可采用电子课件投影进行教学。板书与多媒体演示在教学中各有其优缺点，二者结合运用，方能强化课堂教学效果。

2. 课堂教学与课下实践相结合。课堂教学注重引入新的思维和观点，并不定期的邀请金融机构团队管理专家进行专题讲座。课下要求学生以分组的形式进行课后模拟，例如增员管理、新人训练、陪访与辅导等，均可课后进行模拟，通过课堂和课后相结合，力求促使学生感到学有所用。

八、检查评价

1. 本课程的评价以学生解决团队经营管理中实际问题的能力为主要依据，以掌握课程理论知识为次要依据，评价的标准按照现行保险行业对组训和营销岗位员工考核标准来确定。

2. 以能力为本位对学生进行考核评价。在考核的内容上以团队管理技能为核心，将课程中的知识点转化为技能要求对学生进行考核。采用多种考核形式，例如课堂参与程度及课程贡献考核，主要考查学生的积极参与能力、思维能力、快速反应和应变能力；课后作业完成质量考核，主要考核学生的自主学习能力和信息搜集与处理的能力；实践活动完成质量考核，主要考核学生的创新能力；面试考核主要考核学生的心理承受能力、实际沟通能力和应变能力。

3. 采用全程化考核，避免期末一张试卷决定学生学习成绩的现象，进行从始至终全过程考核。在学习过程中，从课堂学习的第一天开始直至期末考试结束后的时间内，每一阶段都对学生进行阶段性考核，以加强对学生自主学习的引导。在考核空间上不局限于只在课堂上或者教室考场内考核，可采用实训考核、作业考核、口试考核等方式。

4. 课程平时成绩占60%，主要考核完成学习性工作任务的准确性和速度，根据学生对团队经营管理中实际问题的解决能力和平时表现来评定，也包括个人自评、小组互评和教师评价。期末总评成绩占40%，主要是卷面考试，考核课程理论知识的掌握程度。

考核的比重如表2－18所示。

表2－18　　　　检查评价表

<table>
<tr><th>序号</th><th>典型工作任务</th><th colspan="2">评价方式</th><th>评价标准</th><th>分值</th></tr>
<tr><td rowspan="3">1</td><td rowspan="3">保险团队组建与职级发展</td><td>个人自评</td><td>20%</td><td rowspan="21">评价学生完成学习任务情况，完成相关任务效果，小组协作能力，交流沟通能力、自主解决问题能力</td><td rowspan="3">10</td></tr>
<tr><td>小组互评</td><td>20%</td></tr>
<tr><td>教师评价</td><td>60%</td></tr>
<tr><td rowspan="3">2</td><td rowspan="3">团队业务规划与推动</td><td>个人自评</td><td>20%</td><td rowspan="3">15</td></tr>
<tr><td>小组互评</td><td>20%</td></tr>
<tr><td>教师评价</td><td>60%</td></tr>
<tr><td rowspan="3">3</td><td rowspan="3">团队人员管理</td><td>个人自评</td><td>20%</td><td rowspan="3">15</td></tr>
<tr><td>小组互评</td><td>20%</td></tr>
<tr><td>教师评价</td><td>60%</td></tr>
<tr><td rowspan="3">4</td><td rowspan="3">团队会议经营与管理</td><td>个人自评</td><td>20%</td><td rowspan="3">20</td></tr>
<tr><td>小组互评</td><td>20%</td></tr>
<tr><td>教师评价</td><td>60%</td></tr>
<tr><td rowspan="3">5</td><td rowspan="3">团队教育训练</td><td>个人自评</td><td>20%</td><td rowspan="3">15</td></tr>
<tr><td>小组互评</td><td>20%</td></tr>
<tr><td>教师评价</td><td>60%</td></tr>
<tr><td rowspan="3">6</td><td rowspan="3">团队绩效管理</td><td>个人自评</td><td>20%</td><td rowspan="3">13</td></tr>
<tr><td>小组互评</td><td>20%</td></tr>
<tr><td>教师评价</td><td>60%</td></tr>
<tr><td rowspan="3">7</td><td rowspan="3">团队激励</td><td>个人自评</td><td>20%</td><td rowspan="3">12</td></tr>
<tr><td>小组互评</td><td>20%</td></tr>
<tr><td>教师评价</td><td>60%</td></tr>
<tr><td colspan="2">总评</td><td colspan="4">100</td></tr>
</table>

“保险公司会计”课程标准

一、课程定位

本课程是保险专业职业能力核心课程，课程对应保险公司会计核算工作岗位，是本专业人才培养目标所指向的基本工作岗位之一，是形成专业核心能力的关键课程之一。通过学习本课程，使学生在掌握初步的保险公司会计理论知识和经过基本的会计核算技能训练的基础之上，通过在仿真实训平台上进行仿真保险公司会计业务操作，训练学生熟练从事保险公司会计核算业务的工作能力。

二、课程目标

通过保险公司会计核算岗位工作任务引领的教学项目活动，训练学生处理保险公司各项会计核算业务的能力，达到保险公司实际工作中的会计核算标准，实现与保险公司会计核算岗位的对接。

职业能力培养目标：

1. 了解保险公司会计核算相关政策规定和相关知识，熟悉会计核算业务的基本程序和操作规程。

2. 能够熟练进行保险公司各种资产、负债等业务的核算，编制保险公司会计报表，处理业务的速度和准确度达到保险公司会计人员上岗标准。

3. 具有诚恳、热情、谦卑、专业的工作态度，具有终身学习的意识和能力。

三、设计思路

课程的总体设计思路：以培养完成保险公司会计核算岗位工作任务所需的职业能力为核心，根据保险公司会计核算岗位的工作内容确定教学内容，根据保险公司会计核算业务的工作内容组织教学过程，以具备会计核算条件的实训室作为上课场所，以具有会计核算工作经历的教师参与的“双师”结构课程教学团队承担教学任务，采用教、学、练三者结合以练为主的教学方式，以对处理保险公司会计核算业务速度和准确度的检验作为成绩考核的主要方式，最终实现基本不再需要经过任何其他培训直接上岗的目标。

课程设计的目标：通过准确把握课程定位，理清课程设计思路，有针对性地选择适用的教学内容，科学安排课程内容结构，全面建设立体化的教学资源，在行动导向下以任务驱动教学进程，广泛采用现代教育技术手段，充分利用网络教学在促进学生自主学习方面的作用，运用多种科学的教学方法，充分发挥“双师”教学团队的优势，充分利用校内外实践教学条件，完善与行业要求相适应的评价体系，把本课程建设成真正意义上的工学结合的一体化课程。

课程设置的依据：本课程设置的依据是保险公司会计核算岗位工作任务对职业能力的需要，教学项目设计的依据是保险公司会计核算岗位的工作项目，学习性工作任务设计的依据是保险公司会计核算岗位工作任务，课程开发的主体是在学校与保险公司合作基础上的行业专家和专职教师共同组织的团队，课程开发的全过程自始至终贯彻基于保险公司会计核算工作过程的思想，课程开发的立足点是广泛的行业岗位调研和行业专家岗位工作任务分析。

课程内容的确定：课程教学内容根据完成保险公司会计核算岗位工作任务对知识、技能和素质的要求以及行业发展的需要来确定，具体内容涵盖会计核算日常工作的主要内容。根据保险公司会计核算工作任务的需要，本课程设置了保险会计理论，资产的核算，负债的核算，所有者权益的核算，收入、成本费用和利润的核算，非寿险保险公司业务会计核算，寿险保险公司业务会计核算，再保险公司业务会计核算等八个教学项目。在每个教学项目中，再根据工作业务类别设置相应的模块，使学生通过课程的学习能够全面地进行保险公司会计核算业务操作。

课程内容的组织：课程教学内容按照保险公司会计核算工作内容，以完成各项工作任务安排教学过程。在具体操作训练上，根据保险公司会计核算内容来设置学习性的工作任务。课程的全部内容就是完成根据八个工作项目设置的教学项目，每一个学习模块的学习性工作任务就是按照真实的工作要求完成每一笔具体的会计核算业务。每一个教学模块都是对知识的学习、技能的训练和态度的培养三者的有机结合，在讲授操作过程的同时进行动手操作训练，在训练的同时强化风险防范的意识和优质服务的理念。为与本课程配套改革，需要建设会计多功能实训室作为本课程的上课场所，该实训室需具备仿真的会计核算工作环境，配备与银行保险公司会计工作实际应用相同的设备和用具，配备相应的会计核算业务软件及仿真的耗用品，如：凭证、账簿、印章等。教学目标不仅仅是学会，而是在学会的基础上熟练地操作。

四、课时分配

表 2－19　课程项目模块及课时分配

序号	课程项目	课程模块	课时分配	
1	保险会计理论	保险会计的构成、特点、基本前提	1	4
		保险会计信息质量要求、要素	2	
		保险公司会计制度	1	

续表

序号	课程项目	课程模块	课时分配	
2	资产的核算	货币资金、外币资产、应收及预付款项核算	6	16
		保险投资、金融、股权投资资产核算	6	
		固定资产、无形资产核算	4	
3	负债的核算	金融负债的核算	2	4
		其他金融负债的核算	2	
4	所有者权益的核算	实收资本核算	2	6
		资本公积核算	2	
		留存收益核算	2	
5	收入、成本费用和利润的核算	收入核算	2	6
		成本费用核算	2	
		利润核算	2	
6	非寿险保险公司业务会计核算	财产保险公司保费收入核算	4	10
		财产保险公司准备金核算	2	
		财产保险公司赔款核算	2	
		短期人身意外伤害险和短期健康保险核算	2	
7	寿险保险公司业务会计核算	寿险保险公司保费收入核算	4	8
		寿险保险公司保险金给付核算	2	
		长期人身意外伤害险和长期健康保险核算	2	
		寿险保险公司责任准备金核算	2	
8	再保险公司业务会计核算	分保账单	2	8
		分出业务核算	2	
		分入业务核算	2	
		再保险公司责任准备金核算	2	
机动			2	2
总计			64	64

五、教学内容

表 2-20　　课程教学内容与教学要求

序号	课程项目	知识内容和要求	技能内容和要求
1	保险会计理论	• 了解保险会计的构成 • 了解保险会计的特点 • 了解保险会计的目标 • 熟悉保险会计的基本前提 • 熟悉保险会计的信息质量要求 • 熟悉保险会计要素 • 了解保险公司会计制度	• 能准确辨识保险会计要素
2	资产的核算	• 熟悉货币资金的概念和内容，掌握货币资金的账户设置 • 熟悉外币资产的概念和内容，掌握外币资产的账户设置 • 熟悉应收及预付款项的概念和内容，应收及预付款项的账户设置 • 熟悉保险投资的概念和内容，掌握保险投资的账户设置 • 熟悉金融资产的概念和内容，掌握金融资产的账户设置 • 熟悉股权投资资产的概念和内容，掌握股权投资资产的账户设置 • 熟悉固定资产的概念和内容，掌握固定资产的账户设置 • 熟悉无形资产的概念和内容，掌握无形资产的账户设置	• 能够准确使用各资产账户，并正确进行各项资产核算
3	负债的核算	• 熟悉金融负债的概念和内容，掌握金融负债的账户设置 • 熟悉相关金融负债的概念和内容，掌握其账户设置	• 能够准确使用各负债账户，并正确进行各项负债核算
4	所有者权益的核算	• 熟悉实收资本的概念和内容，掌握实收资本的账户设置 • 熟悉资本公积的概念和内容，掌握资本公积的账户设置 • 熟悉留存收益的概念和内容，掌握留存收益的账户设置	• 能够准确使用各所有者权益账户，并正确进行各项所有者权益核算

续表

序号	课程项目	知识内容和要求	技能内容和要求
5	收入、成本费用和利润的核算	• 熟悉收入的概念和内容，掌握收入的账户设置 • 熟悉成本费用的概念和内容，掌握成本费用的账户设置 • 熟悉利润的概念和内容，掌握利润的账户设置	• 能够准确使用收入、成本费用、利润账户，并正确进行收入、成本费用、利润核算
6	非寿险保险公司业务会计核算	• 了解非寿险保险公司业务 • 熟悉财产保险公司保费收入的概念和内容，掌握其保费收入的账户设置 • 熟悉财产保险公司准备金的概念和内容，掌握其准备金的账户设置 • 熟悉财产保险公司赔款的概念和内容，掌握其赔款的账户设置 • 熟悉短期人身意外伤害保险和短期健康保险的概念和内容，掌握其账户设置	• 能够准确使用非寿险保险公司会计核算账户，并正确进行其保费收入、准备金、赔款和短期人身意外保险和健康保险业务核算
7	寿险保险公司业务会计核算	• 了解寿险保险公司业务 • 熟悉寿险保险公司保费收入的概念和内容，掌握其保费收入的账户设置 • 熟悉寿险保险公司保险金给付的概念和内容，掌握其会计核算账户设置 • 熟悉长期人身意外伤害保险和长期健康保险的概念和内容，掌握其账户设置	• 能够准确使用寿险保险公司会计核算账户，并正确进行其保费收入、保险金给付和长期人身意外保险和健康保险业务核算
8	再保险公司业务会计核算	• 了解再保险公司业务 • 熟悉再保险公司分保账单的概念和内容 • 熟悉分出业务的概念和内容，掌握分出业务的账户设置 • 熟悉分入业务的概念和内容，掌握分入业务的账户设置	• 能够准确使用分出业务和分入业务核算账户，并正确进行分出业务和分入业务会计核算。

六、教学条件

（一）教师任职条件

1. 专任教师：具有保险公司、会计岗位工作经历，熟悉会计核算业务；能够示范会计核算工作过程；能够指导学生处理会计核算业务；能够讲授本课程的业务知识。

2. 兼职教师：保险公司财务工作人员；有财务工作经验的会计师、高级会计师、注册会计师等。

（二）设备场所条件

1. 配备与本课程教学内容配套的会计多功能实训室，配备仿真的设备和实训软件，使之具备现场教学、实验实训的功能，实现教学与实训合一，满足教、学、做一体化的要求。

2. 配有课程教学资源网站，将各种教学资源集中统一管理，形成课程教学资源中心。满足专业教学和专业技能训练的需要，实现师生网上互动和多媒体资源的共享。实现网上虚拟业务操作训练。

3. 配有各种现代信息技术资源，充分利用 flash 演示、视频演示、电子书籍、电子期刊、数据库、数字图书馆、教育网站和电子论坛等网上信息资源，教学资源品种多样、针对性强。

七、教学方法与手段

（一）教学方法

1. 本课程教学的关键是会计核算业务操作。教学中应选用典型的保险公司经济业务为载体，教师的讲授、示范与学生操作互动，学生提问与教师解答、指导相结合，让学生在“学”与“练”的过程中提高业务技能。

2. 本课程要求学生掌握相应的会计核算制度、保险公司经营制度和保险公司财务制度，并在此基础上熟练进行会计核算操作。在教学过程中，应立足于加强学生会计核算操作技能的培养，通过项目教学、以工作任务驱动提高学生学习兴趣，激发学生的成就动机。

3. 教学过程中教师应积极引导学生提升职业素养，提高职业道德，养成严谨认真的工作习惯，达到知识、技能和态度的有机统一。通过分组训练、分角色训练等方式培养学生的协作意识和在真实业务场景下的职业适应能力。

（二）教学手段

1. 在教学过程中，要充分利用多功能实训室的各种设备和软件，应用多媒体、投影、电脑、网络等教学资源辅助教学，帮助学生熟练掌握操作技能及业务要点。适当进行实物观摩。

2. 充分利用网络课程资源，引导学生自主学习。利用网络课程中形象化的操作演示，通过网上提供模拟业务项目训练，指导学生进行大量操作练习，提升操作技能。

八、检查评价

1. 本课程的评价兼顾掌握课程知识和实际业务操作的熟练程度和准确度，并以此为依据进行评价和考核。

2. 结合课堂提问、平时作业、平时测验、技能竞赛及考试情况，综合评价学生成绩。注重学生动手能力和实践中分析问题、解决问题能力的考核，全面综合评价学生的能力。

3. 课程平时成绩占 30%，主要考核完成学习性工作任务的准确度和速度，根据软件系统的记载和平时学习表现来评定。也包括个人自评、小组互评和教师评价。期末卷面考试成绩占 70%。

“保险理财规划”课程标准

一、课程定位

本课程是保险专业的职业能力核心课程，课程对应保险理财顾问工作岗位。本课程旨在通过完成学习性工作任务的训练，为完成真实性工作任务打下基础。课程的目的是让学生运用所学的保险基础知识，包括人身保险实务、财产保险实务、保险营销实务等课程以及相关金融业务基本技能，通过实践训练和仿真实训相结合，将理论应用于实践的训练，使学生具备从事保险理财岗位的职业技能。

二、课程目标

本课程通过保险公司理财顾问岗位工作业务流程引领的教学项目活动，训练处理保险公司理财顾问岗位各项业务的能力，达到保险公司岗位考核标准，符合保险公司实际工作中的理财顾问岗位要求，与保险公司理财顾问岗位实现对接，并能够结合本课程内容综合运用金融学、证券投资、保险实务、客户关系管理、金融营销等知识，初步具备理财顾问的职业能力。

职业能力培养目标：

1. 掌握保险理财规划的基本知识与基础理论。
2. 了解国家关于保险理财服务的职业道德、法律法规和政策规定。
3. 熟悉保险理财规划业务的基本程序和操作规则。
4. 掌握挖掘市场信息、整理信息资料、分析市场、分析客户需求的能力。
5. 掌握利用经济、金融理论知识分析问题、解决问题的能力。
6. 提高写作能力，根据客户需求撰写理财策划书，并根据经济环境或客户需求的变化恰当、及时地修改或调整理财策划书。
7. 掌握保险理财产品的营销技巧。
8. 掌握对保险理财相关风险和法律问题有初步的判断和处理能力。
9. 掌握保险理财岗位应当具备的操作能力。
10. 能够结合职业礼仪、证券投资、保险实务、个人理财、金融产品营销课程内容，提升保险理财规划业务综合服务水平。

三、设计思路

根据金融企业理财人才需求和职业岗位要求的调查分析，结合行业专家提出的毕业生应具有的知识、能力、素质结构要求，以服务于学生的就业需求为课程设计方案的根本出发点，加强校企合作，以职业能力培养为核心目标。

校企合作，共同开发课程，按照工作过程导向的职业教育观构建以保险客户经理等岗位为单元的课程新体系。打破传统章节设置，以保险客户经理等职务真实的工作内容为单元，将教学内容岗位化、情境化、任务化。采用任务驱动教学模式，以保险理财规划业务的真实业务和岗位为基础，结合学生的特点，融“教、学、做”为一体。采用情景教学、角色扮演、案例教学等教学方法。采用信息化教学手段（多媒体、网上资源），充分利用校内实训室完成仿真实训，利用校外实习基地进行岗位认知、工学结合和顶岗实习。注重基本职业能力的形成与运用，将平时考核与期末考试相结合，加大过程性评价成绩的比重，对实训成绩进行定量、定性考核，调动学生的学习积极性和参与意识。

四、课时分配

表 2－21　　课程项目任务及课时分配

序号	课程项目	课程模块	课时分配	
1	认知保险理财规划	保险规划流程	2	4
		保险规划基础工具	2	
2	岗前准备	搜集客户信息	2	6
		诊断客户理财问题	4	
3	人身保险理财规划	人身保险规划	4	10
		人身保险规划方案	6	
4	健康保险与人身意外伤害保险理财规划	健康保险规划方案	6	12
		人身意外伤害保险规划方案	6	
5	养老保险理财规划	养老保险规划	2	8
		养老保险规划方案	6	
6	教育金保险理财规划	教育规划	3	8
		教育金保险	3	
		教育金保险规划方案	2	

续表

序号	课程项目	课程模块	课时分配	
7	投资型寿险理财规划	投资型寿险	3	8
		投资型寿险规划	3	
		投资型寿险规划方案	2	
8	财产保险理财规划	财产保险规划	2	8
		财产保险规划方案	6	
9	综合保险理财规划	综合保险理财规划设计	4	6
		保险理财规划建议书	2	
机动			2	2
合计			72	72

五、教学内容

表 2－22　　　　课程教学内容与教学要求

序号	课程项目	知识内容和要求	技能内容和要求
1	认知保险理财规划	• 了解保险规划流程 • 初步了解保险规划基础工具	• 了解保险规划流程 • 初步了解保险规划基础工具
2	岗前准备	• 了解建立客户关系的各种方法 • 了解搜集客户信息的内容 • 了解分析客户财务状况的基本方法 • 了解理财方案制订的方法 • 了解理财方案执行的流程 • 了解后续的理财服务	• 能够熟练运用所学方法建立客户关系 • 能够搜集全面有效的客户信息，能够对客户财务状况进行分析 • 能够制订理财方案并且执行方案 • 能够根据客户信息的变化情况进行后续理财计划的修订和执行
3	人身保险理财规划	• 回顾人身保险的业务流程 • 熟悉人身保险规划方案的制订	• 掌握并运用人身保险的基本理论，根据客户保险缺口制订人寿保险规划方案

续表

序号	课程项目	知识内容和要求	技能内容和要求
4	健康保险与人身意外伤害保险理财规划	• 回顾健康保险与人身意外伤害保险的基本理论与业务流程 • 熟悉健康保险与人身意外伤害保险规划方案的制订	• 通过分析了解客户健康保险以及人身意外伤害保险的缺口 • 掌握并运用健康保险以及人身意外伤害保险的基本理论 • 根据健康保险以及人身意外伤害保险展业、承保、理赔的基本流程，并能开展保险营销业务 • 根据客户保险缺口制订健康保险以及人身意外伤害保险规划方案
5	养老保险理财规划	• 掌握养老保险的基本理论 • 熟悉养老保险展业的基本流程，并能开展保险营销业务 • 熟悉养老保险承保的基本流程，并能开展承保业务 • 熟悉养老保险理赔的基本流程，并能开展理赔业务 • 熟悉养老保险规划方案的制订	• 通过分析了解客户养老保险的缺口 • 掌握并运用养老保险的基本理论 • 根据养老保险展业、承保、理赔的基本流程，并能开展保险营销业务 • 根据客户保险缺口制订养老保险规划方案
6	教育金保险理财规划	• 掌握教育金保险的基本理论 • 熟悉教育金保险展业的基本流程，并能开展保险营销业务 • 熟悉教育金保险承保的基本流程，并能开展承保业务 • 熟悉教育金保险理赔的基本流程，并能开展理赔业务 • 熟悉教育金保险规划方案的制订	• 分析了解客户教育金保险的缺口 • 掌握并运用教育金保险的基本理论 • 根据教育金保险展业、承保、理赔的基本流程，并能开展保险营销业务 • 根据客户保险缺口制订教育金保险规划方案
7	投资型寿险理财规划	• 掌握投资型寿险的基本理论 • 熟悉投资型寿险展业的基本流程，并能开展保险营销业务 • 熟悉投资型寿险承保的基本流程，并能开展承保业务 • 熟悉投资型寿险理赔的基本流程，并能开展理赔业务 • 熟悉投资型寿险规划方案的制订	• 通过分析了解客户投资型寿险的缺口 • 掌握并运用投资型寿险的基本理论 • 根据投资型寿险展业、承保、理赔的基本流程，并能开展保险营销业务 • 根据客户保险缺口制订投资型寿险规划方案

续表

序号	课程项目	知识内容和要求	技能内容和要求
8	财产保险理财规划	• 掌握财产保险的基本理论 • 熟悉财产保险展业的基本流程，并能开展保险营销业务 • 熟悉财产保险承保的基本流程，并能开展承保业务 • 熟悉财产保险理赔的基本流程，并能开展理赔业务 • 熟悉财产保险规划方案的制订	• 分析了解客户财产保险的缺口 • 掌握并运用财产保险的基本理论 • 根据财产保险展业、承保、理赔的基本流程，并能开展保险营销业务 • 根据客户保险缺口制订财产保险规划方案
9	综合保险理财规划	• 掌握综合保险理财规划设计 • 掌握保险理财规划建议书的设计	• 能够评估客户具体情况 • 能够分析客户保险需求，制订相应规划 • 撰写规划书 • 能够为各个规划制定优先执行顺序 • 根据客户情况以及规划执行情况进行进一步的修订

六、教学条件

（一）教师任职条件

1. 专任教师：具有保险公司理财工作经历，熟悉保险业务；能够示范保险理财规划业务办理工作过程；能够指导学生办理保险业务；能够讲授本课程的业务知识。

2. 兼职教师：保险公司现任理财经理或理财管理部门负责人；有理财工作经历的保险公司内部培训讲师、管理人员、客户经理。

（二）设备场所条件

1. 配备与本课程教学内容配套的保险理财规划业务实训室，配备与保险实际业务相同或高度仿真的设备和软件，使之具备现场教学、实验实训的功能，实现教学与实训合一，满足教、学、做一体化的要求。

2. 配有课程教学资源网站，将各种教学资源集中统一管理，形成课程教学资源中心。满足专业教学的需要，实现师生网上互动和多媒体资源的共享，实现网上虚拟业务操作训练。

3. 配有各种现代信息技术资源，充分利用 flash 演示、视频演示、电子书籍、电子期刊、数据库、数字图书馆、教育网站和电子论坛等网上信息资源，教学资源品种多样、针对性强。

七、教学方法与手段

（一）教学方法

1. 以具体保险客户理财规划业务为主线，经过导学任务及知识准备，教师开始引导学生自主地交替进行各种真实业务背景下的操作和训练，学做合一，教师配合指导、答疑、评价、测试，将理论知识的运用置于一个真实的工作任务中展开，完成后学生能够牢固掌握相应理财规划的设计与检验。

2. 为了让学生在学习过程中能有置身于实际的感受，实训室按保险公司理财工作室的实际环境格局布置，形成了全真化理财业务环境工作氛围，拉近了教学与实践的距离。

3. 对于项目的相关知识和操作技能往往通过大量项目以外的案例进行补充，使理论教学和实践紧紧相连。

4. 请一些保险行业专家（客户经理、理财顾问、客服人员、金融产品营销人员、风险控制人员）过来给学生做讲座，并解答学生提出的各种问题，为学生分析实习和就业等相关热点问题并进行互动式交流，提供就业信息和中肯的职业规划建议。

5. 按照教学需要带领学生到保险公司、保险代理公司进行校外实习，并且定期合作举办保险理财规划大赛，组织学生积极参与大赛活动，并通过大赛活动来提高学生的保险理财规划能力。

6. 通过建立网络教学平台，形成网络教学资源库，使学生在任何时间、任何地点、以任何方式和选择任何内容进行自主式、个性化学习，提升课程的教学质量。建立网站的在线答疑系统，学生可以将自己学习中遇到的问题发送到网上，通过论坛讨论或老师答疑等方式找到答案。

（二）教学手段

1. 学校教学楼的教室、实训室都配备多媒体教学设备，老师能充分利用现代化设备、软件、网络来进行课堂教学。

2. 课程的教学大纲、教学标准、学习指导、授课教案、教学活动图片、习题库、案例库、学生理财作品等资料全部上网，实现资源共享。同时课程组整合各种重要的、相关的校内外资源，构建以课程网站为核心的教学平台，提供丰富的教学资源，积极引导学生网上在线自主学习。

3. 建立教师、学生交流平台，教师、学生都可通过教学网站上的讨论交流区，进行发贴或交流。同时，学生也可以及时获得在线课程教师的指导答疑。

4. 建设完备的保险理财规划业务实训与实践活动场所及其硬件、软件设施，包含银行业务柜台、证券业务柜台、保险业务柜台、综合理财业务柜台。实训室配备包括各类金融理财产品（银行、证券、保险、实物）的行情分析和模拟操作软件，让学生及时了解实时行情，并可以进行模拟操作。同时配置理财计算器等相关理财软件，为学生出具理财规划方案提供良好的条件。

5. 通过校外实训，使学生理解和掌握保险理财规划业务知识和技能，增强学生对实际业务的操作处理能力。通过参观讲解和顶岗实习，学生能进一步熟悉真实岗位的工作内容，逐步熟悉保险相关企业的工作环境。在基于工作过程的实训教学中，充分发挥了学生的实际动手能力，充分地发挥学生自主学习的自觉性和积极性。

八、检查评价

1. 本课程的评价以学生对客户调查及分析能力作为主要依据，通过对不同保险理财产品的分析和判断为客户提供合适的理财产品。同时通过对客户资料的调查分析进行保险理财规划实务训练，提高分析和判断能力。

2. 学生考试成绩采用分小组考核，用小组形式进行学习，采用阶段评价、过程评价与目标评价相结合，考试方法以上机考试和书面考试结合的方法。

3. 结合课堂提问、平时作业、平时测验、技能竞赛及考试情况，综合评价学生成绩。注重学生动手能力和实践中分析问题、解决问题能力的考核，对在学习和应用上有创新的学生应予特别鼓励，全面综合评价学生能力。

4. 课程平时成绩占 30%，主要考核完成学习性工作任务的准确度和速度，根据软件系统的记载和平时学习表现来评定。也包括个人自评、小组互评和教师评价。期末总评成绩占 70%，包括期末卷面考试和上机考试。

第三部分

保险专业教学仪器设备配备标准

一、专业基本信息

专业名称：保险
专业代码：630205
招收对象：普通高中毕业生及同等学力者
学　　历：专科
学　　制：基本学制三年，可实行学分制为基础的弹性学制

二、专业基本技能

1. 具备保险及相关金融企业工作岗位的基本操作技能。能够规范的书写文字、快速的录入数据、完整的填制金融业务凭证、正确的登记金融会计账簿等。

2. 熟悉整个保险营销活动的流程及岗位要求，能够承担销售及销售管理等环节的工作。具备能敏锐地发现市场需求的能力；具备对具体市场需求进行细分并有效选择目标市场的能力；具备针对目标市场，根据具体的营销环境有针对性地策划、组织营销活动的能力；具备有效组织和控制营销活动，并对营销活动进行客观评估的能力。

3. 能熟练掌握人身保险与财产保险基本险种的签约和售后服务业务操作；能敏锐地捕捉目标市场上的潜在客户目标；能进行基本的风险评估；能根据客户的不同需求设计不同的保单；能熟练运用保险原理和原则进行保险案例分析；能熟练运用展业和日常售后服务的技巧，具备对人身保险及财产保险产品的理解能力和保险产品的营销能力。

4. 能熟练掌握保险理财岗位的基本要求和主要工作内容，能够建立和客户之间的良好业务关系；掌握金融市场中各类投资工具，特别是保险产品的使用和选择；能够利用这些投资工具进行组合投资并进行实务操作；能够帮助客户分析风险，选择合理的风险管理方法及手段；能够为客户制订理财计划，评价客户的财务目标，并帮助客户实现最佳的理财目标；能够掌握保险理财产品的营销技能。

三、实训项目及主要内容

表3－1　　　　实训项目及主要内容

实训模块	实习项目	时间安排	实习地点
见习认知	了解保险公司职场	第1学期	保险公司
随堂实训	人身保险业务实训	第2学期	保险业务实训室
	财产保险业务实训	第3学期	保险业务实训室

续表

实训模块	实习项目	时间安排	实习地点
随堂实训	保险营销实训	第 3 学期	保险理财实训室
	会计基础与实务实训	第 3 学期	会计实训室
	机动车辆保险与理赔实训	第 3 学期	保险业务实训室
	保险中介实训	第 4 学期	保险理财实训室
	保险公司会计实训	第 4 学期	会计实训室
	团队经营与管理实训	第 5 学期	保险业务实训室
	保险理财规划实训	第 5 学期	保险理财实训室
综合实训	人身保险 + 风险管理实训	第 2 学期	综合业务实训室
	财产保险 + 保险中介 + 保险公司会计实训	第 3 学期	综合业务实训室
	机动车辆保险 + 核保理赔 + 保险理财实训	第 4 学期	综合业务实训室
企业教学项目		第 5 学期	保险公司
顶岗实习		第 6 学期	保险公司

（一）见习认知

见习认知可以安排在学生大一阶段进行，主要是带领学生参观保险公司，和保险公司员工进行交流，通过学生自己的观察和思考，帮助他们了解职业工作环境和基本岗位设置，对保险职业具备初步认知。

表 3－2　　见习认知内容

序号	认知项目	认　知　内　容
1	保险公司办公场所	1. 保险公司机构设置 2. 保险公司职场礼仪 3. 保险公司工作氛围
2	保险公司早会	1. 保险公司早会流程和内容 2. 保险公司早会的意义
3	保险公司后援部门	1. 保险业务流程 2. 保险公司各岗位的设置和日常工作关系

（二）随堂实训

1. 保险业务实训室。

（1）实训项目。本实训主要训练学生从事保险工作的综合技能；保险合同的填写及处理技能；保险产品分析、比较和规划技能；保险需求测算与费率计算技能；保险各环节业务的办理技能；保险日常售后服务的技能；保险产品的营销技能；团队经营与管理的技能等。

（2）实训内容。

表 3－3　　人身保险随堂实训内容

序号	实训项目	实 训 内 容
1	人身保险从业准备	1. 风险识别和相应风险管理方案的设计 2. 保险市场调研和供求要素分析
2	人身保险合同业务处理	1. 认知保险合同 2. 保险案例纠纷分析处理
3	人身保险产品比较	1. 制作简单的人身保险产品说明，在模拟产品说明会上对一个保险产品进行分析，说明其销售的目标客户群、产品特色，对客户的优缺点及风险 2. 搜集保险监管机关对人身保险产品的监管文件，进行归纳分析
4	人身保险需求测算与保险费率计算	1. 对人身保险需求进行定性分析 2. 利用各种方法量化人身保险需求 3. 计算保险费
5	人身保险展业	1. 展业技巧训练（计划和寻找准客户、接触前准备、售前接触、讲解商品、化解拒绝、促成交易、售后服务） 2. 客户管理练习 3. 保险理财计划的制订
6	人身保险核保与承保	1. 填写人身保险投保单 2. 进行人身保险核保处理 3. 进行人身保险财务核保 4. 进行人身保险承保业务处理
7	人身保险售后服务	1. 练习客户咨询、抱怨和投诉处理技巧 2. 进行人身保险业务保全处理练习（合同关系人变更、基本信息变更、保单复效、附加险加保、减保退保、补发保单、给付类保全作业、续期作业、保单贷款作业） 3. 进行人身保险理赔业务处理练习（报案与立案、理赔审核与调查、理赔计算与归档等）

表 3－4　　财产保险随堂实训内容

序号	实训项目	实　训　内　容
1	认识财产保险产品	1. 制作简单的产品说明，针对不同种类的模拟客户分别提供财产保险建议，并说明投保前后的注意事项 2. 模拟财产保险不同的销售渠道
2	财产保险保费的计算	计算保险费，熟悉不同类型的财产保险保费计算流程
2	财产保险核保与承保	1. 填写财产保险投保单 2. 搜集整理财产保险投保所需的文件 3. 进行核保 4. 进行承保业务操作
4	财产保险售后服务	1. 模拟处理常见的纠纷情形 2. 财产保险保全业务练习 3. 理赔业务处理练习

表 3－5　　机动车辆保险随堂实训内容

序号	实训项目	实　训　内　容
1	机动车险产品比较	1. 针对不同类型的客户制作车险组合方案，并说明投保前后的注意事项 2. 模拟车险不同的销售渠道
2	机动车险保费的计算	计算保险费
3	机动车险核保与承保	1. 填写投保单 2. 进行核保 3. 进行承保业务操作
4	机动车险售后服务	1. 模拟处理常见的纠纷情形 2. 交强险规定的特殊情形处理练习 3. 进行机动车险保全业务练习 4. 进行理赔业务处理练习

表 3－6　　团队经营与管理随堂实训内容

序号	课程项目	实　训　内　容
1	保险团队组建与职级发展	1. 每位同学结合自身实际，画一颗职业生涯树，并谈谈为实现职业目标所采取的方法与途径 2. 每小组派其成员与大家和老师分享 3. 组建 6～8 人的保险团队，为团队命名，建立团队文化 4. 谈谈如何成为一名优秀的团队组训

续表

序号	课程项目	实 训 内 容
2	团队业务规划与推动	1. 制定团队规划 2. 填写追踪表 3. 调查 2 ~ 3 家保险公司业务推动活动 4. 对业务推动进行评价
3	团队人员管理	1. 提交创业说明会策划方案 2. 组织小组互评 3. 设计职场布置方案
4	团队会议经营与管理	1. 提交策划书，分组互评 2. 说明操作流程和要点
5	团队教育训练	1. 结合本组实际，拟定培训方案 2. 针对特殊对象制订辅导方案
6	团队绩效管理	1. 找两家保险公司，搜集团队数据，列表统计相关资料，对比分析提出解决方案 2. 搜集一家保险公司不同营业部一年经营的相关数据，列表对比分析并提出解决措施

2. 保险理财实训室。

（1）实训项目。包括保险营销实训、保险中介实训、团队经营与管理实训和保险理财规划实训。主要训练学生准客户的筛选、电话沟通、陌生拜访、保险促成、售后服务、客户关系维护、客户拒绝处理等营销技能和保险理财岗位的基本工作技能；建立与维护客户关系技能；分析和诊断客户财务状况技能；对金融市场中各类保险产品的使用和选择技能；利用不同投资工具进行组合投资并进行实务操作技能；为客户制订理财计划并帮助客户实现最佳理财目标技能；保险理财产品的营销技能等。

（2）实训内容。

表 3 – 7　　保险营销实训内容

序号	实训项目	实训内容
1	保险营销计划	1. 保险市场宏观微观环境分析 2. 保险营销计划书的编制
2	保险营销策略	1. 产品策略 2. 价格策略 3. 渠道策略 4. 促销策略

续表

序号	实训项目	实训内容
3	保险营销技巧	1. 客户开拓 2. 电话约访 3. 陌生拜访 4. 产品展示与说明 5. 促成保单签约 6. 售后服务
4	客户关系维护	1. 发展客户 2. 接近客户 3. 维系客户关系
5	客户异议处理	1. 客户投诉处理 2. 客户异议处理

表 3－8　　保险中介随堂实训内容

序号	实训项目	实训内容
1	保险代理人业务	1. 复习模拟保险公司一线业务员的工作内容 2. 保险代理公司的业务流程 3. 模拟对比日常业务中保险代理公司与保险公司业务员的身份定位 4. 保险代理公司业务员的销售活动 5. 以保险代理公司业务员的角色定位制作保险计划书
2	保险经纪人业务	1. 保险经纪人的业务流程简单模拟 2. 制作保险招标/询价方案 3. 模拟招标/询价及投保流程 4. 小组分角色扮演客户、保险经纪公司、保险公司，完整模拟市场拓展、招标/询价及投保过程 5. 保险经纪人协助索赔服务流程
3	保险公估人业务	1. 保险公估人业务操作流程 2. 编制承保时的保险公估报告 3. 编制理赔时的保险公估报告

表 3－9　　保险理财实训内容

序号	实训项目	实训内容
1	保险理财业务从业准备	1. 熟悉保险理财业务的岗位职责和业务流程 2. 树立从事保险理财业务的职业理念
2	建立和管理客户关系	1. 建立客户关系 2. 管理客户关系
3	分析和诊断客户财务状况	1. 编制家庭资产负债表 2. 编制家庭收支表 3. 家庭财务状况分析与诊断
4	开展银保理财产品业务	1. 认知和分析银保理财产品 2. 为不同客户选择合适的银保理财产品
5	开展保险理财业务	1. 认知和管理家庭风险 2. 分析家庭保险产品 3. 选择家庭保险产品
6	设计和实施综合理财方案	1. 确定客户的理财目标 2. 制订理财规划方案 3. 撰写理财规划书 4. 实施综合理财方案 5. 开展理财后续服务
7	研读理财规划案例	1. 研读单身期理财规划案例 2. 研读家庭形成期理财规划案例 3. 研读家庭成长期理财规划案例 4. 研读家庭成熟期理财规划案例 5. 研读退休期理财规划案例

3. 会计实训室。

（1）实训项目。包括会计基础与实务实训和保险公司会计实训。

本实训主要训练学生保险会计岗位的基本工作技能；能填制与审核原始凭证、填制与审核记账凭证、设置与登记账簿、编制会计报表等；能正确辨识保险会计要素；能正确使用各资产账户、负债账户、所有者权益账户；能正确使用收入、成本费用、利润账户；能正确使用寿险保险公司与非寿险保险公司会计核算账户，并正确进行其保费收入、准备金、赔付等保险业务核算；能正确进行分出业务和分入业务会计核算。

（2）实训内容。

表 3－10　　会计基础与实务实训内容

序号	实训项目	实　训　内　容
1	会计入门	1. 辨识会计要素 2. 认识账户结构和会计等式 3. 熟悉资料，开设账簿，登记期初余额 4. 小键盘练习
2	填制与审核原始凭证	1. 填制原始凭证 2. 审核原始凭证
3	填制与审核记账凭证	1. 填制记账凭证 2. 审核记账凭证
4	设置与登记账簿	1. 根据原始凭证、收款凭证、付款凭证逐日逐笔登记现金日记账和银行存款日记账 2. 根据原始凭证、收款凭证、付款凭证、转账凭证登记各种明细账 3. 分别采用汇总记账凭证账务处理程序、科目汇总表账务处理程序，编制汇总记账凭证或科目汇总表 4. 登记总账
5	编制会计报表	1. 结账、对账 2. 编制会计报表

表 3－11　　保险公司会计实训内容

序号	实训项目	实　训　内　容
1	辨识保险会计要素	认识和辨识保险会计要素
2	使用资产账户	1. 认识各资产账户 2. 使用资产账户 3. 进行各项资产核算
3	使用负债账户	1. 认识各负债账户 2. 使用负债账户 3. 进行各项负债核算
4	使用所有者权益账户	1. 认识各所有者权益账户 2. 使用所有者权益账户 3. 进行各项所有者权益核算
5	使用收入、成本费用、利润账户	1. 认识收入、成本费用、利润账户 2. 使用收入、成本费用、利润账户 3. 进行收入、成本费用、利润核算

续表

序号	实训项目	实 训 内 容
6	使用非寿险保险公司会计核算账户	1. 认识非寿险保险公司会计核算账户 2. 使用非寿险保险公司会计核算账户 3. 进行保费收入核算 4. 进行准备金核算 5. 进行赔款核算 6. 进行短期人身意外保险业务核算 7. 进行短期健康保险业务核算
7	使用寿险保险公司会计核算账户	1. 认识寿险保险公司会计核算账户 2. 使用寿险保险公司会计核算账户 3. 进行保费收入核算 4. 进行准备金核算 5. 进行保险金给付核算 6. 进行长期人身意外保险业务核算 7. 进行长期健康保险业务核算
8	使用分出业务和分入业务核算账户	1. 认识分出业务和分入业务核算账户 2. 使用分出业务和分入业务核算账户 3. 进行分出业务核算 4. 进行分入业务核算

（三）企业教学项目

企业实践教学项目开设在学生第五个学期的学习中，主要采取到保险公司上课的方式，由保险公司员工为学生上课，带领学生完成实际工作。

表 3－12　　企业教学项目内容

序号	实践项目	实 践 内 容
1	早会	1. 参观并记录早会内容 2. 分析早会中出现的内容、产品、激励方案和技巧
2	分析保险产品	1. 阅读并理解人身保险（财产保险）公司产品文件 2. 分析人身保险（财产保险）产品的种类及其文件的使用方法 3. 分析人身保险（财产保险）产品的优缺点 4. 根据客户情况选择合适的人身保险（财产保险）产品
3	制作保险计划书	根据保险公司客户经理的要求制作人身保险（财产保险）计划书
4	保全业务	在保险公司员工指导下完成人身保险（财产保险）各种保全业务流程操作

续表

序号	实践项目	实　践　内　容
5	承保业务	1. 整理人身保险（财产保险）投保资料 2. 人身保险（财产保险）新单录入
6	理赔业务	1. 整理人身保险（财产保险）理赔资料 2. 人身保险（财产保险）理赔分析与计算
7	保险销售业务	1. 参与人身保险（财产保险）业务员的日常工作 2. 参与人身保险（财产保险）各种销售渠道的日常工作

（四）综合业务实训室

利用综合业务实训室开展综合实训，在第二、三、四每个学期开设一周。

表 3－13　　综合实训内容（第二学期）

序号	实训项目	实　训　内　容
1	跟随展业	跟随人身保险公司客户经理进行展业
2	早会	1. 准备并完整完成人身保险公司模拟早会 2. 学习人身保险公司的激励方案并自己制作激励方案 3. 在早会中介绍人身保险公司的新产品和激励方案 4. 在早会中交流拜访活动心得体会
3	风险识别	根据人身保险案例背景信息，模拟保险公司工作岗位，做出自己的分析
4	夕会	1. 在夕会中进行风险管理 2. 在夕会中交流拜访活动心得体会

表 3－14　　综合实训内容（第三学期）

序号	实训项目	实　训　内　容
1	跟随展业	跟随财产保险公司客户经理进行展业
2	产品推介会	1. 研究财产保险产品并制作用于推介的宣传材料 2. 推介会的演讲和互动
3	话术练习	1. 参与拜访销售并总结话术 2. 参与电话销售并总结话术
4	保险中介业务	1. 向客户介绍财产保险和财产保险产品 2. 协助客户投保 3. 保险公司一部分售后服务外包，负责客户与保险公司的沟通
5	保险会计业务	模拟保险公司会计业务并与保险公司的实际操作对照

表 3－15　　综合实训内容（第四学期）

序号	实训项目	实 训 内 容
1	跟随调查	跟随车险理赔调查员进行调查
2	核保	模拟车险核保业务并与保险公司实际核保操作对照
3	理赔	1. 协助车险理赔员查勘和搜集整理资料 2. 模拟车险理赔业务并与保险公司实际理赔操作对照
4	保险理财规划	1. 案例模拟规划 2. 为客户提供保险理财规划建议，制作计划书

四、实训设施整体构架及环境要求

（一）实训设施整体构架

保险专业的各类实训室应该形成融教学、实训、培训于一体的综合化、仿真性校内实训室群。各实训室以信息技术为平台，以专业化软件为工具，借助科学的教学体系设计达到培养应用型人才的教学效果，使学生在受到良好的专业教育与专业技能训练的同时，获得对专业知识、专业活动的系统理解与认识。

各实训项目可以单独开设、也可以多个实训室配合开展金融业务综合实训，使学生既能掌握某一项专业技能，又能体验到一个微缩的金融市场的联动性。在教学中，采用授课、演练、体验等灵活的方式，配合仿真的工作场景，完成理实一体化的教学，使学生在实务讲授和模拟环境中得到充分的锻炼，为即将到来的职业生涯做好准备。

同时，整个实训室群还应该可以与其他专业共享，并且能借助这个平台，通过与企业合作，运用会议、培训等形式，扩大校企合作的领域，开展实务培训等项目合作，变“消耗型”实训室为“经营型”实训室，最终实现良性循环。

实训室整体设计见表 3－16：

表 3－16　　实训室整体设计

序号	职业核心技能	职业技能课程	实训室设置	实训室面积
1	保险合同业务处理技能 保险产品比较分析技能 保险需求测算与保险费率计算技能 保险展业技能 保险核保与承保技能 保险售后服务技能	人身保险实务 财产保险实务 机动车辆保险	保险业务实训室	120～150m^2

续表

序号	职业核心技能	职业技能课程	实训室设置	实训室面积
2	建立和管理客户关系技能 分析和诊断客户财务状况技能 开展银保理财业务技能 开展保险理财业务技能 设计和实施综合理财方案技能	保险理财规划	保险理财实训室	120～150m^2
3	会计基础业务 保险公司会计业务	保险公司会计	会计实训室	120～150m^2
4	保险公司与保险中介业务流程操作 早夕会 展业 调查 风险识别 保险公司会计业务	综合	综合业务实训室	120～150m^2

（二）实训室环境总体要求

1. 实训室面积：平均单个实训室面积在120～150m^{2}左右。

2. 实训室容纳人数：平均单个实训室一次性可容纳60人同时实训。

3. 实训室设计理念：一室多用，降低成本，节约资源；实训室要配备先进的硬件设备并安装先进的软件，力求使学生“名为模拟，实为工作”；实训室既可以为学生提供综合实训，也可以开展大量的职业技能鉴定工作。

4. 实训室设计原则。

（1）仿真性原则：贴近职场，高度仿真。

（2）多样性原则：尽可能适合不同金融专业的共同需要。

（3）同步性原则：软硬件设施紧跟金融企业发展变化，及时增加或更新，与市场同步。

5. 实训室设计结构。

（1）专业结构：由保险业务实训室、保险理财实训室、会计实训室和校内生产性实训室共同组成。

（2）建设项目结构：由硬件环境建设、软件环境建设、实训文化建设、实训教学资源建设和社会服务能力建设共同组成。

五、实训室软件配备标准

（一）保险业务实训室

表 3－17　　实训软件名称及技术参数

软件名称	技术参数
保险核心业务实训软件	1. 系统应包含寿险核心业务实训系统及财险核心业务实训系统 2. 系统分为承保员、复核员、保全员、理赔员四种角色。学生通过模拟保险公司相关角色，从人寿保险、财产保险两大方面实现各角色相应职能操作 3. 系统的后台管理可以进行灵活的参数化设置，应完全符合保险公司对业务多样性和方便新增产品种类的管理要求。通过后台管理的参数设置，可以方便地设置保险产品种类、保险产品费率。同时，系统还可灵活地设置角色，使学生实训时可以用各种角色登录系统，体验扮演不同角色需完成不同的实训任务 4. 系统业务流程来自于保险公司寿险及财险业务系统、业务规范按最新的保险行业要求。同时，本系统还应附加大量的保险单证、保险规则、保险费率表等，让学生可以更多地了解保险公司内部的业务单证，达到理论接合实际的要求，锻炼学生的动手操作能力 5. 寿险业务系统险种包括养老险、人身险、健康险三大险种 6. 财险业务系统险种包括货运险、家财险、机动车辆险、企业财产险四大险种

（二）保险理财实训室

表 3－18　　实训软件名称及技术参数

软件名称	技术参数
保险理财业务实训软件	1. 本软件应包括客户信息管理子系统、保险产品管理子系统、理财案例管理子系统、财务分析子系统、教育规划子系统、退休规划子系统、家庭保险规划子系统、企业保险规划子系统、保险规划建议书子系统等 2. 后台管理端应能提供部门管理、客户经理管理、业务管理、业绩管理、客户经理工作分析等功能模块 3. 软件系统应能实现批量录入、生成、自动批改统计工作业绩，实时监测，多方位的图表统计分析，便利的操作管理等功能 4. 系统的后台管理应可以进行灵活的参数化设置，通过后台管理的参数设置，可以方便地设置理财产品种类。同时，系统还可能灵活地设置角色，使学生实训时可以用各种角色登录系统，体验扮演不同角色需完成不同的实训任务 5. 系统应能按渠道分为银保类理财产品、保险类理财产品等，汇集以上所有现有的产品种类并能根据市场变化动态更新 6. 系统中的投资策划要求按高风险、低风险、中风险分成三类，根据风险系数的不同，分别就银保类理财产品、保险类理财产品至少构成50个投资组合，并就以上产品至少综合构造100个投资组合，且能在不同参数条件下产生不同的组合结果

（三）会计实训室

表 3－19 实训软件名称及技术参数

软件名称	技 术 参 数
会计实训软件	1. 提供凭证处理、预提摊销处理、自动转账、调汇、结转损益等会计核算功能，以及科目预算、科目计息、往来核算、现金流量表等财务管理功能，并通过核算项目功能，实现企业各项业务的精细化核算 2. 可选择在线会计软件或安装版财务软件
小键盘练习软件	1. 随机产生数字，可选择是否包含小数点或者四则运算，支持设置数字的长度 2. 支持银行翻打传票模拟 3. 支持定时测试，实时显示正确率和速度曲线 4. 可在网上下载

（四）综合业务实训室

表 3－20 实训软件名称及技术参数

软件名称	技 术 参 数
保险客户管理软件	1. 提供对于客户信息的规整与记录，与客户的拜访往来以及会面洽谈等的整理。提供日程工作的记录统计，并节约工作时间，提高工作效率，起到流程工作的规范 2. 可自定义设置工作时间提醒，客户信息提醒等 3. 可根据客户信息统计进行后续的跟进工作，并分析出哪些客户是有潜在商机可能性，也能对工作进度和客户沟通恰谈状态一目了然，可以更加便捷地促成销售结果 4. 可根据工作需要设置收/发邮件及短信平台自定义提醒等设置服务 5. 可提示企业公告信息，个人日常办公工作流程的提交、报备、申请、审核 6. 用户数不限，可以任意添加、修改、删除用户账号，员工权限分配灵活严谨，可以设置操作人员不同级别的操作权限，避免越权操作，数据相互保密 7. 初始化简单，Excel 导入基础数据功能、数据导出为 Excel 功能 8. 客户端无须安装专用软件，使用浏览器即可实现异地、实时业务办理。提供数据备份工具，数据资料彻底安全

（五）企业教学项目场地

表 3－21 企业教学软件、场地、师资

软件名称	保险公司业务专用软件及内部培训专用软件
教学场地	保险公司职场
师资	保险公司后援各岗位资深员工与本校教师。要求本校教师能熟练使用公司软件并得到保险公司资深员工的认可

六、实训室硬件配备标准

（一）保险业务实训室

表 3－22 设备名称及技术参数

序号	设备名称	技 术 参 数	数量
1	投影仪及幕布	大屏或宽屏	1 套
2	电脑	高配宽屏台式机	61 台
3	服务器	双口千兆网卡	1 台
4	交换机	支持 24 个 10/100/1 000Mbps 自适应以太网端口	1 台
5	学生桌椅	定制，可同时容纳 60 名学生	60 台
6	教师多媒体讲台	定制	1 套
7	液晶电视		1 台
8	电话		60 个
9	文件柜	根据保险公司营业环境定制	2 组
10	柜式空调		1 台

（二）保险理财实训室

表 3－23 设备名称及技术参数

序号	设备名称	技 术 参 数	数量
1	投影仪及幕布	大屏或宽屏	1 套
2	电脑	高配宽屏台式机	61 台
3	服务器	双口千兆网卡	1 台
4	交换机	支持 24 个 10/100/1 000Mbps 自适应以太网端口	1 台
5	贵宾接待沙发和茶几	根据保险公司营业环境定制	1 套
6	学生操作台	定制，可同时容纳 60 名学生	60 套
7	教师多媒体讲台	定制	1 套
8	UPS 不间断电源	延时时间 10 分钟	2 套
9	柜式空调		1 台

（三）会计实训室

表 3－24　　设备名称及技术参数

序号	设备名称	技术参数	数量
1	教师示教桌	定制，带机箱位和键盘	1 台
2	投影仪及幕布	大屏或宽屏	1 套
3	电脑	高配宽屏台式机	61 台
4	财会模拟银行业务受理章	橡塑	61 枚
5	财会模拟保险公司财务章	橡塑	61 枚
6	财会模拟投保人财务章	橡塑	61 枚
7	日期章	精制全塑	61 盒
8	双色自动印台	红、蓝色	61 套
9	基础会计与保险会计模拟专用凭证、账册、单据	银行、保险公司通用格式	61 套
10	学生操作台桌椅	定制	60 套
11	海绵缸	储水型	61 套
12	点钞纸	每刀 100 张	61 刀
13	UPS 不间断电源	延时时间 10 分钟	2 套
14	交换机	支持 24 个 10/100/1 000Mbps 自适应以太网端口	1 台
15	柜式空调		1 台

（四）综合业务实训室

表 3－25　　设备名称及技术参数

序号	设备名称	技术参数	数量
1	显示单元	大型彩屏或投影	1 套
2	电脑	高配宽屏台式机	5 台
3	无线传音系统	根据保险公司营业环境定制，包括话筒、领夹发射器等	1 套
4	音响系统	根据保险公司营业环境定制	1 套
5	无线路由器		1 个
6	贵宾接待沙发和茶几	根据保险公司营业环境定制，放于贵宾接待室	1 套
7	前台桌子	根据保险公司营业环境定制	1 台
8	柜式空调		1 台
9	卡座	根据保险公司营业环境定制	3 个

续表

序号	设备名称	技 术 参 数	数量
10	客户接待用椅	根据保险公司营业环境定制，分单人座位和多人并排座位两种	48 个
11	饮水机		1 台
12	展览板	定制。用于显示保险理财相关知识、业务流程等	8 面
13	资料架	定制。用于放置宣传文件、报刊杂志等	3 组

编写说明

本标准由来自11家院校和企业的36位教师和专业技术人员联合开发，江西财经职业学院刘双红教授主持。具体完成情况如下：保险专业标准由江西财经职业学院财税金融系联合中国人寿九江分公司、浔阳区支公司和新华人寿九江中心支公司等单位共同起草，江西财经职业学院刘双红为执笔人；“金融学基础”课程标准由河南财政税务高等专科学校潘卫红撰写，“保险学原理”课程标准由江西财经职业学院王怡然撰写，“人身保险实务”课程标准由广州番禺职业技术学院的邓华丽撰写，“财产保险实务”课程标准由江苏财经职业学院的张晓华撰写，“机动车辆保险与理赔”课程标准由山西财政税务专科学校陈志斌撰写，“保险营销实务”课程标准由江西财经职业学院刘佳撰写，“保险中介”课程标准由江西财经职业学院的刘双红撰写，“团队经营与管理”课程标准由陕西财经职业技术学院景海萍撰写，“保险公司会计”课程标准由山东淄博职业技术学院的崔玉娟撰写，“保险理财规划”课程标准由四川财经职业学院的钟用和李琳共同撰写；教学仪器设备配备标准由江西财经职业学院刘双红、刘佳、王怡然和余震撰写。此外，江西财经职业学院樊纪明、王能翔、黄赞平、王珺勤、李绍、龚奕、李砚颖、余震、张倬等老师参与了此项目的调研、论证和修改完善工作；项目主持人刘双红统筹、整理了各个子项目材料。

项目建设过程中，得到了全国财政职业教育教学指导委员会各位领导的悉心指导，特别是在我院举办的“三标”研讨会上，财政部相关领导百忙之中，不辞辛劳亲临会场指导工作，财政部干部教育中心教研处处长、全国财政职业教育教学指导委员会常务副秘书长韩玉国、江西财经职业学院党委书记何桑教授、常务副院长何先应教授亲自参加项目研讨，对项目建设给予了大力支持。广州番禺职业技术学院的杨则文教授给予了精心细致的业务指导，在此表示由衷的感谢！

保险专业三项标准项目组

投资与理财专业

目录 Contents

第一部分

投资与理财专业标准

一、专业名称及对接专业

专 业 名 称：投资与理财
专 业 代 码：630206
衔接中职专业：无
接续本科专业：投资学

二、招生对象

普通高中毕业生及同等学力者。

三、学制与学历

学制：基本学制三年，可实行学分制为基础的弹性学制。
学历：专科。

四、职业岗位

投资与理财专业毕业生面向证券公司、商业银行、保险公司、第三方理财机构和工商企业的基层业务岗位，能够胜任的初始就业岗位包括柜台业务、金融产品营销、客户服务、客户维护、理财策划、会计核算等；经过3~5年工作经验积累后可向具有综合业务职能和管理职能的岗位发展，能胜任的岗位包括：投资顾问、理财规划师、基层业务主管、公司客户经理、财务主管等。主要就业岗位和职业发展岗位见表1-1。

表 1-1　　投资与理财专业毕业生能胜任的业务岗位表

<table>
<tr><th>岗位类别</th><th>初始就业岗位</th><th>就业范围</th><th>主要业务工作</th><th>发展岗位</th></tr>
<tr><td rowspan="3">前台业务</td><td>前台柜员</td><td>证券公司、商业银行、保险公司、第三方理财机构</td><td>临柜交易、客户服务、前台业务</td><td rowspan="7">业务主管
理财规划师
公司客户经理
网点负责人</td></tr>
<tr><td>前台服务</td><td>证券公司、保险公司、小额贷款公司、第三方理财机构</td><td>前台接待、客户服务</td></tr>
<tr><td>大堂经理</td><td>证券公司、商业银行、保险公司、第三方理财机构</td><td>引导客户、业务咨询、产品营销、现场管理</td></tr>
<tr><td rowspan="3">营销服务</td><td>经纪人（客户经理）</td><td>证券公司、商业银行、保险公司、小额贷款公司、第三方理财机构</td><td>开发客户、营销产品、客户关系维护</td></tr>
<tr><td>理财经理</td><td>证券公司、商业银行、保险公司、第三方理财机构</td><td>综合理财规划、理财产品营销、投资理财咨询</td></tr>
<tr><td>证券事务、会计、财务管理</td><td>其他工商企业</td><td>证券及保险事务处理、企业会计核算、财务管理</td></tr>
<tr><td>后台业务</td><td>内部管理</td><td>证券公司、商业银行、保险公司、小额贷款公司、第三方理财机构</td><td>业务复核、风险管理、内部事务管理</td></tr>
</table>

五、培养目标

本专业毕业生面向证券公司、商业银行、保险公司、第三方理财机构及工商企业的基层业务岗位，拥护党的基本路线，具备现代公民意识，具有诚信、合作、敬业的职业素质，掌握投资与理财专业基本理论知识及相关经济管理和市场营销知识，具备熟练的投资与理财业务操作技能，能综合运用所学知识和技能熟练地进行证券公司金融产品营销和理财咨询业务，银行柜台业务和理财业务、保险经纪、保险代理和客服业务及工商企业财务筹划、投融资等业务的发展型、复合型和创新型的技术技能人才。

（一）综合素质

1. 思想政治素质：掌握马克思主义和中国化马克思主义理论体系的思想方法，具有科学的世界观、人生观和价值观；树立拥护中国共产党领导、热爱社会主义祖国、服务中国特色社会主义建设的理想信念，拥有能够支撑高职大学生职业发展的思想政治素质。

2. 人文素养与科学素质：掌握基本的人文和科学知识，对中国传统文化有基本的了解，具有宽阔的文化视野和科学的思维习惯，具备健康的审美情趣和正确的审美观。

3. 身心素质：养成良好的锻炼身体、讲究卫生的习惯，掌握保持身体强健的基本方法，达到国家规定的健康标准；具有坚强的毅力、积极乐观的态度、良好的人际关系、健全的人格品质。

4. 职业素质：具有良好的职业态度和职业道德修养；具有正确的择业观和创业观；具有诚信的品质，具有敬业、合作和创新精神；具有严格执行金融法律法规的科学态度，具有严谨、细心、耐心、谨慎的职业习惯；具有较强的亲和力和持久的工作热情。

（二）职业能力

1. 熟悉经济、金融、财会和市场营销基本原理，熟悉相关财经、金融法律法规，能初步运用财经、市场营销理论及相关法律法规分析、解决业务问题。

2. 掌握会计核算的基本原理、业务要求与操作流程，熟悉会计信息的内涵和相互关系，能熟练分析和解读财务信息，能够根据会计信息分析企业财务状况，并在此基础上对项目风险和企业财务能力进行评估。

3. 熟练掌握金融营销基本技能，熟悉金融服务礼仪并养成良好的礼仪习惯，能运用金融营销基本技能独立开展金融产品营销工作和客户开拓与维护工作。

4. 掌握证券业务和基金业务的基本原理和业务操作流程，掌握证券投资分析的基本方法，能对行业发展和市场趋势做出基本的专业判断，熟悉金融产品和金融市场，能区分基金与其他金融工具，具备从事证券公司及其他理财机构柜台业务、理财业务、理财咨询及客户服务等业务的工作技能。

5. 掌握商业银行业务基本原理和业务操作流程，具备从事商业银行综合柜台业务和理财、客户服务等业务的工作技能。

6. 掌握保险业务基本原理和业务操作流程，具备从事保险公司柜台业务、保险理财业务、产品咨询及客户服务等业务的工作技能。

7. 掌握公司理财的基本知识与技能，能正确分析和计算货币的时间价值与风险价值，会分析公司的三大财务报表，掌握公司资金筹集方法和资产管理方法，能评价投资项目和投资风险。

8. 掌握个人理财业务基本原理与操作流程，熟悉各单项理财内容及方案策划内容，能编制单项理财规划方案和综合理财规划方案。

9. 熟练操作相关金融软件，能熟练运用计算机和互联网搜集、处理和分析相关经济、金融等信息。

六、毕业标准

（一）学分要求

本专业按学分制安排课程，毕业标准为修满 134 学分。

理论课程和一体化课程每 18 学时 1 学分，实践课程一般每 28 学时 1 学分。1 学时为 45 分钟。

其中：

必修课要求修满 108 学分，占总学分的 80.60%。

选修课要求修满 26 学分，占总学分的 19.40%（其中，基本素质课程要求选修 10 学分，职业能力课程要求选修 16 学分）。

（二）证书要求

1. 获得以下金融行业从业资格考试合格证书之一。

（1）中国证券业协会：证券从业人员资格考试“证券市场基础知识 +1 门专业课”考试成绩合格证书；

（2）中国证券业协会：证券投资基金销售人员考试成绩合格证书；

（3）人力资源和社会保障部：助理理财规划师资格考试“理论知识 + 实操知识”考试成绩合格证书；

（4）中国银行业协会：银行从业人员资格考试“公共基础 +1 门专业课”考试成绩合格证书；

（5）财政部：会计从业资格考试合格证书。

2. 获得以下计算机应用能力证书之一。

（1）教育部：“全国高等学校计算机课程水平考试一级——计算机应用”证书；

（2）教育部考试中心：“全国计算机等级考试（NCRE）一级——MS OFFICE”证书；

（3）国家人力资源和社会保障部：“办公软件应用”四级（操作员级）及以上证书。

3. 推荐以下英语考试合格证书，但不作为获得毕业证书的必要条件。

（1）高等学校英语应用能力考试委员会颁发的全国高等学校英语应用能力考试 B 级证书；

（2）中国国际贸易学会颁发的全国职场英语证书；

（3）全国大学生英语四级或六级考试证书。

七、课程体系

本专业学生应当学习的职业能力课程体系见表 1－2。

本专业课程体系由基本素质课程和职业能力课程两大部分构成，其中职业能力课程又分为职业通用能力课程、职业专门能力课程、职业拓展能力课程和职业能力综合训练课程四个部分。整个课程体系的确定以对学生的能力培养为出发点，参照职业资格证书的要求，从“知识和技能”、“过程和方法”、“情感态度和价值观”三个方面考虑，将对知识和技能的学习与培养以及情感态度和价值观的养成融入过程与方法之中。

本专业学生应当学习下列课程：

（一）基本素质课程

这是针对大学生的思想政治素质、人文和科学素质及身心素质养成的需要开设的专门课程。

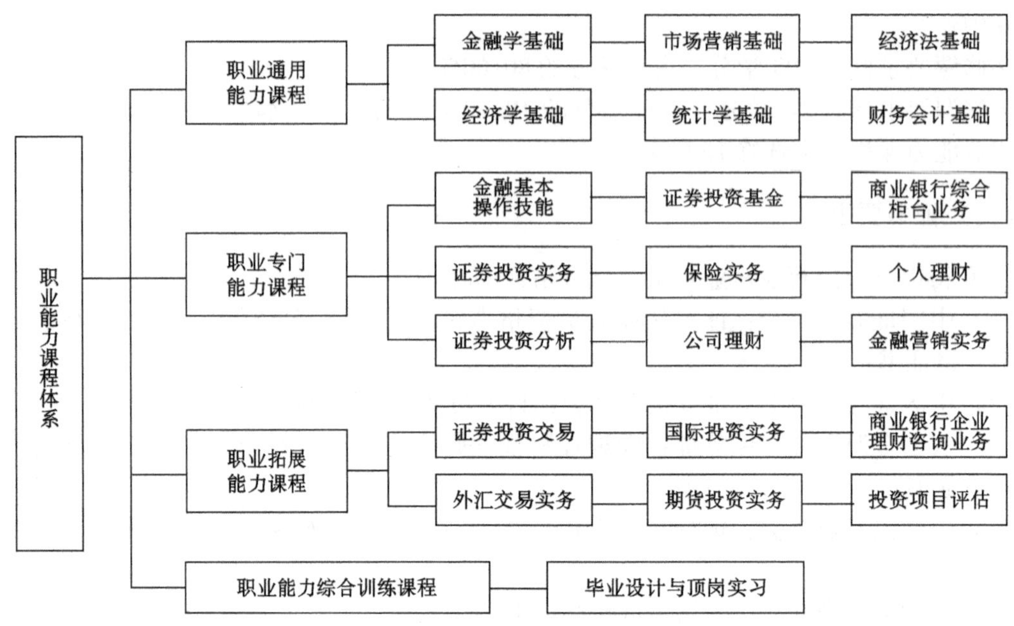

图1-1 职业能力课程体系

这类课程包括：思想道德修养与法律基础、毛泽东思想和中国特色社会主义理论体系概论、形势与政策、心理健康教育、职业规划与就业指导、公益劳动、国防教育与军事训练、财经应用文写作、经济数学、计算机应用基础、高职实用英语、基本素质选修课程。

（二）职业能力课程

这是在对本专业学生必备的专业知识和专业技能进行分析的基础上系统设计的体现本专业职业要求的课程，包括职业通用能力课程、职业专门能力课程、职业拓展能力课程和职业能力综合训练课程。

1. 职业通用能力课程。此类课程主要根据完成岗位工作任务和学生职业发展对专业理论知识的需要开设，对岗位工作具有理论指导作用，能够帮助学生更好地理解岗位工作，是学生职业发展的基础。本类课程根据就业岗位和职业发展对系统理论知识的需要确定教学内容，以知识掌握、理论分析和思维训练相结合的方法组织教学，注重理论联系实际。

这类课程包括两种类型：一是专业基础理论课程，包括“经济学基础”、“金融学基础”、“市场营销基础”等；二是专业应用理论课程，包括“财务会计基础”、“统计学基础”、“经济法基础”、“税收基础”等。

2. 职业专门能力课程。此类课程主要培养学生完成岗位工作任务所需的专门能力。这类课程通过训练学生熟练地运用专门技术并掌握运用该技术所需的与工作过程相关的知识，从而具备从事职业岗位工作的基本能力。这类课程按其与工作过程的关系可以分为两类：

（1）直接对应岗位工作领域的课程。这些课程根据岗位工作内容确定教学内容，按照岗位工作过程组织教学过程，运用岗位业务平台进行能力训练，采用教与做、学与做结合的教学方式，实现教学与岗位工作的对接。这些课程均为一体化课程，是操作技能、业务知识和与工作过程相关的应用理论相结合的课程。

这些课程包括“证券投资实务”、“证券投资分析”、“证券投资基金”、“公司理财”、“个人理财”、“商业银行综合柜台业务”、“保险实务”、“商业银行业务与经营”等。

（2）专项技能训练课程。这些课程根据完成岗位工作任务对专项技能的需要开设，课程不直接对应具体的工作岗位，但对完成岗位工作任务形成专门的技能支撑，所训练的同一项技能在多个不同岗位都能得到应用。这些课程根据完成岗位工作任务对专项技能的需要确定教学内容，按照专项技能训练达标的需要组织教学过程，采用反复训练逐步提高作为主要教学方式，以熟练操作或形成习惯作为训练目标。

这些课程包括“金融基本操作技能”、“金融营销实务”等。

3. 职业拓展能力课程。这些课程是在学生掌握本专业必备知识和技能的基础上，根据就业方向和个人发展需要所开设的选修课程，这类课程包括横向的能力拓展和纵向的能力提升两种课程。

这类课程包括“国际投资实务”、“期货投资实务”、“证券投资交易”、“证券发行与承销”、“外汇交易实务”、“信托与租赁”、“国际金融”、“金融衍生工具”、“商业银行企业理财咨询业务”、“投资项目评估”、“公司战略与风险管理”、“金融英语”、“会计电算化”、“金融企业会计”等。

4. 职业能力综合训练课程。这类课程是对上述课程所训练的能力的综合运用的课程。

这类课程包括顶岗实习和毕业设计。

八、核心课程基本内容

本专业核心课程共10门，各门课程应当掌握的教学内容和技能训练标准见表1－2。

表1－2　　专业核心课程教学内容表

课程名称	应当掌握的知识	应当达到的技能标准
1. 金融学基础	• 理解金融的含义及其在现代经济生活中的作用 • 了解货币的产生与发展、本质与职能、形式，熟悉我国的人民币制度 • 理解信用的涵义、形式和工具 • 理解货币的时间价值 • 熟悉单利与复利、实际利率和名义利率、现值与终值含义及计算方法 • 理解期初应付年金和普通年金的区别 • 能准确计算现金流的终值和现值 • 熟悉中央银行的性质和职能、主要业务 • 理解货币政策目标、工具、传导机制及效应 • 理解商业银行性质和职能、主要业务及商业银行经营管理 • 理解金融市场涵义、功能，熟悉主要的货币市场和资本市场	• 能够运用货币理论分析实际经济生活中的货币现象 • 能运用信用知识分析实际经济生活中的信用现象 • 能利用各种利率分析经济现象 • 能运用所学知识辨别和描述中国金融机构和金融市场 • 能初步根据经济形势分析通货膨胀的类型 • 能解释生活中相关的经济政策措施 • 能运用恰当的方法评估债券、股票价值 • 能分析市场、政治因素对汇率的影响

续表

课程名称	应当掌握的知识	应当达到的技能标准
1. 金融学基础	• 熟悉评估债券、股票价值的方法 • 熟悉计算债券收益率的方法 • 熟悉国际收支、外汇与汇率、国际资金流动及主要国际金融机构等	
2. 金融基本操作技能	• 了解国际上主要的流通货币，熟悉假币的类型和特点，熟悉假币的收缴政策 • 熟悉人民币残缺污损的兑换标准和挑剔方法 • 熟悉阿拉伯数字规范书写要求，熟悉大写金额和日期的规范书写标准，熟悉书写错误的改正规则 • 熟悉手工点钞的准备工作和点钞计数的基本方法 • 熟悉点钞机的操作程序和故障处理方法 • 熟悉扎把和捆钞方法、盖章方法 • 熟悉计算器上各按键的功能和使用方法 • 熟悉小键盘上各按键的位置和盲打方法 • 熟悉翻打传票的操作方法 • 熟悉电脑键盘指法和录入规范，熟悉五笔和中文拼音录入指法	• 能规范书写数字和文字 • 能熟练进行手工和机器清点纸币，熟练进行手工清点硬币 • 能熟练进行捆钞 • 能熟悉翻打传票并准确计算 • 能熟练辨别真假人民币和常见外币 • 能熟练进行中英文录入，录入水平符合行业要求 • 会使用常用办公设备，并能处理其常见故障
3. 证券投资实务	• 熟悉债券、股票、投资基金、期货、期权等证券投资工具的概念和特点 • 熟悉股票的发行价格及其影响因素 • 了解股票和债券的发行程序 • 理解股票价格指数的含义 • 了解世界主要股价指数及其特点 • 熟悉办理证券账户业务流程 • 熟悉证券市场规则 • 熟悉股票的理论价格、账面价格、市场价格的含义 • 熟悉债券和股票的估价模型和证券投资收益计算方法 • 熟悉常用炒股软件操作方法 • 熟悉上市公司基本面和财务状况分析方法 • 熟悉道氏理论、K 线理论、切线理论、形态理论等证券投资技术分析理论 • 熟悉移动平均线、相对强弱指标、随机指数、威廉指数等证券技术分析指标	• 能熟练办理证券账户业务 • 能正确分析股票的发行价格及其影响因素 • 能熟练运用债券和股票的估价模型，正确计算证券投资收益 • 能熟练操作常用炒股软件 • 能运用上市公司基本面和财务状况分析股票走势 • 会使用移动平均线、相对强弱指标、随机指数、威廉指数等证券技术指标进行股票分析 • 能运用所学初步研判股票大盘和个股行情 • 能够结合经济情况分析并操作主要证券衍生品

续表

课程名称	应当掌握的知识	应当达到的技能标准
3. 证券投资实务	• 熟悉研判股票大盘、个股行情的基本方法 • 熟悉几种主要证券衍生品 • 了解证券投资风险及行业自律与监管规定	
4. 证券投资分析	• 了解证券投资分析的含义和目标及证券投资分析理论的发展与演变 • 熟悉证券投资分析信息来源渠道 • 熟悉金融衍生工具的投资价值分析方法 • 熟悉证券投资流程 • 熟悉证券投资分析的主要方法和策略 • 了解各种财政政策和货币政策工具，了解行业分类的方法 • 理解杜邦财务分析法，熟悉公司财务状况综合分析的方法 • 熟悉宏观经济政策、证券市场参与主体的行为活动及心理预期对证券市场的影响 • 熟悉证券市场的供求关系 • 熟悉公司的基本分析方法和公司三大财务报表的分析方法 • 熟悉上市公司偿债能力、营运能力分析的主要指标 • 熟悉行业的市场结构、竞争结构与生命周期 • 熟悉道氏理论的基本原理及应用方法 • 熟悉趋势线、轨道线的画法和应用技巧 • 熟悉波形理论的基本原理及应用 • 熟悉 K 线图及其组合的形态和应用 • 熟悉反转突破的各种形态及特点和预测原理 • 熟悉 MA 和 MACD 趋势型指标的计算方法、特点以及组合应用方法 • 熟悉 WMS、KDJ、RSI 和 BIAS 超买超卖型指标的计算方法和应用法则 • 熟悉 PSY 和 OBV 人气型指标的计算方法及应用法则 • 熟悉 ADL、ADR 和 OBOS 大势型指标的计算方法和应用法则 • 熟悉股票价格指数及其走势特征、形态与重要技术指标	• 能熟练通过互联网和炒股软件了解证券市场信息 • 能熟练运用恰当的方法对债券、股票以及金融衍生工具进行估值 • 能熟练运用互联网等媒体了解当期宏观经济政策 • 能分析整理各种信息，并形成自己对当今经济形势、政策的看法观点 • 能对证券投资行业行情进行分析、研判 • 能利用上市公司财务数据进行分析 • 能针对客户的类型、需要提出具有建设性的证券投资建议 • 能熟练运用 K 线形态和成交量分析股市走势 • 能熟练运用切线理论和形态理论分析股市总体趋势和个股走势 • 能熟练、综合地运用各种技术指标对个股买卖进行研判 • 能独立对股市大盘、个股进行分析，并做出投资决策 • 能对股市每周大盘进行解读 • 能分析股市的热点变化，并对股市走势进行预测 • 能综合运用多种技术手段把握股票买卖的时机 • 能熟练操作现实市场中的各种风险防控工具，运用各种风险防控方法 • 能针对不同的股市选择适当的操作策略 • 能正确认识和防范证券投资风险

续表

课程名称	应当掌握的知识	应当达到的技能标准
4. 证券投资分析	• 熟悉证券投资的风险及其防范方法 • 熟悉套利定价模型 • 熟悉资本资产定价模型 • 熟悉证券投资组合理论	
5. 证券投资基金	• 熟悉基金的概念、特点与作用及其与其他金融工具的区别 • 熟悉股票基金、债券基金及其他类型基金的投资风险 • 熟悉基金管理人和基金托管人在基金运作中的作用、主要业务及特点 • 熟悉基金的认购渠道、程序、方式和费用计算方法 • 熟悉封闭式基金交易账户的开立流程、开放式基金申购和赎回的渠道、基金份额登记机构及其职责 • 熟悉基金产品设计方法、定价方法与促销手段和渠道 • 熟悉基金的估值频率、估值对象、估值原则和估值程序 • 熟悉基金费用的计提方法和支付方式 • 熟悉基金收益分配程序、基金的税收计算方法和基金投资者的税收计算方法 • 熟悉基金信息披露的原则 • 熟悉基金绩效的评价方法	• 能正确区分证券投资基金与其他金融工具 • 能正确辨别证券投资基金类型 • 能进行证券投资基金基本知识咨询 • 能够在投资活动中合理选择证券投资基金产品 • 能把握各类证券投资基金与不同投资风格的对应关系 • 会为投资者选择适合的基金类型提供咨询服务 • 能根据投资者的资产状况及风险偏好，合理选择基金类型 • 能按规定流程募集基金 • 能确定基金投资费用，估值基金资产 • 能为投资者提供基金年报并评价基金表现 • 能针对客户设计基金产品，开展客户销售服务，处理客户投诉 • 能正确防范基金销售风险 • 能对基金公司和基金经理进行分析评价 • 能对基金业绩进行分析与评价 • 能自觉遵守基金行业监管的法律法规
6. 保险实务	• 了解保险与风险的关系，风险和保险的分类 • 了解保险的发展历史 • 熟悉保险合同的当事人各自的地位和关系 • 熟悉保险合同订立、变更和终止的相关事项 • 熟悉保险的四大基本原则	• 能结合实际提出相应的风险管理建议 • 能对保险误区的正确性进行辨析 • 能分析保险事故 • 能计算保险赔款 • 能正确处理保险合同的订立、生效履行、变更和终止事项

续表

课程名称	应当掌握的知识	应当达到的技能标准
6. 保险实务	• 熟悉财产保险基本条款，掌握财产保险的保险责任和赔偿金额的计算方法 • 熟悉人身保险基本条款，掌握人身保险的保险责任和赔偿金额的计算方法 • 熟悉保险公司经营环节 • 熟悉保险代理人、保险经纪人要求及其职业道德要求 • 了解保险监管相关知识	• 能简单计算保险费率 • 能为客户进行各险种的详细讲解，帮助客户理解各险种的情况 • 能根据对家庭和企业面临风险的分析确定其保险需求 • 能为客户量身定制保险理财产品的搭配组合 • 能熟练地为客户制作保险理财规划书；能熟练指导客户填写投保书 • 能熟练办理保险的承保业务、理赔业务，能熟练处理客户索赔申请 • 能对保险市场供求情况进行正确分析
7. 公司理财	• 熟悉公司理财目标、内容及公司理财的政治环境、法律环境、经济环境和金融环境 • 熟悉公司理财应遵循的原则 • 熟悉利息和基本年金的计算方法 • 理解项目计算期、资金流入、流出和净现金流的含义 • 熟悉投资回收期、投资收益率、净现值、现值指数、内含报酬率等概念及计算方法 • 熟悉收益和风险的计算方法，熟悉风险的属性及风险理论 • 熟悉权益资金、债务资金及短期资金的筹集方式 • 了解资本成本的含义和作用 • 熟悉资本成本的计算方法及应用 • 熟悉无差别点法确定最佳资本结构 • 熟悉经营杠杆、财务杠杆、复合杠杆的含义及其使用 • 熟悉现金管理目标及现金的日常管理 • 理解持有现金的成本 • 熟悉应收账款日常管理 • 熟悉存货成本构成与计算方法 • 熟悉存货经济批量和存货日常管理 • 熟悉盈余分配原则和盈余分配程序 • 熟悉股利支付方式和除权除息的操作方法 • 熟悉股利分配政策	• 能够识别不同公司类型的优劣 • 能够为公司选择合适的理财目标 • 能够分析公司的理财环境 • 能够计算项目投资的计算期 • 能够计算并分析项目投资的现金流量；能够运用项目投资决策评价指标分析公司项目投资 • 能够衡量风险价值 • 能够通过证券投资改善公司的收益性 • 能够对股票、债券等金融资产进行市场估值并做出投资决策 • 能初步分析证券投资组合的收益与风险，能够合理选择资金来源 • 能够正确计算单项筹资资金成本，能够正确计算加权平均资金成本 • 能够为公司选择最优资本结构 • 能够分析公司面临的风险 • 能够确定公司现金最佳持有量及最佳存货经济批量 • 能够准确确定存货经济订购量 • 能够正确进行存货的日常管理 • 能够制定合理有效的信用政策 • 能够进行应收账款的日常管理 • 能够正确确定盈余分配顺序

续表

课程名称	应当掌握的知识	应当达到的技能标准
7. 公司理财	• 了解财务分析的概念和作用 • 熟悉资产负债表、损益表、现金流量表及报表附注的编制及分析方法 • 熟悉偿债能力指标、资产管理能力指标和盈利能力指标的计算及其应用 • 熟悉杜邦分析体系 • 熟悉财务分析报告的撰写方法	• 能够选择合适的股利支付方式 • 能够选择合适的现金股利分配政策 • 能够准确分析公司的财务报表 • 能够正确计算各种基本财务指标 • 能够撰写公司财务分析报告。
8. 商业银行综合柜台业务	• 熟悉综合柜台专业素质要求 • 熟悉上岗前准备工作要求和仪容仪表要求 • 熟悉银行柜员服务标准和系统操作要求 • 熟悉商业银行人民币和外币储蓄、贷款业务办理流程 • 熟悉目前商业银行的中间业务品种 • 熟悉商业银行的各种票据结算业务 • 了解现代科技发展对银行业务的促进作用 • 熟悉进出口业务的操作流程，熟悉外汇结算业务的操作方法 • 了解目前金融行业的犯罪特点，熟悉突发事件处理方法	• 具备银行柜员的基本素质 • 能熟练操作银行柜员基本业务 • 能正确管理重要凭证和印章，能正确管理客户和账户 • 能正确办理单位存款业务和个人储蓄存款业务 • 能正确计算和处理存款利息 • 能正确核算单位存款业务和储蓄存款业务 • 能正确办理贷款业务 • 能按规定正确办理贴现业务和承兑汇票业务 • 能正确处理中间业务、代理业务、国债业务、基金业务和结算业务 • 能正确办理票据结算业务 • 能正确管理外汇账号，正确办理信用证业务、汇款业务、外汇托收业务和银行结售汇业务 • 能正确办理电子支付业务、银行卡业务 • 能防范基本风险，正确实施应急预案
9. 个人理财	• 了解个人理财岗位的基本要求和主要工作内容 • 熟悉与客户建立良好业务关系的基本方法 • 熟悉理财规划的主要组成部分 • 熟悉个人财务报表的编制方法 • 了解信用卡的特征 • 熟悉客户风险偏好、财务状况分析方法 • 熟悉金融市场各种投资工具的特点和适用对象	• 能与客户建立良好的业务关系；会收集、整理、储存客户信息 • 能根据客户情况帮其明确理财目标；会用传统的理财工具帮客户理财 • 能熟练编制个人财务报表 • 能通过财务数据对客户财务状况进行分析

续表

课程名称	应当掌握的知识	应当达到的技能标准
9. 个人理财	• 熟悉各种金融工具及其操作方法 • 熟悉客户财务目标的评价方法 • 熟悉理财规划方案的制订流程和方法 • 熟悉个人理财产品的营销技能	• 能用信用卡、国债、存单质押、保单质押等方式为客户进行融资 • 能为客户设计融资理财方案 • 能够帮助客户分析家庭面临的各种风险 • 能根据客户的风险偏好、家庭财务状况为其选择合适的保险理财产品 • 能够为客户制定财务计划，评价客户的财务目标 • 能够帮助客户制定出完整的理财规划方案 • 能对方案实施效果进行跟踪
10. 金融营销实务	• 了解金融产品，熟知银行、保险及证券基本产品 • 熟悉金融产品营销调研程序与方法 • 熟悉选择金融产品营销市场策略 • 熟悉金融产品开发、营销与促销策略 • 熟悉银行、保险、证券销售渠道 • 熟悉金融产品营销话术 • 熟悉金融产品营销技巧	• 能设计调查问卷，会搜集信息，能撰写金融营销产品调研报告 • 能对金融产品进行多种类型的市场细分，能对各细分市场进行市场评估 • 能分析并设计金融产品渠道模式 • 能设计金融产品销售方案 • 能策划金融产品营销方案 • 能妥善、专业地与客户进行沟通，能灵活处理沟通中的突发事件和客户要求，能开发潜在客户 • 能运用所学金融产品营销知识和技能销售金融产品，能撰写营销报告

九、教学计划进度

1. 教学计划进度安排应当参照表 1－3。

表 1－3　　教学计划进度表

课程类别	课程性质	序号	课程名称	核心课程	课程类型	学分	总学时	教学周学时/教学周数						考核评价方式	主要教学场所	说明
								一 16 周	二 18 周	三 18 周	四 18 周	五 18 周	六 17 周			
基本素质与能力课	必修课	1	思想道德修养与法律基础		理论	3	54		3/18					考试	多媒体教室	
		2	毛泽东思想和中国特色社会主义理论体系概论		理论	4	72			3/18				考试	多媒体教室	课外18
		3	形势与政策		讲座									考查	多媒体教室	课外安排每门18课时
		4	心理健康教育		讲座									考查	多媒体教室	
		5	职业规划与就业指导		讲座									考查	多媒体教室	
		6	公益劳动		实践									考查	其他	
		7	国防教育与军事训练		实践	2	56	2W						考查	其他	
		8	计算机应用基础		一体化	3	64	4/16						考试	计算机教室	
		9	财经应用文写作		理论	2	36				2/18			考试	多媒体教室	
		10	经济数学		一体化	3	54		3/18					考试	多媒体教室	
		11	高职实用英语		一体化	8	140	2/16	2/18	4/18				考试	多媒体教室	
			小计			25	476									
	选修课	1	体育（项目可选）		实践	4	60	具体选修项目结合全校开设的运动项目课程确定								
		2	科技、人文和艺术选修课（课程可选）		理论	6	108	具体选修课程结合开设的全校选修课确定								
			小计（要求必选 10 学分）			10	168									
职业能力课	必修课	1	金融学基础	⊙	理论	4	64	4/16						考试	多媒体教室	
		2	经济学基础		理论	4	64	4/16						考试	多媒体教室	
		3	市场营销基础		理论	3	54		3/18					考试	多媒体教室	
		4	统计学基础		一体化	3	54			3/18				考试	一体化教室	
		5	税收基础		一体化	3	54				3/18			考试	多媒体教室	
		6	经济法基础		理论	3	56					4/14		考试	多媒体教室	
		7	金融基本操作技能	⊙	一体化	3	52	1/16	2/18					考试	校内实训室	
		8	财务会计基础		一体化	5	96	6/16						考试	校内实训室	
		9	证券投资实务	⊙	一体化	4	72		4/18					考试	校内实训室	含考证辅导
		10	证券投资分析	⊙	一体化	4	72			4/18				考试	校内实训室	
		11	证券投资基金	⊙	一体化	4	72			4/18				考试	校内实训室	
		12	保险实务	⊙	一体化	4	72				4/18			考试	校内实训室	
		13	公司理财	⊙	一体化	4	72				4/18			考试	校内实训室	
		14	商业银行业务与经营		一体化	4	72				4/18			考试	校内实训室	
		15	商业银行综合柜台业务	⊙	一体化	4	70					5/14		考试	校内实训室	含考证辅导
		16	个人理财	⊙	一体化	4	70					5/14		考试	校内实训室	

续表

课程类别	课程性质	序号	课程名称	核心课程	课程类型	学分	总学时	教学周学时/教学周数						考核评价方式	主要教学场所	说明
								一	二	三	四	五	六			
								16 周	18 周	18 周	18 周	18 周	17 周			
职业能力课	必修课	17	金融营销实务	⊙	一体化	3	56					4/14		考试	校内实训室	
		18	毕业设计与顶岗实习		实践	20	600					4w	16w	考查	校外实践基地	
		小计				83	1722									
	选修课	1	证券投资交易		一体化	2	36		2/18					考证	校内实训室	证券从业证
		2	证券发行与承销		一体化	2	36		2/18					考证	校内实训室	
		3	外汇交易实务		一体化	2	36			2/18				考查	校内实训室	
		4	金融衍生工具		理论	2	36			2/18				考查	多媒体教室	
		5	金融英语		理论	3	54			3/18				考查	多媒体教室	
		6	信托与租赁		一体化	2	36				2/18			考查	校内实训室	
		7	国际投资实务		一体化	2	36				2/18			考查	校内实训室	
		8	期货投资实务		一体化	2	36				2/18			考查	校内实训室	
		9	商业银行企业理财咨询业务		理论	2	36				2/18			考查	多媒体教室	
		10	国际金融		理论	2	36					3/12		考查	多媒体教室	
		11	投资项目评估		理论	2	36					3/12		考查	多媒体教室	
		12	公司战略与风险管理		理论	2	36					3/12		考查	多媒体教室	
		13	会计电算化		一体化	2	36		2/18					考证	校内实训室	会计从业资格证
		14	金融企业会计		一体化	3	54				3/18			考查	校内实训室	
		要求必选 16 学分				16	288									
总学分、总学时、必修课周学时合计						134	2654	21	17	18	17	18	18			

3. 总体教学进程安排应当参照表 1－4。

表 1－4　总体教学进程安排表

周数 内容 学期	军训入学教育	课程教学	顶岗实习	毕业设计	毕业教育	考试	机动	合计
一	2	16				1	1	20
二		18				1	1	20
三		18				1	1	20
四		18				1	1	20
五		14	4			1	1	20
六			16	0.5	0.5	1	18	
合计	2	84	20	0.5	5.5	6	118	

3. 各类课程学时学分比例应当参照表1－5。

表1－5　　各类课程学时学分比例表

<table>
<tr><th colspan="2" rowspan="2">课程类别</th><th colspan="2">学时</th><th colspan="2">学分</th><th rowspan="2">备注</th></tr>
<tr><th>小计</th><th>比例</th><th>小计</th><th>比例</th></tr>
<tr><td rowspan="2">必修课</td><td>基本素质与能力课</td><td>476</td><td>17.94%</td><td>25</td><td>18.66%</td><td></td></tr>
<tr><td>职业能力课</td><td>1 722</td><td>64.88%</td><td>83</td><td>61.94%</td><td></td></tr>
<tr><td rowspan="2">选修课</td><td>基本素质与能力课</td><td>168</td><td>6.33%</td><td>10</td><td>7.46%</td><td></td></tr>
<tr><td>职业能力课</td><td>288</td><td>10.85%</td><td>16</td><td>11.94%</td><td></td></tr>
<tr><td colspan="2">合计</td><td>2 654</td><td>100%</td><td>134</td><td>100%</td><td></td></tr>
<tr><td rowspan="3">理论实践教学比</td><td>理论课</td><td>724</td><td>27.28%</td><td>41</td><td>30.60%</td><td rowspan="3">职业能力选修课按照理论课216课时、实践课按72课时计算。</td></tr>
<tr><td>实践课</td><td>788</td><td>29.69%</td><td>30</td><td>22.39%</td></tr>
<tr><td>一体化</td><td>1 142</td><td>43.03%</td><td>63</td><td>47.01%</td></tr>
<tr><td colspan="2">合计</td><td>2 654</td><td>100%</td><td>134</td><td>100%</td><td></td></tr>
</table>

十、教学实施条件

（一）教师任职条件

1. 校内专任教师和校内兼课教师。校内专任教师要求具备高校教师资格证；有强烈的事业心和高度的责任感，忠诚党的教育事业，学而不厌，诲人不倦；能够坚持真理，坚持正义；具备深厚的经济理论功底，较强的投资与理财专业能力和语言表达能力；对经济现实具有敏锐的洞察力，能够组织专业研究和专业实践；能够运用现代教育技术，善于汲取新知识和新思想；能够从事专业教学研究和课程开发；职业专门能力课程、职业拓展能力课程和职业能力综合训练课程教师必须具有双师素质或具备行业专项技能；基本素质课程和职业通用能力课程教师必须具有硕士研究生以上学历；对于金融操作技能、金融营销技能等以操作为主的课程教师要求具有在金融企业的相关业务工作岗位任职3年以上的经历。专业教学团队中，高级职称教师比例不低于30%，中级职称教师比例40%左右。教师结构总体上与课程结构相适应。教师数量与招生规模相适应。校内职业能力课程专任教师的师生比应当参照高于1∶30的标准配备。

校内兼课教师除不要求能够从事专业教学研究和课程开发外，其他要求与校内专任教师相同。

2. 校外兼职教师和校外兼课教师。校外兼职教师须具备较熟练的投资与理财服务、柜面业务、产品营销、现场管理等金融行业一线业务工作能力之一，具备通畅的语言表达能力，能够热心指导和关心学生，能够带领和指导学生从事教学计划安排的实践教学活动。其中，聘请到校内任课的校外兼职教师必须具有本科以上学历，同时具备中级专业技术职务或在基层业务部门担任业务主管或部门负责人职务；顶岗实习指导教师必须具备大专以上学历，同时具有3年以上的行业岗位工作经历或担任业务班组负责人或以上职务。校外兼职教师中，来自于证券、银行、保险等业务部门的比例应与课时的比例基本适应。

校外兼课教师除讲座教师不要求具备一线业务工作能力但需要具备对行业业务发展的前瞻性研究以外，其他与兼职教师相同。

除上述要求外，校外兼职教师和校外兼课教师的基本条件都必须符合教育部、财政部、人力资源和社会保障部、国务院国有资产监督管理委员会印发的《职业学校兼职教师管理办法》设定的人员条件。

（二）实践教学条件

1. 本专业应配备的校内仿真实训基地配备如表1－6所示。

表1－6　校内仿真实训基地配备表

实训室名称	实训项目	设备配置要求		实训室规模
		主要设备名称	数量	
金融操作技能实训室	1. 假币和假证鉴别 2. 点钞 3. 汉字输入 4. 数字书写 5. 计算机速算 6. 小键盘输入 7. 设备操作 8. 票据填写及装订 9. 珠算（选修）	多媒体教学设备	1套	以50人为标准教学班配置
		点钞机	13台	
		假币鉴别设备	13台	
		世界各国主要币种样品	51套	
		算盘（选购）	51把	
		计算器	51个	
		凭证装订设备	13台	
		打印机	4台	
		传真机	4台	
		复印机	2台	
		扫描仪	4台	
		电脑	51台	
		点钞练习券、实训练习题、银行业务原始凭证		

续表

实训室名称	实训项目	设备配置要求		实训室规模
		主要设备名称	数量	
金融营销技能实训室	1. 有效沟通 2. 客户拓展 3. 金融产品销售 4. 金融服务礼仪	电脑	52 台	以 50 人为标准教学班配置
		录音电话及传输控制设备	51 部	
		多媒体教学设备	2 套	
		打印机	2 台	
		服务器及网络设备	1 套	
		电话呼叫席位	51 套	
		录音笔	6 支	
		客户关系管理软件	1 套	
		网络营销平台	1 套	
		礼仪训练专用场地		
		礼仪训练音像资料	1 套	
银行综合业务实训室	1. 本外币储蓄 2. 银行卡 3. 对公业务 4. 代理业务 5. 结算业务 6. 前台账务处理 7. 日初及日终处理	电脑	51 台	以 50 人为标准教学班配置
		服务器及网络设备	1 套	
		网络打印机	2 台	
		票据打印机	2 台	
		扫描仪	2 台	
		商业银行综合柜台业务软件	1 套	
		银行卡管理系统及读写设备	51 套	
		多媒体教学设备	1 套	
		服务器及网络设备	1 套	
		网络打印机	2 台	
		票据打印机	2 台	
		扫描仪	2 台	
		商业银行信贷业务软件	1 套	
		多媒体教学设备	1 套	
		全套信贷业务原始凭证		

续表

实训室名称	实训项目	设备配置要求		实训室规模
		主要设备名称	数量	
证券投资业务实训室	1. 证券公司前台业务 2. 证券买卖操作及账务 3. 行情分析研判 4. 客户服务咨询 5. 模拟交易大赛	电脑	51 台	以 50 人为标准教学班配置
		服务器及网络设备	1 台	
		网络打印机	2 台	
		票据打印机	2 台	
		扫描仪	2 台	
		证券投资业务软件	1 套	
		多媒体教学设备	1 套	
		上市公司信息资源		
		证券业务单据		
		服务器及网络设备	1 套	
		网络打印机	2 台	
		票据打印机	2 台	
		扫描仪	2 台	
		保险业务软件	1 套	
		多媒体教学设备	1 套	
		保险合同文本、单据，原始凭证		
理财规划业务实训室	1. 建立和管理客户关系 2. 分析和诊断客户财务状况 3. 熟悉和开展银行、证券、保险、实物理财业务 4. 运用理财软件设计综合理财方案 5. 理财方案的实施和后续服务	电脑	51 台	以 50 人为标准教学班配置
		服务器及网络设备	1 套	
		网络打印机	2 台	
		模拟理财产品	典型产品	
		模拟客户资料	典型客户	
		理财业务软件	1 套	
		多媒体教学设备	1 套	
		合同文本、单据，原始凭证		

2. 校内生产性实训基地配备如表 1－7 所示。

表 1－7 校内真实项目实训基地配备表

序号	基地名称	实训项目	设备配置要求		实训室规模
			主要设备名称	数量	
1	金融理财服务中心	1. 真实的证券、银行、保险产品营销，包括现场营销、电话营销、网络营销 2. 客户理财服务，包括社区理财服务 3. 信息咨询服务 4. ATM 存取款服务	台式计算机	5 台	要求能组织 50 人轮流开展业务
			录音电话及控制设备	5 套	
			笔记本电脑	5 台	
			ATM 机	2 台	
			LCD 行情显示屏、液晶显示屏	3 套	
			各类金融产品		
			营销业务及核算用软件		
			金融企业设置的宣传、营销设施		
2	项目工作室 5 间	包括适应学生规模需要的多个工作室，是学生项目小组从事营销活动的组织、策划、实施和协调的场所	台式计算机	5 台 ×5	每个项目工作室能容纳 5 名学生开展业务
			录音电话及控制设备	5 台 ×5	
			笔记本电脑	1 台 ×5	
			打印机	1 台 ×5	
			各类金融产品		

3. 校外实习基地。

校外实习基地的数量和规模应与本专业学生的规模相适应，能够满足本专业所有学生进行专业实习的需要。校外实习基地包括下列四种类型：一是能够提供训练学生从事柜台业务、证券客户服务、内勤管理等业务条件的证券公司营业机构；二是能够提供训练学生从事银行柜台业务处理、银行产品营销、营业现场管理等业务条件的商业银行基层业务部门；三是能够训练学生从事保险产品营销、客户服务、内勤管理等业务条件的保险企业业务部门；四是第三方理财机构、小额贷款公司、典当机构等其他相关企业；五是能够提供训练学生从事收银、会计核算、财务管理、内勤等业务条件的非金融企业。这些实训基地的基本条件是：数量足够；能为学生提供实习及食宿条件；拥有足够数量符合条件的指导教师。

校外实习基地及基地群开发应当立足本地，兼顾省外其他地区，同时满足本专业及专业群的学生校外顶岗实习需要。具体要求详见表 1－8。

表 1－8

序号	企业类型	数量	功　能	接纳学生人数（可根据实际需要确定）
1	证券公司	3～5	1. 为学生提供证券产品营销能力训练 2. 为学生提供证券客户服务能力训练 3. 为学生提供证券公司内勤服务能力训练 4. 为教师提供企业锻炼机会	40 人
2	商业银行	2～3	1. 为学生提供办理银行柜台业务训练场所 2. 为学生提供银行理财产品营销能力训练 3. 为学生提供营业现场管理和服务能力训练 4. 为教师提供企业锻炼机会	20 人
3	保险公司	2～3	1. 为学生提供保险营销能力训练 2. 为学生提供保险客户服务能力训练 3. 为学生提供从事保险公司内勤服务能力训练	20 人
4	其他企业	1～3	1. 为学生提供相关产品营销能力训练 2. 为学生提供相关理财能力训练 3. 为学生提供会计核算、财务管理能力训练	20 人

第二部分

投资与理财专业核心课程标准

“金融学基础”课程标准

一、课程定位

本课程是财经类高等职业院校投资与理财专业的职业通用能力必修课程，是本专业学生进一步学习“商业银行业务与经营”、“证券投资实务”、“个人理财”、“公司理财”、“保险实务”等后续专业课程的基础。通过本课程的学习，使学生掌握金融基础知识、信用与货币、资金的时间价值、金融市场与金融机构体系、债券与股票的估值、国际金融等相关内容，为进一步学习其他专业知识和技能奠定基础。

二、课程目标

通过学习金融基本知识、基本概念、基本理论，使学生系统掌握货币、信用、利率、金融市场、金融机构、货币政策、国际金融等方面的基本内容，从而把握金融的内在机制和规律，进而认识和探讨经济社会中的各种金融现象。提高学生在社会科学方面的综合素养，辨析金融理论，掌握观察和分析金融问题的正确方法，培养解决金融实际问题的能力，同时也为其他专业理论课程和业务技能课程的学习奠定坚实的基础。

职业能力培养目标：

1. 了解货币的起源和本质，掌握货币与货币制度内容；
2. 理解信用的本质和形式，掌握信用工具的用途和方法；
3. 掌握资金的时间价值；
4. 了解金融市场的基本概念及其分类，掌握货币市场和资本市场的特点和内容；
5. 掌握金融机构体系的构成，了解我国金融机构和非银行金融机构的体系构成；
6. 掌握中央银行、商业银行的职能、作用和业务内容；
7. 掌握债券与股票的估价模型；
8. 掌握债券与股票收益率的计算；
9. 掌握国际金融活动的基本理论和方法，掌握外汇的含义及国际收支的内容；
10. 理解货币均衡的含义，掌握货币供给与货币需求的基本内容；
11. 能熟练运用资金的时间价值分析相关经济现象；
12. 能熟练运用资产价值评估方法；

13. 能熟练分析债券、股票的价值与收益。

三、设计思路

课程总体设计思路：本课程根据投资与理财专业要求，在对金融行业的工作任务与职业能力进行认真分析的基础上，在建构主义理论指导下，结合职业岗位要求，选择适用的教学内容进行设计。

课程设计的目标：在课程设计中，突出基础性、动态性和切实性，兼顾宏观与微观、国际与国内金融各领域知识的介绍，注重现代金融工具在经济社会中的作用和金融机构的发展趋势。基础性是指教学内容在基本原理、内在联系和客观规律等方面保持相对稳定性；动态性体现在课堂讲授时知识的不断充实与更新，及时吸纳学科发展的最新研究成果以确保本课程的发展性和领先性；切实性表现在课程立足于国内外经济金融发展的实际，实事求是地服务于中国经济金融实践。

课程内容的确定：课程内容的设计结构符合教学形式的逻辑思维。金融知识系统庞大、纷繁复杂，本课程内容设计从教学角度出发，根据师生一般逻辑思维特点，便于教学的结构形式，把教学内容按照理论与实践、微观与宏观、国内与国外的形式呈现出来，强调了逻辑性和层次感，符合由浅入深的认知规律，体现局部独立性和整体系统性的统一。同时又充分考虑了高等职业教育对理论知识学习的需要，并融合相关职业资格证书（如银行业从业人员资格考试、助理理财规划师考试中金融基础知识模块）对金融基础知识进行整合，着力提高学生对金融基础知识的认知能力和理论联系实际的能力。

四、课时分配

表 2-1　　课程项目模块及课时分配表

<table>
<tr><th>序号</th><th>课程项目</th><th>课程模块</th><th colspan="2">课时分配</th></tr>
<tr><td rowspan="2">1</td><td rowspan="2">认识金融</td><td>什么是金融</td><td rowspan="2">2</td><td rowspan="2">2</td></tr>
<tr><td>金融在经济中的地位</td></tr>
<tr><td rowspan="2">2</td><td rowspan="2">货币与信用</td><td>货币</td><td>2</td><td rowspan="2">6</td></tr>
<tr><td>信用</td><td>4</td></tr>
<tr><td rowspan="3">3</td><td rowspan="3">货币的时间价值</td><td>货币的时间价值</td><td>2</td><td rowspan="3">8</td></tr>
<tr><td>现金流的计算</td><td>4</td></tr>
<tr><td>投资风险与回报</td><td>2</td></tr>
<tr><td rowspan="2">4</td><td rowspan="2">金融机构</td><td>金融机构体系与商业银行</td><td>2</td><td rowspan="2">6</td></tr>
<tr><td>商业银行业务</td><td>4</td></tr>
</table>

续表

<table>
<tr><th>序号</th><th>课程项目</th><th>课程模块</th><th colspan="2">课时分配</th></tr>
<tr><td rowspan="2">5</td><td rowspan="2">中央银行</td><td>中央银行概述</td><td>2</td><td rowspan="2">6</td></tr>
<tr><td>中央银行业务</td><td>4</td></tr>
<tr><td rowspan="2">6</td><td rowspan="2">金融市场</td><td>金融市场体系的构成</td><td>2</td><td rowspan="2">6</td></tr>
<tr><td>金融市场工具</td><td>4</td></tr>
<tr><td rowspan="3">7</td><td rowspan="3">债券及其价值估值</td><td>债券概述</td><td>2</td><td rowspan="3">10</td></tr>
<tr><td>资产价值的评估</td><td>4</td></tr>
<tr><td>债券的价格与收益</td><td>4</td></tr>
<tr><td rowspan="2">8</td><td rowspan="2">股票及其价值估值</td><td>股票概述</td><td>2</td><td rowspan="2">8</td></tr>
<tr><td>股票价值评估</td><td>6</td></tr>
<tr><td rowspan="2">9</td><td rowspan="2">国际金融</td><td>外汇与汇率</td><td>4</td><td rowspan="2">8</td></tr>
<tr><td>国际收支</td><td>4</td></tr>
<tr><td colspan="4">合　计</td><td>60</td></tr>
</table>

五、教学内容

表 2－2　　课程教学内容与教学要求

序号	课程项目	知识内容和要求	技能内容和要求
1	认识金融	• 了解金融的概念 • 了解金融在现代经济生活中的作用	• 能分析金融对企业的影响
2	货币与信用	• 了解货币的产生与发展 • 了解我国人民币制度 • 了解信用产生的历史及信用的本质 • 理解信用的概念、构成、特征及职能 • 理解决定和影响利率变化的因素 • 掌握货币的本质与职能 • 掌握现代信用的形式及信用工具 • 掌握利息的本质与利率的种类	• 能尝试分析未来世界的货币形式 • 能运用信用的相关知识分析生活中的信用风险现象
3	货币的时间价值	• 了解货币的时间价值概念 • 理解单利和复利 • 理解实际利率和名义利率 • 理解现值和终值 • 掌握初付年金和普通年金的区别 • 掌握各种类型的投资风险 • 掌握通货膨胀与现金流贴现分析	• 能熟练使用复利公式计算终值 • 能准确计算未来资金的现值 • 能熟练准确地计算年金的现值 • 能熟练计算支付现金流的终值 • 能熟练准确计算贷款的分期偿付 • 能区分单利与复利、实际利率和名义利率、现值与终值

续表

序号	课程项目	知识内容和要求	技能内容和要求
4	金融机构	● 了解金融机构体系 ● 了解商业银行的性质、职能、组织形式及经营目标 ● 了解我国现有银行类金融机构和非银行金融机构的体系构成 ● 理解银行如何创造货币 ● 掌握商业银行负债业务 ● 掌握商业银行的资产业务 ● 掌握商业银行的中间业务和表外业务	● 能对商业银行的业务特点进行分析 ● 能初步办理商业银行业务 ● 能说明商业银行如何创造货币 ● 能准确区分每一类金融机构举出具体的例子
5	中央银行	● 了解中央银行制度的形成与机构的设置 ● 了解其他主要国家的中央银行制度内容 ● 了解货币政策目标、工具、传导机制及效应 ● 了解通货膨胀的类型 ● 掌握中央银行的主要职能 ● 掌握中央银行的主要业务	● 能分析中央银行业务性质 ● 能通过网络等媒介了解我国及其他国家的货币政策 ● 能初步根据经济形势分析通货膨胀的类型 ● 能解释生活中相关的经济政策措施
6	金融市场	● 了解金融市场涵义、功能 ● 掌握金融市场的构成要素与分类 ● 掌握货币市场的特征和内容 ● 理解资本市场的特点和内容 ● 掌握资本市场中各种投资工具的操作方法	● 能初步尝试分析金融市场的发展趋势 ● 能初步操作金融投资工具
7	债券及其价值估值	● 了解债券的概念 ● 了解债券的类型 ● 了解影响债券价格的因素 ● 掌握债券的估价模型 ● 掌握债券收益率的计算方法	● 能运用恰当的方法评价债券 ● 能准确计算债券的收益率
8	股票及其价值估值	● 了解股票的概念 ● 了解股票价格的种类 ● 了解影响股票价格的因素 ● 掌握股票的种类 ● 掌握股票价格估价模型 ● 掌握每股收益率的计算	● 能运用恰当的方法评估股票价值 ● 能计算每股收益率 ● 能计算资产净价值 ● 能运用市盈倍数分析股票
9	国际金融	● 了解外汇、汇率和国际收支的含义 ● 了解国际储备的基本构成 ● 了解影响汇率变动的基本因素 ● 掌握外汇汇率的标价方法 ● 掌握汇率的计算 ● 掌握国际收支平衡表的基本构成	● 能进行汇率的计算 ● 能分析市场、政治因素对汇率的影响

六、教学条件

（一）教师任职条件

1. 专任教师：具有高校教师资格，经济类相关专业毕业，具备经济类及相关职业资格，熟悉经济基本理论知识，了解金融的基本原理和金融市场动态，对中国金融业的发展具有一定认识和研究。

2. 兼职教师：经济类相关专业毕业，具有各类金融机构工作经验，取得相关金融行业从业资格，能进行股票市场交易、外汇投资、网上银行业务、电子货币支付结算等技能的示范教学和金融基础理论教学。

（二）设备场所条件

1. 多媒体教学：配备可用于展示电子课件、投影、视频、音频的多媒体设备和教学软件。

2. 实训场所：校内配置能够搜索金融市场和金融政策信息以及网络教学资源的计算机教室，配备基本的分析工具和演示文稿制作软件，能够提供分组讨论和展示演示文稿的环境；校外实习基地能够满足学生对货币、信用市场、金融机构等方面认知和体验的要求。

七、教学方法与手段

（一）教学方法

1. 讲授法。通过课堂讲授、课堂提问与讨论、课堂练习、最新资讯分析等教学手段实现课堂教学的启发与互动，强调课堂教学与课外指导的结合、理论与实际的结合、教师精讲与学生多练的结合，充分调动学生的主观能动性和学习积极性。课堂讲授还应保证信息的充分传递，突破教材内容的滞后性，使教学内容充分吸纳国内外金融学研究的最新成果，反映金融学发展的最新动态。

2. 案例教学法。基于金融学基础课程的特点，案例教学法可作为本课程的常规授课方法。在每一个教学单元开始之前设计恰当的导入案例，引导学生围绕案例确定自己的学习任务，促使学生带着问题、有目的而学，提高学生的学习主动性。也可以在学习完基本原理之后选取适当的案例供学生分析之用。

3. 直观教学法。教师通过相关实物或图像资料的演示，帮助学生理解抽象的概念。比如，在学习外汇的概念时，教师可向学生演示美元现钞、秘鲁币现钞、美元旅行支票等，直观地告诉学生哪一个是外汇，哪一个不是，并讲解为什么，这样学生很容易就可以理解外汇的概念，并且印象深刻。

4. 角色互换法。在教学过程中，注重培养和锻炼学生的创新能力，团队协作精神，激发创造力，提高学生学习的主动性和趣味性。可以选择个别章节作为学生自学、自讲、自评的内容，学生以小组协作形式对课程内容进行研讨，制作自己的课件，并由小组成员协作在课堂上讲授，小组成员以外的同学及教师提问，小组成员回答后由教师进行点评。

5. 讨论式教学法。可以选取现实经济生活相关的热点话题，把学生分成两部分，分别搜集正反两方面的论据、资料，准备充分之后把学生划分为三组，其中两组分别持正反两派论点进行观点陈述、辩论，第三组充当评判者，教师要控制好局面。比如，针对是否应该调整利率、是否发生了通货膨胀的话题即可采取讨论式教学法，以更好地考察和培养学生运用知识的能力。

（二）教学手段

1. 多媒体教学手段。多媒体教学手段主要包括电子课件、投影、视频、音频、多媒体教学软件。教学案例、实物图片、视频资料等可通过多媒体系统直观地呈现在学生面前，有助于取得更好的教学效果。

2. 网络教学手段。可以考虑充分利用校园网资源，建立师生互动平台。教师可以利用平台答疑解惑，把更多的教学案例等教学资源放到网上，弥补课堂教学的不足。

八、检查评价

本课程考核方式采取终结性考核和过程性考核评价相结合的方式。

过程性考核：在每个教学单元活动完成后进行，重点考核学生对理论知识的理解和应用水平，考核的形式可主要采取分析报告、工作方案、课后作业等方式。分析报告和工作方案主要以团队协作的形式完成，对金融事件、经济现象、金融机构等进行研究讨论，并制作课件进行演讲示范。该部分成绩建议占比 30%。

终结性考核：在课程全部教学活动完成之后进行考核，考核每个学生对基本概念和理论的识记能力，考核方式为笔试，采取闭卷的形式，该部分成绩建议占比 70%。

“金融基本操作技能”课程标准

一、课程定位

本课程是投资与理财专业职业能力核心课程，是以金融企业及其他工商企业的理财、财务等岗位技能要求为依据设置的课程。本课程主要学习钞票鉴别、点钞、小键盘操作、翻打传票、速录以及办公软硬件操作等技能，是学生学习商业银行综合柜台业务、证券投资实务、会计基础等后续课程的基础。

金融基本操作技能是金融业及其他企业综合柜台、财务核算等岗位必须具备的基础技能，也是学生学习职业能力课程的基础。该课程的每个技能均包括基本技能、方法讲解和操作训练两方面内容，以实现学习与岗位工作技能要求零对接。

二、课程目标

职业能力培养目标：

1. 熟悉《中华人民共和国中国人民银行法》、《中华人民共和国公司法》、《中华人民共和国商业银行法》、《中华人民共和国外资金融机构管理条例》、《中华人民共和国票据法》、《中华人民共和国外汇管理条例》等财经法律法规中有关内容；
2. 准确鉴别人民币和主要流通外币的真假，能挑剔残币；
3. 熟练规范地进行验钞、点钞、捆钞操作；
4. 规范财经数码字的书写和单据的填制；
5. 掌握小键盘数据速录技术和专用银行文字输入法，达到盲打水平；
6. 熟练使用打印机、复印机和传真机，并掌握简单的维修常识；
7. 能熟练操作算盘。

三、设计思路

该课程按照工学结合的要求，以项目为导向，以任务为驱动的思路进行设计。本课程以金融企业及其他工商企业相关工作岗位需要的基本操作技能为课程教学主要内容，将教学内容划分为点钞、鉴别货币、财经数码字书写、计算器及小键盘的使用、中英文录入及常用办公设备的使用等几个项目，以完成工作任务形式组织教学过程和校内仿真实训，实行教学做一体化。课程在教学内容组织上，遵循学生的认知规律和教学规律，突出技能训练，使学生在“会”的基础上达到“熟练操作”的程度。通过本课程的训练，使学生具备上岗所需的基本操作技能。

四、课时分配

表 2－3　　课程项目模块及课时分配表

<table>
<tr><th>序号</th><th>课程项目</th><th>课程模块</th><th colspan="2">课时分配（课时）</th></tr>
<tr><td rowspan="2">1</td><td rowspan="2">规范书写</td><td>财经数码字书写</td><td>4</td><td rowspan="2">10</td></tr>
<tr><td>凭证填写规范</td><td>6</td></tr>
<tr><td rowspan="3">2</td><td rowspan="3">货币鉴别</td><td>认识主要的流通货币</td><td>4</td><td rowspan="3">10</td></tr>
<tr><td>人民币、外币的鉴别</td><td>4</td></tr>
<tr><td>残币的挑剔与兑换</td><td>2</td></tr>
<tr><td rowspan="2">3</td><td rowspan="2">票币清点、轧捆</td><td>手工与机器点钞技术</td><td>6</td><td rowspan="2">8</td></tr>
<tr><td>轧捆票币技术</td><td>2</td></tr>
<tr><td rowspan="2">4</td><td rowspan="2">计算能力</td><td>计算器功能使用训练</td><td>6</td><td rowspan="2">12</td></tr>
<tr><td>小键盘翻打传票训练</td><td>6</td></tr>
<tr><td>5</td><td>速录</td><td>中英文输入法训练</td><td>8</td><td>8</td></tr>
<tr><td rowspan="2">6</td><td rowspan="2">常用办公设备使用</td><td>打印机、复印机、扫描仪、传真机等使用训练</td><td>2</td><td rowspan="2">4</td></tr>
<tr><td>ATM 机、叫号机、网络银行客户端操作训练</td><td>2</td></tr>
<tr><td colspan="4">合计</td><td>52</td></tr>
</table>

五、教学内容

表 2－4　　课程教学内容与教学要求

序号	课程模块	知识内容与要求	技能内容与要求
1	规范书写	• 掌握阿拉伯数字的规范书写要求 • 掌握大写金额和日期的规范书写标准 • 书写错误的改正规则	• 能准确书写大、小写金额 • 能准确书写日期 • 能规范改正书写错误

续表

序号	课程模块	知识内容与要求	技能内容与要求
2	货币鉴别	• 了解国际上主要的流通货币 • 了解外币兑换的汇率 • 熟悉假币的类型和特点 • 熟悉假币的收缴政策 • 熟悉近年来人民币造假的流行趋势 • 了解人民币的发展史 • 熟悉人民币残缺污损的兑换标准 • 掌握人民币残缺币的挑剔技能	• 能准确识别国际上的通用货币 • 能准确识别人民币的真假钞 • 能快速准确挑剔、兑换残缺污损的人民币
3	票币清点、轧捆	• 掌握手工点钞的准备工作 • 掌握点钞计数的基本方法 • 掌握点钞机的类型和特点 • 掌握点钞机的操作程序 • 了解点钞机的故障处理 • 掌握夹条式扎把和捆钞技术 • 掌握单圈缠绕式扎把和捆钞技术 • 掌握盖章技术	• 能熟练、准确完成人工点钞工作 • 能熟练操作点钞机 • 能处理简单的点钞机故障 • 能熟练利用夹条式扎把和捆钞 • 能熟练利用单圈缠绕式扎把和捆钞
4	计算能力	• 了解计算器的种类 • 掌握计算器上各按键的功能 • 掌握各功能键的具体职能，并熟练使用 • 了解传票的种类 • 掌握小键盘上各按键的位置，实现盲打 • 掌握翻打传票的具体操作技术	• 能熟练利用计算器计算金额 • 能熟练使用小键盘翻打传票
5	速录	• 掌握电脑键盘指法 • 掌握中英文速录基本方法	• 能熟练进行中英文速录，实现盲打
6	常用办公设备使用	• 掌握打印机和复印机的设置 • 掌握打印机和复印机的简单故障处理 • 掌握打印机、复印机的墨盒更换要领 • 掌握传真的收发步骤 • 掌握扫描仪的使用方法	• 熟练使用打印机和复印机 • 能处理打印机和复印机的简单故障 • 能独立更换打印机、复印机的墨盒 • 会收、发传真 • 能使用扫描仪完成相应工作

六、教学条件

（一）教师任职条件

1. 专任教师。

（1）具备高校教师资格证；

（2）具有商业银行综合柜台等相关岗位实践经验，熟悉人民币假币收缴和鉴别、残缺污损兑换比例等内容；

（3）熟悉主要流通货币的汇率和币种符号；

（4）能够示范操作各种手工点钞技术、计算器和小键盘计算、翻打传票技术，以及五笔输入法。

2. 兼职教师。

（1）银行等金融机构或企业相关岗位工作人员，能进行验钞、点钞、捆钞等业务技能的示范教学；

（2）银行等金融机构或企业业务能手，能准确把握各种版本人民币的特点，进行真假钞辨别示范教学；

（3）银行等金融企业或企业相关岗位工作人员，能熟练进行中英文快速盲打、小键盘数据和计算器数据快速录入等业务技能的示范教学。

3. 兼课教师。

（1）具备高校教师资格证；

（2）具有本科以上学历；

（3）具有本课程或相关课程教学经验，或具有一定的本专业实践经验或金融企业工作经历；

（4）熟悉与本课程相关的技能，能讲授本课程的业务知识，示范业务操作技能。

（二）实践教学条件

1. 配备与本课程教学内容相配套的金融基本技能实训室，能同时容纳 50 人进行实训，用于训练学生从事理财业务最基本的通用操作技能，适应开展点钞、假币鉴别、文字录入和书写、票据填写、计算器及银行常用办公设备操作实训的要求，满足金融操作技能课程教学需要。

2. 配备相关实训软件，包括金融基本技能实训软件、货币防伪与鉴别实训软件、票据业务实训软件、中英文输入训练与测评软件等，满足学生进行相关技能训练需要。

3. 配备电脑、第五套人民币票样、各种主要流通的外币票样、验钞机、点钞机、点钞券、捆钞条、甘油、海绵缸、个人印章、计算器、百张传票、电脑、打印机、复印机、传真机、扫描仪、各种仿真现金支票、转账支票、银行汇票、商业汇票、进账单、托收凭证等相关设备和耗材。

4. 配有各种手工点钞、翻打传票、中英文输入法等教学视频和课件。

七、教学方法与手段

（一）教学方法

本课程教学方法以实际技能操作为主，结合技能比武为学生营造快乐学习、自主学习的氛围，注重寓教于乐。教师主要采用现场情景模拟和技能比武的方式，同时使用示范和互动式的教学法。课余时间鼓励学生多进行自主练习，学生在练习中找出自身不足，教师再进行针对性指导。教学方法主要包括直观教学法、角色扮演法、技能竞赛法等。

1. 直观教学法。通过教师直接进行技能演示，或者通过播放技能演示录像等方式，直观地给学生示范技能操作方式、方法，结合教师的适当指导，让学生先掌握技能操作的方式方法，再进一步练习，以达到熟练操作的目的。点钞、验钞、捆钞等技能示范均可采用直观教学法。

2. 角色扮演法。划分学习小组，每小组指定不同人员分别扮演银行柜员、存款客户、会计、企业客户等角色，模拟存款业务办理过程，使学生体验不同角色的岗位任务和岗位职责。分岗进行存款业务模拟实训时采用角色扮演法，使学生真切体验存款业务工作过程。

3. 技能竞赛法。定期组织金融基本操作技能大赛，开展假币识别、残缺污损人民币挑剔与兑换、点钞、翻打传票、五笔录入等竞赛，激发学生的竞争意识以及主动训练的积极性。

（二）教学手段

1. 多媒体教学手段：多媒体教学手段主要包括电子课件、视频、多媒体教学软件。其中有关对于货币鉴别等内容应采用 PPT 课件等现代化教学设备辅助教学；有关点钞、翻打传票等技术方面可使用视频教学法，通过播放银行举办的技能大赛等视频，使学生意识到金融基本操作技能对自身就业的重要性。

2. 教学软件手段：利用有关金融基本技能训练软件进行训练，在教学过程中可充分利用技能竞赛的方式，激发学生的“斗志”和学习的主动性、积极性。

八、检查评价

1. 评价依据：本课程的评价以实际业务操作的熟练程度和准确程度为主要依据，由于本课程的实践性强，考核评价应采用课堂表现、平时作业和竞赛成绩三因素综合评价学生成绩。考核结果包括三部分：课堂表现、平时作业和竞赛成绩，三者比例分别为 10%、30% 和 60%。学生该门课程的最终成绩 = 课堂表现 × 10% + 平时作业 × 30% + 竞赛成绩 × 60%。

2. 课堂表现：学生课堂表现成绩评定建议采用上课出勤与课堂配合相结合的评价模式。

其中上课出勤主要是指每次上课学生有无按时上课、有无早退等现象；课堂配合主要是指学生课堂上与老师的配合互动，比如积极回答老师问题等。

3. 平时作业：学生根据老师布置的作业巩固知识技能，每个课程模块结束任课教师布置相应作业，考察学生掌握情况，根据学生平时作业完成得分计入。

4. 竞赛成绩：全部课程项目结束后，学生必须完成全部金融操作技能考核。任课教师设置一次综合竞赛，检查学生成绩。

表 2-5　　金融操作技能评价内容

评价内容	考核内容	模块分值	项目分值
规范书写	财经数码字书写	5	15
	凭证填写规范	10	
货币鉴别	认识主要的流通货币	5	15
	人民币、外币的鉴别	5	
	残币的挑剔与兑换	5	
票币清点、轧捆	手工与机器点钞技术	15	30
	轧捆票币技术	15	
计算能力	计算器功能使用训练	10	20
	小键盘翻打传票训练	10	
速录	中英文输入法训练	10	10
常用办公设备使用	打印机、复印机、扫描仪、传真机等使用训练	5	10
	ATM 机、叫号机、网络银行客户端操作训练	5	
合计		100	100

结合课堂表现、平时作业、技能竞赛情况，综合评价学生成绩。注重锻炼学生在动手方面和实际情景中分析、解决问题的能力，鼓励学生在技能竞赛中有所突破和创新，全面评价学生能力。

“证券投资实务”课程标准

一、课程定位

该课程是投资与理财专业职业能力核心课程，是一门理论与实践相结合，并以实践为主的一体化课程。通过学习证券投资基础、综合柜台业务、看盘与操作、证券投资收益、证券投资分析、金融衍生品以及证券投资风险等内容，达到学生能够认识资本市场、了解证券投资标的、了解投资风险以及培养学生基本投资判断能力的教学目标，同时培养学生学习投资相关课程的兴趣，为后续其他专业课程的学习奠定基础。

本课程前导课程包括“经济学基础”、“金融学基础”、“会计基础” 等，后续课程包括“证券投资基金”、“证券投资分析”、“金融营销实务”、“公司理财”、“个人理财”、“顶岗实习” 等。

二、课程目标

该课程是一门理论与实践相结合的课程，具体课程目标既包括知识的要求，也包括技能的要求。因为学生后续还要学习“证券投资分析”，其部分内容与本课程相关内容重复，因此，对于本课程的这一部分知识要求学生只是初步掌握，而不是完全掌握。同时，本课程具有一个鲜明的特点，即通过学习本课程内容，学生可以了解或熟悉某些关于证券投资的操作方法，但无法保证操作是否合理。因此，结合本课程与后续课程之间的关系，合理确定了本课程的教学目标。

职业能力培养目标：

1. 了解证券投资存在哪些风险，了解预防风险的基本方法；
2. 了解证券行业自律与监管相关内容，熟悉哪些行为可为，哪些不可为；
3. 熟悉证券公司综合柜台业务，能熟练操作柜台相关业务；
4. 熟悉常见证券投资标的，如股票、债券等的基本情况及相关历史与现状；
5. 熟悉行情软件的应用，掌握简单的看盘技巧，并熟练掌握证券买卖、配股、新股申购等证券买卖的操作；
6. 熟悉常见金融衍生品，如权证、股指期货等的基本情况，熟练掌握常见金融产品的相关操作，并初步掌握对创新金融产品的学习能力；

7. 初步掌握证券投资技术分析的基本技能，熟悉一些基本的技术指标；
8. 初步掌握证券投资基本面分析的内容，尤其对公司的财务分析与估值分析；
9. 熟练掌握证券投资收益，各项投资费用以及分红送股、配股等行为的除权、复权计算。

三、设计思路

本课程立足于实际能力培养，以工作任务为中心组织课程内容和课程教学，让学生在完成具体项目的过程中构建相关理论知识，并发展职业能力。本课程的设计以完成证券经纪岗位工作任务为导向，将证券经纪岗位工作涉及的各项业务和所需能力分解成若干工作项目，根据工作项目确定教学项目，在各个教学项目中以职业能力形成为依据选择教学内容。在教学方法上，力争做到教、学、做一体化，课程学习以学生的学习和操作为中心。本课程的目标是形成学生的证券经纪岗位职业能力，根据证券经纪业务工作任务与职业能力分析表，证券投资分析能力是证券经纪岗位核心的职业能力。因此，本课程从最基本的看行情入手，逐步深入，并依托于模拟炒股系统和相应的行情系统，通过各项活动设计实现以学生操作为主、以活动为驱动、以真实的行情系统为依托、以完全仿真的模拟炒股系统为检验和兴趣激发点的课程设计理念，着力提高学生的证券行情系统操作能力和证券投资分析能力。课程设计的落脚点是形成学生的证券经纪职业核心能力，即证券投资分析能力。在此基础上，本课程再依次展开证券经纪业务职业能力的其他有机组成部分，包括证券投资基础、营业部综合柜台业务、测算证券投资收益、操作以及分析衍生品、防控证券投资风险、自律和监管等内容。

本课程在证券业务实训室完成教学，每位同学应配有可上网的电脑，供其操作行情系统、模拟委托系统和进行投资分析，学生的学习应在一种接近真实的工作任务、工作流程、工作软件以及各种信息和数据的氛围中进行，充分体现本课程的职业性。

为了充分体现任务引领、实践导向课程思想，本课程应以模拟证券投资操作为主线和兴趣激发点，逐步展开证券投资基本知识、看盘和操作、市场运行规则、术语、行情研判（基本分析和技术分析）、风险和收益、衍生交易、证券市场监管等内容。在内容结构的设置上，突出操作环节，将“看盘和操作”作为重要教学项目，配合模拟操作系统，学生边学边操作。

四、课时分配

表 2－5　　课程任务划分与课时分配表

序号	课程项目	课程模块	课时分配	
1	证券投资基础	证券	6	14
		股票	4	
		债券	2	
		证券投资基金	2	

续表

序号	课程项目	课程模块	课时分配	
2	综合柜台业务	综合柜台业务	4	4
3	看盘与操作	K线图和分时走势图	4	16
		大盘及个股行情数据	2	
		非行情类基本面资料	7	
		证券交易操作	3	
4	证券投资收益	货币时间价值	2	12
		证券估值	6	
		证券投资收益率计算	4	
5	证券投资分析	基本面分析	8	14
		技术面分析	6	
6	金融衍生品	权证	2	6
		股指期货	2	
		可转换公司债券及分离交易可转债	2	
7	证券投资风险	证券投资风险种类及规避方法	4	4
8	证券行业自律与监管	证券行业自律与监管	2	2
总计				72

五、教学内容

表 2－6　　课程教学内容与教学要求

序号	课程项目	知识内容和要求	技能内容及要求
1	证券投资基础	• 了解证券历史 • 熟悉证券及证券市场的基本概念、特征和运作 • 熟悉股票基本概念、特征和运作 • 熟悉债券基本概念、特征和运作 • 熟悉基金基本概念、特征和运作	• 能在财经网站上浏览财经新闻、公司新闻并形成习惯 • 会在财经网站上查询个股资料 • 会在深交所、上交所以及港交所查询个股及交易所其他公告
2	综合柜台业务	熟悉如下业务相关规定： • 证券账户开户、销户 • 资金账户开户、销户 • 三方存管及变更 • 指定交易及撤销指定 • 转托管	熟练办理如下业务： • 证券账户开户、销户 • 资金账户开户、销户 • 三方存管及变更 • 指定交易及撤销指定 • 转托管 • 修改账户资料

续表

序号	课程项目	知识内容和要求	技能内容及要求
3	看盘与操作	• 熟悉一种主流行情软件的下载、安装等操作要点 • 熟悉K线图、分时走势图、个股行情数据、股价指数、大盘K线及走势图 • 熟悉交易所证券报价成交机制	• 熟练操作一种主流行情软件的下载、安装 • 熟练操作证券模拟账户进行证券买卖、配股、增发等交易操作 • 熟练操作查看大盘、个股K线图 • 熟练操作查看个股相关资料（F10）
4	证券投资收益计算	• 掌握货币的时间价值相关公式 • 掌握债券理论估值、到期收益率计算原理及方法 • 掌握证券投资的收益计算方法 • 熟悉如何运用货币时间价值等公式对股利持续增长等“特殊状态”下的股票进行理论估值的原理 • 掌握证券投资的成本费用构成及计算方法	• 能准确计算证券投资的各项成本 • 能准确计算证券投资的各种收益率 • 会运用货币时间价值公式进行债券理论估值、计算债券到期收益率 • 能初步运用货币时间价值等公式对股利持续增长等“特殊状态”下的股票进行理论估值 • 会计算股票的除权、复权
5	证券投资分析	• 了解影响股价变动的主要因素 • 熟悉主要宏观经济因素以及对股市的影响 • 熟悉行业相关分析要素以及对股市的影响 • 熟悉从投资角度看企业财务分析的几个主要因素以及对公司股价的影响 • 熟悉PE、PB等常规估值方法及原理 • 熟悉K线理论、切线理论、形态理论、波浪理论等技术分析理论原理及应用 • 熟悉两到三种常用技术指标的使用方法	• 能初步分析宏观经济因素对股价影响 • 能初步分析行业因素对股价的影响 • 能初步从投资的角度对公司进行财务分析 • . 能初步运用PE、PB等常规估值方法判断公司投资价值 • 能使用两到三种常用技术指标研判个股及大盘走势 • 能初步运用K线理论、切线理论、形态理论、波浪理论等技术分析方法研判个股及大盘走势
6	金融衍生品	• 熟悉国内权证、估值期货和可转换公司债券等主要衍生品种类、用途、运作原理以及市场状况 • 熟悉衍生品的定价原理 • 掌握学习创新金融产品的能力	• 熟练操作国内主要衍生品交易 • 能利用衍生品制定风险控制投资策略 • 能初步制定和实施衍生品投资策略

续表

序号	课程项目	知识内容和要求	技能内容及要求
7	证券投资风险	• 了解证券投资风险的种类以及可能产生的后果 • 掌握规避证券投资风险的常规方法	• 能初步辨别并规避各种证券投资风险
8	证券行业自律与监管	• 了解证券行业协会相关自律规定 • 熟悉证券市场相关法规 • 了解“操纵市场”、“信息披露违规”、“证券欺诈”、“内幕交易”等相关案例	• 能在证券业协会网站上完成证券从业考试的报名与相关资料查询 • 能依法进行证券投资、营销等行为

六、教学条件

（一）教师任职条件

1. 专任教师。

（1）具备高校教师资格证，具备本专业或相关专业双师素质；

（2）具有一定的证券公司或其他金融机构实践经历或工作经历，熟悉证券投资实务操作；

（3）能够熟练操作炒股软件，示范操作证券交易，能指导学生开展证券投资、理财服务；

（4）熟知与本课程相关的经济、金融、统计分析等方面知识，能讲授本课程的业务知识。

2. 兼职教师。

（1）证券公司等金融机构的客户经理、理财经理或大堂经理等；

（2）证券公司等金融机构内部培训讲师、管理人员等；

（3）具备中级以上专业技术职称。

3. 兼课教师。

（1）具备高校教师资格证；

（2）具有本科以上学历；

（3）具有本课程或相关课程教学经验，或具有一定的本专业实践经验或企业工作经历；

（4）具备本专业或相关专业双师素质；

（5）熟知与本课程相关的经济、金融、统计分析等方面知识，能讲授本课程的业务知识。

（二）实践教学条件

1. 配备与本课程教学内容配套的证券投资业务实训室，实训室配备可供50人同时使用的学生机和教师机，并配有专门针对高校开发的金融教学系统，使之具备现场教学、实验实训的功能，实现教学与实训合一、教学考证合一，满足“教、学、做”一体化要求。

2. 配有证券行情软件、证券交易模拟软件、模拟证券营业部柜员终端等软件平台。

3. 配有课程教学资源网站，搭建远程教育平台，完善网上在线辅导系统，为学生提供随时随地的学习、交流平台。

4. 配备证券经纪业务操作规范手册，以及"证券法"、"证券经纪人管理暂行条例"、"证券公司监督管理条例"、"证券投资顾问业务暂行规定"等行业法规。

七、教学方法与手段

在教学过程中，应立足于加强学生实际操作能力的培养，采用项目教学，以工作任务引领提高学生学习兴趣，激发学生的成就动机。本课程教学的关键是学生动手操作证券投资模拟操作系统，以学生的证券账户的收益率和操作频率为实践教学环节评价依据，在教学过程中，教师示范和学生分组讨论、训练互动，学生提问与教师解答、指导有机结合，让学生在"教"与"学"过程中，会熟练操作证券模拟操作系统进行证券投资，并能够运用正确的方法对证券的行情做出正确判断。

（一）教学方法

1. 情景模拟教学法。在教学过程中，要创设工作情景，同时应加大实践实操的容量，要紧密结合职业技能证书考试，加强考证实操项目的训练，在实践实操过程中，使学生掌握证券业务主要业务岗位操作流程，提高学生的岗位适应能力。

2. 案例教学法。以实际案例办理为例讲解证券交易及证券市场的相关法律法规规定及业务办理流程，增强教学的真实感和指导性。

3. 技能竞赛法。将学生应该掌握的专业技能对应设计相应的竞赛活动，让学生在竞赛过程中巩固已学过的知识和技能，提高教学质量，充分挖掘学生的创造能力，并且能够通过竞赛培养学生的整合意识、参与意识和竞争意识。

（二）教学手段

1. 多媒体教学手段。在教学过程中，要应用多媒体、投影、多媒体广播系统等教学资源辅助教学，帮助学生掌握证券投资操作系统的操作及行情分析的运用。

2. 实训模拟教学手段。为学生通过仿真操作证券业投资业务提供技术支持和设备支持。本课程可在配备有多媒体设备的实训室进行教学，教师应能够熟练制作多媒体课件和操作模拟系统，使现代化的教学手段贯穿课程教学的始终。

3. 融入职业规划教学手段。在教学过程中，要重视本专业领域业务发展趋势和行业发展前景，贴近市场，为学生提供职业生涯发展的空间，努力培养学生参与社会实践的创新精神和职业能力。教学过程中教师应积极引导学生提升职业素养，提高职业道德。

八、检查评价

本课程可采用过程评价与目标评价相结合，理论考核与实践考核相结合的评价模式。结合考勤、平时课堂提问、作业、案例分析讨论、仿真工作任务等进行综合评价，最终“总成绩 = 平时考评成绩 ×50% + 期末考评成绩 ×50%”。注重学生动手能力和在实践中分析问题、解决问题能力的考核，做到全面综合评价学生能力。

具体考核评价表 2 -7。

表 2 -7　　课程具体考核评价表

<table>
<tr><td rowspan="22">平时考评50%</td><td>序号</td><td>考核项目</td><td colspan="2">评价方式</td><td>评价标准</td><td>分值</td></tr>
<tr><td>1</td><td>考勤</td><td colspan="2">教师点名</td><td>评价出勤情况</td><td>10</td></tr>
<tr><td>2</td><td>课堂交流</td><td colspan="2">教师提问学生交流</td><td>评价课堂交流情况</td><td>10</td></tr>
<tr><td rowspan="4">3</td><td rowspan="4">综合柜台业务操作</td><td>个人自评</td><td>20%</td><td rowspan="18">评价学生完成相关任务过程中的执行情况，完成相关任务效果，小组协作能力，交流沟通能力、自主解决问题能力</td><td rowspan="4">10</td></tr>
<tr><td>小组互评</td><td>20%</td></tr>
<tr><td>操作的准确率和效率</td><td rowspan="2">60%</td></tr>
<tr><td>教师评价</td></tr>
<tr><td rowspan="4">4</td><td rowspan="4">操作证券行情系统</td><td>个人自评</td><td>20%</td><td rowspan="4">20</td></tr>
<tr><td>小组互评</td><td>20%</td></tr>
<tr><td>操作的准确率和效率</td><td rowspan="2">60%</td></tr>
<tr><td>教师评价</td></tr>
<tr><td rowspan="2">5</td><td rowspan="2">计算证券投资收益</td><td>计算步骤</td><td>70%</td><td rowspan="2">15</td></tr>
<tr><td>计算结果正误</td><td>30%</td></tr>
<tr><td rowspan="4">6</td><td rowspan="4">运用基本面和技术面进行证券投资分析</td><td>个人自评</td><td>20%</td><td rowspan="4">25</td></tr>
<tr><td>小组互评</td><td>20%</td></tr>
<tr><td>分析手段的运用的全面性和合理性</td><td rowspan="2">60%</td></tr>
<tr><td>教师评价</td></tr>
<tr><td rowspan="4">7</td><td rowspan="4">操作证券衍生品</td><td>个人自评</td><td>20%</td><td rowspan="4">10</td></tr>
<tr><td>小组互评</td><td>20%</td></tr>
<tr><td>操作的准确率和效率</td><td rowspan="2">60%</td></tr>
<tr><td>教师评价</td></tr>
<tr><td></td><td>平时总评</td><td colspan="4">100</td></tr>
<tr><td rowspan="3">期末考评50%</td><td>1</td><td colspan="4">上机操作、完成项目</td><td>50</td></tr>
<tr><td>2</td><td colspan="4">闭卷考试</td><td>50</td></tr>
<tr><td></td><td>期末总评</td><td colspan="4">100</td></tr>
<tr><td colspan="3">课程总评</td><td colspan="4">平时考评 50% + 期末考评 50%</td></tr>
</table>

“证券投资分析”课程标准

一、课程定位

本课程是投资与理财专业的一门职业能力核心课程，是一门理论与实践相结合，并且以实践为主的一体化课程。其目标是通过仿真工作任务，让学生掌握有价证券的投资价值分析与估值方法，证券投资的基本面分析、技术分析以及证券投资的组合策略，并运用它们来指导证券投资的实践活动，以训练学生职业技能。通过学习本课程，能够让学生亲身体验到进行证券投资的乐趣，激发学生今后从事证券投资和金融理财工作的兴趣，也为以后完成真实工作任务和岗位工作职责打下基础。本课程以“经济学基础”、“金融学基础”、“财会会计基础”、“公司理财”、“期货与期权”和“证券投资实务”等课程为先修课程，是进一步学习“个人理财”、“公司理财”、顶岗实习和毕业设计等课程的基础。

二、课程目标

通过学习本课程，学生能够在具体的实际工作过程中综合运用证券投资分析的基本理论，根据宏观经济和政策环境、行业环境以及上市公司财务数据等资料，分析股市的总体趋势、市场热点和个股走势，实时解读大盘，并根据不同的市场趋势，选择合理适当的证券买卖策略。通过模拟的交易训练和交易大赛，树立其证券投资风险意识，能根据不同投资者的风险偏好，给出不同的证券投资组合策略建议。逐步建立敏锐的宏观经济、金融运行观察力、理财意识、风险意识和稳健守法等职业意识。

职业能力培养目标：

1. 能运用恰当的方法对有价证券投资价值进行分析与估值；
2. 能全面把握和灵活运用证券投资分析的各种基本理论和技术指标；
3. 能熟练操作证券行情软件并获取相关证券市场行情信息；
4. 能根据宏观经济环境和政策环境研判股市总体走势，实时解读大盘；
5. 能对市场热点进行科学的分析和研判；
6. 能熟练运用分析软件获取上市公司相关数据并对个股走势进行科学分析和研判；
7. 能熟练运用各种股市走势下的买进和卖出策略完成证券买卖操作；
8. 具备较强的风险意识，掌握风险防控技术；

9. 能熟练运用证券投资组合技术；
10. 能针对持不同风险态度的投资者给出恰当的证券投资组合建议；
11. 能较好地适应监管要求。

三、设计思路

本课程的总体设计思路，是以实际的工作任务为引领，以证券投资分析为主线，以训练学生从事岗位业务的基本技能为主要目标，通过合作企业走进校园，针对实际情况和证券投资业务流程开展课程的开发与设计，自始至终贯彻基于证券经纪工作过程的思想来开发课程，以仿真的证券投资业务及其过程为基础组织整个教学内容和各个教学环节。

本课程立足于学生职业能力培养，对课程内容的选取以工作任务和岗位能力的需要进行设计。打破传统的以教师和课堂为中心的传统教学组织形式，学习过程即工作过程，将学生角色转化为证券投资者、证券经纪人、客户经理和理财经理，工作过程即学习过程，教师转化为工作和学习过程的指导者，促进学生的自主学习与提升。本课程的设计以完成证券经纪岗位工作任务作为导向，将证券经纪岗位工作涉及到的各项业务和所需能力分解成若干工作项目，具体包括：证券投资分析基础和准备、证券投资的基本分析、证券市场的技术分析、证券投资的实时解盘、证券投资风险与证券资产组合五个工作项目。在教学方法上，充分利用校内教学资源和校外实训基地，使课堂教学和课外教学紧密结合，将教、学、做融为一体，提高学生的职业技能，塑造守法、稳健、诚信的职业意识。

本课程围绕证券经纪职业（客户经理、理财经理）岗位的需要来开展教学，教学内容的安排紧密围绕工作内容及职业综合能力的形成展开，教学行情软件系统应完全是真实的、即时的，证券投资活动完全依托于我国及全球证券市场的经济和金融的真实环境，模拟炒股软件是仿真的并完全依托于真实的行情数据，学生上课应在证券业务实训室、证券资讯中心、项目工作室、金融项目中心等场所，每位同学都应配有独立的可上网的电脑，供其操作行情系统、模拟委托系统和进行投资分析，学生的学习应在一种接近真实的工作任务、工作流程、工作软件以及各种信息的数据的氛围中进行，充分体现本课程的职业性。

四、课时分配

表 2－8　　课程任务划分与课时分配表

序号	课程项目	课程模块	课时分配	
1	证券投资分析基础与准备	证券投资分析的主要方法与策略	2	8
		获取证券投资分析的信息	2	
		有价证券的估值	4	

续表

序号	课程项目	课程模块	课时分配	
2	证券投资的基本分析	宏观经济分析	6	18
		行业经济分析	6	
		公司分析	6	
3	证券投资的技术分析	运用 K 线理论进行证券投资技术分析	4	20
		运用切线理论进行证券投资技术分析	2	
		运用形态理论进行证券投资技术分析	4	
		运用波形理论进行证券投资技术分析	2	
		运用量价关系理论进行证券投资技术分析	2	
		运用技术指标进行证券投资技术分析	6	
4	证券投资的实时解盘	对大盘走势进行解读	6	16
		对个股走势进行解读	10	
5	证券投资风险与证券资产组合	证券组合分析	4	10
		资本资产定价模型	4	
		套利定价模型	2	
总计				72

五、教学内容

表 2－9　　　　课程教学内容与教学要求

序号	课程项目	知识内容和要求	技能内容和要求
1	证券投资分析基础与准备	• 了解证券投资分析的含义和目标 • 了解证券投资分析理论的发展与演变 • 熟悉证券投资分析信息来源渠道 • 熟悉金融衍生工具的投资价值分析方法 • 熟悉证券投资流程 • 掌握证券投资分析的主要方法和策略 • 掌握债券、股票的估值方法	• 能够熟练通过互联网和炒股软件了解证券市场信息 • 能熟练操作一款主流炒股软件 • 能在仿真环境下进行股票投资开户 • 能运用各种证券投资方法和策略 • 能运用恰当的方法对债券、股票以及金融衍生工具估值

续表

序号	课程项目	知识内容和要求	技能内容和要求
2	证券投资的基本分析	• 了解各种财政政策和货币政策工具 • 了解行业分类的方法 • 了解杜邦财务分析法 • 了解公司财务状况综合分析的方法 • 熟悉宏观经济政策对证券市场的影响 • 熟悉证券市场各参与主体（央行、证监会、上市公司、投资者）的行为活动和心理预期 • 熟悉证券市场的供求关系 • 熟悉影响行业兴衰的主要因素 • 掌握行业分析的主要方法 • 掌握公司的基本分析 • 掌握公司的资产负债表、利润表和现金流量表 • 掌握上市公司偿债能力、营运能力分析的主要指标 • 掌握行业的市场结构 • 掌握行业的竞争结构与生命周期	• 能通过报纸、电视和互联网等各种媒体了解当今经济形势 • 能熟练通过互联网等媒体了解当前宏观经济政策 • 能对了解到的各种信息进行分析、整理，形成自己对当今经济形势、政策的看法和观点 • 能预测宏观经济环境和政策的变化趋势，能分析宏观经济政策对证券市场的影响 • 能通过宏观经济分析对股市的整体走势进行研判，并能对客户提出有针对性的投资建议 • 能熟练使用证券基本分析软件——每日综合涨跌幅度排名榜 • 能通过互联网等媒体了解国家的产业政策 • 能对证券投资行业行情进行分析、研判 • 能对行业热点板块的政策背景及市场背景进行分析 • 能对板块涨跌幅进行分析 • 能对上市公司的产品结构和竞争力进行分析 • 能利用上市公司财务数据进行分析 • 能熟练利用分析软件 F10 阅读个股研究报告摘要 • 能熟练运用股东榜进行研判 • 能综合运用各种信息、理论和方法对个股价值进行研判 • 能对根据客户的类型、需要提出具有建设性的证券投资建议
3	证券投资的技术分析	• 了解技术分析的基本假设与要素 • 熟悉道氏理论的基本原理及应用 • 熟悉证券市场的趋势分析 • 熟悉趋势线、轨道线的画法和应用技巧 • 熟悉波形理论的基本原理及应用	• 能熟练运用炒股软件进行证券的投资买卖 • 会运用 K 线形态和成交量分析股市总体趋势和个股走势 • 会运用 K 线形态和成交量分析个股走势

续表

序号	课程项目	知识内容和要求	技能内容和要求
3	证券投资的技术分析	• 掌握K线图及其组合的形态和应用 • 掌握支撑线、压力线的作用与相互转化 • 掌握反转突破的各种形态及特点和预测原理 • 掌握持续整理形态的各种形态及特点和预测原理 • 掌握MA和MACD趋势型指标的计算、特点以及组合应用 • 掌握WMS、KDJ、RSI和BIAS超买超卖型指标的计算和应用法则 • 掌握PSY和OBV人气型指标的计算及应用法则 • 掌握ADL、ADR和OBOS大势型指标的计算和应用法则	• 能熟练运用支撑线、压力线、趋势线和轨道线分析股市总体趋势和个股走势 • 能正确地识别股市所处的形态并对以后的走势做出判断 • 能正确识别股市的浪结构并熟练运用它对股市走势进行研判 • 能熟练、综合运用各种技术指标对个股买卖进行研判 • 能独立对股市大盘、个股进行分析，并做出投资决策
4	证券投资的实时解盘	• 了解当日主要的财经新闻 • 了解全国的经济形势和经济政策 • 了解全球的经济形势 • 熟悉股票价格指数 • 熟悉股票价格指数的走势特征 • 掌握股票价格指数的形态与重要技术指标 • 掌握证券基本分析、技术分析以及各种技术分析理论和指标之间的关系	• 能分析当日财经新闻对股市的影响 • 能对股市的每周大盘进行解盘 • 能分析市场的热点变化 • 能对股市走势进行预测 • 能综合运用各种技术分析理论和技术分析指标对个股的变化趋势进行解读 • 能综合运用多种技术分析手段把握股票买卖的时机
5	证券投资风险与证券资产组合	• 了解证券投资的风险与防范 • 了解套利定价模型 • 熟悉K线形态分析、成交量分析 • 熟悉证券投资组合理论 • 熟悉不同风险态度下的证券投资组合 • 掌握资本资产定价模型 • 掌握各种股市下，股票买卖的操作策略	• 能熟练操作现实市场中的各种风险防控工具，运用各种风险防控方法 • 能对市场总体趋势和个股的局部走势做出判断 • 能针对不同的股市选择适当的操作策略 • 能针对不同的态度选择适当的证券投资组合 • 能针对持不同风险态度的投资者提出合理的投资建议

六、教学条件

（一）教师任职条件

1. 专任教师。

（1）具有证券公司或金融机构工作经历，熟悉证券市场行情分析方法。

（2）能够熟练操作炒股软件，示范操作证券交易。

（3）能够指导学生开展证券投资、理财服务。

（4）熟知与本课程相关的经济、金融、统计分析等方面知识，能讲授本课程的业务知识。

2. 兼职教师。

（1）证券公司等金融机构的客户经理、理财经理或大堂经理。

（2）证券公司等金融机构内部培训讲师、管理人员。

（3）实践经验丰富的证券分析师。

3. 兼课老师。

（1）具有高校教师资格；

（2）具有本科以上学历；

（3）具有本课程或相关课程教学经验，或具有一定的本专业实践经验或企业工作经历；

（4）具备本专业或相关专业双师素质；

（5）熟知与本课程相关的经济、金融、统计分析等方面知识，能讲授本课程的业务知识。

（二）实践教学条件

1. 配备与本课程教学内容配套的证券投资业务实训室，实训室配备可供全班学生同时使用的电脑和教师机，并配有如钱龙、世华等专门针对高校开发的金融教学系统，使之具备现场教学、实验实训的功能，实现教学与实训合一、教学考证合一，满足“教、学、做”一体化的要求。

2. 配有证券交易模拟实训软件、模拟证券营业部拥有柜员终端、证券交易平台、证券行情平台。

3. 配有课程教学资源网站，搭建远程教育平台，完善网上在线辅导系统，为学生提供随时随地的学习、交流平台。

4. 配备证券经纪业务操作规范手册，包括《证券法》、《证券经纪人管理暂行条例》、《证券公司监督管理条例》、《证券投资顾问业务暂行规定》等。

七、教学方法与手段

1. 在教学过程中，应立足于加强学生对证券市场实际分析能力的培养，采用项目教学，以工作任务引领提高学生学习和参与兴趣，激发学生的成就动机。

2. 本课程教学的关键是学生能综合运用证券投资分析的基本理论和反映证券市场趋势的指标对股市的趋势作出科学的分析判断，能对股市大盘进行实时解盘，能针对不同的股市总体趋势选择合适的证券买卖操作策略，能对持不同风险态度的投资者给出中肯的投资组合建议。以学生的证券账户收益率和模拟工作过程中客户的满意程度作为评价的主要依据。在教学过程中，企业教师演示和学生分组讨论、训练互动，学生提问与教师解答、指导有机结合，让学生在“工作”与“学习”过程中提高职业能力。

3. 应用多媒体、投影等教学资源辅助教学，帮助学生熟练证券投资软件的操作及在行情分析中的运用。

4. 教学过程中充分利用“案例教学法”，以实际典型的案例分析股市的走势，增强教学的真实感，加深证券技术分析理论、指标的理解，并学会在现实中灵活运用。

5. 在教学过程中，要重视本专业领域业务发展趋势和行业发展前景，贴近市场，为学生提供职业生涯发展的空间，努力培养学生参与社会实践的创新精神和职业能力。

6. 教学过程中教师应积极引导学生提升职业素养，提高职业道德。

八、检查评价

本课程考核突破传统以期末考试加平时成绩的考核方法，采用过程评价与目标评价相结合，理论与实践一体化考核的评价模式。结合平时课堂提问、作业、案例分析讨论、仿真工作任务、技能竞赛等进行综合评价。注重学生动手能力和实践中分析问题、解决问题能力的考核，做到全面综合评价学生能力。

表 2－10　　课程具体考核评价表

<table>
<tr><td rowspan="7">平时考评 50%</td><td>序号</td><td>典型工作任务</td><td colspan="2">评价方式</td><td>评价标准</td><td>分值</td></tr>
<tr><td rowspan="3">1</td><td rowspan="3">证券投资分析基础与准备</td><td>个人自评</td><td>20%</td><td rowspan="6">评价学生完成任务过程中的执行情况，完成相关任务效果，小组协作能力，交流沟通能力，自主解决问题能力</td><td rowspan="3">10</td></tr>
<tr><td>小组评价</td><td>20%</td></tr>
<tr><td>教师评价</td><td>60%</td></tr>
<tr><td rowspan="3">2</td><td rowspan="3">证券投资的基本分析</td><td>个人自评</td><td>20%</td><td rowspan="3">20</td></tr>
<tr><td>小组评价</td><td>20%</td></tr>
<tr><td>教师评价</td><td>60%</td></tr>
</table>

续表

<table>
<tr><td rowspan="11">平时考评 50%</td><td>序号</td><td>典型工作任务</td><td colspan="2">评价方式</td><td>评价标准</td><td>分值</td></tr>
<tr><td rowspan="3">3</td><td rowspan="3">证券投资的技术分析</td><td>个人自评</td><td>20%</td><td rowspan="9"></td><td rowspan="3">35</td></tr>
<tr><td>小组评价</td><td>20%</td></tr>
<tr><td>教师评价</td><td>60%</td></tr>
<tr><td rowspan="3">4</td><td rowspan="3">实时解盘</td><td>个人自评</td><td>20%</td><td rowspan="3">25</td></tr>
<tr><td>小组评价</td><td>20%</td></tr>
<tr><td>教师评价</td><td>60%</td></tr>
<tr><td rowspan="3">5</td><td rowspan="3">证券投资风险和证券资产组合</td><td>个人自评</td><td>20%</td><td rowspan="3">10</td></tr>
<tr><td>小组评价</td><td>20%</td></tr>
<tr><td>教师评价</td><td>60%</td></tr>
<tr><td colspan="2">平时总评</td><td colspan="4">100</td></tr>
<tr><td rowspan="3">期末考评 50%</td><td>1</td><td colspan="4">模拟交易比赛</td><td>50</td></tr>
<tr><td>2</td><td colspan="4">仿真工作任务</td><td>50</td></tr>
<tr><td colspan="2">期末总评</td><td colspan="4">100</td></tr>
<tr><td colspan="3">课程总评</td><td colspan="4">平时考评 50% + 期末考评 50%</td></tr>
</table>

“证券投资基金”课程标准

一、课程定位

本课程是投资与理财专业的一门职业能力核心课程、必修课程，是一门理论与实践相结合的一体化课程。本课程是以证券公司、商业银行、保险公司等金融机构客户理财岗位群典型工作任务需要为依据设置，通过仿真工作任务，让学生掌握有关证券投资基金的基本知识、运作实务以及与基金投资管理有关的投资实务方面的知识和技能，熟悉有关法律法规、自律规则的基本要求。本课程以“经济学基础”、“金融学基础”、“会计基础”和“证券投资实务”等课程为先修课程，是进一步学习“证券投资分析”、“公司理财”和“个人理财”、“金融营销实务”等课程的基础。

二、课程目标

该课程具有专业性强、涉及面广、可操作性强的特点，它有别于专业基础课程，是基于实践而设置的，具有较强的应用性、实务性的课程。因此，本课程的教学目标在于通过本课程的学习，使学生比较广泛、系统地认识和掌握证券投资基金的基础知识和管理方法、基本分析方法，以及证券投资基金方面的法律、法规和制度。培养和提高学生正确分析和解决在证券投资基金运作、管理过程可能遇到的相关问题的基本能力，为更好地学习本专业其他课程奠定基础。

职业能力培养目标：

1. 掌握基金的概念、特点与作用；
2. 能区分基金与其他金融工具；
3. 能够在投资活动中合理选择基金产品；
4. 熟悉股票基金、债券基金及其他类型基金的投资风险；
5. 能根据投资者的资产状况及风险偏好，合理选择基金类型；
6. 掌握基金管理人和基金托管人在基金运作中的作用、主要业务及特点；
7. 掌握基金的认购渠道、程序、方式和费用；
8. 熟知封闭式基金交易账户的开立、开放式基金申购和赎回的渠道、基金份额登记机构及其职责；

9. 熟知基金产品设计、定价与促销手段和渠道；
10. 熟知基金的估值频率、估值对象、估值原则和估值程序；
11. 熟知基金费用的计提方法和支付方式；
12. 掌握基金收益分配、基金的税收和基金投资者的税收相关规定；
13. 会计算基金收益和基金税负；
14. 熟知基金信息披露的原则；
15. 掌握基金绩效的评价方法。

三、设计思路

本课程按照“工学结合”的要求，以项目导向、任务驱动为思路，结合目前我国证券投资基金发展现状和证券投资基金运作流程、认知规律，设计课程项目框架结构及各课程模块内容。在具体的教学内容设计中有以下考虑，一方面，证券投资基金课程是高职高专层次投资与理财专业职业核心能力课程，理论内容以“必需、够用”为度，强化应用知识及操作技能；另一方面，证券投资基金课程还要注意与证券业从业人员资格考试中“证券投资基金”科目考试要求相衔接，将“证券投资基金”科目考试大纲中要求的知识与技能尽可能融入课程标准中。在具体的教学过程中，要通过校企合作、校内实训基地建设等多种途径，让学生通过实践性教学，事半功倍地接受、理解老师讲授的知识，教学过程跟踪国内外金融市场动态，加强与区域金融机构的交流，让学生对外面的世界、对现实的问题有进一步的感性认识，提高学生分析问题、解决问题的能力和创新能力等，从而提升学生的综合素质。

四、课时分配

表 2－11　　课程任务划分与课时分配表

序号	课程项目	课程模块	课时分配	
1	认知证券投资基金	基金的概念、特点及作用	2	6
		基金市场的参与主体	2	
		基金的法律形式与运作方式	2	
2	明确证券投资基金类型	基金的类型	2	12
		股票基金	2	
		债券基金	2	
		货币市场基金	2	
		交易型开放式指数基金（ETF）	2	
		其他类型基金	2	

续表

序号	课程项目	课程模块	课时分配	
3	管理与托管证券投资基金	基金管理人	4	8
		基金托管人	4	
4	运作证券投资基金	基金的募集与认购	4	22
		基金的交易与申购、赎回	4	
		基金份额的登记	2	
		基金的投资	4	
		基金的估值、费用和会计核算	2	
		基金的利润分配和税收	2	
		基金的信息披露	2	
		基金份额持有人大会	2	
5	营销证券投资基金	基金市场营销	2	12
		基金营销实务	4	
		基金销售的客户服务	4	
		基金销售的风险及其防范	2	
6	分析与评价证券投资基金	基金分析与评价	2	8
		基金公司和基金经理的分析评价	2	
		基金业绩的分析与评价	2	
		基金的评级	2	
7	监管证券投资基金	基金行业的法律法规	2	4
		基金监管的主要内容	2	
总计			72	72

五、教学内容

表 2－12　　课程教学内容及教学要求

序号	项目	知识内容和要求	技能内容和要求
1	认知证券投资基金	• 了解基金业在金融体系中的地位与作用 • 熟悉证券投资基金与股票、债券、银行储蓄存款的区别 • 掌握证券投资基金的概念、特点及参与主体 • 掌握契约型基金与公司型基金的概念与区别 • 掌握封闭式基金与开放式基金的概念与区别	• 能区分证券投资基金与其他金融工具 • 能明确证券投资基金类型 • 能进行证券投资基金基础知识咨询

续表

序号	项目	知识内容和要求	技能内容和要求
2	明确证券投资基金类型	• 了解证券投资基金分类的意义 • 了解混合基金、保本基金、LOF 基金、QDII 基金、分级基金、交易所联接基金等基本概念 • 了解 ETF 的类型、投资风险及其分析方法 • 了解股票基金、债券基金和货币市场基金的投资风险及各自在投资组合中的作用 • 熟悉股票基金、债券基金的分类 • 掌握股票基金的分析方法以及与股票的区别 • 掌握债券基金的分析方法以及与债券的区别 • 掌握货币市场基金的分析方法 • 掌握 ETF 的特点、套利原理	• 会调研我国证券投资基金市场 • 能够在投资活动中合理选择证券投资基金产品 • 能把握各类证券投资基金与不同投资风格的对应关系 • 会为投资者选择适合的基金类型提供咨询服务 • 能根据投资者的资产状况及风险偏好，合理选择基金类型
3	管理与托管证券投资基金	• 了解基金管理人、托管人的市场准入 • 了解基金管理公司、基金托管人的主要业务 • 熟悉基金管理人、托管人的职责 • 掌握基金管理公司治理结构的基本要求	• 能明确基金管理人和基金托管人在基金运作中的作用及主要业务 • 能选择合适的基金管理人和基金托管人
4	运作证券投资基金	• 了解 ETF、LOF 份额的募集认购方式 • 了解基金会计核算的概念 • 了解基金管理人、托管人的税收规定 • 了解基金市场参与主体的信息披露义务和披露规则 • 了解基金合同、招募说明书的主要披露事项及其运用 • 了解基金季度报告、半年度报告、年度报告的主要内容及其应用 • 了解基金信息披露的重大性概念及其标准 • 熟悉封闭式基金和开放式基金的募集程序 • 熟悉封闭式基金上市交易条件、交易账户的开立、交易规则 • 熟悉与基金有关的费用种类以及各种费用的计提标准及计提方式 • 熟悉基金信息披露的分类和基本原则 • 掌握封闭式基金和开放式基金的发售和合同生效的条件 • 掌握开放式基金的认购步骤、收费模式以及基金认购份额的计算方法 • 掌握 ETF、LOF 份额的交易规则、申购和赎回的原则	• 会按规定流程募集基金 • 会为投资提供封闭式基金的交易流程与规则咨询服务 • 能为投资者提供开放式基金的交易流程与规则咨询服务 • 能投资运作证券投资基金 • 能确定基金投资费用 • 能估值基金资产 • 能为投资者提供基金收益与税收咨询服务 • 能为投资者提供基金年报并评价基金表现

续表

序号	项目	知识内容和要求	技能内容和要求
4	运作证券投资基金	• 掌握 QDII 基金申购与赎回的规定 • 掌握基金的投资运作管理目标、实现过程及投资运作的风险控制 • 掌握基金资产估值的概念与方法 • 掌握基金的利润来源以及封闭式基金、开放式基金、货币市场基金利润分配的有关规定	
5	营销证券投资基金	• 了解建立客户关系的主要环节和基本方法 • 了解基金销售客户服务的意义、内容和服务方式 • 熟悉基金的销售渠道 • 熟悉客户投诉的处理方式 • 熟悉基金销售业务的风险种类 • 掌握基金营销的含义、特征及主要内容 • 掌握基金销售的风险防范措施	• 能针对客户设计基金产品，开展基金营销 • 能开展客户销售服务，处理客户投诉 • 会防范基金销售风险
6	分析与评价证券投资基金	• 了解基金分析与评价的目的和意义 • 了解对基金公司和基金经理进行分析评级的考察范围以及考察要点 • 熟悉基金分析与评价的原则 • 熟悉基金简单份额净值增长率、复权份额净值增长率及其他收益率计算指标的概念和含义 • 熟悉基金评级的原理及方法 • 掌握基金风险的类型以及常用的风险调整后收益衡量指标 • 掌握指股票型基金、混合型基金、债券型基金、货币市场基金、指数型基金、封闭式基金、QDII 基金常用的分析指标以及基本分析要点	• 能对基金公司和基金经理进行分析评价 • 能对基金业绩进行分析与评价 • 会针对基金评级情况为客户提供咨询服务
7	监管证券投资基金	• 了解我国基金行业监管的法规体系 • 了解基金监管的含义与作用 • 熟悉基金监管的目标 • 掌握基金监管的原则	• 能自觉遵守基金行业监管的法律法规

六、教学条件

（一）教师任职条件

1. 专任教师。

（1）具有本科以上学历，能胜任本课程教学；

（2）具有双师素质，具有在投资与理财相关工作岗位挂职锻炼或工作经验；

（3）熟悉银行业务或证券业务或保险业务；

（4）能够指导学生采用角色扮演法、情境教学法等进行主要业务演示。

2. 兼职教师。

（1）具有中级以上专业技术职称，从事投资与理财相关岗位工作，能胜任专业教学工作；

（2）证券公司客户经理、投资顾问或营业部经理；

（3）商业银行客户经理或支行行长；

（4）工商企业财务部门经理或总会计师。

3. 兼课教师。

（1）具有本科以上学历，具备本专业或相关专业双师素质；

（2）具有本课程或相关课程教学经验，或专业实践经验或企业工作经历；

（3）熟知与投资与理财专业相关知识，能讲授本课程的业务知识。

（二）实践教学条件

1. “证券投资基金”课程实训主要依托校内仿真实训室中的证券投资业务实训室开展。学生通过角色扮演可以分别从证券投资基金管理人、投资人、营销人角色实习证券组合投资、投资业绩分析、基金产品营销。证券投资基金课程实习也要立足本地，兼顾省外其他地区开发校外实习基地，满足专业学生校外顶岗实习需要。

2. 证券投资业务实训室应配置有金融资讯分析软件、证券模拟交易软件等满足证券投资基金课程实训的展开，硬件建设上基本要达到配有足量的计算机分配给学生使用，网络系统能够通过宽带连接到公共网络，接收到及时、准确的金融资讯。

3. 证券投资基金课程实训主要是从证券投资基金管理人、投资人、营销人角色完成证券组合投资、投资业绩分析、基金产品营销等模块的实习，主要项目包括模拟证券投资基金建仓、组合分析、调仓、信息披露、清算；模拟证券投资基金申购、交易、赎回；模拟证券投资基金的营销和服务等。实训资料应包括配套完成以上实习内容的实训指导书、案例集、操作流程图集和学生实训手册等。

七、教学方法与手段

（一）教学方法

本课程教学方法主要包括六步教学法、直观教学法、角色扮演法、案例教学法进行教学。

1. 六步教学法，将教学组织分为明确任务、教学准备、教学设计、教学实施、教学检查、教学评价六步。以学生为主体进行完成相关工作任务的知识、技能、准备等信息搜集，制定课程教学方案，并准备各项教学资料。教学实施过程中，教师应着重指导学生按照规范化的要求和投资理财工作流程实施模拟工作过程，并以“过程+结果”的方式进行课程考核。六步教学法可以作为本课程主要的课程教学组织方法，每个完整的学习子情境的教学都可以采用六步教学法进行课堂组织，实现以学生为主体的理实一体化教学。

2. 角色扮演法。划分学习小组，每小组指定不同人员分别扮演投资人、管理人、托管人、销售人等角色，模拟证券组合投资、投资业绩分析、基金产品营销过程，使学生体验不同角色的岗位任务和岗位职责。分岗进行模拟实训时采用角色扮演法，使学生真切体验与证券投资基金相关业务工作过程。

3. 案例教学法。以实际案例办理为例讲解证券投资基金业务办理的相关法律法规规定及业务办理流程，增强教学的真实感和指导性。投资理财岗位中有关证券投资基金的内容采用案例教学法进行教学。

4. 直观教学法。通过教师演示、观看实际操作录像等直观的方法演示工作过程，进行操作示范。证券投资基金建仓、组合分析、调仓、信息披露、清算；证券投资基金申购、交易、赎回；证券投资基金的营销和服务等技能示范均可采用直观教学法。

（二）教学手段

1. 充分利用多媒体教学进行教学，结合电子课件、投影、视频、音频、多媒体资源进行教学。

2. 充分利用网络进行教学，教师可以进行仿真业务设计及学生可以进行投资理财业务仿真训练等。

八、检查评价

课程学业成绩由平时考核和期末考核两部分组成，平时考核内容可以包括实训项目操作考核，研究报告分析考核，基金业绩评价考核，基金产品营销考核等“工作业绩”考核。最终“总成绩=平时考评成绩×50%+期末考评成绩×50%”。其中，期末考核成绩建议可以考虑选择证券从业资格考试《证券投资基金》考试成绩作为期末成绩。

“保险实务”课程标准

一、课程定位

本课程是投资与理财专业的必修课程，是职业能力核心课程。本课程的学习重点在于使学生对保险基础知识、保险基本业务以及保险市场基本运行方式有较全面的认识和了解，能够通过相关职业资格考试，取得从业资格，并在此基础上培养学生的实务操作技能，使学生具备从事保险行业工作的职业能力和素养，为将来走向工作岗位奠定坚实的基础。

本课程的先修课程是“金融学基础”、“经济学基础”、“经济法基础”等课程，同时，本课程是“个人理财”、“金融营销实务”、“毕业设计”、“顶岗实习”等后续课程的学习基础。

二、课程目标

通过本课程的学习，首先要求学生能掌握保险业务的基本理论知识和专业基本技能，对保险有比较全面的认识和了解，熟悉保险经营的基本环节和保险市场的运作，具备分析和解决现实问题的能力；其次兼顾学生职业态度和职业道德的养成教育，通过学习培养学生良好的职业素养，具备从业的基本素质。

职业能力培养目标：

1. 准确掌握保险基础理论知识，熟悉保险市场运作基本规则。

2. 掌握保险合同订立、变更、终止的相关知识，能够专业解读保险合同，了解处理合同纠纷的方法和技巧。

3. 熟悉人身保险与财产保险的各种主要险种，了解当前市场上的主要保险产品。

4. 能够专业分析保险产品，为客户量身定制保险投保方案，掌握保险理财的方法和技巧。

5. 掌握保险各业务环节的实际操作方法和注意事项，具备保险业务操作能力。

6. 掌握保险公司经营管理的基本知识，了解各类保险中介的工作内容和职业要求。

7. 熟悉保险相关法律法规，能够自觉遵守规定，合规开展各项保险活动及办理各种保险业务。

8. 能做到理论联系实际，将保险专业基础知识融于保险实务操作之中。

9. 具备就业所需的与保险代理人、保险经纪人、保险公估人等从业资格考试相关的保险基础理论知识与实践技能。

10. 具备良好的职业素养，树立正确的职业心态，养成团结合作、敬业奉献、诚实守信的职业素质，培养较强的社会适应能力和组织协调能力。

三、设计思路

本课程总体设计思路是以学生就业为导向，以实际工作需求为引领，以职业能力培养为重点，以行业专家为指导，以实训任务为载体，兼顾保险从业资格考试相关科目的知识与技能要求，充分利用学校和企业资源，与行业企业合作进行课程设计和开发，利用课堂理论教学和仿真工作模拟相结合的手段，让学生在完成教学任务的过程中自我建构知识、技能、态度和经验，并为学生可持续发展奠定良好的基础。在教学中本课程采用项目化、模块化的教学设计，融知识于完成任务的过程中，使课堂教学的进程由“项目工作任务”来引领，而非教师的讲授来推进。在实践训练中，建议通过建设仿真校内实训室在校内营造出仿真的工作场景，学生角色扮演完成工作任务，进行模拟操作练习，并安排学生到校外实习基地现场观摩和实习，同时经常邀请保险机构一线专家到校指导学生，带领学生参与真实的工作过程，感受真实的工作氛围。在考核中，兼顾理论考核与实践考核，从学生对基础知识的掌握程度、分析解决问题的能力、学习工作态度、职业发展创新能力等多方面进行综合评定。

四、课时分配

表 2－13　　课程任务划分与课时分配表

序号	课程项目	课程模块	课时分配	
1	保险从业准备	认识风险	2	8
		初识保险	4	
		了解保险从业要求	2	
2	保险合同的处理	了解保险合同的基本条款	4	10
		解读保险合同的基本原则	2	
		订立、变更和终止保险合同	2	
		处理保险合同争议	2	
3	保险产品价格的计算	计算保险费率	4	8
		提存保险准备金	4	
4	保险产品分析	分析人身保险产品	6	14
		分析财产保险产品	8	

续表

序号	课程项目	课程模块	课时分配	
5	保险理财规划	风险分析及保险产品的选择搭配	4	10
		制定保险理财规划书	6	
6	保险业务经营	开展保险营销活动	2	18
		经营保险承保与核保业务	4	
		经营保险理赔业务	2	
		经营保险保全业务	4	
		经营再保险业务	4	
		运用保险资金	2	
7	保险市场监管	了解保险市场	2	4
		了解保险中介	1	
		了解保险监管	1	
总计				72

五、教学内容

表 2－14　　课程教学内容与教学要求

序号	项目	知识内容及要求	技能内容及要求
1	保险从业准备	• 了解风险的概念、特征、构成要素、种类 • 掌握风险管理的概念、目标、基本程序、主要方法 • 了解保险产生和发展的历史 • 掌握保险的概念、特征、职能、分类、作用 • 掌握保险从业的职业要求和素质养成	• 能进行风险识别 • 能利用风险管理的主要方法处理风险 • 能结合实际案例提出相应的风险管理建议 • 能辨析保险与类似制度的异同 • 能对保险误区的正确性进行辨析 • 具备保险从业的职业素质
2	保险合同的处理	• 掌握保险合同对主体、客体的要求 • 掌握保险合同的主要条款内容 • 理解保险合同的基本原则 • 掌握保险合同的订立、生效事项 • 掌握保险合同变更的范围和条件 • 掌握保险合同终止的形式和条件 • 掌握保险合同的争议处理原则和处	• 能较好地利用保险合同的标准条款分析保险事故 • 能准确利用保险合同的基本原则分析保险事故 • 能按照损失补偿原则要求计算保险赔款 • 能准确填制保险合同 • 能准确处理保险合同的订立、生效、履

续表

序号	项目	知识内容及要求	技能内容及要求
2	保险合同的处理	理方式	行、变更和终止事项 • 能正确解释保险合同涉及的专业术语 • 能较好利用各种方法处理保险合同纠纷
3	保险产品价格的计算	• 了解保险与概率的基本知识 • 掌握保险费率厘定的计算原则和方法 • 掌握非寿险责任准备金的类型及提存 • 掌握寿险责任准备金的类型及提存	• 能利用保险费率厘定的基本原理和方法简单计算保险费率 • 能进行非寿险和寿险责任准备金的计算和提存
4	保险产品分析	• 掌握人身保险的含义、特点、种类与作用 • 掌握人寿保险、健康保险、人身意外伤害保险的含义、特征、险种、标准条款及特殊条款 • 掌握财产保险的含义、特点、种类与作用 • 掌握企业财产保险、家庭财产保险、机动车辆保险、货物运输保险、责任保险、信用保证保险等险种的概念、特征、主要内容、赔偿处理等基本知识 • 掌握团体保险的基础知识 • 掌握保险产品比较分析的基本方法和原则	• 能对人身保险主要险种的特点、适用人群、适用情况等进行熟练分析 • 能对财产保险主要险种的特点、适用人群、适用情况等进行熟练分析 • 能为客户进行各险种的详细讲解，帮助客户理解各险种的情况
5	保险理财规划	• 掌握家庭和企业面临的风险类型及特点 • 了解保险理财规划的步骤 • 了解保险理财产品的类型及分析方法 • 掌握保险理财产品的选择技巧 • 掌握保险理财规划书的制作要求	• 能根据对家庭和企业面临风险的分析确定其保险需求 • 能为客户量身定制保险理财产品的搭配组合 • 能熟练地为客户制作保险理财规划书
6	保险业务经营	• 掌握投保的流程及业务处理技巧 • 掌握保险营销的方法及技巧 • 掌握核保和承保的流程及业务处理技巧 • 掌握保险索赔和理赔的流程及业务	• 能熟练指导客户填写投保书 • 能通过各种途径开拓保险客户并能对客户进行有效管理 • 能对客户资料进行有效审查并进行核保处理

续表

序号	项目	知识内容及要求	技能内容及要求
6	保险业务经营	处理技巧 • 掌握保险保全业务的流程及处理技巧 • 了解再保险的业务内容及要求 • 了解保险资金的运作原则、途径及相关要求	• 能办理保险的承保业务 • 能熟练处理客户索赔申请 • 能熟练办理理赔业务 • 能正确处理客户的报怨和投诉并准确处理保单保全的各项业务 • 能为客户提供各项附加服务
7	保险市场监管	• 了解保险市场及其分类 • 了解保险市场的发展 • 熟悉保险代理、保险经纪、保险公估业务的运作 • 掌握保险监管的含义、目标、体系、方式与主要内容	• 能对保险市场供求情况进行分析 • 能对中外保险市场进行正确分析 • 能区分保险代理人和保险经纪人 • 能结合案例较好的理解保险市场监管的必要性、方式和内容

六、教学条件

（一）教师任职条件

1. 专任教师。

（1）具有本科及以上学历，具备高校教师资格；

（2）热爱教育事业、关爱学生、师德师风高尚、能够团结合作、敬业爱岗；

（3）保险基础知识扎实，业务操作能力强；

（4）具有保险业务岗位工作的背景或在保险公司顶岗锻炼的经历，熟悉保险各业务环节的操作流程和处理技巧；

（5）能够示范操作保险业务办理工作过程，并指导学生进行保险业务的演练。

2. 兼职教师。

（1）热爱教育事业，愿意从事教学指导工作；

（2）保险公司的业务能手，业务操作能力强，实践经验丰富，在保险相关岗位工作 3 年以上；

（3）能进行保险业务办理的示范教学，能带领学生进行业务模拟操作，并能指导学生顶岗实习，完成真实工作任务。

3. 兼课教师。

（1）具有本科及以上学历，具备高校教师资格；

（2）热爱教育事业、敬业爱岗，具有从教经验；

（3）熟知与本课程相关的经济、金融等方面的知识；

（4）能够示范操作保险业务办理工作过程，并指导学生进行保险业务的演练。

（二）实践教学条件

1. 建议建设相关业务模拟实训室，模拟保险业务办理或营销工作场景，安装专业的保险业务模拟操作软件平台，使其能够胜任保险业务实训内容。

2. 具备保险实训所需的硬件和软件要求，备有相关耗材，能同时容纳一个教学班进行“教、学、做”一体化教学和真实场景模拟实训，让学生在工作中完成教学和实训任务。

3. 备有保险业务模拟操作资料，包括《人身保险业务实训指导书》、《财产保险业务实训指导书》、《人身保险业务案例集》、《财产保险业务案例集》、《保险法》、《保险业务操作流程图集》、《学生实训手册》等。

七、教学方法与手段

（一）教学方法

本课程可根据教学内容的特点将课堂教学搬到校内外实训基地进行，实现“教、学、做”一体化和工学交替，增强学生的感性认识和动手能力，形成寓学习于情景教学的模式。

1. 小组讨论法。小组讨论式教学法是学生在教师的指导下，分成若干小组，就教材中的基础知识或疑难问题，或学科中有争议的学术问题，在独立思考、研究的基础上，进行讨论和辩论，然后由小组代表向全班总结汇报。这种教学方法有利于发挥学生的学习主动性，同时也有利于学生实现由掌握知识向发展能力的转化。

2. “课证结合”教学法。组建学生能力考核与评价体系，突出职业能力培养的目标。以相关技能考核为主，以行业资格认证考核为辅，在培养过程中，鼓励学生积极报考保险代理人考试，上课时可将这些考核内容贯穿到教学中去。

3. 分角色体验法。按照保险业务的岗位设置，让学生分别承担客户、保险代理人、保险核保人员、保险理赔人员、保险后勤人员等岗位角色，练习保险产品销售、保险单证填制、保险核保、理赔等业务。通过分角色体验法，让学生进一步提高对各工作岗位的认识，熟悉各岗位的工作职责，提高岗位责任感。

5. 案例分析法。案例分析能够较好地引导课程内容的展开，激发学生的学习兴趣、较好地促进学生的思考，加深对保险业务的理解；通过违法案例的警示作用，也能够较好地提升学生的自律意识和风险意识。

6. 技能竞赛法。将学生应该掌握的专业技能对应设计相应的竞赛活动，让学生在竞赛过程中巩固已学过的知识和技能，提高教学质量，充分挖掘学生的创造能力，并且能够通过竞赛培养学生的整合意识、参与意识和竞争意识。

（二）教学手段

1. 多媒体教学手段。制作精美的电子课件，搜集大量的相关视频、音频等多媒体资源。

可以通过多媒体演示教学内容、展示保险业务案例，可以播放保险业务办理流程和典型范例，还可以宣传相关法律法规，调动学生的积极性，课堂互动效果好。

2. 实训模拟教学手段。为学生通过仿真操作保险业务提供技术支持和设备支持。本课程可在配备有多媒体设备的实训室进行教学，教师应能够熟练制作多媒体课件和操作模拟系统，使现代化的教学手段贯穿课程教学的始终。

3. 网络教学手段。通过网络课程平台可以引导学生自主学习，在课余时间与学生及时沟通，解答学生学习中的各种问题，帮助学生在巩固复习已学知识的基础上，拓展专业知识，提升专业素养。网络课程可以包括网络课件、课程资源、教学录像、教学案例、课程作业、课程考试、师生交流、班级互动、问题答疑、实训指导及模拟业务系统下载、新闻通知、特色资源、教学队伍介绍、国内外主流财经网站链接、从业资格考试信息、就业信息等，网络课程内容定期更新，在校园内外均可登录，为学生提供一个广阔的学习、操作、交流的平台。

八、检查评价

本课程可采用几种考核方式相结合，综合考核评价学生。

1. 闭卷书面考试：本课程虽然以能力培养为主要目的，但如果考虑学生考从业资格证的需求，仍然保留一部分闭卷书面考试，考试可主要以从业资格考试的要求为参考，帮助学生巩固理论知识，提高从业资格考试的应试能力和通过率。

2. 实训操作考核：根据学生的出勤和实训学习态度、完成的实训报告及各项操作的质量、小组的团队配合、个人创新能力的体现等多方面综合评定。

3. 最后可综合卷面成绩（50%）、实训情况（20%）、课堂表现（10%）、平时作业（10%）及职业资格考试（10%）情况，综合评价学生成绩。

"公司理财"课程标准

一、课程定位

该课程是投资与理财专业的必修课，是本专业的职业能力核心课程。本课程以公司财务管理岗位典型工作任务为依据设置，旨在通过课程教学内容的学习与实训，让学生树立财务管理的基本观念，熟悉公司日常理财活动的基本环节，掌握公司财务管理业务的基本操作方法，并能够掌握进行筹资管理、投资管理、营运资金管理和收益分配管理的方法和技能，为学生走向工作岗位奠定坚实的专业基础。

本课程以"经济学基础"、"经济法基础"、"会计基础"、"统计学基础"等课程为先修课程，同时是学生进行毕业设计和顶岗实习的基础。

二、课程目标

通过本课程各项目的学习，学生能够在具体的实际工作中综合运用公司理财的基本理论和方法，根据公司自身条件和宏观经济、政策环境情况，正确进行资金的筹集、投放、运用和分配活动，并逐步培养学生对宏观经济环境、政策的观察能力和理解能力，培养理财意识和风险意识，培养学生的职业意识和职业操守。

职业能力培养目标：

1. 能够正确选择公司财务管理目标及协调处理好各种财务关系；
2. 能够分析公司的财务活动和财务关系；
3. 能够分析公司的财务管理环境，帮助财务主管设置公司财务管理机构；
4. 能够正确进行项目投资决策，运用项目投资决策评价指标分析公司项目投资；
5. 能够进行风险价值的衡量；
6. 能够根据公司资金状况进行证券投资，通过证券投资为公司带来收益；
7. 能够对股票、债券等金融资产进行市场估值并做出投资决策，初步分析证券投资组合的收益与风险；
8. 能够根据公司需要筹集的资金，合理选择资金来源，计算单项筹资资金成本和加权平均资金成本，为公司选择最优资本结构；
9. 能够分析公司面临的风险；

10. 能够对公司流动资产进行管理，确定公司现金最佳持有量及最佳存货经济批量，进行存货经济订购量的确定；

11. 能够制定合理有效的信用政策；

12. 能够进行应收账款的日常管理；

13. 能够制定合理有效的股利分配政策，根据法律决定盈余分配顺序，选择合适的股利支付方式和现金股利分配政策；

14. 能够对公司进行正确的财务分析，顺利阅读公司的财务报表，正确计算各种基本财务指标，撰写公司财务分析报告；

15. 能比较敏锐地判断社会经济环境的变化，具有较强的财务风险意识和资金时间价值观念；

16. 能进行一定的统计分析，撰写相关报告，能不断地学习；

17. 能较快适应社会及工作环境，敬业爱岗，积极与他人合作。

三、设计思路

本课程的总体设计思路是以实际工作任务为引领，以公司财务管理为主线，以训练学生从事公司理财业务的基本技能为主要目标，通过合作企业走进校园，针对实际情况和公司财务管理流程进行课程的开发与设计，自始至终贯彻基于公司财务管理工作过程的思想来开发课程，以仿真的公司财务业务为基础组织整个教学内容和各个教学环节。

本课程的设计以完成公司财务管理岗位工作任务为导向，将公司财务管理岗位工作涉及的各项业务和所需能力分解成若干工作项目，具体包括公司财务管理认知、投资管理、筹资管理、流动资产管理、收益分配管理、财务分析六个项目。按照业务操作的流程顺序逐项学习各项业务的操作要点，通过设计情景模拟、角色互换等实训练习，结合真实案例分析，突出对学生职业能力的训练，实现理论与实践的一体化。

四、课时分配

表 2－15　　　　课程任务划分与课时分配表

序号	课程项目	课程模块	课时分配	
1	认识公司理财	公司类型分析	2	12
		分析公司财务活动与财务关系	2	
		选择与协调财务管理目标	2	
		分析财务管理环境	4	
		设置公司财务管理组织机构	2	

续表

序号	课程项目	课程模块	课时分配	
2	投资管理	计算资金时间价值	4	18
		计算项目投资的现金流量	4	
		项目投资决策	4	
		风险投资决策	2	
		证券投资	4	
3	筹资管理	分析筹资方式	2	10
		分析、计算筹资成本	4	
		分析最佳资本结构	2	
		分析公司所面临的风险	2	
4	流动资产管理	管理现金	2	8
		管理应收账款	4	
		管理存货	2	
5	收益分配管理	管理收益	2	6
		管理利润分配	4	
6	财务分析	分析财务报表	6	18
		分析财务指标	6	
		综合分析财务状况	4	
		撰写财务分析报告	2	
总计				72

五、教学内容

表 2－16　　课程教学内容及教学要求

序号	项目	知识内容和要求	技能内容和要求
1	认识公司理财	• 了解公司的类型和不同公司类型的优劣 • 了解公司理财组织机构 • 了解公司财务管理的政治环境、法律环境、经济环境和金融环境 • 熟悉公司财务活动和公司财务关系 • 熟悉公司理财应遵循的原则 • 掌握公司理财目标	• 能够识别不同公司类型的优劣 • 能够分析公司的财务活动 • 能够为公司选择合适的财务管理目标 • 能够分析公司的财务关系 • 能够分析公司的财务管理环境 • 能够帮助财务主管设置公司财务管理机构

续表

序号	项目	知识内容和要求	技能内容和要求
2	投资管理	• 了解股票概念 • 了解债券及货币市场产品的概念 • 熟悉风险的属性及风险理论 • 熟悉项目计算期，资金流入、流出和净现金流的含义 • 熟悉投资组合理论 • 掌握利息和基本年金的计算方法 • 掌握股票估值模型 • 掌握投资回收期、投资收益率、净现值、现值指数、内含报酬率等概念及计算方法 • 掌握收益和风险的计算方法，熟悉风险的属性及风险理论	• 能够计算项目投资的计算期 • 能够分析并计算项目投资的现金流量 • 能够运用项目投资决策评价指标分析公司项目投资 • 能够进行风险价值的衡量 • 能够通过证券投资改善公司的收益性 • 能够对股票、债券等金融资产进行市场估值并做出投资决策 • 能初步分析证券投资组合的收益与风险
3	筹资管理	• 了解资本成本的含义和作用 • 熟悉资金筹集的含义和原则 • 熟悉资金筹集的渠道与方式 • 掌握无差别点法确定最佳资本结构 • 掌握权益资金筹集方式，债务资金筹集方式，短期资金筹集方式 • 掌握资本成本的计算方法及应用 • 掌握经营杠杆、财务杠杆、复合杠杆的含义及其使用	• 能够合理选择资金来源 • 能够计算单项筹资资金成本 • 能够计算加权平均资金成本 • 能够为公司选择最优资本结构 • 能够分析公司面临的风险
4	流动资产管理	• 了解营运资金管理的含义、特点及其分类 • 了解营运资金管理在财务管理环节中的地位 • 了解信用政策的制订 • 理解持有现金的成本 • 理解应收账款成本 • 熟悉现金管理目标 • 熟悉现金的日常管理 • 熟悉应收账款日常管理 • 熟悉存货经济批量和存货日常管理 • 掌握存货成本构成与计算	• 能够确定公司现金最佳持有量及最佳存货经济批量 • 能够进行存货经济订购量的确定 • 能够进行存货的日常管理 • 能够制定合理有效的信用政策 • 能够进行应收账款的日常管理
5	收益分配管理	• 熟悉盈余分配原则和盈余分配程序 • 熟悉股利分配政策 • 掌握股利支付方式 • 掌握除权除息的操作方法	• 能够根据法律决定盈余分配顺序 • 能够选择合适的股利支付方式 • 能够选择合适的现金股利分配政策

续表

序号	项目	知识内容和要求	技能内容和要求
6	财务分析	• 了解财务分析的概念和作用 • 熟悉杜邦分析体系 • 掌握资产负债表、损益表、现金流量表及报表附注的编制及分析方法 • 掌握偿债能力指标、资产管理能力指标和盈利能力指标的计算及其应用 • 掌握财务分析报告的撰写方法	• 能够顺利阅读公司的财务报表 • 能够正确计算各种基本财务指标 • 能够撰写公司财务分析报告

六、教学条件

（一）教师任职条件

1. 专任教师。

（1）具备高校教师资格证；

（2）具有财务管理等岗位实践经历或工作经历，熟悉该岗位的工作流程；

（3）能够指导学生采用角色扮演法、情境教学法进行公司财务管理和分析演示；

（4）具备本专业或相关专业双师素质。

2. 兼职教师。

（1）银行等金融机构理财经理，能进行投资管理、筹资管理等业务技能的示范教学；

（2）其他公司财务、证券事务、资本运营等岗位能手，能进行会计核算、投资分析、资本市场分析，公司投融资、税收筹划等理财活动的示范教学；

（3）具有中级以上专业技术职称。

3. 兼课教师。

（1）具备高校教师资格证；

（2）具有本科以上学历；

（3）具有本课程或相关课程教学经验，或具有一定的本专业实践经验或企业工作经历；

（4）具备本专业或相关专业双师素质；

（5）熟知与本课程相关的经济、金融、统计分析等方面知识，能讲授本课程的业务知识。

（二）实践教学条件

1.《公司理财》课程实训可以依托理财规划业务实训室或金融基本技能实训室进行，也可以单独设立仿真的公司理财实训室。要求实训室配备与实训人数相适应的计算机和 Excel 软件以及实训室必备的相关设施，学生可以利用实训室进行相关的理财业务计算和分析，如投资决策分析、筹资决策分析等。

2. 备有公司理财相应的真实案例库或实训素材库，供学生学习和实训使用。

3. 注重开发校外实践基地，以真实的公司理财环境和业务为背景进行实践锻炼。

七、教学方法与手段

1. 在教学过程中，应立足于加强学生实际操作能力的培养，以任务驱动，采用项目教学法，注重“教、学、做”的有机结合，实现理论与实践一体化教学。

2. 突出案例教学法在教学过程中的应用，结合实例讲解完成工作的具体步骤、理解并应用理论知识与要求。

3. 教学中要创设工作情境，紧密结合职业技能考核要求，加强实际操作训练，提高学生的操作技能，培养学生的岗位适应能力和职业操守。

4. 充分利用多媒体教学手段，利用电子课件、投影、视频、音频、多媒体教学软件等进行教学。其中，有关公司财务管理知识讲解可采用电子课件投影进行教学；有关公司资金筹集业务、项目投资业务、证券投资业务、营运资金业务、收益分配业务的操作可采用视频教学直观演示；有关案例及相关法规宣传等可采用音频、视频教学；师生互动、课堂展示等教学环节可采用多媒体教学课件。

5. 充分利用网络教学手段，利用网上庞大的教学资源辅助教学，鼓励学生自学，进行财务管理业务仿真实训等。

八、检查评价

“公司理财”课程评价，采取过程评价与结果评价相结合，理论评价与实践评价相结合，学生评价与教师评价相结合的方式实施，重点评价学生的职业能力。

“商业银行综合柜台业务”课程标准

一、课程定位

该课程是投资与理财专业的职业能力核心课程，是以商业银行综合柜台工作岗位临柜一线工作任务为依据设置的。该课程主要学习银行柜员的基本知识、基本素质、基本技能和基本规定、规程，在教学中突出对业务规程的讲解和训练，并结合基本业务点的训练，增强学生对银行柜台综合业务实际操作能力的培养，提高学生的岗位适应能力，培养、锻炼学生的职业意识和操守。

本课程以“金融基本操作技能”、“金融学基础”、“经济学基础”、“经济法基础”等课程为先修课程，同时是学生毕业设计和顶岗实习等后续课程学习的基础。

二、课程目标

通过本课程的学习，使学生具备商业银行从业人员基本素质，能够在实际工作过程中正确管理商业银行重要凭证和印章，管理客户信息和账户，熟悉商业银行基本业务流程，熟悉现金收付业务规范、个人储蓄存款业务流程、单位存取款业务流程、一般贷款业务流程、票据结算业务流程，熟练掌握中间业务操作，熟练操作电子银行业务等，并能够面对银行风险及危机情况进行紧急处理，培养学生的观察力、风险意识和职业意识。

职业能力培养目标：

1. 熟悉《中华人民共和国银行法》、《中华人民共和国商业银行法》、《企业内部控制规范》、《现金管理条例》、《银行支付结算办法》、《中华人民共和国票据法》、《中华人民共和国外汇管理条例》等财经法律法规中相关内容；
2. 能按照商业银行相关法规要求规范办理现金收付、银行转账结算业务；
3. 能规范进行柜台验钞、点钞、捆钞等，能辨别银行结算票据的真伪；
4. 能规范填制相关原始凭证，会审核原始凭证及记账凭证；
5. 能正确登记本外币库存现金、银行存款流水账；
6. 能根据工作任务制订工作计划、实施工作并进行工作评价；
7. 能利用各种资源进行资料的搜集和整理；
8. 熟练掌握商业银行危机应对预案、保障自身安全和银行资产安全；

9. 具有社会责任感和团结协作意识，能与办理收付款业务的单位和个人及银行等机构进行有效的交流沟通。

三、设计思路

课程的总体设计思路：以培养完成商业银行综合柜台岗位工作任务所需的职业能力为核心，根据商业银行综合柜台业务岗位的工作内容确定教学内容，根据商业银行综合柜台岗位处理业务的工作顺序组织教学过程，以具备商业银行营业部工作环境并配备商业银行营业部相同的设备和软件的商业银行综合柜台业务实训室作为上课场所，以有商业银行柜台工作经历的教师参与的“双师”结构课程教学团队承担教学任务，采用教、学、练三者结合以练为主的教学方式，以对处理商业银行柜台业务速度和准确度的检验作为成绩考核的主要方式，考核标准参照银行评定柜员等级的标准，最终目的实现基本不需经过任何其他培训直接上岗。

课程设计的目标：通过准确把握课程定位，理清课程设计思路，有针对性地选择适用的教学内容，科学安排课程内容结构，全面建设立体化的教学资源，在行动导向下以任务驱动教学进程，广泛采用现代教育技术手段，充分利用网络教学在促进学生自主学习方面的作用，运用多种科学的教学方法，充分发挥“双师”教学团队的优势，充分利用校内外实践教学条件，完善与行业要求相适应的评价体系，把本课程建设成真正意义上的工学结合的一体化课程，使其在促进更多学生到商业银行就业产生推动作用。

课程设置的依据：本课程设置的依据是商业银行综合柜台业务岗位工作任务对职业能力的需要，教学项目设计的依据是商业银行综合柜台业务岗位的工作项目，学习性工作任务设计的依据是商业银行综合柜台业务岗位工作任务，教学场所建设的依据是商业银行基层营业场所综合柜台业务的工作环境，课程开发的主体是在学校与商业银行合作基础上的行业专家和专职教师共同组织的团队，课程开发的全过程自始至终贯彻基于商业银行综合柜台业务工作过程的思想，课程开发的立足点是广泛的行业岗位调研和行业专家岗位工作任务分析。

课程内容的确定：课程教学内容根据完成商业银行综合柜台业务岗位工作任务对知识、技能和素质的要求以及行业发展的需要来确定，具体内容涵盖银行柜员日常工作的主要内容。根据商业银行综合柜员完成存款、贷款、银行卡和各种中间业务的柜面操作等工作任务的需要，本课程设置了认识银行综合柜台业务、人民币存贷款业务、银行中间业务和结算业务、外汇业务、银行卡电子银行业务和银行风险意识五个教学项目。在每个教学项目中，再根据工作步骤或业务类别设置相应的模块，使学生通过课程的学习能够全面地模拟综合柜台岗位的全部业务操作。课程内容既是从事综合柜员工作必需的，同时也满足未来职业发展的需要。教学内容的编排以工作内容的逻辑顺序为依据，在项目顺序上按照工作过程的顺序并由简单业务到复杂业务循序渐进地编排，在每个项目的模块安排上根据柜员接待顾客的工作顺序的时间先后来确定教学内容的先后，同时也适当考虑了教学规律的要求。

课程内容的组织：课程教学内容按照银行柜员日常工作的操作顺序排序，以完成真实工作任务的过程序化教学过程。在具体操作训练上，根据柜台业务工作场景设置教学场景，根据柜台业务操作规程来设置学习性的工作任务。课程的全部内容就是完成根据五个工作项目设置的教学项目，每一个学习模块的学习性工作任务就是按照真实业务工作同样的要求完成每一笔具体的柜台业务。每一个教学模块都是对知识的学习、技能的训练和态度的培养三者的有机结合，在讲授操作过程的同时进行动手操作训练，在训练的同时强化风险防范的意识和优质服务的理念。

四、课时分配

表 2－17　　课程任务划分和课时分配表

序号	课程项目	课程模块	课时分配	
1	认识银行综合柜台业务	银行基本知识与银行柜员基本素质	6	14
		银行柜员业务管理规定	4	
		银行柜台业务流程管理规定	4	
2	人民币存贷款业务	人民币存款业务和利息计算	10	20
		人民币贷款业务和贴现利息	10	
3	银行中间业务和结算业务	代理业务、国债业务和基金	6	14
		结算业务	8	
4	外汇业务	外汇基础知识和账户管理	2	10
		国际结算业务	4	
		银行结售汇业务	4	
5	银行卡、电子银行业务和银行风险意识	银行卡业务	4	12
		电子银行业务	4	
		风险业务管理	4	
合　　计				70

五、教学内容

表 2－18　　课程教学内容及教学要求

序号	工作任务	知识内容和要求	技能内容和要求
1	认识银行综合柜台业务	• 了解银行起源、中央银行与商业银行的分工与业务 • 熟悉银行柜员的基本素质要求 • 掌握银行柜员应掌握的基本技能要求 • 熟悉柜员业务基本流程 • 掌握银行柜员服务规范	• 具备银行柜员的基本素质 • 能熟练操作银行柜员基本业务 • 能正确管理重要凭证和印章 • 能正确管理客户和账户

续表

序号	工作任务	知识内容和要求	技能内容和要求
2	人民币存贷款业务	• 熟悉单位存款业务及业务流程 • 熟悉个人储蓄存款业务及业务流程 • 掌握单位存款和储蓄存款业务核算方法 • 了解贷款业务，熟悉贷款业务流程 • 了解贴现业务和承兑汇票业务，熟悉业务流程	• 能正确办理单位存款业务和个人储蓄存款业务 • 能正确计算和处理存款利息 • 能正确核算单位存款业务和储蓄存款业务 • 能正确办理贷款业务 • 能按规定正确办理贴现业务和承兑汇票业务
3	银行中间业务和结算业务	• 了解中间业务，熟悉中间业务办理流程和方法 • 了解代理业务、国债业务、基金业务和结算业务，熟悉其办理流程和方法 • 掌握票据基础知识 • 熟悉票据结算业务办理流程和方法 • 熟悉其他结算业务办理流程和方法	• 能正确处理中间业务 • 能正确处理代理业务、国债业务、基金业务和结算业务 • 能正确办理票据结算业务 • 能正确办理其他结算业务
4	外汇业务	• 了解外汇业务，熟悉其基础知识 • 掌握外汇账号管理规定及方法 • 了解信用证业务，熟悉其基本内容 • 了解汇款业务，熟悉其办理流程 • 了解外汇托收业务，熟悉其办理流程 • 了解银行结售汇业务，熟悉其办理流程	• 能正确管理外汇账号 • 能正确办理信用证业务 • 能正确办理汇款业务 • 能正确办理外汇托收业务 • 能正确办理银行结售汇业务
5	银行卡、电子银行业务和银行风险意识	• 了解电子银行业务，熟悉其业务办理流程 • 了解电子支付业务，熟悉其业务办理流程 • 了解银行卡业务，熟悉其业务办理流程 • 了解银行风险管理及其种类，熟悉银行网点安全管理规定和应急预案	• 能正确办理电子支付业务 • 能正确办理银行卡业务 • 能防范基本风险，正确实施应急预案

六、教学条件

（一）教师任职条件

1. 专任教师。

（1）具有商业银行实践经验或工作经历，熟悉商业银行操作流程和业务管理的法律法规；

（2）能够示范银行综合柜台业务操作和柜台业务办理过程；

（3）能够指导学生采用角色扮演法等进行银行柜台业务操作演示；

（4）具有高校教师资格和本专业或相关专业双师素质。

2. 兼职教师。

（1）银行等金融机构或企业会计能手，能进行验钞、点钞、珠算等业务技能的示范教学；

（2）银行等金融机构业务能手，能准确把握银行柜台工作的特点，进行银行业务示范教学；

（3）企业实务能手，能进行银行结算票据填制与办理的示范教学。

（二）实践教学条件

1. 配备与本课程教学内容相配套的银行综合业务实训室，实训室应可同时容纳一个教学班进行实训，配备相应的实训硬件和软件，模拟银行工作环境和场景，将教学过程转化为工作过程，让学生在做中学，实现“教、学、做”一体化。

2. 配备相应的设备和耗材，让学生实际操练银行综合柜台基本技能。

3. 配备商业银行实务规范手册，包括“会计法”、“票据法”、“现金管理条例”、“银行转账结算办法”、“会计基础工作规范”、“商业银行法”、“外汇管理条例”等。

七、教学方法与手段

1. 教学方法。

（1）讲授法。通过教师课堂讲授操作流程和相关知识，并辅助示范操作，引领学生进入岗位工作状态，为课堂操作训练做好准备。

（2）训练法。由于本课程不以学生掌握应知应会为目的，而是以在此基础上的熟练操作为目的。因此，在教学过程中，应立足于加强学生实际操作技能的培养，通过以工作任务驱动的反复训练来达到熟能生巧的目的。

（3）现场教学法。通过组织学生到各商业银行参观学习或顶岗实习，以及请银行工作人员给学生讲解业务进行辅助教学。

2. 教学手段。

（1）在教学过程中，要充分利用商业银行综合柜台业务实训室的各种设备和软件，应用多媒体、投影、电脑、网络等教学资源辅助教学，帮助学生熟练掌握操作流程及业务要点，实现对各种业务的熟练操作。

（2）充分利用网络课程资源，引导学生自主学习。利用网络课程中形象化的操作演示和各大银行的业务操作手册指导学生的操作。通过网上提供模拟业务项目训练，指导学生进行大量操作练习，提升操作技能。

（3）教学过程中教师应积极引导学生提升职业素养，提高职业道德，养成严谨认真的工作习惯，达到知识、技能和态度的有机统一。通过分组训练、分角色训练等方式培养学生的协作意识和在真实业务场景下的职业适应能力。

八、检查评价

课程学业成绩可由单人成绩和小组成绩两部分组成，通过对学习过程和学习结果的评价，对学生知识、技能和能力进行综合考核。其中，理论知识和个人训练项目由教师通过对学生学习过程和结果的综合考核，得出学习成绩分值，该部分成绩占50%。分组进行的现金、银行转账结算、外汇结算业务训练，由教师根据对各小组操作过程和结果的综合考核给出各小组成绩，小组内按照成员各自的表现和贡献互评，最后由组长确定出各成员的得分，上报任课教师。任课教师将每个学生的单人成绩与小组成绩相加，作为本课程的考核成绩。

"个人理财"课程标准

一、课程定位

本课程是投资与理财专业的职业能力核心课程，课程对应金融企业理财经理工作岗位。本课程旨在通过完成学习性工作任务的训练，使学生树立现代理财观念，掌握个人理财的工作流程以及单项理财，综合理财的方法与技能，为完成真实性理财工作任务打下基础。本课程以"金融学基础"、"经济学基础"、"会计基础"、"经济法基础"、"税收基础"、"证券投资实务"、"证券投资基金"、"商业银行业务与经营"、"公司理财"、"保险实务"等课程为先修课程，是学生进行顶岗实习和毕业设计的基础。

二、课程目标

本课程通过理财经理岗位工作业务流程引领教学项目活动，使学生了解主要理财产品，掌握与客户沟通的技巧，掌握理财分析与规划相关知识，掌握理财规划基本流程和技能，并能运用理财知识进行理财分析与规划，具备处理理财经理岗位各项工作任务的能力，符合实际工作中理财经理岗位要求，实现与工作岗位的对接。

职业能力培养目标：

1. 了解国家关于个人理财业务的政策规定和相关法律法规，熟悉个人理财基本程序和操作规则；

2. 掌握与客户沟通的方法和技巧，能利用掌握的客户信息明确客户的理财目标；

3. 熟悉各种理财规划工具的特点，能结合客户情况合理选择理财工具；

4. 能利用会计基础和公司理财相关知识，编制并分析个人及家庭财务报表；

5. 熟悉各种融资业务，能利用各种融资业务为客户设计融资理财方案；

6. 熟悉各种投资理财产品，掌握投资理财流程，能为客户设计投资理财方案；

7. 熟悉保险理财产品，能对客户家庭保障水平进行评估，为客户设计保险理财方案；

8. 能根据客户情况设计简单的综合理财方案；

9. 具备整理客户资料、撰写理财策划书的能力，能够对理财相关风险和法律问题具有初步判断和处理能力；

10. 具有诚恳、热情、专业的服务态度。

三、设计思路

本课程以培养学生具备理财经理岗位工作任务所需的职业能力为核心，根据理财经理工作内容确定教学内容，根据理财经理处理业务流程组织各项目教学内容，以具备个人理财工作环境并且配备所需的设备和软件的实训室作为学习场所，由具有“双师”素质的课程教学团队承担教学任务，采用教、学、做相结合并以做为主，以任务驱动设计整个教学内容和各个教学环节。

本课程根据理财经理岗位实际工作的要求，以行动导向和任务驱动设计教学过程，使学习过程即为工作过程，将学生转化为职业工作者。模拟理财规划工作场景，充分利用理财规划实训设备及实训软件，引导学生进行客户资料搜集、客户家庭财务报表分析及各单项和综合理财方案设计活动。课程教学内容根据完成个人理财业务岗位工作任务对知识、技能和素质要求以及行业发展需要来确定。根据完成个人理财岗位工作任务的需要，本课程从认识个人理财开始，通过搜集整理客户信息、分析客户家庭财务报表，结合各种理财工具，分别为客户设计融资理财方案、投资理财方案、保险理财方案及综合理财方案。在教、学、做的过程中，锻炼学生的职业技能和职业操守。

四、课时分配

表 2－19　　课程任务划分与课时分配表

序号	项目	模块	课时分配	
1	认识个人理财	个人理财的含义	1	4
		制定个人理财计划	2	
		正确认识个人理财规划	1	
2	建立和管理客户关系	与客户沟通的技巧	2	6
		信息搜集与整理	2	
		客户理财目标期望	2	
3	认识理财规划工具	储蓄、股票、债券、基金	2	8
		银行理财产品	2	
		房产、外汇	2	
		其他理财规划工具（黄金、收藏、个人保险）	2	
4	资产的流动性管理	明确个人理财目标	2	8
		风险偏好测试及评估	2	
		编制家庭财务报表	4	

续表

序号	项目	模块	课时分配	
5	融资理财	信用卡业务	2	12
		国债质押贷款业务	2	
		存单质押业务	2	
		保单质押业务	2	
		典当融资业务	2	
		融资融券业务	2	
6	投资理财	认知投资规划	2	8
		投资理财流程	2	
		证券投资规划	2	
		房地产投资规划	2	
7	保险理财	认知保险规划	2	8
		评估家庭保障水平	2	
		明确家庭保障目标	2	
		提出家庭保障建议	2	
8	设计综合理财方案	综合理财方案编制流程	2	12
		理财方案格式与结构	1	
		客户现状分析撰写	1	
		理财规划建议撰写	1	
		规划效果预测撰写	1	
		设计综合理财方案	6	
9	理财方案的实施与后续服务	实施理财方案	1	4
		修订理财方案	1	
		执行修订方案	1	
		拓展理财业务	1	
总计				70

五、教学内容

表 2－20　　课程教学内容及教学要求

序号	项目	知识内容和要求	技能内容和要求
1	认识个人理财	• 了解个人理财基本知识 • 了解个人理财规划的制定 • 掌握个人理财规划相应内容	• 能掌握个人理财岗位的基本要求和主要工作内容
2	建立和管理客户关系	• 了解与客户初次沟通的前期准备 • 了解客户的类型 • 掌握客户个人信息内容搜集和整理的方法 • 掌握有效的沟通方式 • 掌握客户期望的理财目标	• 能与客户进行有效沟通 • 能与客户建立良好的业务关系 • 会搜集、整理、储存客户信息 • 能根据客户情况帮其明确理财目标
3	认识理财规划工具	• 熟悉传统的理财工具（储蓄、股票、债券、基金） • 熟悉银行理财产品 • 熟悉房产、外汇等理财工具 • 了解其他理财规划工具	• 会用传统的理财工具帮客户理财 • 会用银行理财产品帮客户理财 • 会用房产、外汇等理财产品帮客户理财 • 会用其他理财规划工具帮客户理财
4	资产的流动性管理	• 了解个人理财目标 • 掌握风险偏好测试及评估方法 • 掌握家庭财务报表编制及分析方法	• 能熟练编制个人财务报表 • 能通过财务数据对客户财务状况进行分析
5	融资理财	• 了解信用卡基本知识及融资方法 • 了解国债质押贷款基本知识及融资方法 • 了解存单质押基本知识及融资方法 • 了解保单质押基本知识及融资方法 • 了解典当融资基本知识及融资方法 • 掌握融资融券的基本知识及融资方法	• 会用信用卡进行融资 • 会用国债进行融资 • 会用存单质押进行融资 • 会用保单质押进行融资 • 会进行典当融资 • 能为客户设计融资理财方案
6	投资理财	• 掌握了解客户投资目标的方法 • 熟悉房地产理财产品 • 熟悉证券投资工具及其组合 • 掌握投资理财规划的设计方法	• 能根据客户的风险偏好、财务状况为其选择合适的房地产理财产品 • 能根据客户情况为其选择投资工具及其组合 • 能为客户设计投资理财方案

续表

序号	项目	知识内容和要求	技能内容和要求
7	保险理财	• 了解保险规划在理财中的作用 • 了解风险管理的方法以及手段 • 熟悉常用的人身价值评估方法 • 熟悉家庭保险类型 • 掌握客户风险状况及其影响因素 • 掌握客户的保障目标	• 能够帮助客户分析家庭面临的各种风险 • 能根据客户的风险偏好、家庭财务状况为其选择合适的保险理财产品 • 能够给出其他保障建议
8	设计综合理财方案	• 了解编制综合理财方案的流程及应遵循的基本原则 • 掌握理财方案的格式和结构 • 掌握理财方案的主要内容	• 能够为客户制定财务计划，评价客户的财务目标 • 能对客户财务情况进行诊断 • 能够给出理财规划建议 • 能够对理财效果进行预测 • 能够帮助客户制定出完整的理财规划方案
9	理财方案的实施与后续服务	• 熟悉个人理财后续服务内容 • 掌握理财方案的实施流程 • 掌握理财方案实施效果跟踪方法 • 掌握理财方案修订方法	• 能够实施综合理财方案 • 能对方案实施效果进行跟踪 • 能够识别客户最新风险和财务状况 • 能够对综合理财方案进行修订 • 能够有效利用客户反馈信息

六、教学条件

（一）教师任职条件

1. 专任教师。

（1）具有高校教师资格，具备本专业或相关专业双师素质；

（2）具有一定的证券公司、银行或其他理财机构实践经历或工作经历，熟悉个人理财工作流程及工作内容和方法；

（3）能够示范个人理财业务工作过程；

（4）能够指导学生进行个人理财工作；

（5）熟悉本课程及相关的经济、金融、会计、税收、保险、证券、银行等知识，能够讲授本课程的业务知识。

2. 兼职教师。

（1）商业银行理财经理或理财管理部门负责人；

（2）金融机构或其他相关机构内部理财培训讲师、客户经理；

（3）具有中级以上专业技术职称。

3. 兼课教师。

（1）具备高校教师资格证；

（2）具有本科以上学历；

（3）具有本课程或相关课程教学经验和一定的本专业实践经验或企业工作经历；

（4）熟知与本课程相关的经济、金融、税收、保险、证券投资、商业银行实务等方面知识，能讲授本课程的业务知识。

（二）实践教学条件

1. 配备与本课程教学内容配套的理财规划业务实训室，配备仿真实训场所及实训设备和软件，使之具备现场教学、实验实训的功能，实现教学与实训合一，满足教、学、做一体化的要求。

2. 配有课程教学资源网站，将各种教学资源集中统一管理，形成课程教学资源中心。满足专业教学的需要，实现师生网上互动和多媒体资源的共享。实现网上虚拟业务操作训练。

3. 配有各种现代信息技术资源，充分利用 Flash 演示、视频演示、电子书籍、电子期刊、数据库、数字图书馆、教育网站和电子论坛等网上信息资源，实现教学资源品种多样化、实用化。

七、教学方法与手段

1. 本课程在教学中应注重业务流程管理和操作方法，提高学生调查和分析问题、解决问题的能力。教学中应以典型的个人理财案例为载体，采用案例教学法，使教师的讲授、示范与学生操作互动，学生提问与教师解答、指导相结合，让学生在“学”与“练”的过程中提高业务技能和调查分析能力。

2. 本课程不以学生掌握应知应会为目的，而是以在此基础上的提高综合业务能力为目标。在教学过程中，应立足于加强学生实际操作技能和分析能力的培养，通过项目教学，以工作任务驱动提高学生学习兴趣，激发学生的成就动机。

3. 在教学过程中，要充分利用理财规划业务实训室的各种设备和软件，应用多媒体、投影、电脑、网络等教学资源辅助教学，帮助学生熟练掌握操作流程及业务要点。

4. 充分利用网络课程资源，引导学生自主学习。教学过程中教师应积极引导学生提升职业素养，提高职业道德，养成严谨认真的工作习惯，达到知识、技能和态度的有机统一。

5. 通过分组训练、分角色训练等方式培养学生的协作意识和在真实业务场景下的职业适应能力。

八、检查评价

1. 本课程的评价可以学生对客户调查及分析问题、解决问题能力作为主要依据，通过对不同理财产品的分析和判断为客户提供合适的理财产品。同时通过对客户资料的调查分析进行个人理财实务训练，提高分析和判断能力。

2. 学生考试成绩可采用分小组考核，用小组形式进行学习，采用阶段评价、过程评价与目标评价相结合，考试以上机考试和书面考试结合的方式。

3. 结合课堂提问、平时作业、平时测验、技能竞赛及考试情况，综合评价学生成绩。注重学生动手能力和实践中分析问题、解决问题能力的考核，对在学习和应用上有创新的学生应予特别鼓励，全面综合评价学生能力。

4. 课程平时成绩占30%，主要考核完成学习性工作任务的准确度和速度，根据软件系统的记载和平时学习表现来评定。也包括个人自评、小组互评和教师评价。期末总评成绩占70%，包括期末卷面考试和上机考试，期末试题可以设计综合理财方案和资格证书考试内容为主。

“金融营销实务”课程标准

一、课程定位

本课程是投资与理财专业的职业能力核心课程，是教授学生如何借助金融工具并结合相关的金融服务，采取整体营销行为，从而为金融企业创造利润的一门应用型课程，是形成本专业核心能力的课程之一。金融服务产业正面临着提高利润，吸引并保留高价值客户的压力，金融企业一线营销人员的营销质量，对金融企业的发展日显重要，提高营销水平，是证券公司、银行、保险公司等增强竞争力最重要的途径之一。本课程是在学生掌握了“金融学基础”、“经济学基础”、“市场营销基础”、“经济法基础”等知识基础之上，通过对金融营销领域的基本知识、理论和方法、技能的学习，使学生进一步掌握金融营销的方法和战略管理，提高金融营销的实战能力。同时，本课程也是学生进行毕业设计和顶岗实习的基础。

二、课程目标

本课程有针对性地选择适用的教学内容，科学安排课程内容结构。在行动导向下以任务驱动教学进程，以学习性的工作任务为导向，按照金融产品的营销过程组织教学内容；以学生的职业能力培养和提升为核心，运用多种科学的教学方法，做到基础知识与技能的有机结合，把本课程建设成“教、学、做”一体化课程。通过对本课程的学习，学生能够掌握金融营销的基本含义、营销策划的基本战略和策划的制定方式，了解金融产品营销要点，具备金融服务营销能力。在此基础上，能够综合运用金融产品推介、市场营销管理等相关知识，结合具体的金融产品，进行金融营销策划，自主设计营销方案，模拟金融产品营销，进而全面掌握金融营销的技能。

职业能力培养目标：

1. 了解金融营销的内涵及主要特点，掌握金融产品的类别和特征及营销要点，能分析不同产品的优劣势，区别金融产品营销与普通商品营销的不同。

2. 掌握金融产品营销程调研程序，学会信息搜集，能运用调查问卷、访谈等不同方式进行金融产品营销调研，撰写金融产品调研报告。

3. 能根据某金融产品的特征、市场细分的情况选择目标市场，并根据金融产品的类型及特点设计金融产品的促销方案，制定营销策略。

4. 掌握金融产品营销技巧和金融理财方案的要点，能运用所学的金融产品营销知识和技能销售金融产品，设计理财方案。

5. 掌握客户维护的技巧，具备对金融产品营销活动进行总结和分析的能力。

6. 了解金融产品的风险，掌握金融产品风险的危害、估计及处理的方法。

7. 能够撰写金融产品营销报告。

8. 熟悉金融服务礼仪，掌握与客户的沟通技巧，具备职业素质和职业意识。

三、设计思路

本课程按照职业教育的要求，为满足金融营销市场对技能型人才的需求对课程的主要内容进行设计。本课程在内容设计方面，以满足金融机构的客户经理在营销方面的工作需求为主要目的，使学生掌握营销的实战技巧。要求学生在掌握金融营销基础知识的前提下，按照基础知识→金融营销调研→策划→策略→战术→实施→客户关系管理→营销中风险管理→金融营销创新的逻辑思路，根据金融营销的过程从调研开始到策划，在策划的过程中注重策略和战术，如若营销客户成功，要注意客户的管理和维护，最后要注重营销中的风险管理及创新。因此本课程的设计是在学习市场营销基本内容的基础上，从金融产品与金融产品营销、金融产品营销市场规划、金融产品营销策略、金融营销策略等方面进行阐述，指导学生应如何与客户沟通、建立合作关系并做好客户关系的维护。同时，在教学中通过训练强化学生作为金融营销人员应具备的仪表仪态等基本素质的培养。学生通过对本课程的学习，能够掌握金融产品营销的技巧，为金融产品制订营销方案，并能运用所学的金融产品营销知识和技能进行模拟和实战营销，并能正确撰写营销报告。

四、课时分配

表 2－21　　课程任务划分与课时分配表

序号	课程项目	课程模块	课时分配	
1	金融营销准备	金融营销基本知识	2	12
		金融营销环境分析	2	
		金融产品目标市场选择	2	
		金融产品营销调研	2	
		金融营销礼仪训练	4	

续表

序号	课程项目	课程模块	课时分配	
2	金融营销策略	金融产品开发策略	2	8
		金融产品促销策略	2	
		金融产品的生命周期	2	
		金融产品营销策略	2	
3	实施营销计划及撰写营销报告	客户沟通的内涵及技巧	4	20
		金融客户开发策略	2	
		建立与金融客户的关系	2	
		金融服务营销的质量管理	2	
		金融产品销售模拟	8	
		营销报告撰写	2	
4	客户关系管理	金融客户的含义及行为	2	8
		金融客户行为的影响因素	2	
		金融客户行为的决策过程	2	
		金融客户的管理与维护	2	
5	金融营销创新	金融机构的国际营销	2	4
		金融营销创新的策略和方式	2	
6	金融营销风险管理	金融营销风险概述	2	4
		金融营销风险的类别和管理	2	
合 计				56

五、教学内容

表 2－22　　课程教学内容及教学要求

序号	工作任务	知识内容和要求	技能内容和要求
1	金融营销准备	• 了解金融营销的定义 • 掌握金融营销的种类和特点 • 掌握金融营销的作用和功能 • 掌握金融营销环境分析方法 • 掌握营销调研的方法 • 掌握金融市场细分的含义、作用、条	• 学会设计调查问卷 • 会搜集信息 • 能撰写金融营销产品调研报告 • 能分析金融营销的宏观、中观和微观环境 • 能对金融产品进行多种类型的市场细分 • 能对各细分市场进行市场评估

续表

序号	工作任务	知识内容和要求	技能内容和要求
1	金融营销准备	件、标准和方法 • 熟悉金融市场的地位和含义 • 熟悉金融营销礼仪	• 能根据金融产品的特征、市场细分的情况选择目标市场 • 能基本达到金融营销礼仪标准和要求
2	金融营销策略	• 掌握金融产品的开发策略 • 掌握金融产品的促销策略 • 掌握金融产品的网络营销方式 • 掌握金融产品的生命周期 • 掌握金融产品营销策略	• 能够具备基本的金融产品分析和营销管理能力 • 能分析金融产品渠道模式 • 能设计金融产品分销渠道模式 • 能设计金融产品销售方案 • 能为不同的金融产品选择适合的广告方式 • 能制定金融产品广告战略及评估广告效果 • 能策划金融产品营销方案
3	实施营销计划撰写报告	• 了解与客户沟通的专业内涵，掌握沟通步骤和技巧 • 掌握客户开发策略 • 理解与客户关系建立的价值 • 学习提高金融企业服务质量的方式方法 • 金融产品营销模拟 • 学习营销报告的撰写	• 能妥善、专业地与客户进行沟通 • 能灵活处理沟通中的突发事件和客户要求 • 能够开发潜在客户 • 能运用所学金融产品营销知识和技能销售金融产品 • 能撰写营销报告
4	金融营销中的客户关系管理	• 了解金融客户行为的影响因素 • 理解客户关系维护的含义 • 掌握客户保持策略 • 理解潜在客户的决策力 • 理解现有客户的价值和风险 • 掌握客户的行为模式和特征	• 能对客户做调研分析 • 能分析潜在客户的购买力 • 能够对现有的客户作好维系工作 • 能够与客户建立良好的关系 • 能够与客户保持紧密的联系
5	金融营销创新	• 了解金融机构的国际营销战略 • 了解金融营销的创新策略 • 了解金融营销创新的形式	• 能够简单分析我国金融营销的创新发展趋势
6	金融营销风险管理	• 了解金融产品风险 • 了解金融企业风险 • 熟悉金融产品风险的危害、估计及处理	• 能够识别金融企业营销风险 • 能熟练运用金融企业营销风险管理的内容解决问题

六、教学条件

（一）教师任职条件

1. 专任教师。

（1）熟悉商业银行等金融机构客户经理业务，具有一定的实践经历；

（2）能够示范金融产品营销的工作过程；

（3）能够指导学生销售金融产品；

（4）具有高校教师资格、双师素质；

（5）能够讲授本课程的业务知识。

2. 兼职教师。

（1）担任银行等金融机构现任客户经理或理财规划师；

（2）具有金融产品销售经历的金融机构内部培训讲师、管理人员。

3. 兼课教师。

（1）具有本科及以上学历，具备高校教师资格；

（2）熟知与本课程相关的经济、金融等方面的知识；

（3）能够示范操作金融产品营销工作过程，并指导学生进行金融产品营销演练。

（二）实践教学条件

1. 配备与本课程教学内容配套的金融营销技能实训室，实训室配备可同时供一个教学班学生同时使用的设备和教学软件，能训练学生金融服务礼仪、与客户有效沟通、维系客户和拓展客户、金融产品模拟营销和实战营销等内容，实现教、学、做合一，满足“教、学、做”一体化的要求。

2. 配有各种现代信息技术资源，充分利用电子书籍、电子期刊、数据库、数字图书馆、教育网站和电子论坛等网上信息资源，便于学生查询相关知识与资料。

3. 配备“金融产品推介手册”、“金融服务标准手册”、“礼仪手册”等相关资料，供学生参考和使用。

七、教学方法与手段

1. 本课程在教学过程中，应注意创设与当前学习主题相关的学习情境，引导学生带着任务和问题进入学习情境，进行角色扮演，使学习直观性和形象化，从而激发学生联想，促进知识的渗透、理解和应用。

2. 对于与客户的有效沟通和服务礼仪内容，应以训练为主，通过实际训练让学生掌握相关技能和技巧。

3. 教学过程中应充分利用“案例教学法”，以实际典型的案例分析产品、客户和市场，增强教学的真实感，加深学生对相关知识的理解，并学会在现实中灵活运用。

4. 在教学过程中应保证信息的充分传递，不局限于教材内容，使教学内容能反映金融营销市场的真实情况和创新发展的最新动态。

5. 在教学过程中，注重培养和锻炼学生的营销技能、创新能力、团队协作精神，激发创造力，提高学生学习的主动性和趣味性。

八、检查评价

对于课程的评价不仅要注重结果，更要注重学生成长发展的过程，因此对于本课程在考核方式上采取终结性考核和过程性考核评价相结合的方式。过程性考核采用阶段评价、过程评价与目标评价相结合，理论与实践一体化以实际操作达标为主的评价模式。结合课堂提问、作业、测验、演讲及考试情况，综合评价学生成绩。注重学生动手能力和实践中分析问题、解决问题能力的考核，对在学习和应用上有创新的学生应予特别鼓励，全面综合评价学生能力。考核的形式主要采取分析报告、工作方案等方式。分析报告和工作方案主要以团队协作的形式完成的，该部分成绩占比 40%。终结性考核在课程全部教学活动完成之后进行考核，考核每个学生对基本知识、方法和技巧等的理解和应用能力，以营销调研、计划、报告等综合设计为主要考核内容，考核方式为笔试，可采取半开卷形式，该部分成绩占比 60%。

第三部分

投资与理财专业教学仪器设备配备标准

一、专业基本信息

专业名称：投资与理财
专业代码：630206
招收对象：普通高中毕业生或同等学力者
学历：专科
学制：基本学制三年，可实行学分制为基础的弹性学制

二、专业基本技能

1. 能准确快速进行手工点钞和机器点钞，能准确鉴别人民币和主要流通外币的真假和进行现金挑残；能熟练使用防伪设备、自动存取款设备和工作现场的办公设备；能熟练进行数字键盘的传票录入，能够熟练运用计算器进行传票算和账表算；能快速准确地进行电脑汉字输入，能规范地填写票据和进行字符书写。

2. 熟练掌握金融服务营销的基本技能，熟悉金融营销的操作流程，熟悉客户服务礼仪并养成良好的礼仪习惯，能快速识别客户和成功拜访客户，能够有效地与客户沟通和进行内部沟通，能够独立开拓和维护客户，有效化解客户的异议和拒绝。能独立开展金融产品营销，独立进行理财规划。

3. 能够熟练运用证券公司、商业银行和保险公司业务软件；能够熟练运用金融业务所涉及的业务单证、合同、票据、会计科目以及专用印章；能按照规定的程序和要求处理金融业务，处理业务的速度和准确度达到行业上岗标准。

4. 掌握证券投资分析的基本方法，熟悉各种证券产品和市场，熟悉典型上市公司的基本情况和行业背景，对行业发展和市场趋势能够做出基本的专业判断。能够应用证券知识为客户提供咨询服务。能熟练操作行情软件，能够运用多种方式下单委托。能熟练处理证券（资金）账户业务，能够进行证券行情分析、研判，能够识别与控制投资风险与账户管理风险。能引导新客户签署协议及投资者教育。

5. 掌握个人理财的基本方法，熟悉各种理财产品，能够根据客户的财务情况为客户进行财务分析，为客户制定完整的理财规划方案。

三、实训项目及主要内容

（一）金融操作技能实训

本实训项目主要训练学生的钞票辨别技能、钞票清点技术、文字速录技术、财经数据书

写和票据填写技能、计算器运用技能、网络银行客户端操作技能、通用办公设备和银行专用设备操作技能等操作能力。具体训练项目如下：

1. 识假。训练货币反假法规的运用能力、人民币反假能力、主要流通外币反假能力、票据反假能力、残币兑换和挑剔能力以及中国人民银行反假币上岗证书考证辅导。

2. 点钞。训练点钞的基本要领和环节、手工点钞技术、机器点钞技术、货币捆扎技术。

3. 速算。训练计算器运用的基本要领、计算器翻打传票和账表算技术。

4. 书写。训练财经数码字规范书写和填制票据能力。

5. 速录。训练电脑键盘输入的基本方法、电脑汉字快速录入技术、电脑数字快速录入技术。

6. 设备操作。训练打印机、传真机、复印机、扫描仪、ATM 机、叫号机及网络银行客户端操作的能力。

（二）金融营销技能实训

本实训项目主要训练学生建立与管理客户关系的能力、与客户沟通的能力、市场调查和分析的能力、产品推广能力、电话营销能力、网络营销能力、现场营销能力以及金融营销服务礼仪的训练。

1. 有效沟通。训练听、说、问、答四大沟通基本功和目光、表情、体姿等非语言沟通能力，能够根据对象不同年龄、不同职业、不同性格选择有效的沟通方式，实现良好的外部沟通和内部沟通。

2. 客户拓展。训练进行客户细分、客户开拓、客户约访、客户异议处理和客户关系维护的基本能力，形成以客户为中心的服务理念，养成处处以客户为中心的习惯，有效开发和维护客户关系，最终达成营销目的。

3. 金融产品销售。训练进行金融营销调研、金融产品销售展示、金融产品推销、金融营销活动策划的能力，能够有效运用现场营销、电话营销、网络营销等方式推销金融产品。

4. 金融服务礼仪。训练运用仪容仪表礼仪规范、会面礼仪规范、餐饮礼仪规范、礼品礼仪规范的能力，通过反复训练养成良好的礼仪习惯，并通过习惯固化礼仪来提升人的气质和修养。

（三）证券投资业务实训

本项目主要训练学生从事证券业务的能力，主要包括办理客户开户和销户手续，提供客户咨询服务，指导客户进行股票交易、债券交易、基金交易和分析证券行情；撰写个股研究报告、撰写行情分析报告等。具体训练项目如下：

1. 训练学生前台接待客户、办理开户手续、接受客户咨询、指导客户办理交易事项的能力，掌握证券交易账户开立方法与流程，掌握证券交易资金第三方存管开户及转账交易流程。

2. 训练从事股票买卖、基金买卖、债券买卖及权证买卖等操作的能力；掌握股票买卖委托方法、成交查询及委托查询方法。掌握证券资金流水账、汇总账、明细账、对账单的查询方法。

3. 训练学生熟悉证券实时行情的基本要素，包括证券代码、证券名称、开盘价、最新价、成交量、买入价、卖出价、涨跌幅、市盈率等，掌握如何查看证券实时行情数据。

4. 训练学生证券市场分析的能力，能够运用证券实时行情分时线、K 线图分析方法的能力，理解 MA、MACD、RSI、DMA、EXPMA 等技术指标分析方法；学会如何通过证券资讯及技术指标判断证券的投资价值。能够进行宏观分析、行业分析和公司分析。

5. 训练证券交易账户资金的分配，资金存取，资金的冻结、解冻及资金冲账方法。掌握账户资金余额、当天成交、历史成交及持仓、平仓记录、挂单记录查询方法。掌握盈亏情况计算、快速买卖盘揭示、交易排行榜查询方法。

6. 组织个人证券模拟交易比赛、班际证券模拟交易比赛及校际证券模拟交易比赛。

（四）商业银行综合业务实训

本实训项目主要训练学生熟练操作商业银行营业场所各种设备，熟练运用商业银行业务软件，熟练运用柜面业务所涉及的票据、单证以及专用印章，按照规定的程序和要求处理银行柜面业务能力，要求处理业务的速度和准确度达到银行柜员上岗标准。具体训练项目如下：

1. 训练柜台业务系统初始业务操作，修改操作密码及创建钱箱信息；训练柜台业务系统日初业务处理操作，包括凭证的领用及出库、现金出库、钱箱轧账等操作。

2. 训练柜台业务个人业务系统的日常业务操作，包括个人储蓄开户、存取款业务操作、转账业务、挂失业务、销户业务、一卡通业务的操作；训练个人业务的特殊业务处理操作；训练个人代理业务的操作；训练银行卡开卡、还款及取现等业务操作方法。

3. 训练柜台业务对公业务系统的日常业务操作，包括对公存贷业务的开户业务、一般活期及临时存款业务、定期存款业务、贷款业务、支付结算业务、代理业务、票据交换业务、外汇业务操作。

4. 训练柜台业务日终处理业务的操作方法，包括训练上缴未使用的重要空白凭证、现金入库及打印营业日报表等。训练部门轧账、尾箱轧账等日终处理方法。

（五）理财规划业务实训

本项目主要训练学生对家庭、个人财务状况的分析能力和理财规划能力，训练内容主要包括熟悉各种金融理财产品并能根据客户情况进行灵活配置。学生通过模拟证券、银行、保险等金融机构的理财咨询、理财顾问、理财产品营销工作，训练从事个人理财工作能力。具体训练项目如下：

1. 训练客户信息创建与管理能力，包括建立客户关系、进行客户信息搜集、客户分类及对客户资料进行管理维护。掌握各种规范化的信息采集表的运用，包括单一规划的信息采集表、综合规划信息采集表、收入支出采集表、资产负债信息采集表等。

2. 通过各种分析判断功能及财务诊断功能，掌握客户基本资料评估、家庭资产结构分析、人生大事分析、终身现金流量分析等基本方法，快速准确地分析和诊断客户财务状况，及时发现客户的财务问题并确立理财规划目标。

3. 训练开展银行、证券、保险、实物理财业务，快速准确分析客户的各种需求，根据当前金融市场产品供给情况推荐理财产品，根据客户的理财目标和风险承受能力为客户制定综合理财规划方案并组织实施以及开展跟踪服务。

4. 训练理财规划软件的运用，能够利用系统提供的产品接口，建立自己的产品数据库，建立个性化的资产配置方案；掌握各种分析数据维护的方法，并根据市场动态调整各类数据，定期对客户的理财规划进行监控和调整。

四、实训设施整体构架及环境要求

（一）实训设施整体构架

本专业实训设施体系由下列实训室构成：一是作为专业技能训练场所的技能训练实训室，主要包括金融基本技能实训室和金融营销技能实训室；二是作为专业核心课程一体化教学场所的模拟业务实训室，主要包括：银行综合业务实训室、证券投资业务实训室、理财规划业务实训室。实训室整体构架如图 3－1 所示。

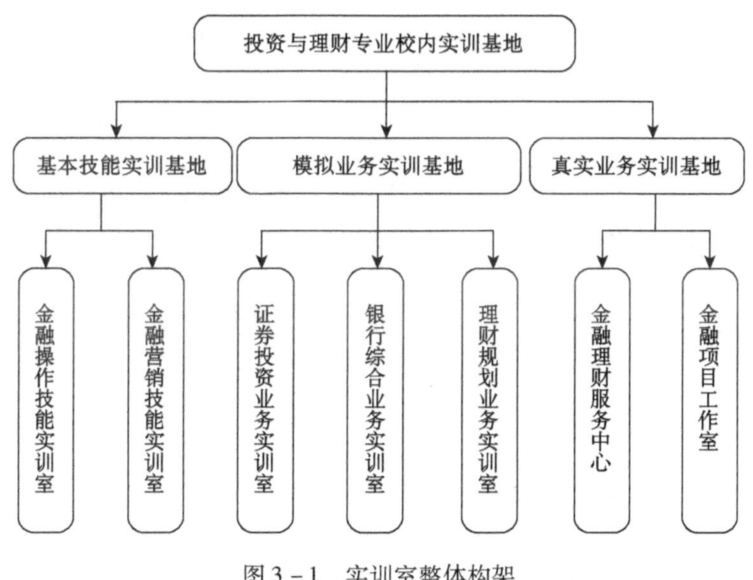

图 3－1　实训室整体构架

1. 金融操作技能实训室。本实训室是用于训练学生从事理财业务最基本的通用操作技能的实训室，实训室的环境和业务不针对特定的岗位，但所训练的技能在多个银行岗位和金融行业其他岗位都可能用到。适应金融类专业及财经类其他专业开展点钞、假币鉴别、文字录入和书写、票据填写、计算器及银行常用办公设备操作实训的要求。满足金融操作技能课程教学需要。

2. 金融营销技能实训室。本实训室模拟金融机构营销工作情境，配备金融营销技能训练所需的各种硬件和软件，分综合营销区、商务洽谈区和商务礼仪区，可进行客户沟通、客户拓展、金融营销调研、金融产品销售、营销礼仪规范等营销技能的实战训练。学生可以通过实训体验自己所扮演的“职业角色”，有效提高学生的营销实践能力和综合素质。本实训室同时也是一个生产型综合服务平台，可以通过为金融机构提供市场调研、分析、营销活动策划和实施等服务训练学生的营销能力。满足“金融营销技能”、“金融服务礼仪”课程教学及“保险实务”、“证券投资实务”、“个人理财业务”等课程部分技能训练的需要。

3. 证券投资业务实训室。本实训室主要针对证券经纪人开展经纪业务的需要，模拟证券经纪人完成工作任务的操作流程和场景，配备证券业务所需的设备、软件和凭证，注重证券投资分析能力训练，强化风险防范能力的培养。适应学生进行证券业务操作和模拟证券交易实训的要求。本实训室根据证券营业部的营业环境、业务种类、交易功能、工作任务进行建设，完整的证券业务实训室应包括证券投资分析区、证券开户区和证券营销区，本方案的证券开户区、证券营销区设置在金融理财服务中心，因此，本实训室只包括证券投资分析区。满足证券投资实务、证券投资分析、证券交易、证券投资基金等课程教学的需要。

4. 银行综合业务实训室。本实训室模拟商业银行柜台业务操作流程和场景，配备柜台业务的设备和软件及各种单证，能提供商业银行柜台业务课程教学和实训的条件，能够在进行商业银行综合柜台业务课程教学的同时模拟商业银行前台业务的全部操作，满足金融类专业开展本外币储蓄、银行卡及对公柜台业务实训的需要，重点培养银行前台岗位的核心技能。满足商业银行综合柜台业务课程教学及金融企业会计等课程部分技能训练的需要。

5. 理财规划业务实训室。本实训室模拟商业银行营业场所理财服务区业务流程和场景，配备理财业务专用软件和理财产品信息平台，可以进行家庭记账、家庭收支预算、家庭资产负债管理、家庭专项理财规划设计、家庭综合理财规划、金融计算等各种功能，其核心是利用理财客户经理专用的理财软件制作规范的理财规划方案书。同时通过共享其他实训室的股票、期货、外汇、股指期货行情接收软件及模拟交易软件，共享银行、保险、基金、黄金等多种理财产品信息，以适应银行理财业务实训、保险理财业务实训、证券理财业务实训的要求，满足个人理财业务课程教学的需要。

（二）实训室环境总体要求

1. 实验室面积：单个实验室建筑面积 180 平方米左右。

2. 实验室投资预算：单个实验室费用预算控制在 150 万元左右。

3. 实验人数：单个实验室按照满足 50 人同时实训的要求设置，可以满足三年制投资与理财专业每年招生 100 人的教学需求。执行中应根据招生人数增减每个实训室的座位数或增加实训室的数量。

4. 实训室装修设计应分别与商业银行、证券公司、专业理财公司、保险公司业务部门装修风格一致，达到模拟仿真的效果。在实训室四周墙体和内外空间，分别模拟商业银行、证券公司、保险公司、基金公司、理财公司环境布置。

五、实训室软件配备标准

（一）金融操作技能实训室

表3－1

软件名称	技术要求
金融基本技能实训软件	支持定张点钞、散张点钞、翻打传票竞赛及训练，可实时统计竞赛或训练成绩，支持传票数据导入功能
货币防伪与鉴别实训软件	支持人民币及外币防伪与鉴别实训，包含第四套人民币、第五套人民币、港币、美元、日元、英镑、欧元等货币防伪与鉴别
票据业务实训软件	具有支票、本票、银行汇票、银行承兑汇票、商业承兑汇票等票据全业务流程仿真操作功能，可完成票据出票、兑付、背书、追索、退票、贴现、转贴现、再贴现、回购等业务操作
中英文输入训练与测评软件	支持中文打字及英文打字训练与测评功能。

（二）金融营销技能实训室

表3－2

软件名称	技术要求
金融营销技能实训平台软件	1. 系统可以模拟金融机构营销工作情境，模拟金融综合营销、商务洽谈和商务礼仪等功能。 2. 系统可模拟进行客户沟通、客户拓展、金融营销调研、金融产品销售、营销礼仪规范等营销技能的实战训练。 3. 学生可以通过本系统实训体验自己所扮演“职业角色”的，有效提高学生的营销实践能力和综合素质。 4. 系统可以通过为金融机构提供模拟市场调研、分析、营销活动策划和实施等服务训练学生的营销能力。满足“金融营销技能”、“金融服务礼仪”、“证券投资实务”、“个人理财业务”等课程部分营销技能训练的需要。

（三）银行综合业务实训室

表 3－3

软件名称	技术要求
商业银行综合业务实训平台软件	1. 系统要求达到与典型的大型商业银行实际应用软件相同的仿真效果，使学生可以在仿真的银行环境中进行业务训练，可以实现商业银行柜员的所有业务操作。 2. 系统采用与商业银行相同的业务操作流程，允许学员扮演银行实际工作中的各种特定角色（如会计、储蓄、出纳、贷款、报表管理、综合查询、个人客户、企业客户等）。 3. 存折打印支持系统应支持各种主流存折打印机，磁卡读写及密码输入系统能完全仿真商业银行实际应用设备的功能，能实现语音提示密码输入，能够读写磁卡、普通存折。 4. 系统应为教师考评学生的实际操作能力提供相应的工具。教师可以通过系统检验学生对实际商业银行应用系统的动手能力。

（四）证券投资业务实训室

表 3－4

软件名称	技术要求
证券投资实训平台软件	1. 系统功能模块应包括：证券开户、资金存管、行情分析、证券交易、证券投资模拟比赛等 2. 行情分析系统：能通过 Internet 接收并实时显示证券交易所的行情。提供实时行情录制功能，实现闭市期间任何时段（包括周六、周日）动态行情教学。 3. 资讯系统：提供有交易所官方授权高速实时传送的全球主流的交易市场行情及实时财经新闻，能提供全面的专业财经资讯及财务分析数据，提供知名专业资讯机构的研究报告，提供专业的证券基本面资料，提供真实详细的上市公司资讯。 4. 模拟交易系统：能提供支持 A 股、B 股、权证、基金、债券、期货、外汇的委托下单系统，其交易规则与各大专业交易所正式交易规则完全同步，使学生体验到专业市场的交易流程。 5. 教学管理功能：具备学生、教师、管理员三个管理层次，可实现批量开户、班级授权、交易规则设置、查询学生交易明细等功能。

（五）理财规划业务实训室

表 3－5

软件名称	技术要求
金融理财规划软件	1. 个人理财业务实训教学系统应包括理财客户关系管理、客户家庭财务状况分析诊断、理财产品和资讯、产品配置、单项理财规划设计、综合理财规划设计、理财规划实施和售后服务等功能模块，并提供系统管理和帮助等辅助功能模块。 2. 理财组合模块能根据客户对风险偏好程度的不同，训练学生分别就银行类理财产品、保险类理财产品、证券类理财产品构成多种不同的投资组合，训练学生分别配置各类产品的能力，并能根据金融市场的变化动态调整。 3. 教学系统管理模块能够提供登录和账户管理等内容，能够对学生实训情况进行记录，具有成绩管理和输出功能。提供丰富的理财案例分析系统，为理财建议书的制作增添个性化色彩。

六、实训室硬件配备标准

（一）金融基本技能实训室

表3-6

序号	设备名称	技术要求	数量（台）
1	电脑桌	六角型训练桌，适合点钞、翻打传票、打字训练	50
2	学生座椅	根据技能训练需要定制	50
3	多媒体讲台	无特殊要求	1
4	教师靠椅	无特殊要求	1
5	投影仪		1
6	PC机（学生）		50
7	PC机（教师）		1
8	点钞机	为训练不同型号设备的使用，建议选购多个不同品牌	13
9	验钞机	为训练不同型号设备的使用，建议选购多个不同品牌	13
10	传票装订设备	为训练不同型号设备的使用，建议选购多个不同品牌	13
11	传真机	为训练不同型号设备的使用，建议选购多个不同品牌	4
12	复印机	为训练不同型号设备的使用，建议选购多个不同品牌	4
13	扫描仪	为训练不同型号设备的使用，建议选购多个不同品牌	4
14	打印机	为训练不同型号设备的使用，建议选购多个不同品牌	4
15	第五套人民币票样		51
16	主要流通外币票样		51
17	银行专用计算器	银行业务专用计算器	51
18	*教学算盘	演示算盘计算方法	1
19	*学生用算盘	用于学生训练使用算盘	50
20	训练耗材	五笔字根表50张 点钞券1000把（每把100张） 捆钞条（2000条） 沾水盒50个 甘油2瓶 印章26套 百张传票50套 适量仿真现金支票、转账支票、银行汇票、银行本票、商业汇票、进账单、托收凭证等银行票据和银行结算单据	

续表

序号	设备名称	技术要求	数量（台）
21	服务器		1
16	机柜		1
17	交换机	支持24个10/100/1000Mbps自适应以太网端口	3
19	* 分体式电教中控系统		1
20	* 柜式空调		4
21	* 音响		1
22	* 文件柜	根据实训室环境定制	2
23	环境布置	1. 指法（点钞、捆扎、计算机操作、电脑输入）示意图，货币防伪要点示意图； 2. 字根表展示板； 3. 票据填写规范示意图； 4. 训练规范标准展示板。	
* 号标注设备为可选设备，可根据需要选择使用。			

（二）金融营销技能实训室

表3-7

序号	区域	设备名称	技术要求	数量（台）
1	综合营销区	电脑桌及学生电话呼叫席位	根据营业场所环境和技能训练的需要定制	50
2		学生呼叫席座椅	根据营业场所环境和技能训练的需要定制	50
3		多媒体讲台及教师电话呼叫席位	根据营业场所环境和技能训练的需要定制	1
4		教师靠椅	根据营业场所环境和技能训练的需要定制	1
5		投影仪		1
6		PC机（学生）		50
7		PC机（教师）		1
8		录音电话及传输控制设备		51
9		服务器		1
10		机柜		1
11		交换机	支持24个10/100/1000Mbps自适应以太网端口	3
12		打印复印扫描机		1
13		* 分体式电教中控系统		1
14		* 音响		1

续表

序号	区域	设备名称	技术要求	数量（台）
15	商务洽谈区	洽谈桌	根据营业场所环境和技能训练的需要定制	6
16		洽谈用椅	根据营业场所环境和技能训练的需要定制	12
17		办公桌	根据营业场所环境和技能训练的需要定制	1
18		办公椅	根据营业场所环境和技能训练的需要定制	1
19		传真机	普通纸传真机	1
20		沙发茶几		1
21		*文件柜	根据业务环境定制	2
22		宣传资料	海报展板、金融产品手册、活页书、法律法规	1
23		办公用品	笔记本、笔、名片、计算机、信函	
24		录音笔		6
25	商务礼仪区	PC机（教师）		1
26		投影仪		1
27		*音响		1
28		玻璃镜	贴墙	1
39		凳子		50
30	其他	*柜式空调		4
31		*文件柜	根据业务环境定制	2
32		环境布置	1. 实训室外部环境布置有关营销规范、程序图片； 2. 各种场合应用礼仪的示意图； 3. 礼仪用语。	
*号标注设备为可选设备，可根据需要选择使用。				

（三）银行综合业务实训室

表3-8

序号	设备名称	技术要求	数量（台）
1	电脑桌	根据商业银行柜台业务环境定制	50
2	学生座椅	根据商业银行柜台业务环境定制	50
3	多媒体讲台	根据商业银行柜台业务环境定制	1
4	教师靠椅	根据商业银行柜台业务环境定制	1
5	投影仪		1

续表

序号	设备名称	技术要求	数量（台）
6	PC 机（学生）		50
7	PC 机（教师）		1
8	服务器		1
9	机柜		1
10	交换机	支持 24 个 10/100/1000Mbps 自适应以太网端口	3
11	* 分体式电教中控系统		1
12	* 柜式空调		4
13	* 音响		1
14	* LED 利率显示屏		1
15	实训专用磁卡	定制，与商业银行磁卡存储格式一致	1000
16	实训专用存折	定制，与商业银行存折存储格式一致	1000
17	* 触摸查询一体机		1
18	* 排队叫号系统		1
19	打印复印扫描机		1
20	存折打印机		4
21	磁卡机		51
22	点钞机		5
23	* 密码小键盘		5
24	* 银行专用计算器		10
25	* 捆钞机		1
26	* 文件柜		2
27	环境布置	1. 实训室外部布置有关货币历史、世界货币、金融机构标志、历史场景等图片，体现一种历史文化氛围； 2. 实训室内部模拟商业银行前台业务环境布置； 3. 实训管理制度、实训程序等内容的布置； 4. 各种个人业务和对公业务单据，业务原始凭证； 5. 报警装置、压数设备、专用印章。	
* 号标注设备为可选设备，可根据需要选择使用。			

（四）证券投资业务实训室

表 3－9

序号	设备名称	技术要求	数量（台）
1	电脑桌	根据证券公司营业环境定制	50
2	学生座椅	根据证券公司营业环境定制	50
3	多媒体讲台	根据证券公司营业环境定制	1
4	教师靠椅	根据证券公司营业环境定制	1
5	投影仪		1
6	PC 机（学生）		50
7	PC 机（教师）		1
8	服务器		1
9	机柜		1
10	交换机	支持 24 个 10/100/1000Mbps 自适应以太网端口	3
11	打印复印扫描机		1
12	＊分体式电教中控系统		1
13	＊柜式空调		4
14	＊音响		1
15	＊LED 证券信息显示屏	根据实训环境配置，显示证券信息	4.4
16	DID 工业拼接屏	根据实训环境配置 3X2 拼接屏，显示实时证券行情	6
17	＊文件柜	根据证券公司营业环境定制	2
18	环境布置	1. 室外布置各大证券市场的标志性建筑图片，体现历史文化氛围，当地证券市场情况文字图片； 2. 室内布置证券业务及相关业务文献资料； 3. 实训管理制度、实训程序等内容的布置。	
＊号标注设备为可选设备，可根据需要选择使用。			

（五）理财规划业务实训室

表 3－10

序号	设备名称	技术要求	数量（台）
1	电脑桌	根据理财业务营业场所环境定制	50
2	学生座椅	根据理财业务营业场所环境定制	50
3	多媒体讲台	根据理财业务营业场所环境定制	1

续表

序号	设备名称	技术要求	数量（台）
4	教师靠椅	根据商业理财业务营业场所环境定制	1
5	投影仪		1
6	PC 机（学生）		50
7	PC 机（教师）		1
8	服务器		1
9	机柜		1
10	交换机	支持 24 个 10/100/1000Mbps 自适应以太网端口	3
11	打印复印扫描机		1
12	* 分体式电教中控系统		1
13	* 柜式空调		4
14	* 音响		1
15	* 文件柜	根据理财业务环境定制	2
16	环境布置	1. 实训室外部环境布置有关个人理财业务历史与现状的文字图片，体现一种历史文化氛围； 2. 实训室内部模拟个人理财业务环境布置； 3. 实训管理制度、实训程序等内容的布置； 4. 各种理财业务单据，全套业务原始凭证。	
* 号标注设备为可选设备，可根据需要选择使用。			

编写说明

淄博职业学院作为投资与理财专业“三项标准”建设的牵头院校，在项目立项后制定了详细的建设方案，进行了总体设计，组建了由淄博职业学院、广州番禺职业技术学院、江苏财经职业学院、四川财经职业学院、日照职业技术学院、江西财经职业学院、广西国际商务职业技术学院七所高职院校，以及深圳智盛信息技术有限公司、海通证券股份有限公司等多家企业参与的项目建设团队，历经近 2 年的时间，组织了专业调研，起草了三项标准，召开了研讨会，并经反复修改，最终成稿。

本项目研究制定了 1 个专业标准、10 门核心课程标准和 5 个实验实训教学仪器设备配备标准。多家院校及企业参与，项目由淄博职业技术学院高丽萍教授主持，具体分工如下：淄博职业学院的崔玉娟负责投资与理财专业标准制订，肖全章负责制订金融学基础和证券投资分析课程标准，程雷负责制订商业银行综合柜台业务课程标准，张莎莎负责制订金融基本操作技能课程标准；广州番禺职业技术学院的姚勇负责制订证券投资实务课程标准；江苏财经职业学院的蒋勇负责制订证券投资基金课程标准；四川财经职业学院李琳负责制订个人理财课程标准；日照职业技术学院姜宝德负责制订公司理财课程标准；江西财经职业学院的王怡然负责制订保险实务课程标准；广西国际商务职业技术学院李永红老师负责制订金融营销实务课程标准；深圳智盛信息技术有限公司的彭家源总经理负责制订本专业的教学仪器设备配备标准。最后由淄博职业学院高丽萍教授、路荣平教授、崔玉娟副教授及张文华副教授负责统稿和修改，并最终定稿。在整个项目建设过程中，广州番禺职业技术学院杨则文教授给予了精心指导。

在投资与理财专业“三项标准”项目建设过程中，我们对多家证券公司、商业银行、保险公司等金融机构和其他企业进行了调研，同时得到了财指委教学科研工作组的指导和大力支持，也借鉴了众多研究资料。在此，对以上各参与院校、老师和企业、财指委教学科研工作组的领导、淄博职业学院暨会计学院各位领导的大力支持致以最衷心的感谢！

投资与理财专业三项标准项目组

高等职业院校
财经类专业三项标准

（上册）

全国财政职业教育教学指导委员会　编

中国财经出版传媒集团
中国财政经济出版社

图书在版编目（CIP）数据

高等职业院校财经类专业三项标准：全2册／全国财政职业教育教学指导委员会编．—北京：中国财政经济出版社，2016.8
ISBN 978－7－5095－6918－4

Ⅰ.①高…　Ⅱ.①全…　Ⅲ.①高等职业教育－经济－专业－标准－中国
Ⅳ.①G649.20－65

中国版本图书馆CIP数据核字（2016）第190055号

责任编辑：陈　冰　　　　　　　　　　责任校对：徐艳丽
封面设计：孙俪铭

中国财政经济出版社出版
URL：http：//www.cfeph.cn
E－mail：cfeph@cfeph.cn

社址：北京市海淀区阜成路甲28号　邮政编码：100142
营销中心电话：88190406　北京财经书店电话：64033436　84041336
北京京华虎彩印刷有限公司印刷　　各地新华书店经销
787×1092毫米　16开　58.5印张　1 426 000字
2016年8月第1版　2016年8月北京第1次印刷
定价：148.00元（上下册）
ISBN 978－7－5095－6918－4/G·0172
（图书出现印装问题，本社负责调换）
质量投诉电话：88190744
反盗版举报热线：88190492　88190446

出版说明

本标准由全国财政职业教育教学指导委员会组织开发并审定，同意作为全国高职高专院校财经类专业指导性标准。现正式发布，供参照执行。

全国财政职业教育教学指导委员会

2015 年 12 月

编委会成员名单

主　任

贾荣鄂

副主任

张　猛　王庆阁　董显慧

委　员

孙　涛　韩玉国　赵丽生　程淮中　杨则文

郭　伟　何先应　易思飞　赵水根　杨百梅

前言 Preface

本标准是根据财政部人事教育司、干部教育中心、全国财政职业教育教学指导委员会《关于印发全国财政职业教育教学指导委员会第三次工作会议有关文件的通知》(财人干〔2012〕157号)及附件5《全国财政职业教育教学指导委员会关于立项建设高职财经类专业三项标准的意见》的要求,由全国财政职业教育教学指导委员会组织开发、审定的全国高职高专院校财经类专业指导性标准。

为促进财经类专业建设和改革,落实全国财政职业教育教学指导委员会(简称“财指委”)第一次工作会议(2011年3月成都会议)的工作安排,全国财指委教学科研组于2011年6月在昆明召开了第一次工作会议,确定由山西省财政税务专科学校、广州番禺职业技术学院、江西财经职业学院、宁夏财经职业技术学院、淄博职业学院、江苏财经职业技术学院、河南财政税务高等专科学校、四川财经职业学院8所院校牵头开发高职财经类8个专业的专业标准、核心课程标准和教学仪器设备配备标准(简称“三项标准”)。此后,全国财指委教学科研组于2011年7月在郑州召开了第二次工作会议,专题研究了三项标准制定的有关工作。2012年11月15日,全国财指委在烟台召开专家评审会议,通过了会计、金融管理与实务、金融保险专业三项标准的结项验收。2013年5月22日,全国财指委在烟台再次召开专家评审会议,通过了资产评估与管理、投资与理财、财务管理、税务、会计电算化专业三项标准的结项验收。2015年12月16日,根据教育部颁布的新专业目录和专业教学改革变化的实际情况,全国财指委组织专家在西安对新修订内容进行了再次审定。形成了最终的会计、财务管理、会计信息管理、税务、资产评估与管理、金融管理、保险、投资与理财8个专业的三项标准。现正式发布,供全国高职院校财经类专业参照执行。

全国财政职业教育教学指导委员会
2015年12月

目 录 Contents

上 册

下 册

会 计 专 业

目录 Contents

第一部分

会计专业标准

一、专业名称对接专业

专 业 名 称：会计
专 业 代 码：630302
衔接中职专业：会计
接续本科专业：会计学

二、招生对象

普通高中毕业生或同等学力者。

三、学历与学制

学制：基本学制3年，可实行学分制为基础的弹性学制。
学历：专科。

四、职业岗位描述

会计职业面向中小企业及民间非营利组织从事出纳、会计核算、内部会计监督、税务管理、财务管理和日常会计管理等工作以及会计师事务所等中介机构从事或参与会计代理、审计查账、会计咨询等服务工作。经过3～5年工作经验积累后可向会计主管、资金主管等具有综合业务职能和管理职能的岗位发展。能够胜任的岗位主要包括：出纳岗位、会计核算岗位、会计监督岗位、会计管理岗位、财务管理岗位、税务管理岗位。

表1－1 会计专业毕业生能胜任的业务岗位表

初始就业岗位	就业范围	主要业务工作	发展岗位
出　纳	中小企业、民间非营利组织	• 开立银行账户并参与银行账户的管理 • 办理现金收支、银行结算业务 • 保管现金及有价证券 • 登记库存现金、银行存款日记账 • 配合进行现金及银行存款清查	会计主管、财务主管
会计核算	中小企业、民间非营利组织	• 核算单位经济业务 • 计算产品成本，核算产品生产业务 • 编制财务会计报告	

续表

<table>
<tr><th>初始就业岗位</th><th>就业范围</th><th>主要业务工作</th><th>发展岗位</th></tr>
<tr><td>内部会计监督</td><td>中小企业、民间非营利组织</td><td>• 参与单位内部年度审计计划的编制
• 开展日常经济业务合理合法效益性审计
• 编制年度审计报告
• 协助处理社会中介机构签订审计约定书、编制项目审计计划、进行业务循环审计、撰写审计报告等业务</td><td rowspan="3">会计主管、财务主管</td></tr>
<tr><td>税务管理</td><td>中小企业、民间非营利组织</td><td>计算单位税费并办理纳税申报，进行单位纳税筹划，依法办理企业涉税业务</td></tr>
<tr><td>财务管理</td><td>中小企业、民间非营利组织</td><td>参与企业内部资金筹集管理、投资业务管理、收益分配管理和全面预算管理等工作</td></tr>
<tr><td>日常会计管理</td><td>中小企业、民间非营利组织</td><td>从事会计制度设计、会计制度管理、会计人员管理、会计档案管理等工作</td><td></td></tr>
<tr><td>会计代理</td><td>会计中介机构</td><td>代理会计及税务等相关业务</td><td rowspan="3">注册会计师</td></tr>
<tr><td>审计查账</td><td>会计中介机构</td><td>审核被审计单位的会计凭证、账簿和财务报表，判定其中是否存在差错和舞弊，提出审计建议，出具审计报告</td></tr>
<tr><td>会计咨询</td><td>会计中介机构</td><td>为委托方提供会计相关业务的咨询，并提出咨询建议</td></tr>
</table>

五、培养目标

为中小企业、民间非营利组织及社会中介机构的出纳岗位、会计核算岗位、会计管理岗位、财务管理岗位、税务管理岗位、内部会计监督岗位培养具有相应专业能力，并具备良好职业道德和可持续发展能力，适应社会主义市场经济发展需要，服务地方经济建设的多元化复合型高素质的会计专门人才。

（一）综合素质

1. 思想政治素质：掌握马克思主义和中国化马克思主义理论体系的思想方法，具有科学的世界观、人生观和价值观；树立拥护中国共产党领导、热爱社会主义祖国、服务中国特色社会主义建设的理想信念，拥有能够支撑高职大学生职业发展的思想政治素质。

2. 人文素养与科学素质：掌握基本的人文和科学知识，对中国传统文化有基本的了解，具有宽阔的文化视野和科学的思维习惯，具备健康的审美情趣和正确的审美观。

3. 身心素质：养成良好的锻炼身体、讲究卫生的习惯，掌握保持身体强健的基本方法，达到国家规定的健康标准；具有坚强的毅力、积极乐观的态度、良好的人际关系、健全的人格品质。

4. 职业素质：具有良好的职业态度和职业道德修养；具有正确的择业观和创业观；具有诚信的品质，具有敬业、合作和创新精神；熟悉国家财经法规、会计准则和会计制度，具有客观公正、坚持准则的职业态度；具有较强的亲和力和持久的工作热情。

（二）职业能力

1. 具备一定的财经应用文写作能力，能够正确书写各种会计文书，取得普通话乙级资格；具有一定的英语阅读与听说能力，并能处理较为简单的英语专业技术资料和英语商务函件，取得三级英语资格证书；了解网络信息处理的基本常识，具备计算机应用的基本能力，取得全国计算机上岗等级资格证书。

2. 具备票币清点技能，能够辨别货币及票据的真伪，正确办理货币资金收付业务。

3. 具备手工核算与会计信息化核算的技能，能够运用财务软件熟练处理会计业务；能结合各种产品、劳务和企业经营管理的特点和要求，采用灵活合理的方法正确计算产品和劳务的成本，并编制成本分析报表；能够正确编制财务会计报告。

4. 熟悉税收法律制度，熟悉税费计算规定，熟悉纳税申报的流程，具备纳税筹划能力，能够办理税费计算、纳税申报等各项涉税业务。

5. 了解审计的一般程序及方法，具备在单位内部从事内部审计的能力，具备在注册会计师事务所协助注册会计师从事查账验证、会计咨询、税务代理的职业能力。

6. 掌握财务管理的基本知识和基本方法，具备基本的财务分析能力和参与筹资、投资、营运资金和收益分配活动管理的基本能力；掌握管理会计的一般理论与方法，能够运用管理会计参与论单位管理会计的基本工作。

7. 了解企业内部控制的基本原理和会计制度设计的基本原则和方法，具备中小企业会计制度设计的能力；熟悉会计法律法规，具备管理单位内部会计工作的基础能力。

8. 能够运用 Excel 及其他办公软件进行文档处理及辅助会计核算、财务管理、税费计算等工作。

六、毕业标准

（一）学分要求

本专业按学年学分制安排课程，毕业标准为修满 140 学分。

理论课程和一体化课程每 18 学时 1 学分，实践课程一般每 28 学时 1 学分。1 学时为 45 分钟。

（二）证书要求

1. 获得财政部门组织考核的从业资格考试合格证书。

2. 获得以下计算机应用能力证书之一：

（1）教育部门："全国高等学校计算机课程水平考试一级——计算机应用"证书；

（2）教育部考试中心："全国计算机等级考试（NCRE）一级——MS OFFICE"证书；

（3）国家人力资源和社会保障部："办公软件应用"四级（操作员级）及以上证书。

3. 推荐以下英语考试合格证书，但不作为获得毕业证书的必要条件：

（1）高等学校英语应用能力考试委员会：全国高等学校英语应用能力考试 B 级证书；

（2）全国大学英语四、六级考试委员会：全国大学生英语四级或六级考试证书。

七、课程体系

本专业学生应当学习的职业能力课程体系及部分主要课程见图 1－1。

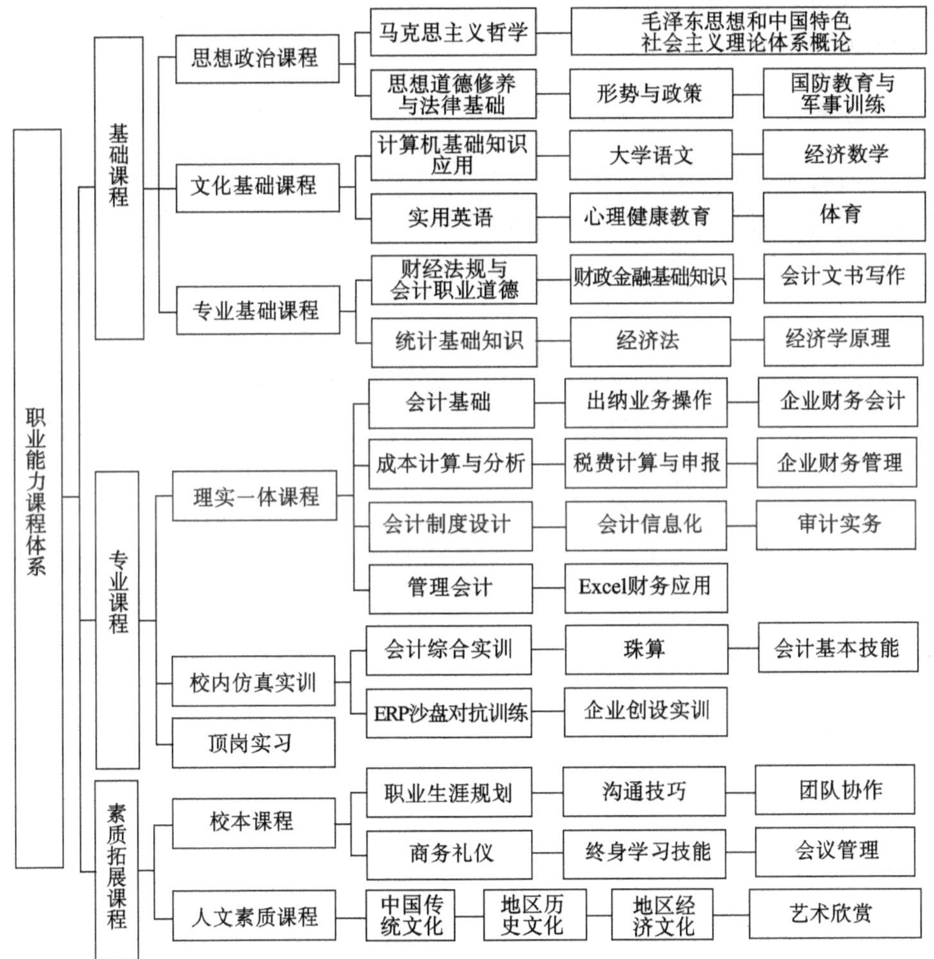

图 1－1 职业能力课程体系

（一）基础课程

基础课程通过思想政治课程、文化基础课程、专业基础课程 3 个模块的教学，夯实理论基础，提高学生综合素质，建立人才培养必须的基础知识系统。

1. 思想政治课程模块。主要是帮助学生树立正确的人生观、世界观和价值观，培养学生正确的政治思想、道德修养和法律观念。其主要课程包括：马克思主义哲学、思想道德修养与法律基础、毛泽东思想和中国特色社会主义理论体系概论、形势与政策、国防教育与军事训练。

2. 文化基础课程模块。主要培养学生的中英文读写听说能力、数学思维能力和计算能力、身体和心理承受能力等，为专业课程进行铺垫或为今后职业生涯的持续发展进行基础性建设，并为部分学生继续深造奠定基础。其主要课程包括：计算机基础知识应用、大学语文、经济数学、实用英语、心理健康教育、体育。

3. 专业基础课程模块。主要学习与专业课程相关的专业基础知识和理论基础知识。其主要课程包括："财经法规与会计职业道德"、"财政金融基础知识"、"会计文书写作"、"统计基础知识"、"经济法"、"经济学原理"。

（二）专业课程

专业课程通过理实一体课程、校内仿真实训、校外顶岗实习 3 个模块的教学，培养学生的职业能力，深化实践教学，建立专业人才培养必须的认知实训—模拟岗位任务—实际岗位任务的专业职业能力培养系统。

1. 理实一体课程模块。理实一体课程模块按会计岗位工作任务开发设置，通过理论与实践的一体化教学，培养学生出纳、会计核算、会计监督、日常会计管理、税务管理、财务管理等会计职业岗位能力，其主要课程包括："会计基础"、"出纳业务操作"、"企业财务会计"、"成本计算与分析"、"税费计算与申报"、"会计信息化"、"企业财务管理"、"会计制度设计"、"审计实务"、"管理会计"、"Excel 财务应用"。

2. 校内仿真实训模块。是以会计职业岗位任务为依据，遵循教育教学规律和职业成长规律，仿真企业会计工作岗位任务、企业会计职业环境和条件、企业会计工作过程、企业业务操作规范和考核标准、企业文化等，对学生实施从单一岗位到综合岗位、从简单技能训练到高级职业判断的阶段性培养的课程模块。其主要课程包括：会计综合实训、珠算、会计基本技能、ERP 沙盘对抗训练、企业创设模拟实训。

3. 顶岗实习模块。是在第 6 学期开设的对上述专业知识、技能进行综合运用，培养学生职业综合能力和综合素质的课程。顶岗实习的教学地点为校外实训基地或学生的实习单位，指导教师为学校专业教师和单位的会计专业人员。

（三）素质拓展课程

素质拓展课程通过校本课程、人文素质两个模块的教学，培养学生的人文气息和人文综合素质，提高学生的社会适应能力，拓宽学生的成才之道，建立多元化复合型人才培养必须的素质教学系统。

1. 校本课程模块。校本课程是根据各个高职院校所处的地域以及专业所处的领域，按照地域特点和专业特点开设的课程模块。其主要课程包括：沟通技巧、团队协作、商务礼仪、终身学习技能、会议管理、职业生涯规划。

2. 人文素质模块。人文素质课程主要包括艺术鉴赏能力、历史传统文化的感悟能力等等，如唐诗、宋词、元曲、书法、绘画、雕塑等人文艺术的渗透和传播。其主要开设课程包括：中国传统文化、地区历史文化、地区经济文化、艺术欣赏。

八、核心课程基本内容

专业核心课程共10门，各门课程应当掌握的教学内容和技能训练标准见表1－2。

表1－2 会计专业核心课程教学内容表

课程名称	应当掌握的知识	应当达到的技能标准
1. 会计基础	• 一般了解会计职业和会计工作组织 • 了解会计的概念、目标、职能、对象 • 了解会计信息质量要求 • 理解会计要素及会计等式 • 明确会计核算的方法与流程 • 掌握借贷记账法的原理、方法和记账规则 • 认知企业经营过程的主要经济业务，能够运用借贷记账法进行经济业务核算 • 认知成本的概念和成本项目，掌握成本计算的基本原理与方法 • 认识会计凭证、会计账簿和会计报表 • 明确填制和审核会计凭证的要求 • 明确设置和登记会计账簿及对账、结账的要求 • 明确组织、开展财产清查的方法与要求 • 明确编制和报送会计报表的方法与要求 • 明确会计账务处理程序的概念与特点，明确记账凭证账务处理程序和科目汇总表账务处理程序的步骤	• 具备从事会计工作的基础知识、基本技能 • 具备运用借贷记账法进行日常经济业务核算的能力 • 掌握会计核算的方法，熟悉会计账务处理程序，能独立完成从填制和审核凭证→设置和登记账簿→对账、结账→编制与报送财务报表工作 • 能运用正确的方法清查现金、银行存款、存货，并能对清查结果进行会计处理 • 具备根据企业实际情况正确选择会计账务处理程序的能力 • 具有严格执行会计等相关法律法规的工作态度和“不做假账”的职业道德 • 具有较强的语言表达、会计职业沟通和协调能力 • 能自主学习会计新知识、新技术等，具有终生学习的能力；能通过各种学习资源查找所需信息
2. 财经法规与会计职业道德	• 会计法律法规 • 支付结算法律法规 • 税收法律法规 • 财政法律法规 • 会计职业道德	• 能够根据会计法律法规知识依法开展各项会计核算、监督和管理工作 • 能够按照支付结算法律法规的规定开展办理各项结算业务 • 能够遵守税收法律法规办理涉税事务 • 能够按照财政法律的规定办理集中核算、政府采购和财政预算决算的相关事务 • 能够正确理解会计职业道德的含义，并自觉遵守

续表

课程名称	应当掌握的知识	应当达到的技能标准
3. 出纳业务操作	• 熟悉《中华人民共和国会计法》、《会计基础工作规范》、《企业内部控制规范》、《现金管理条例》、《银行支付结算办法》、《中华人民共和国票据法》等会计法规内容 • 明确现金管理与银行存款管理的相关规定 • 明确现金、银行收付款业务办理的程序、手续和内部控制要求 • 明确收付款业务填制取得原始凭证及编制记账凭证的要求，掌握原始凭证与记账凭证审核的方法和要求 • 明确设置与登记现金、银行存款日记账的规范 • 熟悉规范保管、核对现金及其他有价证券的法律要求与会计方法 • 熟悉银行结算方式的法律法规和结算要求；明确不同结算方式的要求、特点和使用	• 具备审核收付款业务原始单据并根据原始凭证对经济业务进行确认和计量的能力 • 能按规定的程序熟练办理库存现金收支结算业务、银行转账结算业务 • 能够熟练地点钞、捆钞，熟练地应用验钞机等相关工具 • 能明辨库存现金和各种银行票据、银行结算凭证的真伪，并按规定保管、核对库存现金和各种银行票据 • 能规范地设置与登记库存现金、银行存款日记账 • 能正确处理在货币资金结算过程中出现的差错 • 具有一定的沟通交流和团结协作能力
4. 企业财务会计	• 存货核算 • 金融资产核算 • 长期股权投资核算 • 固定资产核算 • 无形资产核算 • 投资性房地产核算 • 债权人权益核算 • 所有者权益核算 • 收入核算 • 费用核算 • 利润核算 • 财务会计报告编制 • 财务报表调整 • 熟悉《中华人民共和国会计法》、《会计基础工作规范》、《企业内部控制规范》、《现金管理条例》、《银行支付结算办法》、《中华人民共和国票据法》等会计相关规范的内容	• 能明辨各种经济业务原始单据的正确性、完整性、合理性和合法性 • 能正确判断各种原始单据所反映的经济业务内容、性质和类型 • 能按照企业会计准则确认、计量企业发生的经济业务 • 能按照会计规范正确记录各种经济业务 • 能按会计准则要求编制财务报表 • 能正确编制会计报表附注，并明确及时披露的相关要求 • 能正确处理会计准则与税收法规的差异；合理进行税费计算和会计核算 • 能充分预见各项财产物资在收付、保管过程中可能出现的风险，并具备常规控制风险的能力 • 能总结出各项经济业务核算流程、特点，以自主学习新经济业务相关内容 • 具有较强的语言表达、会计职业沟通和协调能力；遵循会计职业道德，不做假账，不谋私利

续表

课程名称	应当掌握的知识	应当达到的技能标准
5. 成本计算与分析	• 产品成本计算——品种法 • 产品成本计算——分批法 • 产品成本计算——分步法 • 成本报表编制与分析	• 能根据企业产品生产特点并结合管理要求确定成本计算方法 • 会根据选定的成本计算方法设置成本、费用明细账 • 能解释、分析经济活动中发生的各项耗费；能明辨各种费用发生的原始单据的真实性、完整性、合法性 • 能明辨各种费用界限，合理确认其归属；会根据各费用支出的原始凭证及原始凭证汇总表编制各费用分配表，正确分配各项要素费用 • 会根据各费用分配表登记基本生产成本明细账 • 会采用品种法、分步法、分批法等成本计算方法计算产品成本 • 会运用日常成本核算资料及相关资料编制成本报表 • 能结合成本管理要求进行相应的成本分析 • 能及时按照规定采用书面和网络系统向相关成本信息使用者报送成本报表 • 能公正地执行财经纪律，遵守成本开支范围，不循私、不舞弊 • 能根据生产工艺的特点和企业管理要求，结合运用品种法、分批法、分步法等方法
6. 税费计算与申报	• 纳税工作流程认知 • 增值税计算与申报 • 消费税计算与申报 • 关税计算与缴纳 • 企业所得税计算与申报 • 个人所得税计算与申报 • 土地增值税的计算与申报 • 财产税类计算与申报：房产税、城镇土地使用税、车船税； • 附加税计算与申报 • 财政规费的计算与申报 • 其他税种计算与申报	• 具有涉税经济业务会计核算的基本技能 • 具备根据企业的实际经济业务判断其纳税义务涉及税种的能力 • 具备准确判断企业经济业务所属税种、税目，确定适用税率和计税依据，计算相关税种的应纳税额的能力 • 能依据税法规定的减免税优惠，判断企业经济业务能享受的优惠政策 • 能根据企业经济业务发生的具体情况，判断纳税义务发生时间 • 具备根据计算的应纳税额及时、准确填报每个税种的纳税申报表及其附列资料的能力 • 具备熟练操作会计电算化、电子纳税申报等软件的能力 • 能根据税法规定选择纳税地点及时办理税款缴纳手续 • 具备通过报纸、杂志和网络等各种媒体资源查找有关税法知识的能力 • 具备准确分类整理和妥善保管纳税申报过程中形成的各种涉税文书的能力

续表

课程名称	应当掌握的知识	应当达到的技能标准
7. 企业财务管理	• 企业财务管理基础知识。主要包括财务活动认识、资金时间价值和风险收益分析等 • 企业财务管理基本方法。主要包括财务预测方法、财务预算方法、财务控制方法、财务分析方法 • 企业筹资管理。主要包括筹资规模管理、筹资方式管理和筹资成本管理等 • 企业投资管理。主要包括项目投资管理和证券投资管理等 • 企业营运资金管理。主要包括现金管理、应收账款管理和存货管理等 • 企业收益与分配管理。主要包括利润形成与分配管理等 • 企业财务预算管理。主要包括现金流入、流出预算管理及现金净流量预算管理等 • 企业财务控制。主要包括财务控制基础和财务控制实施等	• 能理清并协调企业财务活动所产生的财务关系 • 能比较敏锐地判断社会经济环境、政策法规变化对企业财务活动产生的影响 • 能比较准确地判断企业内部生产方式的变化对财务产生的影响 • 具有较强的财务风险意识和资金时间价值观念，具有一定的财务决策分析能力 • 具有较强的财务预测能力，能够胜任企业财务预算与控制等基础工作 • 能应用财务管理专门方法对企业的筹资活动、投资活动、资金营运活动和收益分配活动进行有效的管理 • 能熟练运用办公自动化相关软件和计算机技术进行财务业务处理 • 具有一定的统计分析能力、写作能力和较强的学习能力 • 具有良好的职业道德和敬业精神，具有团队合作意识
8. 会计信息化	• 会计电算化基础知识认知 • 日常资金管理 • 报表管理 • 职工薪酬管理 • 固定资产管理 • 采购与应付款管理 • 销售与应收款管理 • 仓储管理 • 会计数据综合分析	• 熟知各财务软件的设计思路 • 具备熟练操作财务软件的能力 • 能独立设置会计账套参数和建立会计电算化账套； • 会运用会计软件对企业的资金筹集、材料采购、产品生产、产品销售及利润生成和分配、购销存等业务进行会计核算与管理处理 • 会利用会计信息系统对会计数据进行分析，帮助企业管理人员做出决策 • 具备综合利用会计数据进行辅助决策的能力 • 具有较强的语言表达、会计职业沟通和协调能力；能顺利与软件公司沟通，得到其业务指导和帮助，能协调相关岗位人员与业务关系；具有团队合作和协作精神 • 能熟练运用电子信息查询技术，能在第一时间收集到最新的会计信息化文件 • 能自主学习会计、计算机、网络、管理等新知识、新技术

续表

课程名称	应当掌握的知识	应当达到的技能标准
9. 审计实务	• 审计业务约定书签订相关规定、法律责任与要求 • 审计计划的编制程序与要求 • 业务循环的审计方法与程序：销售与收款循环审计、采购与付款循环审计、生产与存货循环审计、人力资源与工薪循环审、筹资与投资循环审计、货币资金审计 • 审计报告出具的相关规定与要求	• 能实施事务所业务承接的质量控制程序 • 能合理判断并确定审计重要性水平 • 能实施重大错报风险评估程序 • 能与管理层、治理层进行有效沟通 • 能制定总体审计策略和具体审计计划 • 能实施各业务循环控制测试和实质性程序 • 能编制审计工作底稿 • 能撰写审计报告 • 能利用各种资源进行资料的搜集和整理
10. 会计综合实训	• 企业基本情况认知 • 企业会计机构设置、会计岗位划分、会计岗位职责设计方法 • 会计岗位任务工作流程及会计制度认知，明确付款业务、收款业务、转账业务办理的流程 • 产品成本计算方法设计 • 手工办理会计业务实训： 掌握会计业务办理的基本技能：审核原始凭证→编制记账凭证→登记日记账、明细账→编制科目汇总表→登记总账→对账→结账→编制会计报表 掌握会计业务办理的基本知识：典型业务办理流程、典型专业知识学习、典型业务原始凭证的设计与使用 • 手工纳税申报业务办理 • 银行存款对账业务办理 • 会计电算化办理会计业务实训。初始化→会计凭证的输入与审核→查询→记账结账→报表初始化→编制会计报表 • 会计报表分析方法实训 • 会计档案管理的要求 • 了解会计部门内部控制的一般要求，能够有效进行不同岗位之间的协调与控制 • 掌握利用计算机制作表格、报表的方法	• 能够根据企业具体情况，合理设置会计机构、配备会计人员、划分会计岗位并制定岗位职责 • 能够进行典型业务办理流程的设计 • 能根据企业会计准则的要求和单位的实际情况合理设计企业会计核算制度和监督制度 • 能够采用手工和电算化方法进行期初建账操作 • 能够按照会计制度、会计业务操作规范和会计业务办理流程分岗办理各项典型的会计业务 • 能够对各项典型业务进行核算和监督，并在会计业务办理过程中总结内部会计控制的流程和会计制度运用的逻辑思维 • 能够进行产品成本计算的原始凭证设计及产品成本计算 • 能够进行企业期末结账及期末各项结转业务的办理 • 会办理涉税业务，进行税费计算与申报 • 能够正确编制企业会计报表 • 能够采用财务软件进行会计核算和经济业务管理 • 掌握财产清查的方法和技能 • 能够对会计档案进行有效管理 • 会进行部门、岗位之间互相沟通和协调

九、教学计划进度

1. 教学计划进展安排参照表 1－3。

表 1－3 **教学计划进度安排**

学习领域		课程类型	序号	学习领域课程名称	核心课程○	课程类型	学分	总学时	教学周学时/教学周数						考核评价方式	主要教学场所	说明
									第一学期	第二学期	第三学期	第四学期	第五学期	第六学期			
									18	18	18	18	18	18			
基础学习领域	思想政治课程	必修课	1	马克思主义哲学		理论	2	30	2/15						考试	多媒体教室	
			2	思想道德修养与法律基础		理论	3	54		3/18					考试	多媒体教室	
			3	毛泽东思想和中国特色社会主义理论体系概论		理论	4	72			4/18				考试	多媒体教室	
			4	形势与政策		讲座	1								考查	多媒体教室	
			5	国防教育与军事训练		实践	4	80	40/2						考查	多媒体教室	
				小计			14	236	2	3	4	0	0	0			
	文化基础课程	必修课	1	计算机基础知识应用		一体化	3	60	4/15						考试	计算机实训室	
			2	大学语文		理论	3	54	3/18						考试	多媒体教室	
			3	经济数学		理论	7	132	4/15	4/18					考试	多媒体教室	
			4	实用英语		一体化	15	276	4/15	4/18	4/18	4/18			考试	多媒体教室	
			5	心理健康教育		讲座	1								考查	多媒体教室	
			6	体育		一体化	3	66	2/15	2/18					考查	视项目确定	
				小计			32	588	17	10	4	4	0	0			
	专业基础课程	必修课	1	财经法规与会计职业道德	○	理论	3	54		3/18					考试	多媒体教室	
			2	财政金融基础知识		理论	3	54				3/18			考试	多媒体教室	
			3	会计文书写作		一体化	2	36				2/18			考试	多媒体教室	
			4	统计基础知识		理论	2	36				2/18			考试	多媒体教室	
			5	经济法		一体化	4	72			4/18				考试	多媒体教室	
			6	经济学原理		理论	3	54			3/18				考试	多媒体教室	
				小计			17	306	0	3	7	7	0	0			

续表

学习领域		课程类型	序号	学习领域课程名称	核心课程○	课程类型	学分	总学时	教学周学时/教学周数						考核评价方式	主要教学场所	说明
									第一学期	第二学期	第三学期	第四学期	第五学期	第六学期			
									18	18	18	18	18	18			
专业学习领域	理实一体课程	必修课	1	会计基础	○	一体化	4	75	5/15						考试	多媒体教室	
			2	出纳业务操作	○	一体化	2	36				2/18			考试	岗位实训室	
			3	企业财务会计	○	一体化	10	180		4/18	6/18				考试	多媒体教室	
			4	成本计算与分析	○	一体化	4	72				4/18			考试	多媒体教室	
			5	税费计算与申报	○	一体化	6	108		4/18	2/18				考试	多媒体教室	
			6	会计制度设计		一体化	2	36					2/18		考试	多媒体教室	
			7	会计信息化	○	一体化	6	108			2/18	4/18			考试	多功能实训室	
			8	企业财务管理	○	一体化	4	72				4/18			考试	多媒体教室	
			9	审计实务	○	一体化	4	72					4/18		考试	多媒体教室	
			10	管理会计		一体化	3	54					3/18		考试	多媒体教室	
			11	Excel 财务应用		一体化	2	36					2/18		考查	多功能实训室	
				小计			47	849	5	8	10	14	11	0			
	校内仿真实训	必修课	1	会计综合实训	○	实践	4	108					6/18		考试	岗位实训室	
			2	珠算		实践	1	18	1/18						考查	基本技能实训室	
			3	会计基本技能训练		实践	2	40	2/10	2/10					考查	基本技能实训室	
			4	ERP 沙盘对抗训练		实践	2	40					40/1		考查	ERP 实训室	
			5	企业创设模拟实训		实践	1	18					1/18		考查	多功能实训室	
				小计			10	224	3	2			7	0			
	顶岗实习		1	顶岗实习		实践	16	640						640	考查	校外实训基地	

续表

学习领域		课程类型	序号	学习领域课程名称	核心课程○	课程类型	学分	总学时	教学周学时/教学周数						考核评价方式	主要教学场所	说明
									第一学期	第二学期	第三学期	第四学期	第五学期	第六学期			
									18	18	18	18	18	18			
素质拓展领域	校本课程	选修课	1	沟通技巧		讲座	2	24			4/2				考查	多媒体教室	6门选3门
			2	团队协作		讲座											
			3	商务礼仪		讲座						4/2					
			4	终身学习技能		讲座											
			5	会议管理		讲座							4/2				
			6	职业生涯规划		讲座											
				小计			2	24									
	人文素质课程	选修课	1	中国传统文化		讲座	2	24				4/3			考查	多媒体教室	4门选2门
			2	地区历史文化		讲座											
			3	地区经济文化		讲座							4/3				
			4	艺术欣赏		讲座											
				小计			2	24									
				合计			140	2 891	27	26	25	25	18	640			

2. 总体教学进程安排参照表1－4。

表1－4　　总体教学进程安排

学期＼内容＼周数	军训入学教育	课程教学	顶岗实习	毕业调研	毕业教育	考试	机动	合计
一	2	15				1		18
二		18	假期4			1	1	20
三		18				1	1	20
四		18	假期4			1	1	20
五		18				1	1	20
六			16	1	1	1	0	19
合计	2	87	16	1	1	6	4	117

3. 各类课程学时学分比例参照表1－5。

表 1－5　各类课程学时学分比例

课程类别			学时	比例	学分	比例
必修课	基础学习领域	思想政治课程	236	8.16%	14	10.00%
		文化基础课程	588	20.34%	32	22.86%
		专业基础课程	306	10.58%	17	12.14%
		小计	1 130	39.09%	63	45.00%
	专业学习领域	理实一体课程	849	29.37%	47	33.57%
		校内仿真实训	224	7.75%	10	7.14%
		顶岗实践	640	22.14%	16	11.43%
		小计	1 713	59.25%	73	52.14%
	必修课小计		2 843	98.34%	136	97.14%
选修课	素质拓展领域	校本课程	24	0.83%	2	1.43%
		人文素质课程	24	0.83%	2	1.43%
		选修课小计	48	1.66%	4	2.86%
合计			2 891	100.00%	140	100.00%

十、教学实施条件

（一）教师任职条件

1. 专任教师。

（1）具有高校教师资格证；

（2）具有会计岗位工作经历，熟悉会计业务；

（3）精通会计专业的基本理论与知识；

（4）具有较强的教研与科研能力。

2. 兼职教师。

（1）具有 5 年以上会计及相关岗位工作经历，有丰富的实际工作经验；

（2）具有中级以上专业技术职务或在职业技能竞赛中获得奖励；

（3）具有较强的教学组织能力。

（二）实践教学条件

1. 仿真实训。

（1）实训场所：用于进行会计基本技能训练的实训室；配置能应用会计核算监督模拟实训软件、会计信息化软件的网络环境的计算机机房；配置可能进行会计分岗位操作的模拟企业内部会计工作环境及模拟银行、模拟税务等外部环境的实训室；

（2）实训工具设备：会计工作所运用的各类办公设施设备及基本文具；进行企业经营管理模拟演练的沙盘及相关资料；

（3）会计日常用品；

（4）仿真实训资料：企业工商注册、银行开户、税务登记、会计核算、会计监督、会计制度设计等相关资料；

（5）模拟实训软件：会计核算模拟实训软件、成本计算模拟实训软件、税费计算与申报模拟实训软件、财务分析模拟实训软件、企业版财务软件、审计实训软件、小键盘票据录入实训软件、企业 ERP 资源管理软件等；

（6）配备足够数量的校内实训指导教师。

2. 顶岗实习。

（1）具有足够数量的校外实训基地；

（2）校外实训基地应具备相应的实习条件，足够容纳学生，并为学生提供食宿及发放补助；

（3）配备足够数量的具有丰富实践经验的顶岗实习指导教师。

（三）学习资源

电子教材、教学课件、微课、生产工艺过程教学录像、会计实践操作流程教学录象、会计技能演示录像、习题库、试题库、图片、动画、校内仿真实训及校外顶岗实践管理制度、学生学习手册、会计法律法规汇编、会计从业资格考试大纲及模拟习题与试题、助理会计师考试大纲及模拟习题与试题。

第二部分

会计专业核心课程标准

“会计基础”课程标准

一、课程定位

“会计基础”课程是会计专业的入门课程，是根据初学者对会计职业认知的要求和会计核算岗位的基本工作流程设置的。该课程主要学习会计职业认知内容、会计基本理论和会计核算基本方法，重点为会计核算基本方法，难点为借贷记账法的运用。通过本课程的学习，第一，可使学生能够正确认知会计职业在社会经济发展中的重要作用，理解会计的职能、目标、对象，会计核算的前提条件，会计信息质量要求等基本理论，树立会计职业感；第二，使学生学会运用借贷记账法反映会计业务的增减变动情况；第三，使学生能够对小型制造企业的日常活动进行正确规范的核算，包括填制审核原始凭证、编制审核记账凭证、登记会计账簿、结账、对账和编制会计报表。本课程所培养的专业能力、方法能力和社会能力是学习后续课程——出纳实务操作、企业财务会计、成本计算与分析、税费计算与申报、会计制度设计、会计综合实训等的基础能力，也是会计职业的基本能力。

二、课程目标

1. 能正确理解会计工作的意义，明确投资者、债权人、经营者、政府和社会公众对会计信息的需求。

2. 掌握会计职能、会计对象、会计核算的前提条件、会计信息质量要求等会计基本理论。

3. 能够正确理解小型制造业企业日常活动经济业务内容，学会运用借贷记账法记录小型制造业企业日常活动。

4. 能独立完成从填制和审核凭证→设置和登记账簿→结账、对账→编制与报送会计报表的会计核算工作。

5. 具有严格执行会计等相关法律法规的工作态度和良好的会计职业道德。

6. 具有较强的语言表达、沟通和协调能力；具有团队合作和协作精神。

7. 能自主学习，能通过各种学习资源查找所需信息。

三、设计思路

“会计基础”课程按照工作系统化课程的设计思路，依据“会计职业认识与会计基本理论理解”和“会计核算的基本方法”的职业认知基本规律形成两大部分教学内容，其中以会计核算的基本方法作为学习的主要内容。“会计核算的基本方法”教学内容以小型制造业企业日常业务为载体，按照会计核算的工作过程：设置会计科目→设置账户→借贷记账法运用→填制审核原始凭证→编制审核记账凭证→建立并登记会计账簿→结账对账→财产清查→编制会计报表分设项目，并以实务操作过程为序有机整合理论与实践教学内容形成学习模块并组织校内仿真实训，实行教学做一体化教学。本课程的教学设计应遵循下列几项原则：第一，注重引导学生在各个学习环节认识会计职业的意义、目标和职能，树立会计职业感；第二，按照小企业资金循环的过程进行业务排序，使学生熟悉小企业资金运动过程，熟悉企业经营过程，更好地认知企业经济业务内容；第三，注重规范化教学，保证实务操作教学的规范性；第四，遵循由浅至深的职业认知规律，把握教学内容的深度。

四、课时分配

表2－1　会计基础课程项目划分及课时分配

课程项目		课程模块		课时分配（课时）	
1	认知会计	1	认知会计的含义	2	7
		2	理解会计的职能	3	
		3	会计信息质量要求	2	
2	设置账户	1	认知会计一般对象	2	8
		2	划分会计要素	2	
		3	确定会计科目	2	
		4	设置会计账户	2	
3	掌握借贷记账法	1	掌握借贷记账法	2	15
		2	筹集资金业务核算	2	
		3	生产准备业务核算	3	
		4	生产过程业务核算	3	
		5	销售过程业务核算	3	
		6	财务成果业务核算	2	

续表

课程项目		课程模块		课时分配（课时）	
4	填制审核会计凭证	1	取得、填制与审核原始凭证	2	5
		2	编制与审核记账凭证	2	
		3	会计凭证的传递与整理	1	
5	建立与登记会计账簿	1	认知会计账簿	2	15
		2	建立并登记库存现金、银行存款日记账簿	2	
		3	建立并登记总分类账簿	2	
		4	建立并登记明细分类账簿	2	
		5	总分类账与明细分类账的平行登记	2	
		6	对账	2	
		7	更正错账	2	
		8	结账、账簿更换与保管	1	
6	财产清查	1	认知财产清查	1	9
		2	库存现金的清查	2	
		3	银行存款的清查	2	
		4	应收款项的清查	2	
		5	存货的清查	2	
7	编制财务报表	1	认知财务报表	2	6
		2	编制资产负债表	2	
		3	编制利润表	2	
8	认知账务处理程序	1	认知记账凭证账务处理程序	2	5
		2	认知科目汇总表账务处理程序	2	
		3	如何选择应用账务处理程序	1	
机动					5
合　　计					75

五、教学内容

表 2－2　　“会计基础”课程项目教学内容

课程项目	课程模块	教学内容
认知会计	认知会计的含义	1. 会计的概念 2. 会计的目标 3. 会计职业领域
	理解会计的职能	1. 会计核算职能 2. 会计监督职能 3. 会计核算与监督职能的关系
	会计信息质量要求	1. 可靠性 2. 相关性 3. 可理解性 4. 可比性 5. 实质重于形式 6. 重要性 7. 谨慎性 8. 及时性
设置账户	认知会计一般对象	1. 会计一般对象的含义 2. 制造业主要经济业务活动 3. 商品流通企业主要经济业务活动 4. 服务业主要经济活动
	划分会计要素	1. 会计要素的概念 2. 会计要素的内容 3. 会计计量属性 4. 会计等式 5. 会计事项及其对会计等式的影响
	确定会计科目	1. 会计科目的概念与意义 2. 会计要素与会计科目的分类 3. 会计科目的分级
	设置会计账户	1. 会计账户的概念与意义 2. 会计账户的基本结构 3. 总分类账户与明细分类账户的设置

续表

课程项目	课程模块	教学内容
掌握借贷记账法	掌握借贷记账法	1. 借贷记账法的产生与发展 2. 借贷记账法的基本内容 3. 会计分录
	筹集资金业务核算	1. 投入资本的核算 2. 借入资金的核算
	生产准备业务核算	1. 材料采购业务核算 2. 固定资产取得业务核算
	生产过程业务核算	1. 生产过程的业务内容 2. 会计处理基础 3. 生产过程费用分类 4. 生产过程业务核算
	销售过程业务核算	1. 销售业务内容 2. 销售收入的核算 3. 销售税金及附加核算 4. 销售费用的核算 5. 其他损益的核算
	财务成果业务核算	1. 利润的形成 2. 所得税费用的核算 3. 利润分配的核算
填制审核会计凭证	取得、填制与审核原始凭证	1. 原始凭证的基本内容 2. 原始凭证的种类 3. 原始凭证的填制与取得 4. 原始凭证的审核
	编制与审核记账凭证	1. 记账凭证的格式及基本内容 2. 记账凭证的种类 3. 记账凭证的编制 4. 记账凭证的审核
	会计凭证的传递与整理	1. 会计凭证的传递 2. 会计凭证的整理
建立与登记会计账簿	认知会计账簿	1. 会计账簿的概念与作用 2. 会计账簿的种类 3. 会计账簿的内容
	建立并登记库存现金、银行存款日记账簿	1. 库存现金、银行存款日记账设立意义及经管岗位 2. 建立库存现金、银行存款日记账 3. 登记库存现金、银行存款日记账

续表

课程项目	课程模块	教学内容
建立与登记会计账簿	建立并登记总分类账簿	1. 总分类账簿设立意义与经管岗位 2. 建立总分类账簿 3. 登记总分类账簿
	建立并登记明细分类账簿	1. 明细分类账簿设立意义与经管岗位 2. 建立明细分类账簿 3. 登记明细分类账簿
	总分类账与明细分类账的平行登记	1. 平行登记概念 2. 平行登记要点 3. 平行登记试算平衡
	对账	1. 账证核对 2. 账账核对 3. 账实核对
	更正错账	1. 本年度错账的更正方法 2. 以前年度错账的更正方法
	结账、账簿更换与保管	1. 结账 2. 账簿的更换 3. 账簿的保管
财产清查	认知财产清查	1. 财产清查的意义 2. 财产清查的种类 3. 财产清查的准备工作
	库存现金的清查	1. 库存现金清查的方法 2. 库存现金清查的实施 3. 库存现金清查结果的会计处理
	银行存款的清查	1. 银行存款清查的准备 2. 核对银行存款发生额及余额 3. 查找未达账项 4. 编制银行存款余额调节表
	应收款项的清查	1. 应收款项清查的准备 2. 应收款项清查的方法 3. 应收款项清查结果的处理
	存货的清查	1. 确定存货清查的方法 2. 做好存货清查的准备工作 3. 确定存货账存数量 4. 明确存货清查的结果 5. 存货清查结果的会计处理

续表

课程项目	课程模块	教学内容
编制财务报表	认知财务报表	1. 财务报表的内容 2. 编制财务报表的意义 3. 财务报表的分类 4. 财务报表列报的基本要求 5. 财务报表的编制要求
	编制资产负债表	1. 资产负债表的概念与意义 2. 资产负债表的格式 3. 资产负债表的编制 4. 资产负债表编制举例
	编制利润表	1. 利润表的概念与意义 2. 利润表的格式 3. 利润表的编制 4. 利润表编制举例
认知账务处理程序	认知记账凭证账务处理程序	1. 记账凭证账务处理程序流程 2. 记账凭证账务处理程序下记账凭证和账簿的设置 3. 记账凭证账务处理程序的特点 4. 记账凭证账务处理程序的评价及适应范围 5. 记账凭证账务处理程序应用举例
	认知科目汇总表账务处理程序	1. 科目汇总表账务处理程序流程 2. 科目汇总表账务处理程序下记账凭证和账簿的设置 3. 科目汇总表的编制要求与方法 4. 科目汇总表账务处理程序的特点 5. 科目汇总表账务处理程序的适应范围 6. 科目汇总表账务处理程序应用举例
	如何选择应用账务处理程序	1. 账务处理程序选择的基本要求 2. 选用账务处理程序时应注意的问题

六、教学条件

（一）教师任职条件

1. 专任教师。

（1）具有扎实的理论基础和一线会计职业工作经历，熟悉会计法律法规，能够将会计实践工作经历与教学密切结合；

（2）具有对经济发展和会计职业的充分认识，能够将社会经济发展的重大阶段和事项与会计职业的发展和作用紧密联系，并将其渗入到教学内容中，激发学生的会计职业感；

（3）熟悉企业筹备、生产准备、生产过程、销售过程、财务成果分配等业务办理过程，能够进行该类业务核算的示范教学；

（4）能够规范地填制、审核记账凭证，登记账簿，编制会计报表并进行示范教学；

（5）具备一定的教学能力，能够根据教学内容、教学对象的不同合理制订教学实施方案，形成由教学内容、教学方法、教学手段一体化的个性化教学方案。

2. 兼职教师。

（1）企业会计工作能手，熟悉会计核算规范与业务处理；

（2）税务、工商、银行等会计外部部门人员，能够向学生形象介绍会计职业的外部环境。

（二）实践教学条件

1. 实训场所：配置有“会计核算基本方法”实训教学的计算机机房，该机房至少应具备机上无纸化操作的功能，条件许可应具备网络实训教学功能；具备会计分岗位操作的企业财务模拟环境及模拟银行、模拟税务等外部环境的实训室。

2. 实训工具设备：财务专用章、法人名章、现金收讫章、现金付讫章、银行存款收讫章、银行存款付讫章、红黑碳素笔、胶棒、裁刀、凭证装订机。

3. 实训空白资料：仿真现金支票、转账支票、商业汇票、进账单、托收凭证等银行票据和银行结算单据，仿真收据、发票、借款单、差旅费报销单等会计业务原始单据；仿真增值税、城市建设维护税、教育费附加纳税申报表；收款记账凭证、付款记账凭证、转账凭证，通用记账凭证、科目汇总表、汇总收款凭证、汇总付款凭证、汇总转账凭证、会计凭证装订封皮；现金、银行存款订本式日记账、总账、三栏式明细账、多栏式明细账、数量金额式明细账、横线登记式明细账、多栏式基本生产成本明细账、应交税费——应交增值税明细账；资产负债表、利润表、现金流量表、所有者权益变动表、会计报表附注（范式版），报表装订封皮。

4. 仿真核算资料：小型制造业企业资金筹备、生产准备、生产过程、销售过程、财务成果形成与分配业务的仿真核算资料，要求提供上述业务的原始凭证，并提供实践指导资料。

5. 实训软件：会计基础教学内容无纸化实训软件，可在机上进行无纸化会计核算实务操作。

6. 实训指导资料：配备会计核算法律法规手册，包括《会计法》、《票据法》、《现金管理条例》、《银行转账结算办法》、《会计基础工作规范》等。

七、教学方法与手段

（一）教学方法

本课程教学方法主要包括六步教学法、直观演示法、案例教学法等。

1. 六步教学法。将教学组织分为明确任务、教学准备、教学设计、教学实施、教学检查、教学评价六步。以学生为主体进行完成相关工作任务的知识、技能、准备等信息的搜集，制订课程教学方案，并准备各项教学资料。教学实施过程中，教师应着重指导学生按照规范化的要求和会计工作流程实施模拟工作过程，并以“过程 + 结果”的方式进行课程考核。六步教学法为本课程主要的教学组织方法，每个完整的课程模块的教学均要采用六步教学法进行课堂组织，实现以学生为主体的理实一体教学。

2. 直观演示法。该方法适用于三类教学内容：第一，认知性教学任务，如会计凭证、会计账簿、会计报表、银行对账单等会计资料的认知，可通过直观演示的方法使学生迅速认知所学内容，形成鲜明的职业印象；第二，操作性强的教学内容，如填制原始凭证、编制记账凭证、建立会计账簿、登记会计账簿、结账、对账、编制会计报表、会计凭证装订、会计报表装订与报送等，可通过教师现场演示及动画、视频等多媒体演示，使学生掌握该实务操作过程和规范性要求，在形成感性认识的基础上更好地理解理论要素；第三，以典型会计业务办理流程，如采购业务流程、借款业务流程、销售业务流程、费用报销业务流程等，通过动画、视频等演示，使学生直观地了解业务过程，形成鲜明的职业感。

3. 案例教学法。以实际案例办理为例讲解小型企业日常经济活动办理的相关法律法规规定及业务办理流程，增强教学的真实感和指导性。会计职业道德和职业素养等内容也可采用案例教学法进行教学。通过案例教学，引导学生反复练习借贷记账法的应用，以及从凭证到报表的实务操作技能。

4. 情境教学法。通过到企业财务部门、税务部门、工商部门、银行等会计职业的外部单位进行参观学习，了解会计职业环境，深化职业教学；通过课程项目设置和典型任务分岗实训，使学生在课程项目中强化职业认知，明确工作过程，强化实践操作，深化理论认识。

5. 小组讨论法。对于难点、重点教学内容，采用在教师引导下的小组讨论形式，通过小组讨论，使学生深入理解相关的理论知识和操作要领，并进行细微知识点和操作点的辩析。

（二）教学手段

1. 多媒体教学手段。主要包括：电子课件、投影、视频、音频、多媒体教学软件。其中有关基本业务办理流程、建立账簿、登记账簿、填制有关单据等规范操作的内容可采用视频、动画、电子课件投影等进行教学。对于实训教学演示的内容，可采用多媒体教学软件（如凌波多媒体软件）的“屏幕播放”功能，由教师在教师机上进行操作，学生在学生机上同步观看和讨论。

2. 网络教学手段。通过课程网页、网络资源平台的应用，实现学生上网自主学习或在线讨论、答疑等教学功能；通过网络版实训软件的应用，实现教师备课、学生学习、学生实训的网络化，拓展教学空间，提升教学的实践品质。

八、检查评价

课程学业成绩由结果考核成绩和过程考核成绩两部分组成。通过对学习过程和学习结果的评价，对学生知识、技能和能力进行综合考核。结果考核包括理论考核和实训考核，理论考核借鉴会计从业资格考试会计基础科目的题型与题量，为取得会计从业资格证书奠定基础；实训考核以企业典型业务会计核算的实训成果作为评价依据。结果考核成绩占总成绩的70%，其中，理论考核部分占70%，实训考核部分占30%。过程考核是通过设计过程评价表对学生的任务完成情况、组织能力、质量及效率、专业技能、沟通与协调、态度与责任、纪律性等方面进行考核，使课程教学更加注重学生全面综合素质的培养，符合工学结合课程的考核特征。过程考核占总成绩的30%。

“财经法规与会计职业道德”课程标准

一、课程定位

“财经法规与会计职业道德”课程是会计专业的基础课程，也是会计从业资格考试的科目，是根据会计专业人才培养方案确定的“双证书”人才培养要求而设置的。该课程主要学习会计法律制度、支付结算管理办法、税收法律制度、财政法律制度和会计职业道德五部分内容。通过本课程的学习，达到会计从业资格考试的相关要求，为取得会计从业资格证书奠定基础，并培养会计从业人员良好的职业道德和严谨细致、认真求实的工作作风。

二、课程目标

1. 掌握会计法规体系及会计法主要规定，明辨违反财经法规的行为与责任后果。
2. 熟悉支付结算方式，规范使用不同的支付结算方式。
3. 掌握会计职业道德的内涵，明辨违反税收征管的行为及责任后果。
4. 掌握财政法律制度，了解国家预算与国库集中收付制度的规定。
5. 掌握会计职业道德的内涵，明辩违背职业道德的财经行为。

三、教学设计思路

财经法规和会计职业道德课程是高职会计专业的核心课程之一，是会计从业人员资格考试的必考科目之一，因此本课程整体按会计从业资格考试课程大纲要求进行设计，并适当引入案例教学法，进行课程内容的编排。通过本课程的学习，使学生熟悉会计及相关职业工作所必需的会计、支付结算、税收、财政等法律法规，强化学生的法制意识，提高学生的职业道德修养。

四、课时分配

表 2－3　　财经法规与职业道德课程项目划分及课时分配

课程项目		课程模块	课时分配（学时）	
1	会计法律制度	会计法律制度的构成	2	9
		会计工作管理体制	1	
		会计核算	2	
		会计监督	1	
		会计机构和会计人员	2	
		法律责任	1	
2	支付结算法律制度	支付结算法律制度概述	2	12
		现金结算	2	
		银行结算账户	2	
		票据结算方式	2	
		银行卡	2	
		其他结算方式	2	
3	税收征收管理法律制度	税法的概念及构成	2	12
		主要税种	6	
		税收征管	4	
4	财政法律制度	预算法律制度	3	9
		国库集中收付制度	3	
		政府采购法律制度	3	
5	会计职业道德	会计职业道德概述	1	8
		会计职业道德规范的主要内容	2	
		会计职业道德教育与修养	2	
		会计职业道德建设组织与实施	2	
		会计职业道德的检查与奖惩	1	
	机动			4
	合计			54

五、教学内容

表 2－4　财经法规与会计职业道德课程教学内容

课程项目	课程模块	教学内容
会计法律制度	会计法律制度的构成	1. 会计法律
		2. 会计行政法规
		3. 会计部门规章
	会计工作管理体制	1. 会计工作的行政管理
		2. 会计工作的自律管理
		3. 单位内部的会计工作管理
		4. 会计档案管理的规定
	会计核算	1. 总体要求
		2. 会计凭证
		3. 会计账簿
		4. 财务会计报告
		5. 财产清查
		6. 会计核算的其他规定
	会计监督	1. 单位内部会计监督
		2. 政府监督
		3. 社会监督
	会计机构和会计人员	1. 会计机构的设置
		2. 会计工作岗位设置
		3. 会计从业资格
		4. 会计专业职务与会计专业技术资格
		5. 会计人员的工作交接
		6. 代理记账
	法律责任	1. 法律责任的概念
		2. 不依法设置会计账簿等会计违法行为的法律责任
		3. 其他会计违法行为的法律责任

续表

课程项目	课程模块	教学内容
支付结算制度	支付结算法律制度概述	1. 支付结算的概念和特征
		2. 支付结算的基本原则
		3. 支付结算的主要法律依据
		4. 办理支付结算的基本要求
		5. 支付结算凭证填写的要求
	现金结算	1. 现金结算的概念及特点
		2. 现金结算的渠道
		3. 现金结算的范围
		4. 现金使用的限额
		5. 现金收支的基本要求
	银行结算账户	1. 银行结算账户的概念和分类
		2. 银行结算账户管理的基本原则
		3. 银行结算账户的开立、变更和撤销
		4. 违反银行账户管理法律制度的法律责任
	票据结算方式	1. 票据的概述
		2. 支票
		3. 商业汇票
		4. 银行汇票
		5. 本票
	银行卡	1. 银行卡的概念和分类
		2. 银行卡的申领、销户和丧失
		3. 银行卡的资金来源
		4. 银行卡交易的主要规定
		5. 银行卡的计息
		6. 商业银行银行卡收单业务手续费收付标准
	其他结算方式	1. 汇兑
		2. 委托收款
		3. 托收承付
		4. 国内信用证

续表

课程项目	课程模块	教学内容
税收征收管理法律制度	税法的概念及构成	1. 税法的概念与分类
		2. 税法及其构成要素
	主要税种	1. 增值税
		2. 消费税
		3. 企业所得税
		4. 个人所得税
	税收征管	1. 税务登记
		2. 发票的开具与管理
		3. 纳税申报
		4. 税款征收
		5. 税务代理
		6. 税务检查
		7. 税收法律责任
财政法律制度	预算法律制度	1. 预算法律制度的构成
		2. 国家预算
		3. 预算管理的职权
		4. 预算收入与预算支出
		5. 预决算组织程序
		6. 预决算的监督
	国库集中收付制度	1. 国库集中收付制度
		2. 建立国库单一账户体系
		3. 收入收缴
		4. 支出拨付
	政府采购法律制度	1. 政府采购的概念
		2. 政府采购法律制度的构成
		3. 政府采购的原则
		4. 政府采购的功能
		5. 政府采购的执行模式
		6. 政府采购当事人
		7. 政府采购方式
		8. 政府采购的监督检查

续表

课程项目	课程模块	教学内容
会计职业道德	会计职业道德概述	1. 职业道德的概念与作用
		2. 会计职业道德
		3. 会计职业道德的功能与作用
		4. 会计职业道德与会计法律制度的关系
	会计职业道德规范的主要内容	1. 爱岗敬业
		2. 诚实守信
		3. 廉洁自律
		4. 客观公正
		5. 坚持准则
		6. 提高技能
		7. 参与管理
		8. 强化管理
	会计职业道德教育与修养	1. 会计职业道德教育的含义
		2. 会计职业道德教育的形式
		3. 会计职业道德教育的内容
		4. 会计职业道德教育的途径
	会计职业道德建设组织与实施	1. 财政部门组织推动
		2. 会计职业行业自律
		3. 企事业单位内部激励约束
		4. 社会各界监督与配合
	会计职业道德的检查与奖惩	1. 会计职业道德检查与奖惩的意义
		2. 会计职业道德检查与奖惩机制

六、教学条件

（一）教师任职条件

（1）具有扎实的理论基础和一线会计职业工作经历，熟悉财经法律法规，具有良好的会计职业道德，能够将会计实践工作经历与教学密切结合。

（2）具有对经济发展和会计职业的充分认识，能够将社会经济发展的重大阶段和事项与会计职业的发展和作用紧密联系，并将其渗入教学内容中，激发学生的会计职业感。

（3）熟悉财政法律法规与会计职业道德案例，能够熟练运用案例进行财经法律法规与职业道德教育教学。

（4）具备一定的教学能力，能够根据教学内容、教学对象的不同合理制订教学实施方案，形成由教学内容、教学方法、教学手段一体化的个性化教学方案。

（二）实践教学条件

1. 实训软件：会计从业资格考试无纸化模拟考试软件，可在机上进行无纸化测试。
2. 实训指导资料：法律法规库、案例库、试题库。

七、教学方法与手段

（一）教学方法

本课程教学方法主要包括六步教学法、直观演示法、案例教学法等。

1. 六步教学法。将教学组织分为明确任务、教学准备、教学设计、教学实施、教学检查、教学评价六步。以学生为主体进行完成相关工作任务的知识、技能、准备等信息的搜集，制订课程教学方案，并准备各项教学资料。

2. 案例教学法。以讲解财务工作中常见违背职业道德的实际案例为例，引导学生在会计工作中依法处理经济业务，严格遵守会计准则与会计法规，养成良好的依法办事、依法经营的意识与习惯；引导学生自己注意观察实际生活中存在的违背职业道德行为，提高学生的观察力与分析力，在此基础上分小组探讨为什么会存在违背职业道德的行为，探讨如何防范，进而培养学生养成良好道德行为习惯，引导学生领会会计法规的精神实质，自觉遵守会计法规，严守秘密，坚守准则，不做假账。为顺利走上会计工作岗位打下良好的基础。

3. 小组讨论法。采用师生研讨式、学生辩论会、技能比赛等方式学习，通过典型案例及热点问题的讨论，鼓励学生提出不同的见解，在讨论中澄清模糊认识，巩固财经法规知识。

（二）教学手段

1. 多媒体教学手段。主要包括：电子课件、投影、视频、音频、多媒体教学软件。
2. 网络教学手段。通过课程网页、网络资源平台的应用，实现学生上网自主学习、在线讨论、答疑等教学功能。

八、检查评价

课程学业成绩由结果考核和过程考核两部分组成，通过对学习结果和学习过程的评价，对学生知识、技能和能力进行综合考核。结果考核采用标准化考试形式，全真模拟全国会计从业资格考试标准题型、题量，为会计从业资格考试奠定牢固的基础，结果考核占总成绩的80%。过程考核主要由课堂纪律、按时完成作业、课堂提问三部分组成，过程考核占总成绩的20%。将结果考核成绩和过程考核成绩相加，作为本课程的考核成绩。

“出纳业务操作”课程标准

一、课程定位

“出纳业务操作”课程是以出纳工作岗位资金收付典型工作任务为依据设置的。该课程主要学习现金、银行存款、外汇收付款业务办理的流程及法规规定，培养学生验钞、点钞、捆钞及原始凭证填制审核、日记账登记、现金、银行存款、外汇资金清查等技能，使学生可熟练办理收付款业务。该课程是企业财务会计、会计制度设计、企业财务管理、会计综合实训等后续课程学习的基础。

二、课程目标

1. 熟悉《中华人民共和国会计法》、《会计基础工作规范》、《企业内部控制规范》、《现金管理条例》、《银行支付结算办法》、《中华人民共和国票据法》、《中华人民共和国外汇管理条例》等财经法律法规有关货币资金管理的内容；

2. 能按照相关财经法规要求规范办理现金收付、银行转账结算业务；

3. 能辨别纸币、银行结算票据的真伪；

4. 能规范的进行验钞、点钞、捆钞等；

5. 能规范填制相关原始凭证，会审核原始凭证及记账凭证；

6. 能正确登记本外币库存现金、银行存款日记账；

7. 熟悉规范保管现金及其他有价证券的方法；

8. 能规范地核对库存现金、银行存款；

9. 具有社会责任感，善于团结协作，能与办理收付款业务的单位和个人及银行等金融机构进行交流沟通；

10. 能根据工作任务制订工作计划、实施工作并进行工作评价；

11. 能利用各种资源进行资料的搜集和整理。

三、设计思路

出纳业务操作课程按照工作过程系统化课程的设计思路，以出纳岗位的典型工作任务——收付款业务的办理工作为课程教学内容，按照资金收付业务“出纳员审核原始凭证与记账凭证→采用不同方式结算款项→在原始凭证上加盖‘收讫’‘付讫’章→登记现金或银行存款日记账→在记账凭证上做记账标记并签章→每日结账并对账”的业务流程组织教学过程和校内仿真实训，实行教学做一体化教学。在收付款业务办理中，不同的收付款业务表现为结算方式的不同，因此，课程以结算方式为载体划分出了现金结算业务办理、银行结算业务办理两个课程项目，并分别以现金结算所依据原始单据类型为载体划分了现金结算业务办理模块，以银行结算方式为载体划分了银行存款结算业务办理模块。课程在教学内容组织上，遵循由易到难的教学规律，从最简单的现金结算业务办理开始，逐步学习银行存款结算业务办理，最后通过总结使学生明确出纳岗位职责和应掌握的技能，使学生在反复学习和实训中，掌握出纳业务操作的工作流程和业务要求，具有办理出纳业务的相关技能。

四、课时分配

表 2 –5 **出纳业务操作课程项目划分及课时分配**

<table>
<tr><th colspan="2">课程项目</th><th colspan="2">课程模块</th><th colspan="2">课时分配（课时）</th></tr>
<tr><td rowspan="3">1</td><td rowspan="3">现金结算业务办理</td><td>1</td><td>往来款项现金收支业务办理</td><td>4</td><td rowspan="3">10</td></tr>
<tr><td>2</td><td>收入费用现金收支业务办理</td><td>4</td></tr>
<tr><td>3</td><td>库存现金存取业务办理</td><td>2</td></tr>
<tr><td rowspan="7">2</td><td rowspan="7">银行转账结算业务办理</td><td>1</td><td>支票结算业务办理</td><td>6</td><td rowspan="7">22</td></tr>
<tr><td>2</td><td>银行汇票结算业务办理</td><td>4</td></tr>
<tr><td>3</td><td>银行本票结算业务办理</td><td>1</td></tr>
<tr><td>4</td><td>汇兑结算业务办理</td><td>2</td></tr>
<tr><td>5</td><td>委托收款结算业务办理</td><td>2</td></tr>
<tr><td>6</td><td>托收承付结算业务办理</td><td>1</td></tr>
<tr><td>7</td><td>商业汇票结算业务办理</td><td>6</td></tr>
<tr><td>3</td><td colspan="2">总结</td><td></td><td>4</td><td>4</td></tr>
<tr><td colspan="5">合　　计</td><td>36</td></tr>
</table>

五、教学内容

表 2-6 “出纳业务操作”课程项目教学内容

课程项目	课程模块	教学内容
现金业务办理	往来款项现金收支业务办理	1. 货币资金内部控制流程 2. 库存现金管理 3. 往来款项库存现金收取业务办理 4. 往来款项库存现金支付业务办理 5. 库存现金日记账登记 6. 库存现金盘点 7. 库存现金日报表编制
	收入费用现金收支业务办理	1. 库存现金管理 2. 零星收入收取现金业务办理 3. 费用报销支付现金业务办理 4. 库存现金日记账登记 5. 库存现金盘点 6. 库存现金日报表编制
	库存现金存取业务办理	1. 库存现金管理 2. 现金提取业务办理 3. 现金存入业务办理 4. 库存现金日记账登记 5. 库存现金盘点 6. 库存现金日报表编制
银行转账结算业务办理	支票结算业务办理	1. 库存现金支票结算的银行存款付款业务办理 2. 转账支票结算的银行存款付款业务办理 3. 与银行存款付款相关的原始凭证填制、审核 4. 银行存款付款记账凭证审核 5. 现金支票结算的银行存款收款业务办理 6. 转账支票结算的银行存款收款业务办理 7. 与银行存款收款相关的原始凭证填制、审核 8. 银行存款收款记账凭证审核 9. 银行存款日记账登记
	银行汇票结算业务办理	1. 银行汇票结算的银行存款收款业务办理 2. 银行汇票结算的银行存款付款业务办理 3. 与银行存款收款相关的原始凭证填制、审核 4. 与银行存款付款相关的原始凭证填制、审核 5. 银行存款收款记账凭证审核 6. 银行存款付款记账凭证审核 7. 银行存款日记账登记

续表

课程项目	课程模块	教学内容
银行转账结算业务办理	银行本票结算业务办理	1. 银行本票结算的银行存款收款业务办理 2. 银行本票结算的银行存款付款业务办理 3. 与银行存款收款相关的原始凭证填制、审核 4. 与银行存款付款相关的原始凭证填制、审核 5. 银行存款收款记账凭证审核 6. 银行存款付款记账凭证审核 7. 银行存款日记账登记
	汇兑结算业务办理	1. 汇兑结算的银行存款收款业务办理 2. 汇兑结算的银行存款付款业务办理 3. 电汇、信汇结算凭证填制与审核 4. 银行存款收款记账凭证审核 5. 银行存款付款记账凭证审核 6. 银行存款日记账登记
	委托收款结算业务办理	1. 委托收款结算的银行存款收款业务办理 2. 委托收款结算的银行存款付款业务办理 3. 与银行存款收款相关的原始凭证填制、审核 4. 与银行存款付款相关的原始凭证填制、审核 5. 银行存款收款记账凭证审核 6. 银行存款付款记账凭证审核 7. 银行存款日记账登记
	托收承付结算业务办理	1. 托收承付结算收款业务办理 2. 托收承付结算付款业务办理 3. 托收承付结算原始凭证填制、审核 4. 银行存款收款记账凭证审核 5. 银行存款付款记账凭证审核 6. 银行存款日记账登记
	商业汇票结算业务办理	1. 真假商业汇票鉴别知识要点 2. 商业汇票结算的收、付款业务办理 3. 与收款相关的原始凭证填制、审核 4. 与付款相关的原始凭证填制、审核 5. 与此相关的收款记账凭证审核 6. 与此相关的付款记账凭证审核 7. 银行存款日记账登记

六、教学条件

（一）教师任职条件

1. 专任教师。

（1）具有出纳岗位工作经历，熟悉货币资金管理法律法规和货币资金收付流程；

（2）能够示范现金结算业务办理、银行存款结算业务办理的工作过程；

（3）能够指导学生采用角色扮演法、情境教学法进行货币资金收付业务流程的演示。

2. 兼职教师。

（1）银行等金融机构或企业点钞能手，能进行验钞、点钞、捆钞等业务技能的示范教学；

（2）银行等金融机构业务能手，能准确把握五种人民币的特点，进行真假钞辨别示范教学；

（3）企业出纳业务操作能手，能进行银行结算票据填制与办理的示范教学。

（二）实践教学条件

1. 实训场所：用于进行点钞、验钞、捆钞等基本技能训练的会计基本技能实训室；配置能应用会计核算监督模拟实训软件、会计信息化软件的网络环境的计算机机房；配置可能进行会计分岗位操作的模拟企业内部会计工作环境及模拟银行、模拟税务等外部环境的实训室。

2. 实训工具设备：验钞机，计算器，仿真现金支票、转账支票、银行汇票、银行本票、商业汇票等银行票据，仿真信（电）汇凭证、托收凭证、进账单等银行账号结算凭证，仿真收据、发票、借款单、差旅费报销单等出纳操作原始单据，仿真各币值的钞票，企业财务专用章、法人代表名章、现金收讫章、现金付讫章，银行存款收讫、银行存款付讫章，银行转讫章、相关会计人员名章等印章，仿真库存现金日记账、银行存款日记账、收付款记账凭证等。

3. 仿真核算资料，包括预借差旅费业务、收回借款余款业务、零星收入收取现金业务办理，费用报销支付现金业务办理，现金提取业务办理，现金存入业务办理，采用转账支票结算支付费用业务办理，采用现金支票收回债权业务办理，购进商品分别采用支票、银行本票、银行汇票、商业汇票、汇兑、委托收款、托收承付等结算方式进行结算业务办理，销售商品分别采用支票、银行本票、银行汇票、商业汇票、汇兑、委托收款、托收承付等结算方式进行结算业务办理等。

4. 实训软件：出纳业务操作模拟实训软件，可在计算机上进行无纸化出纳业务操作。

5. 实训指导资料：配备出纳业务操作规范手册，包括《会计法》、《票据法》、《现金管理条例》、《银行转账结算办法》、《会计基础工作规范》等。

七、教学方法与手段

（一）教学方法

本课程教学方法主要包括六步教学法、直观教学法、角色扮演法、案例教学法等方法。

1. 六步教学法：将教学组织分为明确任务、教学准备、教学设计、教学实施、教学检查、教学评价六步。以学生为主体进行完成相关工作任务的知识、技能、准备等信息的搜集，制订课程教学方案，并准备各项教学资料。教学实施过程中，教师应着重指导学生按照规范化的要求和会计工作流程实施模拟工作过程，并以“过程＋结果”的方式进行课程考核。六步教学法为本课程主要的课程教学组织方法，每个完整模块的教学均要采用六步教学法进行课堂组织，实现以学生为主体的理实一体教学。

2. 直观教学法：通过教师演示、观看微课及实际操作录像等直观的方法演示工作过程，进行操作示范。建立日记账流程演示、收款业务办理流程演示、付款业务办理流程演示，点钞、验钞、捆钞等技能示范均可采用直观教学法。

3. 角色扮演法：划分学习小组，每小组指定不同人员分别扮演出纳、会计、业务办理人员、会计主管、单位负责人等角色，模拟收付款业务办理过程，使学生体验不同角色的岗位任务和岗位职责。分岗进行收、付款业务模拟实训时可采用角色扮演法，使学生真切体验出纳业务工作过程。

4. 案例教学法：以实际案例办理为例讲解出纳业务办理的相关法律法规规定及业务办理流程，增强教学的真实感和指导性。出纳岗位职业道德与风险防范等内容可采用案例教学法进行教学。

（二）教学手段

1. 多媒体教学手段：多媒体教学手段主要包括：电子课件、投影、视频、音频、多媒体教学软件。其中有关货币资金收付业务办理流程、开设、登记日记账、填制银行结算单据等规范操作等内容可采用电子课件投影进行教学；出纳岗位典型任务如开设账户、报销差旅费业务办理等可采用视频教学直观演示；有关货币资金案例及相关法规宣传等可采用音频教学；师生互动、课堂展示等教学环节可采用多媒体教学软件。

2. 网络教学手段：教师进行仿真业务设计及学生进行出纳业务仿真实训时采用网络教学软件。

八、检查评价

课程学业成绩由单人成绩和小组成绩两部分组成。通过对学习过程和学习结果的评价，对学生知识、技能和能力进行综合考核。其中，理论知识和个人训练课程项目由教师通过对学生学习过程和结果的综合考核，得出学习成绩分值，该部分成绩占50%。分组进行的现金、银行转账结算、外汇结算业务训练，由教师根据对各小组操作过程和结果的综合考核给出各小组成绩，小组内按照成员各自的表现和贡献互评，最后由组长确定出各成员的得分，上报任课教师。任课教师将每个学生的单人成绩与小组成绩相加，作为本课程的考核成绩。

“企业财务会计”课程标准

一、课程定位

“企业财务会计”课程以会计核算岗位及其工作任务为依据设置，是会计专业的核心课程。该课程是在会计基础、出纳业务操作等课程的基础上开设并开展教学的，与后续课程“成本计算与分析”、“会计信息化”、“审计实务”、“会计制度设计”、“税费计算与申报”、“企业财务管理”等课程的内容具有很强的关联性，对学习后续课程具有重要作用。财务会计课程的知识和技能是按照《中华人民共和国会计法》和《企业会计准则》等相关法律、法规所规定的程序、方法和标准设计，其所培养的有关会计业务的确认、计量、记录、报告等专业能力及协调沟通、职业谨慎、资产管理等社会能力，以及总结的对经济业务进行归类核算的学习能力，是后续课程职业能力培养的组成部分，也是从事会计职业的必备能力。

二、课程目标

1. 熟悉《中华人民共和国会计法》、《会计基础工作规范》、《企业内部控制规范》、《现金管理条例》、《银行支付结算办法》、《中华人民共和国票据法》等会计相关规范的内容；
2. 能明辨各种经济业务原始单据的真实性、合法性、正确性和完整性；
3. 能正确判断各种原始单据所反映的经济业务内容、性质和类型；
4. 能按照《企业会计准则》的要求核算各项经济业务；
5. 能按照会计规范正确记录各种经济业务；
6. 能正确处理会计准则与税收法规的差异，协调两者的关系；
7. 能够按照《企业会计准则》的要求编制财务会计报告；
8. 能独立获取和利用信息，通过网络等辅助工具分析利用技术资料。

三、设计思路

企业财务会计课程的设置是以会计核算岗位所涉及的资产业务核算工作、权益核算工作、收益核算工作、企业财务报告编制工作为依据，以典型工作任务和工作过程为基础来选择和组织课程的教学内容。该课程按照各项核算工作的内容和管理要求设计了 14 项基本业务的课程项目：企业财务会计认知、货币资金核算、金融资产核算、存货核算、长期股权投资核算、固定资产核算、无形资产核算、投资性房地产核算、负债核算、所有者权益核算、收入核算、费用核算、利润核算、财务会计报告编制；3 项特殊业务的课程项目：资产减值核算、非货币性资产交换核算、债务重组核算。在此基础上根据需要设计了 58 个模块。通过设计 17 个课程项目和 58 个模块，将会计核算岗位工作中所需要的专业能力、社会能力和方法能力贯穿于该课程的学习与训练之中。

四、课时分配

表 2－7　“企业财务会计”课程项目划分及课时分配

课程项目		课程模块		课时分配	
1	企业财务会计认知	1	企业财务会计目标与前提认知	1	4
		2	企业财务会计信息质量要求认知	1	
		3	企业财务会计的确认、计量与报告认知	2	
2	货币资金核算	1	库存现金核算	1	4
		2	银行存款核算	1	
		3	其他货币资金核算	2	
3	金融资产核算	1	交易性金融资产核算	4	18
		2	持有至到期投资核算	4	
		3	应收款项核算	4	
		4	可供出售的金融资产核算	6	
4	存货核算	1	原材料核算	6	18
		2	委托加工物资核算	2	
		3	周转材料核算	4	
		4	库存商品核算	2	
		5	期末存货计价	2	
		6	存货清查	2	
5	长期股权投资核算	1	长期股权投资取得的核算	4	12
		2	长期股权投资持有期间的核算	7	
		3	长期股权投资处置的核算	1	

续表

课程项目		课程模块		课时分配	
6	固定资产核算	1	固定资产取得的核算	6	16
		2	固定资产折旧的核算	4	
		3	固定资产后续支出的核算	2	
		4	固定资产处置的核算	2	
		5	固定资产清查的核算	2	
7	无形资产核算	1	无形资产取得核算	4	8
		2	无形资产摊销的核算	2	
		3	无形资产处置的核算	2	
8	投资性房地产核算	1	投资性房地产认知	1	6
		2	成本模式下投资性房地产核算	2	
		3	公允价值模式下投资性房地产核算	3	
9	资产减值核算	1	资产减值损失的核算	2	4
		2	资产组减值的核算	2	
10	非货币性资产交换	1	非货币性资产交换认知	1	5
		2	以公允价值计量下货币性资产交换的核算	3	
		3	以换出资产账面价值计量下货币性资产交换的核算	1	
11	负债核算	1	应付款项核算	4	24
		2	应付职工薪酬核算	4	
		3	应交税费核算	4	
		4	银行借款核算	4	
		5	应付债券核算	4	
		6	预计负债核算	4	
12	债务重组核算	1	债务重组认知	1	5
		2	债务重组核算	4	
13	所有者权益核算	1	投入资本核算	2	6
		2	直接计入所有者权益的利得和损失核算	2	
		3	留存收益核算	2	
14	收入核算	1	销售商品收入核算	8	14
		2	提供劳务收入核算	4	
		3	让渡资产使用权收入核算	2	

续表

课程项目		课程模块		课时分配	
15	费用核算	1	期间费用核算	2	8
		2	所得税费用核算	6	
16	利润核算	1	利润形成核算	2	4
		2	利润分配核算	2	
17	财务报表编制	1	资产负债表编制	8	24
		2	利润表编制	2	
		3	现金流量表编制	8	
		4	所有者权益变动表编制	2	
		5	报表附注披露	4	
合　计					180

五、教学内容

表 2-8　“企业财务会计”课程项目教学内容

课程项目	课程模块	教学内容
企业财务会计认知	企业财务会计目标与前提认知	1. 企业财务会计目标 2. 企业财务会计核算前提条件
	企业财务会计信息质量要求认知	企业财务会计的信息质量要求
	企业财务会计的确认、计量与报告认知	1. 会计要素的确认 2. 会计计量属性 3. 企业财务会计报告
货币资金核算	库存现金核算	1. 库存现金总分类核算 2. 库存现金序时核算 3. 库存现金清查的核算
	银行存款核算	1. 银行存款总分类核算 2. 银行存款序时核算 3. 银行存款的核对
	其他货币资金核算	1. 其他货币资金内容 2. 其他货币资金的核算

续表

课程项目	课程模块	教学内容
金融资产核算	交易性金融资产核算	1. 交易性金融资产取得的核算 2. 交易性金融资产持有期间的核算 3. 交易性金融资产出售的核算
	持有至到期投资核算	1. 持有至到期投资取得时的核算 2. 持有至到期投资持有期间的核算 3. 持有至到期投资出售的核算 4. 持有至到期投资到期收回的核算 5. 持有至到期投资减值的核算
	应收款项核算	1. 应收账款的核算 2. 应收票据的核算 3. 预付账款的核算 4. 其他应收款的核算 5. 应收款项减值损失的核算
	可供出售的金融资产核算	1. 可供出售金融资产取得的核算 2. 可供出售金融资产持有期间的核算 3. 可供出售金融资产出售的核算 4. 可供出售金融资产减值的核算
存货核算	原材料核算	1. 原材料认知 2. 原材料取得核算： （1）按实际成本计价下的核算 （2）按计划成本计价下的核算 3. 原材料发出的核算： （1）按实际成本计价下的核算 （2）按计划成本计价下的核算
	委托加工物资核算	1. 委托加工物资认知 2. 委托加工物资发出的核算 3. 委托加工物资加工费及相关税费的结算 4. 委托加工物资收回的核算
	周转材料核算	1. 周转材料认知 2. 周转材料取得的核算 3. 周转材料领用的核算： （1）生产领用的核算 （2）销售领用的核算 （3）出租的核算 （4）出借的核算

续表

课程项目	课程模块	教学内容
存货核算	库存商品核算	1. 库存商品认知 2. 库存商品取得核算 3. 库存商品销售的核算
	期末存货计价与清查	1. 期末存货计价核算 2. 期末存货清查核算
长期股权投资核算	长期股权投资取得核算	1. 长期股权投资认知 2. 企业合并方式取得长期股权投资的核算 3. 非企业合并方式取得长期股权投资的核算
	长期股权投资持有期间的核算	1. 成本法核算的长期股权投资： （1）适用范围 （2）成本法的核算 2. 权益法核算的长期股权投资 （1）适用范围 （2）权益法的核算
	长期股权投资处置的核算	长期股权投资处置的核算
固定资产核算	固定资产取得的核算	1. 固定资产认知 2. 固定资产取得核算： （1）外购取得 （2）自行建造取得 （3）其他方式取得
	固定资产折旧的核算	1. 固定资产折旧认知 2. 固定资产折旧方法 3. 固定资产折旧核算
	固定资产后续支出的核算	1. 固定资产资本化支出核算 2. 固定资产费用化支出核算
	固定资产处置的核算	固定资产处置的核算
	固定资产清查的核算	固定资产清查的核算
无形资产核算	无形资产取得核算	1. 无形资产认知 2. 无形资产取得核算： （1）外购取得 （2）自行研发取得 （3）其他方式取得
	无形资产摊销的核算	1. 无形资产摊销内容 2. 无形资产摊销方法 3. 无形资产摊销核算
	无形资产处置的核算	无形资产处置的核算

续表

课程项目	课程模块	教学内容
投资性房地产核算	投资性房地产认知	投资性房地产认知
	成本模式下投资性房地产核算	1. 投资性房地产取得 2. 投资性房地产持有期间核算: （1）计提折旧或摊销 （2）确认租金 3. 投资性房地产转换 4. 投资性房地产处置
	公允价值模式下投资性房地产核算	1. 投资性房地产取得 2. 投资性房地产持有期间核算 （1）期末公允价值变动 （2）确认租金 3. 投资性房地产转换 4. 投资性房地产处置
资产减值核算	资产减值损失的核算	1. 资产减值认知 2. 资产减值损失核算
	资产组减值的核算	1. 资产组认知 2. 资产组减值损失核算
非货币性资产交换核算	非货币性资产交换认知	非货币性资产交换认知
	以公允价值计量下货币性资产交换的核算	1. 不涉及补价非货币性资产交换的核算 2. 涉及补价非货币性资产交换的核算
	以换出资产账面价值计量下货币性资产交换的核算	1. 不涉及补价非货币性资产交换的核算 2. 涉及补价非货币性资产交换的核算
负债核算	应付款项核算	1. 应付票据的核算 2. 应付账款的核算 3. 预收账款的核算 4. 其他应付款的核算
	应付职工薪酬核算	1. 应付职工薪酬认知 2. 短期薪酬的核算 3. 离职后福利的核算 4. 辞退福利的核算
	应交税费核算	1. 应交增值税的核算 2. 应交消费税的核算 3. 应交城市维护建设税的核算 4. 应交教育费附加的核算 5. 其他应交税费的核算

续表

课程项目	课程模块	教学内容
负债核算	银行借款核算	1. 借款费用的核算 2. 短期借款的核算 3. 长期借款的核算
	应付债券核算	1. 应付债券认知 2. 应付债券的核算： （1）发行 （2）确认利息费用 （3）到期偿还
	预计负债核算	1. 预计负债认知 2. 预计负债核算
债务重组核算	债务重组认知	1. 债务重组认知 2. 债务重组方式
	债务重组核算	1. 债务人的核算 2. 债权人的核算
所有者权益核算	投入资本核算	1. 一般企业接受现金资产投资的核算 2. 一般企业接受非现金资产投资的核算 3. 股份有限公司发行股票的核算 4. 实收资本（股本）减少的核算
	直接计入所有者权益的利得和损失的核算	1. 直接计入所有者权益的利得 2. 直接计入所有者权益的损失
	留存收益核算	1. 盈余公积的核算 2. 未分配利润的核算
收入核算	销售商品收入核算	1. 商品销售收入认知 2. 一般商品销售收入的核算 3. 特殊商品销售收入的核算： （1）涉及折扣、折让和退回 （2）委托代销方式 （3）附销售退回条件
	提供劳务收入核算	1. 提供劳务收入认知 2. 提供劳务交易结果能够可靠估计的核算 3. 提供劳务交易结果不能可靠估计的核算 4. 特殊劳务交易的核算
	让渡资产使用权收入核算	1. 让渡资产使用权收入认知 2. 利息收入的的核算 3. 使用费收入的核算

续表

课程项目	课程模块	教学内容
费用核算	期间费用核算	1. 管理费用的核算 2. 销售费用的核算 3. 财务费用的核算
	所得税费用核算	1. 所得税费用认知 2. 资产负债表债务法的核算程序 3. 当期所得税费用核算 4. 递延所得税费用（或收益）核算： （1）计税基础 （2）暂时性差异 （3）递延所得税费用（或收益） 5. 所得税费用
利润核算	利润形成核算	1. 利润的构成 2. 营业外收支的核算
	利润分配核算	1. 利润分配的一般顺序 2. 利润分配的核算 3. 弥补亏损的核算
财务报表编制	资产负债表编制	1. 资产负债表认知 2. 资产负债表的作用 3. 资产负债表的内容 4. 资产负债表的编制方法 5. 资产负债表编制举例
	利润表编制	1. 利润表认知 2. 利润表的作用 3. 利润表的内容 4. 利润表的编制方法 5. 利润表编制举例
	现金流量表编制	1. 现金流量表认知 2. 现金流量表的作用 3. 现金流量的内容 4. 现金流量表的编制方法 5. 现金流量表编制举例
	所有者权益变动表编制	1. 所有者权益变动表认知 2. 所有者权益变动表的作用 3. 所有者权益变动表的内容 4. 所有者权益变动表的编制方法 5. 所有者权益变动表编制举例
	报表附注编制	1. 附注的作用 2. 附注披露的要求 3. 附注披露的内容 4. 附注披露举例

六、教学条件

（一）教师任职条件

1. 专任教师。

（1）具有扎实的理论基础和一线会计职业工作经历，熟悉会计法律法规，能够将会计实践工作经历与教学密切结合；

（2）熟悉资产、负债、所有者权益、收入、费用、利润等相关业务办理过程，能够进行该类业务核算的示范教学；

（4）能够正确规范地编制企业财务会计报告，并进行示范教学；

（5）具备一定的教学能力，能够根据教学内容、教学对象的不同合理制订教学实施方案，形成由教学内容、教学方法、教学手段一体化的个性化教学方案。

2. 兼职教师。

（1）企业会计工作能手，熟悉各项经济业务会计处理流程和实务操作；

（2）税务、工商、银行等会计外部部门人员，熟悉银行结算和税费计算与申报工作。

（二）实践教学条件

1. 实训场所：配置有“企业财务会计”实训教学软件的计算机机房，该机房至少应具备机上无纸化操作的功能，条件许可应具备网络实训教学功能；具备会计分岗位操作的模拟企业内部环境及模拟银行、模拟税务等外部环境的实训室。

2. 实训工具设备：财务专用章、法人名章、现金收讫章、现金付讫章、银行存款收讫章、银行存款付讫章、红黑碳素笔、胶棒、裁刀、凭证装订机。

3. 实训空白资料：仿真现金支票、转账支票、商业汇票、进账单、托收凭证等银行票据和银行结算单据，仿真收据、发票、借款单、差旅费报销单等会计业务原始单据；收款记账凭证、付款记账凭证、转账凭证，通用记账凭证；资产负债表、利润表、现金流量表、所有者权益变动表、会计报表附注。

4. 仿真核算资料：中型以上企业业务仿真核算资料，要求提供上述业务的原始凭证，并提供实践指导资料。

5. 实训软件：企业财务会计无纸化实训软件，可在机上进行无纸化实务操作。

6. 实训指导资料：配备较为丰富的课堂与学习指导教学资源，具体包括教学课件与软件、习题与案例、试题库、图书与文献资料、会计法律法规文件等。

七、教学方法和手段

（一）教学方法

本课程通过任务驱动、情境教学、角色扮演等教学方式在会计实训室采用学做一体化教学方式完成。教师在课前提前准备好有关课程项目所涉及业务的会计凭证、账簿、核算业务流程图等各种教学材料、工具和媒体资源。教师按照课程项目的具体要求和工作过程安排教学时间并对课程项目进行课程项目划分，首先采用集体讲授方式，讲解各项目业务核算基本要领、工作流程、内部控制的要点、相关法规的规定以及注意事项，然后根据工作任务导向，全班同学分成若干小组，小组成员扮演不同角色，在教师指导下按照资讯、计划、决策、实施、检查、评价六步教学法组织教学。

（二）教学手段

1. 多媒体教学手段：主要包括：电子课件、投影、视频、音频、多媒体教学软件。有关案例分析与讨论可采用音频教学；师生互动、课堂演示等教学环节可采用多媒体教学软件。

2. 网络教学手段：教师进行仿真业务设计及学生进行会计信息化实训时采用网络教学软件。

3. 实践教学手段：通过开展真实业务实践教学，使学生专业知识和技能在系统性、操作性方面得到了进一步提高，同时加深了对相关理解知识的理解。

八、检查评价

本课程最终成绩由过程评价和结果评价两部分组成，对学生知识、技能和能力进行综合考核。其中，结果考核是教师通过期中、期末和单元测试等方式对学生学业成果的考核，占考核成绩的70%；过程考核是教师对学生日常学习情况、实训情况和实习态度所进行的评价，包括课堂提问、实训操作、出勤情况、作业完成情况等，占考核成绩的30%。过程考核：设计过程评价表对学生的任务完成情况、组织能力、质量及效率、专业技能、沟通与协调、态度与责任、纪律性等方面进行考核，使课程教学更加注重学生全面综合素质的培养，符合工学结合课程的考核特征。

“成本计算与分析”课程标准

一、课程定位

“成本计算与分析”是会计专业课程体系中的核心课程，是根据制造业的成本核算岗位及其任务设置的。课程以培养学生会计职业能力为目标，以企业产品生产中材料费、人工费和其他费用的发生与归集为项目，以企业成本会计岗位工作过程为主线，以成本核算的基本职业判断以及基本技能为学习内容，通过课程学习能有效提高学生的理论水平和实践应用能力，使学生熟练运用成本核算的基本知识及基本技能进行产品成本的计算与核算。成本计算与分析课程上启会计基础、出纳业务操作、企业财务会计等课程，并是企业财务管理、会计信息化、会计制度设计、审计实务、会计综合实训等后续课程的前提与基础。

二、课程目标

1. 基本职业判断能力：具备原始凭证的审核、耗费分配去向确定、分配标准选择、成本计算方法的选择、成本分析等能力。

2. 基本职业技能：掌握间接计入成本分配方法、耗费分配表的编制、交互分配法、约当产量法、记账凭证的编制、成本费用明细账的登记、成本报表的编制等基本职业技能。

3. 成本会计核算能力：能够采用品种法、分批法、分步法计算产品成本。

4. 成本会计管理能力：能够进行耗费原始凭证的审核后的处理、定额法的成本计算与管理、成本报表的分析。

5. 职业道德与素养：遵守职业道德规范，明晰财经法规规定，熟悉成本会计职业环境，提高交流与沟通能力。

三、课程设计理念及思路

成本计算与分析课程采用工作过程系统化的课程开发技术，遵循设计导向的职业教育理念，确定本课程目标和项目。本课程结构设计摆脱了与理论教学相对应的传统学科体系特点，以企业成本会计岗位工作过程为主线，以品种法、分步法、分批法等 3 种成本计算方法为载体设计了3个项目，并将看似孤立的各个耗费支出，通过项目有机融合形成了基于会计工作全过程的综合化的课程内容，形成了3个项目下的46个课程模块。课程教学以“做中学”的方式，通过各个项目掌握成本核算的基本职业判断以及基本技能；以“学中做”的方式，通过案例教学的方式使学生能够运用掌握的成本核算的基本职业判断以及基本技能，完成成本会计岗位各项典型工作任务。

四、课时分配

表2-9 成本计算与分析课程项目划分及课时分配

项目		课程模块		课时分配	
1	产品成本计算——品种法	1	基本生产成本明细账及其他成本费用明细账设置	8	38
		2	材料耗费的分配	3	
		3	燃料耗费的分配	0.5	
		4	外购动力耗费的分配	0.5	
		5	职工薪酬耗费的分配	3	
		6	折旧费的分配	1	
		7	税金的核算	0.5	
		8	利息费用的核算	0.5	
		9	其他支出的核算	1	
		10	辅助生产成本的归集与分配	7.5	
		11	制造费用的归集与分配	1.5	
		12	可修复废品损失的归集与分配	1	
		13	不可修复废品损失的归集与分配	1	
		14	基本生产成本归集、完工产品与在产品成本分配	6	
		15	产成品成本汇总与结转	1	
		16	编制成本会计报告提供成本会计信息	2	

续表

<table>
<tr><th colspan="2">项目</th><th colspan="2">课程模块</th><th colspan="2">课时分配</th></tr>
<tr><td rowspan="17">2</td><td rowspan="17">产品成本计算——分步法</td><td>1</td><td>基本生产成本明细账及其他成本费用明细账设置</td><td>3.5</td><td rowspan="17">22</td></tr>
<tr><td>2</td><td>材料耗费的分配</td><td>0.5</td></tr>
<tr><td>3</td><td>燃料耗费的分配</td><td>0.25</td></tr>
<tr><td>4</td><td>外购动力耗费的分配</td><td>0.25</td></tr>
<tr><td>5</td><td>职工薪酬耗费的分配</td><td>0.5</td></tr>
<tr><td>6</td><td>折旧费的分配</td><td>0.25</td></tr>
<tr><td>7</td><td>税金的核算</td><td>0.25</td></tr>
<tr><td>8</td><td>利息费用的核算</td><td>0.25</td></tr>
<tr><td>9</td><td>其他支出的核算</td><td>0.25</td></tr>
<tr><td>10</td><td>辅助生产成本的归集与分配</td><td>0.5</td></tr>
<tr><td>11</td><td>制造费用的归集与分配</td><td>1.5</td></tr>
<tr><td rowspan="3">12</td><td>综合结转法各步生产成本的归集以及完工半成品与在产品成本的分配</td><td>3.5</td></tr>
<tr><td>分项结转法各步生产成本的归集以及完工半成品与在产品成本的分配</td><td>2</td></tr>
<tr><td>平行结转分步法各步生产成本的归集以及计入产成品成本份额的确定</td><td>4</td></tr>
<tr><td>13</td><td>产成品成本的汇总与结转</td><td>0.5</td></tr>
<tr><td>14</td><td>综合结转分步法下的成本还原</td><td>3</td></tr>
<tr><td>15</td><td>编制成本会计报告提供成本会计信息</td><td>1</td></tr>
<tr><td rowspan="14">3</td><td rowspan="14">产品成本计算——分批法</td><td>1</td><td>基本生产成本明细账及其他成本费用明细账设置</td><td>3.5</td><td rowspan="14">12</td></tr>
<tr><td>2</td><td>材料耗费的分配</td><td>0.5</td></tr>
<tr><td>3</td><td>燃料耗费的分配</td><td>0.25</td></tr>
<tr><td>4</td><td>外购动力耗费的分配</td><td>0.25</td></tr>
<tr><td>5</td><td>职工薪酬耗费的分配</td><td>0.5</td></tr>
<tr><td>6</td><td>折旧费的分配</td><td>0.25</td></tr>
<tr><td>7</td><td>税金的核算</td><td>0.25</td></tr>
<tr><td>8</td><td>利息费用的核算</td><td>0.25</td></tr>
<tr><td>9</td><td>其他支出的核算</td><td>0.25</td></tr>
<tr><td>10</td><td>辅助生产成本的归集与分配</td><td>1</td></tr>
<tr><td>11</td><td>制造费用的归集与分配</td><td>0.5</td></tr>
<tr><td>12</td><td>基本生产成本归集、完工产品与在产品成本分配</td><td>2</td></tr>
<tr><td>13</td><td>产成品成本汇总与结转</td><td>1.5</td></tr>
<tr><td>14</td><td>编制成本会计报告提供成本会计信息</td><td>1</td></tr>
<tr><td colspan="4">成本计算与分析课程学时总计</td><td></td><td>72</td></tr>
</table>

五、教学内容

表 2－10　　　　“成本计算与分析”课程项目教学内容

<table>
<tr><th>课程项目</th><th>课程模块</th><th>教学内容</th></tr>
<tr><td rowspan="4">产品成本计算——品种法</td><td>基本生产成本明细账及其他成本费用明细账设置</td><td>1. 按产品品种设置基本生产成本明细账，并根据费用发生的用途确定成本项目，开设基本生产成本明细账专栏
2. 按辅助生产部门设置辅助生产成本明细账
3. 按基本生产车间设置制造费用明细账
4. 根据需要设置废品损失明细账
5. 按费用项目设置管理费用明细账
6. 按费用项目设置销售费用明细账
7. 按筹集资金用途设置财务费用明细账</td></tr>
<tr><td>材料耗费的分配</td><td>1. 根据使用部门和用途确定材料耗费分配去向
2. 对于几种产品共同领用的材料耗费：
• 选择分配标准
• 计算材料耗费分配率
• 计算材料耗费分配额
3. 编制材料耗费分配表
4. 根据材料耗费分配表编制记账凭证
5. 登记各成本费用明细账</td></tr>
<tr><td>燃料耗费的分配</td><td>1. 根据使用部门和用途确定燃料耗费分配去向
2. 对于几种产品共同领用的燃料耗费：
• 选择分配标准
• 计算燃料耗费分配率
• 计算燃料耗费分配额
3. 编制燃料耗费分配表
4. 根据燃料耗费分配表编制记账凭证
5. 登记各成本费用明细账</td></tr>
<tr><td>外购动力耗费的分配</td><td>1. 根据使用部门和用途确定动力耗费分配去向
2. 对于几种产品共同耗费的动力耗费：
• 选择分配标准
• 计算动力耗费分配率
• 计算动力耗费分配额
3. 编制动力耗费分配表
4. 根据外购动力耗费分配表编制记账凭证
5. 登记各成本费用明细账</td></tr>
</table>

续表

<table>
<tr><th>课程项目</th><th>课程模块</th><th>教学内容</th></tr>
<tr><td rowspan="6">产品成本计算——品种法</td><td>职工薪酬耗费的分配</td><td>1. 根据职工考勤记录、工票、个人福利支出等原始单据，编制职工薪酬结算单以及职工薪酬结算汇总表
2. 根据部门和用途确定职工薪酬耗费分配去向
3. 对于几种产品共同耗费的职工薪酬耗费：
• 选择分配标准
• 计算职工薪酬耗费分配率
• 计算职工薪酬耗费分配额
4. 编制职工薪酬耗费分配表
5. 根据职工薪酬耗费分配表编制记账凭证
6. 登记各成本费用明细账</td></tr>
<tr><td>折旧费的分配</td><td>1. 根据固定资产使用情况编制固定资产折旧计算表
2. 成本核算组：确定折旧费分配去向
3. 成本核算组：编制折旧费分配表
4. 成本核算组：根据折旧费分配表编制记账凭证
5. 会计稽核人员：登记各成本费用明细账</td></tr>
<tr><td>税金的核算</td><td>1. 根据车辆、房屋、土地等使用情况填制或取得纳税申报表以及完税凭证
2. 根据纳税申报表或完税凭证编制记账凭证
3. 登记管理费用明细账</td></tr>
<tr><td>利息费用的核算</td><td>1. 根据从银行取得“利息扣息清单”，编制相应的记账凭证
2. 根据相应凭证登记财务费用明细账</td></tr>
<tr><td>其他支出的核算</td><td>1. 根据费用发生的部门确定其他支出分配去向
2. 编制其他支出分配表
3. 根据其他支出分配表编制记账凭证
4. 登记各成本费用明细账</td></tr>
<tr><td>辅助生产成本的归集与分配</td><td>1. 审核各要素耗费分配表
2. 根据各要素耗费分配表登记辅助生产成本明细账，归集辅助生产成本
3. 根据劳务提供情况，选择交互分配法分配辅助生产成本（典型工作任务）：
• 计算对内交互分配率
• 计算对内交互分配额
• 计算交互后各辅助生产部门成本额
• 计算对外分配率
• 计算对外分配额
4. 编制辅助生产成本分配表
5. 根据辅助生产成本分配表，编制记账凭证
6. 登记各成本费用明细账</td></tr>
</table>

续表

课程项目	课程模块	教学内容
产品成本计算——品种法	制造费用的归集与分配	1. 审核各耗费分配表 2. 根据各耗费分配表登记制造费用明细账，归集制造费用 3. 根据生产的特点，选择合理的分配方法 4. 计算制造费用分配率 5. 计算制造费用分配额 6. 编制制造费用分配表 7. 根据制造费用分配表，编制记账凭证 8. 登记各基本生产成本等明细账
	废品损失的归集与分配	□ 可修复废品损失的归集与分配 1. 根据废品通知单和各耗费分配表，登记废品损失明细账，归集废品损失 2. 编制记账凭证，结转废品残料残值 3. 编制记账凭证，结转过失人赔偿款 4. 计算废品净损失 5. 编制记账凭证，结转废品净损失 6. 登记各基本生产成本等明细账 □ 不可修复废品损失的归集与分配 1. 根据废品通知单计算废品生产成本 2. 编制记账凭证，结转废品的报废成本，登记废品损失明细账，归集废品损失 3. 编制记账凭证，结转废品残料残值 4. 编制记账凭证，结转过失人赔偿款 5. 计算废品净损失 6. 编制记账凭证，结转废品净损失 7. 登记各基本生产成本等明细账
	基本生产成本归集和完工产品与在产品成本的分配	1. 结转各产品成本明细账的期初余额 2. 登记各种产品基本生产成本明细账本月发生额 3. 按成本项目累计月初和本月成本 4. 采用约当产量法（典型工作任务）将各成本项目累计的生产成本在完工产品与月末在产品之间分配： • 计算在产品完工程度 • 根据完工程度计算在产品约当产量 • 根据约当总产量计算单位成本 • 计算完工产品成本 • 计算在产品成本
	产成品成本汇总与结转	1. 根据各种“基本生产成本明细账”编制产成品成本汇总表 2. 根据“产成品成本汇总表”和产品成品入库单编制结转完工产品成本记账凭证 3. 登记基本生产成本明细账

续表

课程项目	课程模块	教学内容
产品成本计算——品种法	成本报告的编制	1. 根据日常成本核算资料以及计划、统计等有关资料按照可比产品和不可比产品编制商品产品成本表 2. 根据日常成本核算资料以及计划、统计等有关资料编制主要产品单位成本表 3. 根据日常成本核算资料以及计划、统计等有关资料编制制造费用明细表 4. 根据日常成本核算资料以及计划、统计等有关资料编制各期间费用明细表
产品成本计算——分步法	基本生产成本明细账及其他成本费用明细账设置	1. 按产品生产步骤设置基本生产成本明细账，并根据费用发生的用途确定成本项目，设置基本生产明细账专栏 2. 按辅助生产部门设置辅助生产成本明细账 3. 按基本生产车间设置制造费用明细账 4. 按费用项目设置管理费用明细账 5. 按费用项目设置销售费用明细账 6. 按筹集资金用途设置财务费用明细账
	材料耗费的分配	1. 根据领退料情况取得各种领退料凭证，并定期编制发料凭证汇总表 2. 根据使用部门和用途确定材料耗费分配去向 3. 对于几种产品共同领用的材料耗费： ● 选择分配标准 ● 计算材料耗费分配率 ● 计算材料耗费分配额 4. 编制材料耗费分配表 5. 根据材料耗费分配表编制记账凭证 6. 登记各成本费用明细账
	燃料耗费的分配	1. 根据领退料情况取得各种领退料凭证，并定期编制燃料发出凭证汇总表 2. 根据使用部门和用途确定燃料耗费分配去向 3. 对于几种产品共同领用的燃料耗费： ● 选择分配标准 ● 计算燃料耗费分配率 ● 计算燃料耗费分配额 4. 编制燃料耗费分配表 5. 根据燃料耗费分配表编制记账凭证 6. 登记各成本费用明细账

续表

课程项目	课程模块	教学内容
产品成本计算——分步法	外购动力耗费的分配	1. 通过查阅电表编制各部门用电清单 2. 根据使用部门和用途确定动力耗费分配去向 3. 对于几种产品共同耗费的动力耗费： ● 选择分配标准 ● 计算动力耗费分配率 ● 计算动力耗费分配额 4. 编制动力耗费分配表 5. 根据外购动力耗费分配表编制记账凭证 6. 成本核算组：登记各成本费用明细账
	职工薪酬耗费的分配	1. 根据职工考勤记录、工票、个人福利支出等原始单据，编制职工薪酬结算单以及职工薪酬结算汇总表 2. 根据部门和用途确定职工薪酬耗费分配去向 3. 对于几种产品共同耗费的职工薪酬耗费： ● 选择分配标准 ● 计算职工薪酬耗费分配率 ● 计算职工薪酬耗费分配额 4. 编制职工薪酬耗费分配表 5. 根据职工薪酬耗费分配表编制记账凭证 6. 登记各成本费用明细账
	折旧费的分配	1. 根据固定资产使用情况编制固定资产折旧计算表 2. 确定折旧费分配去向 3. 编制折旧费分配表 4. 根据折旧费分配表编制记账凭证 5. 会计稽核人员：登记各成本费用明细账
	税金的核算	1. 根据车辆、房屋、土地等使用情况填制或取得纳税申报表以及完税凭证 2. 根据纳税申报表或完税凭证编制记账凭证 3. 登记管理费用明细账
	利息费用的核算	1. 根据从银行取得“利息扣税清单”，编制相应的记账凭证 2. 根据相应凭证登记财务费用明细账
	其他支出的核算	1. 根据费用发生的部门确定其他支出分配去向 2. 编制其他支出分配表 3. 根据其他支出分配表编制记账凭证 4. 登记各成本费用明细账

续表

课程项目	课程模块	教学内容
产品成本计算——分步法	辅助生产成本归集与分配	1. 根据各要素耗费分配表登记辅助生产成本明细账，归集辅助生产成本 2. 根据劳务提供情况，选择直接分配法分配辅助生产成本（典型工作任务）： • 计算对外直接分配率 • 计算对外分配额 3. 编制辅助生产成本分配表 4. 根据辅助生产成本分配表编制记账凭证 5. 登记各成本费用明细账
	制造费用归集与分配	1. 根据各耗费分配表登记制造费用明细账，归集制造费用 2. 根据生产的特点，选择合理的分配方法 3. 计算制造费用分配率 4. 计算制造费用分配额 5. 编制制造费用分配表 6. 根据制造费用分配表，编制记账凭证 7. 登记各基本生产成本等明细账
	综合结转法各步骤生产成本的归集以及完工半成品与在产品成本的分配	1. 结转每种产品各步骤基本生产成本明细账的期初余额 2. 登记每种产品各步骤基本生产成本明细账本月发生额 3. 将第一步骤半成品成本合计数转入第二步骤基本生产成本明细账“直接材料”（或“半成品”）栏（依此类推至最后步骤） 4. 对每种产品各步骤基本生产成本明细账按成本项目累计月初和本月费用 5. 采用定额比例法（典型工作任务）将每种产品各步骤基本生产成本明细账的累计生产成本总额在完工半成品（最后一步骤是产成品）与月末在产品之间分配，计算各步骤完工半成品（最后步骤产成品）成本： • 计算完工半成品（最后一步骤是产成品）的材料定额耗用量、定额成本及定额工时 • 计算在产品的材料定额耗用量、定额成本及定额工时 • 按完工半成品（最后一步骤是产成品）和在产品的有关定额计算分配率 • 计算完工半成品（最后一步骤是产成品）成本 • 计算月末在产品成本
	综合结转分步法下的成本还原	1. 确定成本还原的对象（产成品成本中的半成品成本） 2. 根据选择的还原方法进行成本还原 3. 填制成本还原计算表 4. 按相同成本项目进行平行相加，计算完工产品总成本和单位成本 5. 做出相应的成本分析

续表

课程项目	课程模块	教学内容
产品成本计算——分步法	分项结转法各步骤生产成本的归集以及完工半成品与在产品成本的分配	1. 登记每种产品各步骤基本生产成本明细账、本步骤本月发生额 2. 将第一步骤半成品成本按成本项目转入第二步骤基本生产成本明细账对应成本项目专栏（依此类推至最后步骤） 3. 对每种产品各步骤基本生产成本明细账按成本项目累计月初和本月费用 4. 采用定额成本法（典型工作任务）将每种产品各步骤基本生产成本明细账的累计生产成本总额在完工半成品（最后一步骤是产成品）与月末在产品之间分配，计算各步骤完工半成品（最后步骤产成品）成本： • 根据材料定额耗用量、定额成本、定额工时及各步骤在产品的数量计算在产品定额成本 • 将每种产品各步骤基本生产成本明细账的累计生产成本减去在产品定额成本 • 计算各步骤完工半成品（最后步骤：完工产成品）成本
	平行结转分步法各步生产成本的归集以及计入产成品成本份额的确定	1. 登记每种产品各步骤基本生产成本明细账、本步骤本月发生额 2. 对每种产品各步骤基本生产成本明细账按成本项目累计月初和本月费用 3. 采用约当产量法（典型工作任务）将每种产品各步骤基本生产成木明细账的累计生产成本总额在完工产成品与月末广义在产品之间分配，计算各步骤计入产成品成本的份额： • 计算在产品完工程度 • 根据完工程度计算广义在产品约当产量 • 根据约当总产量计算各步骤成本分配率 • 计算计入产成品成本的份额 • 计算广义在产品成本 4. 将各步骤计入产成品成本的份额按成本项目平行结转，汇总计算产成品的成本，编制完工产品成本汇总表
	产成品成本的汇总与结转	1. 根据各种基本生产成本明细账 编制产成品成本汇总表 2. 根据产成品成本汇总表和产品成品入库单编制结转完工产品成本记账凭证
	成本报告的编制	1. 根据日常成本核算资料以及计划、统计等有关资料按照可比产品和不可比产品编制商品产品成本表 2. 根据日常成本核算资料以及计划、统计等有关资料编制主要产品单位成本表 3. 根据日常成本核算资料以及计划、统计等有关资料编制制造费用明细表 4. 根据日常成本核算资料以及计划、统计等有关资料编制各期间费用明细表

续表

课程项目	课程模块	教学内容
产品成本计算——分批法	基本生产成本明细账及其他成本费用明细账设置	1. 根据生产计划部门下达的“生产任务通知单”开设各批别或订单的基本生产成本明细账，并根据耗费发生的用途确定成本项目，设置基本生产明细账专栏 2. 按辅助生产部门设置辅助生产成本明细账 3. 按基本生产车间设置制造费用明细账 4. 按费用项目设置管理费用明细账 5. 按费用项目设置销售费用明细账 6. 按筹集资金用途设置财务费用明细账
	材料耗费的分配	1. 根据领退料情况取得各种领退料凭证，并定期编制发料凭证汇总表 2. 根据使用部门和用途确定材料耗费分配去向 3. 对于几种产品共同领用的材料耗费： • 选择分配标准 • 计算材料耗费分配率 • 计算材料耗费分配额 4. 编制材料耗费分配表 5. 根据材料耗费分配表编制记账凭证
	燃料耗费的分配	1. 根据领退料情况取得各种领退料凭证，并定期编制燃料发出凭证汇总表 2. 根据使用部门和用途确定燃料耗费分配去向 3. 对于几种产品共同领用的燃料耗费： • 选择分配标准 • 计算燃料耗费分配率 • 计算燃料耗费分配额 4. 编制燃料耗费分配表 5. 根据燃料耗费分配表编制记账凭证
	外购动力耗费的分配	1. 根据使用部门和用途确定动力耗费分配去向 2. 对于几种产品共同耗费的动力耗费： • 选择分配标准 • 计算动力耗费分配率 • 计算动力耗费分配额 3. 编制动力耗费分配表 4. 根据外购动力耗费分配表编制记账凭证

续表

<table>
<tr><th>课程项目</th><th>课程模块</th><th>教学内容</th></tr>
<tr><td rowspan="7">产品成本计算——分批法</td><td>职工薪酬耗费的分配</td><td>1. 根据职工考勤记录、工票、个人福利支出等原始单据，编制职工薪酬结算单以及职工薪酬结算汇总表
2. 根据部门和用途确定职工薪酬耗费分配去向
3. 对于几种产品共同耗费的职工薪酬耗费：
• 选择分配标准
• 计算职工薪酬耗费分配率
• 计算职工薪酬耗费分配额
4. 编制职工薪酬耗费分配表
5. 根据职工薪酬耗费分配表编制记账凭证</td></tr>
<tr><td>折旧费的分配</td><td>1. 根据固定资产使用情况编制固定资产折旧计算表
2. 确定折旧费分配去向
3. 编制折旧费分配表
4. 根据折旧费分配表编制记账凭证</td></tr>
<tr><td>税金的核算</td><td>1. 根据车辆、房屋、土地等使用情况填制或取得纳税申报表以及完税凭证
2. 成本核算组：根据纳税申报表或完税凭证编制记账凭证</td></tr>
<tr><td>利息费用的核算</td><td>1. 根据从银行取得“利息扣税清单”，编制相应的记账凭证
2. 成本核算组：根据相应凭证登记财务费用明细账</td></tr>
<tr><td>其他支出的核算</td><td>1. 根据费用发生的部门确定其他支出分配去向
2. 编制其他支出分配表
3. 根据其他支出分配表编制记账凭证</td></tr>
<tr><td>辅助生产成本归集与分配</td><td>1. 根据各要素耗费分配表登记辅助生产成本明细账，归集辅助生产成本
2. 根据劳务提供情况，选择计划成本分配法分配辅助生产成本（典型工作任务）：
• 按计划单位成本计算分配额
• 计算实际成本与计划成本差异
3. 编制辅助生产成本分配表
4. 根据辅助生产成本分配表，编制记账凭证</td></tr>
<tr><td>制造费用归集与分配</td><td>1. 根据各耗费分配表登记制造费用明细账，归集制造费用
2. 根据生产的特点，选择合理的分配方法
3. 计算制造费用分配率
4. 计算制造费用分配额
5. 编制制造费用分配表
6. 根据制造费用分配表，编制记账凭证</td></tr>
</table>

续表

课程项目	课程模块	教学内容
产品成本计算——分批法	基本生产成本的归集和完工产品与在产品成本的分配	1. 结转各批别产品成本明细账的期初余额 2. 登记各批别产品基本生产成本明细账本月发生额 3. 按成本项目各批别累计月初和本月费用 4. 采用约当产量法（典型工作任务）将各成本项目累计的生产成本在完工产品与月末在产品之间分配，计算各批别产品成本： • 计算在产品完工程度 • 根据完工程度计算在产品约当产量 • 根据约当总产量计算单位成本 • 计算各批完工产品成本 • 计算在产品成本
	完工产品成本汇总与结转	1. 根据各种基本生产成本明细账编制产成品成本汇总表 2. 根据产成品成本汇总表和产品成品入库单编制结转完工产品成本记账凭证
	成本报告的编制	1. 根据日常成本核算资料以及计划、统计等有关资料按照可比产品和不可比产品编制商品产品成本表 2. 根据日常成本核算资料以及计划、统计等有关资料编制主要产品单位成本表 3. 根据日常成本核算资料以及计划、统计等有关资料编制制造费用明细表 4. 根据日常成本核算资料以及计划、统计等有关资料编制各期间费用明细表

六、教学条件

（一）教师任职条件

1. 专任教师。

（1）具有成本会计岗位工作经历，熟悉成本管理法律法规和产品生产流程；

（2）能够示范操作成本计算业务办理工作过程；

（3）能够指导学生采用角色扮演法、情境教学法进行成本计算的演示。

2. 兼职教师。

既具有丰富的成本会计职业工作经验，又具有一定理论基础的会计行业专家作为兼职教师；能进行品种法、分步法、分批法成本计算的示范教学。

（二）实践教学条件

1. 实训场所：用于成本计算基本技能训练的会计基本技能实训室；配置有应用成本会计核算模拟实训软件和会计电算化软件的网络环境的计算机机房；具备会计分岗位操作的企业财务模拟环境及模拟生产流程等成本会计职业环境的实训室。

2. 实训工具设备：计算器、领料单、限额领料单、领料登记簿、发料汇总表、工资结算单、工资结算汇总表、折旧计算表等原始单据，企业财务专用章、法人代表名章、相关会计人员名章，各种费用分配表，收付转记账凭证，各成本费用明细账，各成本费用报表。

3. 仿真核算资料，包括领用材（燃）料业务、职工薪酬分配业务、折旧计算与分配业务、税金计算与缴纳等业务，材料消耗定额、工时消耗定额等。

4. 实训软件：成本计算与分析业务无纸化仿真实训软件。

5. 实训指导资料：配备成本计算与分析规范手册，包括会计法、会计基础工作规范、成本开支范围、财务通则、会计准则等；配备生产流程的音像、动画素材和视频教学资料。

七、教学方法与手段

（一）教学方法

本课程教学方法主要包括六步教学法、直观教学法、角色扮演法、案例教学法等。

1. 六步教学法：将教学组织分为明确任务、教学准备、教学设计、教学实施、教学检查、教学评价六步。以学生为主体进行完成相关工作任务的知识、技能、准备等信息搜集，制订课程教学方案，并准备各项教学资料。教学实施过程中，教师应着重指导学生按照规范化的要求和会计工作流程实施模拟工作过程，并以“过程+结果”的方式进行课程考核。六步教学法为本课程主要的课程教学组织方法，每个完整的模块的教学均要采用六步教学法进行课堂组织，实现以学生为主体的理实一体教学。

2. 直观教学法：通过教师演示、观看实际操作录像等直观的方法演示工作过程，进行操作示范。成本费用明细账设立流程演示、品种法计算流程演示、分步法计算流程演示、分批法计算流程演示等可采用直观教学法。

3. 角色扮演法：划分学习小组，每小组指定不同人员分别扮演材料核算员、配电室人员、工资核算员、总账会计、企业负责人等角色，模拟收付材料业务办理过程，职工薪酬结算与分配等过程，使学生体验不同角色的岗位任务和岗位职责。分岗进行成本计算的各环节业务模拟。实训时采用角色扮演法，使学生真切体验完整的成本计算过程。

4. 案例教学法：以实际案例办理为例讲解成本计算的相关法律法规及业务办理流程，增强教学的真实感和指导性。岗位职业道德与风险防范等内容可采用案例教学法进行教学。

（二）教学手段

1. 多媒体教学手段：多媒体教学手段主要包括：电子课件、投影、视频、音频、多媒体教学软件。其中有关产品生产流程、开设成本费用明细账、编制各耗费分配表等规范操作等内容可采用电子课件投影进行教学，成本会计典型任务如开设成本费用明细账、报销差旅费、材料的领发业务办理等可采用视频教学直观演示；有关成本计算案例及相关法规宣传等可采用音频教学；师生互动、课堂展示等教学环节可采用多媒体教学软件。

2. 网络教学手段：教师进行仿真业务设计及学生进行成本计算业务仿真实训时可采用网络教学软件。

八、检查评价

成本核算课程考核由结果考核和过程考核两部组成。

结果考核：第一，采用闭卷考试，考核学生的基础知识、基本职业判断以及基本技能。第二，采用开卷考试，完成一个取材于企业实际案例的整个成本核算的工作任务，做题过程中学生可以探讨、可以交流，考核更注重过程，主要考核基础知识、基本职业判断以及基本技能综合运用能力。结果考核占总成绩的70%。

过程考核：设计过程评价表，对学生的任务完成情况、组织能力、质量及效率、专业技能、沟通与协调、态度与责任、纪律性等方面进行考核，使课程教学更加注重学生全面综合素质的培养，符合工学结合课程的考核特征。过程考核占总成绩的30%。

“税费计算与申报”课程标准

一、课程定位

本课程是依据企业涉及税业务办理工作岗位的典型工作任务设置的。税费计算与申报是从事经济活动过程中不可避免的一项重要工作，企业一般均要设置涉税业务办理岗位。本课程主要学习增值税、消费税、企业所得税、个人所得税、关税、房产税、城市维护建设税、车船税、城镇土地使用税等企业经常涉及的税收相关法规、税款计算、申报缴纳的专业知识和纳税工作流程的规定，使学生具备从事本专业相关职业岗位所必需的税务登记、税费计算、纳税申报、税款缴纳等相关职业技能。本课程对日常涉税事务的处理能力培养起着主体作用；对纳税筹划、税务检查、税务代理能力的培养起着奠基作用；对会计处理能力的培养起着综合和提升作用，是将税务处理知识、技能与会计知识、技能有机结合的关键所在。本课程是企业财务会计、会计综合实训、企业财务管理等课程的关联课程。

二、课程目标

1. 熟悉增值税、消费税、企业所得税、个人所得税、关税、房产税、城市维护建设税、车船税、城镇土地使用税、教育费附加等税种的主要法律法规内容；
2. 会根据企业经济业务确定其纳税义务及所涉及的税种、税目、税率和计税依据；
3. 能依据企业经济业务的具体情况，准确享受税法规定的减免税优惠政策；
4. 能根据企业经济业务发生的具体情况，确定纳税义务的发生时间；
5. 能准确计算企业当期应纳税额；
6. 会填写相关税种的纳税申报表及附列资料；
7. 能根据税法规定选择纳税地点及时办理纳税申报和税款缴纳手续；
8. 培养敬业爱岗精神和良好的职业道德，善于团队合作，能与税务、外汇、银行等涉税业务机构进行交流沟通；
9. 能利用各种资源进行资料的搜集和整理。

三、设计思路

本课程标准设计的总体思路是：打破以知识传授为主要特征的传统学科课程模式，采用以职业任务和行动过程为导向的工作过程系统化学习课程模式。根据报税岗位，开展广泛调研，在邀请税务实践专家对报税岗位典型的职业工作进行项目任务与职业能力分析的基础上，采用工作过程系统化的课程开发技术，遵循“设计导向”的职业教育理念，确定本课程学习目标和项目设计。让学生在项目中学习并掌握税收知识和税费计算与申报的基本技能，增强课程内容与职业岗位能力要求的相关性，培养学生具有敬业精神、团队合作沟通和良好的职业道德修养。

项目设计的基本依据是：该门课程是以会计专业就业面向岗位中报税岗位工作任务所需的相关专业知识与必要技能为依据设计的。在职业性和高等性两者间遵循了从职业性到高等性的路径选择，选择以每个税种的计算与申报作为项目，每个项目均能体现报税工作的全过程，各项目之间保持内容变化而过程不变。

在每一个项目中，根据学习内容的多少，可设计若干模块，按“纳税人和征税对象的确定→××税税款计算→××税纳税申报”的工作过程，由浅入深，由易及难，循环上升。理论知识的选取则紧紧围绕项目任务完成的需要来进行，重视对学生职业能力的训练。通过校企合作和工学结合，充分开发教学资源，给学生提供丰富的实践机会，突出培养学生的综合素质和可持续发展能力。

四、课时分配

表 2－11　　税费计算与申报课程项目划分及课时分配

课程项目		课程模块		课时	
1	纳税工作流程认知	1	税务登记	2	8
		2	发票管理	2	
		3	纳税申报	2	
		4	税款缴纳	2	
2	增值税计算与申报	1	增值税税款计算	20	30
		2	增值税纳税申报	5	
		3	增值税出口退税处理	5	
3	消费税计算与申报	1	消费税税款计算	10	14
		2	消费税纳税申报	2	
		3	消费税出口退税处理	2	
4	关税计算与缴纳	1	关税税款计算	6	8
		2	关税的缴纳	2	
5	企业所得税计算与申报	1	企业所得税税款计算	20	24
		2	企业所得税纳税申报	4	

续表

<table>
<tr><th colspan="2">课程项目</th><th colspan="2">课程模块</th><th colspan="2">课时</th></tr>
<tr><td rowspan="2">6</td><td rowspan="2">个人所得税计算与申报</td><td>1</td><td>个人所得税税款计算</td><td>8</td><td rowspan="2">10</td></tr>
<tr><td>2</td><td>个人所得税纳税申报</td><td>2</td></tr>
<tr><td rowspan="7">7</td><td rowspan="7">其他税费计算与申报</td><td>1</td><td>土地增值税的计算与申报</td><td>4</td><td rowspan="7">12</td></tr>
<tr><td>2</td><td>房产税的计算与申报</td><td>2</td></tr>
<tr><td>3</td><td>城镇土地使用税的计算与申报</td><td>1</td></tr>
<tr><td>4</td><td>车船税的计算与申报</td><td>1</td></tr>
<tr><td>5</td><td>印花税的计算与缴纳</td><td>1</td></tr>
<tr><td>6</td><td>城市维护建设税的计算与申报</td><td>1</td></tr>
<tr><td>7</td><td>财政规费的计算与申报</td><td>2</td></tr>
<tr><td colspan="4">机 动</td><td>2</td><td>2</td></tr>
<tr><td colspan="4">合 计</td><td colspan="2">108</td></tr>
</table>

五、教学内容

表 2－12 “税费计算与申报”课程项目教学内容

<table>
<tr><th>课程项目</th><th>课程模块</th><th>教学内容</th></tr>
<tr><td rowspan="4">纳税工作流程认知</td><td>税务登记</td><td rowspan="4">1. 企业纳税工作的一般流程
2. 三证合一环境下的税务登记
3. 企业的纳税申报、税款征收
4. 税收的概念、职能、作用和税收的分类
5. 纳税人、征税对象、税率、纳税环节和地点、纳税时间、减税免税、法律责任等税制构成要素
6. 增值税发票和其他发票</td></tr>
<tr><td>发票管理</td></tr>
<tr><td>纳税申报</td></tr>
<tr><td>税款缴纳</td></tr>
<tr><td rowspan="3">增值税计算与申报</td><td>增值税税款计算</td><td rowspan="3">1. 一般纳税人、小规模纳税人的划分
2. 增值税的征税范围
3. 销售额的确定，差额纳税情况下的增值税计税依据
4. 销项税额的计算
5. 进项税额的确定
6. 简易办法纳税的适用范围及税额计算
7. 小规模纳税人增值税应纳税额的计算
8. 增值税优惠政策的运用
9. 增值税的征收管理
10. 增值税的申报与缴纳
11. 出口货物增值税在“免、抵、退”和“先征后退”两种情况下应退税款的计算</td></tr>
<tr><td>增值税纳税申报</td></tr>
<tr><td>增值税出口退税处理</td></tr>
</table>

续表

<table>
<tr><th>课程项目</th><th>课程模块</th><th>教学内容</th></tr>
<tr><td rowspan="3">消费税计算与申报</td><td>消费税税款计算</td><td rowspan="3">1. 消费税纳税人、征税对象的确定
2. 直接对外销售应税消费品应纳税额的计算（从价定率、从量定额、复合计征三种情况，下同）
3. 自产自用应税消费品应纳税额的计算
4. 委托加工应税消费品应纳税额的计算
5. 进口应税消费品应纳税额的计算
6. 利用已纳税消费品继续生产时消费税扣税处理
7. 出口应税消费品应退税额的计算
8. 消费税的征收管理
9. 消费税的申报与缴纳</td></tr>
<tr><td>消费税纳税申报</td></tr>
<tr><td>消费税出口退税处理</td></tr>
<tr><td rowspan="2">关税计算与缴纳</td><td>关税税款计算</td><td rowspan="2">1. 关税纳税人、征税对象的确定
2. 关税进出口税则税率的运用
3. 关税减免税政策的运用
4. 进口、出口关税应纳税额的计算
5. 关税的征收管理</td></tr>
<tr><td>关税的缴纳</td></tr>
<tr><td rowspan="2">企业所得税计算与申报</td><td>企业所得税税款计算</td><td rowspan="2">1. 居民纳税人、非居民纳税人的判定
2. 企业所得税征税对象的确定
3. 企业所得税应税所得额的确定（收入项目、扣除项目、纳税调整项目、弥补亏损）
4. 企业所得税应纳税额的计算（平时预缴额、年终汇算补缴额）
5. 企业所得税优惠政策的运用
6. 企业所得税的核定征收
7. 企业所得税的征收管理
8. 企业所得税的申报与缴纳（平时预缴、年终汇算清缴）</td></tr>
<tr><td>企业所得税纳税申报</td></tr>
<tr><td rowspan="2">个人所得税计算与申报</td><td>个人所得税税款计算</td><td rowspan="2">1. 居民纳税人、非居民纳税人的判断
2. 个人所得税征税对象的确定
3. 个人所得税应纳税所得额的确定
4. 个人所得税应纳税额的计算
5. 个人所得税优惠政策的运用
6. 个人所得税的申报与扣缴</td></tr>
<tr><td>个人所得税纳税申报</td></tr>
</table>

续表

<table>
<tr><th>课程项目</th><th>课程模块</th><th>教学内容</th></tr>
<tr><td rowspan="7">其他税费计算与申报</td><td>土地增值税的计算与申报</td><td rowspan="7">1. 土地增值税的纳税义务人、征税范围、税率及税额计算
2. 房产税纳税义务人、征税范围、税率及税额计算
3. 城镇土地使用税纳税义务人、征税范围、税率以及应纳税额的计算
4. 车船税纳税义务人、征税范围、税目、税率以及应纳税额的计算
5. 印花税纳税义务人、税目、税率及应纳税额计算
6. 城市维护建设税纳税义务人、计税依据、税率以及应纳税额的计算
7. 房产税、城镇土地使用税、车船税、印花税和城市维护建设税优惠政策的运用
8. 教育费附加、水利建设专项基金、残疾人就业保障基金等财政规费的征收范围及计算方法
9. 土地增值税、房产税、城镇土地使用税、车船税、印花税和城市维护建设税的申报</td></tr>
<tr><td>房产税的计算与申报</td></tr>
<tr><td>城镇土地使用税的计算与申报</td></tr>
<tr><td>车船税的计算与申报</td></tr>
<tr><td>印花税的计算与缴纳</td></tr>
<tr><td>城市维护建设税的计算与申报</td></tr>
<tr><td>财政规费的计算与申报</td></tr>
</table>

六、教学条件

（一）教师任职条件

1. 专任教师。

（1）具有扎实的税收理论功底和一定的报税岗位经历，熟悉企业税收法律法规知识和企业纳税工作流程；

（2）能够熟练计算各种流转税税额、所得税税额及常用的地方性税费金额；能熟练操作税收相关软件；能示范操作各税种的纳税申报和税款缴纳工作；

（3）能够指导学生采用六步教学法、直观教学法、角色扮演法、课堂讲授法、案例引导法进行企业税费计算与申报业务的示范教学。

2. 兼职教师。

（1）大中型企业报税岗位的办税员或税务会计人员，能进行税务管理、税费计算、纳税申报、税款缴纳以及财产损失、亏损弥补、税收优惠事项报批等内容的示范教学；

（2）税务师事务所或会计师事务所从事税务代理的人员，能够针对中小企业的实际情况进行代办税务登记、纳税人资格认定、发票领购、纳税申报和税务咨询等内容的示范教学；

（3）税务机关从事税收征管的工作人员，能够进行税务登记管理、账证管理、发票管理；纳税申报、税款征收、欠税管理；税务稽查、税收法制等方面的示范教学。

（二）实践教学条件

1. 实训场所：用于进行税务管理、税费计算、纳税申报等报税岗位技能训练的模拟税务实训室或者具备税务管理、税费计算和纳税申报等功能的会计分岗位综合实训室；配置具有税费计算与申报功能模拟实训软件的网络环境的计算机机房。

2. 实训工具设备：涉税工作所需的办公文具，如办公设施、文具盒、打印机、扫描仪、计算器、文件柜及各种日用耗材。

3. 仿真实训资料：各税种空白纳税申报表、空白纳税申报表的附表；各种空白税务处理文书；具有仿真的工业企业、服务业的涉税经济业务资料及其他相关资料。

4. 实训软件：模拟电子纳税申报平台、仿真出口退税操作软件等，可在机上进行无纸化税费计算与申报的业务操作。

5. 实训指导资料：配备税费计算与纳税申报业务操作规范手册，包括增值税、消费税等流转税税收暂行条例及实施细则；企业所得税、个人所得税等所得税法律及实施条例；税收征管法及实施细则以及其他涉税相关法律、法规、制度等。

七、教学方法与手段

（一）教学方法

本课程教学方法主要包括六步教学法、直观教学法、角色扮演法、课堂讲授法、案例教学法等。

1. 六步教学法：将教学组织分为明确任务、教学准备、教学设计、教学实施、教学检查、教学评价六步。以学生为主体进行完成相关工作任务的知识、技能、准备等信息的搜集，制订课程教学方案，并准备各项教学资料。教学实施过程中，教师应着重指导学生按照规范化的要求和会计工作流程实施模拟工作过程，并以“过程＋结果”的方式进行课程考核。六步教学法为本课程主要的课程教学组织方法，每个完整的课程模块的教学均要采用六步教学法进行课堂组织，实现以学生为主体的理实一体教学。

2. 直观教学法：通过教师演示、观看实际操作录像等直观的方法演示工作过程，进行操作示范。建立税务登记流程演示、发票管理流程演示、增值税纳税申报流程演示、消费税纳税申报流程演示、营业税纳税申报流程演示、企业所得税纳税申报流程演示和其他税申报流程演示。

3. 角色扮演法：虽然从总体上看，课程教学中学生的主要角色就是“办税员”，但是在不同的企业、不同的操作方式下，各个不同小组和小组中的不同成员需要交替扮演不同的角色，这样有利于明确学生在小组中的责任，也便于不同小组交替完成不同的工作任务。例如：增值税需要区分小规模纳税人办税员、一般纳税人办税员；在一般纳税人中，需要根据操作方式的不同区分手工办税和网上办税；在同一个企业的一个完整的办税流程中，还包括企业申报和税务机关审查等不同角色。分角色实训有利于学生在工作中进行换位思考，也有利于学生从不同角度得到技能的全面训练。

4. 课堂讲授法：课堂讲授法是传统的教学方法，作为基本知识、技能的传授方式，课堂讲授起着不可替代的作用。注重利用教学场所的多媒体设备，老师在讲授中更多的是通过多媒体演示，向学生展示每个项目的基本流程，讲解重要的知识点，分析实际案例。比如：增值税一般纳税人应纳税额的确定，在税法规定的公式中有销项税额、进项税额的确定和计算方法，这种方法在实际工作中体现为纳税申报表中的数据逻辑关系。通过课堂讲授，学生才能系统、全面地了解每个教学项目的整体结构以及知识点之间的区别与联系。

5. 案例引导法：教学案例包括用于办税业务指引的实用案例、违法处理的警示案例。其中的办税业务指引案例是教学中最常用的案例。案例的表现形式有：文字、图片、影像、Flash 演示、动漫等。通过案例演示能够较好地引导课程内容的展开，激发学生的学习兴趣；通过案例分析能够较好地促进学生的思考，加深对课程的理解；通过违法案例的警示作用，能够较好地提升学生的专业意识和职业道德。

（二）教学手段

1. 多媒体教学手段。主要包括：电子课件、投影、视频、音频、Flash 动画演示、多媒体教学软件，为学生提供办税业务示范操作过程演示，把学生带入一个虚拟现实的学习场景中。学生对照这些演示操作就能比较全面地了解实际工作中的操作流程，并按照操作演示的指引完成模拟操作。主要包括：网上办税业务演示、消费税申报操作演示、营业税申报操作演示、出口退税业务操作演示、企业所得税操作演示、增值税申报操作演示、电子证书系统客户端操作演示、基层录入单位操作流程演示、纳税申报系统演示等。

2. 网络教学手段。教师进行仿真业务设计及学生进行税费计算与申报业务仿真实训时采用网络教学软件，实现教学与工作的一体化。在网上提供与实际工作中相同的纳税申报客户端软件，提供虚拟的企业各种经济业务和原始记录以及为完成这些虚拟项目所需的环境、素材和工具。为学生营造了一个与真实情况相同的虚拟网上税务局办税业务环境，学生通过这些软件能够在网上完成与真实项目相同的办税业务操作。主要包括：普通发票管理系统软件、网上纳税申报系统、地税中介通用税务数据采集软件、国税中介通用数据采集软件、企业所得税申报系统、生产企业出口退税申报系统、一般纳税人通用税务数据采集软件等。

八、检查评价

本课程的考核分为知识鉴定成绩和能力鉴定成绩两部分，其中知识鉴定成绩和能力鉴定成绩各占 50%，主要考核评价学生对税收法规的理解、对各种税费应纳金额的计算和纳税申报技能的掌握。

知识鉴定成绩分为平时知识鉴定成绩和期末知识综合性鉴定成绩两部分。平时知识鉴定成绩占成绩的 15%，主要根据平时作业、课堂抽查和学习态度等方面进行评价，其中学习态度根据平时作业上交的及时性与独立性、考勤情况和课堂纪律等方面进行综合评分；期末知识综合性鉴定由教师根据各项目的知识目标，在鉴定试题库中进行组卷并采取闭卷笔试的方式进行考核，占总成绩的35%。

能力鉴定成绩分为小组能力鉴定成绩和个人能力综合鉴定成绩两部分。小组能力鉴定成绩占总成绩的15%，主要根据以小组为单位进行实务操作、案例分析、实训报告的完成情况和学习态度几个方面进行综合评价，反映学生对职业能力的掌握及团队合作情况；个人能力综合鉴定是评价学生对本课程综合能力掌握程度的主要依据，考核形式可以多样化，既可以由教师提供案例，学生进行计算、申报或进行分析，也可以用多媒体软件进行考核，几种形式既可以单独运用，也可以结合使用。个人能力综合鉴定成绩占总成绩的35%。

“会计信息化”课程标准

一、课程定位

“会计信息化”课程是以会计核算岗位会计信息化典型工作任务设置的。该课程主要学习会计信息化的基本理论和实务操作处理方法，培养学生掌握会计信息化工作的基本知识、基本技能和实际操作的能力，使学生成为适应企业信息化需要、符合市场经济要求的高端应用型专门人才。本课程学习以计算机操作技能和会计专业相关课程（出纳业务操作、企业财务会计、税费计算与申报、成本计算与分析、审计实务、企业财务管理）的学习为基础，通过学习本课程，可以巩固、提高前续课程所学知识，并促进后续课程如会计综合实训、会计制度设计等课程的学习。该课程学习结束后，学生应具备中级电算化的水平，获得省级初级电算化资格证书与中级电算化资格证书。

二、课程目标

1. 熟悉《中华人民共和国会计法》、《会计基础工作规范》、《会计电算化工作规范》、《会计核算软件基本功能规范》、《企业内部控制规范》等财经法律法规有关会计信息化管理的内容；

2. 能熟知各财务软件的设计思路；

3. 能熟练操作财务软件；

4. 能综合利用会计数据进行辅助决策；

5. 具有较强的语言表达、会计职业沟通和协调能力，能顺利与软件公司沟通，得到其业务指导和帮助，能协调相关岗位人员与业务关系；

6. 具有团队合作和协作精神；具有良好的心理素质、诚信品格和社会责任感；

7. 能自主学习会计、计算机、网络、管理等新知识、新技术；

8. 能通过各种媒体资源查找所需信息；

9. 能通过对不同企业财务软件的操作，深刻了解企业会计信息系统的构建，可以独立建立中小型企业信息系统；

10. 能通过财务软件的操作，归纳出财务软件操作的内在规律，以适应软件的不断升级换代。

三、设计思路

会计信息化课程按照工作系统化课程的设计思路，以会计核算岗位的典型工作任务——会计信息化处理任务为载体，根据财务软件功能模块划分确定项目。会计信息化工作是以会计人员“采集信息→加工信息→整理信息→传输信息”为序的，按照该业务流程组织教学过程和校内仿真实训，实行教学做一体化。按照会计信息化的工作顺序设计了六个课程项目：日常资金管理、职工薪酬管理、固定资产管理、采购与应付款管理、销售与应收款管理、库存管理。在每个课程项目的教学中，以该情境岗位工作任务完成的“工作过程”为导向进行理论与实践教学内容的排列，遵循由浅入深、由易及难、循环上升的教学规律，设计若干模块或项目，让学生在典型工作任务的完成过程中学习并掌握会计信息化的基础知识和操作技能。本课程通过与财务软件公司、相关企业的合作，充分开发教学资源，使学生在反复学习和实训中，能掌握会计信息化业务操作的工作流程，了解业务要求，具有利用信息系统熟练处理会计业务的相关技能。

四、课时分配

表 2－13　　会计信息化课程项目划分及课时分配

课程项目		课程模块		课时分配（课时）	
1	日常资金管理	1	系统管理	4	36
		2	日常资金管理的初始设置	8	
		3	日常资金管理的凭证管理	4	
		4	日常资金管理的出纳管理	4	
		5	日常资金管理的账簿管理	2	
		6	日常资金管理的辅助账管理	2	
		7	日常资金管理的期末处理	4	
		8	报表处理	8	
2	职工薪酬管理	1	职工薪酬的初始设置	4	12
		2	职工薪酬的日常操作	4	
		3	职工薪酬的期末处理	4	
3	固定资产	1	固定资产的初始设置	4	10
		2	固定资产的日常操作	4	
		3	固定资产的期末处理	2	

续表

<table>
<tr><th colspan="2">课程项目</th><th colspan="2">课程模块</th><th colspan="2">课时分配（课时）</th></tr>
<tr><td rowspan="3">4</td><td rowspan="3">采购与应付款管理</td><td>1</td><td>采购与应付的初始设置</td><td>6</td><td rowspan="3">22</td></tr>
<tr><td>2</td><td>采购与应付的日常操作</td><td>12</td></tr>
<tr><td>3</td><td>采购与应付的期末处理</td><td>4</td></tr>
<tr><td rowspan="3">5</td><td rowspan="3">销售与应收款管理</td><td>1</td><td>销售与应收的初始设置</td><td>6</td><td rowspan="3">22</td></tr>
<tr><td>2</td><td>销售与应收的日常操作</td><td>12</td></tr>
<tr><td>3</td><td>销售与应收的期末处理</td><td>4</td></tr>
<tr><td rowspan="3">6</td><td rowspan="3">库存管理</td><td>1</td><td>库存管理的初始设置</td><td>2</td><td rowspan="3">6</td></tr>
<tr><td>2</td><td>库存管理的日常操作</td><td>2</td></tr>
<tr><td>3</td><td>库存管理的期末处理</td><td>2</td></tr>
<tr><td colspan="5">合　计</td><td>108</td></tr>
</table>

五、教学内容

表 2-14　　会计信息化课程项目教学内容

<table>
<tr><th>课程项目</th><th>课程模块</th><th>教学内容</th></tr>
<tr><td rowspan="2">日常资金管理</td><td>系统管理</td><td>1. 账套管理
2. 操作人员管理
3. 年度账管理
4. 系统管理操作流程
5. 上机日志原理和系统维护方法
6. 基础数据和数据精度编码方案</td></tr>
<tr><td>初始设置</td><td>1. 账套参数设置
2. 部门及人员设置
3. 会计科目、受控科目设置
4. 客户档案、供应商档案、项目档案的建立
5. 凭证类别、外币汇率、结算方式的设置
6. 初始余额录入
7. 进行试算平衡</td></tr>
</table>

续表

课程项目	课程模块	教学内容
日常资金管理	凭证管理	1. 填制凭证 2. 修改、作废、整理凭证 3. 凭证参数设置 4. 查询凭证 5. 汇总凭证 6. 出纳签字 7. 主管签字 8. 凭证审核、记账和输出
	出纳管理	1. 出纳管理参数设置 2. 指定出纳科目 3. 资金日报表生成与查询 4. 现金、银行存款日记账生成与查询 5. 进行银行对账 6. 登记支票登记簿
	账簿管理	1. 账簿管理参数设置 2. 建立账簿 3. 总账账簿查询与分析 4. 明细账账簿查询与分析 5. 多栏账账簿生成、查询与分析 6. 发生额及余额表查询与分析 7. 各种辅助账账簿查询与分析 8. 输出各种账簿
	辅助账管理	1. 辅助账管理参数设置 2. 部门、职员、客户、供应商、项目档案的建立 3. 部门、职员、客户、供应商、项目的查询与分析 4. 客户和供应商往来款项的发生、清欠管理 5. 个人借款管理
	期末处理	1. 自定义转账凭证设置 2. 对应结转设置 3. 销售成本结转设置 4. 汇兑损益结转设置 5. 期间损益结转 6. 转账凭证生成 7. 期末对账、结账

续表

课程项目	课程模块	教学内容
日常资金管理	报表处理	1. 报表文件管理 2. 报表格式设计 3. 报表公式定义 4. 报表审核、汇总、舍位平衡 5. 报表取数 6. 报表图形数据生成 7. 报表查询、输出 8. 报表函数及二次开发 9. 报表数据分析
职工薪酬管理	初始设置	1. 建立职工薪酬账套：进行参数设置、扣税设置、扣零设置、人员编码设置 2. 职工薪酬类别管理 3. 建立部门档案 4. 设置人员类别 5. 增设人员附加信息 6. 设置职工薪酬的项目 7. 设置代发银行名称 8. 建立人员档案 9. 定义职工薪酬计算公式 10. 设置个人所得税参数
	日常管理	1. 职工薪酬变动数据处理 2. 人员的变动及工资项目的调整 3. 生成职工薪酬数据 4. 计算个人所得税 5. 查看工资分钱清单 6. 传输银行代发职工薪酬数据 7. 计提和分摊职工薪酬，并生成凭证 8. 计提和分摊“五险一金”，并生成凭证 9. 查询分析职工薪酬账表数据并进行统计分析、打印
	期末处理	1. 职工薪酬月末结账 2. 数据清零 3. 年末结账 4. 反结账 5. 数据备份 6. 职工薪酬账表管理

续表

课程项目	课程模块	教学内容
固定资产管理	初始设置	1. 建立固定资产管理系统账套 2. 建立部门档案 3. 建立部门对应折旧科目 4. 设置固定资产类别 5. 设置固定资产增减方式 6. 设置固定资产使用状况 7. 设置固定资产折旧方式 8. 设置固定资产卡片项目和卡片样式 9. 录入原始卡片
	日常管理	1. 进行固定资产增加与减少业务处理 2. 进行固定资产变动业务处理 3. 计提固定资产折旧 4. 分摊固定资产折旧 5. 生成固定资产相关业务凭证 6. 查询分析固定资产账表数据并进行统计分析、打印
	期末处理	1. 月末对账 2. 月末结账 3. 反结账 4. 数据备份 5. 账表管理
采购与应付款管理	初始设置	1. 建账 2. 设置业务参数 3. 建立存货分类、计量单位、仓库档案、存货档案、收发类别、采购类型、供应商档案等基础信息 4. 设置存货子系统和应付款子系统科目 5. 录入相关子系统的期初数据，并进行期初数据对账 6. 期初记账
	日常管理	1. 单货同行业务的日常处理 2. 单到货未到（在途业务）的日常处理 3. 货到单未到（暂估业务）的日常处理 4. 退货业务的处理 5. 受托代销业务的处理 6. 采购与应付款账表的查询分析 7. 期末处理
	期末处理	1. 期末处理的含义 2. 期末处理的准备工作 3. 采购与应付子系统期末结账顺序 4. 采购与应付子系统期末结账 5. 年末处理

续表

课程项目	课程模块	教学内容
销售与应收款管理	初始设置	1. 建账 2. 设置业务参数 3. 建立存货分类、计量单位、仓库档案、存货档案、收发类别、销售类型、客户档案、发运方式等基础信息 4. 设置存货子系统和应收款子系统科目 5. 录入期初数据，并进行期初数据对账 6. 期初记账
	日常管理	1. 一般销售业务的日常处理 2. 特殊销售业务的日常处理 3. 销售与应收款账表的查询分析
	期末处理	1. 期末处理的含义 2. 期末处理的准备工作 3. 销售与应收子系统期末结账顺序 4. 销售与应收子系统期末结账 5. 年末处理
库存管理	初始设置	1. 建账 2. 设置业务参数 3. 建立存货分类、计量单位、仓库档案、存货档案、收发类别、采购类型、供应商档案等基础信息 4. 设置总账子系统和存货子系统的科目 5. 录入期初数据，并进行期初数据对账 6. 期初记账
	日常管理	1. 材料和库存商品的出入库核算 2. 暂估业务的处理 3. 其他出入库的核算 4. 盘点处理 5. 调拨业务的处理 6. 调整业务的处理 7. 进行仓库货位管理、批次管理、保质期管理、出库跟踪、入库管理、可用量管理等业务应用 8. 库存账表的查询分析
	期末处理	1. 期末处理的含义 2. 期末处理的准备工作 3. 库存管理子系统期末结账顺序 4. 库存管理子系统期末结账 5. 年末处理

六、教学条件

（一）教师任职条件

1. 专任教师。

（1）具有会计电算化岗位工作经历，具有中级会计电算化合格证，熟悉会计信息化管理法律法规和会计信息化工作流程；

（2）能够示范操作主流财务管理软件；

（3）能够指导学生采用角色扮演法、情境教学法进行会计信息化业务工作的演示。

2. 兼职教师。

（1）财务软件公司业务能手，能进行会计信息化系统初始化工作示范教学；

（2）财务软件公司或企业业务能手，能进行会计信息在系统中的处理等业务技能的示范教学；

（3）财务软件公司或企业业务能手，能进行会计信息系统规范建立的示范教学；

（4）财务软件公司业务能手，能进行财务软件系统维护的示范教学。

（二）实践教学条件

1. 硬件要求：

（1）符合财务软件要求配置的计算机若干台（根据班级容量确定数量）；

（2）每个实训室要求建立局域网，区分教师机及学生机；

（3）每台计算机配置硬件还原或软件还原；

（4）投影仪、空调；

2. 软件要求：

（1）Windows2000（Windows2003）XP /Windows 7/Server 操作系统，Office 办公操作系统；

（2）多站点杀毒软件；

（3）网管软件（如：万象网管软件）

（4）网络教师系统软件；

（5）市场占有率较高的 1 ~3 套财务软件（如用友、金蝶、金算盘财务软件）；

（6）具有代表性的企业仿真经济业务习题 1 ~3 套。

七、教学方法与手段

（一）教学方法

本课程教学方法主要包括六步教学法、直观教学法、角色扮演法、案例教学法等方法。

1. 六步教学法：将教学组织分为明确任务、教学准备、教学设计、教学实施、教学检查、教学评价六步。以学生为主体进行完成相关工作任务的知识、技能、准备等信息的搜集，制订课程教学方案，并准备各项教学资料。教学实施过程中，教师应着重指导学生按照规范化的要求和会计工作流程实施模拟工作过程，并以“过程 + 结果”的方式进行课程考核。六步教学法为本课程主要的课程教学组织方法，每个完整的模块的教学均要采用六步教学法进行课堂组织，实现以学生为主体的理实一体教学。

2. 直观教学法：通过教师演示、观看实际操作录像等直观的方法演示工作过程，进行操作示范。信息化岗位典型任务如银行对账、供应商管理、职工薪酬管理等可采用教师操作示范教学，采用直观教学法。

3. 角色扮演法：划分学习小组，每小组指定不同人员分别扮演出纳、会计、会计主管、企业负责人等角色，模拟会计信息化业务办理流程，使学生体验不同角色的岗位任务和岗位职责。

4. 案例教学法：以实际案例为例讲解 ERP 信息化实施方案，了解企业实现信息化流程，增强教学的真实感和指导性。

（二）教学手段

1. 多媒体教学手段：多媒体教学手段主要包括：电子课件、投影、视频、音频、多媒体教学软件。其中有关系统管理、总账系统初始化流程、会计信息化功能架构等规范操作等内容可采用电子课件投影进行教学，信息化岗位典型任务如银行对账、供应商管理、职工薪酬管理等可采用教师操作示范教学；有关信息化案例及相关法规宣传等可采用音频教学；师生互动、课堂展示等教学环节可采用多媒体教学软件。

2. 网络教学手段：教师进行仿真业务设计及学生进行会计信息化业务仿真实训时采用网络教学软件。

八、检查评价

本课程的评价采用过程评价与结果评价相结合两种方式，并采用多样化的考核手段实现对学生知识、能力、技能的综合评价。

（一）过程评价

过程评价包括考勤分和过程评价分。过程评价成绩占课程评价总分的 40%。

考勤全勤可得 10 分，缺勤未超过两天的得 8 ~ 9 分，缺勤超过两天的得 5 分及以下分数。

过程评价的方式包括：教师评价、小组成员互评，其中教师评价占 18 分，小组成员互评占 12 分。教师评价主要通过对项目的理解程度、项目操作的熟练程度、课堂参与度；组内成员互相评价主要从纪律、参与情况、组内成员协调情况、工作态度、合作能力、团队精神、业务能力等方面进行评价。

（二）结果评价

结果评价主要包括理论作业、上机作业及期末上机测试三种形式。占考核总分的60%。结果评价的主要依据是《会计法》、《会计准则》、《会计基础工作规范》、《会计电算化规章制度》等相关法律法规的要求。课程按照每个项目（模块）的工作过程将上述要求分步骤量化，形成“步骤化、量化”考核标准，以准确地对学生个体或小组的结果进行量化考核。

作业主要是通过对学生的书面作业、上机作业进行考核，每一个项目都要交1~2次作业，以评价学生的理论知识和专业技能。

期末测试选择财务软件公司提供的上机考试软件对学生所学理论及实务两方面进行检测，考试结束后，由软件当场判分。

教学任务完成后，学生应相应取得“初级会计电算化证”、“中级电算化证”。

“企业财务管理”课程标准

一、课程定位

“企业财务管理”课程是会计专业的专业核心课程。该课程以企业财务管理岗位典型工作任务为依据设置，据此引导学生认知财务管理的基本理论，熟悉财务管理的专门方法，掌握企业各项财务活动的内容，培养财务管理岗位的工作能力。本课程主要包含三个方面内容，一是财务管理基础，包括财务活动、财务关系、资金时间价值和风险收益，通过学习，使学生了解资金运动的过程和财务关系的内容，树立财务管理的基本价值观念；二是财务管理方法，包括财务预测、财务决策、财务预算、财务控制、财务分析，通过学习，使学生全面掌握财务管理的方法体系；三是财务活动内容，包括筹资管理、投资管理、营运资金管理和收益分配管理，通过教学和训练，培养学生处理各项财务业务的能力。本课程的学习以会计职业基础、出纳业务操作、企业财务会计、成本计算与分析、税费计算与申报等课程为基础，也为进一步学习财务会计报表分析、企业财务报表审计、会计综合实训、ERP 沙盘模拟对抗演练等课程奠定基础。

二、课程目标

（一）社会能力

1. 能通过各种渠道查询金融市场的最新信息；
2. 能敏锐地判断社会经济环境、政策法规变化对企业财务活动产生的影响；
3. 能通过各种媒介或深入企业搜集财务管理的典型案例；
4. 能将财务管理的知识与日常经济生活相联系；
5. 能与企业一线财务人员友好地相处、沟通；
6. 具有良好的职业道德和敬业精神，具有良好的沟通协调能力和团队合作意识。

（二）专业能力

1. 熟悉《中华人民共和国会计法》、《企业财务通则》、《企业会计准则》、《企业内部控制规范》、《中华人民共和国公司法》等有关企业财务管理的法规；

2. 了解企业资金运动的规律，掌握资金时间价值和风险价值等财务管理基本价值观念；

3. 掌握财务预测、财务决策、财务预算、财务控制、财务分析等专门的管理方法；

4. 会应用财务管理方法组织企业的筹资活动，进行资本结构决策；

5. 能正确计算投资决策指标，利用决策方法进行项目投资、证券投资决策与管理；

6. 会应用财务管理方法进行现金、应收账款、存货等营运资金管理；

7. 能辨析不同的股利政策，能结合企业实际进行股利分配政策的选择并进行收益管理。

（三）方法能力

1. 掌握计算机常用操作方法，熟练应用办公自动化相关软件，熟悉数据库的有关知识和常用操作；

2. 能熟练运用 Excel 工具处理财务业务；

3. 能熟练掌握 ERP 管理系统，胜任财务信息化管理基础工作。

4. 了解网络基本知识，会利用网络及其他媒体广泛搜集财务管理的相关信息；

5. 具有收集、分析和加工处理数据信息的能力；

6. 具有学习和应用新技术、新方法的能力；

7. 具有较强的创新意识和创新能力；

8. 能进行企业财务分析并能撰写财务分析报告。

三、设计思路

采用以典型工作任务，职业行动领域为导向，以工作过程系统化为课程设计思路，采用邀请行业企业财务专家、问卷调查、走访企业、毕业生回访的方式分析出财务管理的主要工作岗位，并分析了每个工作岗位的主要工作任务，在此基础上归纳出每个工作岗位的典型工作任务，以及为完成这些任务需要的行动，并最终将行动领域转化为相应的专业课程。企业财务管理课程经过专家论证最终设计财务管理基础、财务管理方法、财务活动内容等三个项目。该设计以企业财务管理相关业务操作为主体，遵循本课程特点和学生认知规律展示教学内容，通过财务管理典型工作任务来构建相关理论知识和实施职业技能训练。每个项目下还设有不同的模块。根据该岗位应掌握的工作基础和知识技能内容以及各完成项目的客观需要，安排参考课时 68 学时。

四、课时分配

表 2－15 企业财务管理项目划分及课时分配表

课程项目		课程模块		学时分配	
1	财务管理基础	1	财务活动	3	10
		2	资金时间价值	4	
		3	风险收益分析	3	
2	财务管理方法	1	财务预测	4	16
		2	财务预算	4	
		3	财务控制	4	
		4	财务分析	4	
3	财务活动内容	1	筹资管理	12	42
		2	投资管理	14	
		3	营运资金管理	12	
		4	收益分配管理	4	
合计					68

五、教学内容

表 2－16 “企业财务管理”课程教学内容及要求

课程项目	课程模块	教学内容
财务管理基础	财务活动	1. 财务活动的内容 2. 财务管理的含义 3. 利润最大化观点 4. 每股收益最大化观点 5. 股东财富最大化观点 6. 企业价值最大化观点 7. 财务管理方法的含义及内容 8. 财务管理环境的含义与分类

续表

课程项目	课程模块	教学内容
财务管理基础	资金时间价值	1. 单利条件下一定资金的本利和的计算 2. 单利条件下一定资金本金的计算 3. 复利条件下一定资金本利和的计算 4. 复利条件下一定资金现值的计算 5. 复利条件下一定资金年金终值和现值的计算
	风险收益分析	1. 对设定投资方案进行未来随机变量情况的描述 2. 对未来随机变量出现的概率进行合理估计 3. 进行投资方案风险程度的计量 4. 合理估计投资项目的风险价值系数 5. 计算投资项目的风险价值并进行决策
财务管理方法	财务预测	1. 财务预测的含义、作用、原则、程序、内容 2. 定性预测法：意见汇集法、专家小组法、德尔菲法 3. 定量预测法：趋势外推法、因果关系法、线性回归法 4. 资金需要量的预测 5. 变动成本法及本量利分析
	财务预算	1. 固定预算与弹性预算 2. 增量预算与零基预算 3. 定期预算与滚动预算 4. 日常业务预算的编制 5. 专门决策预算的编制 6. 现金预算的编制 7. 预计利润表的编制 8. 预计资产负债表的编制
	财务控制	1. 责任中心的含义 2. 成本中心 3. 利润中心 4. 投资中心 5. 成本控制的含义 6. 标准成本控制 7. 作业成本控制
	财务分析	1. 比较分析法 2. 比率分析法 3. 因素分析法 4. 偿债能力分析 5. 营运能力分析 6. 盈利能力分析 7. 发展能力分析 8. 杜邦分析体系

续表

课程项目	课程模块	教学内容
财务活动内容	筹资管理	1. 对比分析权益资金与债务资金筹集方式 2. 测算个别资本成本和综合资本成本 3. 最佳资本结构决策方法的运用 4. 经营杠杆、财务杠杆、复合杠杆的原理、计算及与风险的关系 5. 杠杆风险与资本成本分析实训
	投资管理	1. 项目投资相关概念介绍 2. 项目投资现金流量的构成和估算 3. 非贴现指标静态投资回收期和收益率计算 4. 贴现指标 NPV、PV 和 IRR 的含义及计算 5. 项目投资决策实训 6. 证券投资的风险 7. 债券、股票的价值估算 8. 债券、股票投资收益率的计算 9. 资本资产定价模型 10. 证券投资决策实训
	营运资金管理	1. 营运资金管理的含义、特点及其分类 2. 营运资金管理在财务管理环节中的地位 3. 现金管理目标 4. 持有现金的成本 5. 现金的日常管理 6. 应收账款成本 7. 信用政策制订 8. 应收账款日常管理 9. 存货成本构成与计算 10. 存货经济批量 11. 存货日常管理 12. 应收账款和存货管理实训
	收益分配管理	1. 目标利润预测 2. 利润分配的基本原则 3. 利润分配的影响因素 4. 各种利润分配政策及其优缺点 5. 利润分配程序 6. 股票分割与股票回购的对企业的影响 7. 利润形成计算和分配方案制订实训

六、教学条件

（一）教师任职条件

1. 专任教师。

（1）有扎实的会计理论功底；

（2）有较强的语言表达能力和课堂组织能力；

（3）有 3 年以上会计实际工作经历，熟悉会计职业的综合处理流程；

（4）熟练掌握会计专业某一课程的知识与技能，能顺利完成本课程的操作；

（5）有较强的总结能力，能解决本课程实际工作中的问题；

（6）具有创设问题情境、选择与确定问题、讨论与提出假设、业务实践和对学生学习结果准确评价的能力。

2. 校外兼职教师。

（1）拥有 30% 的校外兼职教师；

（2）具有 5 年以上本专业一线实践工作经历；

（3）具有本专业中级以上技术职务；其中要有一定比例的兼职教师具有高级技术职称，具有两年以上的财务管理领导工作经验；

（4）具有较强的语言表达能力和课堂组织能力；

（5）具有熟练的会计、财务、税务、银行、工商等业务操作技能；

（6）具有丰富的财务管理实际工作经验。

七、教学方法与手段

（一）教学方法

本课程主要采用讲述法、小组讨论法、任务教学法、仿真教学法、归纳分析法、案例教学法等方法，在普通多媒体教室和财务管理实训室进行。教师在上课前认真准备情境教学的任务目标、所需教案、案例，检查计算机软硬件配置、提前准备好仿真企业经济业务的习题集及课件等各种教学材料、工具和媒体资源。教师按照项目的具体要求和工作过程安排教学时间并对项目进行项目划分，在必要时可以把教学班的同学分成若干小组，小组内成员承担不同的项目任务，共同完成对经济业务的核算。学生在老师指导下分组按照资讯、计划、决策、实施、检查、评价六步组织教学。

（二）教学手段

1. 多媒体教学手段：主要包括：电子课件、投影、视频、音频、多媒体教学软件。有关案例分析与讨论可采用音频教学；师生互动、课堂演示等教学环节可采用多媒体教学软件。

2. 网络教学手段：教师进行仿真业务设计及学生进行会计信息化实训时采用网络教学软件。

3. 实践教学手段：通过开展真实业务实践教学，使学生专业知识和技能在系统性、操作性方面得到了进一步提高，同时加深了对相关理论知识的理解。

八、考核评价

本课程的评价采用过程评价与结果评价相结合的方式，并采用多样化的考核手段实现对学生知识、能力、技能的综合评价。

（一）过程评价

过程评价包括考勤分和过程评价分。过程评价成绩占课程评价总分的 30%。

考勤全勤可得 10 分，根据出勤率和缺勤原因给出得分。

过程评价的方式包括：教师评价、小组成员互评，其中教师评价占 12 分，小组成员互评占 8 分。教师评价主要通过对项目的理解程度、项目操作的熟练程度、课堂参与度；组内成员互相评价主要从纪律、参与情况、组内成员协调情况、工作态度、合作能力、团队精神、业务能力等方面进行评价。

（二）结果评价

结果评价主要包括理论作业、上机作业、案例分析和期末闭卷考核等几种形式。占考核总分的 70%。

结果评价的主要依据是会计法、财务管理通则、财务管理制度规范、财务管理信息化规章制度等相关法律法规的要求。课程按照每个项目（模块）的工作过程将上述要求分步骤量化，形成“步骤化、量化”考核标准，以准确的对学生个体或小组的结果进行量化考核。

作业主要是通过对学生的书面作业、上机作业和案例分析报告进行考核，以评价学生的理论知识和专业技能。

小组作业主要应用于局域网络操作，在每个小组分组实施项目结束后，对以小组为单位提交的电子数据（条件好的学校要求学生打印纸质文档）为基础进行考核，以评价小组“工作过程步骤”的计划、决策、实施等综合能力和职业岗位素养。根据小组提交的电子或纸质作业，给出小组平均分值。期末测试选择闭卷统一考试，以各种主观和客观题检验学生对本课程的全面掌握情况。

“审计实务”课程标准

一、课程定位

审计是对会计职业岗位所生成的财务信息进行合法性、经济公允性鉴证，行使企业外部经济监督的职责，合理保证财务信息质量。审计组织体系包括国家审计、内部审计、社会审计，本课程设置以社会审计为主，理论兼顾国家审计、内部审计。审计实务课程是会计专业其他课程的拓展，课程的前续课程包括出纳业务操作、企业财务会计、会计制度设计、税费计算与申报、成本计算与分析等课程，只有学习掌握了上述课程的知识和技能，才能进行本课程的学习。通过本课程的学习，学生应能胜任中小型企业的内部审计工作，政府审计机关和司法机关的审计检查与鉴定工作，会计事务所和资产评估事务所等中介机构的审计服务与咨询工作，并为学生考取注册会计师资格奠定坚实的基础。

二、课程目标

1. 熟悉《中华人民共和国注册会计师法》、《中国注册会计师执业准则》、《中华人民共和国审计法》、《企业内部控制基本规范》、《企业内部控制配套指引》、《内部审计人员职业道德规范》等财经法规的内容；
2. 能系统掌握审计基本理论、专业知识和操作技能；
3. 能实施事务所业务承接的质量控制程序；
4. 能合理判断并确定审计重要性水平；
5. 能实施重大错报风险评估程序；
6. 能与管理层、治理层进行有效沟通；
7. 能制订总体审计策略和具体审计计划；
8. 能实施各业务循环控制测试和实质性程序；
9. 能编制审计工作底稿；
10. 能撰写审计报告；
11. 能利用各种资源进行资料的搜集和整理。

三、设计思路

审计实务课程设置建立在学生了解国家审计、内部审计、社会审计相关审计理论基础上，以社会审计鉴证业务中财务报表的审计为典型工作任务，详细描述财务报表审计的全过程——准备阶段、实施阶段、报告阶段各阶段主要工作内容，以各阶段典型工作任务集合而成审计行动领域，满足高职教育特点和培养目标，培养学生审计理论与审计技能兼备，增强职业分析和职业判断能力。以财务报表审计典型工作任务——初步业务活动的开展、审计业务约定书的签订或修改、重大错报风险的评估、总体审计策略和具体审计计划的制订、各业务循环控制测试和实质性程序的实施、审计报告的出具，设计了相应项目。审计实务课程的设置是以注册会计师助理岗位的典型工作任务为依据，以审计岗位工作过程为导向，以会计行业实践专家对审计岗位工作任务和职业能力进行深入分析为手段，详细描述审计的全过程。首先，设计了企业财务报表审计典型工作任务集合而成的审计行动领域，推导出了满足学习场所特性和高职教育特点的学习目标，确定了审计业务操作的工作与学习内容；其次，以企业财务报表审计工作的四大典型工作任务——审计业务约定书的签订、审计计划的编制、业务循环的审计、审计报告的出具为载体，设计了四个并列的项目，在每个项目的教学中，将企业财务报表审计工作所需要的知识、能力、素质的培养有效地贯穿于工作过程操作步骤中；最后，形成基于企业财务报表审计工作过程的系统化的课程。

四、课时分配

表 2－17　　审计实务课程项目划分及课时分配

课程项目		课程模块		课时分配（课时）	
1	审计业务约定书的签订	1	开展初步业务活动	5	10
		2	签订审计业务约定书	5	
2	审计计划的编制	1	总体审计策略的制定	5	10
		2	具体审计计划的编制	5	
3	业务循环的审计	1	销售与收款循环审计	8	42
		2	采购与付款循环审计	8	
		3	生产与存货循环审计	7	
		4	人力资源与工薪循环审计	6	
		5	筹资与投资循环审计	7	
		6	货币资金审计	6	
4	审计报告的出具	1	完成审计工作	5	10
		2	审计报告	5	
合　计					72

五、教学内容

表 2－18 审计实务课程项目教学内容

课程项目	课程模块	教学内容
审计业务约定书的签订	开展初步业务活动	1. 针对保持客户关系和具体审计业务实施相应的质量控制程序 2. 评价遵守职业道德规范的情况 3. 及时签订或修改审计业务约定书
	签订审计业务约定书	1. 财务报表审计的目标和范围 2. 注册会计师的责任 3. 管理层的责任 4. 指出用于编制财务报表所适用的财务报告编制基础 5. 提及注册会计师拟出具的审计报告的预期形式和内容
审计计划的编制	总体审计策略的制定	1. 审计范围 2. 报告目标、时间安排和沟通的性质 3. 审计方向 4. 审计资源
	具体审计计划的编制	1. 风险评估程序 2. 计划实施的进一步审计程序 3. 计划实施的其他审计程序
业务循环的审计	销售与收款循环审计	1. 销售与收款循环的主要业务活动 2. 销售交易的内部控制和控制测试 3. 收款交易的内部控制和控制测试 4. 评估重大错报风险 5. 营业收入的实质性程序 6. 应收账款的实质性程序
	采购与付款循环审计	1. 采购与付款循环的主要业务活动 2. 采购与付款交易的内部控制和控制测试 3. 固定资产的内部控制和控制测试 4. 评估重大错报风险 5. 应付账款的实质性程序 6. 固定资产的实质性程序

续表

课程项目	课程模块	教学内容
业务循环的审计	生产与存货循环审计	1. 生产与存货循环的主要业务活动 2. 生产与存货循环的内部控制和控制测试 3. 评估重大错报风险 4. 存货实质性程序
	人力资源与工薪循环审计	1. 人力资源与工薪循环的主要业务活动 2. 人力资源与工薪循环的内部控制和控制测试 3. 评估重大错报风险 4. 应付职工薪酬的实质性程序
	筹资与投资循环审计	1. 筹资循环的主要业务活动 2. 筹资循环的内部控制和控制测试 3. 借款的实质性程序 4. 实收资本的实质性程序 5. 投资循环的主要业务活动 6. 投资循环的内部控制和控制测试 7. 长期股权投资的实质性程序
	货币资金审计	1. 货币资金内部控制 2. 库存现金的控制测试 3. 银行存款的控制测试 4. 评估重大错报风险 5. 库存现金的实质性程序 6. 银行存款的实质性程序
审计报告的出具	完成审计工作	1. 评价审计中的重大发现 2. 汇总审计差异 3. 复核审计工作底稿和财务报表 4. 考虑持续经营假设 5. 关注或有事项和期后事项 6. 撰写审计总结 7. 获取管理层声明 8. 确定应出具审计报告的意见类型
	审计报告	1. 审计报告的含义 2. 审计报告的基本内容 3. 非标准审计报告

六、教学条件

（一）教师任职条件

1. 专任教师。

（1）具有社会审计岗位工作经历，熟悉《中华人民共和国注册会计师法》、《中国注册会计师执业准则》等财经法规的内容；

（2）能够示范操作注册会计师审计的全过程；

（3）能够指导学生采用角色扮演法、情境教学法进行社会审计工作流程的演示。

2. 兼职教师。

（1）社会审计机构的业务能手，能进行签订审计业务约定书、编制审计计划、编制审计工作底稿的示范教学；

（2）能进行与被审计单位治理层、管理层进行沟通的示范教学；

（3）能进行出具审计报告的示范教学。

（二）实践教学条件

1. 实训场地：具有能容纳一个班级学生的企业财务报表审计实训室。

2. 仿真实训资料：仿真被审计单位会计及相关资料；仿真审计业务约定书、总体审计策略、具体审计计划、审计报告等审计工作底稿。

3. 实训软件：企业财务报表审计实训软件。

4. 实训指导资料：配备审计业务操作规范手册，包括《中华人民共和国注册会计师法》、《中国注册会计师执业准则》、《内部会计控制规范》等资料。

七、教学方法与手段

（一）教学方法

本课程教学方法主要包括六步教学法、直观教学法、角色扮演法、案例教学法等。

1. 六步教学法：将教学组织分为明确任务、教学准备、教学设计、教学实施、教学检查、教学评价六步。以学生为主体进行完成相关工作任务的知识、技能、准备等信息的搜集，制订课程教学方案，并准备各项教学资料。教学实施过程中，教师应着重指导学生按照规范化的要求和社会审计流程实施模拟工作过程，并以“过程 + 结果”的方式进行课程考核。六步教学法为本课程主要的教学组织方法，每个完整模块的教学均要采用六步教学法进行课堂组织，实现以学生为主体的理实一体教学。

2. 直观教学法：通过教师演示、观看实际操作录像等直观的方法演示工作过程，进行操作示范。签订审计业务约定书、编制审计计划、编制审计工作底稿等均可采用直观教学法。

3. 角色扮演法：划分学习小组，每小组指定不同人员分别扮演注册会计师、出纳、会计、业务办理人员、会计主管、企业负责人等角色，模拟社会审计的过程，使学生体验不同角色的岗位任务和岗位职责。

4. 案例教学法：以案例讲解与社会审计业务相关的法律法规规定及社会审计程序，增强教学的真实感和指导性。

（二）教学手段

1. 多媒体教学手段：多媒体教学手段主要包括：电子课件、投影、视频、音频、多媒体教学软件。

2. 网络教学手段：教师进行仿真业务设计及学生进行仿真实训时采用网络教学软件。

八、检查评价

企业财务报表审计课程最终成绩由单人成绩和小组成绩两部分组成，通过对学习过程和学习结果的评价，对学生知识、技能和能力进行综合考核。其中，理论知识和个人训练项目由教师通过对学生学习过程和结果的综合考核，得出学习成绩分值，该部分成绩占总成绩的50%。分组进行的审计计划编制、业务循环审计和审计报告撰写由教师根据对各小组操作过程和结果的综合考核给出各小组成绩，小组内按照成员各自的表现和贡献互评，最后由组长确定出各成员的得分，上报任课教师。任课教师将每个学生的单人成绩与小组分配成绩相加，得出该课程的最终考核成绩。

“会计综合实训”课程标准

一、课程定位

会计综合实训课程是以各会计职业岗位的典型工作任务为依据设置的，包括会计主管岗位、出纳岗位、总账与报表岗位、各类业务核算岗位、会计稽核岗位和档案管理岗位等。该课程主要学习企业认知、会计机构与会计制度认知、各类业务处理流程、建立会计账簿、编制和审核会计凭证、登记账簿、纳税申报、银行对账、编制会计报表、整理会计档案等，既包括手工操作的学习，也包括电算化操作的学习。培养学生的会计综合职业能力，使学生可综合运用会计专项技能和信息技术方法办理会计事务，提供会计信息。该课程是对会计职业基础、企业财务会计、成本计算与分析、税费计算与申报、企业财务管理、会计信息化等课程内容进行实践的一门综合性实践课程。

二、课程目标

1. 熟悉《中华人民共和国会计法》、《会计基础工作规范》、《企业内部控制规范》、《现金管理条例》、《银行支付结算办法》、《中华人民共和国票据法》等会计法律法规内容；

2. 能够认知企业、职业和岗位，正确判断企业一般经济事项的性质；

3. 明确会计各岗位职责，能够分岗按照业务处理流程和法律法规要求规范办理现金收付、银行结算及各类转账业务；

4. 会正确进行各项经济业务的核算，会采用品种法等成本计算方法计算产品成本；

5. 会编制会计报表、会编制纳税申报表；

6. 掌握典型会计业务会计内部控制的基本规定和一般方法，掌握典型业务的原始凭证要素和设计要求；

7. 能够规范整理会计档案；

8. 能熟练运用会计信息化财务软件进行会计业务处理；

9. 会使用流程、表格和制度等管理工具；

10. 会快速查找错误并能进行正确处理；

11. 能根据工作任务制订工作计划、实施工作并进行工作评价；

12. 能利用各种资源进行资料的搜集和整理；

13. 善于团结协作，具有岗位之间互相沟通与协调能力。

三、设计思路

会计综合实训课程按照工作系统化课程的设计思路，以各会计职业岗位的典型工作任务为课程教学内容。在认知企业、会计机构、会计岗位以及各岗位职责、会计制度的基础上，以会计信息生成的会计工作流程即“建立会计账簿→编制和审核原始凭证→编制记账凭证→登记总账、明细账和日记账→期末对账和结账→编制会计报表→整理会计档案”组织教学过程，在进行手工分岗实训的同时，进行电算化的混岗实训。教学内容划分为企业认知、会计机构与会计制度认知、手工建立会计账簿实训、查账与错账更正方法实训、手工分岗会计业务处理实训、手工银行对账业务实训、会计档案整理实训、电算化混岗会计业务处理实训八个实训项目。课程在教学内容组织上，按照会计人员入职经历，首先认知整个企业，其次了解会计工作，最后按照会计信息生成的工作顺序开展会计工作。学生对大量经济业务进行处理，通过手工分岗实训掌握会计核算的一般方法及会计业务办理的一般流程，具有办理各会计职业岗位工作的相关技能；通过电算化混岗实训学会财务软件的运用。

四、课时分配

表 2－19　　会计综合实训课程实训项目划分及课时分配

实训项目		课时分配（课时）
1	企业认知	1
2	会计机构与会计制度认知	6
3	手工建立会计账簿实训	10
4	查账与错账更正方法实训	4
5	手工分岗会计业务处理实训	79（和电算化实训同步进行）
6	手工银行对账业务实训	2
7	会计档案整理实训	2
8	电算化混岗会计业务处理实训	4（和手工实训同步进行）
合　　计		108

五、教学内容

表 2－20　　会计综合实训课程实训项目教学内容

实训项目	教学内容
企业认知	1. 企业性质、注册资金及经营范围 2. 企业组织机构 3. 企业工艺流程
会计机构与会计制度认知	1. 企业会计机构设置 2. 企业银行开户情况 3. 企业会计工作任务及其会计制度 4. 企业账务处理程序 5. 收付款业务分岗办理流程 6. 转账业务分岗办理流程
手工建立会计账簿实训	1. 建立库存现金和银行存款日记账 2. 建立各总分类账 3. 建立三栏式、数量金额式、横线登记式、多栏式明细分类账
查账与错账更正方法实训	1. 查找错误的记账凭证和账簿记录 2. 分析错误情况，确定采用的错账更正方法 3. 利用空白记账凭证和已有的账页进行错账更正
手工分岗会计业务处理实训	1. 企业一个月份的业务凭证：借款业务、购销业务、材料入出库业务、对外投资业务、固定资产业务、计算和上缴税费业务、发行债券业务、职工薪酬业务、出租资产业务、坏账核销业务、分期付款取得资产业务、债务重组业务、非货币性资产交换业务、成本计算业务、期间费用业务、资产减值业务、所得税业务、利润和利润分配业务等 2. 填制部分自制原始凭证、编制记账凭证和科目汇总表 3. 登记各种账簿 4. 期末结账 5. 编制资产负债表、利润表、现金流量表和所有者权益变动表
手工银行对账业务实训	1. 根据对账单和已登记银行存款日记账找出未达账项 2. 编制“银行存款余额调节表”
会计档案整理实训	1. 会计凭证的整理 2. 会计账簿的整理 3. 会计报表的整理

续表

实训项目	教学内容
电算化混岗会计业务处理实训	1. 企业账套信息录入 2. 编码设置 3. 职员授权 4. 建立基础档案 5. 建立项目档案 6. 建立会计科目，明确辅助核算的会计科目 7. 凭证类别设置 8. 指定科目 9. 录入期初余额 10. 试算平衡 11. 输入记账凭证 12. 出纳签字 13. 审核记账 14. 报表初始化 15. 编制资产负债表、利润表、所有者权益变动表

六、教学条件

（一）教师任职条件

1. 专任教师。

（1）具有企业会计工作实际经验；

（2）熟悉会计法规、企业会计准则、内部控制制度和会计工作组织；

（3）能够示范操作记账凭证的编制、账簿的登记、会计档案的整理等。

（4）会使用主流的会计软件，熟练运用 Excel；

（5）能够指导学生采用角色扮演法、情境教学法等进行账簿的建立、手工分岗会计业务处理、银行对账等，有效地进行教学实施。

2. 兼职教师。

（1）企业优秀的成本核算人员，能结合企业的实际情况、运用企业的实际资料，说明几种主要成本计算方法；

（2）企业出纳业务操作能手，能进行银行结算票据填制与办理的示范教学；

（3）企业的业务能手，能进行会计凭证的整理和装订等业务技能的示范教学。

（4）软件公司的业务能手，能进行会计电算化关键环节的示范教学。

（二）实践教学条件

1. 实训场所：用于进行会计资料整理和装订等基本技能训练的会计基本技能实训室；配置有应用会计核算模拟实训软件和会计电算化软件的网络环境的计算机机房；具备会计分岗位操作的模拟企业内部工作环境及模拟银行、模拟税务局等外部环境的实训室，在实训室配备模拟企业的生产工艺流程图、会计核算程序图、成本结转程序图、会计岗位设置及职责图示等图表，并按照单位会计岗位的不同，设立会计主管、综合会计、成本会计、出纳等会计岗位。

2. 实训工具设备：计算器、双色印台、多功能笔筒、海绵缸、胶棒、直尺、曲别针、剪刀、资料夹、点验钞机、装订机等会计工作文具，企业财务专用章、法人代表名章、发票专用章、现金收讫章、现金付讫章、银行存款收讫章、银行存款付讫章、相关会计人员名章等相关印章，收、付、转记账凭证，科目汇总表，会计凭证封皮等仿真会计凭证，订本式库存现金、银行存款日记账，订本的三栏式总账，三栏式、数量金额式、横线登记式和多栏式明细账页等会计账簿或账页，印花税票，资产负债表、利润表、现金流量表、所有者权益变动表、会计报告封面等仿真会计报表资料，会计档案保管柜。

3. 仿真实训资料：各种会计业务事项的仿真核算资料，包括借款业务、购销业务、材料入出库业务、对外投资业务、固定资产业务、计算和上缴税费业务、发行债券业务、职工薪酬业务、出租资产业务、坏账核销业务、分期付款取得资产业务、债务重组业务、非货币性资产交换业务、成本计算业务、期间费用业务、资产减值业务、所得税业务、利润和利润分配业务等业务凭证、会计部门填制的空白原始凭证、税费计算和纳税申报表、银行对账单等。

4. 实训软件：可在机上进行无纸化会计综合实训操作的会计综合实训软件、企业版财务软件。

5. 实训指导资料：配备各会计工作岗位操作规范手册，包括会计法、企业会计准则、税法、票据法、现金管理条例、银行转账结算办法、会计基础工作规范等。

七、教学方法与手段

（一）教学方法

本课程教学方法主要包括六步教学法、直观教学法、角色扮演法、案例教学法进行教学。

1. 六步教学法：将教学组织分为明确任务、教学准备、教学设计、教学实施、教学检查、教学评价六步。以学生为主体进行完成相关工作任务的知识、技能、准备等信息的搜集，制订课程教学方案，并准备各项教学资料。教学实施过程中，教师应着重指导学生按照规范化的要求和会计工作流程实施模拟工作过程，并以“过程＋结果”的方式进行课程考核。六步教学法为本课程主要的课程教学组织方法，每个完整实训项目的教学均要采用六步教学法进行课堂组织，实现以学生为主体的教学。

2. 演示法：通过教师演示、观看微课、观看实际操作录像等直观的方法演示工作过程，进行操作示范。建立账簿、收/付款业务和转账业务办理、填制和审核会计凭证、登记账簿、结账、编制会计报表、会计凭证整理和装订等技能示范均可采用直观教学法。

3. 角色扮演法：按照会计工作要求，将若干名学生组成一个小组，相当于模拟企业的会计机构，根据会计工作岗位的分工，指定不同人员分别扮演会计主管、出纳、综合会计、成本会计等角色，分别承担相应会计岗位的工作任务，协同处理会计业务，再进行各岗位的轮换，以掌握每个会计岗位的技能，经历完整的会计工作流程。手工分岗会计业务处理实训采用角色扮演法，可增强对整个会计工作的认识和岗位适应性，提高处理综合业务的能力。

4. 情境教学法：对企业认知、会计机构认知、税费的申报与缴纳这些教学内容，借助计算机技术，采用动画形式进行场景和角色模拟演示，使学生在轻松快乐中学到专业知识。

（二）教学手段

1. 多媒体教学手段：多媒体教学手段主要包括：电子课件、投影、视频、音频、多媒体教学软件。如将建立账簿、费用报销、票据填制和结算等采用视频教学直观演示；将成本计算、所得税核算、坏账提取等比较难的教学内容，采用电子课件投影进行教学；师生互动、课堂展示等教学环节可采用多媒体教学软件。

2. 网络教学手段：建立包括网络实训软件、网络资源库、自动化、网络化的图书资源库等教学资源丰富、功能完善的课程网站，引导学生自主学习和协作学习。

八、检查评价

课程学业成绩由单人成绩和小组成绩两部分组成，通过对学习过程和学习结果的评价，对学生知识、技能和能力进行综合考核。其中，“查账与错账更正方法实训”、“电算化混岗会计业务处理实训”这两个实训项目，由教师通过对学生学习过程和结果的综合考核，得出学习成绩分值，该部分成绩占总成绩的50%。分组进行的其他实训项目，包括“手工建立会计账簿实训”、“手工分岗会计业务处理实训”、“手工银行对账业务实训”、“会计档案整理实训”等实训项目，由教师根据对各小组操作过程和结果的综合考核给出各小组成绩，小组内按照成员各自的表现和贡献互评，最后由组长确定出各成员的得分，上报任课教师。任课教师将每个学生的单人成绩与小组成绩相加，作为本课程的考核成绩。

第三部分

会计专业教学仪器设备配备标准

会计专业教学仪器设备配备标准

一、专业基本信息

专业名称：会计
专业代码：630302
招收对象：普通高中毕业生或同等学力者
学　　历：专科
学　　制：基本学制三年，可实行学分制为基础的弹性学制

二、专业基本技能

1. 票币清点和存取技能。能准确快速地进行手工和机器点钞、捆钞；能准确鉴别人民币和主要流通外币的真假和进行现金挑残；能熟练使用票币防伪设备、自动存取款设备和银行工作现场的办公设备。

2. 小键盘录入技能。能熟练进行数字键盘的传票录入。

3. 会计数字与文字书写技能。能正确规范地书写大、小写金额；能按照原始凭证、记账凭证、会计账簿、会计报表的格式规地范进行会计文字和会计数字的书写；能规范地填写银行票据和银行结算凭证；能规范地书写会计文书。

4. 珠算技能。能熟练运用珠算技能进行加、减、乘、除等基本运算，能熟练运用珠算进行传票算和账表算。

5. 财务计算器运用技能：能够熟练运用财务计算器进行运算，熟练运用财务计算器进行传票算和账表算；能熟练运用财务计算器功能进行现值、终值、年金现值等财务指标的计算。

6. 计算机输入功能：能快速准确地进行电脑文字及数字输入，能规范地进行文档的排版与演示。

7. 会计核算技能：能正确建立会计账簿、依法审核原始凭证，正确规范地编制记账凭证、登记会计账簿，进行成本核算、开展财产清查、结账对账、编制会计报表。

8. 会计凭证整理装订技能：能正确规范地进行原始凭证的整理，能采用侧订法、角订法等装订会计凭证，能正确进行会计凭证封面的书写，保证所装订的会计凭证平整整洁。

9. 出纳业务操作技能：明晰收付款业务办理的一般流程，掌握办理现金收付、现金存

取、银行开户、银行存款结算等业务的法规要求和技能。

10. 会计确认与计量技能。能正确审核经济业务的原始凭证，根据原始凭证记录的内容对经济业务进行确认和计量。

11. 成本核算技能：能科学合理地设计和使用成本计算的各种凭证和账表，正确运用品种法、分批法、分步法进行产品成本计算，并进行会计核算。

12. 纳税申报技能。能熟练运用网络税务申报系统，能采用手工和电子申报的方式进行纳税申报。

13. 财务分析技能：能运用财务管理的方法和技能对经济业务活动进行预测、分析和决策，并提供决策有用的财务信息。

14. 财务软件运用技能：能熟练运用财务软件进行会计核算和管理的初始化设置，运用财务软件进行会计核算和会计信息管理。

15. 审计基础技能：能正确采用审计方法进行内部审核、社会审计。

16. 会计制度设计技能：能根据单位的实际情况进行中小型企业会计机构、会计岗位、会计人员分工、会计岗位职责、会计科目、会计凭证、会计账簿、会计报表、会计事务办理流程、会计内部控制等方面的制度设计。

17. 会计综合技能运用：能够综合运用会计职业技能采用手工和信息化方式完成中小型企业的会计制度设计、会计核算、财产清查、纳税申报、会计分析等业务。

18. Excel 财务应用技能：能够运用 Excel 功能进行表单设计和会计核算，能够运用 Excel 功能进行会计分录编制、科目汇总表编制、会计报单计算、会计报表编制及相关工作表的引用和运用。

三、实训项目及主要内容

会计专业校内仿真实训课程体系按会计职业岗位列示见表 3－1。

1. 点钞、捆钞实训项目：通过钞票整理即拆把、点数、扎把和盖章的实训，使学生在人民币的收付和整点中，能对混乱不齐、折损不一的钞票“准、快、好”地进行整理。

2. 小键盘录入与计算器应用实训项目：通过用计算机数字键盘录入数据的指法和技巧运用实训，使学生能够在工作中运用小键盘准确、快速地进行各种票据的数据录入，提高工作效率。

3. 珠算技术应用：通过拨打算盘的基本要领和拨珠指法实训，培养学生手、脑、眼迅速协调能力、想象与抽象思维迅速转换能力，计算思维的敏捷、准确能力及基本技能的实际应用能力，使学生的技术熟练程度能达到直接应用的水平。

4. 出纳业务操作理实一体课程：本课程为专门训练出纳岗位技能的课程。实训内容包括各种银行结算方式票据的填列及结算手续、收付款业务办理流程与手续、出纳账簿实训，通过实训使学生掌握出纳岗位技能。

5. 会计书写实训项目：通过练习阿拉伯数字书写、汉字大写数字书写和金额、货币符号书写，使学生能够做到会计数据的书写规范、清晰、字迹工整、流畅，账表记录美观大方。

表 3－1　　校内仿真实训课程体系

职业岗位	实训项目（课程）	实训时间	岗位实训类型
出纳岗位	点钞捆钞实训项目	第 1 学期	单一岗位实训
	小键盘录入实训项目	第 1 学期	
	珠算技术应用	第 1 学期	
	出纳业务操作理实一体课程	第 2 学期	
会计核算岗位	会计书写实训项目	第 1 学期	
	会计职业基础理实一体课程	第 1 学期	
	会计资料整理与装订实训项目	第 1 学期	
	企业财务会计理实一体课程	第 2 学期	
	成本计算与分析理实一体课程	第 3 学期	
财务管理岗位	财务金融计算工具应用实训项目	第 1 学期	
	企业财务管理理实一体课程	第 4 学期	
会计监督岗位	企业财务报表审计理实一体课程	第 4 学期	
税务管理岗位	税费计算与申报理实一体课程	第 3 学期	
信息管理岗位	会计信息化理实一体课程	第 4 学期	
	打印机应用实训项目	第 4 学期	
	Excel 财务应用实训项目	第 4 学期	
综合岗位	会计综合实训　ERP 沙盘模拟	第 5 学期	岗位综合实训

6. 会计基础理实一体课程；本课程训练学生的会计基本逻辑及会计核算的基本技能与方法，奠定学生的职业基础。实训项目主要包括：会计科目认知；会计凭证、账簿、报表认知；建立会计账簿；填制与审核原始凭证；编制与审核记账凭证；登记会计账簿；结账；编制银行存款余额调节表；对账业务处理；编制会计报表。

7. 会计资料整理与装订实训项目：本项目包括会计凭证整理与装订实训、会计账簿整理与装订实训、会计资料整理与装订实训，使学生能够熟悉会计凭证的传递程序、会计账簿的用途、会计报表的分类，按照会计基础规范进行会计凭证、会计账簿、会计报表的整理与装订，使装订成册的会计凭证内容完整、方便查询、外形美观；会计账簿符合制度要求，资料信息完整且便于查看；会计报表封面及审核程序齐全。

8. 企业财务会计理实一体课程：本课程根据会计核算岗位的技能要求设计。主要训练学生对交易与事项的确认和计量以及编制会计报表的能力。本课程所实训的交易与事项至少应包括：货币资金收付业务，往来核算业务，存货取得、发出业务，固定资产的取得、折旧、处置、修理、更新改造业务，无形资产取得、摊销、出售、出租业务，股票投资、债券投资、基金投资的取得与减少业务，长期待摊费用发生与摊销业务，应收款项、存货、固定资产的期末计量事项，非货币性资产交换业务，税费核算业务，职工薪酬业务，借款业务、借款费用事项，发行债券业务，债务重组业务，投入资本业务，销售商品业务，提供劳务业务，出租业务，期间费用发生与结转业务，所得税计算与核算，期末损益结转业务，利润分配业务。本课程还应对资产负债表、利润表、现金流量表、所有者权益变动表等四张报表的编制进行实训。通过实训，使学生能够对企业日常业务进行确认计量。

9. 成本计算与分析理实一体课程：本课程主要训练品种法、分步法、分批法三种不同计算方法和基本成本计算方法的应用，通过实训使用学生能够正确选择成本计算方法并运用该方法进行产品成本的计算，能够进行基本的成本分析。

10. 财务计算器应用实训项目：通过财务计算器的指法、技巧以及各功能键具体运用的实训，使学生能够在日常工作生活中运用财务计算器快速、熟练地进行数据计算。

11. 企业财务管理理实一体课程。本课程主要实训内容包括：财务预测、财务预算、财务控制、财务分析、筹资管理、投资管理、营运管理、收益分配管理实训。通过实训使学生全面掌握财务管理的方法和技能。

12. 审计实务理实一体课程。本课程要实训项目包括：审计业务约定书的签订、审计计划的编制、业务循环的审计、审计报告的出具。通过实训，使学生全面掌握企业财务报表审计工作的流程、方法和技能。

13. 税费计算与申报理实一体课程。本课程实训内容包括：增值税计算与申报模拟实训；消费税计算与申报模拟实训；关税计算与申报模拟实训；企业所得税纳税申报模拟实训；个人所得税税纳税申报模拟实训；房产税、城镇土地使用税、城市维护建设税、土地增值税等纳税申报模拟实训。通过实训，使学生掌握各税种计算与申报的操作要求与技能。

14. 会计信息化理实一体课程：本课程通过仿真环境学习，使学生熟练掌握通用财务软件中总账、报表、工资、购销存等子系统从初始化到日常处理流程的实际操作方法了解会计信息化的基本概念、基本知识和财务软件工作的基本流程、基本原理以及企业建立和运用会计信息系统的基本程序、基本方法。

15. 打印机应用实训项目：本项目根据财会打印技能要求设置。主要实训内容包括：常规文件排版打印，财务软件生成的凭证、账簿、报表的打印，票据打印机应用。通过实训，使学生掌握票据打印机应用技能及财会资料打印技能。

16. Excel 财务应用实训项目：本课程根据财务实践所需 Excel 表格应用技能设置。实训内容包括：凭证、凭证汇总 Excel 应用实训，材料收发余核算 Excel 应用实训，工资计算 Excel 应用实训，成本计算 Excel 应用实训，报表编制 Excel 应用实训，财务函数 Excel 应用实训，Excel 图表应用综合实训。通过实训使学生掌握运用 Excel 表格进行财务数据处理、数据分析、函数计算的技能。

17. 会计综合实训：本课程为对企业会计工作综合实训课程。课程实训仿真学生就业全过程，设计企业认知、会计机构与会计制度认知、手工建立会计账簿实训、查账与错账更正方法实训、手工分岗会计业务处理实训、手工银行对账业务实训、会计档案整理实训、电算化混岗会计业务处理实训八个实训项目，是对企业各会计岗位技能进行全面综合的实训。在实训的组织上，采用手工分岗、电算化混岗实训方式，并在具体教学过程中，嵌入点钞、小键盘录入、Excel 财务应用、打印机应用、凭证整理与装订等实训项目内容，全面提升学生的职业综合能力，为实现零距离就业打下基础。

18. ERP 沙盘模拟：本课程为对企业的经营活动进行全面模拟的实训课程。实训内容包括：沙盘初始状况设置操作、初始年模拟运营、第1～5（6）年的模拟运营。通过实训，强化学生对企业经营过程的全面认识，提高学生的思辨能力和综合解决问题的能力。

四、实训设施整体构架及环境要求

根据会计专业实践教学的需要，应设置会计多功能综合实训室、会计岗位实训室、ERP实训室、会计基本技能训练实训室等4类实训室。如条件不足，至少应设置会计多功能综合实训室和ERP实训室。各实训室功能及以50名学生为容量的软硬件配置标准如下：

（一）实训设施整体构架

本专业实训设施体系由下列实训室构成：一是以会计岗位综合实训及内部会计控制流程实训为重点的会计岗位实训室；二是以会计核算岗位实训和以企业管理软件应用能力实训为重点的会计多功能综合实训室；三是以会计岗位基本技能训练为主的会计基本技能实训室；四是以模拟企业经营全过程为重点的ERP实训室；五是根据学校实际情况，依托税务、证券、金融等相关专业的实训室。这五类实训室形成一个全仿真会计工作内、外部环境，集会计核算、纳税申报、银行结算任务实训为一体的会计职业岗位实训室群（见图3－1）。

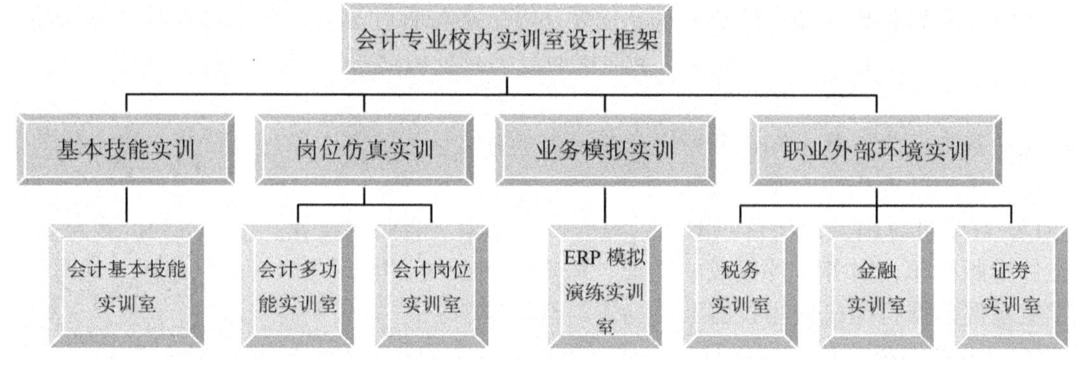

图3－1

1. 会计基本技能实训室。该实训室的实训主要包括会计书写、珠算技术、点钞捆钞、凭证整理装订、小键盘录入、财务计算器运用等实训项目。通过各项目的实训，使学生掌握会计职业岗位必需的基本操作技能，提高专业学习的兴趣，为其他会计专业课的学习奠定基础，能在毕业后马上适应实际工作。

2. 会计多功能综合实训室。该实训室可提供单项实训、专题实训、分岗实训、混岗实训等多种形式的实训条件，使学生熟悉会计业务处理的流程，熟练掌握会计核算的七种专门方法和会计岗位的各项技能，以实现分阶段、分岗位及综合实训的教学目标。本实训室主要适用于：小键盘录入与财务计算器应用、出纳业务操作理实一体课程、会计基础理实一体课程、企业财务会计理实一体课程、成本计算与分析理实一体课程、企业财务管理理实一体课程、审计实务理实一体课程、税费计算与申报理实一体课程、会计信息化理实一体课程、

Excel 财务应用实训等实训课程和实训项目的教学与实训。会计多功能综合实训室应具有手工模拟实训、软件模拟实训、会计信息化实训、岗位实训、网络教学、教师备课、教学管理和社会服务功能。

- 手工模拟功能：通过手工模拟对会计核算方法及会计业务处理流程进行混岗和分岗实训，使学生初步熟悉业务，掌握会计核算的一般程序。其生成的原始凭证，作为后续会计电算化模拟及内部控制、财务预测的原始单据使用。
- 软件模拟功能：利用仿真实训软件进行会计核算制单岗位、成本计算岗位、总账报表岗位及会计管理岗位、财务管理岗位、税务管理岗位等岗位的仿真实训业务。
- 会计信息化实训功能：采用财务软件仿真大型企业业务活动进行会计电算化实训，使学生具备应用财务软件进行企业资源管理的基本能力，并就会计电算化岗位分工进行制度设计和内部控制，并与大、中、小型企业的真实财务软件操作接轨，便于进行岗位的对接。
- 网络教学功能：实训室依托校园网实现网络实训与教学功能，最少可供 1000 用户同时在网上进行电子实训。学生和教师均可以在不同的地方通过网络进行实训设计与实训练习，扩展了实训空间，提升了会计模拟实训的科技品质。
- “查错—纠错—考核”功能：教师可利用实训教学软件设置模拟实训的答案或模糊答案，以便学生在实训过程中运用软件“查错”功能提示实训错误，并按照“实训要求或标准”及时更正错误，或教师利用实训教学软件对学生进行机上标准化考核。
- 教师备课功能：教师可以通过系统设置实训单位的背景信息、实训角色、业务流程、签章、单证选择等，灵活组合设计实训案例，具有针对性和先进性。
- 教学管理功能：利用教学软件进行实训信息统计、学生档案管理和学生实训成绩考核等教学管理工作。学生可通过“登录”选择角色，进行教学所要求的角色岗位实训，实训管理人员可通过系统对学生实训角色、实训内容、实训成绩进行统计，并进行标准考核。
- 社会服务功能：实训室可面对社会会计人员和企业管理人员开展社会培训和认证工作，实现实训室的教学效益和社会效益。

3. 会计岗位实训室。按照学生会计岗位职责实训及内部会计控制流程实训的要求，建设仿真财务室布局、岗位、传递程序、内部控制的会计岗位实训室。通过仿真出纳、会计主管、成本、往来、总账报表等岗位业务，使学生明确各岗位业务处理流程、内容及职责权限，正确认识会计人员之间、不同岗位之间、不同业务之间相互控制的原理和实务操作要求。实训室分设 14 个小组，每小组为一个模拟财务室，由 4 名学生组成，分别担任会计主管、总账会计、成本会计、出纳四个岗位角色，采用 ERP 管理系统，相互配合，完成从建账等初始化、日常凭证处理、财务决策、账簿生成、财务分析、会计数据综合利用、报表编制等一系列财务会计工作。会计岗位实训室可考核学生从业务原始单据填写到会计数据综合利用的全过程；强调团队合作、强调工作协同；考核学生会计实务处理的综合能力和专业水平。

4. ERP 沙盘模拟对抗实训室。按照学生会计管理能力训练的要求，建设集财务会计、财务管理、工商管理、市场营销等实训内容为一体的 ERP 沙盘模拟对抗实训室。通过沙盘对抗模拟，培养学生综合分析及解决问题的能力和团队合作精神；通过 ERP 电子模拟实训，使学生熟悉企业的资金流、物资流和信息流的融合，了解企业购销存业务处理、人力资源管理、生产制造管理等企业综合管理内容，增强学生管理意识，提高其管理能力。ERP 实训中心安装 ERP 电子沙盘、ERP 物理沙盘，用于进行 ERP 训练。

• ERP 电子沙盘功能：企业全面运营电子对抗系统（即电子沙盘）是软件模拟类沙盘，主要采用软件功能，使用一系列参数表对各角色功能进行定义。在演练过程中，让学员组成若干团队，分别接管完全相同的若干个企业，构成相互竞争的市场。他们需要在瞬息万变的环境中为自己的企业制定规划并付诸实施，并在生存中求得发展。他们需要理解并遵守运行规则、安排筹资投资、决定订货方案、完成生产运行、进行经营成果核算、掌握市场和其他企业的动态、互相检查和监督规则执行情况。学生通过进入场景担任角色亲身体验一个企业经营的完整流程，亲自操作资金流、物流、信息流及其协同，深刻理解企业实际运作中各个部门的相互配合，体验团队的力量和自己的作用，从而深刻理解 ERP 的管理思想，领悟科学的管理规律。

• ERP 物理沙盘功能：ERP 物理沙盘模拟教学以一套沙盘教具为载体，模拟工业企业和商品流通企业经营管理各环节的实战演练教学模式。工业沙盘盘面按照工业企业的职能部门划分了 4 个职能中心，分别是营销与规划中心、生产中心、物流中心和财务中心。各职能中心覆盖了企业运营的所有关键环节：包括战略规划、市场营销、生产组织、采购管理、库存管理、财务管理等，是一个制造企业的缩影。商业沙盘按照商品流通企业的部门和岗位职能设置总经理、财务总监、营销总监、采购总监和终端店长等角色，分别负责企业战略决策、资金运作和投资建议、市场开拓和销售及情报分析、集中采购和运输、专卖店或代理商和大卖场的管理。通过以上角色的体验，让学生了解商品流通企业的经济业务内容，训练学生综合分析问题和解决问题的能力。

5. 税务、金融、证券等外部环境实训室。根据学校专业开设情况，可联合相关专业的实训室建立会计环境外部实训室，主要包括税务实训室、证券实训室、金融实训室，可进行税费计算与申报、银行开户与结算、证券投资决策等方面的实训。

（二）实训室环境总体要求

1. 实验室面积。单个实验室建筑面积 180 平方米左右。

2. 实验人数。单个实验室按照满足 50 人同时实训的要求设置，可以满足 3 年制会计专业每年招生 400 人的教学需求。执行中应根据招生人数增减每个实训室的座位数或增加实训室的数量。

3. 实训室装修设计。为了使学生在岗位实训中能够真切感受职业内部环境和外部环境，应仿真会计职业工作的内部环境和外部环境进行实训室的装修设计。

• 内部环境：会计专业实训室应按照教学人数每 4 人一组传真设置会计办公环境和岗位标志牌。每个学生小组分会计主管、总账会计、成本会计、出纳等 4 个会计岗位进行岗位实训。

• 外部环境：对银行、税务等外部环境建设的途径有两种，一是在会计专业实训室中设置仿真银行、税务部门，二是利用其他专业建设的金融实训室、税务实训室联合进行会计专业岗位技能的实训。

• 岗位角色设置：通过设置岗位工作牌或岗位标志等形式进行职业岗位角色营造，如会计岗位实训室、多功能实训室的每个实训小组都应设置总账会计、会计主管、成本主管、出纳4个岗位工作牌，ERP实训室在实训台面上设置总经理、财务总监、财务助理、采购总监、生产总监、营销总监、研发总监等标志，使学生步入实训室如同走进会计职场。

五、实训室软件配备

1. 会计多功能综合实训室、会计岗位实训室软件配备见表3－2。

表3－2

软件名称规格
Windows2000 或 2003 XP/Server 操作系统
Office 办公操作系统
多站点杀毒软件
网管软件（如：万象网管软件）
多媒体局域网络教学软件（如凌波多媒体软件）
具有用友 ERP 及用友通同等功能、市场占有率较高的企业版财务软件
理实一体课程相应的无纸化实训教学软件
小键盘录入训练软件
电子 ERP 沙盘软件

2. 实训软件功能见表3－3至表3－6。

表3－3　　理实一体课程相应的无纸化实训教学软件

<table>
<tr><td colspan="2">软件形成介绍</td><td>理实一体课程无纸化实训软件是将企业的岗位任务内容如单位背景、业务背景、原始单据、岗位角色等“平移”至软件中，通过软件的操作，营造全仿真的职业环境和职业条件，使用该软件进行无纸化仿真实训教学，具有仿真度高、信息量大、节约教育成本等优点</td></tr>
<tr><td colspan="2">软件功能</td><td>1. 仿真实训教学；2. 网络实训；3. 教学管理；4. 教师备课</td></tr>
<tr><td rowspan="4">实训模块</td><td>实训岗位与对应课程</td><td>实训任务</td></tr>
<tr><td>出纳岗位实训</td><td>出纳岗位现金收付款业务、银行存款七种结算方式业务办理、日记账记账工作、其他出纳业务</td></tr>
<tr><td>会计核算岗位1实训：会计核算方法实训（会计职业基础理实一体课程）</td><td>设置会计科目→建立账簿→填制及审核会计凭证→登记会计账簿→结账→对账→更正错账→编制会计报表</td></tr>
<tr><td>会计核算岗位2实训：制单会计、总账报表会计岗位实训（企业经济业务核算理实一体课程）</td><td>货币资金实训，应收项目实训，存货实训，投资实训，固定资产实训，无形资产实训，负债实训，所有者权益实训，收入，费用和利润实训，财务会计报告实训</td></tr>
</table>

续表

	实训岗位与对应课程	实训任务
实训模块	会计核算岗位 3 实训：成本会计实训（成本计算理实一体课程）	要素费用的归集和分配实训、辅助生产费用和制造费用的归集和分配实训、生产费用在完工产品和在产品之间的分配实训、产品成本计算的基本方法实训、产品成本计算的辅助方法实训、成本报表的编制实训
	税务管理岗位实训（税费计算与申报理实一体课程）	增值税纳税处理实训，消费税纳税处理实训，城建税、教育费附加纳税处理实训，关税纳税处理实训，资源税纳税处理实训，土地增值税纳税处理实训，其他小税种纳税处理实训，所得税纳税处理实训
	财务管理岗位实训（企业财务管理理实一体课程）	财务估价项目实训、财务指标分析项目实训、企业筹资项目实训、财务预算与财务控制项目实训、企业投资项目实训、证券投资项目实训、现金和有价证券的管理项目实训、应收账款的管理项目实训、存货管理项目实训、资本成本与资本结构项目实训、股利分配项目实训
	会计监督岗位实训（企业财务报表审计理实一体课程）	审计目标确定、审计业务约定书、审计证据、计划审计工作与风险评估、主要审计底稿范本、货币资金审计、销售与收款循环审计、采购与付款循环审计、存货与仓储循环审计、筹资与投资循环审计、审计报告

表 3-4　　用友 ERP、用友通财务软件

软件名称	软件介绍	软件模块
用友 ERP 软件	用友 ERP 是一个企业综合运营平台，着眼于企业内部资源、关键业务流程的管理和控制，不仅考虑到信息资源在部门内、企业内、集团内共享的要求，还充分体现了预测、计划、控制、业绩评价及考核等管理方面的要求，实现了资金流、物流、信息流管理的统一	财务系统（含总账、UFO、应收应付、工资、固定资产、资金管理、成本管理、现金流量表、财务分析等模块）；购销存系统（含采购计划、采购管理、销售管理、库存管理、存货核算模块）；分销业务管理；人力资源；生产制造；决策支持；行业报表；合并报表；商业智能；客户化工具等
用友通软件	用友通标准版支持成长型中小企业快速应对日益激烈的市场竞争，从客户实际需求出发，面向成长型企业开发设计，提高管理水平、优化运营流程，实现全面、精细化财务管理与业务控制的一体化管控信息平台	账务（往来管理、现金银行、项目管理）、出纳、报表、工资、固定资产、财务分析、业务通（采购、销售、库存）、核算、票据管理模块

表 3－5 **ERP 电子沙盘实训软件介绍**

<table>
<tr><td>软件形成介绍</td><td colspan="3">企业全面运营电子对抗系统，使用一系列参数表对各角色功能进行定义。在演练过程中，让学员组成若干团队，分别接管完全相同的若干个企业，构成相互竞争的市场。他们需要在瞬息万变的环境中为自己的企业制定规划并付诸实施，并在生存中求得发展。他们需要理解并遵守运行规则、安排筹资投资、决定订货方案、完成生产运行、进行经营成果核算、掌握市场和其他企业的动态、互相检查和监督规则执行情况。学生通过进入场景担任角色亲身体验一个企业经营的完整流程，亲自操作资金流、物流、信息流及其协同，深刻理解企业实际运作中各个部门的相互配合，体验团队的力量和自己的作用，从而深刻理解 ERP 的管理思想，领悟科学的管理规律</td></tr>
<tr><td>软件功能</td><td colspan="3">模拟对抗体验式教学</td></tr>
<tr><td rowspan="4">实训系统</td><td>实训系统</td><td>功能模块</td><td>作用</td></tr>
<tr><td>财务管理实验系统</td><td>总账、应收款管理、应付款管理、工资管理、固定资产管理、报账中心、网上银行、公司对账、票据通、UFO 报表、现金流量表、财务分析等模块</td><td>各模块从不同的角度，实现了从预算到核算到报表分析的财务管理全过程，可以充分满足企事业单位对资金流的管理需求</td></tr>
<tr><td>SCM 供应链管理实验系统</td><td>物料需求计划、采购管理、销售管理、库存管理、存货核算、质量管理、GSP 等模块</td><td>加强了对企业业务环节的规划和控制，实现了管理的高效率、实时性、安全性、科学性、现代化、职能化</td></tr>
<tr><td>生产制造试验系统</td><td>涵盖了企业的七大管理职能（资料、规划、营销、供应、生产、质量、财务），由 30 多个模块构成</td><td>各模块之间高度集成，是离散制造型企业情有独钟的首选系统
生产制造系统能充分体现 MRPⅡ的核心价值与理念</td></tr>
</table>

表 3－6 **多媒体实训教学软件**

<table>
<tr><td>总体介绍</td><td colspan="2">多媒体教室软件利用机房现有的电脑网络设备，实现教师机对学生机的广播、监控、语音教学等操作，辅助学生完成电脑软件的学习和使用</td></tr>
<tr><td rowspan="3">软件功能</td><td>屏幕广播</td><td>实时传送教师或某个学生的电脑画面到某组或全体学生的电脑屏幕上，教师可以用这个功能进行多媒体课件的教学，演示 Word、Frontpage 等软件的操作，还可以让某个学生进行示范</td></tr>
<tr><td>远程遥控</td><td>让教师或某个学生对其他学生的电脑进行操作，如同操作自己的电脑一样，教师可以用这个功能对学生进行单独的交互式辅导教学</td></tr>
<tr><td>屏幕监视</td><td>让教师或某个学生对某组或全体学生的电脑画面进行实时监视，教师可以不离开座位就了解学生的学习情况，实现对整个网络上学生机的监控与管理</td></tr>
</table>

续表

软件功能	屏幕日志	定时把全体成员的电脑屏幕画面，以 Jpeg 图片文件格式保存到教师机指定的文件夹中，便于无人值守或事后查看学生电脑的使用情况
	声音广播	可将教师或某个学生的语音实时传送给某组或全体学生
	双向对讲	指定某两个学生或者教师与某个学生之间进行语音交流
	多人会话	指定多个学生（可包括教师）之间进行语音交流
	声音监听	让教师或某个学生对某组或全体学生进行监听
	网络复读	利用现有音频、视频文件作为教材，对学生进行网路复读，跟读训练
	影音广播	让教师或某个学生对某组或全体学生进行影音文件广播；
	屏幕录像	录制上课内容以便制作课件或教材；
	屏幕回放	录制的画面进行网络回放；
	网上聊天	指定多个学生（可包括教师）进行文字交流
	电子画板	把电脑屏幕作为黑板写写画面，一般与屏幕广播同时使用；
	执行命令	让学生的电脑同时运行某个程序；
	网上配置	可以限制学生对电脑的使用权限，包括只允许运行某些程序、隐藏硬盘、禁止使用注册表、禁止使用控制面板等上百项权限设置；
	电脑信息	可以查看某个学生的电脑系统、内存、驱动器、进程等信息，可以强制结束学生机上运行的某个程序
	黑屏肃静面	在学生的电脑上显示黑屏肃静画，教师还可以自己定义肃静画面的内容，以及是否显示文字，文字的大小、颜色、位置等，具体可参看系统设置、黑屏肃静设置；
	锁定电脑	禁止学生使用键盘、鼠标操作电脑，让学生专心听课；
	发布消息	教师随时向向全体学生发送文字消息，学生可以向教师反馈消息；
	发布文件	教师发送文件到学生的电脑中；
	收取文件	可以把学生电脑中的文件传输到教师的电脑中；
	提交文件	学生可以把文件发送到教师的电脑中；
	关机重启	可以把某组学生或全体学生的电脑关闭或重新启动；
	远程开机	启动学生电脑（需要电脑硬件支持）；
	音量设置	可以在教师端统一设置学生电脑的录音、放音的音量；
	点名签到	教师可以通过让学生签到来实现考勤记录；
	班组管理	强大的班级、小组、学生和电脑管理机制，无须配置就可以开始教学任务，而且对“班级、学生”概念的引入，可以进行多个班级配置管理，可以安排学生的座位，可以进行分组管理和教学演示，可以监视学生电脑的当前状态，等等。

六、实训室硬件及实训资料工具配备

（一）会计多功能综合实训室

1. 实训室硬件配备见表 3－7。

表 3－7　　实训室硬件配备表

硬件名称规格	数量
教师多功能讲台	1 套
空调	满足需要
网络机柜	1 套
交换机（24 口）	3 个
音响扩音设备	1 套
电脑投影仪及移动式投影屏幕	1 套
多媒体教学附属设备	1 套
多功能输出设备（包括复印、打印、扫描仪功能）	1 台
台式计算机	53～61 台
硬件还原或软件还原卡	53～61 个
4 人实训桌	13～15 张
实训座椅	53～61 把
文件柜（含展示、会计档案保管及资料陈列柜）	1 组

2. 实训工具配备标准见表 3－8。

表 3－8　　会计多功能综合实训室实训工具配备表

工具类型	工具名称	数量
财会工作用具	平推打印机、凭证装订机、验钞机、支票打印机	各 5 台
	印签、印泥、票据夹、复写纸、红色碳素笔、黑色碳素笔、胶棒、橡皮、尺子、剪子、裁纸刀、订书机等	13～15 套
计算工具	财务计算器、算盘	51 台

3. 实训资料。实训资料包括票据及申报表资料、账证表资料、业务资料。票据及申报表资料是指收集或印刷的全真实务票证，具体包括银行票据、业务票据和纳税申报表三种类别，账证表资料是指收集整理印刷的会计记账凭证、各类型账簿和报表；业务资料是以企业真实的业务为载体进行去密处理后，形成完整反映企业某会计期间所有任务的仿真业务信息

资料，业务资料内容一般采用教材、讲义的形式。实训资料配备见表3－9。

表3－9 会计多功能综合实训室实训资料配备表

票据库名称		票据名称
票据及申报表	银行票据结算凭证	现金支票、转账支票、银行汇票、银行本票、银行承兑汇票、商业承兑汇票、电汇凭证、信汇凭证、托收凭证、托收承付拒付理由书、银行进账单、银行支付结算查询书、银行现金存款凭条、银行收费凭条
	纳税申报表	增值税纳税申报表、增值税纳税申报表附列资料表一 、增值税纳税申报表附列资料表二、增值税纳税申报表附列资料表三、增值税纳税申报表附列资料表四、小规模纳税人增植税纳税申报表、地方税（费）综合申报表
	业务票据	增值税专用发票、增值税普通发票、内河公路统一发票、税务机关代开统一发票、地税代收工会经费拨缴款专用收据、税收通用缴款书、机动车销售统一发票、差旅费报销单、借款单、内部结算收据
账证表	记账凭证	收款凭证、付款凭证、转账凭证、通用记账凭证、科目汇总表、汇总收款凭证、汇总付款凭证、汇总转账凭证、会计凭证封面
	会计账簿	订本式三栏式现金日记账、订本式三栏式银行存款日记账、订本式三栏式总账、活页式三栏式明细账（甲账）、活页式数量金额式明细账（乙账）、活页式多栏式明细账、活页式应交增值税明细账、活页式横向多栏式明细账
	会计报表	资产负债表、利润表、现金流量表、所有者权益变动表、会计报表封面
业务资料		全仿真企业经济业务的教材、讲义、实训包

（二）会计岗位实训室

1. 实训室硬件配备见表3－10。

表3－10 会计岗位实训室硬件配备表

硬件名称规格	数量
教师多功能工作台	1套
仿真财务科：4人实训桌N组，每组仿真为一个小型财务科，每套实训桌之间以条柜分开，形成独立的仿真企业内部财务科室的职业环境	12～13组
银行、税务等外部服务台，形成仿真企业外部的公共环境	1套
空调	满足需要
网络机柜	1套
交换机（24口）	3个

续表

硬件名称规格	数量
音响扩音设备	1套
电脑投影仪及移动式投影屏幕	1套
多媒体教学附属设备	1套
多功能输出设备（包括复印、打印、扫描仪功能）	1台
台式计算机	27～31台
硬件还原或软件还原卡	27～31个
实训座椅	53～61把
文件柜（含展示、会计档案保管及资料陈列柜）	1组
税务、银行台	1套

2. 实训工具配备标准见表3－11。

表3－11　　会计岗位实训室实训工具配备表当局

工具类型	工具名称	数量
财会工作用具	平推打印机、凭证装订机、验钞机、支票打印机	每小组1套
	印签、印泥、票据夹、复写纸、、红色碳素笔、黑色碳素笔、胶棒、橡皮、尺子、剪子、裁纸刀、订书机等	每小组1套
计算工具	卡西欧财务计算器、算盘	每小组1套
税务工作工具	印鉴	
银行工作工具	印鉴、验钞机	

3. 实训资料（同会计多功能综合实训室）。

（三）ERP实训室

1. 实训室硬件配备标准见表3－12。

表3－12　　ERP实训室硬件配备

硬件名称规格	数量
教师讲桌带交易台：一般应通长300厘米，分两节，各长150厘米，宽60厘米，高75厘米，交易台面也分两节，高出桌面23厘米，宽26厘米	1套
空调	满足需要
网络机柜	1套
交换机（24口）	3个

续表

硬件名称规格	数量
音响扩音设备	1套
电脑投影仪及移动式投影屏幕	1套
多媒体教学附属设备	1套
多功能输出设备（包括复印、打印、扫描仪功能）	1台
台式计算机	8台
硬件还原或软件还原卡	8个
8人沙盘实训桌	8张
实训座椅	64把
文件柜（资料及教具存放）	1组

2. 实训教具与工具配备见表3-13。

表3-13　　ERP实训室实训教具与工具配备表

工具类型	工具名称	数量
实训教具	ERP沙盘盘面	每桌一套
	放置资金、材料、产品的小量桶，代表现金、应收账款的灰色圆片，代表短期银行贷款、应付账款、高利贷的红色圆片，代表长期银行贷款、抵押贷款的粉色圆片、代表各种材料订单的黄色圆片，代表各种原材料的蓝色圆片，代表手工生产线、半自动生产线、全自动生产线、柔性生产线的称号；Bery、crystal、ruby、sapphire产品的产品标识、产品订单	满足需要
实训工具	打印机、财务计算器、算盘	每桌一套

3. 实训资料：ERP综合实训业务资料。

（四）会计基本技能实训室

1. 实训室硬件配备标准见表3-14。

表3-14　　实训室硬件配备表

硬件名称规格	数量
教师讲桌	1套
空调	满足需要
音响扩音设备	1套
电脑投影仪及移动式投影屏幕	1套

续表

硬件名称规格	数量
多媒体教学附属设备	1套
多功能输出设备（包括复印、打印、扫描仪功能）	1台
实物扫描仪	1台
台式计算机	1台
5人实训桌	10张
实训座椅	50把
文件柜（资料存放）	1组

2. 实训室教具与工具配备见表3－15。

表3－15　　会计基本技能实训室实训教具与工具配备表

工具类型	工具名称	数量
实训教具	真假人民币对比图	1套
	会计书写规范示范图	1套
实训工具	财务计算器	51个
	凭证装订机	10个
	算盘	51个

3. 实训资料：配备点钞练功券51套、练习用空白账页若干。

编写说明

本标准由山西省财政税务专科学校校长赵丽生教授主持，由山西省财政税务专科学校在“教育部高等职业教育会计专业教学资源库”项目成果的基础上，结合全国职业院校高职会计专业技能竞赛的资源成果，并在全国高职会计专业建设中经过广泛调研和积累执笔编写。其中，赵丽生教授负责项目的总体设计、组织实施、书稿的审定和修改。山西省财政税务专科学校教务处处长李锦元副教授、会计学院院长高翠莲教授、会计学院副院长董京原副教授共同讨论执笔编写了“会计专业标准”；山西省财政税务专科学校会计学院副院长董京原、段全虎副教授执笔编写了“会计专业教学仪器设备配备标准”；山西省财政税务专科学校教师编写了核心课程的课程标准，其中董京原副教授编写了“出纳业务操作”“会计综合实训”课程的课程标准，董京原副教授、李妍讲师编写了“会计基础”课程标准，李妍讲师编写了“财经法规与会计职业道德”课程标准，刘润明副教授、赵爱萍讲师编写了“企业财务会计”课程标准；将小芸副教授、赵爱萍讲师编写了“成本计算与分析”课程标准，郝宝爱副教授编写了“税费计算与申报”课程标准，李飞副教授编写了“企业财务管理”课程标准，安玉琴副教授编写了“会计信息化”课程标准，王建发教授、马琳英副教授编写了“审计实务”课程标准。同煤集团总会计师王团维、长运会计师事务所主任会计师李红戈参加了本项目的审稿与定稿。

本项目研究得到了财政部、全国财政职业教育教学指导委员会等有关部门和单位的大力支持，在此一并致谢！

会计专业三项标准项目组

财务管理专业

目录 Contents

第一部分

财务管理专业标准

一、专业名称及对接专业

专 业 名 称：财务管理
专 业 代 码：630301
衔接中职专业：会计、会计电算化
接续本科专业：财务管理

二、招生对象

普通高中毕业生或同等学力者。

三、学制与学历

学制：基本学制 3 年，可实行学分制为基础的弹性学制。
学历：专科。

四、职业岗位

财务管理专业毕业生就业主要面向各类中小企业、非营利性组织、金融机构及社会中介机构的财务管理职业岗位。毕业生就业岗位主要有会计核算岗位、投融资管理岗位、资金管理岗位、成本管理岗、财务预算岗位、税务管理岗位、财务分析岗位等，经过 3～5 年工作经验积累后可向具有综合业务职能和管理职能的岗位发展，能够胜任的岗位主要包括：融资主管、投资主管、资金主管、财务预算主管、财务分析主管。主要就业岗位和职业发展岗位见表 1－1。

表 1－1　财务管理专业毕业生能胜任的业务岗位

岗位类别	初始就业岗位	就业范围	主要业务工作	发展岗位
会计核算	出纳、会计人员	各类中小企业、非营利性组织、金融机构及社会中介机构的财务管理职业岗位	根据《会计法》、《预算法》和有关财政法规制度，认真做好会计主体会计核算工作	融资主管、投资主管、资金主管、财务预算主管、财务分析主管
投融资管理	融资员	各类中小企业、非营利性组织、金融机构及社会中介机构的财务管理职业岗位	分析市场和项目融资风险、预测资金需求、编写融资分析报告、与融资机构商谈	

续表

岗位类别	初始就业岗位	就业范围	主要业务工作	发展岗位
投融资管理	投资分析员	各类中小企业、非营利性组织、金融机构及社会中介机构的财务管理职业岗位	项目可行性分析、参与投资项目谈判、拟订项目结果评估报告	融资主管、投资主管、资金主管、财务预算主管、财务分析主管
资金管理	出纳	各类中小企业、非营利性组织、金融机构及社会中介机构的财务管理职业岗位	日常报销、日常现金收支、登记现金及银行存款日记账、盘点库存现金、月末对账、编制月现金流量表等	
	资金管理员	各类中小企业、非营利性组织、金融机构及社会中介机构的财务管理职业岗位	编制资金年度计划、分析资金月度使用情况、编制月度使用分析报告、日常监控与管理等	
成本管理	成本会计	各类中小企业、非营利性组织、金融机构及社会中介机构的财务管理职业岗位	归集和分配各项费用、核算产品成本、编制成本报表、分析升降原因	
	成本管理员	各类中小企业、非营利性组织、金融机构及社会中介机构的财务管理职业岗位	监督和管理生产成本、核对各项原料、物料、成品、在制品，抽查企业原料供应情况	
财务预算	财务预算助理	各类中小企业、非营利性组织、金融机构及社会中介机构的财务管理职业岗位	市场调研、编制预算纲要、初审预算草案、制定预算控制方案、协助主管考核与评价、编制预算调整方案	
税务管理	税务管理员	各类中小企业、非营利性组织、金融机构及社会中介机构的财务管理职业岗位	正确计算、申报、缴纳、管理增值税，购入、发出、保管、检查、开具及管理企业国税发票，计算和缴纳企业所得税，录入、认证增值税专用发票等抵扣信息	
财务分析	财务助理	各类中小企业、非营利性组织、金融机构及社会中介机构的财务管理职业岗位	收集财务数据、分析指标、提供相应的分析报告、完成可行性分析中的财务分析工作、汇总预算执行情况、分析实际收入与预算差异的原因	

五、培养目标

财务管理专业旨在面向中小企业、非营利组织、金融机构和社会中介机构，培养德、智、体、美等全面发展，具有扎实会计核算基础，熟悉企业经营管理和文化，掌握企业财务管理活动流程中的各项技能，具备良好职业素养和可持续发展的潜能，“讲诚信、重操守、负责任、会算善管”的高素质技术技能型财务管理专门人才。

（一）综合素质

1. 思想政治素质：掌握马克思主义和中国化马克思主义理论体系的思想方法，具有科学的世界观、人生观和价值观；树立拥护中国共产党领导、热爱社会主义祖国、服务中国特色社会主义建设的理想信念，拥有能够支撑高职大学生职业发展的思想政治素质。

2. 人文素养与科学素质：掌握基本的人文和科学知识，具有宽阔的文化视野、科学的思维习惯，具备健康的审美情趣和正确的审美观。

3. 身心素质：养成良好的强身健体习惯和卫生习惯，掌握保持身体健康和心态阳光的基本锻炼方法；具有坚强的毅力、乐观向上的生活态度和良好的人际关系、健全的人格品质。

4. 职业素质：具有正确的择业观、创业观和敬业、合作、细心、耐心、创新等良好的职业态度；具有熟悉和严格执行财经法律法规的科学态度和客观公正、严谨细致、廉洁谨慎等良好的职业习惯；具有诚信为本、操守为重、坚持准则、不做假账等良好的职业道德。

（二）职业能力

1. 熟悉本行业相关法律、法规。
2. 具有正确填写各种票据、单据、登记日记账、银行对账的出纳操作能力。
3. 具有扎实的会计基础理论，有进行会计核算、成本核算等会计业务处理的能力。
4. 具备运用财务管理理论进行筹资、投资、营运及收益分配决策分析的能力。
5. 具备编制财务预算和进行财务控制的能力。
6. 具有一定的财务分析和税务筹划的能力。
7. 具有能够根据企业控制环境进行相关内部控制制度设计的能力。
8. 具有一定的财务文献检索及处理能力，并能够阅读和翻译本专业一般性外文资料，具备较好的计算机应用能力和较好的 Excel 软件处理能力，同时具有善于总结与应用实践经验的能力。
9. 具有职业生涯规划能力，拥有较强的语言与文字表达和财经应用文写作的能力，具有较好的沟通能力及团队协作精神，具有独立学习获取新知识和技能的能力，具有勇于创新、敬业乐业的工作作风。

六、毕业标准

（一）学分要求

本专业按学年学分制安排课程，毕业标准为修满 133 学分。

理论课程和一体化课程每 18 学时 1 学分，实践课程一般每 28 学时 1 学分。1 学时为 45 分钟。

其中：

必修课要求修满 117 学分，占总学分的 87.96%。

选修课要求修满 16 学分，占总学分的 12.04%。

（二）证书要求

1. 获得以下行业从业资格考试合格证书之一

（1）财政部门：会计从业资格考试合格证书。

（2）人力资源和社会保障部：助理理财规划师资格考试“理论知识 + 实操知识”考试成绩合格证书。

（3）中国证券业协会：证券从业人员资格考试“证券市场基础知识 + 1 门专业课”考试成绩合格证书。

（4）中国银行业协会：银行从业人员资格考试“公共基础 + 1 门专业课”考试成绩合格证书。

2. 获得以下计算机应用能力证书之一

（1）教育部门：“全国高等学校计算机课程水平考试一级——计算机应用”证书；

（2）教育部考试中心：“全国计算机等级考试（NCRE）一级——MS OFFICE”证书；

（3）国家人力资源和社会保障部：“办公软件应用”四级（操作员级）及以上证书；

3. 推荐以下英语考试合格证书，但不作为获得毕业证书的必要条件

（1）高等学校英语应用能力考试委员会：全国高等学校英语应用能力考试 B 级证书；

（2）商务部：中国国际贸易学会颁发的全国职场英语证书；

（3）全国大学英语四、六级考试委员会：全国大学生英语四级或六级考试证书。

七、课程体系

（一）基本素质课程

基本素质课程是针对大学生的思想政治素质、人文和科学素质及身心素质养成的需要开设的专门课程。

这类课程包括：思想道德修养与法律基础、毛泽东思想和中国特色社会主义理论体系概论、形势与政策、大学生职业发展与就业指导、计算机应用基础、体育与健康、经济应用数学、大学英语、军事理论与军事训练和科学素养、人文素养、艺术素养等选修课。

（二）职业能力课程

职业能力课程是在对本专业学生必备的专业知识和专业技能进行分析的基础上系统设计的体现本专业职业要求的课程。包括职业通用能力课程、职业专门能力课程、职业拓展能力课程和职业能力综合训练课程。

本专业学生应当学习的职业能力课程体系及部分主要课程见图 1－1。

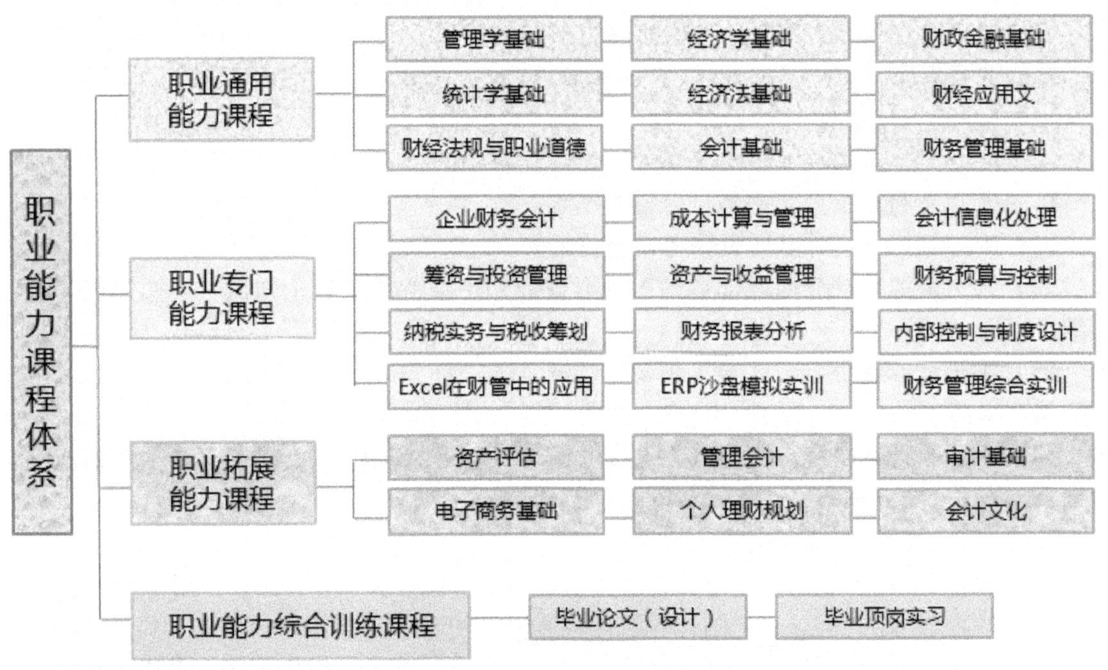

图 1－1 职业能力课程体系图

1. 职业通用能力课程：这类课程根据完成岗位工作任务和学生职业发展对专业理论知识的需要开设，这类课程不直接对应岗位工作，但对岗位工作有理论指导作用，能够帮助学生更好地理解岗位工作，是学生职业发展的基础，是进行创造性工作的重要条件。本类课程根据就业岗位和职业发展对系统理论知识的需要确定教学内容，以知识掌握、理论分析和思维训练相结合的方法组织教学，注重理论联系实际。

这类课程包括两种不同类型：一是专业基础理论课程。包括经济学基础、管理学基础、财政金融基础、统计基础；二是专业应用理论课程。包括财经应用文、财经法规与会计职业道德、会计基础、经济法基础、财务管理基础。

2. 职业专门能力课程：这类课程是为培养学生完成岗位工作任务所应具备的专门能力而开设的。这类课程通过训练学生熟练地运用专门技术并掌握运用该技术所需的与工作过程

相关的知识来达到具备从事职业岗位工作基本能力的目的。这类课程按其与工作过程的关系可以分为两类：

（1）直接对应岗位工作领域的课程：这些课程根据岗位工作内容确定教学内容，按照岗位工作过程组织教学过程，运用岗位业务平台进行能力训练，采用教与做、学与做相结合的教学方式，目的是达到教学与岗位工作的对接。这些课程均为一体化的课程，是操作技能、业务知识和与工作过程相关的应用理论相结合的课程。

这些课程包括：企业财务会计、成本计算与管理、筹资与投资管理、资产与收益管理、财务预算与控制、纳税实务与税收筹划、财务报表分析、Excel 在财务管理中的应用、内部控制与制度设计。

（2）专项技能训练课程：这些课程根据完成岗位工作任务对专项技能的需要开设，课程不直接对应具体的工作岗位，但对完成岗位工作任务形成专门的技能支撑，所训练的同一项技能往往会在多个不同岗位得到应用。这些课程根据完成岗位工作任务对专项技能的需要确定教学内容，按照专项技能训练达标的需要组织教学过程，采用反复训练逐步提高作为主要教学方式，以熟练操作或形成习惯作为训练目标。

这些课程包括：财会基本技能实训、ERP 沙盘模拟实训、财务管理综合实训。

3. 职业拓展能力课程：是在学生掌握本专业必备知识和技能的基础上根据就业方向和个人发展需要所开设的选修课程，这类课程包括横向的能力拓展和纵向的能力提升两种课程。

这类课程包括：资产评估管理会计、政府与非营利组织会计、审计基础、会计文化、物流管理、市场营销、个人理财规划、电子商务基础、财经英语。

4. 职业能力综合训练课程：这类课程是对上述课程所学习的知识和技能进行综合运用的课程。

这类课程包括：毕业顶岗实习和毕业论文（设计）。

八、核心课程基本内容

专业核心课程共 10 门，各门课程应当掌握的教学内容和技能训练标准如表 1－2 所示。

表 1－2 专业核心课程教学内容表

课程名称	应当掌握的知识	应当达到的技能标准
1. 会计基础	• 企业、会计工作组织与会计职业 • 会计、会计目标和会计方法 • 会计要素及会计等式 • 账户设置与借贷记账法 • 企业主要经营过程基本经济业务的账务处理	• 能初步了解单位会计工作机构设置与会计人员配备的要求 • 能了解会计业务处理的一般流程 • 能理解会计、会计目标和会计方法的含义 • 能理解会计要素和会计等式的含义及作用 • 会开设会计账户，正确运用借贷记账法处理简单经济业务

续表

课程名称	应当掌握的知识	应当达到的技能标准
1. 会计基础	• 会计凭证的填制和审核 • 会计账簿的设置和登记 • 财产清查的组织和业务处理 • 会计报表的编制和报送 • 会计循环与账务处理程序	• 会进行基本的成本计算 • 会填制和审核会计凭证，会设置和登记会计账簿； • 能了解组织、开展财产清查的一般程序和方法 • 能了解会计报表编制的基本原理和方法，会计算基本的财务报表指标 • 能分清会计处理的基本步骤，正确理解和应用账务处理程序 • 能独立完成从填制和审核凭证到设置和登记账簿、编制与报送会计报表等整个流程工作
2. 财务管理基础	• 财务管理目标、环节、体制 • 时间价值、风险价值分析、本量利分析 • 企业筹资方式与渠道 • 企业投资项目投资管理和证券投资管理 • 企业营运资金管理 • 企业收益与分配管理 • 企业财务预算功能、体系、作用 • 企业财务控制种类及评价 • 财务分析指标体系与方法种类	• 能辨析企业资金运动的规律，了解财务管理基本理论，提高对企业财务管理重要性的认识和理解 • 能树立资金时间价值观念和投资风险价值观念，掌握资金时间价值计算原理及风险价值计算分析原理，能将其应用到企业财务管理实践 • 能运用财务预测、财务决策、财务预算、财务控制等专门的管理方法 • 能初步应用财务管理专门方法对企业的筹资活动、投资活动、资金营运活动和收益分配活动进行有效的管理 • 能充分预见企业财务管理过程中可能出现的风险 • 能初步运用一些财务分析指标了解企业的财务状况 • 善于获取和利用相关信息，掌握自主学习和终生学习的方法
3. 企业财务会计	• 货币资金业务核算 • 应收款项业务核算 • 存货业务核算 • 固定资产及投资性房地产业务核算 • 投资业务核算 • 无形资产及其他资产业务核算 • 流动负债业务核算 • 非流动负债业务核算 • 所有者权益业务核算 • 收入和费用业务核算 • 利润业务核算 • 财务报告编制	• 能理解《中华人民共和国会计法》、《会计基础工作规范》、《企业内部控制规范》、《现金管理条例》、《银行支付结算办法》、《中华人民共和国票据法》等会计相关规范的内容 • 能理解《企业会计准则》对经济业务进行会计确认、计量、记录与报告的要求 • 能区分企业各项经济业务账务处理流程和特点 • 能规范地对各项经济业务进行账务处理 • 能够用正确使用专业语言，进行业务沟通 • 能初步预见各项财产物资在收付、保管过程中可能出现的风险 • 会编制财务报表 • 能正确处理会计准则与税收法规的差异，协调两者的关系。 • 能独立制订项目工作计划并进行实施

续表

课程名称	应当掌握的知识	应当达到的技能标准
4. 成本计算与管理	• 成本计算和管理体系 • 生产费用的汇集与分配 • 在产品与产成品成本计算 • 品种法、分批法、分步法 • 成本预测与决策 • 成本计划与控制 • 成本报表编制与分析 • 熟悉企业成本管理与核算体系，掌握企业产品成本核算与账务处理程序 • 掌握要素费用的归集与分配方法，能够正确编制要素费用分配表并进行相应账务处理 • 掌握辅助生产费用和制造费用的归集与分配方法，能够正确编制辅助生产费用和制造费用分配表并进行相应账务处理 • 熟悉不同产品生产特点与成本计算要求，掌握生产费用在完工产品与在产品之间的分配方法，能正确编制产品成本计算单并进行相应账务处理	• 会采用品种法计算产品成本 • 会采用分项结转分步法计算产品成本 • 会采用平行结转分步法计算产品成本 • 会采用分批法计算产品成本 • 了解成本预测的特点，熟悉成本预测的程序，掌握成本预测方法，能熟练地进行保本分析和保利分析 • 了解成本决策的特点，熟悉成本控制的意义、控制内容及控制方法，掌握成本计划的内容、编制程序及编制方法 • 熟悉成本报表的格式，掌握产品成本表的编制与分析方法，能够正确进行成本分析
5. 筹资与投资管理	• 筹资方式 • 筹资渠道 • 资金需求量的预测 • 资金成本 • 资金结构 • 项目投资 • 项目评价指标及方法 • 债券投资 • 债券股价模型	• 会运用销售百分比法、回归分析法等专门方法预测筹资规模 • 能通过各种筹资方式的比较，为筹资方式选择提供信息 • 会计算各种资本成本，并能进行筹资结构决策分析 • 能运用杠杆原理进行财务风险分析 • 会计算项目投资评价贴现指标与非贴现指标 • 能对固定资产新建项目和更新改造项目进行决策分析 • 会计算证券内在价值、证券持有期收益率及证券组合收益率 • 能运用相关财务指标进行证券投资决策分析 • 能比较敏锐地判断社会经济环境、政策法规变化对投资活动产生的影响

续表

课程名称	应当掌握的知识	应当达到的技能标准
6. 资产与收益管理	• 流动资产 • 现金成本与功能 • 现金的存货模型 • 应收账款的功能与成本 • 信用政策 • 信用政策决策方法 • 存货功能与成本 • 经济批量模型 • 目标利润的预测方法 • 股利理论 • 收益分配的政策 • 收益分配的程序	• 能计算企业最佳现金持有量 • 会设计制定企业内部现金管理制度 • 能计算信用标准和信用条件，并会选择和决策 • 会制定应收账款收账政策 • 能计算存货经济采购批量并在多种条件下应用 • 会控制存货储存期，掌握 ABC 管理的运用方法 • 会计算目标利润与目标利润的预测 • 能理解利润分配的基本原则和影响因素 • 能较好地掌握和运用股利理论 • 能了解各种利润分配政策及其优缺点 • 能运用利润分配程序来制订其分配方案
7. 财务预算与控制	• 财务预算体系 • 财务预算的方法 • 预计财务报表的编制 • 财务控制的种类、要素与方法等 • 责任中心 • 责任中心考核方法 • 财务控制实施	• 懂得财务预算编制的基本方法 • 能运用财务预算编制的基本方法编制业务预算和现金预算 • 会编制预计利润表和预计资产负债表 • 认识财务控制的含义、特征、原则、种类、要素与方式； • 懂得责任预算、责任报告与业绩考核 • 会划分各种责任中心 • 能计算成本中心、利润中心、投资中心的考核指标 • 会编制责任预算和责任报告 • 能运用成本中心、利润中心和投资中心实施财务控制
8. 纳税实务与税收筹划	• 税务处理程序 • 增值税计算与筹划 • 消费税计算与筹划 • 资源税计算与筹划 • 土地增值税计算与筹划 • 企业所得税计算与筹划 • 个人所得税计算与扣缴申报 • 财产税类计算与筹划 • 其他税种计算与筹划	• 掌握增值税、消费税、企业所得税等税种的主要征收制度及纳税筹划方法 • 会根据各税种征税范围判断企业经济业务形成的纳税义务所涉及的税种 • 能确定企业纳税义务所属税种的税目、税率和计税依据； • 能依据税法规定的减免税优惠，判断企业经济业务能享受的优惠政策 • 能根据企业经济业务发生的具体情况，判断纳税义务发生时间 • 能准确计算企业当期应纳税额，并做会计处理 • 会填写相关税种的纳税申报表及附列资料 • 能根据税法规定选择纳税地点及时办理纳税申报和税款缴纳手续

续表

课程名称	应当掌握的知识	应当达到的技能标准
9. 财务报表分析	• 财务报表分析原则、方法、步骤等 • 资产负债表分析 • 利润表分析 • 所有者权益变动与利润分配分析 • 现金流量表分析 • 成本费用报表分析 • 财务报表综合分析 • 财务报表分析报告	• 领会财务报表分析的内容和依据，了解财务报表分析的目的，理解财务报表分析的前提、原则和应考虑的因素，掌握财务报表分析的基本步骤和方法 • 能运用企业资本结构、资产结构、偿债能力、盈利能力、营运能力、发展能力的主要分析评价指标，明确各指标分析评价的内容，掌握各指标的计算与分析评价 • 能编制所有者权益变动表和利润分配表，能分析内容及其主要分析指标，明确各指标分析评价的具体意义，掌握各指标的计算与分析评价 • 领会现金流量质量分析的含义和现金流量信息的作用；掌握现金流量的增减变动分析、结构分析和财务比率分析的内容和方法 • 能知晓财务报表综合分析的内容，掌握企业综合财务状况、经营绩效和风险评价方法 • 能撰写财务报表分析报告的内容、结构和撰写步骤
10. 内部控制与制度设计	• 内部控制与制度设计基础 • 货币资金控制与制度设计 • 实物资产控制与制度设计 • 采购业务控制与制度设计 • 销售业务控制与制度设计 • 筹资活动控制与制度设计 • 对外投资控制与制度设计 • 成本费用控制与制度设计 • 工程项目控制与制度设计 • 担保控制与制度设计	• 认识企业内部控制完整的系统，掌握内部会计控制的内涵、目标和原则 • 能够解释内部控制制度的主要内容 • 能归纳内部控制的主要方式 • 能够结合企业的自身状况设计控制要点，并可以评价内部会计控制的效果 • 能建立一个适合企业实际情况的内部会计控制系统

九、教学计划进度

1. 教学计划进度安排应当参照表 1 – 3。

表 1－3　　教学计划进度安排

课程类别	课程性质	序号	课程名称		核心课程	课程类型	学分	总学时	教学周学时/教学周数						考核评价方式	主要教学场所	说明
									一	二	三	四	五	六			
									18 周	18 周	18 周	18 周	18 周	17 周			
基本素质与能力课	必修课	1	思想道德修养与法律基础			理论	3	54	3/18						考试	多媒体教室	
		2	毛泽东思想和中国特色社会主义理论体系概论			理论	4	72			3/18				考试	多媒体教室	
		3	形势与政策			讲座	1	18		2/9					考查	多媒体教室	
		4	大学生职业发展与就业指导			讲座	2	36		2/9			2/9		考查	多媒体教室	
		5	计算机应用基础			理论	3	54			3/18				考试	计算机教室	
		6	体育与健康			实践	6	108	3/9	3/9	3/9	3/9			考查	其他	
		7	经济应用数学			理论	3	54	3/18						考试	其他	
		8	大学英语			理论	6	108	3/18	3/18					考试	多媒体教室	
		9	军事理论与军事训练			实践	2	36	4/9						考试	多媒体教室	
	选修课	小计					30	540									
		1	科学素养	现代科技		理论	2	36		2/18	2/18	2/18	2/18		考查	多媒体教室	
		2		文献检索		理论	2	36							考查	多媒体教室	
		3		数学建模		理论	2	36							考查	多媒体教室	
		4		领导科学		理论	2	36							考查	多媒体教室	
		1	人文素养	人际沟通		理论	2	36							考查	多媒体教室	
		2		商务礼仪		理论	2	36							考查	多媒体教室	
		3		公共关系		理论	2	36							考查	多媒体教室	
		4		会务管理		理论	2	36							考查	多媒体教室	
		1	文艺素养	中国传统文化		理论	2	36							考查	多媒体教室	
		2		影视欣赏		理论	2	36							考查	多媒体教室	
		3		书法鉴赏		理论	2	36							考查	多媒体教室	
		4		音乐欣赏		理论	2	36							考查	多媒体教室	
		小计（要求必选 8 学分）					8	144									
职业能力课	必修课	1	管理学基础			理论	3	54	4/14						考查	多媒体教室	
		2	经济学基础			理论	3	54	4/14						考查	多媒体教室	
		3	财政金融基础			理论	3	54		3/18					考查	多媒体教室	
		4	统计学基础			一体化	3	54		3/18					考试	校内实训室	
		5	经济法基础			一体化	3	54			3/18				考试	多媒体教室	
		6	财经应用文			一体化	2	36				2/18			考查	多媒体教室	
		7	财经法规与会计职业道德			一体化	3	54		3/18					考试	多媒体教室	
		8	会计基础		⊙	一体化	5	90	5/18						考试	校内实训室	
		9	财务管理基础		⊙	一体化	4	72		4/18					考试	校内实训室	

续表

课程类别	课程性质	序号	课程名称	核心课程	课程类型	学分	总学时	教学周学时/教学周数						考核评价方式	主要教学场所	说明
								一	二	三	四	五	六			
								18 周	18 周	18 周	18 周	18 周	17 周			
职业能力课	必修课	10	企业财务会计	⊙	一体化	6	108		6/18					考试	校内实训室	
		11	成本计算与管理	⊙	一体化	4	72			4/18				考试	校内实训室	
		12	会计信息化处理		一体化	3	54				3/18			考试	校内实训室	
		13	筹资与投资管理	⊙	一体化	3	54			3/18				考试	校内实训室	
		14	资产与收益管理	⊙	一体化	3	54			3/18				考试	校内实训室	
		15	财务预算与控制	⊙	一体化	3	54				3/18			考试	校内实训室	
		16	纳税实务与税收筹划	⊙	一体化	5	90				3/18			考试	校内实训室	
		17	财务报表分析	⊙	一体化	3	54					3/18		考试	校内实训室	
		18	Excel 在财务管理中的应用		一体化	3	54					3/18		考查	校内实训室	
		19	内部控制与制度设计	⊙	一体化	3	54					3/18		考试	校内实训室	
		20	财会基本技能实训		实践	1	28	1 周						考查	校内实训室	
		21	ERP 沙盘模拟实训		实践	1	28			1 周				考查	校内实训室	
		22	财务管理综合实训	⊙	实践	2	56					1 周		考查	校内实训室	
		23	毕业顶岗实习		实践	14	392						1 周	考查	校外实习基地	
		24	毕业论文（设计）		实践	4	112						1 周	考查	校外实习基地	
		小计				87	1372									
	选修课	1	资产评估		一体化	2	36			2/18	2/18 2/18	2/18		考查	多媒体教室	
		2	管理会计		一体化	2	36							考查	多媒体教室	
		3	政府与非营利组织会计		一体化	2	36							考查	多媒体教室	
		4	审计基础		理论	2	36							考查	多媒体教室	
		5	会计文化		理论	2	36							考查	多媒体教室	
		6	物流管理		理论	2	36							考查	多媒体教室	
		7	市场营销		一体化	2	36							考查	多媒体教室	
		8	个人理财规划		一体化	2	36							考查	多媒体教室	
		9	电子商务基础		一体化	2	36							考查	多媒体教室	
		10	财经英语		理论	2	36							考查	多媒体教室	
		要求必选 8 学分				8	144									
总学分、总学时、必修课周学时合计					133		2614									

2. 总体教学进程安排参照表 1－4。

表 1－4　　　　总体教学进程安排表

内容/周数/学期	军训入学教育	课程教学	顶岗实习	毕业调研	毕业教育	考试	机动	合计
一	2	15				1		18
二		18	假期 4			1	1	20
三		18				1	1	20
四		17	假期 4			1	1	19
五		18				1	1	20
六			14	4	0. 5	0. 5	1	20
合计	2	86	18		0. 5	5. 5	5	117

3. 各类课程学时学分比例建议参照表 1－5。

表 1－5　　　　各类课程学时学分比例表

课程类别		小计		小计		备注
		学时	比例	学分	比例	
必修课	基本素质与能力课	540	20. 66%	30	22. 56%	
	职业能力课	1786	52. 47%	87	65. 4%	
选修课	基本素质与能力课	144	5. 51%	8	6. 02%	
	职业能力课	144	5. 51%	8	6. 02%	
合计		2614	100%	133	100%	
理论实践教学比	理论课	774	29. 61%	43	32. 33%	职业能力选修课按照理论课 72 课时、实践课 36 课时、一体化课按 36 课时计算
	实践课	796	30. 45%	32	24. 06%	
	一体化	1044	39. 94%	58	43. 61%	
合计		2614	100%	133	100%	

十、教学实施条件

（一）教师任职条件

本专业师资的配置，根据学习模块课程中的知识、技能、态度以及理论实践一体化教学组织的要求确定。

1. 专业带头人任职条件。具有较高的高职教育理念和执教能力、专业发展方向把握能力、教研教改能力、技术开发能力、组织协调能力，能够带领专业建设团队构建符合财务管理岗位要求的模块化课程体系。

（1）具有本科以上学历、双师型教师、副教授以上职称；

（2）从事财务管理专业领域达到 5 年以上；

（3）具备高度的责任心和团队意识；

（4）具备过硬的教研与科研能力。

2. 专任教师任职条件：

（1）具有高校教师资格证与职业资格证书；

（2）具有强烈的事业心和高度的责任感；

（3）具有财会岗位工作经历，熟悉财会业务；

（4）精通财务管理专业的基本理论与知识；

（5）具有较强的教研与科研能力。

3. 兼职教师任职条件：

（1）具有3年以上财会及相关岗位工作经历，有丰富的实际工作经验；

（2）具有较强的事业心和责任感；

（3）具有中级以上专业技术职务；

（4）具有较强的教学能力，能够指导学生从事教学实践活动。

（二）实践教学条件

1. 校内实践教学条件。实践教学条件是按照完成本专业核心课程教学、理论实践一体化教学需要进行配置。校内实践教学条件配置与要求如表1－6所示。

表1－6　　校内仿真实训基地配备表

序号	实训室名称	实训项目	设备配置要求		实训室规模
			主要设备名称	数量	
1	财会基本技能实训室	1. 点钞与验钞 2. 数字小键盘录入 3. 电子收款机的操作 4. 票据的识别与保管 5. 印鉴保管和使用	网络机柜	1个	以50人为标准教学班配置
			交换机	3个	
			路由器	1个	
			打印机	1台	
			音响扩音设备	1套	
			投影仪＋投影幕	1套	
			6人实训桌	9张	
			装订机	9台	
			点钞机	9台	
			小键盘录入器	50	
			电脑	54台	
			印章	9套	
			算盘	50只	
			理财计算器	50	
			练功券	50捆	
			财会基本技能平台软件	1套	

续表

<table>
<tr><th rowspan="2">序号</th><th rowspan="2">实训室名称</th><th rowspan="2">实训项目</th><th colspan="2">设备配置要求</th><th rowspan="2">实训室规模</th></tr>
<tr><th>主要设备名称</th><th>数量</th></tr>
<tr><td rowspan="13">2</td><td rowspan="13">会计实务实训室</td><td rowspan="13">1. 期初建账
2. 凭证填制与审核
3. 账簿设置与登记
4. 成本计算与结转
5. 账项调整与结转
6. 对账与结账
7. 编制会计报表</td><td>教师机</td><td>1 台</td><td rowspan="13">以 50 人为标准教学班配置</td></tr>
<tr><td>投影仪 + 投影幕</td><td>1 套</td></tr>
<tr><td>高低柜</td><td>1 套</td></tr>
<tr><td>4 人实训桌</td><td>13 组</td></tr>
<tr><td>会计核算流程图</td><td>1 套</td></tr>
<tr><td>会计科目章</td><td>13 套</td></tr>
<tr><td>空白记账凭证</td><td>50 套</td></tr>
<tr><td>凭证封面封底</td><td>50 套</td></tr>
<tr><td>包角纸及有关会计账簿</td><td>50 套</td></tr>
<tr><td>计算器</td><td>50 个</td></tr>
<tr><td>裁纸刀</td><td>50 把</td></tr>
<tr><td>装订机</td><td>50 个</td></tr>
<tr><td>会计实务平台软件</td><td>1 套</td></tr>
<tr><td rowspan="8">3</td><td rowspan="8">财务信息化实训室</td><td rowspan="8">1. 系统管理
2. 基础档案设置
3. 账务系统的日常业务处理
4. 账务系统的日常业务处理
5. 账务系统的出纳管理
6. 账务系统的账簿管理
7. 账务系统的期末处理
8. UFO 报表管理
9. 工资管理系统
10. 固定资产管理系统</td><td>网络机柜</td><td>1 个</td><td rowspan="8">以 50 人为标准教学班配置</td></tr>
<tr><td>交换机</td><td>3 个</td></tr>
<tr><td>路由器</td><td>1 个</td></tr>
<tr><td>打印机</td><td>1 台</td></tr>
<tr><td>音响扩音设备</td><td>1 套</td></tr>
<tr><td>投影仪 + 投影幕</td><td>1 套</td></tr>
<tr><td>4 人实训桌</td><td>13 组</td></tr>
<tr><td>财务信息化实训平台软件</td><td>1 套</td></tr>
<tr><td rowspan="10">4</td><td rowspan="10">证券投资实训室</td><td rowspan="10">1. 证券公司前台业务
2. 证券买卖操作及账务
3. 行情分析研判
4. 客户服务咨询
5. 模拟交易大赛</td><td>网络机柜</td><td>1 个</td><td rowspan="10">以 50 人为标准教学班配置</td></tr>
<tr><td>交换机</td><td>3 个</td></tr>
<tr><td>路由器</td><td>1 个</td></tr>
<tr><td>打印机</td><td>1 台</td></tr>
<tr><td>音响扩音设备</td><td>1 套</td></tr>
<tr><td>投影仪 + 投影幕</td><td>1 套</td></tr>
<tr><td>服务器</td><td>1 台</td></tr>
<tr><td>电动幕布</td><td>1 套</td></tr>
<tr><td>电脑</td><td>50 台</td></tr>
<tr><td>证券投资模拟交易实训软件</td><td>1 套</td></tr>
</table>

续表

序号	实训室名称	实训项目	设备配置要求		实训室规模
			主要设备名称	数量	
5	ERP沙盘模拟实训室	1. 认识企业经营实战沙盘，熟悉流程和规则 2. ERP模拟企业概况 3. ERP竞争模拟实验 4. 对企业的评价和反思	网络机柜	1个	以50人为标准教学班配置
			交换机	3个	
			路由器	1个	
			打印机	1台	
			音响扩音设备	1套	
			投影仪	1套	
			讲台桌带交易台	1张	
			沙盘实训桌	9组	
			工业沙盘教具及配套软件	1套	
			商业沙盘教具及配套软件	1套	
6	财务管理综合实训室	1. 筹资管理 2. 项目投资 3. 营运资金管理 4. 财务预算与财务分析 5. 账务处理 6. 电子报税	网络机柜	1个	以50人为标准教学班配置
			交换机	3个	
			路由器	1个	
			打印机	1台	
			音响扩音设备	1套	
			投影仪	1套	
			4人实训桌	14套	
			柜台	14套	
			财务管理综合实训平台软件	1套	

2. 校外实践教学条件：

（1）具有足够数量的校外实训基地；

（2）校外顶岗实习基地应具备相应的实习条件，能足够容纳学生，并为学生提供食宿及发放补助；

（3）配备足够数量的具有丰富实践经验的顶岗实习指导教师。

第二部分

财务管理专业核心课程标准

“会计基础”课程标准

一、课程定位

“会计基础”是财会类专业针对财会岗位（群）职业能力培养设置的专业基础课程，也是财务管理专业的专业基础课程。本课程教学对象是财会类职业的初学者。课程在教学内容的设置上，围绕会计基本知识和会计核算基本方法两大模块，培养学生对于企业基本经济业务进行账务处理的能力，并能够通过对经济业务的确认、计量、记录、报告等基本业务工作环节，为投资者、债权人、经营管理者和其他信息使用者提供有用的会计信息。课程教学采取理实一体化教学，本课程所培养的专业能力、方法能力和社会能力是后续“企业财务会计”、“成本计算与管理”、“财务报表分析”、“财务管理”、“内部控制与制度设计”等课程学习的基础能力。

二、课程目标

通过学习，使学生了解会计职业岗位的背景、特点和要求，产生对会计职业的兴趣，掌握会计的基本知识理论和具体方法，具有继续学习专业主干课程的知识基础，并培养学生具备一定的社会能力。

1. 具备从事会计工作的基础知识、基本的核算和监督能力；
2. 具有对会计职业和会计岗位（群）的初步职业判断能力；
3. 能够独立完成从填制和审核凭证到设置和登记会计账簿、编制与报送会计报表的会计循环工作；
4. 具有较强的语言表达、会计职业沟通和协调能力；
5. 有严格执行会计等相关法律法规的工作态度，具有良好的职业道德与法律意识，社会责任感强；
6. 具有踏实肯干的工作作风，主动、热情、耐心的服务意识及团队合作与协作精神。

三、设计思路

本课程设计的理念：本着以学生为本、理实结合、工学结合、教学做一体化、能力与素质培养相统一的现代高职教育理念，以培养学生的职业能力为主线，把知识学习、知识转化、能力训练、能力展示各环节有机地结合在一起，紧密联系企业基本经济业务和财会工作实际，结合高职财务管理专业对“基础会计”课程的基本定位，突出对会计基本知识、基本方法、基本原理的学习和运用，并注重与企业基本经济业务账务处理和基本会计工作循环的结合，让学生在学习过程中注意所学知识的迁移和对企业生产经营过程、资金循环过程的了解，培养学生终生学习的方法、岗位敬业的精神、团队合作的态度，树立全局意识，激发自我发展的愿望。

本课程设计的思路：该课程定位于财会职业基础岗位，主要为完成后续专业课程学习打基础，以完成中小企业会计工作循环所需知识与能力为教学内容，充分体现高职课程的职业性和高等性。在具体教学中，按照知识储备、知识转化、能力训练与能力展示这一渐进式教学过程，完成知识向能力的转换。为此，每个学习单元都配有能力训练与对应实训，充分体现教、学、做的理实一体化课程组织要求。

按照高职教育教、学、做一体化的教学要求，设计三位一体的教学模式。以能力训练与实训为例，立足“做什么，怎么做”这一核心，通过职业判断、职业实践、职业拓展三部分能力的训练，帮助学生边学边做，理实一体，有利于学生对知识的掌握和实践动手能力的培养。

四、课时分配

表 2－1　　课程项目、模块及课时分配

序号	课程项目	课程模块	课时分配	
1	认知企业、会计工作组织与会计职业	企业和企业的基本业务	2	5
		企业会计工作组织	2	
		会计职业的特征和要求	1	
2	描述会计、会计目标和会计方法	会计和会计目标	2	5
		会计核算的基本方法	2	
		单元实训	1	
3	划分会计要素，建立会计等式	企业会计要素	3	8
		会计等式	3	
		单元实训	2	
4	开设会计账户，运用借贷记账法	会计科目	2	10
		会计账户	2	
		借贷记账原理	3	
		单元实训	3	

续表

序号	课程项目	课程模块	课时分配	
5	核算企业主要经营过程的经济业务	资金筹集业务的会计处理	2	25
		单元实训1	1	
		供应过程经济业务的会计处理	3	
		单元实训2	3	
		生产过程经济业务的会计处理	3	
		单元实训3	3	
		销售过程经济业务的会计处理	2	
		单元实训4	2	
		财务成果形成和分配过程经济业务的会计处理	3 3	
		单元实训5		
6	填制和审核会计凭证	填制和审核原始凭证	2	7
		单元实训1	1	
		填制和审核记账凭证	2	
		单元实训2	1	
		传递与保管会计凭证	1	
7	设置和登记会计账簿	会计账簿及其设置	1	9
		登记现金和银行存款日记账	1	
		单元实训1	1	
		登记分类账	1	
		单元实训2	1	
		对账和结账	1	
		错账更正方法	1.5	
		单元实训3	1	
		更换和保管会计账簿	0.5	
8	组织和开展财产清查	实物资产清查	2	7
		单元实训1	1	
		库存现金清查	1	
		银行存款清查	1	
		单元实训2	1	
		往来款项清查	1	

续表

序号	课程项目	课程模块	课时分配	
9	编制和报送会计报表	编制资产负债表	2	8
		单元实训 1	2	
		编制利润表	1	
		单元实训 2	1	
		编制现金流量表	1	
		报送会计报表	1	
10	选择和应用账务处理程序	记账凭证账务处理程序	2	6
		科目汇总表账务处理程序	1	
		单元实训 1	1	
		汇总记账凭证账务处理程序	1	
		单元实训 2	1	
总　计			90	90

五、教学内容

表 2-2　课程教学内容与教学要求

序号	工作任务	知识内容和要求	技能内容和要求
1	认知企业、会计工作组织与会计职业	• 了解企业的概念及其主要作用 • 熟悉企业组织类型 • 认知企业的组织机构和基本业务流程 • 了解会计机构的设置和会计工作组织的意义 • 掌握会计从业资格的基本条件和相关管理要求 • 理解并掌握会计人员的职业道德 • 了解会计的基本法规 • 掌握会计工作交接的基本程序 • 了解会计职业的概念、种类和发展趋势	• 能区分企业组织类型 • 会辨别企业的组织机构和基本业务流程 • 能懂得会计工作交接的基本程序 • 能区分会计职业的概念、种类和发展趋势

续表

序号	工作任务	知识内容和要求	技能内容和要求
2	描述会计、会计目标和会计方法	• 理解会计的概念、特点和基本职能 • 理解会计对象 • 明确会计的目标和基本假设 • 理解会计核算的基础及对企业盈亏计算产生的影响 • 熟悉会计方法的组成和会计核算方法	• 能描述企业资金运动的一般过程 • 能描述会计核算方法 • 能归纳总结会计核算各种专门方法之间的关系
3	划分会计要素，建立会计等式	• 理解会计要素的概念、分类和基本特征 • 明确会计对象与会计要素之间的关系 • 掌握会计基本等式及其所反映的会计要素之间的关系 • 理解并能归纳经济业务发生对会计等式影响的一般规律	• 能辨别会计要素的概念、分类和基本特征 • 能区分会计对象与会计要素之间的关系 • 能归纳经济业务发生对会计等式影响的一般规律
4	开设会计账户，运用借贷记账法	• 了解会计科目的概念、分类和编号 • 理解账户的概念、种类及其基本结构 • 理解会计科目和账户之间的关系 • 了解账户的开设方法 • 理解掌握借贷记账原理	• 能为规模小、业务简单的企业设置会计科目、开设账户 • 能根据简单经济业务编制会计分录 • 能根据账户登记的结果进行试算平衡
5	核算企业主要经营过程的经济业务	• 理解实收资本和短期借款的概念 • 掌握资金筹集经济业务的会计处理 • 掌握供应过程经济业务的会计处理 • 了解产品生产成本的构成 • 掌握生产过程经济业务的会计处理 • 了解产品销售成本的构成 • 理解利润的形成和利润分配的原则	• 能明确固定资产成本和材料采购成本的确定 • 能对销售过程经济业务进行会计处理 • 能对财务成果形成和分配业务进行会计处理

续表

序号	工作任务	知识内容和要求	技能内容和要求
6	填制和审核会计凭证	• 了解会计凭证的意义 • 熟悉原始凭证和记账凭证的概念和基本分类 • 明确原始凭证和记账凭证的填制要求 • 掌握原始凭证和记账凭证的填制方法 • 明确原始凭证和记账凭证的审核内容与要求 • 了解会计凭证的传递与保管	• 能识别不同类型的原始凭证和记账凭证 • 能填制原始凭证和记账凭证 • 会审核原始凭证和记账凭证 • 会传递与保管会计凭证
7	设置和登记会计账簿	• 了解会计账簿的概念、种类和基本内容 • 理解会计账簿的启用规则和记账规则 • 掌握现金日记账的设置和登记方法 • 掌握银行存款日记账的设置和登记方法 • 掌握总分类账的设置和登记方法 • 掌握明细分类账的设置和登记方法 • 理解掌握总账与其所属明细账的平行登记 • 理解掌握对账和结账的方法 • 了解错账发生的基本情形 • 掌握错账的更正方法 • 了解更换和保管会计账簿的有关规定	• 能设置和登记现金日记账 • 能设置和登记银行存款日记账 • 能设置和登记总分类账 • 能设置和登记明细分类账 • 会平行登记总账与其所属明细账 • 会更正错账
8	组织和开展财产清查	• 了解财产清查的概念和基本分类 • 理解财产物资的盘存制度 • 熟悉实物资产清查的步骤和方法 • 掌握实物资产清查结果的处理 • 明确库存现金清查的范围 • 掌握库存现金清查的方法和结果处理 • 明确银行存款日记账与银行对账单的关系 • 理解未达账项的概念 • 掌握银行存款余额调节表的编制 • 了解往来款项清查的内容和往来款项清查结果报告表的编制	• 能对实物资产清查结果进行处理 • 能对库存现金清查的结果进行处理 • 能编制银行存款余额调节表 • 会往来款项清查的内容和能对往来款项清查结果报告表进行编制

续表

序号	工作任务	知识内容和要求	技能内容和要求
9	编制和报送会计报表	• 了解会计报表的意义和内容 • 掌握会计报表的编制要求 • 理解资产负债表的概念、结构和编制基础 • 掌握资产负债表的编制方法 • 理解利润表的概念、结构和编制基础 • 掌握利润表的编制方法 • 理解现金流量表的概念、结构和编制基础 • 了解现金流量表的编制方法 • 了解报送会计报表的相关规定	• 能编制资产负债表 • 能编制利润表 • 能编制现金流量表
10	选择和应用账务处理程序	• 了解会计循环的概念并理解会计循环的基本步骤 • 理解账务处理程序的概念及选择要求 • 掌握记账凭证账务处理程序 • 掌握科目汇总表账务处理程序 • 掌握汇总记账凭证账务处理程序	• 掌握记账凭证账务处理程序 • 掌握科日汇总表账务处理程序 • 掌握汇总记账凭证账务处理程序 • 能区分不同账务处理程序，明确其优缺点和适用范围

六、教学条件

（一）教师任职条件

1. 专任教师：

（1）具有丰富的专业理论知识和一定的会计工作经历，熟悉有关会计法律法规；

（2）具有一定广度的相关学科知识，能熟练运用教育学、心理学和教学法的基础理论知识；

（3）能够示范操作筹资、采购、生产、销售等业务的办理工作过程；

（4）能够示范会计基本技能的操作与演示；

（5）能够指导学生采用角色扮演、案例讨论等方法进行有关业务的工作演示。

2. 兼职教师：

（1）企业会计工作能手，能进行凭证填制整理、账簿登记、会计报表编报等技能的示范教学；

（2）相关行业与政府部门业务骨干人员，能进行税务、工商、银行等会计职业环境与工作流程的操作与介绍。

（二）实践教学条件

1. 实训场所：有会计职业认知的软硬件环境，有进行基本技能训练的会计基本技能实训室。

2. 实训工具设备：计算器、仿真现金支票、转账支票、进账单、托收凭证等银行票据和银行结算单据，仿真收据、发票、借款单、差旅费报销单等原始单据，相关会计人员名章、收款凭证、付款凭证、转账凭证、通用记账凭证、科目汇总表、汇总收款凭证、汇总付款凭证、汇总转账凭证、订本式总账、订本式现金、银行存款日记账、三栏式活页明细账、数量金额式活页明细账、多栏式活页明细账、试算平衡表、资产负债表、利润表等。

3. 企业业务仿真核算资料，包括筹资、采购、生产、销售核算业务办理，成本费用核算业务办理，财务成果计算与分配核算业务办理，税费上缴业务办理以及有关结算方式业务处理等。

4. 配备会计基本业务操作规范手册，包括《会计法》、《会计基础工作规范》等。

七、教学方法与手段

（一）教学方法

本课程教学方法主要包括项目教学法、演示法、角色扮演法、案例教学法等。

1. 项目教学法，是指学生在教师指导下通过实施一个完整的项目而进行的教学活动，是一种典型的以学生为中心的教学方法。其目的是在课堂教学中让学生全部或部分独立组织、安排学习行为，将理论与实践教学有机地结合起来，充分发掘学生的创造潜能，提高学生解决实际问题的综合能力。本课程中的实训可采取此方法。

2. 演示法，是教师陈示实物、教具，通过演示、观看实际操作录像等演示工作过程，使学生获取知识的教学方法。采购业务办理流程、生产业务办理流程、销售业务办理流程、会计凭证传递流程、会计凭证装订流程等技能示范均可采用演示法。该方法对提高学生的学习兴趣、发展观察能力和抽象思维能力有重要作用。

3. 角色扮演法，是将班级学生划分成若干学习小组，每小组指定不同人员分别扮演出纳、会计、业务办理人员、会计主管、企业负责人等角色，模拟有关经济业务办理过程，使学生体验不同角色的岗位任务和岗位职责的教学方法。本课程综合模拟实训时可采用角色扮演法，使学生真切体验会计工作过程。

4. 案例教学法，是以实际案例办理为例讲解有关业务办理的相关法律法规规定及业务办理流程，增强教学的真实感和指导性的教学方法。案例教学法的操作流程为“以例激趣→以例说理→以例导行”。本课程中会计特殊业务处理、会计岗位职业道德与风险防范等内容采用案例教学法进行教学。

（二）教学手段

1. 多媒体教学手段。主要包括：电子课件、投影、视频、音频、多媒体教学软件。其中有关基本业务办理流程、开设、登记账簿、填制有关单据等规范操作等内容可采用电子课件投影进行教学，各岗位典型任务，如开设账户、填制凭证、登记账薄、编制报表业务办理等可采用视频教学直观演示；有关案例分析与讨论以及相关法律法规宣传等可采用音频教学；师生互动、课堂演示等教学环节可采用多媒体教学软件。

2. 网络教学手段。教师进行仿真业务设计及学生进行会计基本技能仿真实训时可采用网络教学软件。

3. 实践教学手段。主要包括单元实训、课程综合实训两个层次。

（1）单元实训。是以课程教材的学习单元为实训单位，按照课程教学进度分别组织进行。如在本课程教学过程中，可分别进行原始凭证的填制和审核实训，记账凭证的填制和审核实训，现金日记账的开设和登记实训、银行存款日记账的开设和登记实训，有关总账和明细账的开设和登记实训、资产负债表和利润表编制实训等单项实训。通过单元实训教学，教、学、做紧密结合，实现知识储备到知识转化，培养实践动手能力。同时，为课程综合实训奠定良好基础。

（2）课程综合实训。在学生完成课程全部单元学习之后，应至少安排一周以上的时间，对本课程所涉及会计循环工作过程进行比较系统的综合实训。通过一套完整的企业账务处理流程的实训，让学生完成从建新账开始，逐步完成取得或填制审核原始凭证、编制审核记账凭证、登记各类账簿到编制会计报表等一系列会计业务，使学生进一步掌握本课程所涉及的相关知识和职业技能。

八、检查评价

本课程检查评价内容应包括会计基本知识、基本方法和基本原理掌握情况，以及实践操作能力、团队合作、学习态度和基本职业素质等方面。通过对学习过程和学习结果的评价，对学生知识、能力和素质进行综合考核。

本课程学业成绩由平时作业、单元实训、中期测试、综合实训和期末考试五部分组成，最终成绩在考虑出勤率等学习态度后确定。其中，平时作业占10%、单元实训占20%、中期测试占10%、综合实训占20%、期末考试占40%。综合实训成绩，由教师根据对各小组操作过程和提交结果进行综合考核，给出各小组成绩；小组内按照成员各自的表现和贡献互评，最后由组长确定出各成员的得分，上报任课教师。

“财务管理基础”课程标准

一、课程定位

本课程是财务管理专业的核心课程，旨在帮助学生树立财务管理基本理念，学会财务预测、财务决策、财务预算、财务控制及财务分析的基本方法，掌握企业资金筹集、资金投入、营运资金及收益分配等财务管理基本内容，培养学生具有诚实守信的职业道德和认真负责、善于沟通的基本职业素养。

本课程为进一步学习“筹资与投资管理”、“资产与收益管理”、“财务预算与控制”、“财务报表分析”等后续课程的学习奠定理论与方法基础。

二、课程目标

通过学习使学生了解财务管理岗位的特点、要求及环境，产生对财务管理工作岗位的兴趣，掌握财务管理的基本知识理论和具体方法，具有继续学习专业后续课程的知识基础，并培养学生具备一定的社会能力。

1. 能准确界定企业的财务活动，理清并协调企业财务活动所产生的财务关系；
2. 能比较敏锐地判断社会经济环境、政策法规变化对企业财务活动产生的影响；
3. 熟悉财务管理环节，学会财务预算、财务控制与财务分析的基本方法；
4. 掌握筹集资金，投资资金，营运资金，收益分配等财务管理基本内容；
5. 具有较强的财务风险意识和资金时间价值观念，具有一定的财务决策分析能力；
6. 具有较强的社会适应能力，能进行正常的社会交往；
7. 具有良好的职业道德和敬业精神，具有团队合作意识。

三、设计思路

本课程设计的理念：以职业岗位应具备的基本能力为导向，以企业财务管理基本业务操作为主体，遵循本课程特点和学生认知规律安排教学内容，通过财务管理基本内容和基本环节的基础工作要求构建基本理论知识和基本技能。

本课程设计的思路：打破传统的知识结构体系，对传统的财务管理教学内容进行重新整合与分离，以认知、基本方法、基本环节、基本内容为主线安排教学内容，将教学内容划分为财务管理认知、财务管理基本方法、财务管理基本环节、财务管理基本内容四大模块，每个模块注重财务管理基本理论知识与方法的学习。关于财务管理环节、财务管理内容两大模块中核心指标的计算、预测与决策，核心岗位职业能力的培养，安排在后续课程中学习。

四、课时分配

表 2－3 课程项目模块及课时分配

<table>
<tr><th>序号</th><th>课程项目</th><th>课程模块</th><th colspan="2">课时分配</th></tr>
<tr><td rowspan="4">1</td><td rowspan="4">财务管理认知</td><td>财务管理目标</td><td>1</td><td rowspan="4">6</td></tr>
<tr><td>财务管理环境</td><td>2</td></tr>
<tr><td>财务管理体制</td><td>1</td></tr>
<tr><td>实训：企业财务管理调研</td><td>2</td></tr>
<tr><td rowspan="5">2</td><td rowspan="5">财务管理基本方法</td><td>资金时间价值</td><td>6</td><td rowspan="5">18</td></tr>
<tr><td>实训：资金时间价值计算评价</td><td>4</td></tr>
<tr><td>收益与风险</td><td>2</td></tr>
<tr><td>实训：风险收益的计算评价</td><td>2</td></tr>
<tr><td>成本习性与本量利分析</td><td>4</td></tr>
<tr><td rowspan="9">3</td><td rowspan="9">财务管理内容</td><td>筹资管理</td><td>6</td><td rowspan="9">32</td></tr>
<tr><td>实训：股权筹资操作流程
债务筹资操作流程</td><td>2</td></tr>
<tr><td>投资管理</td><td>6</td></tr>
<tr><td>实训：新建项目投资净现金流量的计算</td><td>4</td></tr>
<tr><td>营运资金管理</td><td>6</td></tr>
<tr><td>实训：现金管理制度设计
存货管理制度设计</td><td>2</td></tr>
<tr><td>收益分配管理</td><td>4</td></tr>
<tr><td>实训：收益分配方案制订</td><td>2</td></tr>
<tr><td rowspan="3">4</td><td rowspan="3">财务管理环节</td><td>财务预算</td><td>6</td><td rowspan="3">14</td></tr>
<tr><td>财务控制</td><td>4</td></tr>
<tr><td>财务分析</td><td>4</td></tr>
<tr><td>5</td><td colspan="2">机动</td><td colspan="2">2</td></tr>
<tr><td colspan="3">总计</td><td colspan="2">72</td></tr>
</table>

五、教学内容

表 2－4　　课程教学内容与教学要求

序号	教学内容	知识内容和要求	技能内容和要求
1	财务管理认知	• 了解企业的财务活动，理解企业财务关系 • 了解财务管理的目标 • 认知财务管理的环境 • 理解企业财务管理的体制	• 能界定企业的财务活动，理解企业财务关系 • 明确财务管理的目标 • 能辨别财务管理的环境 • 会区分企业财务管理的体制
2	财务管理基本方法	• 理解资金时间价值的涵义 • 掌握资金时间价值的计算方法 • 理解收益与风险关系 • 掌握资产风险的衡量方法 • 理解成本习性的含义与分类 • 掌握本量利的计算	• 会正确计算资金时间价值 • 会运用恰达的方法衡量资产风险 • 能运用资金时间价值、收益与风险关系、成本习性与本量利的计算进行简单的财务分析
3	财务管理内容	• 理解企业筹资种类、渠道与方式 • 掌握股权筹资的方式和特点 • 掌握债务筹资的方式和特点 • 熟悉衍生工具筹资的方式和特点 • 掌握项目计算期及原始投资、投资总额的构成内容 • 掌握项目投资现金流量、净现金流量含义及其计算 • 熟悉项目投资决策的常用方法 • 理解证券投资的内容 • 熟悉营运资金管理的内容与要求 • 掌握营运资金管理战略 • 理解流动资产的功能与成本 • 熟悉流动资产的日常管理 • 掌握流动负债的要求与特点 • 熟悉收益分配管理的内容 • 熟悉营业收入的确认与计量 • 掌握营业收入的预测方法 • 熟悉股利的发放形式与程序 • 理解股利政策的内涵	• 能区分各类股权筹资的方式和特点 • 能区分各类债务筹资的方式和特点 • 能区分衍生工具筹资的方式和特点 • 会计算项目投资现金流量、净现金流量 • 能正确选择常用的方法进行项目投资决策 • 能辨析流动资产的功能与成本 • 能对流动资产进行日常管理 • 能对收益分配进行管理 • 能准确确认和计量营业收入 • 能准确预测营业收入 • 了解股利的发放形式与程序

续表

序号	教学内容	知识内容和要求	技能内容和要求
4	财务管理环节	• 熟悉财务预算的内容与编制程序 • 掌握弹性成本预算、弹性利润预算的编制方法 • 掌握零基预算、滚动预算的编制方法 • 熟悉固定预算、增量预算与定期预算的编制方法 • 了解财务控制的内容 • 熟悉财务控制的原则和基础 • 理解责任中心的概念及特征 • 掌握责任中心的种类与评价方法 • 了解责任报告与责任预算 • 熟悉财务分析的主要内容 • 理解财务分析的原则 • 掌握趋势分析法、比率分析法和因素分析法三种分析方法 • 掌握企业偿债能力、运营能力、获利能力、发展能力的分析指标	• 会对财务预算的内容进行区分和编制财务预算 • 会正确使用弹性成本预算、弹性利润预算的编制方法编制预算 • 会正确使用零基预算、滚动预算编制方法编制预算 • 会正确使用固定预算、增量预算与定期预算编制方法编制预算 • 会利用正确的方法进行财务控制 • 能区分责任中心的种类与评价方法 • 能利用趋势分析法、比率分析法和因素分析法三种分析方法进行财务分析 • 能利用指标分析企业偿债能力、运营能力、获利能力、发展能力

六、教学条件

（一）教师任职条件

1. 专任教师。

（1）具有讲师以上职称，能胜任财务管理教学和专业会计教学；

（2）具有双师素质，在企业财务管理岗位挂职锻炼半年以上；

（3）熟悉银行业务和证券业务；

（4）能够示范操作资金筹集业务，项目投资和证券投资业务，营运资金管理业务，收益分配业务，财务预算、财务控制和财务分析等过程；

（5）能够指导学生采用角色扮演法、任务驱动法等进行企业财务管理主要业务的演示。

2. 兼职教师。

（1）具有本科以上学历，从事企业财务管理工作两年以上，能胜任教学工作；

（2）商业企业财务部门经理或会计师；

（3）工业企业财务部门经理或会计师；

（4）商业银行客户经理及以上职务；

（5）证券公司证券交易员或客户经理等。

（二）实践教学条件

1. 校内实践教学条件。

（1）实训场所：用于企业财务管理模拟实训的计算机房一个。

（2）实训设备：按班级学生数配备计算机工位数，网络系统能宽带连接公网，能运行网络版操作软件，配备财务管理系统软件等。

（3）实训资料：准备货币时间价值和风险衡量实训，筹资方式选择实训，项目投资现金流量实训，证券投资程序实训，现金、应收账款和存货管理制度实训，利润形成计算和分配方案制订实训的相关资料。

2. 校外实践教学条件。建立稳定的涉及工业、商业、银行、证券和保险等行业的企业财务管理课程教学实习基地，要求实习基地机构设置较为完善，人员配备较为齐全，业务活动较为正常，重视企业管理财务管理，具备符合指导学生的财务管理人员。

七、教学方法与手段

（一）教学方法

本课程教学方法主要包括任务驱动法、直观教学法、角色扮演法、案例教学法进行教学等。

1. 任务驱动法。学生在教师的帮助下，紧紧围绕一个共同的任务中心，在强烈的问题动机驱动下，通过对学习资源的积极主动应用，将学生的学习活动与任务相结合，进行自主探索和互动协作的学习，并在完成既定任务的同时，学习相关知识，训练相关技能。教学实施过程中，教师应着重指导学生按照规范化的要求和财务管理流程实施模拟工作过程，并以“过程+结果”的方式进行课程考核，实现以学生为主体的理实一体教学。

2. 直观教学法。通过教师演示、观看实际操作录像等直观的方法演示工作过程，进行操作示范。建立资金筹集流程演示、项目投资流程演示、证券投资流程演示、营运资金管理演示、收益分配流程演示等。

3. 角色扮演法。划分学习小组，每小组指定不同人员分别扮演会计、业务办理人员、财务主管、企业负责人、投资者、债权人等角色，模拟财务活动的办理过程，使学生体验不同角色的财务任务和财务职责。分项目进行财务管理业务模拟实训时采用角色扮演法，使学生真切体验企业财务管理工作过程。

4. 案例教学法。以企业实际案例讲解企业财务管理业务的操作和应遵循的相关法律法规，增强教学的真实感和指导性。

（二）教学手段

1. 多媒体教学手段：多媒体教学手段主要包括电子课件、投影、视频、音频、多媒体教学软件等。其中，有关企业财务管理知识讲解可采用电子课件投影进行教学；有关企业资金筹集业务、项目投资业务、证券投资业务、营运资金业务、收益分配业务的操作可采用视频教学直观演示；有关案例及相关法规宣传等可采用音频教学；师生互动、课堂展示等教学环节可采用多媒体教学软件。

2. 网络教学手段：教师进行仿真业务设计及学生进行财务管理业务仿真实训时可采用网络资源和网络教学软件。

八、检查评价

本课程评价，采取过程评价与结果评价相结合、理论评价与实践评价相结合、学生评价与教师评价相结合的方式实施，重点评价学生的职业能力。

平时成绩考核：以量化为准，具体衡量指标为平时作业的完成态度、次数和质量，上课出勤、听讲、发言以及给老师提教学意见等教学过程中学生的学习情况，所占总成绩的比例为 10%。

期末成绩考核：以卷面成绩为准，所考内容以课程为中心，以上课所讲和所要求的内容为主，综合考查学生的学习情况，所占总成绩的比例为 40%。

实训成绩考核：以做出成果为主，在各个实训项目中，根据学生完成工作任务的情况，结合考核内容进行综合评分，所占总成绩的比例为 50%。

"企业财务会计"课程标准

一、课程定位

"企业财务会计"课程是财务管理专业的核心课程。本课程以企业会计准则为准绳，以初级会计师专业资格考试大纲为参考标准，以会计职业岗位实践能力培养为主线，以会计核算岗位典型工作任务为载体，系统介绍了企业经济业务的会计确认、计量与报告，突出学生会计职业能力与职业技能的培养，注重职业素质与职业道德养成，增强学生的岗位适应能力。

本课程以"会计基础"课程的学习为基础，通过学习，培养学生良好的会计职业操守和职业判断意识，具有熟练进行企业日常经济业务核算的会计处理能力，学会从原始凭证的取得到会计报表编制报出的操作程序，有助于帮助学生获取会计从业资格和初级会计专业技术资格证书，并为进一步学习"成本计算与管理"、"纳税实务与税收筹划"、"财务报表分析"等课程奠定基础。

二、课程目标

通过项目化教学，使学生具备财务管理专业所必需的基本理论知识和基本经济业务的会计处理能力，同时培养学生爱岗敬业、团结协作的职业精神。

1. 理解企业会计要素各项内容的概念、确认、记录、计量等内容；
2. 掌握企业各种经济业务的账务处理；
3. 能熟练编制财务报告；
4. 能自主学习财务会计新知识，具有终生学习的能力；
5. 能通过各种学习资源查找所需信息，具有独立开展业务调查的能力；
6. 能够在了解企业生产经营管理方式、熟悉经济业务活动、掌握会计核算的基础上，具有选择适合企业的会计核算政策和会计估计方法的能力；
7. 具有良好的职业道德和法律意识，能灵活运用财务技能；
8. 具有较强的语言表达、良好的沟通和交流能力；
9. 具有创新意识与团队合作与协作精神。

三、设计思路

本课程设计的理念：遵循以学生为本、工学结合、理实结合、教学做一体化、能力与素质培养相统一的现代高职教育理念，通过对会计核算岗位的主要任务进行筛选、整合，合理设置学习项目，使课程的结构能够更好地与工作过程无缝对接，最大限度地培养学生会计岗位的专业能力、方法能力和社会能力。同时实现课证融合，教学考证一体化。

本课程设计的思路：本课程以真实的企业日常典型经济业务为载体，以会计工作过程账务处理流程为主线，以初级会计师专业资格考试大纲为参照标准，重构了财务会计的相关知识和能力目标，让学生在学习项目中学习并掌握企业经济业务核算的基本原理和业务技能，增强课程内容和职业岗位的能力要求的相关性，培养学生的敬业精神、团队精神和良好的职业道德素养。

四、课时分配

表 2－5　　课程项目模块及课时分配

序号	课程项目	课程模块	课时分配	
1	货币资金业务核算	库存现金业务核算	1	4
		银行存款业务核算	1	
		其他货币资金业务核算	1	
		货币资金业务核算实训	1	
2	应收款项业务核算	应收票据业务核算	2	10
		应收账款业务核算	2	
		预付账款业务核算	1	
		其他应收款业务核算	1	
		应收款项减值业务核算	2	
		应收款项业务核算实训	2	
3	存货业务核算	原材料业务核算	2	16
		周转材料业务核算	2	
		委托加工物资业务核算	2	
		库存商品业务核算	2	
		存货清查与期末计量业务核算	2	
		存货业务核算实训	6	

续表

序号	课程项目	课程模块	课时分配	
4	固定资产及投资性房地产业务核算	固定资产业务核算	4	10
		投资性房地产业务核算	4	
		固定资产及投资性房地产业务核算实训	2	
5	投资业务核算	交易性金融资产业务核算	2	12
		持有至到期投资业务核算	2	
		可供出售金融资产业务核算	2	
		长期股权投资业务核算	2	
		投资业务核算实训	4	
6	无形资产及其他资产业务核算	无形资产业务核算	1	4
		其他资产业务核算	1	
		无形资产及其他资产业务核算实训	2	
7	流动负债业务核算	短期借款业务核算	2	10
		应付款项业务核算	2	
		应付职工薪酬业务核算	2	
		应交税费业务核算	2	
		流动负债业务核算实训	2	
8	非流动负债业务核算	长期借款业务核算	2	6
		应付债券业务核算	2	
		非流动负债业务核算实训	2	
9	所有者权益业务核算	实收资本业务核算	2	6
		资本公积业务核算	1	
		留存收益业务核算	1	
		所有者权益业务核算实训	2	
10	收入和费用业务核算	收入业务核算	4	10
		费用业务核算	4	
		收入和费用业务核算实训	2	
11	利润业务核算	利润形成业务核算	3	8
		利润分配业务核算	3	
		利润业务核算实训	2	

续表

序号	课程项目	课程模块	课时分配	
12	财务报告编制	资产负债表编制	2	12
		利润表编制	2	
		现金流量表编制	2	
		所有者权益变动表编制	2	
		会计报表附注编制	2	
		财务报告编制实训	2	
总计			108	108

五、教学内容

表 2－6　　课程教学内容与教学要求

序号	教学内容	知识内容和要求	技能内容和要求
1	货币资金业务核算	• 理解现金管理制度，掌握库存现金收入、支出等业务的账务处理 • 理解银行存款账户的基本分类及用途，掌握送存库存现金、银行转账、银行存款期末对账业务的账务处理流程和核算方法 • 掌握银行本票、银行汇票等业务的账务处理流程和核算方法	• 能正确填制与审核支票、银行进账单、增值税专用发票及业务委托书等业务单据 • 能根据库存现金、银行存款和其他货币资金业务准确地编制记账凭证 • 能正确编制银行存款余额调节表，登记现金日记账、银行存款日记账和总账
2	应收款项业务核算	• 理解商业汇票结算方式相关规定，掌握应收票据和应收账款取得、转让和收回业务的账务处理流程和核算方法 • 掌握预付账款和其他应收款业务的账务处理流程和核算方法 • 理解应收款项减值损失的确认与估计方法，掌握计提坏账准备、核销坏账准备业务的账务处理流程和核算方法	• 能根据应收票据和应收账款取得、转让和收回业务准确地编制记账凭证，登记明细账和总账 • 能根据预付账款取得、补付不足业务、应收各类赔款与罚款、应收出租包装物租金、应收的各种垫付款项、存出保证金业务准确地编制记账凭证、登记相应的明细账和总账 • 能根据计提坏账准备、核销坏账准备业务准确地编制记账凭证，登记相应的明细账和总账

续表

序号	教学内容	知识内容和要求	技能内容和要求
3	存货业务核算	• 理解存货的相关知识，掌握原材料的取得、领用、出售、期末计价及清查业务的账务处理流程和基本会计核算方法 • 熟悉周转材料的基本分类，掌握不同情况下领用包装物及低值易耗品摊销的账务处理流程和基本会计核算方法 • 掌握委托加工物资的原料发出、支付加工费、增值税和消费税、往返运杂费和收回的账务处理流程和基本会计核算方法 • 掌握库存商品的入库、销售、清查及期末计价等业务的账务处理流程和基本会计核算方法	• 能准确地填制或审核收料单、领料单、出库单和入库单等业务单据 • 能根据原材料、周转材料、委托加工物资和库存商品业务准确地编制记账凭证 • 能准确地登记原材料、周转材料、委托加工物资和库存商品等明细账和总账
4	固定资产及投资性房地产业务核算	• 掌握取得固定资产、固定资产后续支出、固定资产租赁、固定资产处置、固定资产期末计价等业务账务处理流程和会计核算方法 • 掌握固定资产计提折旧的原则、计算方法和会计核算方法 • 掌握投资性房地产取得、后续计量、处置等业务账务处理流程和会计核算方法	• 能正确识别和审核固定资产采购发票、运输费用凭证、保险单据、安装费用凭证、工程验收报告、租赁协议等业务单据 • 能根据固定资产取得业务、固定资产折旧计提业务、固定资产处置业务、固定资产清查业务、固定资产期末计价业务、投资性房地产取得、后续计量、处置业务所涉及的原始凭证准确编制记账凭证 • 登记相关明细账和总账
5	投资业务核算	• 了解投资业务的划分依据及类别 • 理解交易性金融资产、持有至到期投资、可供出售金融资产、长期股权投资的确认条件 • 掌握交易性金融资产、持有至到期投资、可供出售金融资产、长期股权投资业务的账务处理流程和核算方法	• 能正确地填制与审核款项支付申请单、证券交割单、各类与投资活动相关的计算表等业务单据 • 能根据交易性金融资产、持有至到期投资、可供出售金融资产和长期股权投资业务准确编制记账凭证，登记相关明细账、总账
6	无形资产及其他资产业务核算	• 理解无形资产的管理制度 • 掌握无形资产取得、摊销、出租、处置和期末计价业务的账务处理流程和基本会计核算方法 • 理解长期待摊费用的核算内容 • 掌握长期待摊费用的发生、摊销的业务处理	• 能根据无形资产取得、摊销、出租、处置和期末计价业务准确编制记账凭证 • 登记明细账和总账

续表

序号	教学内容	知识内容和要求	技能内容和要求
7	流动负债业务核算	• 了解流动负债包括的主要内容 • 掌握短期借款取得、计算及本息归还的账务处理流程和核算方法 • 掌握应付票据、应付账款、预收账款和其他应付款业务的账务处理流程和核算方法 • 掌握职工薪酬的确认及发放业务的账务处理流程和核算方法 • 掌握增值税、消费税及其他相关税费的账务处理流程和核算方法	• 能正确填制与审核借款利息费用计算表、增值税专用发票、收料单、工资结算单、工资结算汇总表、税收缴款书等业务单据 • 能根据短期借款、应付款项、应付职工薪酬、应交税费业务准确编制记账凭证 • 登记流动负债相关账户的明细账和总账
8	非流动负债业务核算	• 理解长期借款的种类 • 掌握长期借款的取得、计息、归还的账务处理流程和核算方法 • 理解应付债券的种类 • 掌握应付债券的取得、计息、归还的账务处理流程和核算方法	• 能准确填制与审核借款借据、应付利息计算表等业务单据 • 能根据长期借款的取得、计息、归还的业务准确编制记账凭证 • 能准确填制与审核应付债券、应付利息计算表等业务单据 • 能根据应付债券的取得、计息、归还的业务准确编制记账凭证 • 登记非流动负债业务相关账户的明细账及总账
9	所有者权益业务核算	• 熟悉实收资本的管理规定 • 掌握实收资本的账务处理流程和核算方法 • 熟悉资本公积的来源及管理规定 • 掌握资本公积的账务处理流程和核算方法 • 理解留存收益的内容，熟悉留存收益的管理规定，掌握盈余公积的账务处理流程和核算方法	• 能根据审核无误的验资报告、募股说明书、银行进账单及相关财产转移证明及股东大会决议等原始凭证，准确进行实收资本和资本公积增减业务记账凭证的编制，并据以登记实收资本或股本、资本公积等账户总账和明细账 • 能准确进行盈余公积形成和使用、未分配利润形成和分配等业务的核算，并据以登记本年利润、利润分配、盈余公积各账户总账和明细账

续表

序号	教学内容	知识内容和要求	技能内容和要求
10	收入和费用业务核算	• 理解商品销售收入的确认条件 • 掌握延期付款销售商品、委托代销销售产品、预收款销售产品等特殊商品销售收入的会计处理方法 • 理解提供劳务收入和让渡资产使用权收入的确认条件和会计处理方法 • 理解成本核算的要求和一般程序 • 掌握生产成本的核算方法	• 能通过相关原始凭证判断收入的种类 • 能根据销售商品、提供劳务和让渡资产使用权等业务单据准确编制记账凭证，登记相关总账和明细账 • 能准确进行各项共同费用的分配 • 能根据材料费用分配表、工资费用分配表、制造费用分配表等业务单据准确编制记账凭证 • 登记生产成本、制造费用明细账和总账
11	利润业务核算	• 理解企业一定会计期间的经营成果形成过程 • 掌握收入、费用结转业务的会计处理 • 掌握直接计入当期损益的利得、损失的产生及结转的会计核算方法 • 熟悉企业利润分配政策及相关法律法规规定 • 掌握利润分配业务的会计处理	• 能计算企业营业利润、利润总额、净利润的金额 • 能对企业利润进行分配 • 能编制利得、损失发生的记账凭证 • 能编制损益结转、本年利润结转、利润分配等相关业务的记账凭证 • 掌握本年利润、利润分配等相关账户的登记方法
12	财务报告编制	• 理解编制财务报告的目的和意义 • 掌握财务报告编报的基本要求 • 掌握资产负债表、利润表、现金流量表及所有者权益变动表的编制方法 • 掌握报表附注的披露内容	• 能根据科目发生额及余额表和相关的账簿资料编制资产负债表、利润表、现金流量表及所有者权益变动表 • 能根据会计准则的要求在附注中披露相关信息 • 能按照会计基本规范将财务报告装订成册

六、教学条件

（一）教师任职条件

1. 专任教师。

（1）具有丰富的专业理论知识和一定的会计工作经历，熟悉有关会计法律法规；

（2）具有一定广度的相关学科知识，能熟练运用教育学、心理学和教学法的基础理论知识；

（3）能够示范操作筹资、采购、生产、销售等业务的办理过程；

（4）能够示范会计基本技能的操作与演示；

（5）能够指导学生采用角色扮演、案例讨论等方法进行有关业务的工作演示。

2. 兼职教师。

（1）企业会计工作能手，能进行凭证填制整理、账簿登记、会计报表编报等技能的示范教学；

（2）相关行业与政府部门业务骨干人员，能进行税务、工商、银行等会计职业环境与工作流程的操作与介绍。

（二）实践教学条件

1. 实训场所：有会计职业认知的软硬件环境。

2. 有进行基本技能训练的财会基本技能实训室；具备能模拟企业财务环境及模拟银行、模拟税务等外部环境、配置有会计核算模拟实训软件网络环境的计算机、满足会计分岗位操作需要的会计实务实训室。

3. 实训工具设备：计算器、仿真现金支票、转账支票、进账单、托收凭证等银行票据和银行结算单据，仿真收据、发票、借款单、差旅费报销单等原始单据，相关会计人员名章、收款凭证、付款凭证、转账凭证、通用记账凭证、科目汇总表、订本式总账、订本式现金/银行存款日记账、三栏式活页明细账、数量金额式活页明细账、多栏式活页明细账、试算平衡表、资产负债表、利润表、现金流量表、所有者权益变动表等。

4. 企业业务仿真核算资料，包括筹资、采购、生产、销售核算业务办理，债权债务结算、收入、成本费用核算业务办理，利润计算与分配核算业务办理，税费上缴业务办理等。

5. 配备会计基本业务操作规范手册，包括《会计法》、《会计基础工作规范》、《企业会计准则》等。

七、教学方法与手段

（一）教学方法

本课程的教学方法，主要有任务驱动法、演示法、角色扮演法、案例教学法、小组讨论法等。

1. 任务驱动法：通过对会计职业环境的模拟，让学生带着真实任务学习，使学生拥有学习的主动权，老师的作用是引导和激励，真正做到“教、学、做”一体。

2. 演示法：通过教师演示、观看实际操作录像等演示工作过程，使学生获取知识的教学方法。采购业务办理流程、生产业务办理流程、销售业务办理流程、会计凭证传递流程、会计凭证装订流程等技能示范均可采用演示法。该方法对提高学生的学习兴趣、发展观察能力和抽象思维能力有重要作用。

3. 角色扮演法：划分学习小组，每小组指定不同人员分别扮演出纳、会计、业务办理人员、会计主管、企业负责人等角色，模拟有关经济业务办理过程，使学生体验不同角色的岗位任务和岗位职责。分岗进行模拟实训时采用角色扮演法，使学生真切体验会计工作过程。

4. 案例教学法：以实际案例办理为例讲解有关业务办理的相关法律法规规定及业务办理流程，增强教学的真实感和指导性，其操作流程为“以例激趣→以例说理→以例导行”。会计特殊业务处理、会计岗位职业道德与风险防范等内容可采用案例教学法进行教学。

5. 小组讨论法：在教师指导下，由小组成员围绕某一中心问题发表自己的看法，从而进行相互学习的一种方法。其实质就是以小组为组织形式，借助小组成员之间的协作，完成特定的任务。讨论的过程重在交流，一般先是通过交流找出个体之间的差异，后经过讨论达成集体共识；讨论的过程又重在合作，通过小组学习，弥补个体在思维、精力、时间和学习方式上的有限性，发挥集体的力量，变“势单力薄”为“人广智多”。

（二）教学手段

1. 多媒体教学手段。主要包括电子课件、投影、视频、音频、多媒体教学软件等的应用。其中货币资金、应收款项、存货、固定资产及投资性房地产、投资、无形资产及其他资产、流动负债、非流动负债、所有者权益、收入和费用、利润等业务的核算内容可采用电子课件投影进行教学；各学习项目中的典型任务，如根据收到的商业汇票、托收凭证、增值税专用发票等原始凭证进行账务处理的内容可采用视频教学直观演示；有关案例分析与讨论以及相关法律法规宣传等可采用音频教学；师生互动、课堂演示等教学环节可采用多媒体教学软件。

2. 网络教学手段。数字化网络教学平台，把课程建设的相关资料全部纳入到现在的课程网站之中，向学生提供课程标准、教学案例、自主学习、能力测试、在线互动等服务。开发电子课件、动画库、企业案例库、习题库、试题库、职业资格考证培训库、图片库。图片库主要包括会计原始凭证、典型业务流程图库，以及法律法规库、音频库。音频库主要包括名师录像、学生实训录像、任务演示录像和职业环境认知录像。

3. 项目实训的实践教学手段。项目实训是以各学习项目为实训单位，按照课程教学进度分别组织进行。如在本课程教学过程中，可分别进行存货的取得、领用、出售业务实训，固定资产的取得、计提折旧、处置、清查业务实训，投资业务的取得、处置业务实训，无形资产取得、摊销、出租、处业务置实训，短期借款的取得、利息计算、归还、应付职工薪酬的确认及发放、应交税费的计算及上缴业务实训，长期借款取得、计息、归还业务实训，不同方式下销售商品确认收入、结转成本的业务实训，收入、费用和利润的计算与结转业务实训以及编制资产负债表、利润表等业务实训。通过项目实训的教学，可使学生在学完一个项目后，增强对职业岗位工作的感性认识，对相关理论知识如何在实际工作中运用有一个直观的了解，对理论知识的领悟更加深刻。

八、检查评价

建立多样化评价方式，具体包括参加学习、小组成员评价、教师评价、课后作业和集中测试等。评价对象应包括职业知识掌握情况、实践操作能力、团队合作、学习态度和基本职业素质等方面。

课程考核实行卷面考核与实训项目考核相结合，两者分值各占50%。卷面考核侧重于考察学生对知识的理解与应用能力，按照平时成绩、单元测试、期末考试三部分加权平均计算成绩。实训项目的考核实行“过程考核、立体评价”，具体包括自我评价、小组成员互评、教师评价、企业评价等。如实训项目考核评分表，评价的内容包括职业知识掌握情况、实践操作能力、团队合作、学习态度和基本职业素质等方面。

“筹资与投资管理”课程标准

一、课程定位

“筹资与投资管理”是财务管理专业的核心课程之一。该课程由筹资管理和投资管理两部分组成，主要内容包括：企业筹资渠道、企业资金需要量预测、权益性资金的筹集、债权性资金的筹集、资金成本计算、资本结构评价、项目投资、证券投资等。通过该课程的学习，使学生熟悉企业筹资、投资渠道和流程，认知企业筹资、投资的风险，了解权益性资金和债权性资金筹集的相关政策，了解资金成本和资本结构内容体系，掌握资金需要量的预测方法，掌握资金成本的计算和资本结构评价方法，掌握项目投资、证券投资决策的基本方法，提高学生筹资与投资的职业能力，为将来从事企业财务工作奠定良好基础。

本课程的前续课程为“财务管理基础”，平行课程为“财务预算与控制”、“资产与收益管理”、“成本计算与管理”等、后续课程为“财务报表分析”、“内部控制与制度设计”。

二、课程目标

通过学习使学生了解企业筹资与投资的渠道及方式等，掌握企业融资与投资的基本理论、基本方法和原理，在走向实际工作岗位时，能够胜任“投融资岗位”工作，并在实际工作中使其能力不断提升，实现可持续发展。

1. 了解企业筹资的基本目的与要求；

2. 了解并掌握国家关于筹集资金的相关政策法规，熟悉各种筹资方式的具体要求和优缺点；

3. 正确领会资金成本的含义，并运用其指导实践，会计算各种来源的资金成本；

4. 会计算财务杠杆、经营杠杆、综合杠杆并运用其基本原理对资本结构进行分析评价；

5. 认识并学会现金流量的含义及计算测定方法，会计算投资项目的现金流量；

6. 掌握证券相关常规知识，理解并掌握证券投资组合的风险与组合方法，会运用净现值、净现值率、现值指数、内含报酬率进行投资项目的选择决策；

7. 根据企业财务管理的要求，协助领导做好筹资与投资决策工作；

8. 具有较强的财经应用文写作与语言表达能力，能撰写有关筹资与投资的计划、论证、评价等文件报告；

9. 具有认真、细致的工作态度和敬业精神，具有团队合作精神；
10. 具有良好的职业道德、社会公德和良好的职业素养。

三、设计思路

本课程设计的理念：企业筹资与投资岗位是企业财务管理的重要岗位，其工作对象是企业资金流。其工作的主要作用是支持企业战略管理，规避财务风险，实现企业经营目标，增强企业可持续发展。其工作目标是实现资金流的有效配置，及时发现和控制风险，确保企业资金安全，保证企业战略目标实现。

本课程设计思路：以就业为导向，根据筹资与投资职业实践活动特点，以企业筹资与投资的基本业务操作为主体，遵循本课程特点和学生认知规律安排教学内容，围绕筹资与投资工作过程进行系统化分析，归纳出典型工作任务以及为完成这些任务的行动领域，明确知识要求和职业能力要求，并最终将行动领域转化为相应的专业学习项目。

四、课时分配

表 2－7　　课程项目模块及课时分配

<table>
<tr><th>序号</th><th>课程项目</th><th>课程模块</th><th colspan="2">课时分配</th></tr>
<tr><td rowspan="5">1</td><td rowspan="5">筹资管理</td><td>认知企业筹资</td><td>4</td><td rowspan="5">20</td></tr>
<tr><td>权益性筹资</td><td>4</td></tr>
<tr><td>债权性筹资</td><td>4</td></tr>
<tr><td>筹资决策控制与风险评估</td><td>4</td></tr>
<tr><td>单元实训</td><td>4</td></tr>
<tr><td rowspan="6">2</td><td rowspan="6">投资管理</td><td>认知企业投资</td><td>2</td><td rowspan="6">34</td></tr>
<tr><td>资本成本与资本结构</td><td>4</td></tr>
<tr><td>项目投资</td><td>6</td></tr>
<tr><td>证券投资</td><td>10</td></tr>
<tr><td>投资决策控制与风险评估</td><td>4</td></tr>
<tr><td>单元实训</td><td>8</td></tr>
<tr><td colspan="3">总计</td><td colspan="2">54</td></tr>
</table>

五、教学内容

表 2-8　　课程教学内容与教学要求

序号	教学内容	知识内容和要求	技能内容和要求
1	筹资管理	• 了解企业筹资的含义 • 理解筹资在财务管理中的重要作用 • 熟悉筹资的渠道 • 掌握筹资决策控制的基本流程 • 了解筹资风险 • 理解权益性筹资的特点 • 了解并掌握国家关于权益性的相关政策法规 • 熟悉权益性筹资方式 • 掌握直接投资、发行股票、留存收益的相关政策和操作方法 • 理解债权性筹资的特点 • 了解并掌握国家关于债权性的相关政策法规 • 熟悉权益性筹资方式 • 掌握银行借款、发行债券、运用商业信用的相关政策和操作方法 • 熟悉筹资决策的控制流程 • 掌握筹资风险的评估方法和流程	• 能有效选择筹资的渠道 • 能区分各种权益性筹资方式 • 能区分各种负债性筹资方式 • 熟悉直接投资、发行股票、留存收益的相关政策和操作方法 • 熟悉银行借款、发行债券、运用商业信用的相关政策和操作方法 • 能按规范流程进行筹资决策 • 能有效评估筹资风险
2	投资管理	• 了解企业投资的含义、要素和投资环境 • 理解投资在财务管理中的重要作用 • 熟悉投资的渠道 • 掌握投资决策控制的基本流程 • 了解投资风险 • 正确领会资金成本的含义，并运用其指导实践 • 认识并学会现金流量的含义及计算测定方法 • 理解并掌握净现值、净现值率、现值指数、内含报酬率等指标的计算和评价方法 • 熟悉证券相关常规知识 • 认知证券市场和证券投资工具 • 理解并掌握证券投资收益的计算和评价方法 • 理解并掌握证券投资组合的风险与组合方法 • 熟悉筹资决策的控制流程 • 掌握筹资风险的评估方法和流程	• 能辨析企业投资的含义、要素和投资环境 • 熟悉投资的几种渠道 • 能明确投资决策控制的基本流程 • 会计算各种来源的资金成本的计算 • 会计算财务杠杆、经营杠杆、综合杠杆并运用其基本原理对资本结构进行分析评价 • 能运用净现值、净现值率、现值指数、内含报酬率等指标进行投资项目的决策 • 会计算证券投资的收益率和投资价值

六、教学条件

（一）教师任职条件

1. 专任教师。

（1）具有讲师以上职称，具有一定的教学经验和教学组织能力；

（2）具有双师素质，在企业财务管理岗位挂职锻炼半年以上；

（3）熟悉财务预算和控制的相关政策和制度；

（4）能够示范操作企业筹资、投资过程；

（5）能够指导学生开展虚拟项目教学。

2. 兼职教师。具有本科以上学历，从事企业财务管理工作两年以上，能胜任教学工作。

（二）实践教学条件

1. 校内实践教学条件。

（1）实训场所：用于模拟实训的网络计算机房一个。

（2）实训设备：按班级学生数配备计算机工位数，能宽带连接公网，能运行网络版软件，配备财务管理系统软件。

（3）实训资料：典型企业的基本资料，能够在此基础上开展各种筹资、投资的项目训练。

2. 校外实践教学条件。建立稳定课程教学实习基地，要求实习基地机构设置较为完善，人员配备较为齐全，业务活动较为正常，重视企业管理财务管理，具备符合指导学生的财务管理人员。

七、教学方法与手段

（一）教学方法

本课程教学方法主要包括任务驱动法、直观教学法、角色扮演法、案例教学法等。

1. 任务驱动法：学生在教师的帮助下，紧紧围绕一个共同的任务中心，在强烈的问题动机驱动下，通过对学习资源的积极主动应用，将学生的学习活动与任务相结合，进行自主探索和互动协作的学习，并在完成既定任务的同时，学习相关知识，训练相关技能。教学实施过程中，教师应着重指导学生按照规范化的要求和财务管理流程实施模拟工作过程，并以“过程+结果”的方式进行课程考核，实现以学生为主体的理实一体教学。

2. 直观教学法：通过教师演示、观看实际操作录像等直观的方法演示工作过程，进行操作示范。建立资金筹集流程演示、项目投资流程演示、证券投资流程演示、营运资金管理演示、收益分配流程演示等。

3. 角色扮演法：划分学习小组，每小组指定不同人员分别扮演会计、业务办理人员、财务主管、企业负责人、投资者、债权人等角色，模拟财务活动的办理过程，使学生体验不同角色的财务任务和财务职责。分项目进行财务管理业务模拟实训时可采用角色扮演法，使学生真切体验企业财务管理工作过程。

4. 案例教学法：以企业实际案例讲解企业财务管理业务的操作和应遵循的相关法律法规，增强教学的真实感和指导性。

（二）教学手段

1. 多媒体教学手段：多媒体教学手段主要包括电子课件、投影、视频、音频、多媒体教学。有关案例及相关法规宣传等可采用音频教学；师生互动、课堂展示等教学环节可采用多媒体教学软件。

2. 网络教学手段：教师进行仿真业务设计及学生进行预算与控制业务仿真实训时可采用网络资源和网络教学软件。

八、检查评价

本课程评价，采取过程评价与结果评价相结合、理论评价与实践评价相结合、学生评价与教师评价相结合的方式实施，重点评价学生的职业能力。

平时成绩考核：以量化为准，具体衡量指标为平时作业的完成态度、次数和质量，上课出勤、听讲、发言以及给老师提教学意见等教学过程中学生的学习情况，所占总成绩的比例为10%。

期末成绩考核：以卷面成绩为准，所考内容以课程为中心，以上课所讲和所要求的内容为主，综合考查学生的学习情况，所占总成绩的比例为40%。

实训成绩考核：以做出成果为主，在各个实训项目中，根据学生完成工作任务的情况，结合考核内容进行综合评分，所占总成绩的比例为50%。

“财务预算与控制”课程标准

一、课程定位

“财务预算与控制”是财务管理专业的核心课程之一，该课程由财务预算和财务控制两部分组成。主要内容包括：财务预算体系、财务预算编制、财务预算执行、财务控制体系、责任中心控制、标准成本控制等。通过该课程的学习，使学生熟悉财务预算体系和编制流程，掌握财务预算的编制方法，了解预算执行中应注意的问题以及预算调整的基本程序，了解预算业绩考核的方法；了解财务控制内容体系、控制原则和方法，掌握责任中心控制和标准成本控制的方法及基本原理，提高学生预算管理职业能力与财务控制职业能力，为将来从事企业财务预算与控制工作奠定良好基础。

本课程的前续课程为“财务管理基础”，平行课程为“筹资与投资管理”、“资产与收益管理”、“成本计算与管理”等、后续课程为“财务报表分析”、“内部控制与制度设计”。

二、课程目标

通过学习使学生掌握企业财务预算与控制工作的基本规律，掌握财务预算与控制的基本理论、基本方法和原理，在走向实际工作岗位时，能够胜任财务预算与控制工作，并在实际工作中使其能力不断提升，实现可持续发展。

1. 掌握财务预算管理相关知识，熟悉本企业资金管理、成本预算管理等制度；
2. 熟悉企业预算编制、执行与调整的工作程序；
3. 掌握财务预算编制的方法和原理，能够胜任企业财务预算基础工作；
4. 熟悉企业财务控制工作流程，掌握财务控制的基本方法；
5. 能够协助部门领导拟定财务控制制度；
6. 根据企业财务管理的要求，协助领导做好财务预算执行和业绩考评工作；
7. 具有较强的财经应用文写作与语言表达能力，能撰写财务预算与控制分析报告；
8. 能敏锐地判断社会经济环境、政策法规变化对企业财务预算产生的影响；
9. 具有认真、细致的工作态度和敬业精神，具有团队合作精神；
10. 具有良好的职业道德、社会公德和良好的职业素养。

三、设计思路

本课程设计的理念：坚持“能力本位，工学结合、校企合作、持续发展”的基本理念，根据财务预算与控制职业实践活动特点，围绕财务预算与控制工作过程进行系统化分析，归纳出典型工作任务以及为完成这些任务的行动领域，明确知识要求和职业能力要求，并最终将行动领域转化为相应的专业学习领域。

本课程设计的思路：财务预算岗位是企业财务管理的重要岗位，其工作对象是财务预算管理全过程。其工作的主要作用是支持企业战略管理，分解企业经营目标，明确部门（单位）经济责任，协调部门（单位）经济关系，控制企业经济活动，评价企业经营业绩，激励员工工作积极性，促进企业文化建设，提高管理水平。其工作目标是实现企业资源的有效配置，保证企业战略目标实现。财务控制是企业内部控制的重要组成部分，其工作对象是财务控制全过程，其工作目标是确保国家法律法规和企业内部规章制度的贯彻执行，确保企业财产的安全完整，确保财务信息的真实可靠，确保企业资源合理高效利用，确保企业能及时发现和控制风险，保证企业战略目标实现。

四、课时分配

表 2－9　　课程项目模块及课时分配

序号	课程项目	课程模块	课时分配	
1	财务预算	认知财务预算	2	24
		财务预算编制的方法与程序	4	
		财务预算的编制	8	
		财务预算的执行与考核	2	
		实训	8	
2	财务控制	认知财务控制	2	30
		责任中心控制	6	
		成本控制	6	
		风险控制	6	
		实训	10	
总计			54	

五、教学内容

表 2－10　　课程教学内容与教学要求

序号	工作任务	知识内容和要求	技能内容和要求
1	财务预算	• 了解企业财务预算的含义 • 理解财务预算在财务管理中的重要作用 • 了解全面预算的体系 • 掌握固定预算与弹性预算的特点 • 掌握零基预算与增量预算的特点 • 掌握定期预算与滚动预算的特点 • 明确财务预算编制的程序 • 掌握销售预算和生产预算的编制 • 掌握直接材料采购预算的编制 • 掌握直接人工预算的编制 • 掌握制造费用预算的编制 • 掌握成本预算的编制 • 掌握销售及管理费用预算的编制 • 掌握资本预算的编制 • 掌握现金预算的编制 • 掌握预计资产负债表的编制 • 掌握预计利润表的编制 • 明确预算执行的程序 • 掌握预算调整的要求和程序 • 掌握预算分析与考核的基本程序	• 能区分固定预算与弹性预算 • 能区分零基预算与增量预算 • 能区分定期预算与滚动预算 • 明确财务预算编制的程序 • 会编制销售预算和生产预算 • 会编制直接材料采购预算 • 会编制直接人工预算 • 会编制制造费用预算 • 会编制成本预算 • 会编制销售及管理费用预算 • 会编制资本预算 • 会编制现金预算 • 会编制预计资产负债表 • 会编制预计利润表 • 明确预算执行的程序
2	财务控制	• 理解财务控制的含义 • 把握财务控制的特征 • 熟悉财务控制的分类 • 了解财务控制的程序 • 理解责任中心的含义 • 熟悉责任中心的分类 • 辨析每种责任中心的特点和考评指标 • 理解成本控制的含义 • 了解成本控制的类型 • 把握成本控制的原则 • 了解成本控制的方法 • 理解风险的含义 • 把握风险控制的原则 • 了解风险控制机制	• 明确财务控制的保障基础 • 能辨析财务控制的分类 • 能区分各类责任中心 • 辨析每种责任中心的特点和考评指标 • 能区分成本控制的各种类型 • 会选择适合方法进行成本控制 • 明确风险的来源

六、教学条件

（一）教师任职条件

1. 专任教师。

（1）具有讲师以上职称，具有一定的教学经验和教学组织能力；

（2）具有双师素质，在企业财务管理岗位挂职锻炼半年以上；

（3）熟悉财务预算和控制的相关政策和制度；

（4）能够示范操作财务预算、财务控制过程；

（5）能够指导学生开展虚拟项目教学。

2. 兼职教师。具有本科以上学历，从事企业财务管理工作两年以上，能胜任教学工作。

（二）实践教学条件

1. 校内实践教学条件。

（1）实训场所：用于模拟实训的网络计算机房一个。

（2）实训设备：按班级学生数配备计算机工位数，网络系统能宽带连接公网，能运行网络版操作软件，配备财务管理系统软件等。

（3）实训资料：准备一个企业的基本资料，进行各种预算编制的表格和控制的各种材料。

2. 校外实践教学条件。建立稳定课程教学实习基地，要求实习基地机构设置较为完善，人员配备较为齐全，业务活动较为正常，重视企业管理财务管理，具备符合指导学生的财务管理人员。

七、教学方法与手段

（一）教学方法

本课程教学方法主要包括任务驱动法、直观教学法、角色扮演法、案例教学法等。

1. 任务驱动法：学生在教师的帮助下，紧紧围绕一个共同的任务中心，在强烈的问题动机驱动下，通过对学习资源的积极主动应用，将学生的学习活动与任务相结合，进行自主探索和互动协作的学习，并在完成既定任务的同时，学习相关知识，训练相关技能。教学实施过程中，教师应着重指导学生按照规范化的要求和财务管理流程实施模拟工作过程，并以“过程 + 结果”的方式进行课程考核，实现以学生为主体的理实一体教学。

2. 直观教学法：通过教师演示、观看实际操作录像等直观的方法演示工作过程，进行操作示范。建立资金筹集流程演示、项目投资流程演示、证券投资流程演示、营运资金管理演示、收益分配流程演示等。

3. 角色扮演法：划分学习小组，每小组指定不同人员分别扮演会计、业务办理人员、财务主管、企业负责人、投资者、债权人等角色，模拟财务活动的办理过程，使学生体验不同角色的财务任务和财务职责。分项目进行财务管理业务模拟实训时采用角色扮演法，使学生真切体验企业财务管理工作过程。

4. 案例教学法：以企业实际案例讲解企业财务管理业务的操作和应遵循的相关法律法规，增强教学的真实感和指导性。

（二）教学手段

1. 多媒体教学手段：多媒体教学手段主要包括电子课件、投影、视频、音频、多媒体教学软件等。有关案例及相关法规宣传等可采用音频教学；师生互动、课堂展示等教学环节可采用多媒体教学软件。

2. 网络教学手段：教师进行仿真业务设计及学生进行预算与控制业务仿真实训时可采用网络资源和网络教学软件。

八、检查评价

本课程评价，采取过程评价与结果评价相结合，理论评价与实践评价相结合，学生评价与教师评价相结合的方式实施，重点评价学生的职业能力。

平时成绩考核：以量化为准，具体衡量指标为平时作业的完成态度、次数和质量，上课出勤、听讲、发言以及给老师提教学意见等教学过程中学生的学习情况，所占总成绩的比例为 10% 。

期末成绩考核：以卷面成绩为准，所考内容以课程为中心，以上课所讲和所要求的内容为主，综合考查学生的学习情况，所占总成绩的比例为 40% 。

实训成绩考核：以做出成果为主，在各个实训项目中，根据学生完成工作任务的情况，结合考核内容进行综合评分，所占总成绩的比例为 50% 。

“成本计算与管理”课程标准

一、课程定位

“成本计算与管理”是财务管理专业的核心课程。本课程主要以企业价值管理的核心“成本管理”为教学对象，通过本课程的教学，使学生熟悉成本计算与管理的一般程序，掌握费用的归集与分配、成本的计算、成本的管理基本技能，学会学生进行成本预测、决策、核算、分析、控制、考核的方法，培养学生具有诚实守信的职业道德和做事严谨、善于沟通、团队合作的基本职业素养。

本课程学习以企业管理、会计核算、财税等知识为基础，并为下一步学习内部控制与制度设计、会计信息化、ERP 沙盘对抗训练等课程奠定基础。

二、课程目标

本课程通过以项目为单元的教学活动，使学生熟悉费用的分类，理解成本核算的一般程序，掌握产品成本计算的基本原理及方法，能解决成本计算与管理的实际问题，顺利完成本岗位的工作任务。

1. 具备成本管理的基本知识，熟悉成本管理的一般程序，掌握成本管理的基本方法；
2. 能正确进行成本预测，编制成本计划；
3. 能对企业各项成本费用进行正确的账务处理，编制成本费用报表；
4. 能够正确计算和分析不同生产组织方式下的产品成本，并根据成本分析结果，提出成本控制措施或建议；
5. 能够在了解企业生产经营管理方式、熟悉经济业务活动、掌握会计核算和成本管理要求的基础上，为企业设计出合理的成本控制方案；
6. 具有团队合作与协作精神，有较强的全局意识、关键意识和责任意识。

三、设计思路

本课程设计的理念：本着以学生为本、理实结合、工学结合、教学做一体化、能力与素质培养相统一的现代高职教育理念，以培养学生的职业能力为主线，把知识学习、知识转化、能力训练、能力展示各环节有机地结合在一起，紧密联系企业成本计算与管理实际，结合高职财务管理专业对成本管理知识的要求进行内容安排，突出应用知识的学习，注重学用结合，并让学生在学习过程中注意所学知识的迁移整合，在进行成本管理活动时注意对企业生产经营活动和管理要求的了解，培养学生终生学习的方法、岗位敬业的精神、团队合作的态度，树立全局意识，激发学生自我发展的愿望。

本课程设计的思路：以完成中小企业成本计算与管理活动所需知识与能力为教学内容，在具体每一项内容的组织上，按照知识储备、知识转化、能力训练与能力展示这一循序渐进的过程，增强课程内容与职业岗位能力要求的融合性，实现知识向能力的转换，让学生通过学习掌握成本管理的基本知识、基本方法和实践动手能力。

四、课时分配

表 2－11　　课程项目模块及课时分配

<table>
<tr><th>序号</th><th>课程项目</th><th>课程模块</th><th colspan="2">课时分配</th></tr>
<tr><td rowspan="4">1</td><td rowspan="4">成本计算与管理认知</td><td>成本管理机构设置</td><td>1</td><td rowspan="4">4</td></tr>
<tr><td>成本管理和核算体系</td><td>1</td></tr>
<tr><td>产品成本核算程序</td><td>1</td></tr>
<tr><td>建立成本核算账表实训</td><td>1</td></tr>
<tr><td rowspan="3">2</td><td rowspan="3">成本核算的基本技能</td><td>要素费用的归集与分配
单元实训 1</td><td>8</td><td rowspan="3">18</td></tr>
<tr><td>部门费用的汇集与分配
单元实训 2</td><td>4</td></tr>
<tr><td>在产品与产成品成本的核算
单元实训 3</td><td>6</td></tr>
<tr><td rowspan="3">3</td><td rowspan="3">成本计算的基本方法</td><td>分品种计算产品成本
单元实训 1</td><td>6</td><td rowspan="3">18</td></tr>
<tr><td>分批计算产品成本
单元实训 2</td><td>4</td></tr>
<tr><td>分步计算产品成本
单元实训 3</td><td>8</td></tr>
<tr><td rowspan="2">4</td><td rowspan="2">成本报表的编制与分析</td><td>编制成本报表
单元实训 1</td><td>3</td><td rowspan="2">7</td></tr>
<tr><td>分析成本报表
单元实训 2</td><td>4</td></tr>
</table>

续表

<table>
<tr><th>序号</th><th>课程项目</th><th>课程模块</th><th colspan="2">课时分配</th></tr>
<tr><td rowspan="2">5</td><td rowspan="2">成本预测与决策</td><td>成本预测
单元实训 1</td><td>5</td><td rowspan="2">9</td></tr>
<tr><td>成本决策
单元实训 2</td><td>4</td></tr>
<tr><td rowspan="3">6</td><td rowspan="3">成本计划与控制</td><td>成本计划</td><td rowspan="3">9</td><td rowspan="3">9</td></tr>
<tr><td>成本控制</td></tr>
<tr><td>单元实训</td></tr>
<tr><td rowspan="3">7</td><td rowspan="3">质量成本管理</td><td>质量成本的内容及核算</td><td rowspan="3">5</td><td rowspan="3">5</td></tr>
<tr><td>质量成本控制和分析</td></tr>
<tr><td>单元实训</td></tr>
<tr><td colspan="3">总计</td><td colspan="2">72</td></tr>
</table>

五、教学内容

表 2－12　　课程教学内容与教学要求

序号	教学内容	知识内容和要求	技能内容和要求
1	成本计算与管理认知	• 熟悉成本管理与核算的机构设置及职能 • 正确划分各种成本与费用的界线 • 正确理解生产特点和管理要求对成本计算方法的影响 • 明确费用要素和成本项目之间的关系 • 熟悉工业企业产品成本核算的一般程序，能正确设置成本核算明细科目，开展成本核算	• 能协调企业生产过程中各部门有关成本核算的凭证填制、传递及交接工作 • 能确定成本核算相关账户的设置 • 能根据企业生产情况设计成本核算程序
2	成本核算的基本技能	• 掌握要素费用的归集与分配方法 • 能够正确编制要素费用分配表，并进行相应账务处理 • 掌握辅助生产费用与制造费用的分配方法 • 掌握正确编制辅助生产费用和制造费用分配表的方法，并进行相应账务处理 • 掌握生产费用在完工产品与在产品之间的分配方法	• 能根据企业生产情况设置产品成本项目 • 能完成要素费用的归集与分配 • 能确定各种要素费用归属的成本项目 • 在要素费用核算过程中能遵守相关制度 • 能正确运用约当产量法进行月末在产品成本计算，并进行相应账务处理

续表

序号	教学内容	知识内容和要求	技能内容和要求
3	成本计算的基本方法	• 理解分批法的特点、计算程序和适用范围 • 掌握完整编制产品成本计算单的方法，计算正确 • 根据成本核算业务能够正确、完整地填制记账凭证内容，符合记账凭证审核要求 • 掌握账簿的登记规则和登记方法 • 熟悉分批法的特点、计算程序和适用范围 • 掌握一般分批法的核算 • 掌握简化分批法的核算 • 熟悉分步法的特点、适用范围和计算程序 • 掌握综合结转分步法的核算	• 能根据生产特点和管理要求，选择确定产品成本的计算方法 • 能按品种法完成成本核算程序的全过程 • 能采用一般分批法和简化分批法计算产品成本 • 能根据逐步结转分步法和平行结转分步法核算产品成本 • 能编制产品成本还原计算表进行成本还原
4	成本报表的编制与分析	• 熟悉各种成本报表的格式 • 掌握主要产品单位成本分析表的编制方法	• 能编制产品生产成本表 • 能编制主要产品单位成本表 • 能对基本成本报表进行分析和说明
5	成本预测与决策	• 理解成本预测的意义、熟悉成本预测的特点、方法及程序 • 熟悉新产品投产前成本趋势预测的各种方法 • 掌握可比产品成本降低率和降低额 • 熟悉产品总成本发展趋势预测的平均法 • 理解功能成本预测的内涵，掌握功能成本预测的基本程序，重点理解价值系数 • 了解成本决策的基本理论、计算特点及决策方法 • 掌握成本计划的内容、编制程序及编制方法 • 理解成本控制的意义、熟悉成本控制的内容及控制方法 • 了解定额成本计算方法、标准成本计算方法的特点、核算程序及要求	• 能利用多种方法预测目标成本 • 能计算可比产品成本降低率和降低额 • 能熟练地进行保本分析和保利分析 • 能编制成本计划 • 能利用定额成本计算方法、标准成本计算方法核算产品成本 • 能参与管理部门的成本决策

续表

序号	教学内容	知识内容和要求	技能内容和要求
6	成本计划与控制	• 熟悉成本计划的内容和编制步骤 • 理解成本控制的意义，熟悉成本控制的内容 • 掌握具体成本计划的编制方法 • 掌握企业成本控制的具体方法	• 能编制成本计划 • 会对企业进行成本控制
7	质量成本管理	• 了解质量成本的意义 • 熟悉质量成本核算内容 • 掌握质量成本控制和分析方法	• 能辨析质量成本核算内容 • 能对产品质量成本进行控制与分析

六、教学条件

（一）教师任职条件

1. 专任教师。

（1）具有丰富的专业理论知识和实际成本核算及管理工作经历，熟悉有关会计法律法规；

（2）具有一定广度的相关学科知识，能熟练运用教育学、心理学和教学法的基础理论知识；

（3）能够示范操作成本核算业务办理工作过程；

（4）能够指导学生采用角色扮演、案例讨论等方法进行有关业务的工作演示。

2. 兼职教师。

（1）具有本科以上学历，从事企业财务工作五年以上，会计中级及以上职称，能胜任教学工作；

（2）企业成本主管岗位，能进行凭证填制整理、账簿登记、成本报表编报等技能的示范教学。

（二）实践教学条件

1. 实训场所：有进行成本业务核算实训的实训室，具备成本核算及管理的软硬件环境。

2. 实训工具设备：各种明细账、费用分配表、记账凭证、成本报表、成本核算程序图和企业生产工艺流程图等，剪刀、胶水、回型针、裁纸刀等。

3. 企业成本核算及管理业务仿真核算资料，包括：

（1）材料费用的归集与分配核算的仿真资料。

（2）工资费用的归集与分配核算的仿真资料。

（3）辅助生产费用归集于分配核算的仿真资料。

（4）生产费用在完工产品与月末在产品之间分配核算的仿真资料。
（5）品种法应用项目：某自行车轮胎厂轮胎成本核算的仿真资料。
（6）分批法应用项目：某服装厂每种服装成本核算的仿真资料。
（7）分步法应用项目：某专用机械厂零部件成本核算的仿真资料等。

七、教学方法与手段

（一）教学方法

本课程教学方法主要包括任务驱动法、项目教学法、演示法、角色扮演法、案例教学法、小组讨论法等。

1. 任务驱动法：学生在教师的帮助下，紧紧围绕一个共同的任务中心，在强烈的问题动机驱动下，通过对学习资源的积极主动应用，将学生的学习活动与任务相结合，进行自主探索和互动协作的学习，并在完成既定任务的同时，学习相关知识，训练相关技能。教学实施过程中，教师应着重指导学生按照规范化的要求和财务管理流程实施模拟工作过程，并以“过程＋结果”的方式进行课程考核，实现以学生为主体的理实一体教学。

2. 项目教学法：学生在教师指导下通过实施一个完整的项目而进行的教学活动，是一种典型的以学生为中心的教学方法。其目的是在课堂教学中让学生全部或部分独立组织、安排学习行为，将理论与实践教学有机地结合起来，充分发掘学生的创造潜能，提高学生解决实际问题的综合能力。本课程中的实训采取此方法。

3. 演示法：教师陈示实物、教具，通过演示、观看实际操作录像等演示工作过程，使学生获取知识的教学方法。材料费用核算流程、人工费用核算流程、制造费用核算流程、辅助生产成本流程、成本计算流程等技能示范均可采用演示法。该方法对提高学生的学习兴趣、发展观察能力和抽象思维能力有重要作用。

4. 角色扮演法：将班级学生划分成若干学习小组，每小组指定不同人员分别扮演出纳、会计、业务办理人员、会计主管、企业负责人等角色，模拟有关经济业务办理过程，使学生体验不同角色的岗位任务和岗位职责的教学方法。本课程单元实训时可采用角色扮演法，使学生真切体验成本管理工作过程。

5. 案例教学法：以实际案例办理为例讲解有关业务办理的相关法律法规规定及业务办理流程，增强教学的真实感和指导性的教学方法。案例教学法的操作流程为“以例激趣→以例说理→以例导行”。本课程中教学引导、成本控制等内容可采用案例教学法进行教学。

6. 小组讨论法：是在教师指导下，由小组成员围绕某一中心问题，发表自己的看法，从而进行相互学习的一种教学方法。其实质就是以小组为组织形式，借助小组成员之间的协作，完成特定的任务。本课程某些单元实训以小组进行。

（二）教学手段

1. 现场观摩。从生活常识入手，将实物流转程序与成本流转程序有机的结合，带领学生实地观摩，了解不同生产工艺流程，解决学生感性认识不足的问题。

2. 多媒体教学。利用多媒体教学设施，制作集文字、表格、声音和图像于一体的多媒体教学课件，提高课堂教学效率，增加信息量，丰富教学内容，激发学生学习的兴趣 。

3. 网络教学。利用数字化网络教学平台，提供课程标准、教学案例、自主学习、能力测试、在线互动等服务等，方便学生课后的自主学习。

八、检查评价

课程学业成绩采取“边学边评、以评促学、学评同步”的评价方式，即“形成性考评”的评价方式，通过对学习过程和学习结果的评价，对学生知识、技能和能力进行综合考核。

本课程学业成绩由平时作业、单元实训和期末考试三部分组成，最终成绩在考虑出勤率等学习态度后确定。其中，平时作业占10%、单元实训占40%、期末考试占50%。以小组完成的单元实训，其成绩由教师根据对各小组操作过程和提交结果进行综合考核，给出各小组成绩；小组内按照成员各自的表现和贡献互评，最后由组长确定出各成员的得分，上报任课教师。

“资产与收益管理”课程标准

一、课程定位

“资产与收益管理”是财务管理专业的核心课程之一，该课程由营运资金管理和收益分配管理两部分组成。营运资金管理旨在帮助学生正确理解营运资金、现金成本、应收账款成本和存货成本等基本概念；明确现金管理、应收账款管理和存货管理的目标；掌握现金最佳持有量决策、制定应收账款信用政策和存货定量控制的方法；掌握现金、应收账款和存货的功能和日常管理。收益分配管理旨在帮助学生明确收益分配的原则和影响因素、股利分配的政策；明确股利支付程序和方式；掌握收益分配的顺序；理解股票股利、股票分割、股票回购的作用。提高学生资产管理与收益分配管理能力，为将来从事企业资产管理与收益分配管理工作奠定良好基础。

本课程的前续课程为“财务管理基础”，平行课程为“筹资与投资管理”、“财务预算与控制”、“成本计算与管理”等、后续课程为“财务报表分析”、“内部控制与制度设计”。

二、课程目标

通过学习使学生掌握企业资产管理与收益分配管理的基本规律，掌握资产管理与收益分配管理的基本理论、基本方法和原理，在走向实际工作岗位时，能够胜任资产与收益管理工作，并在实际工作中使其能力不断提升，实现可持续发展。

1. 理解营运资金管理的涵义，掌握其相关概念。
2. 理解现金、应收账款、存货的功能和管理目标。
3. 掌握现金、应收账款、存货持有成本的计算方法。
4. 掌握最佳现金持有量的确定、应收账款政策的制定、存货经济批量的确定的各种方法；能够结合企业实际情况确定最佳现金持有量、制定企业收账政策和方案、确定存货订购批量。
5. 掌握现金、应收账款、存货的日常管理方法，能够结合本企业实际制定流动资产的管理方法。
6. 了解收益分配的内容及股利支付方式。
7. 理解收益分配的一般程序和影响因素。
8. 掌握各种股利分配政策的基本原则、优缺点和适用范围；能解释股票股利与股票分割对主要财务指标的影响。

9. 能敏锐地判断社会经济环境、政策法规变化对企业资产与收益管理产生的影响。

10. 具有认真、细致的工作态度和敬业精神，具有团队合作精神。

三、设计思路

本课程设计的理念：本着以学生为本、理实结合、工学结合、教学做一体化、能力与素质培养相统一的现代高职教育理念，以培养学生的职业能力为主线，把知识学习、知识转化、能力训练、能力展示各环节有机地结合在一起，紧密联系企业资产与收益管理的实际，结合高职财务管理专业对资产与收益管理知识的要求进行内容安排，突出应用知识的学习，注重学用结合，并让学生在学习过程中注意所学知识的衔接与融合；在进行资产与收益管理活动时注意对企业生产经营活动和管理要求的了解，培养学生终生学习的方法、岗位敬业的精神、团队合作的态度，树立全局意识，激发自我发展的愿望。

本课程设计的思路：以完成中小企业资产与收益管理所需的知识与能力为教学内容，在具体每一项内容的组织上，按照知识储备、知识转化、能力训练与能力展示这一循序渐进的过程，增强课程内容与职业岗位能力要求的融合性，实现知识向能力的转换，让学生通过学习掌握资产与收益管理的基本知识、基本方法和实践动手能力。突出培养学生的综合素质和可持续发展能力，增强学生的职业能力。

四、课时分配

表 2－13　课程教学内容与课时分配

<table>
<tr><th>序号</th><th>课程项目</th><th>课程模块</th><th colspan="2">课时分配</th></tr>
<tr><td rowspan="5">1</td><td rowspan="5">资产管理</td><td>认知营运资金管理</td><td>4</td><td rowspan="5">30</td></tr>
<tr><td>现金管理</td><td rowspan="2">6</td></tr>
<tr><td>实训：
1. 确定最佳现金持有量
2. 制定企业内部现金管理制度</td></tr>
<tr><td>应收账款管理</td><td rowspan="2">10</td></tr>
<tr><td>实训：
1. 确定信用条件
2. 确定应收账款信用期
3. 制定应收账款收账政策</td></tr>
</table>

续表

<table>
<tr><th>序号</th><th>课程项目</th><th>课程模块</th><th colspan="2">课时分配</th></tr>
<tr><td rowspan="2">1</td><td rowspan="2">资产管理</td><td>存货管理</td><td rowspan="2">10</td><td rowspan="2">30</td></tr>
<tr><td>实训：
1. 确定存货基本经济批量
2. 确定数量折扣下的存货批量
3. 存货 ABC 管理方法</td></tr>
<tr><td rowspan="7">2</td><td rowspan="7">收益分配管理</td><td>认知收益管理</td><td rowspan="2">6</td><td rowspan="7">24</td></tr>
<tr><td>实训：预测目标利润</td></tr>
<tr><td>股利理论</td><td>4</td></tr>
<tr><td>收益分配政策
实训：选择收益分配政策</td><td>6</td></tr>
<tr><td>收益分配程序</td><td rowspan="2">6</td></tr>
<tr><td>实训：制订股利分配方案</td></tr>
<tr><td>股票分割与股票回购</td><td>2</td></tr>
<tr><td colspan="3">总计</td><td colspan="2">36</td></tr>
</table>

五、教学内容

表 2－14　　课程教学内容与教学要求

序号	工作任务	知识内容和要求	技能内容和要求
1	资产管理	• 理解营运资金的含义 • 掌握营运资金的特点 • 理解现金成本与功能 • 明确现金管理的目标 • 掌握现金管理模式 • 熟悉现金日常管理 • 理解应收账款的功能与成本 • 明确应收账款管理的目标 • 掌握应收账款的信用政策 • 掌握信用政策决策方法 • 熟悉应收账款现金日常管理 • 理解存货功能与成本 • 明确存货管理目标 • 掌握存货经济批量模型 • 掌握存货日常管理方法	• 能区分现金成本与功能 • 能针对不同情况选择现金管理模式 • 能区分应收账款的功能与成本 • 会对应收账款不同的信用政策进行最优决策 • 能区分存货功能与成本 • 能利用存货经济批量模型进行最优决策 • 能利用 ABC 等方法进行存货日常管理

续表

序号	工作任务	知识内容和要求	技能内容和要求
2	收益分配管理	• 熟悉收益分配管理的内容 • 掌握目标利润的预测方法 • 理解股利理论的内涵 • 明确影响收益分配政策的因素 • 理解收益分配的原则 • 掌握收益分配政策 • 掌握股利支付的方式 • 掌握股利发放的程序 • 熟悉股票分割 • 熟悉股票回购	• 能运用常用的方法预测目标利润 • 能明确影响收益分配政策的因素 • 会选择收益分配政策 • 会选择股利支付的方式

六、教学条件

（一）教师任职条件

1. 专任教师。

（1）具有讲师以上职称，具有一定的教学经验和教学组织能力；

（2）具有双师素质，在企业财务管理岗位挂职锻炼半年以上；

（3）熟悉资产管理和收益管理的相关政策和制度；

（4）能够示范操作资产管理、收益分配过程；

（5）能够指导学生项目、任务驱动法等进行主要业务的演示。

2. 兼职教师。具有本科以上学历，从事企业财务管理工作两年以上，能胜任教学工作。

（二）实践教学条件

1. 校内实践教学条件。

（1）实训场所：用于模拟实训的网络计算机房一个。

（2）实训设备：按班级学生数配备计算机工位数，网络系统能宽带连接公网，能运行网络版操作软件，配备财务管理系统软件等。

（3）实训资料：准备一个企业的基本资料，进行各种资产管理与收益分配管理。

2. 校外实践教学条件。建立稳定课程教学实习基地，要求实习基地机构设置较为完善，人员配备较为齐全，业务活动较为正常，重视企业管理财务管理，具备符合指导学生的财务管理人员。

七、教学方法与手段

（一）教学方法

本课程教学方法主要包括任务驱动法、直观教学法、角色扮演法、案例教学法等。

1. 任务驱动法：学生在教师的帮助下，紧紧围绕一个共同的任务中心，在强烈的问题动机驱动下，通过对学习资源的积极主动应用，将学生的学习活动与任务相结合，进行自主探索和互动协作的学习，并在完成既定任务的同时，学习相关知识，训练相关技能。教学实施过程中，教师应着重指导学生按照规范化的要求和财务管理流程实施模拟工作过程，并以“过程 + 结果”的方式进行课程考核，实现以学生为主体的理实一体教学。

2. 直观教学法：通过教师演示、观看实际操作录像等直观的方法演示工作过程，进行操作示范。建立现金、应收账款和存货等营运资金管理演示、收益分配流程演示等。

3. 角色扮演法：划分学习小组，每小组指定不同人员分别扮演会计、业务办理人员、财务主管、企业负责人、投资者、债权人等角色，模拟财务活动的办理过程，使学生体验不同角色的财务任务和财务职责。分项目进行财务管理业务模拟实训时采用角色扮演法，使学生真切体验企业财务管理工作过程。

4. 案例教学法：以企业实际案例讲解企业财务管理业务的操作和应遵循的相关法律法规规定，增强教学的真实感和指导性。

（二）教学手段

1. 多媒体教学手段：多媒体教学手段主要包括：电子课件、投影、视频、音频、多媒体教学软件。有关案例及相关法规宣传等可采用音频教学；师生互动、课堂展示等教学环节可采用多媒体教学软件。

2. 网络教学手段：教师进行仿真业务设计及学生进行资产与收益管理业务仿真实训时可采用网络资源和网络教学软件。

八、检查评价

本课程评价，采取过程评价与结果评价相结合，理论评价与实践评价相结合，学生评价与教师评价相结合的方式实施，重点评价学生的职业能力。

平时成绩考核：以量化为准，具体衡量指标为平时作业的完成态度、次数和质量，上课出勤、听讲、发言以及给老师提教学意见等教学过程中学生的学习情况，所占总成绩的比例为 10%。

期末成绩考核：以卷面成绩为准，所考内容以课程为中心，以上课所讲和所要求的内容为主，综合考查学生的学习情况，所占总成绩的比例为 40%。

实训成绩考核：以做出成果为主，在各个实训项目中，根据学生完成工作任务的情况，结合考核内容进行综合评分，所占总成绩的比例为 50%。

“纳税实务与税收筹划”课程标准

一、课程定位

“纳税实务与税收筹划”课程是财务管理专业的核心课程，旨在帮助学生了解我国企业在生产经营活动中所需要缴纳的具体税种，熟悉、掌握各税种的相关法律制度知识，掌握各税种的计算方法，熟悉纳税申报和税款缴纳等相关工作，运用税收知识对企业生产经营活动进行初步的纳税筹划。

本课程是“会计基础”、“财务管理基础”、“财务会计”等专业课的后续课程，是“财务报表分析”课程的前置课程。

二、课程目标

通过本课程的学习，使学生掌握企业生产经营活动中所需缴纳的具体税种等基本知识以及税收筹划最基本的业务操作方法，培养和提高学生的动手能力，以更好的适应社会岗位需要。

1. 熟知各税收实体法的纳税义务人、征税对象、税率等税制要素；
2. 能正确计算各税种的应纳税额；
3. 能够熟练操作电子报税软件，会开具增值税专用发票；
4. 能运用所学税收理论知识帮助企业进行税收筹划；
5. 能通过各种媒体资源查找所需信息，有独立开展办税业务的能力；
6. 具有团队合作与协作精神，有较强的全局意识、关键意识和责任意识；
7. 具有良好的心理素质和克服困难的能力。

三、设计思路

本课程设计的理念：坚持以职业岗位能力为导向，课程直接对应企业财会部门的办税员业务岗位，教学过程就是指导学生完成工作任务的过程，教学内容就是系统化的办税员的工作内容，教学项目的设计以办税工作任务为载体，教学模块的设计以办税业务的工作步骤为依据，税收相关的理论知识分解嵌入到各个办税项目中。

本课程设计的思路：课程紧密结合财务管理工作实际，根据岗位能力的需要设计教学内容，科学、合理设计每个教学环节，充分利用校内教学资源和校外实训基地，通过各种教学方法和手段的灵活运用，以及课堂教学和课外教学的紧密结合，将教、学、做融为一体，充分体现职业性、实践性和开放性的要求，提高学生的实践动手能力，增强毕业生就业竞争力。

四、课时分配

表 2－15　课程项目模块及课时分配

序号	课程项目	课程模块	课时分配	
1	认知税收	税收基础知识	2	10
		税收征收管理	4	
		税收筹划的基本理论	4	
2	增值税计算与筹划	认知增值税	2	25
		增值税应纳税额的计算	7	
		增值税的申报与缴纳	2	
		增值税专用发票的管理	2	
		增值税的出口退（免）税	1	
		增值税的税收筹划	2	
		实训	4	
3	消费税计算与筹划	认知消费税	1	10
		消费税应纳税额的计算	2	
		消费税的申报与缴纳	2	
		消费税的出口退（免）税	1	
		消费税的税收筹划	2	
		实训	2	
4	资源税计算与筹划	认知资源税	0.5	5
		资源税应纳税额的计算	1	
		资源税的申报与缴纳	0.5	
		资源税的税收筹划	1	
		实训	2	

续表

序号	课程项目	课程模块	课时分配	
5	土地增值税计算与筹划	认知土地增值税	0.5	5
		土地增值税应纳税额的计算	1	
		土地增值税的申报与缴纳	0.5	
		土地增值税的税收筹划	1	
		实训	2	
6	企业所得税计算与筹划	认知企业所得税	2	22
		企业所得税应纳税额的计算	6	
		企业所得税的申报与缴纳	2	
		企业所得税的税收筹划	4	
		实训	4	
7	个人所得税计算与扣缴申报	认知个人所得税	1	5
		个人所得税应纳税额的计算	1	
		个人所得税的申报与缴纳	1	
		实训	1	
8	财产税类计算与筹划	房产税	1	5
		车船税	1	
		契税	1	
		财产税的税收筹划	1	
		实训	1	
9	其他税种的计算与筹划	印花税	0.5	3
		城镇土地使用税	0.5	
		耕地占用税	0.5	
		车辆购置税	0.5	
		城市维护建设税和教育费附加	0.5	
		其他税种的税收筹划	0.5	
总计			90	

五、教学内容

表 2－16　　课程教学内容与教学要求

序号	工作任务	知识内容和要求	技能内容和要求
1	认知税收	• 掌握税收的概念及特征 • 了解税收的职能及作用 • 掌握税收制度的构成要素 • 明确税收的分类 • 掌握税务登记制度 • 掌握账簿与凭证管理制度 • 了解发票管理制度 • 熟悉纳税申报和税款征收的方式 • 了解税务检查 • 掌握税收筹划的概念及特点 • 了解税收筹划的意义及目标 • 掌握税收筹划的基本方法	• 能根据企业的类型和业务种类判断应纳的税种 • 能向税务机关办理税务登记（含开业、变更、停业、复业、注销登记和年检换证工作）； • 能根据企业经营范围的需要领购发票（含普通发票和增值税专用发票） • 会纳税筹划的几种基本方法
2	增值税计算与筹划	• 掌握增值税的征税范围、纳税义务人及税率 • 熟悉增值税的减免税优惠 • 掌握增值税一般纳税人应纳税额的计算 • 掌握增值税小规模纳税人应纳税额的计算 • 掌握进口货物增值税应纳税额的计算； • 掌握增值税的纳税义务发生时间 • 熟悉增值税的纳税期限 • 了解增值税的纳税地点 • 了解增值税纳税申报表 • 了解增值税专用发票的使用范围 • 熟悉增值税专用发票的开具范围、开具要求及开具时限 • 掌握增值税专用发票的基本联次及用途 • 熟悉增值税出口货物退（免）税适用范围 • 掌握增值税出口货物退税的计算 • 掌握增值税的税收筹划原理 • 熟悉增值税的税收筹划方法	• 能判断哪些项目应征收增值税，适用何种税率 • 能根据业务资料计算应纳增值税额（含一般纳税人、小规模纳税人） • 会根据业务资料填制增值税纳税申报表并进行增值税网上申报（含一般纳税人、小规模纳税人） • 能根据业务资料进行增值税的涉税会计业务处理（含一般纳税人、小规模纳税人） • 能用“免、抵、退”方法计算增值税应免抵和应退的税款 • 会办理出口货物退（免）增值税业务 • 能进行增值税的税收筹划

续表

序号	工作任务	知识内容和要求	技能内容和要求
3	消费税计算与筹划	• 掌握消费税的征税范围、纳税义务人； • 熟悉消费税的税目及税率 • 掌握消费税从价定率的计税方法 • 掌握消费税从量定额的计税方法 • 掌握消费税的复合计税方法 • 掌握消费税的纳税义务发生时间 • 熟悉消费税的纳税期限 • 了解消费税的纳税地点 • 了解消费税纳税申报表 • 熟悉消费税出口货物退（免）税适用范围 • 掌握消费税出口货物退税的计算 • 掌握消费税的税收筹划原理 • 熟悉消费税的税收筹划方法	• 能判断哪些项目应征收消费税，适用何种税率 • 能根据业务资料计算应纳消费税额 • 会根据业务资料填制消费税纳税申报表及税款缴纳书 • 能根据业务资料进行消费税的涉税会计业务处理 • 基本会办理出口货物退（免）消费税工作 • 能进行消费税的税收筹划
4	资源税计算与筹划	• 掌握资源税的征税对象、纳税义务人及税率 • 熟悉资源税的减免税优惠 • 熟悉资源税的计税依据 • 掌握资源税应纳税额的计算 • 熟悉资源税的纳税义务发生时间 • 了解资源税纳税期限和纳税地点 • 掌握资源税的税收筹划原理 • 熟悉资源税的税收筹划方法	• 能判断哪些项目应征收资源税，适用何种税率 • 能根据业务资料计算资源税额 • 会根据业务资料填制资源税纳税申报表及税款缴纳书 • 能根据业务资料进行资源税的涉税会计业务处理
5	土地增值税计算与筹划	• 掌握土地增值税的纳税义务人、征税范围和税率 • 了解土地增值税的减免税优惠 • 掌握土地增值税的计税依据 • 掌握土地增值税应纳税额的计算 • 熟悉土地增值税的纳税义务发生时间 • 了解土地增值税纳税期限和纳税地点 • 掌握土地增值税的税收筹划原理 • 熟悉土地增值税的税收筹划方法	• 能判断哪些项目应征收土地增值税，适用何种税率 • 能根据业务资料计算应纳土地增值税额 • 会根据业务资料填制土地增值税纳税申报表及税款缴纳书 • 能根据业务资料进行土地增值税的涉税会计业务处理

续表

序号	工作任务	知识内容和要求	技能内容和要求
6	企业所得税计算与筹划	• 掌握企业所得税的征税对象、纳税义务人及税率 • 熟悉企业所得税的减免税优惠 • 掌握应纳税所得额的计算 • 熟悉资产的税务处理 • 掌握企业所得税应纳税额的计算 • 了解企业所得税特别纳税调整项 • 了解征收缴纳企业所得税的方法 • 熟悉企业所得税的纳税期限 • 熟悉企业所得税的纳税地点 • 了解企业所得税的纳税申报表 • 掌握企业所得税的税收筹划原理 • 熟悉企业所得税的税收筹划方法	• 能判断居民纳税人、非居民纳税人以及适用何种税率 • 能根据业务资料计算应纳企业所得税额 • 会根据业务资料填制企业所得税月（季）度预缴纳税申报表 • 会填制企业所得税年度纳税申报表及相关附表 • 会办理年终企业所得税的汇缴清算工作 • 能根据业务资料进行所得税会计业务处理 • 能进行企业所得税的税收筹划
7	个人所得税计算与扣缴申报	• 掌握个人所得税的征税对象、纳税义务人及税率 • 熟悉个人所得税的减免税优惠 • 掌握工资薪金所得、个体工商户的生产经营所得、对企事业单位承包承租经营所得、劳务报酬所得、稿酬所得、财产租赁所得、财产转让所得、特许权使用费所得、利息股息红利所得、偶然所得应纳税额的计算 • 掌握个人所得税的纳税申报方法 • 熟悉个人所得税的纳税期限 • 了解个人所得税的纳税地点	• 能判断居民纳税人、非居民纳税人，适用何种税率 • 能根据业务资料计算应纳个人所得税额 • 会根据个人所得资料填制个人所得税纳税申报表 • 会办理个人所得税代扣代缴业务 • 能根据业务资料进行代扣代缴个人所得税的会计处理
8	财产税类计算与筹划	• 掌握房产税的征税对象、纳税义务人及税率 • 熟悉房产税的减免税优惠 • 掌握房产税应纳税额的计算 • 了解房产税的纳税义务发生时间、纳税期限和纳税地点 • 掌握车船税的征税对象、纳税义务人及税率 • 熟悉车船税的减免税优惠 • 掌握车船税应纳税额的计算 • 了解车船税的纳税义务发生时间、纳税期限和纳税地点 • 掌握契税的征税对象、纳税义务人	• 能计算房产税并完成纳税申报 • 能计算车船税并完成税款缴纳 • 能计算契税并完成税款缴纳

续表

序号	工作任务	知识内容和要求	技能内容和要求
8	财产税类计算与筹划	及税率 ● 熟悉契税的减免税优惠 ● 掌握契税应纳税额的计算 ● 了解契税的纳税义务发生时间、纳税期限和纳税地点 ● 掌握财产税的税收筹划原理 ● 熟悉财产税的税收筹划方法	● 能计算房产税并完成纳税申报 ● 能计算车船税并完成税款缴纳 ● 能计算契税并完成税款缴纳
9	其他税种的计算与筹划	● 掌握印花税的征税对象、纳税义务人及税率 ● 了解印花税的减免税优惠 ● 掌握印花税应纳税额的计算 ● 了解印花税纳税环节、纳税方法和纳税地点 ● 掌握城镇土地使用税的征税对象、纳税义务人及税率 ● 熟悉城镇土地使用税的减免税优惠 ● 掌握城镇土地使用税应纳税额的计算; ● 了解城镇土地使用税的纳税义务发生时间、纳税期限和纳税地点 ● 掌握耕地占用税的征税对象、纳税义务人及税率 ● 熟悉耕地占用税的减免税优惠 ● 掌握耕地占用税应纳税额的计算 ● 了解耕地占用税的纳税义务发生时间、纳税期限和纳税地点 ● 掌握车辆购置税的征税对象、纳税义务人及税率 ● 熟悉车辆购置税的减免税优惠 ● 掌握车辆购置税应纳税额的计算 ● 了解车辆购置税的纳税义务发生时间、纳税期限和纳税地点 ● 熟悉城市维护建设税和教育费附加的税率 ● 掌握城市维护建设税和教育费附加应纳税额的计算 ● 了解城镇土地使用税、印花税的税收筹划原理 ● 了解城镇土地使用税、印花税的税收筹划方法	● 能计算城镇土地使用税并完成纳税申报 ● 能计算城镇土地使用税并完成税款缴纳 ● 能计算印花税并完成税款缴纳 ● 能计算车辆购置税并完成税款缴纳 ● 能计算城市维护建设税和教育费附加并完成纳税申报

六、教学条件

（一）教师任职条件

1. 专任教师。

（1）具有讲师以上职称，精通财务管理专业的基本理论与知识；

（2）双师素质，并具有办税工作经历或在企业办税岗位挂职锻炼两年以上；

（3）能够按照国家税收政策规定正确计算、申报、缴纳、管理各税种，熟悉企业纳税申报程序；

（4）能够采用案例教学法、演示法等教学方法指导学生进行纳税申报；

（5）能够使用多媒体、网络资源等教学手段进行教学。

2. 兼职教师。

（1）具有本科以上学历，中级及以上职称，从事企业办税工作三年以上经历，能胜任教学工作；

（2）具有较强的教学能力，能够指导学生从事教学实践活动。

（二）实践教学条件

1. 校内实践教学条件。

（1）实训场所：用于企业纳税实务模拟实训的网络计算机房一个。

（2）实训设备：按班级学生数配备计算机工位数，网络系统能宽带连接公网，能运行网络版操作软件，配备报税软件等。

（3）实训资料：增值税、消费税、企业所得税、个人所得税纳税申报表，企业纳税资料、仿真原始凭证、记账凭证等。

2. 校外实践教学条件。财务管理专业所在系（院）已经与不同规模和性质的单位建立合作关系，建立了不少实训基地，以满足学生的校外顶岗实习。这些基地的建设与使用，不仅可以满足学生顶岗实习、零距离就业，还可以满足教师顶岗实践、横向课题及专业技能开发、教学案例收集的需求，有效的提高学生的综合应用能力和实践操作能力，缩短学生的岗位适应期，使该课程实训教学真正实现工学结合。

七、教学方法与手段

（一）教学方法

本课程教学方法主要包括演示法、案例教学法、任务驱动法等。

1. 演示教学法。本课程的讲授比较注重利用教学场所的多媒体设备，老师在讲授中更多的是通过多媒体演示，向学生展示每个项目的基本流程，讲解重要的知识点，分析实际案例。比如：消费税应纳税额的计算，其计算方法包括从价计征、从量计征和复合计征法，这些方法在实际工作中体现为纳税申报表中的数据逻辑关系。通过示范演示和讲授，学生才能从数学公式思维定式中回到项目工作的核算程序中。

2. 案例教学法。本课程采用的教学案例包括用于办税业务指引的实用案例、违法处理的警示案例和纳税筹划的提升案例。其中的办税业务指引案例是教学中最常用的案例。案例的表现形式有：文字、图片、影像、Flash 演示、动漫等。通过案例演示能够较好地引导课程内容的展开，激发学生的学习兴趣。

3. 任务驱动法。本课程采用真实的纳税申报案例作为课堂教学内容，课堂教学中采用任务驱动等教学模式，课前先把任务资料发给学生，让学生带着任务、问题进课堂，教师以完成任务为目标开展教学。

（二）教学手段

1. 多媒体教学手段：多媒体教学手段主要包括电子课件、投影、视频、音频、多媒体教学软件等。其中，有关税收法律法规知识讲解可采用电子课件投影进行教学；有关纳税申报的操作可采用视频教学直观演示；有关案例及相关法规宣传等可采用音频教学；师生互动、课堂展示等教学环节可采用多媒体教学软件。

2. 网络教学手段：通过网络课程平台，引导学生自主学习，在课余时间与学生及时沟通，解答学生学习中的各种问题，帮助学生在巩固复习已学知识的基础上，拓展专业知识，提升专业素养。

八、检查评价

本课程评价，采取过程评价与结果评价相结合，理论评价与实践评价相结合，学生评价与教师评价相结合的方式实施，重点评价学生的职业能力。

平时成绩考核：以量化为准，具体衡量指标为平时作业的完成态度、次数和质量，上课出勤、听讲、发言以及给老师提教学建议等教学过程中学生的学习情况，所占总成绩的比例为 10%。

期末成绩考核：以卷面成绩为准，所考内容以课程为中心，以上课所讲和所要求的内容为主，综合考查学生的学习情况，所占总成绩的比例为 40%。

实训成绩考核：以做出成果为主，在各个实训项目中，根据学生完成工作任务的情况，结合考核内容进行综合评分，所占总成绩的比例为 40%。

习作成绩考核：以学生提交的税收筹划设计方案为主，根据学生所提交书面设计方案的正确性、规范性、可行性给出成绩，所占总成绩的比例为 10%。

“财务报表分析”课程标准

一、课程定位

“财务报表分析”课程是财务管理专业的核心课程，旨在帮助学生进一步认识和解读财务报表，增强分析利用财务信息的意识，掌握财务报表分析内容，学会财务报表分析方法，培养学生具有分析评价偿债能力、盈利能力、营运能力、发展能力和综合财务状况的技能，以及能够为企业管理者全面客观地评价财务状况、经营状况和进行财务决策提供依据的能力。

本课程是“财务会计”、“成本计算与管理”等专业课的后续课程，是“内部控制与制度设计”课程的前置课程。

二、课程目标

通过本课程的学习，使学生加深对财务报表的理解，掌握运用财务报表分析和评价企业经营成果和财务状况的方法，基本具备通过财务报表评价过去、预测未来以及帮助企业改善决策的能力。

1. 熟知主要财务报表的基本结构、报表编制理论依据和报表间的联系；
2. 能正确从报表中摘取数据，进行相应财务指标的计算；
3. 能够对财务指标计算结果进行分析评价，撰写财务分析报告；
4. 能运用财务分析结果为企业管理者进行财务决策提供建议；
5. 能通过各种媒体资源查找所需信息，有独立开展业务调查的能力；
6. 具有团队合作与协作精神，有较强的全局意识、关键意识和责任意识。

三、设计思路

本课程设计的理念：本着以学生为本、理实结合、工学结合、教学做一体化、能力与素质培养相统一的现代高职教育理念，以培养学生的职业能力为主线，把知识学习、知识转化、知识运用各环节有机地结合在一起；紧密联系企业财务报表分析实际进行内容安排，突出应用知识的学习，注重学用结合；注意所学知识的迁移和融合，培养学生终生学习的方法；注意对企业文化与精神的了解，培养学生的敬业精神、合作态度，树立全局意识，激发学生自我发展的愿望。

本课程设计的思路：该课程定位于财会职业岗位及工作任务，以学生职业生涯、成长和发展为背景，以完成企业财务报表分析所需知识与能力为教学内容，充分体现高职高专课程的职业性和高等性。在具体每一项目的学习中，按照知识准备、知识转化、知识运用这一循序渐进的过程，实现知识向能力的转换。

四、课时分配

表 2-17　　课程项目模块及课时分配

序号	课程项目	课程模块	课时分配	
1	财务报表分析基础	财务报表分析的意义、内容和要求	1	6
		财务报表分析的前提、依据和原则	1	
		财务报表分析的步骤和应考虑的基本因素	1	
		财务报表分析的基本方法	2	
		项目实训：某公司基础资料、数据采集	1	
2	资产负债表分析	资本结构分析	2	9
		资产结构分析	2	
		短期偿债能力分析	2	
		长期偿债能力分析	2	
		项目实训：某公司偿债能力分析	1	
3	利润表分析	企业盈利结构分析	1	10
		企业盈利能力分析	3	
		项目实训 1：某公司盈利能力分析	1	
		企业营运能力分析	2	
		企业自身发展能力分析	2	
		项目实训 2：某公司营运能力及发展能力分析	1	
4	所有者权益变动与利润分配分析	权益变动分析	2	5
		利润分配分析	2	
		项目实训：某公司利润分配分析	1	

续表

序号	课程项目	课程模块	课时分配	
5	现金流量表分析	企业现金流量质量分析	1	6
		现金流量趋势分析	1	
		企业现金流量结构分析	1	
		现金流量比率分析	2	
		项目实训：某公司现金流量状况分析	1	
6	成本费用报表分析	成本报表分析	2	5
		费用报表分析	2	
		项目实训：某公司管理费用分析	1	
7	会计报表综合分析	会计报表综合分析概述	1	10
		杜邦分析体系	2	
		项目实训1：某公司综合财务分析	1	
		企业绩效评价体系	3	
		企业风险评价	2	
		项目实训2：某公司风险评价	1	
8	会计报表分析报告	会计报表分析报告概述	1	4
		会计报表分析报告的撰写	2	
		项目实训：撰写某公司财务分析报告	1	
总计			54	

五、教学内容

表2－18　课程教学内容与教学要求

序号	工作任务	知识内容和要求	技能内容和要求
1	财务报表分析基础	• 了解财务报表分析的涵义 • 熟悉财务报表分析的内容和依据 • 明确财务报表分析的目的 • 理解财务报表分析的前提、原则和应考虑的因素 • 掌握财务报表分析的步骤和方法	能够正确运用比较分析法、比率分析法、趋势分析法和因素分析法进行相关计算和简要分析

续表

序号	工作任务	知识内容和要求	技能内容和要求
2	资产负债表分析	• 熟悉企业资本结构、资产结构、偿债能力的主要分析评价指标 • 理解各项指标分析评价的内容 • 掌握各项指标的计算与分析评价方法	能够通过资产负债表分析，对企业的偿债能力作出正确评价，并能指出存在的问题，提出相应的改善措施或办法
3	利润表分析	• 了解企业盈利结构对盈利水平的影响 • 熟悉企业盈利能力、营运能力、发展能力的主要分析评价指标 • 理解各项指标分析评价的内容 • 掌握各项指标的计算与分析评价方法	能够通过利润表分析对企业的盈利能力、营运能力、发展能力作出正确评价，并能指出存在的问题，提出相应的改善措施或办法
4	所有者权益变动与利润分配分析	• 熟悉所有者权益变动表和利润分配分析的内容及其主要分析指标 • 理解各指标分析评价的具体意义 • 掌握各指标的计算与分析评价方法	能够通过所有者权益变动表和利润分配分析，对企业权益变动趋势和利润分配政策作出评价，并能指出存在的问题，提出相应的改善措施或办法
5	现金流量表分析	• 明确现金流量质量分析的含义 • 理解现金流量信息的作用 • 掌握现金流量的增减变动分析、结构分析和财务比率分析的内容和方法	能够通过现金流量表分析，对企业现金流量状况作出正确评价，并能指出存在的问题，提出相应的改善措施或办法
6	成本费用报表分析	• 了解企业成本费用的有关含义 • 理解成本费用与企业经济效益的内在关系 • 熟悉各种成本费用报表提供的数据 • 掌握企业成本费用的分析方法	能够通过成本费用分析，发现企业成本费用管理中的问题，并能提出相应的改善措施或办法
7	会计报表综合分析	• 明确会计报表综合分析的意义 • 熟悉会计报表综合分析的内容 • 掌握会计报表综合分析的方法	能够运用杜邦财务分析体系、国有资本金绩效评价体系和企业风险评价指标，对企业的综合财务状况、经营绩效和风险程度进行实际评价与判断，并能指出存在的问题，提出相应的改善措施或办法
8	会计报表分析报告	• 了解财务报表分析报告的内容、结构及其分类 • 理解财务报表分析报告撰写的要求 • 掌握财务报表分析报告撰写的程序和方法	能够将财务报表分析的结果，全面、系统、完整地反映到财务报表分析报告中，并具有可读性、启示性和指导性

六、教学条件

（一）教师任职条件

1. 专任教师：

（1）双师素质，并具有总账报表工作经历或在企业总账报表岗位挂职锻炼两年以上；

（2）能够规范编制资产负债表、利润表、现金流量表、所有者权益变动表等财务报表；

（3）能够示范操作偿债能力分析、盈利能力分析、营运能力分析、发展能力分析及综合分析评价等过程；

（4）能够采用案例教学法、角色扮演教学法等指导学生进行财务报表分析；

（5）能够使用多媒体、网络资源等教学手段进行教学。

2. 兼职教师：

（1）具有本科以上学历，中级及以上职称，从事企业总账报表工作三年以上经历，能胜任教学工作；

（2）具有教学能力的企业财务部门经理、商业银行客户经理或证券公司分析人员等。

（二）实践教学条件

1. 实训场所：财务管理综合实训室或财务信息化实训室。

2. 网络资源：利用各财经网站、课程网站，采集数据，查找资料。

3. 实训工具：电脑、办公软件和近三年《中华工商上市公司财务指标指数》和《企业绩效》。

七、教学方法与手段

（一）教学方法

本课程教学方法主要包括演示法、案例教学法、小组讨论法等。

1. 演示教学法。本课程任课教师应准备或制作与本课程教学相关的课件，通过课件演示使学生获取知识，培养学生的观察能力和抽象思维能力。

2. 案例教学法。本课程中教学引导、财务指标的计算与分析、项目实训等均采用案例教学方法进行。

3. 角色扮演教学法。本课程项目实训，采取分小组进行，由财务报表会计、报表分析会计、财务经理和财务总监组成，分别负责资料的提供、资料整理与分析、审核分析结果和评价分析结果；每个同学轮流扮演不同角色。

4. 讨论式教学法。在本课程项目实训中，由于小组中每位同学负责分析的公司不同，但都是同类公司，因此，对分析过程中出现的问题可以相互讨论，形成共识。

（二）教学手段

1. 教学过程采用多媒体授课。其中授课内容采用电子课件，有关案例分析与讨论等可采用音频教学；课堂演示等教学环节可采用多媒体教学软件。
2. 通过网络课程，实现教学互动、自主学习。
3. 利用网络搜集实训资料、提交实训成果。
4. 利用电脑及现代办公系统进行财务分析，撰写分析报告，完成实训任务。

八、检查评价

本课程评价，采取过程评价与结果评价相结合、理论评价与实践评价相结合、学生评价与教师评价相结合的方式实施，重点评价学生的职业能力。

平时成绩考核：以量化为准，具体衡量指标为平时作业的完成态度、次数和质量，上课出勤、听讲、发言以及给老师提教学建议等教学过程中学生的学习情况，所占总成绩的比例为20%。

期末成绩考核：以卷面成绩为准，所考内容以课程为中心，以上课所讲和所要求的内容为主，综合考查学生的学习情况，所占总成绩的比例为40%。

实训成绩考核：以做出成果为主，在各个实训项目中，根据学生完成工作任务的情况，结合考核内容进行综合评分，所占总成绩的比例为40%。

“内部控制与制度设计”课程标准

一、课程定位

“内部控制与制度设计”是财务管理专业核心课程，旨在帮助学生树立内部控制观念，增强内部控制意识，掌握内部控制内容和流程，学会内部控制制度设计方法，培养学生了解内部控制基本理论、熟悉内部控制规范、能够根据具体内部控制环境进行制度建设的能力。

本课程是财务管理专业最后一门专业核心课，在第五学期开课，可以为学生进行毕业设计奠定基础。

二、课程目标

通过本课程的学习，使学生理解、掌握内部会计控制制度的重要性、内容及方式等，能够做到理论联系实际，运用基本理论和方法设计内部会计控制制度，并在实际工作中使其能力不断提升，实现可持续发展。

职业能力培养目标：

1. 具备企业内部控制与制度设计基本理论知识；
2. 熟悉《企业内部控制基本规范》和《企业内部控制应用指引》等相关法规；
3. 能独立开展内部控制制度设计前调查，能根据收集掌握的资料对企业内部控制状况进行分析和判断；
4. 能根据企业具体内部控制环境进行制度设计；
5. 关注企业内部控制发展方向，能自主学习内部控制新知识、新方法；
6. 具有团队合作与协作精神，有较强的全局意识、关键意识和责任意识。

三、设计思路

本课程总体设计思路是：本着以学生为本、理实结合、工学结合、教学做一体化、能力与素质培养相统一的现代高职教育理念，以培养学生的职业能力为主线，把知识学习、知识转化、知识运用（能力训练、项目实训）各环节有机地结合在一起；紧密联系企业内部控制与制度建设实际，合理安排课程内容，突出应用知识的学习，注重学用结合，注意所学知识的迁移和融合，培养学生终生学习的方法；注意对企业文化与精神的了解，培养学生的敬业与合作精神，树立全局意识、责任意识，激发学生自我发展的愿望。

本课程设计的思路：该课程定位于财会职业岗位及工作任务，以学生职业生涯、职业发展为背景，以完成中小企业内部控制制度设计所需知识与技能为教学内容，充分体现高职课程的职业性和高等性。在具体每一个项目学习中，均要求完成相应的知识准备、知识转化和知识运用（能力训练与项目实训）任务，实现知识向能力的转换。对此，每个项目理论知识是围绕项目任务完成来选取，并配有能力训练与项目实训，充分体现教、学、做的理实一体化课程组织要求。

四、课时分配

表 2－19　课程项目模块及课时分配

序号	课程项目	课程模块	课时分配	
1	内部控制与制度设计的基础	认知内部控制	2	8
		掌握内部控制方法	2	
		熟知制度设计原理	2	
		知识运用（同步练习、案例分析、项目实训）	2	
2	货币资金控制与制度设计	知识准备——货币资金控制的内容、流程和关键点	2	6
		知识转化——货币资金控制制度设计	2	
		知识运用（同步练习、案例分析、项目实训）	2	
3	实物资产控制与制度设计	知识准备——实物资产控制的内容、流程和关键点	2	5
		知识转化——实物资产控制制度设计	2	
		知识运用（同步练习、案例分析、项目实训）	1	
4	采购业务控制与制度设计	知识准备——采购业务控制的内容、流程和关键点	2	5
		知识转化——采购业务控制制度设计	2	
		知识运用（同步练习、案例分析、项目实训）	1	
5	销售业务控制与制度设计	知识准备——销售业务控制的内容、流程和关键点	2	5
		知识转化——销售业务控制制度设计	2	
		知识运用（同步练习、案例分析、项目实训）	1	
6	筹资活动控制与制度设计	知识准备——筹资活动控制的内容、流程和关键点	2	5
		知识转化——筹资活动控制制度设计	2	
		知识运用（同步练习、案例分析、项目实训）	1	

续表

序号	课程项目	课程模块	课时分配	
7	对外投资控制与制度设计	知识准备——对外投资控制的内容、流程和关键点	2	5
		知识转化——对外投资控制制度设计	2	
		知识运用（同步练习、案例分析、项目实训）	1	
8	成本费用控制与制度设计	知识准备——成本费用控制的内容、流程和关键点	2	5
		知识转化——成本费用控制制度设计	2	
		知识运用（同步练习、案例分析、项目实训）	1	
9	工程项目控制与制度设计	知识准备——工程项目控制的内容、流程和关键点	2	5
		知识转化——工程项目控制制度设计	2	
		知识运用（同步练习、案例分析、项目实训）	1	
10	担保项目控制与制度设计	知识准备——担保控制的内容、流程和关键点	2	5
		知识转化——担保控制制度设计	2	
		知识运用（同步练习、案例分析、项目实训）	1	
总计			54	54

五、教学内容

表 2-20　　课程教学内容与教学要求

序号	工作任务	知识内容和要求	技能内容和要求
1	内部控制与制度设计的基础	• 认知内部控制 • 认识货币资金、实物资产、采购与付款、销售与收款、筹资与投资、成本费用、工程项目和担保的内部控制 • 了解内部控制制度设计的基本内容 • 理解内部控制制度设计的基本原则 • 掌握内部控制方法 • 熟知制度设计原理	• 能明确内部控制的目标、要素 • 能理解掌握不相容职务相分离控制、授权与审批控制、会计系统控制、财务预算控制、财产安全控制等内部控制的方法 • 会内部控制制度设计的基本程序 • 能初步比较和辨别内部控制完善与否
2	货币资金控制与制度设计	• 明确货币资金控制的内容 • 理解货币资金控制的关键点； • 掌握货币资金控制流程。	• 会资金支付授权审批制度设计 • 会货币资金授权审批制度设计 • 会现金管理制度设计 • 会票据与印章管理制度设计

续表

序号	工作任务	知识内容和要求	技能内容和要求
3	实物资产控制与制度设计	• 明确实物资产控制的内容 • 理解实物资产控制的关键点 • 掌握实物资产控制流程	• 会存货收发业务控制制度设计 • 会固定资产增减业务控制制度设计 • 会实物资产盘存制度设计
4	采购业务控制与制度设计	• 明确采购业务控制的内容 • 理解采购业务控制的关键点 • 掌握采购业务控制流程	• 会采购业务控制制度设计 • 会付款业务控制制度设计
5	销售业务控制与制度设计	• 明确销售业务控制的内容 • 理解销售业务控制的关键点 • 掌握销售业务控制流程	• 会销售业务控制制度设计 • 会收款业务控制制度设计
6	筹资活动控制与制度设计	• 明确筹资活动控制的内容 • 理解筹资活动控制的关键点 • 掌握筹资活动控制流程	• 会筹资计划编制控制制度设计 • 会筹资计划执行控制制度设计
7	对外投资控制与制度设计	• 明确对外投资控制的内容 • 理解对外投资控制的关键点 • 掌握对外投资控制流程	• 会对外投资计划编制控制制度设计 • 会对外投资计划执行控制制度设计
8	成本费用控制与制度设计	• 明确成本费用控制的内容 • 理解成本费用控制的关键点 • 掌握成本费用控制流程	• 会成本费用预算编制控制制度设计 • 会成本费用预算执行控制制度设计
9	工程项目控制与制度设计	• 明确工程项目控制的内容 • 理解工程项目控制的关键点 • 掌握工程项目控制流程	• 会工程项目决策控制制度设计 • 会工程项目预算编制控制制度设计 • 会工程项目实施控制制度设计
10	担保项目控制与制度设计	• 明确担保控制的内容 • 理解担保控制的关键点 • 掌握担保控制流程	• 会担保决策控制制度设计 • 会担保实施控制制度设计

六、教学条件

（一）教师任职条件

本课程教学必须由中高级双师型专任教师或具有会计高级职称兼职教师担任，其应具备的条件包括：

1. 具有丰富的专业理论知识和一定的财会业务工作经历，熟悉会计法、会计准则、财务通则、审计准则、内部控制基本规范及其应用指引等法律法规；

2. 具有相关学科知识，能熟练运用教育学、心理学等基础理论知识；

3. 能示范操作资金收付、筹资、投资、采购、销售、资产管理、成本费用管理、担保等业务的办理过程；

4. 能进行内部控制制度设计的示范演示；

5. 能指导学生采用角色扮演等方法进行相关内部控制制度设计。

（二）实践教学条件

1. 实训场所：有反映企业资金筹集、对外投资、货币资金收付、采购、销售、实物资产管理、成本费用管理、担保业务办理过程，以及相应内部控制流程的软硬件环境。

2. 网络资源：能利用各财经网站、课程网站采集数据，查找资料。

3. 实训工具：电脑、《企业内部控制基本规范》和《企业内部控制配套指引》。

七、教学方法与手段

（一）教学方法

本课程教学方法主要包括演示法、案例教学法、小组讨论法等。

1. 演示教学法。本课程任课教师应准备或制作与本课程教学相关的课件，通过课件演示使学生获取知识，培养学生的观察能力和抽象思维能力。

2. 案例教学法。本课程中教学引导、内部控制流程与风险控制、制度范例等均采用案例教学方法进行。

3. 角色扮演教学法。本课程项目实训，采取分小组进行，由科员、主管、财务经理和总经理组成，分别负责资料准备、制度起草、制度审核和制度审批；每个同学轮流扮演不同角色。

4. 讨论式教学法。在本课程项目实训中，实训任务是完成一项制度设计，需要经历资料的收集整理、制度起草、制度审核和制度审批四个环节，尽管有分工，但实训最终成果是一份成文的制度，必须是小组成员通过讨论、形成共识的制度成果。

（二）教学手段

1. 教学过程采用多媒体授课。其中授课内容采用电子课件，有关案例分析与讨论等可采用音频教学；课堂演示等教学环节可采用多媒体教学软件。
2. 通过网络课程，实现教学互动、自主学习。
3. 利用网络收集实训资料、提交实训成果。
4. 利用电脑及现代办公系统进行制度起草、修改，完成实训任务。

八、检查评价

本课程评价，采取过程评价与结果评价相结合，理论评价与实践评价相结合，学生评价与教师评价相结合的方式实施，重点评价学生的职业能力。

平时成绩考核：以量化为准，具体衡量指标为平时作业的完成态度、次数和质量，上课出勤、听讲、发言以及给老师提教学建议等教学过程中学生的学习情况，所占总成绩的比例为20%。

期末成绩考核：以卷面成绩为准，所考内容以课程为中心，以上课所讲和所要求的内容为主，综合考查学生的学习情况，所占总成绩的比例为40%。

实训成绩考核：以做出成果为主，在各个实训项目中，根据学生完成工作任务的情况，结合考核内容进行综合评分，所占总成绩的比例为40%。

第三部分

财务管理专业教学仪器设备配备标准

财务管理专业教学仪器设备配备标准

一、专业基本信息

专业名称：财务管理
专业代码：630301
招收对象：高中毕业或同等学力者
学　　历：专科
学　　制：基本学制三年，可实行学分制为基础的弹性学制

二、专业基本技能

1. 能准确快速地进行手工点钞和机器点钞，能准确鉴别人民币和主要流通外币的真假和进行现金挑残；能熟练使用防伪设备、自动存取款设备和工作现场的办公设备；能熟练进行数字键盘的传票录入，能够熟练运用计算器进行传票算和账表算；能快速准确地进行电脑汉字输入，能规范地填写票据和进行字符书写。

2. 能正确应用《企业会计准则》处理各项经济业务；能办理日常库存现金、银行存款的收、付业务，并能进行相应的会计处理；能进行日常库存现金和银行存款的清查；能填制和审核常用的银行结算凭证，能办理常用的几种银行转账结算业务；能进行资产、负债、所有者权益、收入、费用和利润的会计处理；能登记总账和各种格式的明细账；能填制各种纳税申报表，进行纳税申报；能根据会计账簿资料编制资产负债表、利润表、所有者权益变动表和现金流量表。

3. 掌握证券投资分析的基本方法，熟悉各种证券产品和市场，熟悉典型上市公司的基本情况和行业背景，对行业发展和市场趋势能够做出基本的专业判断；能够应用证券知识为客户提供咨询服务；能熟练操作行情软件，能够运用多种方式下单委托；能熟练处理证券（资金）账户业务；能够进行证券行情分析、研判；能够识别与控制投资风险与账户管理风险；能引导新客户签署协议及投资者教育。

4. 能迅速熟悉并运用市场主流的财务软件；能掌握会计信息化中各个模块的具体要求，巩固之前所学习的各门会计学科相关知识；能通过会计上岗证中会计电算化的考试，能熟练运用一种电算化的财务软件。

5. 熟悉现代企业三大资源的管理：物流、资金流、信息流的全面集成管理；熟悉企业的营销、管理、财务等理论；会利用模拟沙盘对企业经营过程中的各个环节进行决策分析。

6. 掌握会计核算和财务管理的基础知识、业务要求与操作流程，熟悉会计信息的内涵和相互关系，能准确分析和解读会计信息，能够根据会计信息分析企业财务状况和盈利能力，并在此基础上对项目风险进行评估。

三、实训项目及主要内容

（一）财会基本技能实训

本实训项目主要训练学生的点钞与验钞技能、数字小键盘录入技术、电子收款机的操作技能、票据的识别与保管技能、印鉴保管和使用技能等操作能力。具体训练项目如下：

1. 点钞与验钞：训练点钞的基本要领和环节、手工点钞技术、机器点钞技术、货币捆扎技术；训练货币反假法规的运用能力、人民币反假能力、主要流通外币反假能力、票据反假能力、残币兑换和挑剔能力以及中国人民银行反假币上岗证书考证辅导。

2. 数字小键盘录入：训练数字小键盘录入以及电脑键盘输入的基本方法、电脑汉字快速录入技术、电脑数字快速录入技术。

3. 电子收款机的操作：训练电子收款机的权限设置、收款机票据打印、键盘的设置等技能。

4. 票据的识别与保管：了解票据的防伪技术、懂得辨别“变造票”和“伪造票”，了解票据管理办法。

5. 印鉴保管和使用：训练印鉴保管的规范做法以及印鉴正确使用方法。

（二）企业会计循环实训

本实训项目主要训练学生的期初建账能力、凭证填制与审核能力、账簿设置与登记能力、成本计算与结转能力、账项调整与结转能力、对账与结账能力、编制会计报表技能。具体训练项目如下：

1. 期初建账：训练设置核算账套技能，先建立新账：总账、明细账、现金日记账、银行存款日记账。

2. 凭证填制与审核：训练填制和审核凭证是指通过对会计凭证的填制和审核来核算和监督每一项经济业务的方法。对于已经发生的经济业务，都必须由经办人或单位填制原始凭证，并签名盖章。所有原始凭证都要经过会计部门和其他有关部门的审核。

3. 账簿设置与登记：训练把单位发生的各项经济业务事项在依法设置的会计账簿上统一登记、核算的正确方法。

4. 成本计算与结转：训练成本计算的各类方法，训练分配和结转制造费用、计算和结转完工产品的生产成本、计算和结转已销产品的销售成本等专业技能。

5. 账项调整与结转：训练按期末按照权责发生制原则，正确地划分各个会计期间的收入、费用，为正确计算并结转本期经营成果提供有用的资料。训练通常几种期末账页调整：本期已实现但尚未收到款项的收入、本期已发生但尚未支付款项的费用、已经收款但不属于本期或部分属于本期的收入、已经付款但不属于本期或部分属于本期的费用等。

6. 对账与结账：训练正确对账簿和账户所记录的有关数据加以检查和核对，从而保证会计记录真实可靠、正确无误。训练月度结账（月结）、季度结账（季结）和年度结账（年结）的正确方法。

7. 编制会计报表：训练编制资产负债表、利润表、现金流量表等。

（三）财务信息化考证强化实训

本实训项目主要训练学生运用学校资源，有组织、有计划地人为创设模拟仿真的财务信息化工作环境，围绕建账、日常业务处理两条主线，完成会计信息化从整理资料、手工账务向电算化转换、建立账套、基础设置、日常账务处理、期末账务处理、会计报表的编制等全过程的操作训练。具体训练项目如下：

1. 系统管理：训练套账的建立、操作员及权限的设置，掌握系统的基本管理功能，了解系统中的各模块及其联系。

2. 基础档案设置：训练账套基本档案的建立方法，理解各基本资料的含义和作用。

3. 账务系统的日常业务处理：训练参数的设置、会计科目的建立、辅助核算档案的建立、期末余额的设置及其他初始化工作。

4. 账务系统的日常业务处理：训练各种科目凭证的填制及凭证的签字、审核、记账和凭证修改等。

5. 账务系统的出纳管理：训练出纳账簿的查询、银行对账的操作、票据管理等。

6. 账务系统的账簿管理：训练总账、明细账、余额表、辅助账、多栏账等账簿的使用和管理。

7. 账务系统的期末处理：训练期末对账、结账的操作。

8. UFO 报表管理：训练常用报表的编制与管理及报表公式的编辑。

9. 工资管理系统：训练工资系统的初始设置、基本信息建立、工资的分摊和月末处理的操作方法。

10. 固定资产管理系统：训练固定资产系统的初始设置、基本信息建立、日常处理和月末处理的操作方法。

（四）企业管理沙盘模拟实训

本实训项目主要训练学生掌握手工沙盘模拟企业经营规则、创业者电子沙盘模拟企业经营规则、企业经营管理过程、手工沙盘模拟企业经营、体验创业者电子沙盘模拟企业经营。具体训练项目如下：

1. 认识企业经营实战沙盘，熟悉流程和规则：了解 ERP 沙盘的历史沿革，掌握 ERP 沙盘的组成以及模拟竞争的规则。

2. ERP 模拟企业概况：了解模拟企业的基本状况，掌握模拟企业初始状态的设定。

3. ERP 竞争模拟实验：训练在掌握实际市场预测下，如何进行企业的运营。

4. 对企业的评价和反思：训练评价企业盈利与否的相关指标，并且能对一个实际的企业做出最后的评价。

（五）证券投资模拟实训

本项目主要训练学生从事证券业务的能力，主要包括办理客户开户和销户手续、提供客户咨询服务、指导客户进行股票交易、债券交易、基金交易和分析证券行情；撰写个股研究报告、行情分析报告等。具体训练项目如下：

1. 训练学生前台接待客户、办理开户手续、接受客户咨询、指导客户办理交易事项的能力，掌握证券交易账户开立方法与流程，掌握证券交易资金第三方存管开户及转账交易流程。

2. 训练从事股票买卖、基金买卖、债券买卖及权证买卖等操作的能力；掌握股票买卖委托方法、成交查询及委托查询方法；掌握证券资金流水账、汇总账、明细账、对账单的查询方法。

3. 训练学生熟悉证券实时行情的基本要素，包括证券代码、证券名称、开盘价、最新价、成交量、买入价、卖出价、涨跌幅、市盈率等，掌握如何查看证券实时行情数据。

4. 训练学生证券市场分析的能力，能够运用证券实时行情分时线、K 线图分析方法的能力，理解 MA、MACD、RSI、DMA、EXPMA 等技术指标分析方法；学会如何通过证券资讯及技术指标判断证券的投资价值；能够进行宏观分析、行业分析和公司分析。

5. 训练证券交易账户资金的分配、存取、冻结、解冻及资金冲账方法；掌握账户资金余额、当天成交、历史成交及持仓、平仓记录、挂单记录查询方法；掌握盈亏情况计算、快速买卖盘揭示、交易排行榜查询方法。

6. 组织个人证券模拟交易比赛、班际证券模拟交易比赛及校际证券模拟交易比赛。

（六）财务管理综合实训

本项目主要训练学生通过人机对抗的方式，采取组队竞争模式去虚拟运营一家工业企业。平台模拟了该企业的内外部环境，通过运营、账务处理、电子报税、税务稽查等四大模块，训练学生从 CFO 的角度去全面关注企业决策、财务管理、筹资投资、市场营销等相关知识和实务技能，从而了解真实企业文化与企业精神。具体训练项目如下：

1. 筹资管理：训练权益资本、负债资本及资金成本的计算。

2. 项目投资：训练现金流量计算和项目投资决策分析能力。

3. 营运资金管理：训练现金及有价证券、应收账款、存货的管理能力。

4. 财务预算与财务分析：训练预算编制方法，预计财务报表的能力，掌握财务报表编制与指标分析的能力。

5. 账务处理：训练会计综合业务账务处理能力。

6. 电子报税：训练电子纳税申报的技能等。

四、实训设施整体构架及环境要求

（一）实训设施整体构架

本专业实训设施体系由下列实训室构成：一是作为基本技能训练场所的专门技能训练实训室，主要是财会基本技能实训室；二是作为专业核心课程一体化教学场所的模拟业务实训室，主要包括：会计实务实训室、财务信息化实训室、证券投资实训室、ERP 沙盘模拟实训室；三是作为综合财务管理技能训练场所的实训室，主要是财务管理综合实训室。见图 3－1。

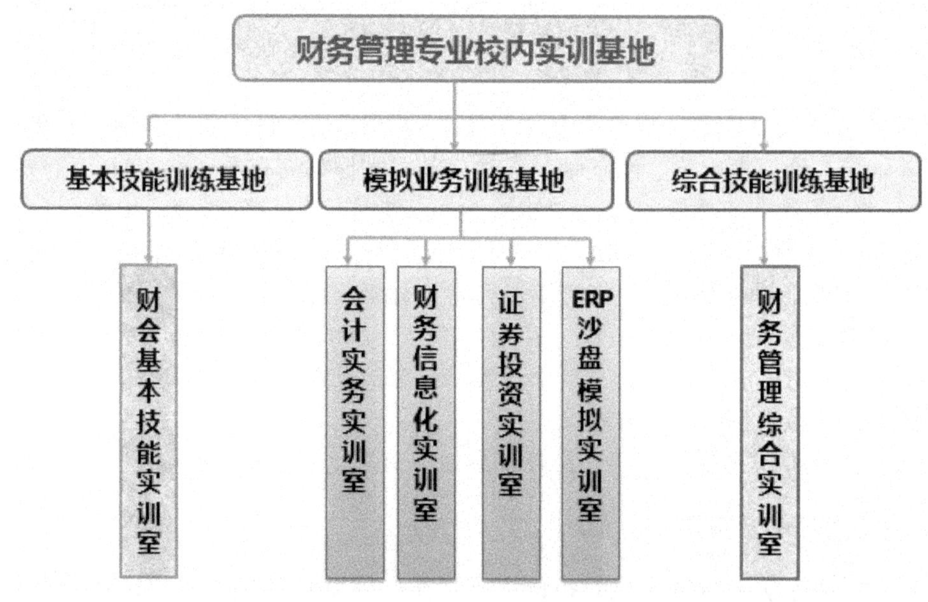

图 3－1　专业实训体系架构图

1. 财会基本技能实训室。本实训室是用于学生进行会计基本技能的集中实训，主要包括点钞与捆钞、小键盘录入、会计书写以及加盖各种印章的练习等技能训练。实训室基本布局为 6 人的实训桌 9 组。

2. 会计实务实训室。本实训室是用于学生进行会计业务流程分岗位实训，主要包括制单、出纳、记账、成本核算、总账报表和会计主管等 6 个岗位的技能训练。实训室基本布局为 4 人实训桌 13 组、教师讲桌 1 套。

3. 财务信息化实训室。本实训室是用于学生进行财务信息化应用软件系列实训、企业经营电子沙盘的集中实训，另包括小键盘录入的练习。实训室基本布局为 4 人实训桌 13 组、教师讲桌 1 套。

4. 证券投资实训室。本实训室是用于用于证券开户、委托、清算等经纪业务，股票、基金、国债等交易品种的模拟操作，大势预测、个股分析等行情解盘等技能训练。实训室基本布局为 5 人实训桌 10 组、教师讲桌 1 套。

5. ERP 沙盘模拟实训室。本实训室是用于学生进行手工沙盘模拟实训，分开小组间进行对抗，激发学生团结合作的积极性，真实体验现实企业的生存经营法则。实训室基本布局为沙盘实训桌 8 组一间、10 组一间，教师讲桌带交易台 1 套。

6. 财务管理综合实训室。本实训室是用于学生进行财务分岗计实训，同时也可用于企业经营电子沙盘的集中实训和进行小键盘录入等技能训练。实训室基本布局为岗位实训桌 14 套、银行税务柜台各 1 套、教师讲桌 1 套。

（二）实训室环境总体要求

1. 实验室面积：单个实验室建议建筑面积 110 平方米以上，宽度不少于 8.5 米；财务管理综合实训室建议建筑面积 220 平方米左右，宽度不少于 12 米。

2. 实验人数：单个实验室按照满足 50 人同时实训的要求设置，可以满足三年制财务管理专业每年招生 150 人的教学需求。执行中应根据招生人数增减每个实训室的座位数或增加实训室的数量。

3. 实训室装修设计应分别与企业财务部门、证券公司装修风格一致，达到模拟仿真的效果。在实训室四周墙体和内外空间，分别模拟企业财务部门、证券公司环境布置。

五、实训室软件配备标准

（一）财会基本技能实训室

表 3-1　财会基本技能实训室软件配备标准

软件名称	技术要求
财会基本技能实训平台软件	1. 系统软件能够满足小键盘录入指法练习要求，软件具有记时功能 2. 系统软件一般具有自动判错功能、统计功能 3. 系统平台一般具有点钞与验钞、数字小键盘录入、电子收款机的操作、票据的识别与保管、印鉴保管和使用的教学模块

（二）会计实务实训室

表 3-2　会计实务实训室软件配备标准

软件名称	技术要求
会计实务实训平台软件	1. 多媒体教学平台一般具有教师、学生、管理员端口，集电脑教室的同步教学、控制、管理、音视频广播、网络考试等功能于一体，并能同时实现屏幕监视和远程控制等网络管理的目的 2. 教学财务软件系统一般满足制单、出纳、记账、成本核算、总账报表和财务分析等模块的教学需求 3. 办公基本软件配备 Office 办公软件等

（三）财务信息化实训室

表 3-3　　财务信息化实训室软件配备标准

软件名称	技术要求
财务信息化实训平台软件	1. 财务信息化教学软件一般包含会计账务处理子系统、会计报表处理子系统、工资核算子系统、固定资产核算子系统、材料核算子系统、成本核算子系统与销售核算子系统等，既能满足会计信息化教学的需求，又能满足会计从业资格证考试的需要 2. 多媒体教学平台一般具有教师、学生、管理员端口，集电脑教室的同步教学、控制、管理、音视频广播、网络考试等功能于一体，并能同时实现屏幕监视和远程控制等网络管理的目的 3. 办公基本软件配备 Office 办公软件等

（四）证券投资实训室

表 3-4　　证券投资实训室软件配备标准

软件名称	技术要求
证券投资模拟交易实训平台软件	1. 系统功能模块应包括：证券开户、资金存管、行情分析、证券交易、证券投资模拟比赛等 2. 行情分析系统：能通过 Internet 接收并实时显示全球各主要证券、外汇、期货交易所的行情。提供实时行情录制功能，实现闭市期间任何时段（包括周六、周日）动态行情教学 3. 资讯系统：提供有交易所官方授权高速实时传送的全球主流的交易市场行情及实时财经新闻，能提供全面的专业财经资讯及财务分析数据，提供知名专业资讯机构的研究报告，提供专业的证券基本面资料，提供真实详细的上市公司资讯 4. 模拟交易系统：能提供支持 A 股、B 股、权证、基金、债券、期货、外汇的委托下单系统，其交易规则与各大专业交易所正式交易规则完全同步，使学生体验到专业市场的交易流程 5. 教学管理功能：具备学生、教师、管理员三个管理层次，可实现批量开户、班级授权、交易规则设置、查询学生交易明细等功能 6. 多媒体教学平台一般具有教师、学生、管理员端口，集电脑教室的同步教学、控制、管理、音视频广播、网络考试等功能于一体，并能同时实现屏幕监视和远程控制等网络管理的目的 7. 办公基本软件配备 Office 办公软件等

（五）ERP 沙盘模拟实训室

表 3-5　　沙盘模拟实训室软件配备标准

软件名称	技术要求
ERP 沙盘模拟实训平台软件	1. 多媒体教学平台一般具有教师、学生、管理员端口，集电脑教室的同步教学、控制、管理、音视频广播、网络考试等功能于一体，并能同时实现屏幕监视和远程控制等网络管理的目的 2. 办公基本软件配备 Office 办公软件等 3. ERP 沙盘实训软件一般应涵盖企业管理多方面知识模块，如财务会计、市场营销、生产管理、采购管理、经营计划等多方面环节，通过计算机仿真模拟的手段，模拟现实中企业管理的全过程，通过学生亲自参与体验与模拟实践，学习企业管理知识，达到认知企业的目的

（六）财务管理综合实训室

表 3-6　　财务管理综合实训室软件配备标准

软件名称	技 术 要 求
财务管理综合实训平台软件	1. 实训平台既能满足学生进行财务分岗实训的要求，也能满足学生综合实训的要求，一般包括筹资、投资、营运、分配等财务模块，综合评价企业经营管理状况 2. 多媒体教学平台一般具有教师、学生、管理员端口，集电脑教室的同步教学、控制、管理、音视频广播、网络考试等功能于一体，并能同时实现屏幕监视和远程控制等网络管理的目的 3. 办公基本软件配备 Office 办公软件等

六、实训室硬件配备标准

（一）财会基本技能实训室

表 3-7　　财会基本技能实训室硬件配备标准

序号	设备名称	技术要求	数量
1	网络机柜		1 个
2	交换机		3 个
3	路由器		1 个
4	打印机		1 台
5	音响扩音设备		1 套
6	投影仪 + 投影幕	幕 100 吋以上	1 套
7	6 人实训桌	直径 160cm，各边长 80cm，高 75cm，中间小圆台高 30cm，直径 30cm。	9 张
8	装订机		9 台
9	点钞机		9 台
10	小键盘录入器		50
11	电脑	高配，含信息化处理	54 台
12	印章		9 套
13	算盘		50 只
14	理财计算器		50
15	练功券		50 捆

（二）会计实务实训室

表3－8　　会计实务实训室硬件配备标准

序号	设备名称	技术要求	数量
1	教师机		1台
2	投影仪＋投影幕	120吋以上	1套
3	高低柜		1套
4	4人实训桌	长160cm，宽110cm（两边各50cm，中间10cm的线槽板），高75cm	13组
5	会计核算流程图		1套
6	会计科目章		13套
7	空白记账凭证		50套
8	凭证封面封底		50套
9	包角纸及有关会计账簿		50套
10	计算器		50个
11	裁纸刀		50把
12	装订机		50个

（三）财务信息化实训室

表3－9　　财务信息化实训室硬件配备标准

序号	设备名称	技术要求	数量
1	网络机柜		1个
2	交换机		3个
3	路由器		1个
4	打印机		1台
5	音响扩音设备		1套
6	投影仪＋投影幕	150吋	1套
7	4人实训桌	长160cm，宽110cm（两边各50cm，中间10cm的线槽板），高75cm，每桌配电脑4台	13组

（四）证券投资实训室

表 3-10 证券投资实训室硬件配备标准

序号	设备名称	技术要求	数量
1	网络机柜		1 个
2	交换机		3 个
3	路由器		1 个
4	打印机		1 台
5	音响扩音设备		1 套
6	投影仪 + 投影幕	120 吋以上	1 套
7	服务器		1 台
8	电动幕布		1 套
9	电脑		50 台

（五）ERP 沙盘模拟实训室

表 3-11 沙盘模拟实训室硬件配备标准

序号	设备名称	技术要求	数量
1	网络机柜		1 个
2	交换机		3 个
3	路由器		1 个
4	打印机		1 台
5	音响扩音设备		1 套
6	投影仪		1 套
7	讲台桌带交易台	通长 300cm，分两节，各长 150cm，宽 60cm，高 75cm，交易台面也分两节，高出桌面 23cm，宽 26cm。	1 张
8	沙盘实训桌	长 200cm，宽 120cm，高 75cm，每组沙盘交易台配置计算机 1 台（价格同上）、文件柜 1 个（内含各种办公用具：同上）	9 组
9	工业沙盘教具 1 套及配套软件		1 套
10	商业沙盘教具 1 套及配套软件		1 套

（六）财务管理综合实训室

表 3－12　　财务管理综合实训室硬件配备标准

序号	设备名称	技术要求	数量
1	网络机柜		1个
2	交换机		3个
3	路由器		1个
4	打印机		1台
5	音响扩音设备		1套
6	投影仪		1套
7	4人实训桌	每套岗位实训桌配置：计算机2台、打印机1台、装订机1台、另包括各种办公用具（文件柜、文件框、印章、尺子、复写纸、订书机、裁纸刀、固体胶、夹子等）	14套
8	柜台		14套
9	银行柜台	银行柜台配置点钞机1台	1套
10	税务柜台	税务柜台配置票据打印机1台	1套

编写说明

财务管理专业三标项目的研制是政、行、企、校共同合作的产物，项目研制过程采用集中调研、讨论，分工执笔制定，再集中讨论、修订，最后集中审定。在整个项目研制过程中，江苏省淮安市中小企业局赵勇处长、江苏今世缘酒业有限公司周素明董事长、江苏中烟工业公司胡全财务总监、江苏财经职业技术学院院长程淮中教授全程参与了整个项目的调研、讨论、修订、审定工作。

本项目由江苏财经职业技术学院沈艾林教授主持。具体执笔人分工如下：“财务管理专业标准”由江苏财经职业技术学院沈艾林、蔡清龙、何秀贤执笔，“财务管理专业教学仪器配备标准”由江苏财经职业技术学院张远录、蔡清龙执笔，“会计基础课程标准”由江苏财经职业技术学院赵燕执笔，“财务管理基础课程标准”由江苏财经职业技术学院朱莉云执笔，“财务会计课程标准”由江苏财经职业技术学院李群执笔，“筹资与投资管理课程标准”由江西财经职业学院李洪春执笔，“资产与收益管理课程标准”由陕西财经职业技术学院杨淑娥执笔，“财务预算与控制课程标准”由山西财政税务专科学校裴淑琴执笔，“成本计算与管理课程标准”由江苏财经职业技术学院沈艾林执笔，“纳税实务与税收筹划课程标准”由淄博职业技术学院张瑞珍执笔，“财务报表分析课程标准”、“内部控制与制度设计课程标准”由江苏财经职业技术学院张远录执笔。

本项目研究得到了财政部、全国财政职业教育教学指导委员会等有关部门和单位的大力支持，在此一并致谢。

财务管理专业三项标准项目组

会计信息管理专业

目录 Contents

第一部分

会计信息管理专业标准

一、专业名称及代码

专 业 名 称：会计信息管理
专 业 代 码：630304
衔接中职专业：会计电算化
接续本科专业：会计学、信息管理与信息系统

二、招生对象

普通高中毕业生及同等学力者。

三、学制与学历

学制：基本学制三年，可实行学分制为基础的弹性学制。
学历：专科。

四、职业岗位描述

会计信息管理专业毕业生面向中小企业、非营利组织、行政事业的会计信息管理岗位，能够胜任会计信息系统应用工作的岗位，即出纳、会计、财务管理、信息管理与维护、数据分析挖掘等工作；也可胜任会计信息软件制造企业及其渠道管理、合作伙伴所需的会计信息系统销售、实施及维护等工作。经过3～5年工作经验积累后可向综合业务和管理职能的岗位发展，能够胜任主办会计、财务主管、会计信息主管、企业信息化项目经理等管理岗位。该专业主要就业岗位和职业发展岗位见表1－1。

表1－1　会计信息管理专业毕业生能胜任的业务岗位

类型	岗位名称	就业范围	主要业务工作	发展岗位
主要就业岗位	会计核算岗 财务管理岗	中小企业、非营利组织、行政事业单位	负责使用财务软件完成会计核算和财务分析等任务	会计、出纳 财务主管
	会计信息系统管理岗	中小企业、非营利组织、行政事业单位	负责企业会计信息系统、财税信息系统的管理、数据备份、数据安全，系统硬、软件故障处理任务	会计信息主管

续表

类型	岗位名称	就业范围	主要业务工作	发展岗位
主要就业岗位	数据管理、数据挖掘岗	中小企业、非营利组织、行政事业单位	负责会计信息收集、远程传输、数据安全、数据保存工作，并对企业数据进行分析诊断工作	会计信息主管、财务主管
	会计信息系统实施维护岗	会计信息软件公司以及其渠道管理、合作伙伴	负责解决会计信息系统应用过程中的各类软硬件故障、软件升级、年度结转等工作。负责会计信息系统的安装、调试，系统初始化设置，培训指导用户规范操作	会计信息系统实施及维护经理
相关就业岗位	库房管理岗	中小企业、非营利组织、行政事业单位	负责库房管理工作	库管
	会计信息系统运营岗	中小企业、非营利组织、行政事业单位	负责会计信息系统运营，提供信息化解决方案，进行渠道管理工作	渠道经理
	一般文案岗	中小企业、非营利组织、行政事业单位	一般文案工作	

五、培养目标

会计信息管理专业毕业生面向中小企业、非营利组织、行政事业单位的会计信息系统操作应用岗位、会计信息系统管理岗、数据管理挖掘岗以及会计信息软件制造企业及其渠道管理、合作伙伴所需的会计信息系统销售、实施及维护岗位，培养拥护党的基本路线，具备现代公民意识，具有诚信、合作、敬业的职业素质，掌握会计信息管理基本理论知识，具有熟练应用财务软件进行财务业务一体化、财税一体化系统操作技能和数据管理、系统实施维护、数据分析与挖掘技能，能够综合运用所学的知识和技能熟练地办理会计信息管理业务的发展型、复合型和创新型的技术技能人才。

（一）综合素质

1. 思想政治素质：掌握马克思主义和中国化马克思主义理论体系的思想方法具有科学的世界观、人生观和价值观；树立拥护中国共产党领导、热爱社会主义祖国、服务中国特色社会主义建设的理想信念，拥有能够支撑高职大学生职业发展的思想政治素质。

2. 人文素养与科学素质：具有宽阔的文化视野和科学的思维习惯，具备健康的审美情趣和正确的审美观。

3. 身心素质：养成良好的锻炼身体、讲究卫生的习惯，掌握保持身体强健的基本方法，达到国家规定的健康标准；具有坚强的毅力、积极乐观的态度、良好的人际关系、健全的人格品质。

4. 职业素质：具有良好的职业态度和职业道德修养；具有诚信的品质，具有敬业、合作和创新精神；具有严格执行会计、会计信息化法律法规的科学态度，具有严谨、细心、耐心、谨慎的职业习惯；具有较强的亲和力和持久的工作热情。

（二）职业能力

1. 掌握会计核算和财务管理及税法实务的基础知识、业务要求与操作流程，熟悉会计信息的内涵和相互关系，能准确分析和解读会计信息，能够根据会计信息分析企业财务状况和盈利能力，并在此基础上对项目风险进行评估。

2. 熟练掌握会计核算的基本技能。掌握会计凭证的审核与填制；掌握会计账户的设置和会计账簿的建立；掌握会计账簿的登记和账簿的核对与结账；掌握小型企业会计报表的编制；熟悉财产清查的方法和工作过程。

3. 熟练运用会计信息化系统的技能。熟悉会计信息化内控制度；熟悉会计信息化档案管理方法；熟悉手工账务处理和会计信息化处理的区别和联系；掌握会计信息化的业务处理流程；掌握系统初始化的过程及人员分工、权限设置功能；掌握记账凭证的填制、审核、记账、查账的方法；掌握日常经济业务的账务处理；掌握往来、供应链模块业务流程，并掌握业务模块与账务处理模块接口关系；掌握会计信息化期末业务处理；掌握会计报表的编制方法；掌握数据备份与恢复方法。

4. 熟练运用财务数据分析工具软件进行会计信息提取、分析与挖掘方法，具有企业运营诊断并提供财务分析报告的能力。

5. 掌握 ERP 运维服务的工作职责及规范；熟练掌握计算机及网络技术知识，能够解决各种网络技术相关问题及故障排除；了解财务核算的规范流程及相关财务管理知识，熟练应用运维服务方法及技巧解决财务业务处理中的常见及典型问题；熟练进行数据库的日常维护、备份及常用故障的收集和处理；熟悉公司内部管理控制体系，掌握各分支机构的日常运作流程，掌握各业务处理模块。

6. 熟练掌握 ERP 系统的选型、实施的基本技能；能够有效地与客户沟通和进行内部沟通，能够独立开拓和维护客户，有效化解客户的异议和拒绝。能独立开展小微企业 ERP 系统产品实施工作，能开展操作及业务培训工作、协助企业完成系统初始化工作。

7. 熟悉会计信息管理信息生成的原理；熟悉会计信息管理人员的职业规范；熟悉会计、会计信息管理相关法律、法规。

8. 熟悉信息安全相关法规，具备数据收集、管理、备份及恢复能力。

六、毕业标准

修完本专业标准中规定的所有课程并考核合格，最低要求修满 132.5 学分；完成各实践性教学环节的学习，成绩合格；获得会计信息管理专业标准中规定的技能等级证书。

（一）学分标准

本专业按学年学分制安排课程，毕业标准为修满 132.5 学分。

理论课程和一体化课程每 18 学时 1 学分，实践课程一般每 28 学时 1 学分。1 学时为 45 分钟。

其中：必修课要求修满 112 学分，占总学分的 84.5%。

选修课要求修满 20 学分，占总学分的 15.5%。

（二）证书标准

1. 获得以下会计行业从业资格考试合格证书：会计从业资格证书。
2. 获得以下计算机应用能力证书之一：
（1）教育部门："全国高等学校计算机课程水平考试一级——计算机应用"证书；
（2）教育部考试中心："全国计算机等级考试（NCRE）一级——MS OFFICE"证书。
3. 推荐以下英语考试合格证书，但不作为获得毕业证书的必要条件：
（1）高等学校英语应用能力考试委员会：全国高等学校英语应用能力考试 B 级证书；
（2）全国大学英语四、六级考试委员会：全国大学生英语四级或六级考试证书。
4. 推荐以下专业职称考试合格证书：财政部、人力资源和社会保障部：初级会计师证书。

七、课程体系

会计信息管理专业职业能力课程体系见表 1-2。

表 1-2　　职业能力课程体系表

职业能力课程体系	职业通用能力课程	经济学基础	会计基础	财经法规与会计职业道德
		微机装配调试	统计学基础	
	职业专门能力课程	企业财务会计	成本核算	财务管理
		网络组装与维护	会计电算化	供应链信息系统
		会计基本技能训练	税费计算与申报	会计报表分析
		ERP 实施及维护	Excel 在财务中应用	数据库应用基础
		会计信息管理综合实训		
	职业拓展能力课程	沙盘模拟实训	管理学基础	ERP 原理
		助会经济法	电商会计	办公应用实训
		商务礼仪	商务沟通	C#程序设计
	职业综合能力训练课程	中期实习	顶岗实习	

课程体系的确定以对学生的能力培养为出发点，参照职业资格证书的要求，本专业学生应当学习下列课程：

（一）基本素质课程

基本素质课程是针对大学生的思想政治素质、人文和科学素质及身心素质养成的需要开设的专门课程。

课程包括："思想道德修养与法律基础"、"毛泽东思想和中国特色社会主义理论体系概论"、"形势与政策"、"心理健康教育"、"大学生职业发展与就业指导"、"国防教育与军事训练"、"计算机应用基础"、"财经应用文写作"、"大学英语"、"经济数学" 等必修课和 "体育、科技知识"、"人文知识"、"艺术修养" 等选修课。

（二）职业能力课程

职业能力课程是在对本专业学生必备的专业知识和专业技能进行分析的基础上系统设计的体现本专业职业要求的课程。包括职业通用能力课程、职业专门能力课程、职业拓展能力课程和职业能力综合训练课程。

1. 职业通用能力课程：此类课程根据完成岗位工作任务和学生职业发展对专业理论知识的需要开设，此类课程不直接对应岗位工作，但对岗位工作有理论指导作用，能够帮助学生更好地理解岗位工作，是学生职业发展的基础，是进行创造性工作的重要条件。根据就业岗位和职业发展对系统理论知识的需要确定教学内容，以知识掌握、理论分析和思维训练相结合的方法组织教学，注重理论联系实际。

课程包括两种不同类型：一是专业基础理论课程。包括 "经济学基础"、"统计学基础"、"微机装配调试"；二是专业应用理论课程。包括 "会计基础"、"财经法规与会计职业道德"、"数据库应用基础"、"税费计算与申报"。

2. 职业专门能力课程：此类课程是为培养学生完成岗位工作任务所应具备的专门能力而开设的，通过训练学生熟练地运用专门技术并掌握运用该技术所需的与工作过程相关的知识来达到具备从事职业岗位工作基本能力的目的。此类课程按其与工作过程的关系可以分为两类：

（1）直接对应岗位工作领域的课程：课程根据岗位工作内容确定教学内容，按照岗位工作过程组织教学过程，运用岗位业务平台进行能力训练，采用 "学中做、做中学" 结合的教学方式，目的是达到教学与岗位工作的对接，均为一体化的课程，是操作技能、业务知识和与工作过程相关的应用理论相结合的课程。

课程包括："企业财务会计"、"成本核算"、"财务管理"、"会计报表分析"、"会计电算化"、"供应链信息系统"。

（2）专项技能训练课程：课程根据完成岗位工作任务对专项技能的需要开设，课程不直接对应具体的工作岗位，但对完成岗位工作任务形成专门的技能支撑，所训练的同一项技能往往会在多个不同岗位得到应用。课程根据完成岗位工作任务对专项技能的需要确定教学内容，按照专项技能训练达标的需要组织教学过程，采用反复训练逐步提高作为主要教学方式，以熟练操作或形成习惯作为训练目标。

课程包括："Excel 在财务中的应用"、"会计基本技能训练"、"网络组建与维护"、

“ERP 实施及维护”、“会计信息管理综合实训” 等课程。

3. 职业拓展能力课程：在学生掌握本专业必备知识和技能的基础上根据就业方向和个人发展需要所开设的选修课程，这类课程包括横向的能力拓展和纵向的能力提升两种课程。

课程包括：“沙盘模拟实训”、“ERP 原理”、“电商会计”、“办公应用实训”、“商务礼仪”、“商务沟通”、“助会经济法”、“C#程序设计”。

4. 职业能力综合训练课程：课程是对上述课程所训练的能力的综合运用的课程。

课程包括：中期实习、顶岗实习。

八、核心课程基本内容

本专业核心课程共 10 门，各门课程应当掌握的教学内容和技能训练要求见表 1 – 3。

表 1 – 3 专业核心课程教学内容

课程名称	应当掌握的知识	应当达到的技能标准
1. 会计基础	• 了解企业、会计工作组织与会计职业 • 熟悉会计、会计目标和会计方法的含义 • 理解会计要素，建立会计等式 • 熟悉会计账户的开设及借贷记账法的运用 • 掌握企业主要经营过程的经济业务核算和成本计算 • 熟悉会计凭证填制和审核 • 熟悉会计账簿的设置和登记 • 了解财产清查的组织和开展 • 熟悉会计报表的编制和报送 • 了解账务处理程序的选择和应用	• 会计认知、会计科目与账户的设置和借贷记账法的应用，达到熟练掌握会计基础知识的要求 • 会计凭证的填制与审核，达到准确识别和填制原始凭证，完成简单的筹资业务、供应业务、生产业务、销售业务和利润实现业务记账凭证编制的要求 • 会计账簿的设置与登记，达到准确完成登记日记账、总账和明细账各类账簿的要求 • 财产清查，达到掌握现金清查和银行存款清查的程序和方法 • 账务处理程序的应用，达到熟练选择账务处理流程进行经济业务处理的要求 • 会计报表的编制，达到熟练完成利润表的编制要求 • 课程集中实训，达到熟练完成一个业务简单、小规模工业企业的账务处理过程的要求
2. 企业财务会计	• 了解金融资产核算 • 掌握存货核算 • 了解长期股权投资核算 • 掌握固定资产核算 • 熟悉无形资产核算 • 了解投资性房地产核算 • 了解债权人权益核算 • 熟悉所有者权益核算 • 掌握收入核算 • 掌握费用核算 • 熟悉利润核算 • 熟悉财务报告编制	• 能正确完成货币资金、往来款项、存货、固定资产、无形资产、投资、职工薪酬、税费、销售、筹资等涉及的经济业务的核算，能达到熟练进行账务处理程序的要求 • 能达到熟练编制会计报表、会计报表附注的要求 • 能达到熟练运用财务指标进行财务报表分析的要求

续表

课程名称	应当掌握的知识	应当达到的技能标准
3. 会计电算化	• 了解 ERP 的基本概念 • 熟悉系统设置与管理 • 熟悉总账核算 • 熟悉报表处理 • 熟悉固定资产处理 • 熟悉薪资管理 • 熟悉应收、应付款管理	• 能够利用管理软件的系统管理功能建立电算化应用环境 • 掌握总账参数设置方法，完成总账初始化操作，掌握凭证处理方法，掌握总账自动转账的设置与凭证生成的操作技巧 • 能够自定义报表，熟练运用取数函数定义公式，能够运用报表模板生成报表，能够进行报表的计算、审核与舍位平衡 • 能够进行固定资产系统的初始化设置、日常处理及月末处理 • 能够进行工资系统的初始化设置、日常管理及月末处理 • 能根据输入的单据或由业务系统传递过来的单据，记录往来款项的形成 • 能够熟练利用应收应付模块处理往来账款业务；理解应收应付系统与账务系统的关系 • 掌握会计从业电算化相关实操模块，并能理解模块初始化、日常处理、期末处理功能的理论知识
4. 数据库应用基础	• 理解数据库系统的结构 • 了解数据库系统在会计信息系统中的作用 • 掌握数据库的创建、查看、修改方法 • 理解数据表的构成、掌握数据表的创建、查看、修改、删除方法 • 掌握记录的管理方法 • 掌握根据需要进行数据查询的方法 • 了解索引的概念、原理，掌握索引的管理方法。了解视图概念及应用范围，掌握视图的管理方法 • 理解数据库的安全体系构成，掌握基本安全策略及实现方法 • 掌握对数据库中数据进行管理的办法 • 掌握以上内容在会计信息系统中的应用方式和方法	• 掌握 SQL Server 数据库的安装方法、能进行 SSMS 的操作和查询分析器操作 • 掌握会计信息系统应用程序端的安装并与数据连接的方法 • 能利用 SSMS 的操作和查询分析器建立、查看、修改数据库 • 掌握数据库的登录（服务账户、身份验证模式、sa 登录）方式 • 掌握带各种约束和参数创建数据表的方法。掌握利用查询分析器进行记录的插入、删除、更新操作 • 掌握使用 Select 语句进行简单、连接、子查询及联合查询的方法 • 会根据需要创建索引，根据需要创建视图 • 掌握 SSMS 端进行数据库安全策略设定的方法，包括登录、用户、角色管理 • 掌握外部数据与数据库中数据互相导入及导出的方法 • 能够根据需要对数据库进行备份、分离、附加及恢复操作

续表

课程名称	应当掌握的知识	应当达到的技能标准
5. 网络组建与维护	• 了解计算机网络，掌握局域网基础知识 • 熟悉局域网的硬件环境，配置网络参数 • 熟悉有（无）线网络设备 • 熟悉网络资源共享 • 掌握通过 ADSL 接入 Internet • 掌握通过交换机（路由器）接入 Internet • 配置 WEB 服务器 • 安装、配置会计信息系统服务器 • 安装、配置杀毒软件，配置防火墙软件 • 熟悉基于网络体系结构分析网络故障 • 熟悉典型网络故障检测、排除，简单网络管理	• 掌握计算机网络组建的基础知识、综合布线、网络设备、会计电算化服务器的构建、网络规划设计与管理维护等职业技能 • 能根据网络应用的需求正确完成常见网络的网络规划 • 能根据网络综合布线设计的有关规定正确完成局域网的设计、组建与实施 • 能根据网络应用的需求正确选择网络软件、硬件设备的选型 • 能使用常用软件及网络管理命令进行网络性能测试以及网络故障的诊断和排除 • 具备搭建会计电算化服务器、网络配置和安全管理的能力
6. 成本核算	• 熟悉材料费用、人工费用、制造费用以及辅助生产费用的归集和分配方法 • 熟悉生产费用在完工产品与在产品之间的分配方法 • 掌握品种法的核算 • 掌握分批法的核算 • 掌握分步法的核算 • 熟悉成本报表的编制方法 • 熟悉成本报表的分析	• 直接材料分配表的编制、直接人工分配表的编制、制造费用分配表的编制、辅助生产成本分配表的编制，能达到准确编制要素分配表的要求 • 产品成本计算单的编制，能到到准确编制成本计算单的要求 • 品种法下记账凭证的编制、成本账簿的登记，能达到熟练运用品种法完成整套账务处理的要求 • 分批法下记账凭证的编制、成本账簿的登记，能达到熟练运用分批法完成整套账务处理的要求 • 分步法下记账凭证的编制、成本账簿的登记，能达到熟练运用分步法完成整套账务处理的要求 • 成本报表的编制，达到熟练编写基本成本报表的要求 • 成本报表的分析，达到运用基本分析手段对成本报表分析的要求
7. 财务管理	• 熟悉财务管理认知 • 掌握筹资管理 • 掌握投资管理 • 熟悉流动资产管理	• 资金时间价值的计算，能够熟练进行不同时点上资金时间价值的换算 • 风险价值的计算，能够熟练运用风险价值的基本公式进行风险价值的计算 • 资金成本的计算、项目投资决策指标的计算、存货经济订货批量的计算、现金最佳持有量的计算、应收账款机会成本计算，

续表

课程名称	应当掌握的知识	应当达到的技能标准
7. 财务管理	• 熟悉利润分配 • 掌握财务预算 • 熟悉财务分析	能达到准确做出筹资、投资、营运资金管理的要求 • 熟悉企业全面预算体系，熟练掌握企业全面预算编制方法，能够科学地进行企业全面预算的编制
8. ERP实施及维护	• 了解ERP系统实施认知 • 熟悉ERP系统实施过程体验 • 了解ERP系统维护管理认知 • 熟悉软件的安装与卸载 • 掌握ERP软件中的系统管理 • 掌握财务链常见问题分析及维护 • 熟悉供应链常见问题分析及维护 • 熟悉数据库表及常见问题维护	• 掌握ERP基础知识，能面向企业需求进行会计信息系统选型 • 掌握项目实施方法 • 通过商贸企业案例实施过程分析、工业企业案例实施过程分析，掌握小软件快刀实施方法与过程 • 能正确认知运维岗位 • 掌握客服人员岗位规范 • 熟悉环境分析与安装常见问题 • 掌握前台维护及软件异常处理 • 掌握数据库升级及账套备份、结转年度账、总账核算、固定资产核算、薪资管理部分，往来管理、报表管理部分 • 掌握应用技巧中常见问题分析及维护
9. 会计报表分析	• 掌握财务分析方法 • 熟悉偿债能力分析 • 熟悉营运能力分析 • 熟悉获利能力分析 • 熟悉发展能力分析 • 掌握收入和利润分析 • 掌握成本费用分析 • 了解企业风险分析 • 熟悉杜邦财务分析 • 熟悉企业诊断软件	• 熟悉财务报表信息体系及财务报表分析的指标体系；能正确理解各种指标的含义及功效 • 能利用现代化工具准确计算各项财务指标 • 能根据指标计算结果来描述企业的财务状况和经营成果；具备发现问题和分析问题、解决问题的能力 • 能为企业财务预测、决策提供可靠信息和财务决策支持 • 能够对企业财务状况的整体质量进行系统化分析与评价，并撰写观点明确、格式正确的分析报告 • 运用企业诊断软件进行会计信息诊断，提供企业管理与决策信息
10. 会计信息管理综合实训	• 企业认知。了解企业内部会计制度、会计一般岗位设置要求、会计核算和管理的一般流程 • 期初建账。掌握总账、日记账和各明细账的开启设置、期初余额的登记并进行试算平衡	• 能根据企业具体情况设置会计岗位 • 能分岗位进行手工账日常业务处理。达到企业日常经济业务账务处理的要求 • 分岗位会计电算化软件的操作。熟练掌握并使用财务软件，能够根据资料完成账套的初始化工作，能够根据手工账会计资料

续表

课程名称	应当掌握的知识	应当达到的技能标准
10. 会计信息管理综合实训	• 日常业务处理。掌握采购、销售、费用报销、固定资产报废、投资等业务原始凭证的审核和记账凭证的填制；掌握总账、日记账、各种明细账和总账的登记依据和方法。掌握科目汇总表并进行试算平衡 • 产品成本的计算。掌握辅助生产费用分配、制造费用的归集与分配和产成品成本的核算及账务处理 • 期末会计报表的编制。资产负债表、利润表、增值税纳税申报表、所得税纳税申报表的编制与填列 • 利用会计信息进行企业运营诊断	及记账凭证完成日常业务的处理工作，能够根据手工账会计资料完成期末业务的处理及报表的生成和审核工作 • 能够利用会计报表进行财务分析 • 要求手工账与电算化结果完全一致 • 要求电子资料、纸质资料档案整理规范、保存安全 • 做好会计信息备份，确保数据安全 • 利用企业运营诊断系统进行处理，提取企业管理与决策信息

九、教学计划进度

1. 教学计划进度安排见表 1 -4。

表 1 -4　　会计信息管理专业教学计划进度

课程类别	课程性质	序号	课程名称	核心课程	课程类型	学分	总学时	教学周学时/教学周数						考核评价方式	主要教学场所	说明
								一	二	三	四	五	六			
								18 周	18 周	18 周	18 周	18 周	18 周			
基本素质与能力课程	必修课	1	思想道德修养与法律基础		理论	3	54			3×18				考试	多媒体教室	
		2	毛泽东思想和中国特色社会主义理论体系概论		理论	4	72		4×18					考试	多媒体教室	
		3	大学英语		一体化	6	108	3×18	3×18					考试	多媒体教室	
		4	经济数学		理论	3	54	3×18						考试	多媒体教室	
		5	体育与健康		实践	3	72	2×18	2×18					考试	多媒体教室	
		6	形势与政策		讲座									考查	其他	课外安排每门 18 课时
		7	心理健康教育		讲座									考查	多媒体教室	
		8	大学生职业发展与就业指导		理论	2	36	1×18			1×18			考查	多媒体教室	
		9	国防教育与军事训练		实践	2	56	2 周						考查	其他	
		10	计算机应用基础		一体化	3	54	3×18						考试	计算机教室	
		11	财经应用文写作		理论	3	54			3×18				考试	多媒体教室	
		小计				29	560									
	选修课	1	体育（项目可选）		实践	4	72	具体选修项目结合全校开设的运动项目课程确定								
		2	公共选修		理论	8	144	具体选修课程结合开设的全校选修课确定								
		小计（要求必选 8 学分）				12	216									

续表

课程类别	课程性质	序号	课程名称	核心课程	课程类型	学分	总学时	教学周学时/教学周数						考核评价方式	主要教学场所	说明
								一	二	三	四	五	六			
								18周	18周	18周	18周	18周	18周			
专业能力课程	必修课	1	经济学基础		理论	3	48	3×18						考试	多媒体教室	
		2	会计基础	√	一体化	4	72	4×18						考试	校内实训室	
		3	财经法规与会计职业道德		理论	2	36		2×18					考试	多媒体教室	含考证辅导
		4	企业财务会计	√	一体化	8	144		4×18	4×18				考试	校内实训室	
		5	微机装配调试		一体化	3	54		3×18					考试	校内实训室	
		6	会计电算化	√	一体化	3	54		3×18					考试	校内实训室	含考证辅导
		7	统计学基础		一体化	3	54			3×18				考试	校内实训室	
		8	数据库应用基础	√	一体化	4	72			4×18				考试	校内实训室	
		9	供应链信息系统		一体化	3	54			3×18				考试	校内实训室	与真实业务项目结合训练
		10	网络组建与维护	√	一体化	4	72				4×18			考试	校内实训室	
		11	成本核算	√	一体化	4	72				4×18			考试	校内实训室	
		12	财务管理	√	一体化	4	72				4×18			考试	校内实训室	
		13	税费计算与申报		一体化	4	72				4×18			考试	校内实训室	
		14	ERP 实施及维护	√	一体化	2.5	54					3×18		考试	校内实训室	与真实业务项目结合训练
		15	会计报表分析	√	一体化	4	72					4×18		考试	多媒体教室	
		16	会计基本技能训练		实践	1.5	36		2×18					考试	校内实训室	
		17	Excel 在财务中的应用		实践	2.5	54				3×18			考试	校内实训室	
		18	会计信息管理综合实训	√	实践	6	108					6×18		考试	校内实训室	
		19	顶岗实习		实践	12	480				4周		10周	考查	校外实习基地	
		小计				77.5	1680									
	选修课	1	沙盘模拟实训		实践	2	36		2×18					考试	多媒体教室	
		2	管理学基础		理论	2	36		2×18					考试	多媒体教室	
		3	ERP 原理		理论	2	36			2×18				考试	多媒体教室	
		4	商务沟通		实践	2	36			2×18				考试	多媒体教室	
		5	助会经济法		理论	2	36				2×18			考证	多媒体教室	含考证辅导
		6	金融基础		理论	2	36				2×18			考试	多媒体教室	
		7	商务礼仪		实践	2	36				2×18			考试	多媒体教室	
		8	办公应用实训		实践	2	36					2×18		考试	校内实训室	
		要求必选 8 学分				8	144									
总学分、总学时、必修课周学时合计						126.5	2600	22	22	24	20	17	18			

2. 各类课程学时学分比例见表1－5。

表1－5 各类课程学时学分比例

课程类别		小计		小计		备注
		学时	比例	学分	比例	
必修课	基本素质与能力课	560	21.54%	29	22.92%	
	职业能力课	1742	64.62%	77.5	61.26%	
选修课	基本素质与能力课	216	8.31%	12	9.49%	
	职业能力课	144	5.54%	8	6.32%	
合计		2600	100.00%	126.5	100.00%	
理论实践教学比	理论课	570	21.9%	32	25.2%	职业能力选修课按照理论课72课时、实践课按72课时计算
	实践课	950	36.5%	35	27.6%	
	一体化	1062	41.6%	59.5	47.2%	
合　计		2600	100.00%	126.5	100.00%	

3. 总体教学进程安排见表1－6。

表1－6 总体教学进程安排

内容／周数／学期	军训入学教育	课程教学	顶岗实习	毕业调研	毕业教育	考试	机动	合计
一	1	18				1		20
二		18				1	1	20
三		18				1	1	20
四		15	4			1		20
五		18				1	1	20
六		9	8		0.5	0.5	1	19
合计	1	96	12		0.5	5.5	5	119

十、教学实施条件

（一）教师任职条件

本专业教师的配置，根据学习领域中的知识、技能、态度、理论实践一体化教学组织要求确定。结构总体上与课程结构相适应。教师数量与招生规模相适应。校内职业能力课程专任教师的师生比应当参照高于1∶30的标准配备。

1. 专业带头人任职条件：

（1）具有副教授以上职称、双师型教师；

（2）具有高度的责任心和团队意识；

（3）具备深厚的经济理论功底，具有过硬的专业教学研究和科研能力；

（4）从事会计或会计电算化、财务管理专业领域教学达到5年以上。

2. 校内专任教师要求：

（1）具备高校教师资格证与职业资格证书；

（2）有强烈的事业心和高度的责任感；

（3）具备深厚的经济理论功底，较强的会计、计算机、管理复合的专业能力；

（4）对经济现实具有敏锐的洞察力，能够组织专业研究和专业实践；

（5）能够运用现代教育技术，善于汲取新知识和新思想；

（6）能够从事专业教学研究和课程开发；

（7）具备双师素质或企业锻炼或企业工作的经验。

3. 校外兼职教师：

（1）具有较强的会计信息系统应用、管理、实施、维护岗位工作能力；

（2）有强烈的事业心和高度的责任感；

（3）具备基本的会计与计算机相融合的专业能力和语言表达能力；

（4）能够带领学生进行实践教学活动；

（5）校外兼课教师应具备本科以上的学历和中级专业技术职务；

（6）顶岗实习指导教师必须具备大专以上学历和基层工作的经验。

除上述要求外，校外兼职教师和校外兼课教师的基本条件都必须符合教育部、财政部、人力资源和社会保障部、国务院国有资产监督管理委员会印发的《职业学校兼职教师管理办法》设定的人员条件。

（二）实践教学条件

1. 校内仿真实训室配备标准见表1－7。

表 1-7　校内仿真实训室配备表

序号	实训室名称	实训项目	设备配置要求		实训室规模
			主要设备名称	数量	
1	会计认知沙盘实训室	• 客户关系管理 • 团队管理 • 企业经营流程 • 企业管理 • 分岗位分角色体验供应链管理过程	电脑（含教师机）	51 台	以 50 人为标准教学班配置
			投影机	1 台	
			电动投影屏幕	1 支	
			多媒体教室教学软件	1 套	
			空调	1 台	
			标准交换机柜	1 个	
			交换机	4 个	
			手工沙盘桌	15 张	
			电脑桌	26 张	
			板凳	51 个	
			供应链管理沙盘软件	1 套	
			创业沙盘软件	1 套	
			模拟企业软件	1 套	
2	办公应用实训室	• 常用办公文档排版 • 文档打印 • 文档复印 • 文档扫描 • 汉字录入 • 小键盘录入	电脑（含教师机）	51 台	以 50 人为标准教学班配置
			投影机	1 台	
			电动投影屏幕	1 支	
			笔型无线话筒	1 支	
			多媒体教室教学软件	1 套	
			空调	1 台	
			标准交换机柜	1 个	
			复印机	1 台	
			激光打印机、票据打印机	2 台	
			扫描仪	1 台	
			交换机	4 个	
			计算机桌	26 台	
			板凳	51 个	
			配置 Windows + Office 平台		

续表

<table>
<tr><th rowspan="2">序号</th><th rowspan="2">实训室名称</th><th rowspan="2">实训项目</th><th colspan="2">设备配置要求</th><th rowspan="2">实训室规模</th></tr>
<tr><th>主要设备名称</th><th>数量</th></tr>
<tr><td rowspan="21">3</td><td rowspan="21">会计基本技能实训室</td><td rowspan="21">• 了解实训企业基本情况
• 建账
• 审核或填制原始凭证
• 编制记账凭证
• 登记现金日记账、银行存款日记账
• 登记明细账
• 编制科目汇总表
• 登记总分类账
• 对账
• 结账
• 编制会计报表
• 整理归档
• 装订成册</td><td>投影仪、幕布、音响、无线话筒</td><td>1 套</td><td rowspan="21">以 50 人为标准教学班配置</td></tr>
<tr><td>电脑（含教师机）</td><td>51 台</td></tr>
<tr><td>装订机</td><td>10 台</td></tr>
<tr><td>国家统一新企业科目章</td><td>50 盒</td></tr>
<tr><td>伪钞鉴别仪（点钞机）</td><td>50 台</td></tr>
<tr><td>财会模拟银行业务受理章</td><td>50 枚</td></tr>
<tr><td>财会模拟单位财务章</td><td>50 枚</td></tr>
<tr><td>日期章</td><td>50 盒</td></tr>
<tr><td>双色自动印台</td><td>50 套</td></tr>
<tr><td>多功能笔筒</td><td>50 个</td></tr>
<tr><td>裁纸刀</td><td>50 把</td></tr>
<tr><td>尺子</td><td>50 张</td></tr>
<tr><td>橡皮擦</td><td>50 块</td></tr>
<tr><td>回形针</td><td>50 盒</td></tr>
<tr><td>海绵缸</td><td>50 盒</td></tr>
<tr><td>银行往来凭证和汇票</td><td>50 套</td></tr>
<tr><td>学生实验桌</td><td>20 张</td></tr>
<tr><td>教师机桌椅</td><td>1 套</td></tr>
<tr><td>文件柜</td><td>2 组</td></tr>
<tr><td>会计模拟专用凭证、账册、单据</td><td>50 套</td></tr>
<tr><td>空调</td><td>1 台</td></tr>
<tr><td rowspan="11">4</td><td rowspan="11">会计信息化实训室</td><td rowspan="11">• 系统初始化
• 总账处理
• 报表处理
• 固定资产处理
• 职工薪筹处理
• 供应链处理
• 税费申报实训
• 手工、会计信息化账综合实训
• 会计信息化分岗实训
• 企业运营诊断实训</td><td>电脑（含教师机）</td><td>51</td><td rowspan="11">以 50 人为标准教学班配置</td></tr>
<tr><td>投影机</td><td>1 台</td></tr>
<tr><td>电动投影屏幕</td><td>1 支</td></tr>
<tr><td>笔型无线话筒</td><td>1 支</td></tr>
<tr><td>多媒体教室教学软件</td><td>1 套</td></tr>
<tr><td>5P 空调</td><td>1 台</td></tr>
<tr><td>标准交换机柜</td><td>1 个</td></tr>
<tr><td>D - link 交换机</td><td>6 个</td></tr>
<tr><td>计算机桌</td><td>26 台</td></tr>
<tr><td>板凳</td><td>51 个</td></tr>
<tr><td>ERP 系统（含财务链与供应链）</td><td>1 套</td></tr>
</table>

续表

序号	实训室名称	实训项目	设备配置要求		实训室规模
			主要设备名称	数量	
5	组装维护实训室	• 硬件选配 • 操作系统安装与维护 • ERP 系统安装与调试 • 应用培训 • 打印机配置与测试	投影仪、幕布、音响、无线话筒	1 套	以 50 人为标准教学班配置
			电脑（含教师机）	51 台	
			服务器	1 台	
			交换机	3 台	
			学生实训桌椅	50 套	
			教师机桌椅	1 套	
			文件柜	2 组	
			十字镙丝刀	50 把	
			一字镙丝刀	15 把	
			尖嘴钳	15 把	
			镊子	15 把	
			手套	50 付	
			皮老虎	50 个	
			空调	1 台	
			Windows Server + Sql 系统光盘	51 套	
			财务软件安装盘	51 套	
6	网络管理实训室	• 网络硬件配置 • 交换机配置 • 路由管理与配置 • 无线管理配置与管理 • 局域网管理与维护 • 会计信息化网络管理与维护	电脑（含教师机）	51 台	以 50 人为标准教学班配置
			多媒体教室教学软件	1 套	
			空调	1 台	
			标准交换机柜	1 个	
			交换机 S3550 - 24	9 台	
			交换机 M2121S	2 台	
			交换机 S2026F	10 台	
			路由器 RG - R1762	16 台	
			夹线钳	8 把	
			双绞线	若干	
			水晶头	8 盒	
			无线路由器	8 个	
			计算机桌（六边形）	8 张	
			板凳	51 个	
			网络管理软件	1 套	

续表

序号	实训室名称	实训项目	设备配置要求		实训室规模
			主要设备名称	数量	
7	会计数据管理实训室	• 运维岗位认知 • 客服人员岗位规范训练 • 环境分析与建立 • 安装常见问题 • 前台维护及软件异常处理 • 数据库升级及账套备份、结转年度账 • 总账核算、固定资产核算、薪资管理部分 • 往来管理、报表管理部分 • 业务处理中常见问题分析及维护 • 后台常见数据库表的认知 • 年度结转常见问题处理 • 打印常见问题处理	电脑（含教师机）	51 台	以50人为标准教学班配置
			投影机	1 台	
			电动投影屏幕	1 支	
			笔型无线话筒	1 支	
			多媒体教室教学软件	1 套	
			空调	1 台	
			标准交换机柜	1 个	
			交换机	4 个	
			计算机桌	26 台	
			板凳	51 个	
			Windows Server + Sql 系统光盘	51 套	
			ERP 财务链安装光盘	1 套	
			ERP 供应链安装光盘	1 套	
			ERP 财务链、供应链典型故障资源库	1 套	

2. 校外实习基地。校外实习基地应当立足本地，兼顾省外其他地区，同时满足本专业及专业群的学生校外顶岗实习的需要来开发实习基地群。

校外实习基地建设方案：

（1）针对会计信息系统应用方向学生实训重点依托代理记账公司进行合作，或者校内建设实账实训室了聘请行业企业专家进行现场指导；

（2）针对会计信息系统维护、实施方向学生实训重点依托 ERP 行业龙头企业、财税一体化服务龙头企业（用友、金蝶、管家婆、航天金穗、世纪中税等）各地分公开司、合作伙伴建设实训基地。

3. 校内生产性实训基地。

（1）校内生产性实训基地可通过与核心合作伙伴共建，供学生在校内完成真实的企业业务。

（2）针对核算方向校内建设代理实账实训室了聘请行业企业专家进行现场指导。

第二部分

会计信息管理专业核心课程标准

“会计基础”课程标准

一、课程定位

“会计基础”是会计信息管理专业针对会计信息管理岗位（群）职业能力培养设置的理实一体化专业基础课程。本课程培养对象是会计职业的初学者。课程在教学内容的设置上，围绕会计职业认知和会计核算基本方法训练两大模块，其目的是教会学生如何在一定的会计职业环境下，运用会计核算的基本方法将企业（事业）单位发生的经济活动以价值的形式收集、整理、加工，为投资者、债权人、经营管理者和其他信息使用者提供有用的会计信息。通过本课程的学习，使学生明确会计职业工作环境、工作内容、工作流程，以及采用的专门方法，各会计岗位的工作职责。课程所培养的专业能力、方法能力和社会能力是学习后续学习领域课程——“企业财务会计”、“会计电算化”、“成本核算”、“税法实务”、“会计报表分析”、“会计信息管理综合实训”等的基础能力，也是会计职业的基本能力。

二、课程目标

通过“会计基础”课程项目的学习，训练学生处理会计各项基础业务的实践能力，达到我国会计从业资格考核标准的要求；培养学生掌握会计基本理论知识；掌握会计凭证的审核与填制；掌握会计账户的设置和会计账簿的建立；掌握会计账簿的登记；掌握账簿的核对与结账；掌握会计报表的编制；掌握三种账务处理程序；掌握常见经济业务的会计核算；熟悉财产清查的方法和工作过程；熟悉会计信息生成的规则与会计人员的职业规范；熟悉会计相关法律、法规。

职业能力培养目标：

1. 具备从事会计工作最基本的基础知识、基本的核算和监督能力；
2. 具有会计职业的就业能力和会计岗位（群）初步职业判断能力；
3. 能够评价和适当运用各种不同的账务处理程序；
4. 能独立完成从填制和审核凭证→设置和登记账簿→编制与报送会计报表的会计循环工作；
5. 具有严格执行会计等相关法律法规的工作态度；
6. 具有爱岗敬业、诚实守信、廉洁自律、客观公正、坚持准则、提高技能、参与管理、强化服务的职业道德；

7. 具有踏实肯干的工作作风和主动、热情、耐心的服务意识。

三、设计思路

1. 课程标准设计的总体思路是：本课程以培养完成会计核算岗位工作任务所需的职业基本能力为核心，本着工学结合、行动导向、理实结合、教学做一体化的高职教育理念，以培养学生的职业能力为主线，联系企业基本经济业务和财会工作实际，采用工作过程系统化的课程开发技术，确定本课程学习目标和设计课程模块。让学生学习并掌握会计职业基础知识和基本核算技能，增强课程内容与职业岗位能力要求的融合性，培养学生具有敬业精神、团队合作和良好的职业道德修养。

2. 课程标准设计的基本依据是：本课程以会计工作过程账务处理流程为主线，以企业典型经济业务为载体，以会计从业资格证考试大纲为参照标准，将会计核算工作涉及的各项业务与能力分解成若干工作项目，根据工作项目重构并确定教学项目。让学生在项目中学习并掌握会计核算的基本原理和业务技能。本课程设计了解会计职业、会计目标与会计方法、划分会计要素、开设会计账户并运用借贷记账法、核算企业主要经营过程的经济业务、填制和审核会计凭证、设置和登记会计账簿、开展财产清查、编制会计报表等项目，并配有能力训练项目，充分体现教、学、做的理实一体化要求。

3. 立足于“教学做”一体化教学特色，设计三位一体的教学模式。按照高职教育“教学做”一体化的教学要求，以能力训练与测试为主要定位，立足“做什么，怎么做”，通过职业判断能力训练、职业实践能力训练、职业拓展能力训练三部分训练，提高学生的职业能力。同时，将原本单独开设的“基础会计实训”融于平时的课堂教学，学生能够及时掌握理论知识，培养学生的实践动手能力，将理论与实践相结合，全面提高学生的职业能力。

4. 通过校企合作和工学结合，充分开发教学资源，给学生提供丰富的实践机会，突出培养学生的综合素质和可持续发展能力，以增强学生的就业能力。

5. 教学效果的评价以教师评价为主，同时采用小组成员自评、互评和教师评价相结合，重点评价学生的知识应用能力和实践动手动力。

6. 本课程建议总学时为 72 学时。

四、课时分配

表 2－1　　课程项目模块及课时分配表

序号	课程项目	课程模块	课时分配	
1	了解企业、会计工作组织与会计职业	企业和企业的基本业务流程	2	4
		会计工作组织	1	
		会计职业特征和要求	1	

续表

<table>
<tr><th>序号</th><th>课程项目</th><th>课程模块</th><th colspan="2">课时分配</th></tr>
<tr><td rowspan="2">2</td><td rowspan="2">描述会计、会计目标和会计方法</td><td>会计和会计目标</td><td>2</td><td rowspan="2">4</td></tr>
<tr><td>会计核算的方法</td><td>2</td></tr>
<tr><td rowspan="3">3</td><td rowspan="3">划分会计要素，建立会计等式</td><td>划分会计要素</td><td>3</td><td rowspan="3">10</td></tr>
<tr><td>建立会计等式</td><td>3</td></tr>
<tr><td>模块实训</td><td>4</td></tr>
<tr><td rowspan="4">4</td><td rowspan="4">开设会计账户，运用借贷记账法</td><td>设置会计科目</td><td>2</td><td rowspan="4">10</td></tr>
<tr><td>开设会计账户</td><td>2</td></tr>
<tr><td>运用借贷记账法</td><td>4</td></tr>
<tr><td>模块实训</td><td>4</td></tr>
<tr><td rowspan="6">5</td><td rowspan="6">核算企业主要经营过程的经济业务和成本计算</td><td>核算资金筹集的经济业务</td><td>2</td><td rowspan="6">16</td></tr>
<tr><td>核算供应过程的经济业务</td><td>2</td></tr>
<tr><td>核算生产过程的经济业务</td><td>4</td></tr>
<tr><td>核算销售过程的经济业务</td><td>2</td></tr>
<tr><td>核算财务成果形成和分配过程的经济业务</td><td>2</td></tr>
<tr><td>模块综合实训</td><td>4</td></tr>
<tr><td rowspan="3">6</td><td rowspan="3">填制和审核会计凭证</td><td>填制和审核原始凭证</td><td>3</td><td rowspan="3">6</td></tr>
<tr><td>传递与保管会计凭证</td><td>1</td></tr>
<tr><td>模块综合实训</td><td>2</td></tr>
<tr><td rowspan="7">7</td><td rowspan="7">设置和登记会计账簿</td><td>启用会计账簿</td><td rowspan="2">3</td><td rowspan="7">11</td></tr>
<tr><td>设置和登记现金、银行存款日记账</td></tr>
<tr><td>设置和登记分类账</td><td>1</td></tr>
<tr><td>对账和结账</td><td>1</td></tr>
<tr><td>错账更正方法</td><td>1</td></tr>
<tr><td>更换和保管会计账簿</td><td>1</td></tr>
<tr><td>模块综合实训</td><td>4</td></tr>
<tr><td rowspan="4">8</td><td rowspan="4">组织和开展财产清查</td><td>实物资产清查</td><td>1</td><td rowspan="4">4</td></tr>
<tr><td>库存现金清查</td><td>1</td></tr>
<tr><td>银行存款清查</td><td>1</td></tr>
<tr><td>往来款项清查</td><td>1</td></tr>
<tr><td rowspan="2">9</td><td rowspan="2">编制和报送会计报表</td><td>编制资产负债表</td><td>2</td><td rowspan="2">4</td></tr>
<tr><td>编制利润表</td><td>2</td></tr>
</table>

续表

<table>
<tr><th>序号</th><th>课程项目</th><th>课程模块</th><th colspan="2">课时分配</th></tr>
<tr><td rowspan="3">10</td><td rowspan="3">选择和应用账务处理程序</td><td>选择和应用记账凭证账务处理程序</td><td>1</td><td rowspan="3">3</td></tr>
<tr><td>选择和应用科目汇总表账务处理程序</td><td>1</td></tr>
<tr><td>选择和应用汇总记账凭证账务处理程序</td><td>1</td></tr>
<tr><td colspan="4">合　计</td><td>72</td></tr>
</table>

五、教学内容

表 2－2 **课程教学内容与教学要求**

序号	工作任务	知识内容和要求	技能内容和要求
1	了解企业、会计工作组织与会计职业	• 了解企业的概念及其主要作用 • 判别企业组织形式的类型 • 认知企业的组织机构和基本业务流程 • 了解会计机构的设置和会计工作组织的意义 • 掌握会计从业资格的基本条件和相关管理要求 • 理解并掌握会计人员的职业道德 • 了解会计的基本法规 • 掌握会计工作交接的基本程序 • 了解会计职业的概念、种类和发展趋势	• 能描述会计工作岗位与企业基本业务流程之间的关系 • 能提出会计机构设置的一般方法 • 能找出会计从业人员管理中存在的主要问题 • 能提出选用会计工作组织形式的一般原则 • 能根据会计职业的发展趋势，对自己未来职业生涯作出合理的规划
2	描述会计、会计目标和会计方法	• 了解会计产生和发展的主要过程 • 理解会计的概念、特点和基本职能 • 理解会计对象，描述企业资金运动的一般过程 • 明确会计的目标和基本假设 • 理解会计核算的基础及对企业盈亏计算产生的影响 • 了解会计方法的组成和会计核算方法 • 归纳总结会计核算各种专门方法之间的关系	• 能梳理出会计发展的主要过程 • 能说出会计与经济社会发展的关系 • 能描述制造企业资金运动的一般过程 • 能提示会计工作与会计目标的关系 • 能归纳总结出会计核算各种专门方法之间的关系 • 能指出不同的会计核算的基础及对企业盈亏计算产生的不同影响

续表

序号	工作任务	知识内容和要求	技能内容和要求
3	划分会计要素，建立会计等式	• 明确会计对象与会计要素之间的关系 • 理解会计要素的概念、分类和基本特征 • 掌握会计基本等式及其拓展公式 • 理解并归纳经济业务发生对会计等式影响的一般规律	• 能正确划分会计要素，并指出会计对象与会计要素的关系 • 能描述会计基本等式 • 能梳理出不同类型的经济业务对会计等式的影响及其变化规律
4	开设会计账户，运用借贷记账法	• 了解会计科目的概念、分类和编号 • 理解账户的概念、种类及其基本结构 • 理解会计科目和账户之间的关系 • 了解账户的开设方法 • 掌握借贷记账法的概念和基本内容 • 能为规模小、业务简单的企业设置会计科目、开设账户 • 能根据简单经济业务编制会计分录 • 能根据账户登记的结果进行试算平衡	• 能根据简单经济业务设置会计科目，并运用借贷记账法开设账户 • 能编制简单业务的会计分录 • 能根据借贷记账法的记账规则和会计等式进行试算平衡
5	核算企业主要经营过程的经济业务和成本计算	• 理解实收资本和短期借款的概念 • 掌握资金筹集经济业务的核算 • 明确固定资产成本和材料采购成本的确定 • 掌握供应过程经济业务的核算 • 了解产品生产成本的构成 • 掌握生产过程经济业务的核算 • 了解产品销售成本的构成 • 掌握销售过程经济业务的核算 • 理解利润的形成和利润分配的原则 • 掌握财务成果形成和分配业务的核算	• 能认知不同种类的原始凭证所反映的经济内容 • 能根据不同的经济业务，开设并应用各种会计账户 • 会编制借款利息计算表 • 能计算外购材料的采购成本 • 会编制主营业务和其他业务成本计算表 • 能计算营业利润、利润总额和净利润

续表

序号	工作任务	知识内容和要求	技能内容和要求
6	填制和审核会计凭证	• 了解会计凭证的意义 • 掌握原始凭证和记账凭证的概念和基本分类 • 识别不同类型的原始凭证和记账凭证 • 明确原始凭证和记账凭证的填制要求 • 掌握原始凭证和记账凭证的填制方法 • 明确原始凭证和记账凭证的审核内容 • 学会各种会计凭证的装订 • 了解会计凭证的传递与保管	• 识别不同类型的原始凭证和记账凭证 • 能说出原始凭证和记账凭证的基本内容 • 能填制和审核原始凭证 • 能填制和审核记账凭证 • 会会计凭证的传递、装订与保管
7	设置和登记会计账簿	• 了解会计账簿的概念、种类和基本内容 • 理解会计账簿的启用规则和记账规则 • 掌握会计账簿的设置和登记方法 • 掌握银行存款日记账的设置和登记方法 • 掌握现金日记账的设置和登记方法 • 掌握明细分类账的设置和登记方法 • 理解并掌握总账与其所属明细账的平行登记 • 理解并掌握对账和结账的方法 • 了解错账发生的基本情形 • 掌握错账的更正方法 • 了解更换和保管会计账簿的有关规定	• 能登记现金和银行存款日记账 • 能登记总分类账和明细分类账 • 会对账、结账及更正错账 • 能在对账中较好地协调与企业内外相关部门的关系，具备良好的人际交往能力

续表

序号	工作任务	知识内容和要求	技能内容和要求
8	组织和开展财产清查	• 了解财产清查的概念和基本分类 • 理解财产物资的盘存制度 • 熟悉实物资产清查的步骤和方法 • 掌握实物资产清查结果的处理 • 明确库存现金清查的范围 • 掌握库存现金清查的方法和结果处理 • 认知银行存款日记账和银行对账单 • 理解未达账项的概念 • 掌握银行存款余额调节表的编制 • 了解往来款项清查的内容和往来款项清查结果报告表的编制	• 能梳理出财产清查的各种方法以及账务处理的一般流程 • 能根据银行对账单编制银行存款余额调节表 • 能独立制订财产清查项目工作计划并实施
9	编制和报送会计报表	• 了解会计报表的意义和内容 • 掌握会计报表的编制要求 • 理解资产负债表的概念、结构和编制基础 • 掌握资产负债表的编制方法 • 理解利润表的概念、结构和编制基础 • 掌握利润表的编制方法 • 了解报送会计报表的相关规定	• 能编制资产负债表 • 能编制利润表 • 会报送会计报表 • 能借助会计报表初步评价企业的财务状况和经营成果
10	选择和应用账务处理程序	• 了解会计循环的概念并理解会计循环的基本步骤 • 理解账务处理程序的概念及选择要求 • 掌握并应用记账凭证账务处理程序 • 掌握并应用科目汇总表账务处理程序 • 理解汇总记账凭证账务处理程序并会编制汇总记账凭证 • 能认知不同账务处理程序的异同、优缺点和适用范围	• 能找出应用不同账务处理程序的一般规律 • 会选择和应用不同的账务处理程序 • 能指出不同账务处理程序的主要任务及所运用的典型单据账表

六、教学条件

（一）教师任职条件

1. 专任教师。

（1）具有丰富的专业理论知识和一定的会计工作经历，熟悉有关会计法律法规；

（2）具有一定广度的相关学科知识，能熟练运用教育学、心理学和教学法的基础理论知识；

（3）能够示范操作筹资、采购、生产、销售等业务办理的工作过程；

（4）能够示范会计基本技能的操作与演示；

（5）能够指导学生采用角色扮演、案例讨论等方法进行有关业务的工作演示。

2. 兼职教师。

（1）企业会计工作能手，能进行凭证填制整理、账簿登记、会计报表编报等技能的示范教学；

（2）相关行业与政府部门业务骨干人员，能进行税务、工商、银行等会计职业环境与工作流程的操作与介绍。

（二）实践教学条件

1. 实训场所：有会计职业认知的软硬件环境。

2. 有进行基本技能训练的会计基本技能实训室；配置有应用会计核算模拟实训软件网络环境的计算机房；具备会计分岗位操作的企业财务模拟环境及模拟银行、模拟税务等外部环境的实训室。

3. 实训工具设备：计算器、仿真现金支票、转账支票、进账单、托收凭证等银行票据和银行结算单据，仿真收据、发票、借款单、差旅费报销单等原始单据，相关会计人员名章、收款凭证、付款凭证、转账凭证、通用记账凭证、科目汇总表、汇总收款凭证、汇总付款凭证、汇总转账凭证、订本式总账、订本式现金/银行存款日记账、三栏式活页明细账、数量金额式活页明细账、多栏式活页明细账、试算平衡表、资产负债表、利润表等。

4. 企业业务仿真核算资料，包括筹资、采购、生产、销售核算业务办理、成本费用核算业务办理、财务成果计算与分配核算业务办理、税费上交业务办理以及有关结算方式业务处理等。

5. 会计核算业务操作模拟实训软件，可在机上进行无纸化出纳业务操作。

6. 配备会计基本业务操作规范手册，包括《会计法》、《会计基础工作规范》等。

七、教学方法与手段

（一）教学方法

本课程教学方法主要包括项目教学法、演示法、角色扮演法、案例教学法、小组讨论法等。

1. 项目教学法：学生在教师指导下通过实施一个完整的项目而进行的教学活动，是一种典型的以学生为中心的教学方法。其目的是在课堂教学中让学生全部或部分独立组织、安排学习行为，将理论与实践教学有机地结合起来，充分发掘学生的创造潜能，提高学生解决实际问题的综合能力。

2. 演示法：教师陈示实物、教具，通过演示、观看实际操作录像等演示工作过程，使学生获取知识的教学方法。采购业务办理流程、生产业务办理流程、销售业务办理流程、会计凭证传递流程、会计凭证装订流程等技能示范均可采用演示法。该方法对提高学生的学习兴趣、发展观察能力和抽象思维能力有重要作用。

3. 角色扮演法：划分学习小组，每小组指定不同人员分别扮演出纳、会计、业务办理人员、会计主管、企业负责人等角色，模拟有关经济业务办理过程，使学生体验不同角色的岗位任务和岗位职责。分岗进行模拟实训时采用角色扮演法，可使学生真切体验会计工作过程。

4. 案例教学法：以实际案例办理为例讲解有关业务办理的相关法律法规规定及业务办理流程，增强教学的真实感和指导性，其操作流程为“以例激趣→以例说理→以例导行”。会计特殊业务处理、会计岗位职业道德与风险防范等内容可采用案例教学法进行教学。

5. 小组讨论法：在教师指导下，由小组成员围绕某一中心问题发表自己的看法，从而进行相互学习的一种方法。其实质就是以小组为组织形式，借助小组成员之间的协作，完成特定的任务。讨论的过程重在交流，一般先是通过交流找出个体之间的差异，后经过讨论达成集体共识；讨论的过程又重在合作，通过小组学习，弥补个体在思维、精力、时间和学习方式上的有限性，发挥集体的力量，变“势单力薄”为“人广智多”。

（二）教学手段

1. 多媒体教学手段。主要包括：电子课件、投影、视频、音频、多媒体教学软件。其中有关基本业务办理流程、开设、登记账簿、填制有关单据等规范操作的内容可采用电子课件投影进行教学；各岗位典型任务如开设账户、填制凭证、登记账薄、编制报表业务办理等可采用视频教学直观演示；有关案例分析与讨论以及相关法律法规宣传等可采用音频教学；师生互动、课堂演示等教学环节可采用多媒体教学软件。

2. 网络教学手段。教师进行仿真业务设计及学生进行会计基本技能仿真实训时可采用网络教学软件。

3. 实践教学手段。在学生学习完本课程之后，应至少安排一周以上的时间，对本课程所涉及的项目进行比较综合的课程综合实训，让学生进一步掌握本课程所涉及的相关知识和职业技能。按照设计好的一套完整的企业账务处理流程进行实训，让学生完成从建新账开始，逐步完成取得或填制原始凭证、编制记账凭证、登记各类账簿到编制会计报表等一系列基本的会计业务。通过整体实践教学，使学生专业知识和技能在系统性、操作性方面得到进一步提高，同时加深对职业领域和相关理论知识的领悟。

八、检查评价

转变单一评价模式，建立多样化评价方式，具体包括参加学习、小组成员评价、教师评价、课后作业和集中测试等。评价对象应包括职业知识掌握情况、实践操作能力、团队合作、学习态度和基本职业素质等方面。

课程学业成绩由单人成绩和小组成绩两部分组成，通过对学习过程和学习结果的评价，对学生知识、技能和能力进行综合考核。其中，理论知识和个人训练项目由教师通过对学生学习过程和结果的综合考核，得出学习成绩分值，该部分成绩占总成绩的 50%。分组进行的筹资、采购、生产、销售等业务训练，由教师根据对各小组操作过程和结果的综合考核给出各小组成绩，小组内按照成员各自的表现和贡献互评，最后由组长确定出各成员的得分，上报任课教师，该部分成绩占总成绩的 50%。任课教师将每个学生的单人成绩与小组成绩相加，作为本课程的考核成绩。

“企业财务会计”课程标准

一、课程定位

“企业财务会计”课程以会计信息管理专业对应的会计核算岗位所涉及的典型工作任务为依据设置的。该课程是在“会计基础”课程后，学生具备了基本的会计理论知识、掌握了基本会计技能的基础上，为适应中小企业较为复杂的会计核算工作开设的，培养学生应具备会计职业判断能力、依据会计法律法规熟练地运用会计方法和技能处理、生成会计信息的专业能力。课程所培养的专业能力、方法能力和社会能力是学习后续学习领域课程：会计电算化、成本核算、财务管理、税法实务、会计报表分析、会计信息系统综合实训等的基础能力，也是会计职业的基本能力。

二、课程目标

通过“企业财务会计”课程的项目学习，使学生了解会计核算依据的主要法律法规及制度，熟悉常见的经济业务的确认与计量方法，能够进行中小型企业日常业务的会计处理，并编制财务会计报告。

1. 熟悉《中华人民共和国会计法》、《企业会计准则》、《小企业会计准则》、《会计基础工作规范》、《企业内部控制规范》、《现金管理条例》、《银行支付结算办法》、《中华人民共和国票据法》等会计相关规范的内容；
2. 熟练掌握会计核算的方法，初步认知会计岗位（群）；
3. 具备按照《企业会计准则》、《小企业会计准则》的要求规范处理各项业务的能力；
4. 能正确判断各种原始单据所反映的经济业务内容、性质和类型，审核原始单据的真实性、合法性、正确性和完整性；
5. 能按照《企业会计准则》确认、计量企业发生的各种经济业务；
6. 能按照会计规范正确记录各种经济业务；
7. 能够按照会计准则的要求编制财务会计报告；
8. 具有踏实肯干的工作作风和主动、热情、耐心的服务意识；
9. 能独立获取和利用信息，通过网络等辅助工具分析利用技术资料。

三、设计思路

1. 课程标准设计的总体思路是：本着理实结合、“教学做”一体化的高职教育理念，以培养学生的职业能力为主线，联系企业基本经济业务和财会实际工作，采用工作过程系统化的课程开发技术，确定本课程学习目标和设计课程模块。让学生学习并掌握会计核算岗位所涉及的资产业务核算、权益核算、损益核算、企业财务报告编制的方法，增强课程内容与职业岗位能力要求的融合性，培养学生具有敬业精神、团队合作和良好的职业道德修养。

2. 课程标准设计的基本依据是：本课程以企业典型经济业务为载体，将会计核算工作涉及的各项业务与能力分解成若干工作项目，根据工作项目重构并确定教学项目。让学生在项目中学习并掌握会计核算的基本原理和业务技能。本课程设计了金融资产核算、存货核算、长期股权投资核算、固定资产核算、无形资产核算、投资性房地产核算、债权人权益（负债）核算、所有者权益核算、收入核算、费用核算、利润核算、财务报表编制 12 个课程项目。通过 12 个理实一体项目学习将会计核算岗位工作中所需要的专业能力、社会能力和方法能力贯穿于该学习领域的学习与训练之中。

3. 通过校企合作和工学结合，充分开发教学资源，给学生提供丰富的实践机会。教学效果的评价以教师评价为主，同时采用小组成员自评、互评和教师评价相结合，重点评价学生的知识应用能力和实践动手动力。

4. 本课程建议总学时为 144 学时，分两个学期执行。

四、课时分配

表 2－3　　课程项目模块及课时分配表

序号	课程项目	课程模块	课时分配	
1	金融资产核算	交易性金融资产核算	4	16
		持有至到期投资核算	6	
		应收款项核算	4	
		可供出售的金融资产核算	2	
2	存货核算	原材料核算	12	18
		委托加工物资核算	2	
		周转材料核算	4	
3	长期股权投资核算	长期股权投资的成本法核算	4	14
		长期股权投资的权益法核算	10	

续表

序号	课程项目	课程模块	课时分配	
4	固定资产核算	固定资产核算	12	16
		在建工程核算	4	
5	无形资产核算	专利权核算	2	6
		特许经营权核算	2	
		土地使用权核算	2	
6	投资性房地产核算	成本模式投资性房地产核算	1	4
		公允价值模式投资性房地产核算	3	
7	债权人权益核算	应付款项核算	2	20
		应付职工薪酬核算	3	
		应交税费核算	4	
		银行借款核算	7	
		应付债券核算	4	
8	所有者权益核算	投入资本核算	4	10
		直接计入所有者权益的利得和损失核算	2	
		留存收益核算	4	
9	收入核算	商品销售收入核算	8	14
		提供劳务收入核算	4	
		让渡资产使用权收入核算	2	
10	费用核算	生产成本核算	4	12
		期间费用核算	2	
		所得税费用核算	6	
11	利润核算	利润形成核算	2	4
		利润分配核算	2	
12	财务报告编制	资产负债表编制	2	10
		利润表编制	1	
		现金流量表编制	4	
		所有者权益变动表编制	2	
		报表附注披露	1	
合计				144

五、教学内容

表 2－4　　　　课程教学内容与教学要求

<table>
<tr><th>序号</th><th>课程项目</th><th>工作任务</th><th>知识内容和要求</th><th>技能内容和要求</th></tr>
<tr><td rowspan="3">1</td><td rowspan="3">金融资产核算</td><td>交易性金融资产核算</td><td>● 了解交易性金融资产的概念
● 了解交易费用的概念
● 熟悉交易性金融资产取得成本的确定
● 了解交易性金融资产的后续计量原则
● 了解公允价值的概念</td><td>● 掌握交易性金融资产取得时的会计处理
● 掌握交易性金融资产取得投资收益的会计处理
● 能够对交易性金融资产进行后续核算
● 掌握交易性金融资产出售的会计处理
● 能够审核与交易性金融资产业务相关的原始凭证
● 能够填制、审核与交易性金融资产业务相关的记账凭证
● 能够规范登记交易性金融资产的明细账</td></tr>
<tr><td>持有至到期投资核算</td><td>● 了解持有至到期投资的概念
● 熟悉持有至到期投资取得成本的确定
● 了解摊余成本的概念
● 熟悉实际利率法的概念</td><td>● 掌握持有至到期投资取得时的会计处理
● 掌握持有至到期投资利息调整及投资收益的会计处理
● 掌握持有至到期投资出售的会计处理
● 掌握持有至到期投资到期收回的会计处理
● 能够审核与持有至到期投资业务相关的原始凭证
● 能够填制、审核与持有至到期投资相关的记账凭证
● 能够规范登记持有至到期投资的明细账</td></tr>
<tr><td>应收款项核算</td><td>● 了解应收款项的概念
● 熟悉其他应收款的内容
● 了解应收款项减值迹象</td><td>● 掌握应收账款的会计处理
● 掌握应收票据的会计处理
● 掌握预付账款的会计处理
● 掌握其他应收款的会计处理
● 能够计算坏账准备及对坏账损失进行核算
● 能够填制、审核与购销业务相关的原始凭证和记账凭证
● 能够填制、审核与坏账损失业务相关的原始凭证和记账凭证
● 能够规范登记各应收款项明细账</td></tr>
</table>

续表

序号	课程项目	工作任务	知识内容和要求	技能内容和要求
1	金融资产核算	可供出售的金融资产核算	• 了解可供出售金融资产的概念 • 熟悉可供出售金融资产取得成本的确定 • 了解可供出售金融资产后续计量的原则	• 掌握可供出售金融资产取得时的会计处理 • 掌握可供出售金融资产取得投资收益的会计处理 • 能够对可供出售金融资产进行后续核算 • 掌握可供出售金融资产出售的会计处理 • 能够审核与可供出售金融资产业务相关的原始凭证 • 能够填制、审核与可供出售金融资产业务相关的记账凭证 • 能够规范登记可供出售金融资产明细账
2	存货核算	原材料核算	• 了解原材料的概念 • 熟悉原材料取得实际成本的确定 • 了解实际成本法 • 了解计划成本法 • 熟悉原材料的清查方法	• 能够运用先进先出法、加权平均法、个别计价法计算发出原材料的实际成本 • 能够计算计划成本法下的材料成本差异率 • 能够运用计划成本计算发出原材料的实际成本 • 掌握原材料实际成本计价下收、发的核算 • 掌握原材料计划成本计价下收、发的核算 • 能够对原材料的清查结果进行会计处理
		委托加工物资核算	• 了解委托加工物资的概念 • 熟悉委托加工物资实际成本的确定	• 掌握委托加工物资发出的核算 • 掌握委托加工物资加工费及相关税费的结算 • 掌握委托加工物资收回的核算
		周转材料核算	• 了解周转材料的概念 • 熟悉周转材料的内容 • 熟悉周转材料的清查方法	• 能够运用周转材料的一次摊销法和五五摊销法进行相关业务核算 • 掌握生产领用周转材料的核算 • 掌握销售产品领用周转材料的核算 • 掌握出租周转材料的核算 • 掌握出借周转材料的核算 • 能够对周转材料的清查结果进行会计处理

续表

序号	课程项目	工作任务	知识内容和要求	技能内容和要求
3	长期股权投资核算	长期股权投资的成本法核算	• 了解长期股权投资的概念和分类 • 了解长期股权投资成本法适用范围 • 熟悉长期股权投资取得成本的确定	• 能够运用成本法对长期股权投资进行核算 • 掌握成本法下投资收益的计算及会计处理
		长期股权投资的权益法核算	• 了解长期股权投资权益法适用范围 • 熟悉长期股权投资取得成本的确定	• 能够运用权益法对长期股权投资进行核算 • 掌握权益法下投资收益的计算及会计处理
4	固定资产核算	固定资产核算	• 了解固定资产的概念和分类 • 熟悉固定资产取得成本的确定 • 熟悉固定资产的折旧方法 • 熟悉固定资产处置的处理方法 • 熟悉固定资产清查方法 • 了解固定资产的减值迹象	• 掌握固定资产取得的会计处理 • 掌握固定资产折旧的核算 • 掌握固定资产后续支出的核算 • 掌握固定资产处置的核算 • 能够对固定资产的清查结果进行会计处理 • 能够判断固定资产是否减值 • 掌握固定资产减值损失的确认、计量及会计处理
		在建工程核算	• 了解在建工程的概念 • 熟悉在建工程成本确定 • 了解在建工程的减值迹象	• 掌握在建工程的核算 • 能够判断在建工程是否减值 • 掌握在建工程减值损失的确认、计量及会计处理
5	无形资产核算	专利权核算	• 了解专利权的概念 • 熟悉内部研发专利权的两个阶段 • 熟悉专利权的摊销方法 • 了解专利权的减值迹象	• 掌握专利权取得的核算 • 掌握内部研发支出的核算 • 掌握专利权摊销的核算 • 掌握专利权处置的核算 • 能够判断专利权是否减值 • 掌握专利权减值损失的确认、计量及会计处理
		特许经营权核算	• 了解特许经营权的概念 • 熟悉特许经营权的摊销方法 • 了解特许经营权的减值迹象	• 掌握特许经营权取得的核算 • 掌握特许经营权摊销的核算 • 掌握特许经营权处置的核算 • 能够判断特许经营权是否减值 • 掌握特许经营权减值损失的确认、计量及会计处理

续表

序号	课程项目	工作任务	知识内容和要求	技能内容和要求
5	无形资产核算	土地使用权核算	• 了解土地使用权 • 熟悉土地使用权的摊销方法 • 了解土地使用权的减值迹象	• 掌握土地使用权取得的核算 • 掌握土地使用权摊销的核算 • 掌握土地使用权处置的核算 • 能够判断土地使用权是否减值 • 掌握土地使用权减值损失的确认、计量及会计处理
6	投资性房地产核算	成本模式投资性房地产核算	• 了解投资性房地产的概念 • 了解投资性房地产成本计量模式 • 熟悉投资性房地产计量模式的适用环境 • 了解投资性房地产的减值迹象	• 掌握投资性房地产成本模式的核算原则 • 能够在成本计量模式下对投资性房地产与固定资产、存货、无形资产的转换进行会计核算 • 掌握成本模式下投资性房地产减值损失的确认、计量及会计处理
		公允价值模式投资性房地产核算		• 能进行期末投资性房地产采用公允价价值计量模式计量的会计处理 • 能采用公允价价值模式进行投资性房地产与固定资产、无形资产相互转换的核算
7	债权人权益核算	应付款项核算	• 了解应付款项的概念 • 熟悉其他应付款的内容	• 掌握应付票据的会计处理 • 掌握应付账款的会计处理 • 掌握预收账款的会计处理 • 能够填制、审核与应付款项业务相关的原始凭证和记账凭证 • 能够规范登记应付款项相关明细账
		应付职工薪酬核算	• 了解职工薪酬中职工的范围 • 熟悉职工薪酬的内容 • 了解现金结算的股权支付	• 掌握工资的会计处理 • 掌握社会保险费和住房公积金的会计处理 • 掌握工会经费和职工教育经费的会计处理 • 掌握非货币性福利的会计处理 • 掌握辞退福利的会计处理 • 能够填制、审核与应付职工薪酬业务相关的原始凭证和记账凭证 • 能够规范登记应付职工薪酬相关明细账

续表

序号	课程项目	工作任务	知识内容和要求	技能内容和要求
7	债权人权益核算	应交税费核算	• 了解增值税的内容 • 了解消费税的内容 • 了解城市维护建设税的内容 • 了解教育费附加的内容 • 了解其他税费的内容	• 掌握应交增值税的会计处理 • 掌握应交消费税的会计处理 • 掌握应交城市维护建设税的会计处理 • 掌握应交教育费附加的会计处理 • 掌握其他应交税费的会计处理 • 能够填制、审核与应交税费业务相关的原始凭证和记账凭证 • 能够规范登记应交税费明细账
		银行借款核算	• 了解借款费用的内容 • 熟悉借款费用的确认条件 • 熟悉资本化期间的确定方法	• 能够分别计算借款费用资本化金额和费用化金额 • 掌握借款费用资本化的会计处理 • 掌握短期借款的会计处理 • 掌握长期借款的会计处理 • 能够填制、审核与银行借款业务相关的原始凭证和记账凭证 • 能够规范登记银行借款明细账
		应付债券核算	• 了解应付债券的发行方式 • 了解应付债券的内容 • 熟悉实际利率法	• 掌握应付债券发行的会计处理 • 掌握应付债券利息调整及利息费用摊销的会计处理 • 掌握应付债券到期偿还的会计处理 • 能够填制、审核与应付债券业务相关的原始凭证和记账凭证 • 能够规范登记应付债券明细账
8	所有者权益核算	投入资本核算	• 了解实收资本的确认 • 熟悉实收资本的计量 • 了解资本公积的确认 • 熟悉资本公积的计量	• 掌握一般企业接受现金资产投资的核算 • 掌握一般企业接受非现金资产投资的核算 • 掌握一般企业接受外币资本投资的核算 • 掌握股份有限公司发行股票的核算 • 掌握可转换债券到期转换为股本的核算
		利得和损失核算	• 了解利得的概念 • 了解损失的概念	• 掌握直接计入所有者权益的利得和损失的核算
		留存收益核算	• 了解盈余公积的内容 • 熟悉未分配利润的形成过程	• 掌握盈余公积提取的核算 • 掌握盈余公积使用的核算 • 掌握未分配利润形成的核算

续表

序号	课程项目	工作任务	知识内容和要求	技能内容和要求
9	收入核算	商品销售收入核算	• 熟悉商品销售收入的确认条件 • 了解商品销售收入的计量方法 • 熟悉商品销售折扣、销售折让、销售退回的含义	• 能够对商品销售收入进行计量 • 掌握一般商品销售收入的核算 • 掌握特殊商品销售收入的核算 • 掌握销售折扣、销售折让、销售退回的核算
		提供劳务收入核算	• 熟悉劳务收入的确认条件 • 了解提供劳务收入的计量方法 • 熟悉完工百分比的计算	• 能够对提供劳务收入进行计量 • 掌握劳务交易结果能够可靠计量收入的核算 • 掌握劳务交易结果不能够可靠计量收入的核算 • 掌握特殊劳务交易收入的核算
		让渡资产使用权收入核算	• 熟悉让渡资产使用权收入的确认条件 • 了解让渡资产使用权收入的计量方法	• 能够对让渡资产使用权收入进行计量 • 掌握一般企业利息收入的核算 • 掌握使用费收入的核算
10	费用核算	生产成本核算	• 了解生产成本的构成内容 • 了解生产成本与费用的关系 • 熟悉生产成本核算的一般流程 • 熟悉生产成本核算设置的主要账户	• 掌握生产成本的核算
		期间费用核算	• 了解期间费用的内容 • 熟悉期间费用核算的一般流程 • 了解期间费用的计量	• 掌握管理费用的核算 • 掌握销售费用的核算 • 掌握财务费用的核算
		所得税费用核算	• 了解所得税费用的概念 • 熟悉所得税核算的一般流程 • 熟悉资产负债表债务法核算的一般程序 • 了解暂时性差异的概念 • 熟悉计税基础的确定方法	• 能够计算计税基础 • 能够确定暂时性差异 • 能够计算递延所得税 • 能够计算应纳税所得额 • 掌握所得税资产负债表债务法的核算
11	利润核算	利润形成核算	• 了解利润的构成 • 了解营业外收入的内容 • 了解营业外支出的内容 • 了解利润结转的表结法 • 熟悉利润结转的账结法	• 掌握营业外收支的核算 • 能够运用账结法对利润进行结转
		利润分配核算	• 了解利润分配的一般顺序	• 掌握利润分配的会计处理 • 掌握弥补亏损的会计处理

续表

序号	课程项目	工作任务	知识内容和要求	技能内容和要求
12	财务报告编制	资产负债表编制	• 了解资产负债表性质 • 了解资产负债表功能 • 熟悉资产负债表结构与内容 • 熟悉资产负债表的编制方法	• 掌握资产负债表的内容 • 能够编制资产负债表
		利润表编制	• 了解利润表性质 • 了解利润表功能 • 熟悉利润表项目与内容 • 熟悉利润表的编制方法	• 掌握利润表的内容 • 能够编制利润表
		现金流量表编制	• 了解现金流量表性质 • 了解现金流量表功能 • 了解现金流量分类 • 熟悉现金流量表项目与内容 • 熟悉现金流量表的编制方法	• 掌握现金流量表的内容 • 能够编制现金流量表
		所有者权益变动表编制	• 了解所有者权益变动表性质 • 了解所有者权益变动表功能 • 熟悉所有者权益变动表项目与内容 • 熟悉所有者权益变动表的编制方法	• 掌握所有者权益表的内容 • 能够编制所有者权益表
		报表附注披露	• 了解附注披露功能 • 了解附注披露要求	• 掌握报表附注披露的内容 • 能够编制报表附注

六、教学条件

（一）教师任职条件

1. 专任教师。

（1）熟悉会计业务操作的专任教师；

（2）能够示范操作会计业务实务。

2. 兼职教师：

（1）企事业单位财务部门负责人；

（2）行业业务能手；

（3）会计师事务所财务主管。

（二）实践教学条件

1. 实训场所：

（1）配备仿真会计职业环境的实训室；

（2）具有一定数量的紧密型工学结合的校外实训基地。

2. 实训工具设备：

（1）配备有关资产业务的各种空白原始凭证、记账凭证、总账账簿、明细账账簿；

（2）配备较为丰富的课堂与学习指导教学资源，具体包括教学课件与软件、习题与案例、试题库、图书与文献资料、会计法律法规文件等；

（3）安装网络版财务实训软件——会计实务（资产核算）操作平台；

（4）配备会计业务操作规范手册，包括会计法、票据法、现金管理条例、银行转账结算办法、会计基础工作规范、企业会计准则、企业会计制度、企业财务通则等；

（5）配备电子书籍、电子期刊和数字图书馆；

（6）建立 Internet 互联网和会计教育在线等信息资源。

七、教学方法与手段

（一）教学方法

本课程教学方法主要包括项目教学法、演示法、角色扮演法、案例教学法、小组讨论法等。

1. 项目教学法：学生在教师指导下通过实施一个完整的项目而进行的教学活动，是一种典型的以学生为中心的教学方法。其目的是在课堂教学中让学生全部或部分独立组织、安排学习行为，将理论与实践教学有机地结合起来，充分发掘学生的创造潜能，提高学生解决实际问题的综合能力。

2. 演示法：教师陈示实物、教具，通过演示、观看实际操作录像等演示工作过程，使学生获取知识的教学方法。该方法对提高学生的学习兴趣、发展观察能力和抽象思维能力有重要作用。

3. 角色扮演法：划分学习小组，每小组指定不同人员分别扮演出纳、会计、业务办理人员、会计主管、企业负责人等角色，模拟有关经济业务办理过程，使学生体验不同角色的岗位任务和岗位职责。分岗进行模拟实训时采用角色扮演法，使学生真切体验会计工作过程。

4. 案例教学法：以实际案例办理为例讲解有关业务办理的相关法律法规规定及业务办理流程，增强教学的真实感和指导性，其操作流程为“以例激趣→以例说理→以例导行”。会计特殊业务处理、会计岗位职业道德与风险防范等内容可采用案例教学法进行教学。

5. 小组讨论法：在教师指导下，由小组成员围绕某一中心问题，发表自己的看法，从而进行相互学习的一种方法。讨论的过程又重在合作，通过小组学习，弥补个体在思维、精力、时间和学习方式上的有限性，发挥集体的力量。

（二）教学手段

1. 多媒体教学手段。主要包括：电子课件、投影、视频、音频、多媒体教学软件。有关案例分析与讨论以及相关法律法规宣传等可采用音频教学；师生互动、课堂演示等教学环节可采用多媒体教学软件。

2. 网络教学手段。教师进行仿真业务设计及学生进行会计基本技能仿真实训时采用网络教学软件。

3. 实践教学手段。通过整体实践教学，使学生专业知识和技能在系统性、操作性方面得到进一步提高，同时加深其对职业领域和相关理论知识的领悟。

八、检查评价

本课程转变单一评价模式，建立多样化评价方式，具体包括参加学习、小组成员评价、教师评价、课后作业和集中测试等。评价对象应包括职业知识掌握情况、实践操作能力、团队合作、学习态度和基本职业素质等方面。

本课程最终成绩由单人成绩和小组成绩两部分组成，通过对学习过程和学习结果的评价，对学生知识、技能和能力进行综合考核。其中，单人成绩是教师通过对学生理论知识和个人训练项目学习过程和结果的综合考核得出；该部分成绩占30%。分组进行的存货核算、金融资产核算、长期股权投资核算、固定资产核算、无形资产核算以及投资性房地产核算训练由教师根据对各小组操作过程和结果的综合考核给出各小组成绩，小组内按照成员各自的表现和贡献互评，最后由组长确定出各成员的得分，上报任课教师。该部分成绩占70%。任课教师将每个学生的单人成绩与小组分配成绩相加，得出该课程的最终考核成绩。

“会计电算化”课程标准

一、课程定位

“会计电算化”是会计信息管理及会计相关专业的一门专业能力核心课程，也为会计从业资格考试中会计电算化项目，承担并服务着学生会计从业考试课程。本课程以 ERP 软件为载体，通过学习和大量的实践操作，让学生既了解会计电算化基础理论及管理软件工作原理，更熟练掌握财务业务一体化软件的应用，培养学生的管理软件实际操作能力，是一门综合性、实践性和应用性强的课程。本课程前导课程有“计算机应用基础”、“会计基础”，为后续“供应链信息系统”、“ERP 实施与维护”、“会计信息管理综合实训”打下基础。

该课程在培养学生的职业能力和促进职业素质的养成方面占有重要地位。通过该课程的学习，使学生具备信息化条件下的会计实务处理能力以及敬业、责任、协作、创新的职业素养，使学生能快速适应不同行业不同企业信息化条件下的会计工作。

二、课程目标

本课程培养学生理解会计电算化的基本原理与理论，熟练掌握 ERP 软件财务模块的实际操作；了解会计电算化的基本概念和基本理论；了解 ERP 管理系统的选型过程；理解管理软件各模块功能及相互关系；熟练掌握具体会计业务在各模块中的实际应用操作；理解并记忆各模块的初始化、日常处理、期末处理的知识。

课程结束后，学生通过行业认证考试并获得资格证书，参加并通过会计从业资格“会计电算化”的考试，并能将本课程运用到实际操作实务中，从而及时适应企事业单位管理信息化的要求。

1. 具备能根据项目任务、财经法规和会计职业道德的要求，根据企业行业性质和实际情况选择适合的会计软件及相应的模块的能力。

2. 具备进行网络配置并安装会计软件，合理进行财务分工，完成会计信息化建账的能力，具备建立中小型企业会计信息化管理制度的能力。

3. 熟练运用 ERP 软件进行总账处理、薪资管理、固定资产管理、报表管理、应收应付管理能力，具备对会计信息系统进行基础维护和数据管理的能力。

4. 具备自主学习，主动探求知识的能力，具备实际应用能力，具备沟通和协调能力，具备协作精神。

三、设计思路

1. 总体设计思路：本课程是会计信息管理专业、会计专业、财务管理专业等专业的核心课。课程设计是在对信息化岗位群和岗位能力分析的基础上，提炼典型工作任务转化成项目模块，形成课程标准。采用“理实一体”的教学模式，理论知识“够用为度”，将职业能力所必需的理论知识点有机地融入教学内容中，边讲边学、边学边做，提高学生学习兴趣，加深对知识的理解。同时，注重加强对学生可持续发展能力的培养。

2. 课程标准设计的基本依据是：面向学生将来从业的可能面对的管理软件应用核算岗、维护岗或营销岗，培养学生胜任管理软件应用与维护的能力，分成了 ERP 的基本概念、系统管理、总账核算、报表处理、固定资产处理、薪资管理、应收款管理、应付款管理等 8 个大的模块。该体系一方面体现了管理软件由简单会计核算到复杂业务管理的认知线索，另一方面反映了工作人员从单一会计核算应用能力到复杂业务综合处理能力、软件实施与维护能力的要求，具有很强的针对性、适用性和先进性。

3. 通过校企合作和工学结合，充分开发教学资源，给学生提供丰富的实践机会。教学效果的评价以教师评价为主，同时采用小组成员自评、互评和教师评价相结合，重点评价学生的知识应用能力和实践动手动力。

4. 本课程建议总学时为 54 学时。

四、课时分配

表 2－5　　　　课程项目模块及课时分配表

<table>
<tr><th>序号</th><th>课程项目</th><th>课 程 模 块</th><th colspan="2">课时分配</th></tr>
<tr><td>1</td><td>ERP 的基本概念</td><td>ERP 的概念和运行原理</td><td>2</td><td>2</td></tr>
<tr><td rowspan="2">2</td><td rowspan="2">系统管理</td><td>建账及账套管理</td><td>2</td><td rowspan="2">4</td></tr>
<tr><td>财务分工</td><td>2</td></tr>
<tr><td rowspan="3">3</td><td rowspan="3">总账核算</td><td>总账系统初始化</td><td>4</td><td rowspan="3">22</td></tr>
<tr><td>总账日常业务处理</td><td>12</td></tr>
<tr><td>期末业务处理</td><td>6</td></tr>
<tr><td>4</td><td>报表处理</td><td>编制财务报表</td><td>4</td><td>4</td></tr>
<tr><td rowspan="3">5</td><td rowspan="3">固定资产处理</td><td>固定资产初始化</td><td>2</td><td rowspan="3">4</td></tr>
<tr><td>固定资产日常处理</td><td>1</td></tr>
<tr><td>固定资产期末处理</td><td>1</td></tr>
</table>

续表

序号	课程项目	课 程 模 块	课时分配	
6	薪资管理	薪资初始化	2	6
		薪资系统日常处理	1	
		薪资期末业务处理	3	
7	应收款管理	应收系统初始化	2	4
		应收系统日常业务	1	
		应收系统期末处理	1	
8	应付款管理	应付系统初始化	1	4
		应付系统日常业务	2	
		应付系统期末处理	1	
9	会计从业培训	会计从业电算化知识串讲	4	4
总 计				54

五、教学内容

表 2－6　　课程教学内容与教学要求

序号	工作任务	知识内容和要求	技能内容和要求
1	ERP 的基本概念	• 了解会计信息化的概念与发展历程 • 理解会计信息化软件的概念和结构组成 • 了解管理软件的功能模块及其数据传递关系	• 理解会计信息化以及信息化软件的特点及发展历程 • 熟悉信息化管理软件各功能模块及模块间的相互关系，明确软件功能模块的运行顺序
2	系统管理	• 熟悉账套的操作 • 熟悉用户（操作员）管理 • 熟悉系统模块启用	• 能够利用管理软件的系统管理功能建立电算化应用环境 • 能进行系统初始化
3	总账核算	• 学会会计科目表的建立及账套期初数据录入 • 熟悉基本会计业务记账凭证录入 • 熟悉记账凭证的查询、修改、出纳签字、审核与记账 • 了解各类会计账簿（含辅助账簿）查询输出 • 学会银行对账 • 熟悉期末自动转账凭证的设置与生成各 • 熟悉总账结账	• 掌握总账参数设置方法，完成总账初始化操作 • 掌握凭证处理方法 • 认识辅助核算与手工处理的差异 • 掌握银行对账的基本原理以及操作流程 • 掌握总账自动转账的设置与凭证生成的操作技巧

续表

序号	工作任务	知识内容和要求	技能内容和要求
4	报表处理	• 报表管理系统工作流程 • UFO 报表模板 • UFO 自定义报表 • 报表文件的导入与输出	• 能够自定义报表，熟练运用取数函数定义公式 • 能够运用报表模板生成报表 • 能够进行报表的计算、审核与舍位平衡
5	固定资产	• 固定资产管理系统工作流程 • 固定资产管理系统初始设置 • 固定资产管理系统日常处理 • 固定资产管理系统的期末处理 • 固定资产核算模块结账与数据备份	• 能够进行固定资产系统的初始化设置、日常处理及月末处理
6	薪资管理	• 工资管理系统工作流程 • 工资项目设置、运算公式设置等初始化设置 • 工资管理系统的日常处理 • 工资期末处理，含工资分摊设置与凭证生成 • 工资报表查询与输出，工资模块结账与数据备份	• 能够进行工资系统的初始化设置、日常管理及月末处理
7	应收款管理	• 应收系统参数设置 • 应收系统日常处理 • 对往来票据进行记录和管理 • 根据所提供的条件，提供各种查询及统计分析	• 能够进行期初参数设置 • 能根据输入的单据或由业务系统传递过来的单据，记录往来款项的形成 • 能够进行坏账的处理并及时掌握动态客户信息
8	应付款管理	• 应付系统参数设置 • 应付系统日常处理 • 对往来票据进行记录和管理 • 根据所提供的条件，提供各种查询及统计分析	• 能够进行期初参数设置 • 能根据输入的单据或由业务系统传递过来的单据，记录往来款项的形成 • 能够及时掌握动态供应商信息
9	会计从业辅导	• 掌握会计电算化相关概念 • 掌握会计电算化各模块功能以及初始化、日常处理、期末处理内容 • 掌握会计电算化模块联系 • 理解会计电算化相关法规	• 能够熟练操作各考试模块的初始化设置、日常处理及期末处理 • 理解并记忆会计电算化考试知识点

六、教学条件

（一）教师任职条件

1. 专任教师：
（1）具有 ERP 系统基本的理论知识；
（2）具备 ERP 软件的实际动手操作能力；
（3）具备组织课堂和课堂设计的能力；
（4）能够讲授本课程的业务知识。
2. 兼职教师：
（1）财务软件公司业务骨干；
（2）具备课堂知识组织和掌控学生实践操作的能力。

（二）实践教学条件

1. 该课程要求在理论实践一体化教室（多媒体教室）完成，以实现教、学、做合一，同时要求安装多媒体教学软件，方便下发教学任务和收集学生课堂实践结果。

2. 机房安装用友 U8. 72 院校版软件。

七、教学方法与手段

（一）教学方法

1. 演示法：教师陈示实物、教具，通过演示、观看实际操作录像等演示工作过程，使学生获取知识的教学方法。在教学过程中，要充分利用网络实验室各种设备和软件，应用多媒体、投影、网络等教学资源辅助教学，帮助学生熟练掌握操作流程及业务要点。

2. 项目教学法：学生在教师指导下通过实施一个完整的项目而进行的教学活动，是一种典型的以学生为中心的教学方法。其目的是在课堂教学中让学生全部或部分独立组织、安排学习行为，将理论与实践教学有机地结合起来，充分发掘学生的创造潜能，提高学生解决实际问题的综合能力。采用以真实的项目、真实的任务、真实的工作过程来从小到大、从单一模块到综合应用来组织教学内容，让学生从理论知识、实践、技能、素质等方面得到锻炼和提高。

3. 六步教学法：将教学组织分为明确任务、教学准备、教学设计、教学实施、教学检查、教学评价六步。以学生为主体进行完成相关工作任务的知识、技能、准备等信息搜集，制定课程教学方案，并准备各项教学资料。在教学过程中注重联系实际应用，以项目为载体实施教学，解决现实问题，从用户的需求入手，采用案例教学或项目教学，注重以任务引领，提高学生学习兴趣。

4. 小组讨论法：在教师指导下，以小组为组织形式，借助小组成员之间的协作，完成特定的任务。讨论的过程又重在合作，通过小组学习，弥补个体在思维、精力、时间和学习方式上的有限性，发挥集体的力量。

（二）教学手段

1. 多媒体教学手段　主要包括：电子课件、投影、视频、音频、多媒体教学软件。有关案例分析与讨论可采用音频教学；师生互动、课堂演示等教学环节可采用多媒体教学软件。

2. 网络教学手段　教师进行仿真业务设计及学生进行会计信息化实训时采用网络教学软件。

3. 实践教学手段　通过开展真实业务实践教学，使学生专业知识和技能在系统性、操作性方面得到了进一步提高，同时加深了对相关理解知识的理解。

八、检查评价

（一）考评方式

建立过程考评（项目考评）与期末考评（课程考评）相结合的方法，强调过程考评的重要性。

（二）考评要求

考试实行“过程式”考核。每个项目结束后均进行一次考核，把期末集中一次考核决定学生成绩改为分次考核，不仅考核学生的知识能力目标和操作能力，学生实践操作的过程也是考核的过程。

1. 知识考核：以专业能力、知识掌握、技能训练目标为依据，实施应知、应会的考核，在期末按照笔试闭卷的办法进行考核，题型包括选择填空、简答题、实践题。满分 100 分，占总成绩的 30%。

2. 实训过程考核：总分 100 分，占总成绩的 50%。本课程实训环节的成绩是在累积每个项目成绩的基础上形成的，每个项目根据其所起的作用不同具有不同的分值。

3. 平时考核：实训室实训、作业、出勤、课堂回答问题等平时成绩占总成绩的 20%。

“数据库应用基础”课程标准

一、课程定位

“数据库应用基础”是会计信息管理专业的专业核心课程，在现代社会财务与会计信息化的整体环境中，数据库技术是其底层最为核心和基础的技术，是会计信息管理专业学生必须掌握的专业知识之一。该课程与职业岗位紧密联系，主要培养和满足数据管理、数据挖掘、会计信息系统实施维护等岗位知识与技能需求，同时培养学生的职业素质与职业能力。为学生在今后学习、工作与生活中有效解决问题奠定基础，培养学生在未来学习型社会中自我发展、持续发展的能力。本课程选取在数据库技术中最具广泛性和应用性的代表软件——SQL Server 作为课程的具体学习内容。本课程的前导课程为“计算机应用基础”，后续课程有“财务报表分析”、“ERP 实施及维护”、“Excel 在会计中的应用”、“会计信息管理综合实训”等。

二、课程目标

通过本课程学习，使学生掌握数据库的基本知识。掌握创建、维护和管理 SQL Server 系统的基本方法。包括熟练掌握应用 SQL Server 进行数据存储、维护和查询的操作能力；制定、指导和实施数据库管理及维护的实践能力。并最终形成在企业从事财务类数据库的安装、维护和管理的岗位能力。同时培养学生具有严谨的工作态度、团队合作精神和创新创业能力，形成利用数据库处理结构化数据的意识和方法。通过对本课程的学习，使学生掌握以下专业能力：

1. SQL Server 系统安装与配置能力；
2. 创建并维护数据库的能力；
3. 创建和管理表的能力；
4. 操纵数据的能力；
5. 创建和管理索引、视图的能力；
6. 实施数据的备份与恢复、复制与迁移的能力；
7. 实施数据安全性、完整性保护的能力；
8. 守时、质量、规范、诚信、责任等方面的意识；

9. 分析问题、解决问题和再学习的能力；

10. 较强的掌握新技术、新设备和新系统的能力。

三、设计思路

1. 课程的总体设计思路：本课程以工作过程为导向，以典型工作任务为基点，综合理论知识、操作技能和职业素质培养为一体的思路设计。通过财务管理软件和数据库分别处理相同数据的应用对比，让学生认知数据库在管理系统中的作用，掌握使用 SQL Server 数据库处理数据的基本方法。能够全面培养其团队协作、沟通表达、工作责任心、职业道德与规范等综合素质，使学生通过学习的过程掌握工作岗位所需的各项技能和相关专业知识。

2. 课程设置的依据：本课程设置依据是会计信息管理岗位群对职业能力的要求。通过广泛的行业岗位调研和行业专家岗位工作任务分析，结合会计信息管理岗位群中会计信息系统管理、实施维护、数据管理、数据挖掘等工作所需数据库知识的要求，根据教学实践和学生认知规律，确定本课程设置及与其他课程的衔接关系。

3. 课程内容的确定：课程以本专业学生的就业为导向，根据用人单位对会计信息管理专业所涵盖的岗位群进行的任务和职业能力分析，以 SQL Server 及数据库管理系统为主线，以本专业相关职业岗位应共同具备的岗位职业能力为依据，遵循学生认知规律，确定本课程的教学内容。

4. 课程内容的组织：坚持任务引领、实践导向课程思想，将相关岗位工作流程与教学实践相结合，融理论与实践一体。为使学生掌握数据库应用技术所需的知识与技能，本课程以“会计信息系统”的实现、使用、维护、管理为主线，设计 7 个子项目来组织教学内容。每个子项目以典型实际问题为载体，引出相关专业理论知识，以典型任务为引领，将职业行动领域的工作过程融合在项目中，使学生在实训过程中加深对专业知识、技能的理解和应用。

在课程实施中，采用项目导向、任务驱动、案例分析、教学做一体等多种教学方法，通过对每一个工作过程（环节）的精心教学来达成课程目标，实现专业技能培养和职业素质提升。

5. 本课程建议总学时为 72 学时。

四、课时分配

表 2－7　　课程项目模块及课时分配表

序号	课程项目	课程模块	课时分配	
1	数据库概述	数据库基本认知（含数据库应用程序结构、数据库访问技术介绍）	4	10
		数据模型及 SQL 语言	2	
		SQL Server 的安装与登录	4	

续表

<table>
<tr><th>序号</th><th>课程项目</th><th>课程模块</th><th colspan="2">课时分配</th></tr>
<tr><td rowspan="3">2</td><td rowspan="3">数据库构建</td><td>示例数据库介绍与体验</td><td>4</td><td rowspan="3">12</td></tr>
<tr><td>创建和修改数据库</td><td>6</td></tr>
<tr><td>查看、删除数据库</td><td>2</td></tr>
<tr><td rowspan="4">3</td><td rowspan="4">数据表管理</td><td>数据表的基本概念</td><td>2</td><td rowspan="4">14</td></tr>
<tr><td>创建和修改表</td><td>6</td></tr>
<tr><td>查看和删除表</td><td>2</td></tr>
<tr><td>记录操作</td><td>4</td></tr>
<tr><td rowspan="4">4</td><td rowspan="4">数据查询</td><td>简单查询</td><td>8</td><td rowspan="4">16</td></tr>
<tr><td>连接查询</td><td>4</td></tr>
<tr><td>子查询</td><td>2</td></tr>
<tr><td>联合查询</td><td>2</td></tr>
<tr><td rowspan="2">5</td><td rowspan="2">索引和视图操作</td><td>索引的概念
索引的创建、查看和删除</td><td>2</td><td rowspan="2">6</td></tr>
<tr><td>视图的概念
视图的创建、使用、修改、查看和删除</td><td>4</td></tr>
<tr><td rowspan="4">6</td><td rowspan="4">数据库安全</td><td>登录管理</td><td>2</td><td rowspan="4">8</td></tr>
<tr><td>用户管理</td><td>2</td></tr>
<tr><td>角色管理</td><td>2</td></tr>
<tr><td>安全策略</td><td>2</td></tr>
<tr><td rowspan="3">7</td><td rowspan="3">数据管理</td><td>数据的导出、导入</td><td>2</td><td rowspan="3">6</td></tr>
<tr><td>数据库恢复、分离和附加</td><td>2</td></tr>
<tr><td>数据库备份</td><td>2</td></tr>
<tr><td colspan="3">总　　计</td><td>72</td><td>72</td></tr>
</table>

五、教学内容

表 2-8　　课程教学内容与教学要求

序号	工作任务	知识内容和要求	技能内容和要求
1	数据库概述	• 理解数据库管理的特点 • 明白数据库的重要性、基础性 • 了解学习数据库后可以从事的职业 • 了解数据应用程序结构 • 了解数据访问技术 • 为什么选择 SQL Server • 掌握 SQL Server 的安装和登录	• 软硬件要求及安装 • 了解 C/S 结构、B/S 结构、三层结构 • 了解数据库连接图 • 数据库的登录（服务账户、身份验证模式、sa 登录） • SSMS 的操作和查询分析器操作
2	数据库构建	• 理解数据库的定义 • 理解 SQL Server 中的数据库结构 • 了解数据库的类型 • 掌握通过 SSMS 和查询编辑器中创建数据库。	• 根据项目背景材料，收集数据库的相关数据 • 决定数据库要存储的信息。 • 能用 SSMS 和查询编辑器创建管理数据库
3	数据表管理	• 了解数据表的基本概念 • 理解数据库完整性的含义 • 掌握用 SSMS 和查询编辑器创建表的方法 • 掌握记录管理方法	• 会使用 SSMS 创建表 • 会为表中的字段选择合理的数据类型 • 通过 SSMS 为表中字段设置各种约束 • 为表之间建立关系，设定主键，外键等 • 能使用记录的插入、删除、更新操作
4	数据查询	• 能使用 Select 语句获取感兴趣的信息 • 会使用高级查询获取数据。	• 简单的 SQL 查询语句 • 带排序的 SQL 语句（TOP 关键字） • 在 SQL 语句中使用各种函数 • 模糊查询（Like、Between、In） • 聚集函数（Sum Avg Count Min Max） • 分组及分组条件语句 • 连接查询（内连接，外连接，全连接） • 简单子查询 • IN 子查询 • Exists 子查询 • T-SQL 进行综合查询。

续表

序号	工作任务	知识内容和要求	技能内容和要求
5	索引和视图操作	• 了解索引的概念，原理 • 掌握索引的管理方法 • 了解视图概念及应用范围 • 掌握视图的管理方法	• 能选用合适的索引提高数据库的性能 • 掌握索引的创建、查看和删除方法 • 掌握视图的创建、修改、查看、删除的方法 • 能使用视图隐藏数据方便查询
6	数据库安全	• 了解安全模型 • 理解两种认证模式 • 理解用户和角色的概念 • 掌握 Grant 和 Revoke 语句	• 会设置登录验证模式 • 会根据安全要求进行用户管理 • 会根据安全要求划分各种角色 • 掌握基本安全策略
7	数据管理	• 掌握数据导入、导出方法 • 了解数据库复制、数据备份与恢复的基本方法	• 能进行数据库恢复、分离和附加操作 • 可根据要求选择并实现数据库备份

六、教学条件

（一）师资要求

要求授课教师有相关专业知识背景，熟练掌握数据库系统的相关知识；能理论联系实际，通过案例分析，充分调动学生学习的积极性，根据高职高专教育的实际情况，因材施教；能在教学工作中不断地学习，充实自己的知识结构和内涵，保证较高的教学质量；应根据教学需要尽量聘请企业一线的有关人士作实训内容的教学。

1. 专任教师。

（1）具有系统的数据库理论知识；

（2）具备数据库的管理、维护、配置能力；

（3）具备数据库的故障排查和处理能力；

（4）具备较强的数据库编程能力；

（5）课内实践部分指导教师具备一定的实际工作经验；

（6）具备基于行动导向的教学方法的设计应用能力；

（7）具有先进的教学方法及较强的驾驭课堂的能力；

（8）具有良好的职业道德和责任心。

2. 兼职教师。

（1）企业技术支持部门技术骨干或负责人；

（2）有财务或会计信息系统管理及维护工作经历并能系统讲解的人员。

（二）实践教学条件

1. 配置服务器来存放教师提供的素材以及所有学生上机完成的作业内容。
2. 配置教师机，供教师示范操作使用。
3. 实现全部计算机联网并按照多媒体教学广播软件，教师可将示范的内容通过广播软件显示在学生机的屏幕上。
4. 教学场所应以计算机机房为主，还应配备投影及中控系统、白板等多媒体教学条件（连接成局域网）。

七、教学方法与手段

1. 本课程的专业性、技能性很强，教学中应以教师为主导，学生为主体，注意理论联系实际，采用多种教学组织形式（班级授课、模拟实训、个别辅导）授课。
2. 在教学方法和手段上，要充分利用各种信息技术方法，案例教学、任务驱动、多媒体演示等，提高学生对基础知识、基本技能的学习兴趣，增强学习的积极性和主动性。培养学生独立解决问题的能力。
3. 本课程的实践性教学可采用随堂实训、课堂讨论、案例分析等多种形式进行，并注意紧密结合专业工作实际。

八、检查评价

1. 期末考核评价及方式：项目考核或笔试加机试的考试方法。
2. 教学过程评价：要根据课程特点采取灵活的考核方式，教学过程要“教学做”一体化，充分体现实践与理论的有机结合，考核重点放在学生的综合素质和能力评价方面。终结性评价和过程性评价要并重，要将学生的平时表现、知识储备、实操能力和综合素质进行全面考量。

本课程采用过程考核和结果考核相结合的方式。结合课堂提问、学生作业、综合实践及考试情况综合评价学生成绩。

3. 集中实训评价：理论联系实际，深入浅出，使学生掌握数据库管理的基本方法，提高学生的实际动手能力。
4. 课程成绩形成方式：平时成绩20% +实践成绩×30% +期末闭卷考试50%

“网络组建与维护”课程标准

一、课程定位

“网络组建与维护”是会计信息管理专业的一门核心课程，实践性较强。本课程前导课程为“计算机基础”、“微机装配与调试”。本课程旨在使学生掌握网络组建、网络操作系统的安装与配置、网络管理与维护所需要的基本知识，具备搭建会计信息系统服务器、进行网络配置和安全管理的能力，并为后续ERP实施与维护综合课程打下坚实的基础。本课程通过将理论应用于实践的技能训练，使学生具备从事网络组建与管理的职业技能。

二、课程目标

本课程培养学生组建和维护网络的能力。通过学习该课程，学生应掌握计算机网络组建的基础知识以及综合布线、网络设备、会计信息系统服务器的构建、网络规划设计与管理维护等职业技能，能根据企业信息系统建设功能需求搭建网络体系，能根据网络应用的需求正确完成常见网络的规划，能根据网络综合布线设计的有关规定正确完成局域网的设计、组建与实施，能根据网络应用的需求正确选择网络软件、硬件设备的选型，能使用常用软件及网络管理命令进行网络性能测试以及网络故障的诊断和排除。通过对网络组建与维护课程的学习，使学生具备以下专业能力：

1. 掌握网络的工作原理，体系结构，网络互连知识；
2. 理解网络组建所具备的理论知识；
3. 通过网络组建的分析，知道组建网络的规划与设计，熟练掌握网络组建的方法；
4. 熟悉网络的标准、拓扑结构、常用设备、组建方式等；
5. 具备搭建会计信息系统服务器、网络配置和安全管理的能力；
6. 能对常见网络故障进行检测与排除。
7. 具有网络信息化意识和责任意识；
8. 具备针对具体问题的分析与解决问题的能力；
9. 自主学习、终身学习的能力。

三、设计思路

1. 课程的总体设计思路：以就业为导向，从网络应用的实际案例出发，以岗位技能要求为中心组成若干教学项目，每个教学项目又分为若干个结合实际、目的明确的教学模块。采用“理实一体”的教学模式，理论知识“够用为度”，将职业能力所必需的理论知识点有机地融入教学内容中，边讲边学、边学边做，做中学、学中做，使学生提高学习兴趣，加深对知识的理解。同时，注重加强对学生可持续发展能力的培养。

2. 课程设计的目标：通过本课程的学习，使学生掌握该专业应具备的网络基础知识，有利于学生将来更深入的学习。本课程培养学生爱岗敬业、团队协作的职业精神和诚实、守信，善于沟通与合作的良好品质，为其职业能力的发展奠定良好基础。

3. 课程设置的依据：随着计算机网络的普及，社会信息化程度的不断提高，人们使用计算机网络或者通过局域网联入互联网，以实现资源共享，实现办公自动化。目前网络已成为人们学习、生活、工作中不可缺少的部分。通过本课程的学习，会计信息管理专业的学生毕业后能从事相关专业的网络设计、构建、安装、调试和日常运行维护，会搭建 WWW 和会计电算化服务器，能进行简单的网络故障排除等。

4. 课程内容的确定：本课程在项目及模块设计上，根据企业会计信息系统建设需求，分为局域网环境、远程 B/S 环境进行网络建设，将局域网类型分为对等局域网和中小型网络，逐层递进。“认识、应用局域网”项目作为导入模块，通过对现有局域网的参观学习，先建立对局域网的感性认识。“对等局域网组建”项目是小型局域网代表，培养学生自己制作网线、利用网络设备搭建局域网硬件环境的能力、局域网地址规划及配置能力、子网划分能力、常用网络命令的使用能力。“中小型局域网组建”项目是中小型局域网代表，从总体上帮助学生把握中小型局域网结构和功能，着重培养学生利用交换机（路由器）将其接入 Internet 的能力，使用杀毒软件和防火墙工具维护网络安全的能力，在网络环境中实现 Web 服务器安装、配置和安装、配置会计信息系统服务器的能力。“常见网络故障排除”项目着重培养学生分析和排除常见网络故障的能力。整个课程项目设计以设计、实现和维护局域网为线索来进行，必备的网络知识融入到相应的工作任务中学习。在学习知识和技能的同时，也培养了学生解决实际问题的工作方法和职业能力。

5. 课程内容的组织：依照组建小型局域网络的工作步骤来组织内容，并实现能力的递进。例如，在 IP 地址设置、网络连通性测试、故障检测及排除等内容多次出现，但每次介绍的深度和侧重点都有所不同，遵循的原则是由表及里、由浅入深、层层递进，完全符合认知规律；中小型局域网组建（校园网）学习项目，则完全解决了一般中小型网络组建与互联网的接入问题，这样就使项目设计具有了开放性。

6. 本课程建议总学时为 72 学时。

四、课时分配

表 2-9　　　　课程项目模块及课时分配表

序号	课程项目	课程模块	课时分配	
1	认识、应用局域网	认识计算机网络	4	8
		局域网基础知识	2	
		参观学校的网络中心，了解校园网软硬件	2	
2	对等局域网组建	搭建局域网的硬件环境	4	20
		配置网络参数	6	
		配置有（无）线网络设备	2	
		操作系统安装	2	
		网络资源共享	2	
		基于用友 T3 系统搭建局域网环境下的会计信息系统	4	
3	中小型局域网组建	局域网需求分析	2	26
		通过 ADSL 接入 Internet	2	
		通过交换机（路由器）接入 Internet	4	
		配置 Web 服务器	4	
		安装、配置会计信息系统服务器	4	
		安装、配置杀毒软件	2	
		配置防火墙软件	2	
		基于用友 U872 系统搭建局域网环境下的会计信息系统	6	
4	常见网络故障排除	基于网络体系结构分析网络故障	4	10
		典型网络故障检测、排除	4	
		简单网络管理	2	
5	综合实训	基于用友 T+系统搭建 B/S 结构的会计信息系统	8	8
总计			72	72

五、教学内容

表 2－10 课程教学内容与教学要求

序号	项目名称	工作任务	知识内容和要求	技能内容和要求
1	认识应用局域网	认识计算机网络	• 了解计算机网络的定义 • 熟悉计算机网络的组成部分 • 了解计算机网络的作用 • 了解根据传输技术、覆盖范围、拓扑结构分类的网络类型	• 能描述计算机网络的组成部分 • 能正确区分各种不同的网络类型和应用
		局域网基础知识	• 了解局域网的定义、特点、功能 • 了解局域网拓扑结构 • 了解 IEEE802.3	• 能依据学校机房网络说明配置参数 • 知道局域网技术标准
		调研	• 调研学院网管中心，了解网络规划	• 能画出学院网络拓扑图，并标明 IP 规划
2	对等局域网组建	搭建局域网的硬件环境	• 了解网络传输介质的种类 • 掌握双绞线、光纤、无线介质的特点和应用场合 • 掌握五类、超五类、六类双绞线的信号传输带宽及数据传输速率 • 掌握 EIA/TIA 568A 和 568B 线序标准 • 掌握局域网设备结构部件 • 掌握局域网设备种类 • 掌握局域网设备面板指示 • 掌握局域网设备连接状态 • 掌握局域网设备连接测试方法	• 能根据网络连接的需求，选择合适的传输介质 • 能准确按照 EIA/TIA 568A 和 568B 标准制作网线 • 能准确使用线缆测试仪测试线缆的连通性，并判断解决连接故障 • 能熟练识别各种网络设备 • 能准确读取网络设备参数 • 能基本分析网络设备性能 • 能准确通过设备面板指示分析局域网设备连接状态 • 会测试局域网设备连接状态
		配置网络参数	• 掌握 IP 地址的概念及分类 • 掌握主机地址、广播地址、网络地址、子网掩码的概念与计算方法 • 掌握子网划分的方法 • 了解 MAC 地址和地址转换协议 • 掌握配置 IP 地址的方法 • 掌握 Ping 命令使用	• 能进行各种 IP 地址的识别 • 能准确计算 IP 地址的主机地址、网络地址和广播地址 • 能准确进行子网的划分 • 能准确使用 IPCONFIG 和 ARP 命令查看 MAC 地址 • 能熟练在主机上进行 IP 地址配置 • 能熟练使用 Ping 测试网络的连通性

续表

序号	项目名称	工作任务	知识内容和要求	技能内容和要求
2	对等局域网组建	配置有（无）线网络设备	• 了解有无线传输介质的种类和特点 • 掌握有线网卡安装 • 了解无线局域网基本构成 • 了解网卡分类 • 了解网卡相关的技术参数	• 能区分不同无线传输介质 • 能认知无线网络的各部分组成 • 能熟练安装配置有线网卡 • 能根据配置要求选购网卡
		操作系统安装	• 掌握 Windows 的安装与配置 • 了解 Linux 安装与配置	• 能熟练对 Windows 进行配置 • 知道 Linux 的组网配置
		网络资源共享	• 掌握利用网络共享文件夹 • 了解利用网络共享打印机 • 掌握对共享资源权限的分配	• 能进行网络资源权限分配 • 会使用网络共享资源
		搭建 T3 系统网络	• 阅读 T3 系统安装说明书 • 设计系统网络架构 • 组建 T3 系统网络	• 组建 T3 系统网络，测试并维护
3	中小型局域网组建	局域网需求分析	• 掌握用户需求分析的基本方法，理解用户需求的常见表现 • 掌握接入网技术的特点 • 理解网络的总体需求 • 掌握网络拓扑结构图的标准形式 • 熟悉 PowerPoint 和 Visio 拓扑结构图绘图功能	• 会收集、整理网络功能需求，并填写用户需求分析表 • 能准确分析网络用户的网络需求 • 会根据具体的调研，确定网络组建方案 • 能用 PowerPoint 或者 Visio 的绘图工具绘制出标准的网络拓扑结构图
		通过 ADSL 接入 Internet	• 了解 ADSL 的工作原理 • 了解 ADSL 上内外网 IP 地址的区别 • 了解 Internet 用户盗用 ADSL 账号上网的防治方法 • 了解多机共享 ADSL 上网存在的问题和解决途径	• 熟练掌握 PC 与 ADSL 网络连通 • 熟练掌握利用网页配置方式配置 ADSL 参数（内外网 IP、自动拨号、DHCP、管理员账号密码等） • 熟练掌握依据 ADSL 内网 IP 的调整更改 PC 网关参数 • 熟练掌握单机和多机共享 ADSL 上网
		通过交换机（路由器）接入 Internet	• 了解交换机与路由器接入的区别 • 掌握网关的概念 • 掌握交换机（路由器）的连接及简单工作原理 • 了解交换机的简单配置	• 能熟练根据网络结构设置网关 • 会交换机（路由器）参数配置 • 会连接交换机

续表

序号	项目名称	工作任务	知识内容和要求	技能内容和要求
3	中小型局域网组建	配置Web服务器	• 掌握 Window 2003 Advanced Server 的安装与配置 • 掌握活动目录安装于配置 • 了解 Web 服务器的工作原理和作用 • 了解默认主页文档的作用	• 能熟练对系统进行配置 • 能熟练配置活动目录 • 会静态网页发布服务的配置方法 • 会动态网页发布服务的配置方法
		安装、配置会计电算化服务器	• 了解会计电算化软件的工作原理和作用 • 掌握会计电算化软件的安装 • 熟悉会计电算化软件对服务器要求 • 掌握服务器的配置与维护	• 知道所使用会计电算化软件的功能 • 会安装所使用会计电算化软件 • 会对会计电算化服务器进行配置与维护
		安装、配置杀毒软件	• 了解计算机病毒的主要分类和原理 • 了解杀毒软件的工作原理 • 了解杀毒软件的主要技术参数 • 了解端口的概念和分类 • 了解杀毒软件升级的重要性	• 熟练掌握易受攻击的常用端口 • 能准确按照网络安全防护日常注意事项操作（打印和文件共享） • 能根据具体情况选择杀毒软件 • 熟练掌握杀毒软件常用参数配置 • 熟练掌握定期更新病毒库方法
		配置防火墙软件	• 了解防火墙的分类和工作原理 • 了解使用防火墙对网络连接的影响 • 了解 IP 规则、访问规则、可信区的作用 • 了解升级防火墙的重要性	• 能根据具体情况选择防火墙 • 熟练掌握防火墙常用参数的配置 • 熟练掌握定期升级防火墙方法
		搭建ERP系统网络	• 阅读 ERP 系统安装说明书 • 设计系统网络架构 • 组建会计信息系统网络	• 组建 ERP 系统网络，测试并维护
4	常见网络故障排除	基于网络体系结构分析网络故障	• 熟悉自上而下的网络故障检测和排除方法 • 熟悉自下而上的网络故障检测和排除方法 • 熟悉分治法实现网络故障检测和排除	• 基本能基于 OSI 模型或 TCP/IP 模型检测网络 • 基本能分析网络故障产生原因 • 基本能根据故障特征及故障现象，选择故障检测和排除方法 • 基本能实现故障定位和排除
		典型网络故障检测、排除	• 了解网络设备常见故障 • 了解网络外部设置常见故障 • 了解无线网络常见故障	• 基本能解决网络设备典型故障 • 基本能解决网络外部设置典型网络故障 • 基本能解决无线网络典型故障

续表

序号	项目名称	工作任务	知识内容和要求	技能内容和要求
4	常见网络故障排除	简单网络管理	• 了解网络管理内容 • 了解常见网络管理软件	• 会使用网络管理软件（会计电算化管理软件）
5	综合实训	搭建T+系统网络	• 阅读T+系统安装说明书 • 设计B/S系统网络架构 • 组建T+系统网络	• 组建T+系统网络，测试并维护

六、教学条件

（一）教师任职条件

1. 专任教师。
（1）具有网络组建与维护的理论知识；
（2）具备网络组建的实际动手操作能力；
（3）具备组织课堂和课堂设计的能力；
（4）能够讲授本课程的业务知识。
2. 兼职教师
（1）网络公司技术业务骨干；
（2）具备课堂知识组织和掌控学生实践操作的能力。

（二）实践教学条件

1. 该课程要求在理论实践一体化教室（多媒体教室）完成，以实现教、学、做合一，同时要求安装多媒体教学软件，方便下发教学任务和收集学生课堂实践结果。

2. 要有一定数量计算机（50台以上），能够运行Powerpoint、Visio、杀毒软件、防火墙、Windows（FTP、WEB、DNS、DHCP）团队开发环境的计算机实验室；另外需要配置网线制作耗材（RJ45接头、网线、网线钳、测线仪）、交换机、宽带路由器、ADSL、有（无）线网卡等实验器材；实验室还要配置多媒体教学设备。

七、教学方法与手段

（一）教学方法

本课程教学方法主要包括项目教学法、演示法、角色扮演法、案例教学法、小组讨论法等。

1. 项目教学法：学生在教师指导下通过实施一个完整的项目而进行的教学活动，是一种典型的以学生为中心的教学方法。其目的是在课堂教学中让学生全部或部分独立组织、安排学习行为，将理论与实践教学有机地结合起来，充分发掘学生的创造潜能，提高学生解决实际问题的综合能力。

2. 演示法：教师陈示实物、教具，通过演示、观看实际操作录像等演示工作过程，使学生获取知识。该方法对提高学生的学习兴趣、发展观察能力和抽象思维能力有重要作用。

3. 案例教学法：以实际案例办理为例讲解有关业务办理的相关法律法规规定及业务办理流程，增强教学的真实感和指导性，其操作流程为“以例激趣→以例说理→以例导行”。

4. 小组讨论法：在教师指导下，由小组成员围绕某一中心问题发表自己的看法，从而进行相互学习的一种方法。其实质就是以小组为组织形式，借助小组成员之间的协作，完成特定的任务。讨论的过程重在交流，一般先是通过交流找出个体之间的差异，后经过讨论达成集体共识；讨论的过程又重在合作，通过小组学习，弥补个体在思维、精力、时间和学习方式上的有限性，发挥集体的力量。

（二）教学手段

1. 在教学过程中，要充分利用网络实验室各种设备和软件，应用多媒体、投影、网络等教学资源辅助教学，帮助学生熟练掌握操作流程及业务要点。

2. 采用以真实的项目、真实的任务、真实的工作过程来从小到大、从简单到复杂地组建和维护网络的方式组织教学内容，让学生从理论知识、实践、技能、素质等方面得到锻炼和提高。

3. 充分利用网络课程资源，引导学生自主学习。教学过程中教师应积极引导学生提升职业素养，提高职业道德，养成严谨认真的工作习惯，达到知识、技能和态度的有机统一。

八、检查评价

（一）考评方式

建立过程考评（项目考评）与期末考评（课程考评）相结合的方法，强调过程考评的重要性。

（二）考评要求

考试实行“过程式”考核。每个项目结束后均进行一次考核，把期末集中一次考核决定学生成绩改为分次考核，不仅考核学生的知识能力和操作能力，学生实践操作的过程也是考核的过程。

1. 知识考核：以专业能力、知识掌握、技能训练目标为依据，实施应知、应会的考核，在期末按照笔试闭卷的办法进行考核，题型包括选择填空、简答题、实践题。满分 100 分，占总成绩的 30% 。

2. 实训过程考核：总分 100 分，占总成绩的 50% 。本课程实训环节的成绩是在累积每个项目成绩的基础上形成的，每个项目根据其所起的作用不同具有不同的分值。

3. 平时考核：实训室实训、作业、出勤、课堂回答问题等平时成绩占总成绩的 20% 。

“成本核算”课程标准

一、课程定位

“成本核算”是依据成本核算岗位对会计人员的专业能力要求开设的，是会计信息管理专业的职业能力核心课程。本课程主要学习品种法、分批法、分步法在制造业产品成本核算中的运用及成本报表的编制与分析方法。本课程应充分利用实训条件，将理论知识与技能训练融合在一起，最终使学生具备运用计算机核算制造业产品成本的能力。本课程的学习也为会计电算化、供应链信息系统、会计报表分析、会计信息管理综合实训等后续课程的学习打下基础。

二、课程目标

本课程通过制造业成本核算岗位工作业务引领的学习情境，训练学生处理制造业产品成本核算业务的能力，达到中小制造企业成本核算岗位考核标准的要求，实现与制造业成本核算岗位的对接。在此基础上，学生可以选择学习管理会计，培养胜任制造业成本主管岗位的职业能力。通过本课程的学习，学生应掌握以下专业能力：

1. 能根据企业具体情况选择合适的成本核算方法；
2. 能根据企业具体情况帮助企业建立和完善相关成本核算制度；
3. 能根据企业生产工艺特点及成本核算要求在 Excel 中绘制生产工艺流程图及成本核算流程图；
4. 能运用 Excel 设计成本核算过程中所需全部单据；
5. 能分别运用品种法、分批法、分步法核算企业产品成本；
6. 能综合运用品种法、分批法、分步法核算企业产品成本；
7. 能运用 Excel 编制企业产品成本报表；
8. 能运用 Excel 对企业成本报表做简单分析并撰写成本报表分析报告；
9. 能熟练应用财务软件进行成本核算，并进行报表分析。
10. 具有正确使用各种凭证、账簿等财务用具和电脑的习惯；
11. 具有认真做事的态度，良好的语言表达能力及团队协作意识；
12. 能根据产品工艺特点、企业管理模式和要求与成本计算方法的内在联系、选择恰当的成本核算方法。

三、设计思路

1. 课程的总体设计思路：本课程以培养学生具备核算制造业产品成本所需的职业能力为核心，根据产品成本核算业务所涉及的主要工作内容确定教学内容，根据成本核算工作流程组织教学过程，以安装有成本核算教学软件或成本核算模块的财务软件或 office 办公软件的机房作为教学场所，由有制造业成本核算经历的教师参与的“双师”结构课程教学团队承担教学任务，主要采用“教学做”一体化的教学模式，培养学生核算制造业产品成本的能力。

2. 课程设计的目标：结合专业特点及制造业产品成本核算工作对专业能力的要求，合理安排课程结构，本着够用、实用、易用的原则选择合适的教学内容；以行动导向和任务驱动为主，发挥学生的主观能动性，引导学生在做中学，在做中寻求理论的指导，从而融理论于实践，也顺势培养学生自我管理、自我学习的能力。

3. 课程设置的依据：本课程是在广泛的行业岗位调研和有行业专家参与的岗位工作任务分析的基础上，由校内专职教师及从事制造业成本核算工作的校外兼职教师组成的教学团队依据制造业对产品成本核算能力的要求而开发的；学习情境的设计糅合了实际工作对成本核算能力的要求及实际的成本核算流程；课程开发的核心思想是将制造业实际成本核算工作流程与教学实践相结合。

4. 课程内容的确定：本课程根据制造业产品成本核算内容确定教学内容，按照品种法、分批法、分步法三种基本成本核算方法组织教学过程，每种方法下再按照“原始凭证→记账凭证→账簿→成本报表→成本报表分析”业务处理流程组织教学过程。由此本课程可以分为四个教学模块：成本核算方法的选择；品种法下产品成本核算；分批法下产品成本核算；分步法下产品成本核算。在教学方法的选择上，本课程应优先采用一体化教学模式，将理论与实践融为一体，不再单独开设成本核算实训课程。

5. 课程内容的组织：组织课程内容的总体原则是以制造业实际成本核算工作流程为依据，将制造业实际成本核算内容按其工作流程拆分为不同的工作任务，每完成一个工作任务均能呈现标志性的工作成果。标志性的工作成果视不同教学条件其呈现的形式有所不同：安装含有成本核算模块的财务软件的教学场所，可以表现为不同阶段的账套；安装有成本教学软件的教学场所，可以表现为填制的教学软件设计的各种凭证与账簿；不具备账套与教学软件的教学场所，可以表现为运用 Excel 制作的各种电子表格。为了加强成本核算方法的理解，本课标以 Excel 为载体进行描述，但建议课后完成以成本核算软件进行成本核算与报表分析的实训。

6. 本课程建议总学时为 72 学时。

四、课时分配

表 2－11 课程项目模块及课时分配表

<table>
<tr><th>序号</th><th>课程项目</th><th>课 程 模 块</th><th colspan="2">课 时 分 配</th></tr>
<tr><td rowspan="2">1</td><td rowspan="2">成本核算方法选择</td><td>认识成本构成，明确成本核算要求</td><td>2</td><td rowspan="2">4</td></tr>
<tr><td>选择成本核算方法</td><td>2</td></tr>
<tr><td rowspan="11">2</td><td rowspan="11">品种法核算产品成本</td><td>绘制品种法成本核算流程
开设相关总账与明细账</td><td>2</td><td rowspan="11">46</td></tr>
<tr><td>核算材料费用</td><td>10</td></tr>
<tr><td>核算人工费用</td><td>6</td></tr>
<tr><td>核算其他费用</td><td>4</td></tr>
<tr><td>核算辅助生产费用</td><td>6</td></tr>
<tr><td>核算制造费用</td><td>2</td></tr>
<tr><td>核算损失性费用</td><td>4</td></tr>
<tr><td>核算完工产品成本与月末在产品成本</td><td>6</td></tr>
<tr><td>编制成本报表</td><td>2</td></tr>
<tr><td>分析成本报表</td><td>4</td></tr>
<tr><td></td><td></td></tr>
<tr><td rowspan="2">3</td><td rowspan="2">分批法核算产品成本</td><td>一般分批法</td><td>2</td><td rowspan="2">6</td></tr>
<tr><td>简化分批法</td><td>4</td></tr>
<tr><td rowspan="2">4</td><td rowspan="2">分步法核算产品成本</td><td>逐步结转分步法</td><td>12</td><td rowspan="2">16</td></tr>
<tr><td>平行结转分步法</td><td>4</td></tr>
<tr><td colspan="4">总 计</td><td>72</td></tr>
</table>

五、教学内容

表 2－12 课程教学内容与教学要求

序号	工作任务	知识内容和要求	技能内容和要求
1	选择成本核算方法	• 熟悉成本开支范围 • 了解成本核算对象与内容 • 熟悉成本核算的基本要求 • 熟悉成本费用的分类 • 熟悉成本核算的基本程序 • 熟悉成本核算的基本会计账户 • 熟悉成本核算的主要方法 • 熟悉企业生产类型及其特点	• 能帮助企业设计基本成本核算流程图 • 能帮助企业对成本费用进行合理分类 • 能结合企业具体情况帮助企业选择合适的成本核算方法

续表

序号	工作任务	知识内容和要求	技能内容和要求
2	品种法核算产品成本	• 熟悉材料的分类 • 熟悉材料费用的分配方法 • 熟悉工资计算方法 • 熟悉工资费用分配方法 • 熟悉燃料、动力、折旧等费用的分配方法 • 熟悉辅助生产费用归集方法 • 熟悉辅助生产费用分配方法 • 熟悉制造费用的归集与分配方法 • 熟悉生产性损失成本的计算方法 • 熟悉完工产品与在产品成本分配方法	• 能依据企业实际情况运用 Excel 绘制生产工艺流程图及成本核算流程图 • 能依据企业成本核算制度运用 Excel 设计记账凭证并开设相关成本明细账 • 能依据企业成本核算制度运用 Excel 汇总领料单（一次加权平均法下） • 能依据企业成本核算制度运用 Excel 分配间接计入材料费用 • 能依据发料汇总表及间接计入材料费用分配表运用 Excel 编制材料费用分配表 • 能依据企业成本核算制度运用 Excel 编制燃料、外购动力费用分配表 • 能依据企业相关薪酬制度运用 Excel 编制工资计算表、工资结算单、工资费用汇总表、五险一金计提表、职工教育经费及工会经费计提表等 • 能依据上述相关单据运用 Excel 编制工资费用分配表 • 能依据企业成本核算制度运用 Excel 编制折旧费用等其他相关成本费用分配表 • 能依据企业成本核算制度运用 Excel 编制辅助生产费用分配表 • 能依据企业成本核算制度运用 Excel 编制制造费用分配表 • 能依据企业成本核算制度运用 Excel 编制生产性损失成本计算表 • 能依据企业成本核算制度运用 Excel 编制完工产品与月末在产品成本计算表（成本计算单） • 能依据上述成本费用分配表或计算表运用 Excel 编制相关记账凭证并登记相关成本明细账 • 能依据成本计算表运用 Excel 编制完工产品成本报表并出具成本分析报告 • 能装订上述凭证、账簿与报表

续表

序号	工作任务	知识内容和要求	技能内容和要求
3	分批法核算产品成本	• 熟悉分批法适用条件 • 熟悉两种分批法成本核算流程 • 熟悉两种分批法优缺点	• 能根据企业具体情况运用 Excel 绘制两种分批法成本核算流程图 • 能运用 Excel 设计合适的基本生产成本二级账 • 能运用 Excel 编制相关成本费用计算表与成本费用分配表 • 能依据企业成本核算制度运用 Excel 编制完工产品与月末在产品成本计算表（如果有跨月陆续完工情况） • 能依据上述成本费用分配表或计算表运用 Excel 编制相关记账凭证并登记相关成本明细账 • 能依据成本计算表运用 Excel 编制完工产品成本报表并出具成本分析报告 • 能装订上述凭证、账簿与报表
4	分步法核算产品成本	• 熟悉逐步结转分步法适用条件 • 熟悉逐步结转分步法特点 • 熟悉综合结转分步法的特点 • 熟悉分项结转分步法的特点 • 熟悉成本还原的原因、原理与步骤 • 熟悉平行结转分步法适用条件 • 熟悉平行结转分步法特点 • 熟悉平行结转分步法与逐步结转分步法关系 • 熟悉广义在产品涵盖的范围 • 熟悉综合结转分步法与分项结转分步法关系	• 能依据企业成本核算制度运用 Excel 绘制企业生产工艺流程图及两种逐步结转分步法成本核算流程图 • 能依据企业成本核算制度运用 Excel 编制相关成本费用计算表、成本费用分配表等 • 能依据企业成本核算制度运用 Excel 编制完工产品与月末在产品成本计算表 • 能运用 Excel 编制成本还原计算表 • 能依据上述成本费用分配表或计算表运用 Excel 编制相关记账凭证并登记相关成本明细账 • 能依据成本计算表运用 Excel 编制完工产品成本报表并出具成本分析报告 • 能装订上述凭证、账簿与报表

六、教学条件

（一）教师任职条件

1. 专任教师。

（1）具备高校教师资格证；

（2）有强烈的事业心和高度的责任感，忠诚党的教育事业；

（3）具备深厚的经济理论功底，较强的会计、计算机、管理等复合专业能力和语言表达能力；

（4）对经济现实具有敏锐的洞察力，能够组织专业研究和专业实践；

（5）能够运用现代教育技术，善于汲取新知识和新思想；

（6）能够从事专业教学研究和课程开发；

（7）具备双师素质或企业锻炼/工作的经验。

2. 兼职教师。

（1）制造业成本核算部门的负责人或者实际从事整体成本核算的财务人员；

（2）有强烈的事业心和高度的责任感；

（3）具备基本的会计与计算机相融合的专业能力；

（4）具备良好的语言表达能力。

（二）实践教学条件

1. 实训场所：会计信息实训室或者安装有成本核算软件的机房，另外需配备黑白激光打印机。

2. 实训工具设备：计算器、直尺、裁纸刀、胶水、长尾夹等。

3. 成本核算业务仿真核算资料：成本核算实训教材或者成本核算实训软件。

七、教学方法与手段

（一）教学方法

本课程教学方法主要包括项目教学法、直观教学法、角色扮演法等。

1. 项目教学法：学生在教师指导下通过实施一个完整的项目而进行的教学活动，是一种典型的以学生为中心的教学方法。其目的是在课堂教学中让学生全部或部分独立组织、安排学习行为，将理论与实践教学有机地结合起来，充分发掘学生的创造潜能，提高学生解决实际问题的综合能力。

2. 直观教学法：通过教师演示、观看实际操作录像等直观的方法演示工作过程，进行操作示范。比如企业生产工艺流程、产品成本核算流程、建账流程、凭证与账簿装订等均可采用直观教学法。

3. 角色扮演法：划分学习小组，每小组指定不同人员分别扮演材料核算会计、薪酬核算会计、费用会计、会计主管等角色，模拟成本核算业务办理过程，使学生体验不同角色的岗位任务和岗位职责。为避免学生知识面单一，作为对角色扮演法的弥补，学生应实行轮岗制，或者要求学生除了提交团体作品外，还应提交本岗位以外的其他岗位的作品。

（二）教学手段

1. 多媒体教学手段。多媒体教学手段主要包括：电子课件、投影、视频、音频、多媒体教学软件。

2. 网络教学手段。教师进行仿真业务设计及学生进行成本核算业务仿真实训时可采用网络教学软件。

八、检查评价

课程学业成绩由单人成绩和小组成绩两部分组成，通过对学习态度、学习过程和学习结果的评价，对学生态度、知识、能力进行综合考核。其中，理论知识和个人训练项目由教师通过对学生学习过程和结果的综合考核，得出学习成绩分值，该部分成绩占总成绩的 50%。分组进行的材料费用核算、人工费用核算、其他费用核算业务训练，由教师根据对各小组操作过程和结果的综合考核给出各小组成绩，小组内按照成员各自的表现和贡献互评，最后由组长确定出各成员的得分，上报任课教师，该部分成绩占 50%。任课教师将每个学生的单人成绩与小组成绩相加，作为本课程的考核成绩。

“财务管理”课程标准

一、课程定位

“财务管理”是会计信息管理专业核心课程，是企业会计职业的重要组成部分。本课程需要具备基础会计、企业财务会计、成本核算、会计报表分析等基础知识。本课程以企业实际的财务管理活动为主线，突出职业能力培养。通过本课程的学习，让学生认识企业资金运动的全过程，培养学生从事财务管理工作应具备的基本知识、基本技能和操作能力，帮助学生树立财务管理中的基本理念，并加以运用，提高分析问题、解决问题的能力，将一般记账人员提升为财务管理人员，充分发挥参与企业经营管理及预测、决策的能力，使学生胜任实际工作岗位上的基本工作任务。

二、课程目标

通过本课程学习让学生在职业实践活动的基础上掌握知识，增强课程内容与职业岗位能力要求的相关性。本课程以形成基本财务管理能力为目标，围绕完成工作任务的需要来选择和组织课程内容，突出工作任务与知识的联系，主要介绍财务管理的基本理论和实务，以现代公司制企业为对象，着重对资金的获取、使用、利润的分配等财务问题进行介绍。本课程目标具体包括知识目标与能力目标。

1. 掌握财务管理的概念、目标和特征；
2. 能准确界定企业的财务活动，理清并协调企业财务活动所产生的财务关系；
3. 熟悉财务管理环节，学生财务预算、财务控制与财务分析的基本方法；
4. 熟悉财务管理的内容，掌握企业筹资管理、投资管理，资金运作管理，利润分配管理及财务分析的基本原理、方法；
5. 能够对社会经济环境、政策法规的变化作出及时准确的反映，并将其与企业的财务管理活动相结合，准确把握其对企业财务管理活动的影响；
6. 具备基本的自我学习提高能力，能主动搜集财务管理的案例进行学习。

三、设计思路

1. 总体设计思路：本课程以就业为导向，以能力为本位，以岗位需要和职业标准为依据，满足学生职业生涯发展的需求，构建以能力为本位，以职业实践为主线，以项目课程为主体的模块化课程，培养高技能应用型会计人才。本课程打破以财务管理知识为主要特征的传统学科课程模式，采用以财务管理岗位工作任务和行动过程为导向，以工作过程系统为学习领域课程的设计理念。通过本课程创设的学习情境掌握企业财务管理的基本理念，培养学生对企业财务管理工作任务的基本思维能力。

2. 课程设计的基本依据：本课程面向会计信息管理专业学生能够从业的财务核算、管理岗位，培养学生胜任企业财务管理岗位的核心能力和一般能力，由此构建的内容体系主要包括财务管理认知、筹资管理、投资管理、流动资产管理、利润分配、财务预算、财务分析等七个项目。在每个教学项目中，再根据工作流程中的需要设置相应的模块，使学生通过课程的学习能够全面地构建财务管理相关理论知识和实施职业技能训练。

3. 课程内容的组织：课程教学内容按照财务管理岗位业务的工作流程组织教学过程。课程的全部内容就是整个财务管理业务流程的教学项目，通过对财务管理岗位业务系统完整的操作，学生能够规范地掌握财务管理业务流程和操作规范。通过动手操作，完成各项工作任务，在做中学，学中做，从而实现教、学、做、应用一体化的教学过程。

4. 本课程建议总学时为72学时。

四、课时分配

表2－13　　课程项目模块及课时分配

<table>
<tr><th>序号</th><th>课程项目</th><th>课 程 模 块</th><th colspan="2">课时分配</th></tr>
<tr><td rowspan="5">1</td><td rowspan="5">财务管理认知</td><td>财务管理基本理论</td><td rowspan="2">2</td><td rowspan="5">10</td></tr>
<tr><td>企业财务管理目标认知</td></tr>
<tr><td>企业财务管理环境认知</td><td>2</td></tr>
<tr><td>货币时间价值</td><td>4</td></tr>
<tr><td>风险分析</td><td>2</td></tr>
<tr><td rowspan="5">2</td><td rowspan="5">筹资管理</td><td>筹资管理认知</td><td>2</td><td rowspan="5">14</td></tr>
<tr><td>资金需求量的预测</td><td>2</td></tr>
<tr><td>资金成本与资金结构</td><td>2</td></tr>
<tr><td>长、短期资金的筹集管理</td><td>4</td></tr>
<tr><td>筹资风险的衡量</td><td>4</td></tr>
</table>

续表

<table>
<tr><th>序号</th><th>课程项目</th><th>课 程 模 块</th><th colspan="2">课时分配</th></tr>
<tr><td rowspan="4">3</td><td rowspan="4">投资管理</td><td>投资管理认知</td><td>2</td><td rowspan="4">12</td></tr>
<tr><td>投资决策分析方法</td><td>2</td></tr>
<tr><td>证券投资管理</td><td>4</td></tr>
<tr><td>投资风险管理</td><td>4</td></tr>
<tr><td rowspan="3">4</td><td rowspan="3">流动资产管理</td><td>现金管理</td><td>4</td><td rowspan="3">12</td></tr>
<tr><td>应收账款管理</td><td>4</td></tr>
<tr><td>存货管理</td><td>4</td></tr>
<tr><td rowspan="2">5</td><td rowspan="2">利润分配</td><td>利润分配管理认知</td><td>4</td><td rowspan="2">8</td></tr>
<tr><td>股份公司的股利政策</td><td>4</td></tr>
<tr><td rowspan="4">6</td><td rowspan="4">财务预算</td><td>营业收入预算</td><td rowspan="2">4</td><td rowspan="4">8</td></tr>
<tr><td>成本费用预算</td></tr>
<tr><td>利润预算</td><td rowspan="2">4</td></tr>
<tr><td>现金预算</td></tr>
<tr><td rowspan="5">7</td><td rowspan="5">财务分析</td><td>财务分析概述</td><td rowspan="3">4</td><td rowspan="5">8</td></tr>
<tr><td>偿债能力分析</td></tr>
<tr><td>营运能力分析</td></tr>
<tr><td>盈利能力分析</td><td rowspan="2">4</td></tr>
<tr><td>财务综合分析</td></tr>
<tr><td colspan="4">总 计</td><td>72</td></tr>
</table>

五、教学内容

表 2－14　　　　课程教学内容与教学要求

序号	工作任务	知识内容和要求	技能内容和要求
1	财务管理认知	• 了解财务管理的基本理论 • 了解财务管理目标 • 了解财务环境 • 掌握货币时间价值的计算 • 熟悉风险价值分析	• 能够分析财务环境对企业财务管理的影响 • 熟练计算复利的终值和现值 • 熟练计算年金终值和现值

续表

序号	工作任务	知识内容和要求	技能内容和要求
2	筹资管理	• 了解筹资管理的基本理论 • 掌握资金需求量预测 • 掌握资金成本与资金结构 • 掌握长短期资金筹集管理 • 熟悉筹资风险的衡量	• 能够进行资金需求量的定性预测 • 能够进行资金需求量的定量预测 • 能够进行财务杠杆与风险分析 • 熟悉长期资金筹集渠道 • 熟悉短期资金筹集渠道 • 能够进行筹资风险分析
3	投资管理	• 了解投资管理的基本理论 • 掌握投资决策的现金流量分析方法 • 掌握投资决策分析方法 • 熟悉证券投资管理理论 • 熟悉投资风险防范的理论	• 明确投资决策的程序 • 正确运用现金流量分析 • 能够进行证券投资管理分析 • 能够运用投资风险防范的方法
4	流动资产管理	• 掌握现金管理的有关规定 • 掌握应收账款的日常管理要求 • 熟悉存货规划与控制	• 能够正确确定最佳现金持有量 • 能够完成应收账款的日常管理工作 • 能够选用适合企业的信用政策 • 能够对存货进行有效管理和评价
5	利润分配	• 了解利润分配的原则 • 熟悉利润分配的一般程序 • 熟悉股份公司的股利政策	• 能够按照利润分配的程序执行利润分配 • 能够选择适合企业实际情况的股利分配政策 • 了解股利分配中的税收筹划
6	财务预算	• 了解财务预算的构成 • 了解财务预算的流程 • 掌握财务预算的编制方法 • 掌握营业收入预算的编制方法 • 掌握成本费用预算的编制方法 • 掌握利润预算的编制方法 • 掌握现金预算的编制方法	• 能够正确进行销售收入预测及收入预算的编制 • 能够完成生产成本预算和期间费用预算 • 能够正确进行营业利润预测、投资收益预测、营业外收支预测以及利润预算的编制 • 能够完成现金预算的编制
7	财务分析	• 了解财务分析的基本方法及目的 • 掌握偿债能力分析的原理 • 掌握营运能力分析的原理 • 掌握盈利能力分析的原理 • 掌握财务综合分析的原理	• 能够利用财务指标分析企业长期、短期偿债能力 • 能够正确计算营运能力分析指标 • 能够正确计算盈利能力分析指标 • 能够运用杜邦分析体系进行企业财务综合分析

六、教学条件

（一）教师任职条件

1. 专任教师。

（1）具备高校教师资格证；

（2）有强烈的事业心和高度的责任感，忠诚党的教育事业；

（3）具备深厚的经济理论功底，较强的会计、计算机、管理复合的专业能力和语言表达能力；

（4）对经济现实具有敏锐的洞察力，能够组织专业研究和专业实践；

（5）能够运用现代教育技术，善于汲取新知识和新思想；

（6）能够从事专业教学研究和课程开发；

（7）具备双师素质或企业锻炼/企业工作的经验。

2. 兼职教师。

（1）具有较强的财务管理岗位工作能力；

（2）有强烈的事业心和高度的责任感；

（3）具备基本的财务管理专业能力和语言表达能力；

（4）能够带领学生进行实践教学活动；

（5）校外兼课教师应具备本科以上的学历和中级专业技术职务；

（6）顶岗实训指导教师必须具备大专以上学历和基层工作的经验。

（二）实践教学条件

以企业面临的财务关系为基本构架，组建财务管理综合实训室，配备满足一体化教学需要的软硬件设施。实训室由以下模块构成：财务、采购、生产、销售、银行、税务、财政、外部投资者（股权、债权投资）等。

七、教学方法与手段

（一）教学方法

本课程教学方法主要包括项目教学法、演示法、角色扮演法、案例教学法、小组讨论法等。

1. 项目教学法：学生在教师指导下通过实施一个完整的项目而进行的教学活动，是一种典型的以学生为中心的教学方法。其目的是在课堂教学中让学生全部或部分独立组织、安排学习行为，将理论与实践教学有机地结合起来，充分发掘学生的创造潜能，提高学生解决实际问题的综合能力。

2. 演示法：教师陈示实物、教具，通过演示、观看实际操作录像等演示工作过程，使学生获取知识的教学方法。该方法对提高学生的学习兴趣、发展观察能力和抽象思维能力有重要作用。

3. 案例教学法：以实际案例办理为例讲解有关业务办理的相关法律法规规定及业务办理流程，增强教学的真实感和指导性，其操作流程为“以例激趣→以例说理→以例导行”。

4. 小组讨论法：在教师指导下，由小组成员围绕某一中心问题发表自己的看法，从而进行相互学习的一种方法。其实质就是以小组为组织形式，借助小组成员之间的协作完成特定的任务。讨论的过程重在交流，一般先是通过交流找出个体之间的差异，后经过讨论达成集体共识；讨论的过程又重在合作。通过小组学习，弥补个体在思维、精力、时间和学习方式上的有限性，发挥集体的力量。

（二）教学手段

1. 多媒体教学手段：多媒体教学手段主要包括：电子课件、投影、视频、音频、多媒体教学软件。

2. 网络教学手段：教师进行仿真业务设计及学生进行出纳业务仿真实训时可采用网络教学软件。

八、检查评价

采用“平时成绩＋期末考试成绩”相结合的方式，平时成绩占30%（平时成绩包括平时表现、出勤、练习等在内，侧重于评价学生解决实际问题的能力），期末考试成绩占70%。

目的：

1. 促进学生平时自主学习。通过加强对学生平时自主学习过程的指导和检测，引导学生自觉地按照本课程教学要求和学习计划完成学习任务。

2. 加强对教师教学过程的指导和管理，使教学落到实处，贯穿整个教学过程。

"ERP 实施及维护"课程标准

一、课程定位

"ERP 实施及维护"课程是依据会计信息管理专业人才培养目标中 ERP 系统维护和实施岗位的职业要来设计的课程。ERP 系统是一个大型集成的系统工程，各个模块之间关联紧密，作为 ERP 系统的维护实施人员，不仅要具有较强的综合素质和逻辑思维能力，还要对于系统、业务都要有全面的理解，从而才能针对企业需求结合系统功能进行前期实施、人才培训，才能在后期面对用户的问题，追根溯源，寻找问题的最终节点，分析诊断，达到解决问题的目的。

本课程是一门综合性极强的专业课程，前导课程包括"微机装配调试"、"网络管理与维护"、"会计基础"、"企业财务会计"、"会计电算化"等。学生掌握本课程知识内容和技能要求后，直接对接就业岗位。

二、课程目标

通过会计信息系统实施维护岗位工作业务流程引领的教学项目活动，训练会计信息系统的实施能力，达到会计信息系统实施的基本要求，并要求掌握典型系统问题的解决方法。本课程的教学目标确定为了解 ERP 运维服务岗位的工作职责及规范，树立客户服务意识，熟练掌握计算机及网络技术知识，能够解决各种网络技术相关问题及故障排除；了解财务核算的规范流程及相关财务管理知识，熟练应用运维服务方法及技巧解决财务业务处理中的常见及典型问题；熟练进行数据库的日常维护、备份及常用故障的收集和处理；熟悉公司内部管理控制体系，了解各分支机构的日常运作流程，熟悉各业务处理模块；具备较高的沟通能力和文档编辑水平，成果要形成团队的维护手册；培养在工作中不断积累和继续学习的能力。"ERP 实施及维护"所需要的知识涉及面较广，且在工作中必须转换成应用能力和动手能力，需要具备以下能力和素质：

1. 了解 ERP 管理系统的实施过程及业务流程；
2. 了解 ERP 管理系统的维护实施过程及业务流程；
3. 理解 ERP 系统的基本概念和基本原理；
4. 对 ERP 系统从系统环境到应用软件，从前台维护到后台数据库支持，从应用技巧到业务处理过程中的常见及典型问题能够诊断分析并动手解决；

5. 树立客户服务意识；
6. 理解运维岗位的工作职责；
7. 具有有关 ERP 系统维护实施方面的基本素质；
8. 具备沟通、协调能力及协作精神；
9. 具备快速准确查找资料的能力；
10. 具有调查分析与有效访谈的能力；
11. 具有自主学习、终身学习的能力。

三、设计思路

1. 总体设计思路：本课程是以会计信息管理专业就业面向的工作岗位群应用、维护、实施工作任务和行动过程为导向，以岗位工作任务所需的相关知识、能力为依据设计的。根据 ERP 管理软件维护岗位的职业要求，经过社会调研和专家访谈，对工作过程中典型工作任务进行分析，在此基础上进行教学设计处理，确定了该课程的教学模块。

2. 课程设计的基本依据：本课程面向学生能够从业的 ERP 系统维护岗、实施岗并覆盖核算岗，培养学生胜任 ERP 系统实施、维护岗位的核心能力和一般能力，基于企业的运维服务人员工作内容及对员工的培训要求，分成了 ERP 系统实施认知、ERP 系统实施过程体验、ERP 系统维护管理认知、软件的安装和卸载、ERP 软件中的系统管理、财务链常见问题分析及维护、供应链常见问题分析及维护、数据库常用操作及优化维护、综合实训等 9 个课程模块。体现了 ERP 系统中的从环境到应用到业务，从前台维护到后台支持，从热线到上门服务规范，最终到能排除故障的能力要求，具有很强的针对性、适用性和先进性。

3. 通过校企合作和工学结合，充分开发教学资源，给学生提供丰富的实践机会。教学效果的评价以教师评价为主，同时采用小组成员自评、互评和教师评价相结合，重点评价学生的知识应用能力和实践动手动力。

4. 本课程建议总学时为 54 学时。

四、课时分配

表 2－15　　课程项目模块及课时分配表

序号	课程项目	课 程 模 块	课时分配	
1	ERP 系统实施认知	项目实施方法概述	2	4
		项目及项目管理	2	
2	小软件快刀实施模式	项目准备 & 蓝图设计	2	8
		系统建设 & 切换上线	2	
		系统初始化 & 持续支持	4	

续表

序号	课程项目	课程模块	课时分配	
3	ERP 系统维护管理认知	运维岗位认知	2	4
		客服人员岗位规范训练	2	
4	软件的安装与卸载	环境分析与建立	2	4
		安装常见问题	2	
5	ERP 软件中的系统管理	前台维护及软件异常处理	2	4
		数据库升级及账套备份、结转年度账	2	
6	财务链常见问题分析及维护	总账核算、固定资产核算、薪资管理部分	4	8
		往来管理、报表管理部分	4	
7	供应链常见问题分析及维护	应用技巧中常见问题分析及维护	6	12
		业务处理中常见问题分析及维护	6	
8	数据库表及常见问题维护	后台常见数据库表的认知	2	4
		前后台关系	2	
9	综合实训	年度结转常见问题处理	4	6
		打印常见问题处理	2	
总计			54	54

五、教学内容

表 2-16　　课程教学内容与教学要求

序号	工作任务	知识内容和要求	技能内容和要求
1	ERP 系统实施认知	• 了解项目及项目管理 • 掌握项目的生命周期 • 了解项目团队 • 掌握项目的沟通、熟练掌握 Microsoft Project 软件的应用 • 掌握一般项目流程图的绘制 • 掌握实施方法的过程	• 具备项目团队协作能力 • 掌握沟通的技巧并能与客户沟通 • 能够用 Microsoft Project 软件绘制项目流程图
2	小软件快刀实施模式	• 了解购销存的业务流程 • 掌握基础数据的准备 • 了解业务调研 • 了解项目规划 • 掌握培训与测试 • 了解系统上线	• 能够了解购销存的业务流程 • 能够了解商贸公司的快速实施的过程

续表

序号	工作任务	知识内容和要求	技能内容和要求
3	ERP 系统维护管理认知	• 了解目前市场上管理软件产业链中运维岗位的设置和运维业务涉及的主要内容 • 了解运维岗位的基本要求及工作内容 • 培养运维服务的职业道德，树立客户服务意识 • 掌握客户服务及运维服务中的服务技巧与沟通技巧 • 通过同学相互间的客户服务训练，能运用规范语言进行客户沟通 • 有效获取运维支持渠道	• 掌握客户服务中心工作规范 • 能够运用服务用语呼叫中心热线电话标准用语熟悉电话服务礼仪 • 利用开放的运维支持渠道，获取分析问题解决问题的方法 • 能够冷静地按照规定的服务程序处理沟通中的突发事件 • 能够遵循运维岗位职业道德，熟练运用服务标准用语
4	软件的安装与卸载	• 能分析与建立计算机硬件环境与软件环境 • 能分析维护计算机基本的网络环境 • 能分析并解决数据库安装问题 • 能解决安装应用软件过程中的常见问题 • 掌握安装方法和顺序，掌握补丁程序的安装、数据库系统的安装和配置，保证应用系统正常运行	• 能够建立计算机环境 • 能安装与卸载系统软件与应用软件 • 能了解并收集安装过程中的常见问题。 • 能够分析处理安装过程中的常见问题 • 掌握系统软件和 ERP 应用软件的安装及配置，环境检测 • 能建立良好的计算机运行环境 • 能以软件的安装与卸载为载体进行客户服务，提高沟通表达及团队协作能力 • 能编写软件的安装与卸载维护手册
5	ERP 软件中的系统管理	熟练掌握前台维护功能进行日常软件运行的维护，包括： • 软件异常处理 • 数据库升级及账套备份 • 年度结转	• 熟悉 ERP 系统管理的维护功能及软件异常处理 • 解决版本、网络连接、远程注册问题 • 日志管理与数据备份 • 账套升级与修改，结转年度账条件 • 能对 ERP 系统运行出现的问题在前台进行维护和处理 • 能分析解决数据库升级及数据备份 • 能在前台修改账套 • 能编写维护手册，提高文档写作及编辑能力

续表

序号	工作任务	知识内容和要求	技能内容和要求
6	财务链常见问题分析及维护	• 熟练掌握维护技巧和维护应用，正确诊断并解决财务链模块常见故障及问题 • 总账核算中业务应用常见问题的解决方法 • 固定资产管理中业务应用常见问题的解决方法 • 薪资管理中业务应用常见问题的解决方法 • 往来管理中业务应用常见问题的解决方法 • 报表管理中业务应用常见问题的解决方法	• 总账核算中系统业务设置问题，账簿及档案输出打印问题，账簿清理、业务处理中的日期问题的解决 • 固定资产管理、薪资管理中系统选项设置问题，参数含义与业务关系问题，卡片与档案输出问题，单据格式设置问题，机制凭证制单问题的解决 • 往来管理中系统选项设置问题，参数含义与业务关系问题，业务与财务的数据关系问题，机制凭证制单问题的解决 • 报表中的数据传输问题
7	供应链常见问题分析及维护	• 熟练掌握维护技巧和维护应用，正确诊断供应链模块常见故障及问题 • ERP 系统全面启动的协同工作流程 • 采购管理、销售管理、库存管理、存货核算中选项、期初、日常处理的应用技巧问题 • 采购管理、销售管理、库存管理、存货核算中折扣、批次、退补、对账不平等的业务处理问题	• 应用中采购期初、销售选项、库存选项与日常业务处理的关系问题 • 存货核算处理与业务单据的关联问题 • 供应链中折扣、批次、退补、对账不平等的业务处理问题 • 能编写该情境的维护手册，提高文档写作及编辑能力
8	数据库表及常见问题维护	• 数据库的基本概念和常用操作 • 了解后台相关数据库表及与应用软件的关系 • 了解后台数据库维护 • 数据库的常用操作及命令	• 掌握账套中对应的关键数据库表 • 对账套中数据库表能在后台进行处理 • 能将前台数据档案在后台中进行查询 • 熟练运用企业管理器与查询分析器。 • 能编写数据库维护手册，提高文档写作及编辑能力
9	综合实训	• 年度结转常见问题处理 • 打印常见问题处理	• 年结前的准备事项 • 年结流程 • 年结后的检查 • 年结后系统及模块中的常见问题 • 备份账套 • 打印纸型的设置 • 常规打印设置流程 • 凭证打印、账簿打印常见问题

六、教学条件

（一）教师任职条件

1. 专任教师。
- 熟悉 ERP 系统业务、具有行业背景的双师型教师，具有运维岗位工作经历；
- 能够带领学生进行故障诊断分析，指导学生解决问题，排除故障；
- 能够讲授本课程的业务知识。

2. 兼职教师。
- 管理软件公司的运维实施工程师；
- 有运维实施工作经历的企业内部培训讲师、管理人员、客户经理。

（二）实践教学条件

配备与本课程教学内容配套的数据管理实训室，配备与 ERP 管理系统业务相同的设备和软件，使之具备现场教学、实验实训的功能，实现教学与实训合一，满足教、学、做一体化的要求。

配有各种现代信息技术资源，充分利用企业网站等网上信息资源，教学资源品种多样、针对性强。

七、教学方法与手段

（一）教学方法

本课程教学方法主要包括六步教学法、项目教学法、演示法、角色扮演法、案例教学法、小组讨论法等。

1. 六步教学法：将教学组织分为明确任务、教学准备、教学设计、教学实施、教学检查、教学评价六步。以学生为主体进行完成相关工作任务的知识、技能、准备等信息搜集，制订课程教学方案，并准备各项教学资料。教学实施过程中，教师应着重指导学生按照规范化的要求和工作流程实施模拟工作过程，并以“过程 + 结果”的方式进行课程考核。六步教学法为本课程主要的教学组织方法，通过六步教学法进行课堂组织，实现以学生为主体的理实一体教学。

2. 项目教学法：学生在教师指导下通过实施一个完整的项目而进行的教学活动，是一种典型的以学生为中心的教学方法。其目的是在课堂教学中让学生全部或部分独立组织、安排学习行为，将理论与实践教学有机地结合起来，充分发掘学生的创造潜能，提高学生解决实际问题的综合能力。

3. 案例教学法：以实际案例办理为例讲解有关业务办理的相关法律法规规定及业务办理流程，增强教学的真实感和指导性，其操作流程为“以例激趣→以例说理→以例导行”。

4. 小组讨论法：在教师指导下，由小组成员围绕某一中心问题，发表自己的看法，从而进行相互学习的一种方法。其实质就是以小组为组织形式，借助小组成员之间的协作，完成特定的任务。讨论的过程重在交流，一般先是通过交流找出个体之间的差异，后经过讨论达成集体共识；讨论的过程又重在合作，通过小组学习，弥补个体在思维、精力、时间和学习方式上的有限性，发挥集体的力量。

（二）教学手段

1. 在教学过程中，要充分利用 ERP 管理系统实训室的各种设备和软件，应用多媒体、投影、电脑、网络等教学资源辅助教学，帮助学生熟练掌握操作流程及业务要点。

2. 充分利用网络课程资源，引导学生自主学习。教学过程中教师应积极引导学生提升职业素养，提高职业道德，养成严谨认真的工作习惯，达到知识、技能和态度的有机统一。

八、检查评价

1. 建立体现职业能力为核心的课程考核标准。

2. 建立分模块的课程考核评价方式，每个课程模块既考核学生所学的知识，也考核学生的技能及学习态度。

3. 采用过程性评价与终结性评价相结合，注重过程性评价，结合课堂提问、平时作业、平时客户维护模拟等过程的业绩情况，综合评价学生成绩。注重学生动手能力和实践中分析问题、解决问题能力的考核，对在学习和应用上有创新的学生应予特别鼓励，全面综合评价学生能力。

4. 笔试、口试（分析报告小组答辩）、操作相结合，热线及现场服务相结合。其中过程评价（70%），内容包括考勤、课堂参与度、小组活动的协作、工作任务的完成情况等，方式采取自评、他评（同学 + 教师），期末综合评价（30%）。

“会计报表分析”课程标准

一、课程定位

“会计报表分析”课程是会计信息管理专业的核心课程，是学生在学习了“基础会计”、“企业财务会计”、“会计电算化”、“财务管理”、“成本核算”等课程之后的最后一个模块。会计报表分析既是对已完成的财务活动的总结与评价，又是财务预测、财务决策活动的前提，它是衔接专业理论学习领域与会计信息管理综合实训及顶岗实践工作的纽带。通过本门课程为学生综合运用会计、企业管理、财务管理等知识提供平台，促使学生接触企业实际，提出问题、思考问题，培养学生综合知识的运用能力。

二、课程目标

本课程的学习可以使学生进一步巩固会计核算的知识，掌握财务报表的编制，了解关于财务质量整体分析与评价的内容，主要包括偿债能力分析、营运能力分析、获利能力分析及现金流量分析等；明确作为财务人员应如何阅读与分析财务报表、如何分析财务活动状况、如何评价财务绩效，以提升其会计操作技能，培养学生的财务分析能力、信息搜索能力和自主学习能力，并逐步形成诚信为本、操守为重的专业气质。通过对本课程的学习，使学生掌握以下专业能力：

1. 了解财务分析的主体及具体分析目标，掌握财务分析的基本程序与方法；

2. 能够掌握阅读企业财务报告的方法，能够熟悉资产负债表、利润表、现金流量表、股东权益变动表提供的信息内容和内在联系，能够透过报表财务数据理解企业的经济活动；

3. 了解企业偿债能力分析常用的财务指标，能够掌握各种指标的计算方法、内涵、作用、影响因素、评价方法以及如何利用多个偿债能力指标综合分析评价企业的偿债能力。

4. 了解企业盈利能力分析常用的财务指标，能够掌握各种指标的计算方法、内涵、作用、影响因素、评价方法以及如何利用多个盈利能力指标综合分析评价企业的获利能力。

5. 了解企业营运能力指标的构成，能够掌握各种指标的计算方法、内涵、作用、影响因素、评价方法以及理解营运能力与偿债能力、获利能力的关系。

6. 了解企业发展能力分析常用的财务指标，能够掌握各种指标的计算方法、内涵、作用、影响因素、评价方法以及如何利用多个发展能力指标综合分析评价企业的发展能力。

7. 了解综合财务分析的特点、类型，掌握综合财务分析的方法，如沃尔评分法、杜邦分析法，能根据分析内容写出财务分析报告。

8. 会利用网络等现代化工具收集会计报表编制与分析的信息，作为编制与分析会计报表的素材。

9. 能运用企业健康体检工具软件对企业进行诊断分析并出具报告，提供决策信息。

三、设计思路

1. 课程的总体设计思路：本课程以就业为导向，以能力为本位，以岗位需要和职业标准为依据，满足学生职业生涯发展的需求，构建以能力为本位，以职业实践为主线，以项目课程为主体的模块化课程，培养高技能应用型会计人才。课程设计以现代经济理论为依据，运用企业价值最大化的经营理念，对现实中具体的企业会计报表进行分析，通过企业案例系统地介绍与阐述会计报表阅读、企业财务能力分析、综合财务分析等基本理论和方法、技巧。以期从企业财务资料中寻找有用的信息，寻求企业经营和财务状况变化的原因，从而对企业的财务状况、经营成果和现金流量进行综合评价。

2. 课程设置的依据：本课程设置依据是会计岗位工作对职业能力的要求，教学项目设计结合了会计岗位的工作流程，根据会计岗位设计了相应的工作项目。课程开发的过程将会计业务工作流程与教学实践相结合，融理论与实践于一体，课程开发的立足点是广泛的行业岗位调研和行业专家岗位工作任务分析。

3. 课程内容的确定：课程教学内容根据会计各岗位工作任务对知识、技能和素质的要求以及行业发展的需要来确定，具体内容涵盖会计基本技能的主要内容。本课程设置了财务分析方法、偿债能力分析、营运能力分析、获利能力分析、发展能力分析、收入和利润分析、成本费用分析、企业风险分析、杜邦财务分析、企业健康体检诊断等 10 个教学项目。在每个教学项目中，再根据工作流程中的需要设置相应的模块，使学生通过课程的学习能够全面地模拟会计岗位的系统业务操作。

4. 课程内容的组织：课程教学内容按照会计岗位业务的工作流程组织教学过程。课程的全部内容就是整个会计业务流程的教学项目，通过对会计岗位业务系统完整的操作，学生能够规范地掌握会计业务流程和操作规范。通过动手操作完成各项工作任务，在做中学、学中作，从而实现教、学、做、应用一体化的教学过程。

5. 本课程建议总学时为 72 学时。

四、课时分配

表 2－17　　课程项目模块及课时分配表

序号	课程项目	课程模块	课时分配	
1	财务分析方法	财务分析的基本知识	2	10
		比较分析法	2	
		比率分析法	2	
		趋势分析法	2	
		因素分析法	2	
2	偿债能力分析	短期偿债能力分析	3	6
		长期偿债能力分析	3	
3	营运能力分析	短期资产营运能力分析	4	10
		长期资产营运能力分析	4	
		总资产营运能力分析	2	
4	获利能力分析	生产经营获利能力分析	2	6
		资产获利能力分析	2	
		所有者投资获利能力分析	2	
5	发展能力分析	销售增长指标分析	2	4
		资产增长率指标分析	2	
6	收入和利润分析	营业收入分析	3	6
		利润分析	3	
7	成本费用分析	产品成本分析	3	6
		期间费用分析	3	
8	企业风险分析	经营风险分析	4	8
		财务风险分析	4	
9	杜邦财务分析	杜邦分析	6	6
10	企业健康体检诊断	企业体检工具应用	6	6
		企业体检分析与报告	4	4
总　　计			72	72

五、教学内容

表 2－18　　课程教学内容与教学要求

序号	工作任务	知识内容和要求	技能内容和要求
1	财务分析方法	• 了解财务分析的主体及具体分析目标 • 掌握财务分析的基本程序与方法，熟悉贷款通则 • 了解应用各种分析方法的注意事项，熟悉信贷职业道德 • 理解财务分析所应具备的基本价值观念 • 了解财务分析的信息种类及其来源渠道	• 能够站在投资者、经营管理者、企业债权人、供应商和政府部门的角度理解不同分析主体财务分析侧重点 • 能够运用企业战略分析、会计报表分析、财务指标分析、综合评价与报告等财务分析的基本程序 • 能够遵循信贷岗位职业道德 • 能够运用财务分析常用的基本方法 • 能够进行财务分析资料的收集
2	偿债能力分析	• 了解企业偿债能力分析常用的财务指标 • 掌握短期偿债能力指标的计算方法、内涵、作用、影响因素、评价方法 • 掌握长期偿债能力指标的计算方法、内涵、作用、影响因素、评价方法 • 利用多个偿债能力指标综合分析评价企业的偿债能力	• 能够结合不同行业企业的特点对偿债能力指标灵活应用 • 能够根据偿债能力指标的计算结果和行业特点对企业的偿债能力进行综合判断
3	营运能力分析	• 了解企业营运能力指标的构成 • 掌握短期资产营运能力指标的计算方法、内涵、作用、影响因素、评价方法 • 掌握长期资产营运能力指标的计算方法、内涵、作用、影响因素、评价方法 • 掌握总资产营运能力指标的计算方法、内涵、作用、影响因素、评价方法 • 理解营运能力与偿债能力、获利能力的关系	• 能结合不同行业企业的特点对营运能力指标灵活应用 • 能根据营运能力指标的计算结果和行业特点对企业的营运能力进行综合判断
4	获利能力分析	• 了解企业盈利能力分析常用的财务指标 • 掌握生产经营获利能力指标的计算方法、内涵、作用、影响因素、评价方法 • 掌握资产获利能力指标的计算方法、内涵、作用、影响因素、评价方法 • 掌握所有者投资获利能力指标的计算方法、内涵、作用、影响因素、评价方法 • 如何利用多个盈利能力指标综合分析评价企业的获利能力	• 能结合不同行业企业的特点对盈利能力指标灵活应用 • 能根据盈利能力指标的计算结果和行业特点对企业的盈利能力进行综合判断

续表

序号	工作任务	知识内容和要求	技能内容和要求
5	发展能力分析	• 了解企业的发展能力 • 掌握资产增长率计算方法、内涵、作用、影响因素、评价方法 • 掌握资本增值率计算方法、内涵、作用、影响因素、评价方法 • 掌握销售增长率计算方法、内涵、作用、影响因素、评价方法 • 掌握净利润增长率和净权益增长率计算方法、内涵、作用、影响因素、评价方法 • 如何利用多个发展能力指标综合分析评价企业的发展能力	• 能结合不同行业企业的特点对发展能力指标灵活应用 • 能根据发展能力指标的计算结果和行业特点对企业的发展能力进行综合判断
6	收入和利润分析	• 进行营业收入分析 • 市场竞争力分析 • 掌握本量利的基本关系 • 掌握营业利润的分析方法	• 能够进行营业收入分析 • 能够进行利润分析
7	成本费用分析	• 了解产品成本 • 进行产品成本分析 • 掌握期间费用分析	• 能够进行产品成本的计算 • 能够进行产品成本分析 • 能够进行期间费用分析
8	企业风险分析	• 掌握企业经营风险分析 • 掌握企业财务风险分析 • 掌握企业风险分析	• 能够进行企业经营风险的分析 • 能够进行企业财务风险的分析 • 能够进行企业风险的分析
9	杜邦分析法	• 了解杜邦分析方法 • 熟悉杜邦图	• 能够使用杜邦分析法进行财务分析
10	企业健康诊断	• 掌握企业健康诊断程序操方法 • 掌握诊断程序中参数调整意义 • 能根据企业诊断数据编写分析报告	• 能够应用诊断软件进行企业健康诊断并出具分析报告

六、教学条件

（一）教师任职条件

1. 专任教师。

• 熟悉岗位业务流程；

- 能够示范会计业务工作处理过程；
- 能够指导学生进行会计业务核算；
- 能够讲授本课程的业务知识。

2. 兼职教师。

- 企业财务部门负责人；
- 有财务工作经历并具有较强语言表达能力的财务人员。

（二）实践教学条件

1. 实训场所：有会计职业认知的软硬件环境。

2. 有进行基本技能训练的会计基本技能实训室；配置有应用会计核算模拟实训软件网络环境的计算机房；具备会计分岗位操作的企业财务模拟环境及模拟银行、模拟税务等外部环境的实训室。

3. 会计核算业务操作模拟实训软件，可在机上进行无纸化出纳业务操作。

4. 配备会计基本业务操作规范手册，包括《会计法》、《会计基础工作规范》等。

七、教学方法与手段

（一）教学方法

本课程教学方法主要包括六步教学法、项目教学法、演示法、角色扮演法、案例教学法、小组讨论法等。

1. 六步教学法：将教学组织分为明确任务、教学准备、教学设计、教学实施、教学检查、教学评价六步。以学生为主体进行完成相关工作任务的知识、技能、准备等信息搜集，制订课程教学方案，并准备各项教学资料。教学实施过程中，教师应着重指导学生按照规范化的要求和会计工作流程实施模拟工作过程，并以“过程＋结果”的方式进行课程考核。六步教学法为本课程主要的课程教学组织方法，通过六步教学法进行课堂组织，实现以学生为主体的理实一体教学。

2. 项目教学法：学生在教师指导下通过实施一个完整的项目而进行的教学活动，是一种典型的以学生为中心的教学方法。其目的是在课堂教学中让学生全部或部分独立组织、安排学习行为，将理论与实践教学有机地结合起来，充分发掘学生的创造潜能，提高学生解决实际问题的综合能力。

3. 演示法：教师陈示实物、教具，通过演示、观看实际操作录像等演示工作过程，使学生获取知识的教学方法。该方法对提高学生的学习兴趣、发展观察能力和抽象思维能力有重要作用。

4. 案例教学法：以实际案例办理为例讲解有关业务办理的相关法律法规规定及业务办理流程，增强教学的真实感和指导性，其操作流程为“以例激趣→以例说理→以例导行”。

5. 小组讨论法：在教师指导下，由小组成员围绕某一中心问题，发表自己的看法，从而进行相互学习的一种方法。其实质就是以小组为组织形式，借助小组成员之间的协作，完成特定的任务。讨论的过程重在交流，一般先是通过交流找出个体之间的差异，后经过讨论达成集体共识；讨论的过程又重在合作，通过小组学习，弥补个体在思维、精力、时间和学习方式上的有限性，发挥集体的力量。

（二）教学手段

1. 多媒体教学手段　主要包括：电子课件、投影、视频、音频、多媒体教学软件。有关案例分析与讨论可采用音频教学；师生互动、课堂演示等教学环节可采用多媒体教学软件。

2. 网络教学手段　教师进行仿真业务设计及学生进行会计信息化实训时采用网络教学软件。

3. 实践教学手段　通过开展真实业务实践教学，使学生专业知识和技能在系统性、操作性方面得到了进一步提高，同时加深了对相关理解知识的理解。

八、检查评价

1. 本课程对学生评价着重考核学生职业能力以及学生综合素质。具体课程考核以职业岗位能力为重点，以职业资格认证为参照标准，知识、能力、素质考核并重，全面改革“期末一张卷”的传统考核方法，突出以形成性评价、技能性评价为主，加大过程性评价、技能性评价成绩的比重的发展性评价。

2. 实行单元考核和期末考核相结合、笔试与口试相结合、校内考核和社会考证相结合。

3. 结合课堂提问、平时作业、平时测验、技能竞赛及考试情况，综合评价学生成绩。注重学生动手能力和实践中分析问题、解决问题能力的考核，对在学习和应用上有创新的学生应予特别鼓励，全面综合评价学生能力。

4. 课程平时成绩占30%，主要考核完成学习性工作任务的准确度和速度，根据软件系统的记载和平时学习表现来评定，也包括个人自评、小组互评和教师评价。期末总评成绩占70%，包括期末卷面考试。

“会计信息管理综合实训”课程标准

一、课程定位

“会计信息管理综合实训”课程是会计信息管理专业的专业核心课程，是校企合作开发的基于工作过程的职业技能课程，目标是使学生掌握电算化操作岗位上所需技能与知识，并通过相关的实践训练，强化学生从手工到电算化操作的处理能力，以实现学生与企业相关岗位零距离接触。通过本课程的学习，按要求完成有关工作任务，以实践技能训练和仿真模拟实训为特色，设计了基于会计工作过程与任务的实训项目，分别采用手工账处理和信息化处理等方式，通过会计信息管理综合实训，使学生能够熟练运用手工账和信息化方式完成会计核算工作，熟练处理出纳业务，费用报销业务，成本计算、收入确认、利润形成及分配业务，会计报表编制，涉税业务等全流程，并能利用企业体检诊断软件进行财务分析并编写财务分析报告，提供科学决策信息，能有效提高学生的实践应用能力，为学生毕业后实现零距离就业奠定基础。

二、课程目标

“会计信息管理综合实训”课程是高职会计信息管理及相关专业主要职业技能课之一，在专业课程体系中起着重要的支撑和促进作用。根据高技能人才培养目标和会计信息管理专业相关技术领域职业岗位的任职要求而确定内容，以会计基础知识和计算机基础知识为依托，要求学习者在熟练掌握会计基础知识及计算机基本操作技能的基础上，强化手工业务与财务软件的应用和比较，对于会计信息管理及相关专业的系统学习起着总结性的作用。

职业能力培养目标：

1. 了解会计工作人员应具备的基本素质，会计人员的职业道德要求；

2. 掌握原始凭证的填制、记账凭证的编制和传递程序，账簿登记及不同报表的格式、内容、填列及审核方法；

3. 能够正确理解和执行企业内部会计制度；

4. 能够分别采用手工和信息化方式进行企业经济业务的核算，包括能够进行期初建账工作、能够进行会计凭证的填制和会计账簿的登记、能够正确进行期末业务处理、能够进行期末对账与结账、能够进行会计报表的编制；

5. 能够处理企业所有涉税工作；

6. 掌握利用企业诊断软件进行企业体检诊断，生成财务分析报告；
7. 能够快速查找错误，并能按正确方法进行相应调整和处理；
8. 能够对会计档案进行整理装订和有效管理；
9. 能够遵守财经法规和企业内部规章制度；
10. 具有认真、严谨、细致的工作态度；
11. 能够进行部门、岗位之间的互相沟通与协调。

三、设计思路

1. 课程设计的总体思路：会计信息管理综合实训打破了以理论知识传授为主要特征的传统学科课程模式，采用以职业任务和行动过程为导向的工学结合课程模式。根据会计行业实践专家对会计岗位典型的职业工作和职业能力进行论证分析，结合实际工作和教学需要开展广泛调研，在深入企业工作一线了解实际情况的基础上，采用工作过程系统化的课程开发技术，遵循设计导向的职业教育理念，确定本课程学习目标和学习情境设计。通过在学习情境中的学习，使学生熟悉企业经济业务处理的流程并能够完成企业基本经济业务的账务处理，同时培养学生良好的敬业精神、团队合作精神和职业道德修养。

2. 课程设计的基本依据：以会计信息管理专业就业面向会计核算岗位工作任务所需的相关专业知识与必要技能为依据设计。在认知企业、会计机构、会计岗位以及各岗位职责、会计制度的基础上，以会计信息生成的会计工作流程组织教学过程，在进行手工分岗实训的同时，进行电算化的分岗实训。进一步加深学生对所学专业理论知识的理解，强化会计基本职业技能的训练，不断提高学生的综合运用能力，为中小企业培养具有扎实的专业基础理论及实际操作水平，能胜任企业会计核算工作的应用型人才。

3. 教学效果的评价以教师评价为主，同时采用小组成员自评、互评和教师评价相结合，重点评价学生的知识应用能力和实践动手动力。

4. 本课程建议总学时为108学时。

四、课时分配

表2-19　　课程项目模块及课时分配表

序号	课程项目	课程模块	课时分配	
1	手工模式下的分岗实训	了解实训企业	2	60
		设置企业账簿	8	
		日常业务核算	30	
		产品成本计算	10	
		期末会计报表的编制	8	
		编制纳税申报表	2	

续表

<table>
<tr><th>序号</th><th>课程项目</th><th>课程模块</th><th colspan="2">课时分配</th></tr>
<tr><td rowspan="7">2</td><td rowspan="7">信息化模式下的分岗实训</td><td>设置企业账簿</td><td>2</td><td rowspan="7">40</td></tr>
<tr><td>基础档案的设置</td><td>4</td></tr>
<tr><td>日常业务的处理</td><td>16</td></tr>
<tr><td>期末业务处理</td><td>6</td></tr>
<tr><td>UFO 报表编制</td><td>4</td></tr>
<tr><td>生成纳税申报表及企业报税</td><td>4</td></tr>
<tr><td>企业运营体检诊断</td><td>4</td></tr>
<tr><td rowspan="3">3</td><td rowspan="3">档案整理及项目答辩</td><td>手工账装订</td><td rowspan="3">8</td><td rowspan="3">8</td></tr>
<tr><td>电算账备份</td></tr>
<tr><td>答辩资料准备与提交</td></tr>
<tr><td colspan="4">总　　计</td><td>108</td></tr>
</table>

五、教学内容

表 2－20　　课程教学内容与教学要求

序号	工作任务	知识内容和要求	技能内容和要求
1	手工模式下的分岗实训	• 熟悉实训资料中企业的基本情况及财务制度 • 企业性质、经营范围、组织机构、工作流程分析 • 设置会计账簿：库存现金、银行存款日记账、总分类账、明细账 • 编制自制原始凭证、记账凭证、科目汇总表 • 产品成本计算 • 登记各种账簿 • 期末会计报表的编制	• 通过对实训资料中企业概况的学习，学生应了解整个手工账处理的业务流程，并能够为接下来的实训做好准备 • 学生应掌握建账的基本规定，并能够根据企业的日常经济业务填制相关原始凭证，根据原始凭证编制记账凭证，根据审核后的会计凭证完成账簿登记、会计报表编制 • 学生应掌握会计工作所需专业技能，并能够为就业做好充分准备 • 手工会计资料整理、装订成册

续表

序号	工作任务	知识内容和要求	技能内容和要求
2	信息化模式下的分岗实训	• 建立企业账套并人员分工 • 编码设置 • 基础档案的设置 • 建立会计科目体系并录入期初余额 • 日常业务的处理 • 审核记账 • 期末业务处理 • 生成“银行存款余额调节表” • UFO 报表编制 • 生成会计报表 • 生成纳税申报表并报税 • 企业运营体检诊断	• 使学生熟练掌握并使用用友财务软件，能够根据资料进行账套的初始化工作 • 能够根据手工账会计资料及记账凭证在财务软件中完成日常业务的处理工作 • 能够在财务软件中完成期末业务的处理及报表的生成和审核工作 • 能够在财税一体化系统中自动生成纳税申报表并掌握企业报税流程 • 能运用企业运营体检诊断软件进行体验，并生成诊断报告
3	档案整理及项目答辩	• 手工账装订 • 电算账备份 • 文档整理 • 项目答辩	• 能按规范备份电子数据 • 整理实训资料 • 能在有限时间内总结并汇报小组工作，展示工作成果 • 提升沟通能力、表达能力和综合素质

六、教学条件

（一）教师任职条件

1. 专任教师。实训项目指导老师，除需要具备过硬的专业知识之外，还应该在专业技术技能上有卓越而丰富的经验和经历。指导老师应熟悉了解企业会计手工及电算化管理系统的基本理论知识，并能根据具体常见的经济业务，运用财务管理软件的强大功能进行专业的实践操作。

2. 兼职教师。本科以上学历，熟悉会计软件操作，对会计相关知识有较深的了解，了解高职教育特点和规律。具有较强的敬业精神，热爱教育事业，有责任心，组织纪律性强，遵守学院的规章制度，有一定的教学能力，愿意为学院的教学和科研服务；有 3 年以上连续从事本专业方向的企业工作经历，能承担本专业实践教学任务。职业能力要求：或知名企事业单位财务负责人；或具有会计师资格证书或相当于中级的职业资格证书；或在会计电算化行业知名度大或获得过项目成果奖。

（二）实践教学条件

1. 有进行基本技能训练的会计基本技能实训室；配置有应用会计核算模拟实训软件网

络环境的计算机房；具备会计分岗位操作的企业财务模拟环境及模拟银行、模拟税务等外部环境的实训室。

2. 实训工具设备：计算器、仿真现金支票、转账支票、进账单、托收凭证等银行票据和银行结算单据，仿真收据、发票、借款单、差旅费报销单等原始单据，相关会计人员名章、收款凭证、付款凭证、转账凭证、通用记账凭证、科目汇总表、汇总收款凭证、汇总付款凭证、汇总转账凭证、订本式总账、订本式现金、银行存款日记账、三栏式活页明细账、数量金额式活页明细账、多栏式活页明细账、试算平衡表、资产负债表、利润表等。

3. 企业业务仿真核算资料，包括筹资、采购、生产、销售核算业务办理，成本费用核算业务办理，财务成果计算与分配核算业务办理，税费上缴业务办理以及有关结算方式业务处理等。

4. 会计核算业务操作模拟实训软件，可在机上进行无纸化出纳业务操作。

5. 配备会计基本业务操作规范手册，包括《会计法》、《会计基础工作规范》等。

七、教学方法与手段

（一）教学方法

本课程教学方法主要包括项目教学法、角色扮演法、小组讨论法等。

1. 项目教学法：学生在教师指导下通过实施一个完整的项目而进行的教学活动，是一种典型的以学生为中心的教学方法。其目的是在课堂教学中让学生全部或部分独立组织、安排学习行为，将理论与实践教学有机地结合起来，充分发掘学生的创造潜能，提高学生解决实际问题的综合能力。

2. 角色扮演法：划分学习小组，每小组指定不同人员分别扮演出纳、会计、业务办理人员、会计主管、企业负责人等角色，模拟有关经济业务办理过程，使学生体验不同角色的岗位任务和岗位职责。分岗进行模拟实训时采用角色扮演法，使学生真切体验会计工作过程。

3. 小组讨论法：在教师指导下，由小组成员围绕某一中心问题，发表自己的看法，从而进行相互学习的一种方法。其实质就是以小组为组织形式，借助小组成员之间的协作，完成特定的任务。讨论的过程重在交流，一般先是通过交流找出个体之间的差异，后经过讨论达成集体共识；讨论的过程又重在合作，通过小组学习，弥补个体在思维、精力、时间和学习方式上的有限性，发挥集体的力量，变“势单力薄”为“人广智多”。

（二）教学手段

1. 多媒体教学手段。

2. 网络教学手段：教师进行仿真业务设计及学生进行出纳业务仿真实训时可采用网络教学软件。

八、检查评价

本课程的考核主要包括学业评价、平时成绩、实践成绩和期末考试成绩等四个方面。

1. 学业评价。主要指学生学业成绩评价。学生学期总评成绩由手工账成绩、电算账成绩和期末总结答辩成绩三个部分构成，建议按40%∶40%∶20%的方式记分。成绩可参照“优秀、良好、及格、不及格”四级记分制折算成百分制计分，四级计分折算百分制的标准为：优秀：90～100分，良好：75～89分，及格：60～74分，不及格：59分及以下，总评成绩统一按百分制记分。建议在教学中分任务模块评分，课程结束时进行综合模块考核。

2. 平时成绩。这一部分突出形成性评价和总结性评价，结合考勤、课堂提问、业务操作、听课笔记、课后作业、课内实践、模块考核等手段，加强课内实践性教学环节的考核。

3. 实践成绩。这一部分突出形成性评价和总结性评价，主要针对课程实训成绩进行评定，一般根据学生的实训态度、实际操作动手能力、课程设计成果、实训报告和实训总结及实习单位的考核等环节综合评定。

4. 期考成绩。这一部分突出总结性评价，主要是期末综合性评价，强调课程模块结束后总结性评价，结合案例分析、成果展示等手段，注重考核学生所拥有的综合职业能力及水平。

第三部分

会计信息管理专业教学仪器设备配备标准

会计信息管理专业教学仪器设备配备标准

一、专业基本信息

专业名称：会计信息管理
专业代码：630304
招收对象：普通高中毕业生或同等学力者
学　　历：专科
学　　制：基本学制三年

二、专业基本技能

1. 熟练应用办公软件、办公设备进行文档处理。能够正确快速准确地录入中英文进行文档编辑；能熟练进行数字键盘的票据录入；能够熟练应用工作现场的常用办公设备；能够处理常见的票据打印等故障。

2. 熟练掌握会计核算的基本技能。掌握会计凭证的审核与填制；掌据会计账户的设置和会计账簿的建立；掌握会计账簿的登记和账簿的核对与结账；掌握小型企业会计报表的编制；熟悉财产清查的方法和工作过程；熟悉会计信息生成的规则与会计人员的职业规范；熟悉会计相关法律、法规。

3. 熟练运用会计信息化系统的技能。熟悉会计信息化内控制度；熟悉会计信息化档案管理方法；熟悉手工账务处理和会计信息化处理的区别和联系；掌握会计信息化的业务处理流程；掌握系统初始化的过程及人员分工、权限设置功能；掌握记账凭证的填制、审核、记账、查账的方法；掌握日常经济业务的账务处理；掌握往来、供应链模块业务流程，并掌握业务模块与账务处理模块接口关系；掌握会计信息化期末业务处理；掌握会计报表的编制方法；掌握数据备份与恢复方法。

4. 掌握会计核算和财务管理的基础知识、业务要求与操作流程，熟悉会计信息的内涵和相互关系，能准确分析和解读会计信息，能够根据会计信息分析企业财务状况和盈利能力，并在此基础上对项目风险进行评估。

5. 掌握 ERP 运维服务的工作职责及规范；熟练掌握计算机及网络技术知识，能够解决各种网络技术相关问题及故障排除；了解财务核算的规范流程及相关财务管理知识，熟练应用运维服务方法及技巧解决财务业务处理中的常见及典型问题；熟练进行数据库的日常维护、备份及常用故障的收集和处理；熟悉公司内部管理控制体系，掌握各分支机构的日常运作流程，掌握各业务处理模块。

6. 熟悉会计信息管理信息生成的原理；熟悉会计信息管理人员的职业规范；熟悉会计、会计信息管理相关法律、法规。

7. 熟悉信息安全相关法规，具备数据收集、管理、备份及数据恢复能力。

三、实训项目及主要内容

（一）会计信息认知沙盘实训

本实训主要培养学生的职业认知与综合素质，实训场地在沙盘实训室。实训项目及工作任务见表3－1。

表3－1

序号	实训项目	工作任务
1	模拟企业沙盘实训	认知企业
		模拟经营
2	创业沙盘实训	规则分析
		沙盘模拟经营
		归纳总结
3	供应链管理沙盘实训	规则分析
		沙盘模拟经营
		归纳总结

（二）会计基本技能实训

本实训围绕会计职业认知和会计核算基本方法开展实训工作训练，其目的是教会学生了解企业、会计工作组织与会计职业，主要实训场所在会计基本技能实训室。实训项目及任务见表3－2。

表3－2

序号	实训项目	工作任务
1	会计职业基础实训一	了解实训企业基本情况
		建账
		审核或填制原始凭证
2	会计职业基础实训二	编制记账凭证
		登记现金日记账、银行存款日记账
		登记明细账

续表

序号	实训项目	工作任务
3	会计职业基础实训三	编制科目汇总表
		登记总分类账
		对账
		结账
4	会计职业基础实训四	编制会计报表
		整理归档
		装订成册

（三）办公应用技能实训

本实训主要培养学生的职业办公应用基本操作能力、常用办公设备操控，以及会计基本技能中的中英文、小键盘录入技能训练等，实训场所在办公应用技能实训室。

实训项目及工作任务见表3-3。

表3-3

序号	实训项目	工作任务
1	录入实训	小键盘录入实训
		中英文录入实训
2	文档编排及打印	文字处理及排版打印
		表格处理及排版打印
		演示文稿及播放讲解
3	文稿复印	单、双面复印
4	文档扫描	扫描文档
		图形处理
		文字转换

（四）会计信息化应用技能实训

本实训主要培养学生的职业核心技能，通过实训使学生具备能根据企业行业性质和实际情况选择适合的会计软件及相应模块的能力，具备财税一体化实训功能。主要实训场所在会计信息化实训室。

实训项目及工作任务见表3-4。

表 3－4

序 号	实训项目	工作任务
1	系统管理	建账及账套管理
		财务分工
2	总账核算	总账系统初始化
		总账日常业务处理
		期末业务处理
3	报表处理	编制财务报表
4	固定资产处理	固定资产初始化
		固定资产日常处理
		固定资产期末处理
5	薪资管理	薪资初始化
		薪资系统日常处理
		薪资期末业务处理
6	应收款管理	应收系统初始化
		应收系统日常业务
		应收系统期末处理
7	应付款管理	应付系统初始化
		应付系统日常业务
		应付系统期末处理
8	供应链管理	供应链初始化
		采购、销售、库存、存货系统日常业务处理及财务业务一体化
		采购、销售、库存、存货系统期末业务处理及财务业务一体化
9	数据管理	数据整理、备份、归档，账套备份

（五）会计信息系统硬件及网络组建维护技能实训

本实训主要培养学生的职业核心技能，通过实训项目，学生能了解企业应用会计信息系统软、硬件选配方法；掌握计算机网络组建的基础知识、网络设备配置、会计电算化服务器的构建、网络规划设计与管理维护等职业技能；能理解维护的主要内容与方法。其中组装维护实训室主要面向微机装配调试实训使用，可供 ERP 实施及维护、办公应用等技能课程使用。网络管理实训室主要面向网络组建与维护课程使用，可供 ERP 实施及实训、办公应用等技能课程使用。

实训项目及工作任务见表 3－5。

表 3－5

序号	实训项目	工作任务
1	中小企业会计信息化系统实施实训	选购设备（系统升级）
		数据备份、装调系统、服务器安装调试
		初始化、客户培训
		售后服务
2	中小企业会计信息系统网络管理与维护实训	了解用户需求，设计网络拓扑
		购买网络设备
		制作网络线缆
		连接网络设备
		规划网络
		设置网络属性
		架设服务器
		设置网络安全
		解决网络故障

（六）会计信息系统数据管理维护技能实训

本实训主要培养学生的职业核心能力，通过实训使学生能根据项目任务、客服标准、职业规范的要求，解决本企业会计信息数据管理与维护问题或帮助客户进行数据管理与维护。数据管理实训室主要面向 ERP 实施及实训、会计信息管理综合实训核心课程，也面向数据库应用基础、Excel 在财务中应用等专业基础课程使用。

实训项目及工作任务见表 3－6。

表 3－6

序号	实训项目	工作任务
1	ERP 系统维护管理认知	运维岗位认知
		客服人员岗位规范训练
2	软件安装与卸载	环境分析与建立
		安装常见问题
3	ERP 软件中的系统管理	前台维护及软件异常处理
		数据库升级及账套备份、结转年度账
4	财务链常见问题分析及维护	总账核算、固定资产核算、薪资管理部分
		往来管理、报表管理部分
5	供应链常见问题分析及维护	应用技巧中常见问题分析及维护
		业务处理中常见问题分析及维护
6	数据库表及常见问题维护	后台常见数据库表的认知
		前后台关系
7	综合实训	年度结转常见问题处理
		打印常见问题处理

四、实训设施整体构架及环境要求

本专业实训设施体系由下列实训室构成：一是作为专业认知训练的实训室，主要包括沙盘实训室；二是作为专业基本技能训练的实训室，主要包括会计基本技能实训室、办公应用实训室；三是作为专业核心课程一体化实训室，主要包括：会计信息化实训室、组装维护实训室、网络管理实训室、会计数据管理实训室。

实训室面积要求：平均单个实训室面积在 80～120 平方米。

实训室容纳人数要求：平均单个实训室一次性可容纳 40～50 人同时实训。

五、实训室软件配备标准

（一）会计信息化实训室

表 3－7

软件名称	技术参数和技术要求
岗位实训软件	• 电子模拟无纸化实训：软件设计了仿真实务的原始凭证、记账凭证、会计报表及其他会计资料，并指导学生按照会计工作过程进行模拟操作，具有符合实际的特点。 • 网络实训：实训室依托校园网实现网络实训与教学功能。学生和教师均可以在不同的地方通过网络进行实训设计与实训练习。 • 岗位实训：软件设计了会计业务操作岗位，学生可按照实训要求选择不同的岗位分角色进行分岗实训和混岗实训，全面体验职业岗位角色。 • 自动考核：软件具有“实训→查错→纠错→考核”功能。 • 自动纠错：软件具有“实训→查错→纠错→考核”功能。
ERP 财务链软件	具有系统初始化、人员分工及权限分配功能；具有总账处理、报表分析、工资管理、固定资产管理、应收应付管理模块
ERP 供应链软件	具有采购管理、库存管理、销售管理、成本核算管理模块
税费计算与申报实训软件	具有防伪开票、网上申报、汇算清缴功能
多媒体教室教学软件	具有控制管理学生机、上传、下发文件功能

（二）会计基本技能实训室

表 3-8

序号	实训用纸	数量	序号	实训用纸	数量
1	收款凭证	1 本	10	数量金额式明细账账页	60 张
2	付款凭证	1 本	11	多栏式明细账账页	30 张
3	转账凭证	1 本	12	三栏式明细账账页	1 本
4	汇总凭证	1 本	13	固定资产明细账账页	40 张
5	记账凭证封面及包角	3 张	14	材料采购明细账账页	5 张
6	会计账簿	1 本	15	生产成本明细账账页	15 张
7	现金日记账账页	3 张	16	试算平衡表	1 份
8	银行存款日记账账页	10 张	17	会计报表	1 套
9	增值税明细账账页	4 张			

（三）办公应用实训室

表 3-9

软件名称	技术参数
Windows + Office 平台	具有文件管理、文字处理、表格编排、演示文稿处理模块功能
数据管理软件	SQL Server
多媒体教室教学软件	具有控制管理学生机、上传、下发文件功能

（四）组装维护实训室

表 3-10

软件名称	技术参数
Windows 操作系统	操作系统安装盘各 60 套
数据管理软件	SQL Server
财务软件安装盘	面向中小企业的财务 + 供应链系统
多媒体教室教学软件	具有控制管理学生机、上传、下发文件功能

（五）网络管理实训室

表 3－11

软件名称	技术参数
操作系统软件系统盘	Windows Server
财务软件安装盘	面向中小企业的财务＋供应链系统
虚拟机软件	Vmware Player
网络安全软件	产品描述：阻截在线窃取身份信息，可加快扫描速度/减少扫描次数并缩短扫描时间，最新/最及时的防护；防火墙功能；适用软件环境：主流操作系统
网络管理软件	支持 ADSL/IP 宽带/GPRS/WLAN/PSTN/ISDN/DDN/FR 等多种上网方式；支持星型、网状等组网结构；独立的动态 IP 寻址方式；多种认证和加密方式，纯软件 VPN 网关，支持 Windows 等主流平台；使用方便，能建立远程专网
多媒体教室教学软件	具有控制管理学生机、上传、下发文件功能

（六）会计数据管理实训室

表 3－12

软件名称	技术参数
数据库 SQL－Server 软件	支持并满足 ERP 系统后台运行
ERP 财务链软件	具有总账处理、报表分析、工资管理、固定资产管理、应收应付管理模块，相应产品的演示账套
ERP 供应链软件	具有采购管理、库存管理、销售管理、存货核算管理模块，相应产品的演示账套
ERP 财务链、供应链典型故障资源库	具有配套版的财务链、供应链典型故障演示账套库
Office 办公软件	具有文档处理 Word、数据处理 Excel、演示文稿 PPT 功能
多媒体教室教学软件	具有控制管理学生机、上传、下发文件功能

（七）沙盘实训室

表 3－13

软件名称	技术参数
模拟企业系统	能模拟生产制造企业各部门经营流程；能模拟市场进行单据配置；能实时显示企业资源流、物流、信息流状态；能自动生成报表数据；能统计并显示各组经营成绩
创业沙盘系统	能模拟生产制造企业各部门经营流程；能模拟市场进行单据配置；能实时显示企业经营数据状态；能自动统计并出具经营报告；能统计并显示各组经营成绩
供应链管理沙盘	能模拟生产制造、渠道管理、终端销售经营流程；能运营分组经营；能模拟市场发单；能实时显示企业经营数据状态；能自动统计经营报告；能统计并显示各组经营成绩

六、实训室硬件配备标准

（一）会计信息化实训室

表 3－14

序号	设备名称	技术参数	数量
1	投影仪、幕布、音响、无线话筒		1 套
2	电脑	根据软件需求配置硬件参数	51 台
3	服务器		1 台
4	交换机		3 台
5	学生实训桌椅	根据环境定制，建议配置 4 人/组的实训桌，利用分岗实训	50 套
6	教师机桌椅	根据环境定制	1 套
7	UPS 不间断电源		1 台
8	空调		1 台
9	文件柜	根据环境定制	2 组
10	环境布置	1. 实训室管理制度 2. 系统操作流程图 3. 会计信息化岗位责任制度 4. 会计信息化脱离手工账制度	

（二）会计基本技能实训室

表 3－15

序号	设备名称	技术参数	数量
1	投影仪、幕布、音响、无线话筒		1 套
2	电脑（教师机）	根据软件需求配置硬件参数	1 台
3	装订机		1 台
4	国家统一新企业科目章		1 盒
5	伪钞鉴别仪（点钞机）		1 台
6	财会模拟银行业务受理章		1 枚
7	财会模拟单位财务章		1 枚
8	日期章		1 盒
9	双色自动印台		1 套
10	多功能笔筒		1 个
11	《企业会计核算模拟实务操作》		1 本
12	裁纸刀		50 把
13	尺子		50 张
14	橡皮擦		50 块
15	回形针		50 盒
16	海绵缸		50 盒
17	银行来往凭证和汇票	商业银行通用格式	1 套
18	A. 双面座学生实验桌（6 人/张） B. 单面座学生实验桌（3 人/张）	根据环境定制	A：10 张 B：20 张
19	教师机桌椅	根据环境定制	1 套
20	文件柜	根据环境定制	2 组
21	会计模拟专用凭证、账册、单据		50 套
22	空调	5P 空调	1 台
23	环境布置	1. 实训室管理制度 2. 操作流程图 3. 会计信息化岗位责任制度 4. 内控制度 5. 档案管理制度	

（三）办公应用实训室

表 3－16

序号	设备名称	技术参数	数量
1	投影仪、幕布、音响、无线话筒		1 套
2	电脑	根据软件需求配置硬件参数	51 台
3	交换机		3 台
4	复印机		1 台
5	激光打印机		1 台
6	票据打印机		1 台
7	扫描仪		1 台
8	学生实训桌椅	根据环境定制	50 套
9	教师机桌椅	根据环境定制	1 套
10	空调	5P 空调	1 台
11	环境布置	1. 实训室管理制度 2. 操作流程图	

（四）组装维护实训室

表 3－17

序号	设备名称	技术参数	数量
1	投影仪、幕布、音响、无线话筒		1 套
2	电脑	根据软件需求配置硬件参数	51 台
3	服务器	根据软件需求配置硬件参数	1 台
4	交换机	支持 24 个 10/100/1000Mbps 自适应以太网端口	3 台
5	学生实训桌椅	根据环境定制，建议配置 4～6 人/组的实训桌，利于分岗实训	50 套
6	教师机桌椅	根据环境定制	1 套
7	文件柜	根据环境定制	2 组
8	十字镙丝刀	中号、带磁性	50 把
9	一字镙丝刀	中号、带磁性	20 把
10	尖嘴钳	中号	20 把
11	镊子	尖	20 把

续表

序号	设备名称	技术参数	数量
12	手套	防静电	50 付
13	皮老虎	橡胶	50 个
14	空调		1 台
15	环境布置	1. 实训室管理制度 2. 系统安排操作流程图 3. 安全注意事项 4. 系统维护流程图	

（五）网络管理实训室

表 3－18

序号	设备名称	技术参数	数量
1	投影仪、幕布、音响、无线话筒		1 套
2	电脑	根据软件需求配置硬件参数	51 台
3	服务器	根据软件需求配置硬件参数	1 台
4	交换机		3 台
5	实训用交换机	二层：24 口	15 台
6	实训用交换机	三层：24 口	15 台
7	实训用路由器	内置防火墙；VPN 支持；远程管理	15 台
8	实训用 RCMS		15 台
9	水晶头	RJ45	若个
10	双绞线	5 类以上 UTP	若干
11	压线钳	多功能	30 把
12	测线仪	采用 8 根双绞线逐根（对）自动扫描方式，快速测试双绞线与同轴电缆	25 个
13	学生实训桌椅	根据环境定制，建议配置 4～6 人/组的实训桌，利于分岗实训	50 套
14	教师机桌椅	根据环境定制	1 套
15	文件柜	根据环境定制	2 组
16	空调		1 台
17	环境布置	1. 实训室管理制度 2. 网络拓扑结构图 3. 双绞线制作线序图	

（六）数据管理实训室

表 3－19

序号	设备名称	技术参数	数量
1	投影仪、幕布、音响、无线话筒		1 套
2	电脑	根据软件需求配置硬件参数	51 台
3	服务器	根据软件需求配置硬件参数	1 台
4	交换机		3 台
5	学生实训桌椅	根据环境定制，建议配置 4～6 人/组的实训桌，利于分岗实训	50 套
6	教师机桌椅	根据环境定制	1 套
7	文件柜	根据环境定制	2 组
8	空调		1 台
9	环境布置	1. 实训室管理制度 2. 数据管理操作流程图 3. 系统维护流程图 4. 系统实施流程图 5. 数据安全管理制度	

（七）沙盘实训室

表 3－20

序号	设备名称	技术参数	数量
1	投影仪、幕布、音响、无线话筒		1 套
2	电脑	根据软件需求配置硬件参数	51 台
3	服务器	根据软件需求配置硬件参数	1 台
4	交换机	支持 24 个 10/100/1000Mbps 自适应以太网端口	3 台
5	UPS 不间断电源	延时时间确保服务器数据备份时间	1 套
6	学生实训桌椅	根据环境定制，建议沙盘实训桌能摆放手工沙盘图，并能坐下一组 6～8 名学生	50 套
7	教师机桌椅	根据环境定制，建议讲台带交易台功能	1 套
8	文件柜	根据环境定制，建议能分类装入多组沙盘工具	2 组
9	空调		1 台
10	环境布置	1. 实训室管理制度 2. 沙盘操作流程图 3. 沙盘介绍	

编写说明

本标准在四川财经职业学院余坤和教授、易思飞教授指导下，由李建军副教授全面主持负责项目的总体设计、组织实施、标准文稿的修改。李建军执笔编写了“会计信息管理专业标准”、“会计信息管理专业教学仪器设备配备标准”；江苏财经职业技术学院丁佟倩编写了“会计基础”课程标准；山西财政税务专科学校赵爱萍、安玉琴编写了“企业财务会计”课程标准；河南财政税务高等专科学校李爱红编写了“会计电算化”课程标准；四川财经职业学院郑代富、梁小晓编写了“数据库应用基础”课程标准；陕西财经职业技术学院郭崇罡、曾贵荣编写了“网络组建与维护”课程标准；广州番禺职业技术学院刘飞、黄玑编写了“成本核算”课程标准；内蒙古财经大学职业学院康莉、齐莲花编写了“财务管理”课程标准；四川财经职业学院梁皖蓉、许军编写了“ERP 实施及维护”课程标准；宁夏财经职业技术学院吴晓莉编写了“会计报表分析”课程标准；江西财经职业技术学院章清编写了“会计信息管理综合实训”课程标准。

特别感谢用友新道科技有限公司宋健先生、用友畅捷通软件有限公司陈峰先生、金蝶国际软件集团有限公司苏然先生、任我行软件股份有限公司徐峰先生作为行业企业专家参与讨论与指导！

会计信息管理专业三项标准项目组

税　务　专　业

目录 Contents

第一部分

税务专业标准

一、专业名称及代码

专 业 名 称：税务
专 业 代 码：630201
衔接中职专业：会计（税务代理方向）
接续本科专业：税收学

二、招生对象

普通高中毕业生或同等学力者。

三、学制与学历

学制：基本学制三年，可实行学分制为基础的弹性学制。
学历：专科。

四、职业岗位

税务专业面向企业、税务或会计中介机构的涉税类业务岗位，初始就业岗位包括企业的出纳、财务会计、税务会计等岗位；中介机构的税务代理岗位，包括代理税务登记、代理纳税申报、代理发票领购等。经过3～5年工作经验积累及学习后可向要求更高业务技能的岗位或管理职能的岗位发展，包括企业税务经理或财务经理，企业财务总监，中介机构项目负责人，中介机构合伙人，中介机构中的税务咨询、纳税审查或税务筹划岗位，同时考取注册税务师、注册会计师、税务筹划师等。主要就业岗位和职业发展岗位见表1－1。

表1－1 税务专业毕业生能胜任的业务岗位

岗位类别	初始就业岗位	就业范围	主要业务工作	发展岗位
税务岗位	税务会计、税务专员	各类企业	税务登记、纳税申报、发票领购、减免税事项办理、涉税业务会计核算、其他税务相关工作	税务主管（经理）、财务经理等
	税务代理岗位	税务、会计中介机构	代理税务登记、代理纳税申报、代理发票领购、代办减免税事项、代理记账等基础税务代理工作	中介机构项目负责人，中介机构合伙人，中介机构中的税务咨询、纳税审查或税务筹划岗位

续表

岗位类别	初始就业岗位	就业范围	主要业务工作	发展岗位
会计岗位	出纳岗位、核算岗位、会计档案管理岗位	各类企业	企业一般出纳业务、会计核算业务、会计电算化业务、会计档案管理等会计工作	会计主管、财务经理、财务总监等
	审计、验资、代办工商登记、会计咨询等岗位	税务、会计中介机构	• 审查会计报表，编制审计报告 • 验证企业资本，出具验资报告 • 代理申报工商注册登记 • 提供管理、会计、投资和其他咨询服务业务	中介机构项目负责人、中介机构合伙人等

五、培养目标

本专业面向各类企业、税务或会计中介机构等的涉税类业务岗位，培养拥护党的基本路线，具备现代公民意识，具有诚信、合作、敬业的职业素质，掌握税务专业基本理论知识及相关财务会计和经济管理知识，具备熟练的税务业务操作和会计核算技能，能够综合运用所学的知识和技能熟练地办理涉税业务的发展型、复合型、创新型的技术技能人才。

（一）综合素质

1. 思想政治素质：掌握马克思主义和中国化马克思主义理论体系的思想方法，具有科学的世界观、人生观和价值观；树立拥护中国共产党领导、热爱社会主义祖国、服务中国特色社会主义建设的理想信念，拥有能够支撑高职大学生职业发展的思想政治素质。

2. 人文素养与科学素质。具有较为宽阔的视野，具有科学的思维习惯，具备健康的审美情趣和正确的审美观，具备较强的审美能力，个性鲜明、学有所长。

3. 身心素质。养成良好的锻炼身体、讲究卫生的习惯，掌握保持身体强健的基本方法，达到国家规定的健康标准；具有坚强的毅力、积极乐观的态度、良好的人际关系、健全的人格品质。

4. 职业素质。具有良好的职业态度和职业道德修养；具有诚信的品质，敬业、合作和创新精神；具有严格执行税收法律法规的科学态度，具有严谨、细心、耐心、谨慎的职业习惯；具有较强的亲和力和持久的工作热情。

（二）职业能力

1. 掌握会计核算基本原理。

2. 熟悉财务会计准则、会计制度，具备会计核算能力，能够正确编制凭证、登记账簿、编制报表。

3. 掌握税收基本原理，具有运用基本原理解释经济现象的能力。

4. 掌握现行税收程序法法规，能够知晓税务管理的关键环节并能够配合税务机关管理。

5. 掌握现行税收实体法法规，能够进行各税种计算及申报，具有确定税款影响因素的能力，能够进行基本的税务筹划。

6. 掌握税务机关税务检查的基本权力范围，具有依法稽查、保障和维护纳税人合法权益的能力。

7. 掌握查账内、账外的基本方法，具有发现线索、锁定检查重点的能力，能够进行税务稽查或代理纳税审查。

8. 熟练运用计算机和互联网，具有搜集、处理信息和获取知识的能力；能熟练运用会计核算软件及电子报税软件办理相应业务；熟练使用电子表格进行数据处理。

9. 了解国际税收业务的基本概念、基础理论与相关的业务要求；熟悉财税专业英语基本词汇，能够运用基本财税服务英语口语。

六、毕业要求

（一）学分要求

本专业按学年学分制安排课程，学生最低要求修满 130 学分。

理论课程和一体化课程每 18 学时 1 学分，实践课程一般每 28 学时 1 学分。1 学时为 45 分钟。

其中：

必修课要求修满 104 学分，占总学分的 80%。

选修课要求修满 26 学分，占总学分的 20%。

（二）证书要求

1. 获得财政部会计从业资格考试合格证书。

2. 获得以下计算机应用能力证书之一：

（1）教育部门组织的“全国高等学校计算机课程水平考试一级——计算机应用”证书；

（2）教育部考试中心组织的“全国计算机等级考试（NCRE）一级——MS OFFICE”证书；

3. 获得高等学校英语应用能力考试委员会颁发的全国高等学校英语应用能力考试 B 级证书；

4. 全国大学英语四、六级考试委员会颁发的全国大学生英语四级或六级考试证书（本证书仅供参考，不作为毕业条件）。

七、课程体系

本专业职业能力课程体系见表 1－2。

表 1－2 职业能力与课程体系简表

职业能力课程体系	职业通用能力课程	经济学基础	税收基础	会计基础
		金融学基础	统计基础	经济法基础
		财政学基础		
	职业专门能力课程	财务会计	税法	税务管理
		成本会计	预算会计	小企业会计实务
		财务管理	会计电算化	财务报表分析
		纳税筹划	税务会计	国际税收
		税务代理实务	税法专题	税务稽查案例精讲
	职业拓展能力课程	资产评估	税收信息化	中外税制比较
		经济数学	中国赋税史	管理基础
		审计基础	税收改革热点探析	
	职业能力综合训练课程	顶岗实习与毕业论文		

课程体系的确定以对学生的能力培养为主要依据，遵循税务专业的内在规律，参照职业资格证书的要求，充分考虑学生未来的职业生涯发展与岗位迁移，尽可能提高课程的利用效率，力争一课多用。本专业开设下列类型的课程：

（一）基本素质课程

基本素质课程是针对大学生的思想政治素质、人文和科学素质及身心素质养成的需要开设的专门课程。

这类课程包括："思想道德修养与法律基础"、"毛泽东思想和中国特色社会主义理论体系概论"、"形势与政策"、"心理健康教育"、"大学生职业发展与就业指导"、"国防教育与军事训练"、"财经应用文写作"等必修课和体育、科技知识、人文知识、艺术修养等选修课。

（二）职业能力课程

职业能力课程是在对本专业学生必备的专业知识和专业技能进行分析的基础上系统设计的体现本专业职业要求的课程。包括职业通用能力课程、职业专门能力课程、职业拓展能力课程和职业能力综合训练课程。

1. 职业通用能力课程：这类课程根据完成岗位工作任务和学生职业发展对专业理论知识的需要开设，这类课程不直接对应岗位工作，但对岗位工作有理论指导作用，能够帮助学生更好地理解岗位工作，是学生职业发展的基础，是进行创造性工作的重要条件。本类课程根据就业岗位和职业发展对系统理论知识的需要确定教学内容，以知识掌握、理论分析和思维训练相结合的方法组织教学，注重理论联系实际。

这类课程包括两种不同类型：一是专业基础理论课程。包括"经济学基础"、"税收基础”、“财政学基础”、“金融学基础”；二是专业应用理论课程。包括“会计基础”、“统计基础”、“经济法基础”。

2. 职业专门能力课程：这类课程是为培养学生胜任岗位所应具备的专门能力而开设的。这类课程通过训练学生熟练地运用专门技术并掌握运用该技术所需的与工作过程相关的知识来达到具备从事职业岗位工作基本能力的目的。税务专业各课程很难与岗位一一对应，学习完相关课程之后的整合能力就相当重要，理解与联系对整合有重要帮助。这类课程按其与职业能力的关系可以分为三类：

（1）培养会计核算能力的课程：会计核算能力是形成税务职业能力的基础，这些课程根据职业能力要求确定教学内容，组织教学过程，运用会计岗位业务平台进行能力训练，采用教与做、学与做结合的教学方式，目的是达到理论与实践的对接，这些课程主要为一体化的课程，是操作技能、业务知识和与相关的应用理论相结合的课程。

这些课程包括：“成本会计”、“财务会计”、“会计电算化”、“财务管理”、“小企业会计实务”、“预算会计”、“管理会计”、“财务报表分析”等。

（2）培养税收政策运用能力的课程：政策是行动依据，这些课程根据完成岗位工作任务对专项技能的需要开设，课程不直接对应具体的工作岗位，但对完成岗位工作任务形成专门的技能支撑，所训练的同一项技能往往会在多个不同岗位得到应用。这些课程根据培养职业能力需要，以理解与联系作为主要教学方式，以贯通税会、为培养政策评价能力打下基础作为学习和训练目标。

这类课程包括：“税法”、“税务管理”、“国际税收”、“税法专题”等。

（3）培养税收政策评价能力的课程：政策评价能力是评价政策优劣、把握政策实质或政策缺陷，运用对政策的深刻理解和熟练掌握以分析问题、解决问题的一种能力，是税务专业职业能力的最高要求。这些课程有较为明确的岗位对应关系，但同时也会在多个不同岗位得到应用。这些课程根据完成岗位工作任务对专项技能的需要确定教学内容，按照专项技能训练达标的需要组织教学过程，以理解与联系作为主要教学方式，以能够评价政策优劣、分析解决税务问题作为学习和训练目标。

这类课程包括：“税务会计”、“纳税筹划”、“税务代理实务”、“税务稽查案例精讲”等。

3. 职业拓展能力课程：是在学生掌握本专业必备知识和技能的基础上根据就业方向和未来职业发展提升需要所开设的课程，主要为选修课程，这类课程包括横向的能力拓展和纵向的能力提升两种课程。

这类课程包括：“经济数学”、“审计基础”、“税收信息化”、“中国赋税史”、“中外税制比较”、“管理基础”、“资产评估”、“税收改革热点探析”等。

4. 职业能力综合训练课程：这类课程是对上述课程所训练的能力的综合运用的课程。

这类课程包括：顶岗实习和毕业调研。

八、核心课程基本内容

专业核心课程共9门，各门课程应当掌握的教学内容和技能训练标准见表1－3。

表 1-3　核心课程基本内容

课程	应当掌握的知识	应当达到的技能标准
1. 税收基础	• 理解并掌握税收的概念 • 了解税收产生与发展的过程，了解税收的职能与作用 • 了解税收与生产、分配、交换、消费的关系 • 了解税收制度的概念，掌握税法构成要素，掌握税法分类 • 熟悉税法基本原则 • 熟悉税制模式 • 掌握流转税计税原理 • 掌握所得税计税原理 • 了解其他税种计税原理 • 了解西方税收原理	• 能够掌握税收的用途，理解税收的经济作用 • 能够按照税法构成要素分解现行税法 • 能够根据课税目标自行设计税收制度 • 能够按照税收基本原则衡量判断我国税制的优劣 • 能够说明我国税制模式 • 能够把握流转税的基本特点，理解“增”“消”两税之间的关系 • 能够认识企业所得税与个人所得税的异同，把握所得税的基本特点 • 能够了解我国现行税种体系
2. 会计基础	• 了解会计的含义、会计基本职能和会计的扩展职能 • 掌握会计基本目标、会计的对象及基本核算方法 • 了解会计岗位范围、会计从业资格的基本条件和相关管理要求会计职业道德的要求 4. 掌握会计要素的概念、特征、分类 • 掌握会计等式、会计事项概念，掌握会计事项对会计等式的影响变化，理解会计等式的平衡性 • 理解会计科目的分类、设置原则，了解账户的概念、账户结构 • 了解复式记账的基本知识，掌握借贷记账法的涵义、记账规律，掌握会计分录编制，进行试算平衡、平行登记等 • 了解资金进入企业的基本业务的核算 • 掌握原始凭证、记账凭证的基本知识，掌握记账凭证的内容和填制方法 • 了解会计账簿的基本知识，掌握记账规则、错账更正、结账对账、试算平衡的方法 • 了解财务报告的基本知识，掌握资产负债表、利润表、现金流量表的结构、编制方法，了解所有者权益变动表及会计报告附注 • 了解会计处理程序的基本知识，掌握记账凭证和科目汇总表会计处理程序特点及其使用的账簿、凭证、账务处理的程序和适应范围	• 能够把握会计的职能、目标对象及其基本方法体系 • 能够认知会计岗位群、从业资格、执业资格及会计人员素质要求 • 能熟练使用账户和编制试算平衡 • 能运用“T”形账户法进行总分类账户和明细分类账户的平行登记及账户数据的核对 • 熟知制造业的基本经济业务活动，能从会计角度把握体现经济业务的原始凭证，具有判断对应经济业务所形成的原始凭证的能力 • 能审核原始凭证，具有判断原始凭证代表经济业务性质的基本能力 • 能正确编制各种凭证，具有根据原始凭证编制记账凭证的基本能力；具有基本的建账、记账、算账、查账和更账的技能 • 能正确编制试算平衡表；熟悉财务会计报告体系，能掌握资产负债表、利润表的结构、内容、编制方法 • 能根据资料编制简化资产负债表、利润表 • 能够理解会计报告附注；熟知账簿登记的一般流程和简化流程及其适用的业务范围；熟知记账凭证账务处理程

续表

课程	应当掌握的知识	应当达到的技能标准
2. 会计基础	• 了解会计主体的涵义、作用；其与法律主体的关系；掌握持续经营、会计分期的概念、作用及会计分期的划分；掌握货币期间的划分、作用、确定 • 掌握十三项会计原则的概念、要求、目的；重点掌握权责发生制原则与收付实现制原则的运用、区别及划分收益性支出和资本性支出原则的划分 • 了解我国会计法规体系的构成；对会计法、会计准则、会计制度有基本了解	序和科目汇总表账务处理程序；理解会计核算的基本原则 • 能够运用主要会计基本原则；能读懂会计法等相关会计法规；具备掌握会计上岗证考核的会计法规知识要求
3. 财务会计	• 认识货币资金的特点，掌握货币资金控制的原则和方法；熟悉货币资金收付的业务手续；掌握现金账户的设置方法和会计处理方法；熟悉金融资产的分类方法，掌握交易性金融资产的核算 • 认识应收账款的产生原因，熟悉应收账款的确认和计量；掌握应收账款的核算，熟悉坏账产生的原因；掌握坏账的计提方法和核算方法；熟悉票据基础知识，掌握应收票据的核算方法；掌握票据贴现利息的计算原理，掌握应收票据贴现的核算；掌握预收账款和其他应收款的核算口径和方法 • 了解存货的分类，认识存货的特点和确认要求条件，掌握存货初始确认的入账价值；认识存货的不同计价方法的特点，掌握存货期末计价、盘存及其核算方法；熟悉两种核算方法，掌握两种方法的特点和会计处理；熟悉工业企业周转材料的构成，掌握不同领域使用包装物的核算和低值易耗品的摊销方法 • 熟悉持有至到期投资的基础知识，掌握其会计处理；熟悉持有至到期投资的出售和期末计价，掌握实际利率摊销法的使用原理；熟悉可供出售金融资产的分类依据和确认标准及其会计处理；熟悉长期股权投资的含义，掌握不同条件下取得长期股权投资的核算方法 • 认识固定资产价值转移的特点和分类方法，掌握其计价方法和账户设置方法；认识每种取得方式的含义和特点，掌握会计处理方法；认识	• 明了货币资金控制制度的构成 • 能够登记现金银行存款日记账 • 能够熟练编制银行存款余额调节表 • 能够进行实际交易性金融资产的会计处理 • 能够编制应收预付账款的有关记账凭证 • 能够掌握坏账准备的计提和坏账的核算方法 • 能够掌握票据贴现的具体操作 • 熟知存货购销的具体程序 • 能够登记存货收发的明细账 • 能够填制存货盘存报告单 • 能够计算存货的可变现净值 • 能够进行存货涉税问题的处理 • 能够掌握实际利率法进行持有至到期核算的摊销以及有关明细账登记方法 • 能够进行可供出售金融资产的核算以及有关账簿的登记 • 能运用成本法、收益法核算长期股权投资 • 能够运用不同方法计算固定资产折旧 • 能够编制不同渠道取得固定资产的会计凭证并登记相应账簿 • 能够编制折旧计算表并登记有关账簿 • 能够判断固定资产后续支出的资本化或者费用化 • 能够进行固定资产减值资产组的划分

续表

课程	应当掌握的知识	应当达到的技能标准
3. 财务会计	折旧的含义和范围，掌握固定资产不同的折旧方法以及对企业财务的影响；掌握固定资产折旧的会计处理和固定资产后续支出的会计处理原则；熟悉各种固定资产减少的含义，掌握其处理方法；熟悉各种固定资产减少的含义，掌握其处理方法；熟悉固定资产、在建工程减值计提依据，掌握其会计处理方法 • 熟悉无形资产及其特征，认识无形资产的分类；熟悉不同渠道取得无形资产的计价，掌握无形资产（含摊销）的核算方法；认识长期待摊费用、其他长期资产的性质和特点，熟悉无形资产、长期待摊费用、其他长期资产的核算方法及会计处理 • 了解流动负债及其特点；熟悉各种主要流动负债（应付账款、应付票据、应付职工薪酬等）并掌握其核算方法 • 了解非流动负债及其特点，熟悉各种主要非流动负债（长期借款、应付债券、长期应付款）的核算范围，掌握其核算方法 • 了解所有者权益的含义，认识所有者权益的构成；熟悉所有者权益各组成部分的区别；掌握所有者权益各主要组成部分的核算 • 了解收入的概念和分类，认识收入的确认条件，熟悉不同类型收入的确认标准的差异；掌握收入的核算方法；了解费用及其构成，熟悉费用的归集和分配以及生产成本的形成；掌握费用核算方法；了解利润及其构成，熟悉利润核算的基本程序；掌握利润及其分配的核算方法 • 了解财务报告及其构成，认识各主要报表的作用；熟悉报表之间的关系；掌握各主要报表的编制方法；	• 能够明了固定资产终止确认核算程序并能够进行有关凭证的编制和账簿的登记 • 能够编制不同渠道取得无形资产的会计凭证并登记相应账簿 • 能够编制无形资产摊销计算表并登记有关账簿 • 能够判断研发支出的资本化或者费用化 • 能够进行无形资产减值资产组的划分 • 能明了无形资产终止确认核算程序并能够进行有关凭证的编制和账簿的登记 • 能够编制主要流动负债发生、利息计提、偿还的有关会计凭证，并登记有关账簿 • 能够进行应付职工薪酬的计算计提以及有关表格的编制，会登记薪酬明细账 • 能够进行应交税费的计算和有关账簿的登记 • 能够进行长期借款、应付债券明细账的设置 • 能够进行实际利率法摊销的计算和有关表格的编制 • 会使用混合证券权益成分的分离方法 • 能编制实收资本核算的有关凭证；能够进行资本公积核算有关凭证的编制和账簿的登记 • 熟悉留存收益的核算程序、能够进行有关凭证的编制以及账簿的登记 • 能够进行收入凭证的填制和编制 • 能够进行收入确认和计量的判断 • 能够进行费用的计算和归集 • 能够进行费用凭证的填制以及相关明细账的登记 • 熟悉利润核算程序、能够进行利润分配的计算和有关凭证的编制、账簿的登记

续表

课程	应当掌握的知识	应当达到的技能标准
3. 财务会计	• 认识债务重组的含义；区分债务重组的范围；掌握不同债务重组方式的核算 • 认识非货币性资产交换的判断；掌握不同类别的非货币性资产交换的划分依据；掌握不同类别非货币性资产交换的会计处理 • 认识专门借款、一般借款；掌握借款费用的范围；掌握不同借款费用的核算 • 熟悉会计差错、会计估计、会计政策变更、会计日后事项的含义以及分类；掌握上述四项内容的会计核算方法，重点是会计政策变更和会计日后事项的核算	• 能够掌握资产负债表、利润表、现金流量表、权益变动表的编制技巧 • 能够对债务重组实务进行方式区分；学会编制相应的债务重组不同方式的会计凭证 • 能够编制按照公允价值计量的非货币性资产交换的会计凭证 • 能够编制按照账面价值计量的非货币性资产交换的会计凭证；会计算专门借款、一般借款的资本化金额 • 能够编制借款资本化金额的会计凭证 • 能够编制会计差错、会计估计、会计政策变更、会计日后事项的会计凭证并能在会计报告附注中披露
4. 税法	• 掌握税法构成要素、税法分类基础知识 • 掌握增值税征税范围、计税依据、进项税额能否抵扣 • 熟悉增值税发票开具范围，掌握红字专用发票开具条件 • 掌握消费税征税范围、计税依据、应纳税额计算 • 熟悉关税征税范围，掌握关税计税依据 • 熟悉企业所得税纳税人、征税范围，掌握企业所得税应纳税所得额确定，熟悉企业所得税税收优惠 • 熟悉个人所得税纳税人及其对应纳税义务，掌握征税对象，能对其准确分类，掌握个人所得税计税依据、税率，正确计算应纳税额 • 了解资源税、财产税等税种知识，掌握资源税、土地增值税等相对大一些税种的计算 • 了解税收征管概况	• 能够进行各税种应纳税额的计算 • 具备看懂各税种纳税申报表的能力 • 理解现行税法构成是一个体系，明了流转税体系中各税种地位及相互关系 • 明了两个所得税之间的联系和区别；明了税法和会计之间的关系
5. 税务管理	• 掌握税务管理的概念，了解税务管理的基础知识 • 了解税收法制管理的依据，理解征管法的立法目的和税收立法的意义；掌握税收立法、执法、司法的原则、程序 • 掌握税收管理体制的概念；理解我国建立税收	• 能够对税务管理有一个准确的认识，超越税务管理的常见误区 • 能够建立税收法制体系的基本框架，明确程序法与实体法的关系，充分认识征管法的重要作用，对当前依法治税中的突出问题能够提出自己的见解

续表

课程	应当掌握的知识	应当达到的技能标准
5. 税务管理	管理体制的原则；掌握现行税收管理体制的内容 • 掌握税务登记的种类及管理规程；掌握账簿、凭证管理的具体内容和基本要求；掌握税控装置管理的基本内容及相关法律规定 • 了解发票管理的意义，掌握普通发票的种类和管理，掌握增值税发票的管理 • 掌握纳税申报的对象、内容、方式及要求 • 掌握税款征收的方式；掌握税款征收保证制度与措施 • 了解税务行政处罚与刑事处罚的设定，明确税务行政处罚的原则，掌握税务行政处罚的程序和执行 • 了解税务行政争讼的意义和作用，掌握税务行政争讼的法律规定，掌握税务行政争讼的程序	• 理解税收管理体制的重要作用及其对当前税收立法、执法所产生的影响，对现行税收管理体制作出评价 • 能够正确办理各类税务登记业务，掌握操作要点 • 能够把握账证管理的基本要求，掌握操作要点 • 能够根据纳税人生产经营基本情况判断其使用发票的种类 • 掌握各类发票领购、开具、取得、保管等业务的操作要点 • 掌握纳税申报的基本规定；能够对税款征收中出现的各种情况，依据征管法作出自己的判断 • 能够正确理解并运用各项税务行政处罚的基本原则及法律规定 • 能够正确理解并运用税务行政复议的程序性规定 • 能够正确理解并运用税务行政诉讼的程序性规定 • 能够对税务综合案例进行分析并提出解决方案
6. 国际税收	• 掌握国际税收的基本概念 • 了解税收管辖权的类型，掌握居民管辖权的居民判断标准，掌握属地管辖权来源地的判断标准 • 理解国际重复征税发生的原因，掌握法律性国际重复征税发生及扩大的原因及过程，掌握经济性国际重复征税发生的原因 • 了解国际重复征税解决的基本方法，理解四个基本方法的优劣 • 了解国际避税和逃税的概念，理解国际避税和国际逃税的区别，掌握国际避税的一般思路和方法手段 • 理解跨国公司国际税务筹划中的中介公司法律地位，掌握不同类型的中介公司的不同功能	• 能区分国际税收与国家税收 • 能够理解不同类型的管辖权判断标准差异的原因 • 能够理解重复征税发生的原因并能够举一反三，举出现实生活中各种国际重复征税的现象 • 能够对四个免除重复征税的方法区别其优缺点 • 能够联系我国税法中关于避免国际双重征税的条款 • 能够掌握基本的国际避税方法 • 能够举一反三，进行基本的国际税收筹划 • 能够理解转让定价和避税没有必然的联系

续表

课程	应当掌握的知识	应当达到的技能标准
6. 国际税收	• 了解转让定价的概念，掌握关联企业收入与费用的分配原则，掌握预约定价协议的相关内容 • 了解反避税法规的概念，掌握具体有关反避税法规的内容	• 能够熟练掌握转让定价法规的具体内容 • 能够对预约定价协议的意义有比较深刻的理解；熟悉具体的反避税法规的内容 • 能够对我国要加强国际避税行政法规的必要性深入探讨
7. 税务会计	• 了解税务会计基础知识 • 掌握增值税会计处理 • 掌握消费税会计处理 • 掌握企业所得税会计处理 • 掌握个人所得税会计处理 • 掌握其他税种会计处理	• 能够建立税务会计基本框架，明确税务会计核算原理，对税务会计特殊性有基本认识 • 能够运用会计核算反映各税种税额的形成、计算、缴纳、减免、退还全过程 • 能够根据会计核算结果，进行各税种的纳税申报 • 能够理解各税种纳税申报表的设计及其会计处理与各税种相关税收法律法规的关系
8. 税务代理实务	• 了解税务代理的基础知识 • 结合税务管理已经掌握的知识，从代理角度掌握代理税务登记、发票领购、各税种纳税申报的要点 • 熟悉代理纳税审查和税务稽查的关系，掌握代理纳税审查的基本方法 • 掌握账务调整的基本方法 • 掌握审查凭证、账簿、报表的基本技巧 • 掌握增值税纳税审查的基本方法和技巧 • 熟悉消费税纳税审查的基本方法和技巧 • 掌握企业所得税纳税审查基本方法和技巧 • 熟悉个人所得税纳税审查的基本方法和技巧 • 了解其他各税种纳税审查的基本方法和技巧	• 能够代理税务登记、发票领购、各税种纳税申报等 • 能够区分代理纳税审查与税务稽查 • 能够熟练运用逆查法找到线索，确定审查重点 • 能够在审查完毕正确进行账务调整和编写审查报告 • 能够掌握账表证的基本审查方法和技巧 • 能进行账外账的审查 • 能运用账表证的基本审查方法和技巧进行各税种审查 • 能够深入理解会计核算原理，并将之运用到账表证的审查 • 能理解税种特点与税种纳税审查间的关系 • 能联系税收实体法、程序法，推论可能偷逃税收发生的重要领域和环节

续表

课程	应当掌握的知识	应当达到的技能标准
9. 纳税筹划	● 了解税务筹划基础知识，掌握税务筹划的基本方法 ● 理解增值税计税原理，掌握增值税征税范围、销项税额、进项税额的筹划 ● 理解消费税计税原理，掌握消费税征税范围、计税依据的筹划 ● 理解企业所得税计税原理，掌握企业所得税纳税人、征税范围、计税依据、税收优惠的筹划 ● 理解个人所得税计税原理，掌握个人所得税纳税人、征税范围、税率、计税依据、税收优惠的筹划 ● 了解其他各税种基本规定，理解其计税原理，掌握其征税范围、计税依据、税率、税收优惠等的筹划	● 能对税务筹划有一个正确认识，超越常见的税务筹划误区 ● 能够判断各税种相关规定的优劣 ● 能够找到相关案例的切入点 ● 能够把握已公开的各税种筹划基本方法 ● 能够举一反三，进行各税种的基本筹划 ● 能理解税法中的基本原理并将之运用到税务筹划当中

九、教学计划进度

1. 教学计划进度安排见表1－4。

表1－4　　税务专业教学计划进度表

课程类别	课程性质	序号		课程名称	核心课程	课程类型	学分	总学时	教学周学时/教学周数						考核评价方式	主要教学场所	说明
									一	二	三	四	五	六			
									17周	18周	18周	18周	18周	17周			
基本素质与能力课	必修课	1		思想道德修养与法律基础		理论	3	54			3/18				考试	多媒体教室	
		2		毛泽东思想和中国特色社会主义理论体系概论		理论	4	72		3/18					考试	多媒体教室	课外18
		3		形势与政策		讲座									考查	多媒体教室	课外安排每门18课时
		4		心理健康教育		讲座									考查	多媒体教室	
		5		职业规划与就业指导		讲座									考查	多媒体教室	
		6		国防教育与军事训练		实践	2	56	2周						考查	其他	
		7		办公软件应用		一体化	3	60	4/15						考试	计算机教室	
		8		财经应用文写作		理论	2	36				4/9			考试	多媒体教室	
		小计					14	278									

续表

课程类别	课程性质	序号	课程名称	核心课程	课程类型	学分	总学时	教学周学时/教学周数						考核评价方式	主要教学场所	说明
								一	二	三	四	五	六			
								17周	18周	18周	18周	18周	17周			
	选修课	1	体育（项目可选）		实践	4	60	具体选修项目结合全校开设的运动项目课程确定								
		2	科技、人文和艺术选修课（课程可选）		理论	6	108	具体选修课程结合开设的全校选修课确定								
			小计（要求必选10学分）			10	168									
职业能力课	必修课	1	经济学基础		理论	3	60	4/15						考试	多媒体教室	
		2	财政学基础		理论	3	60	4/15						考试	多媒体教室	
		3	金融学基础		理论	2.5	45	3/15						考试	多媒体教室	
		4	会计基础	⊙	一体化	3	60	4/15						考试	校内实训室	
		5	统计学基础		一体化	3	54					3/18		考试	校内实训室	
		6	经济法基础		理论	3	60	4/15						考试	多媒体教室	
		7	税收基础	⊙	理论	3	54		3/18					考试	多媒体教室	
		8	财务会计	⊙	一体化	6	108		6/18					考试	校内实训室	
		9	成本会计		一体化	3	54			3/18				考试	校内实训室	
		10	税法	⊙	一体化	6	108			6/18				考试	校内实训室	
		11	财税英语		一体化	4	72		4/18					考试		
		12	财税服务英语口语		实践	2.5	72					4/18		考试		
		13	税务管理	⊙	一体化	4	72				8/9			考试	校内实训室	
		14	国际税收	⊙	理论	3	54					3/18		考试	校内实训室	
		15	税务会计	⊙	一体化	4	72				8/9			考试	校内实训室	
		16	税务代理实务	⊙	一体化	4	72					4/18		考试	校内实训室	
		17	纳税筹划	⊙	一体化	4	72						8/9	考试	校内实训室	
		18	会计电算化		实践	2	54			3/18				考试	校内实训室	
		19	财务管理		一体化	4	72			4/18				考试	校内实训室	
		20	审计基础		一体化	3	54					3/18		考试	校内实训室	
		21	财务报表分析		一体化	4	72						8/9	考试	多媒体教室	
		22	顶岗实习与毕业论文		实践	16	448				8w		8w	考查	校外实习基地	
			小计			90	1849									
	选修课	1	经济数学		理论	3	54		3/18					考试	多媒体教室	
		2	管理学基础		理论	2	36		2/18					考查	多媒体教室	
		3	资产评估		一体化	3	54					3/18		考查	多媒体教室	
		4	税收信息化		一体化	2	36		2/18					考查	校内实训室	
		5	中国赋税史		理论	2	36					2/18		考查	多媒体教室	
		6	税收改革热点探析		理论	2	36					2/18		考查	多媒体教室	
		7	小企业会计实务		一体化	2	36			2/18				考试	校内实训室	
		8	税法专题		理论	2	36						4/9	考查	多媒体教室	
		9	非营利组织会计		一体化	2	36			2/18				考试	多媒体教室	
		10	管理会计		一体化	2	36						4/9	考查	多媒体教室	
		11	中外税制比较		理论	2	36					2/18		考查	多媒体教室	
		12	税务稽查案例精讲		理论	2	36						4/9	考查	多媒体教室	
			要求必选16学分			16	288									
总学分、总学时、必修课周学时合计						130	2583	21	16	19	20	17	16			

2. 总体教学进程安排见表 1 – 5。

表 1 – 5　　整体教学进程安排表

周数 / 内容 / 学期	军训入学教育	课程教学	顶岗实习	毕业调研	毕业教育	考试	机动	合计
一	2	15				1		18
二		18	假期 4			1	1	20
三		18				1	1	20
四		9	8 假期 6			1	1	19
五		18				1	1	20
六		9	8		0.5	0.5	1	19
合计	2	87	16		0.5	5.5	5	116

3. 各类课程学时学分比例见表 1 – 6。

表 1 – 6　　各类课程学时学分比例表

课程类别		小计		小计		备注
		学时	比例	学分	比例	
必修课	基本素质与能力课	278	10.76%	14	10.77%	
	职业能力课	1 849	71.58%	90	69.23%	
选修课	基本素质与能力课	168	6.5%	10	7.69%	
	职业能力课	288	11.16%	16	12.31%	
合计		2 583	100%	130	100%	
理论实践教学比	理论课	891	34.45%	50.5	38.85%	职业能力选修课按照理论课 172 课时，实践课 116 课时计算
	实践课	690	26.71%	24.5	18.85%	
	一体化	1 002	38.84%	55	42.3%	
合计		2 583	100%	130	100%	

十、教学实施条件

（一）教师任职条件

1. 校内专任教师和校内兼课教师。

（1）校内专任教师要求具有高校教师资格证；有强烈的事业心和高度的责任感，忠诚于教育事业；能够坚持真理，坚持正义；具备深厚的经济理论功底，有较强的税务专业能力；有较强的语言表达能力；对经济现实有敏锐的洞察力，能够组织专业研究和专业实践；能够运用现代教育技术，善于汲取新知识和新思想；能够从事专业教学研究和课程开发；职业专门能力课程、职业拓展能力课程和职业能力综合训练课程教师应具有双师素质或具备行业专项技能、行业从业经验；基本素质课程和职业通用能力课程教师应具有深厚理论素养，讲师及以上职称；教师结构总体上与课程结构相适应。

（2）校内兼课教师除不要求能够从事专业教学研究和课程开发外，其他要求与校内专任教师相同。

2. 校外兼职教师和校外兼课教师。

（1）校外兼职教师应具有本专业一线实践工作经历；具有中级以上本专业技术职务；具有较强的语言表达能力和课堂组织能力；具有熟练的税收征管、纳税申报、纳税检查等业务操作技能；具有丰富的实际工作经验。能够带领和指导学生从事教学计划安排的实践教学活动。其中，聘请到校内任课的校外兼职教师必须有本科以上学历，同时具备中级专业技术职务或在基层业务部门担任业务主管或部门负责人职务；顶岗实习指导教师必须具备大专以上学历，同时具有3年以上的行业岗位工作经历或担任业务班组负责人或以上职务。校外兼职教师中，以来源于企业、中介机构为主，来源于税务机关为辅。

（2）校外兼课教师除讲座教师不要求具备一线业务工作能力但需要具备对行业业务发展的前瞻性研究以外，其他与兼职教师相同。

除上述要求外，校外兼职教师和校外兼课教师的基本条件都必须符合教育部、财政部、人力资源和社会保障部、国务院国有资产监督管理委员会印发的《职业学校兼职教师管理办法》设定的人员条件。

（二）实践教学条件

1. 本专业应当配备的校内仿真室标准见表1－7。

表 1－7 校内仿真实训室配备标准

实训室名称	实训项目	设备配置要求		实训室规模
		主要设备名称	数量	
税收综合实训室	1. 税收申报 2. 税收征管 3. 税务稽查 4. 税务会计	学生桌	50	以 50 人为标准教学班配置
		学生椅	60	
		服务台	4	
		老师示教台	1	
		计算机	51	
		投影机	1	
		幕布	1	
		中控系统	1	
		功放	1	
		音箱	2	
		反馈抑制器	1	
		会议话筒	3	
		交换机	3	
		网络机柜	1	
		文件柜	6	
		网络线材及布线	1	
		纳税申报软件	1	
		税收征管软件	1	
		税务稽查软件	1	
		税务会计软件	1	
		文化墙	6	
		打印复印一体机	1	
会计仿真模拟实训室	1. 会计基础 2. 会计综合	学生桌	50	以 50 人为标准教学班配置
		学生椅	60	
		老师示教台	1	
		计算机	51	
		功放	1	
		音箱	4	
		反馈抑制器	1	
		会议话筒	1	

续表

实训室名称	实训项目	设备配置要求		实训室规模
		主要设备名称	数量	
会计仿真模拟实训室	1. 会计基础 2. 会计综合	无线话筒	2	以50人为标准教学班配置
		交换机	3	
		网络机柜	1	
		文件柜	6	
		网络线材及布线	1	
		应用服务器	1	
		IP-SAN存储系统	1	
		防静电地板	250	
		46寸超窄边高清液晶拼接单元	9	
		拼接器	1	
		大屏拼接控制系统软件	1	
		屏支架	1	
		VGA矩阵及远传发送接收设备	1	
		打印复印一体机	1	
		文化墙、挂图	6	
		会计基础实训软件	1	
		会计综合实训软件	1	
		指纹存物柜	8	
		防盗系统	2	
		信号屏蔽仪	2	
		手工会计各种凭证、账簿、单据、印章、人民币票样	各数套	
		教师展示台	1	

2. 本专业应当配备的校外实习基地。校外实习基地的数量和规模应与本专业学生的规模相适应，能够满足本专业所有学生进行专业实习的需要。校外实习基地包括下列三种类型：一是能够提供训练学生会计核算能力、税收政策运用及评价能力的工商业企业；二是从中介角度训练学生会计核算能力、税收政策运用及评价能力，训练代理审查方面能力并可以接触更多企业类型的税务师、会计师事务所；三是能够训练学生熟悉税务管理程序及查账内账外能力的税务机关。这些实训基地的基本条件是：数量足够；交通便利；拥有足够数量符合条件的指导教师。

校外实习基地具体要求见表1-8。

表 1-8　　　　校外实习基地配备表

序号	企业类型	数量	功能	接纳学生规模
1	工商企业	8 家	1. 训练学生会计核算能力 2. 训练学生政策运用能力 3. 训练学生政策评价能力	100 人
2	税务、会计事务所	6 家	1. 训练学生会计核算能力 2. 训练学生政策运用能力 3. 训练学生政策评价能力 4. 从中介角度可以接触更多企业类型	80 人
3	国税局、地税局	6 家	1. 训练学生会计核算能力 2. 训练学生纳税服务和税务咨询的能力 3. 训练学生查账内账外的能力	80 人

第二部分

税务专业核心课程标准

"税收基础"课程标准

一、课程定位

本课程是税务专业的职业能力基础课程，是学习、提高专业能力的基础。课程目的在于了解税收与经济的关系，掌握税收制度构成体系及税法构成要素，最终掌握计税基本原理，能够运用税收基本原理解释经济现象，为"税法"等职业专门能力课程的学习打下基础。

二、课程目标

通过对税法基本原理的学习，了解税收与经济的关系，掌握税收制度构成体系及税法构成要素，在此基础上，结合基本能力的会计基础等其他课程，掌握计税基本原理，形成对税收的初步认识。

职业能力培养目标：

1. 了解税收与经济的关系；
2. 掌握税收制度构成体系及税法构成要素；
3. 掌握税收基本原理；
4. 具有运用基本原理解释经济现象的能力。

三、设计思路

课程的总体设计思路：以培养对税收的初步认识、掌握计税基本原理为核心，根据学习目标确定教学内容，按照从抽象到具体的思路，展现税收贯穿整个社会再生产的过程，从对税收的认识过渡到对税制的认识，再过渡到对具体税种的认识。以税收基本原理分析解释现实中的税收现象或税收历史、旧闻，以对税收制度体系及税法构成要素掌握程度作为成绩考核的主要方式。

课程设计目标：通过准确把握课程定位，理清课程设计思路，有针对性地选择适用的教学内容，科学安排课程内容结构，广泛采用现代教育技术手段，充分利用网络教学在促进学生自主学习方面的作用，运用多种科学的教学方法，充分发挥"双师"教学团队的优势，充分利用校内外实践教学条件，使学生对税收产生浓厚兴趣，为下一步税收政策运用能力打下基础。

课程设置的依据：税务专业具有偏理论性的特点，扎实的理论基础是将税务与会计融合，形成税务职业能力体系，特别是形成纳税审查、税务筹划等核心职业能力的必要条件。税收基本原理与税收实体法、程序法的学习直接相关。

课程内容的确定：根据税收初步认识的目标需要，本课程设置了税收概述、税收与经济、税收制度概述、现行主要税种简介等四个教学项目。在每个教学项目中，再按照内在逻辑要求设置相应的模块，使学生通过课程的学习能够全面地掌握税收计税基本原理。教学内容的编排以从理论到实务的逻辑顺序为依据，在项目顺序上按照由抽象到具体循序渐进地编排，充分考虑了教学规律的要求。

课程内容的组织：课程的全部内容就是完成四个教学项目。在了解基本概念的基础上，引导学生读目录，以便认识到各项目之间的关系，明确学习目标，认识到本课程是税收实体法学习的基础。

四、课时分配

表 2－1 课程项目模块及课时分配表

<table>
<tr><th>序号</th><th>课程项目</th><th>课程模块</th><th colspan="2">课时分配</th></tr>
<tr><td rowspan="3">1</td><td rowspan="3">税收概述</td><td>税收概念及理解</td><td>2</td><td rowspan="3">6</td></tr>
<tr><td>税收的产生与发展</td><td>3</td></tr>
<tr><td>税收的职能与作用</td><td>1</td></tr>
<tr><td rowspan="4">2</td><td rowspan="4">税收与经济</td><td>税收与生产</td><td>2</td><td rowspan="4">8</td></tr>
<tr><td>税收与分配</td><td>2</td></tr>
<tr><td>税收与交换</td><td>2</td></tr>
<tr><td>税收与消费</td><td>2</td></tr>
<tr><td rowspan="5">3</td><td rowspan="5">税收制度概述</td><td>税收制度概念及其与税收的关系</td><td>1</td><td rowspan="5">24</td></tr>
<tr><td>税法构成要素</td><td>8</td></tr>
<tr><td>税收分类</td><td>6</td></tr>
<tr><td>税收原则</td><td>6</td></tr>
<tr><td>税制构成模式</td><td>3</td></tr>
<tr><td rowspan="3">4</td><td rowspan="3">现行主要税种简介</td><td>流转税简介</td><td>6</td><td rowspan="3">16</td></tr>
<tr><td>所得税简介</td><td>6</td></tr>
<tr><td>其他税种简介</td><td>4</td></tr>
<tr><td colspan="3">总计</td><td>54</td><td>54</td></tr>
</table>

五、教学内容

表2-2 教学内容表

序号	课程项目	知识内容要求	技能内容要求
1	税收概述	• 理解并掌握税收的概念 • 了解税收产生与发展的过程 • 了解税收的职能与作用	• 知道什么是税收 • 税收能够用来做什么
2	税收与经济	• 了解税收与生产的关系 • 了解税收与分配的关系 • 了解税收与交换的关系 • 了解税收与消费的关系	• 理解税收贯穿于经济的全过程，在不同环节发挥不同的作用
3	税收制度概述	• 了解税收制度的概念 • 掌握税法构成要素 • 掌握税法分类 • 熟悉税法基本原则 • 熟悉税制模式	• 能够按照税法构成要素分解现行税法 • 能够根据课税目标自行设计税收制度 • 能够把现行税种分类并指明分类的意义 • 能够按照税收基本原则衡量判断我国税制优劣 • 能够说明我国税制模式
4	现行税制体系	• 掌握流转税计税原理 • 掌握所得税计税原理 • 了解其他税种计税原理	• 能够对增消构成的流转税体系有一个概括认识，理解两税之间的关系 • 能够把握流转税的基本特点 • 能够初步认识企业所得税与个人所得税的异同 • 能够把握所得税的基本特点 • 能够了解我国现行税种体系
5	西方税收	• 了解当代西方税收理论 • 熟悉最优课税理论 • 了解西方主要国家的税收沿革	• 能够进行西方税收理论与我国税收理论的简单对比

六、教学条件

（一）教师任职条件

1. 专任教师：具有丰富的理论及实践经验，熟悉现行税收法律法规；能够把握各税种基本规律；能够引导学生认识税收，知识面广；能够讲授本课程的业务知识。

2. 兼职教师：具有一定理论素养的税务中介机构从业人员；具有一定理论素养的企业财务从业人员。具有一定理论素养的税务机关工作人员。

（二）实践教学条件

本课程为理论课程，但可以带学生参观办税服务大厅等，增加学生对税收理论及实际业务感性认识。

七、教学方法与手段

1. 本课程教学采用项目教学法，教师对每一项目提出具体学习要求，先练后学，体会项目内、项目间逻辑关系，增强理解力，最终掌握计税基本原理。

2. 本课程不以学生能掌握现行税种为目的，而是以在教学过程中对税法构成要素及税制构成体系有所把握为主要目的。在教学过程中，应立足于加强学生对税法理解能力的培养，通过项目教学、以实际案例提高学生学习兴趣。

3. 在教学过程中，要充分应用多媒体、投影、电脑、网络等教学资源辅助教学，帮助学生熟练掌握税收计税基本原理。

4. 充分利用网络资源，引导学生自主学习。利用网络搜索税收热点问题及相关资料，提高学习兴趣，提升对税收的认识。

5. 教学过程中教师应积极引导学生提升职业素养，提高职业道德，养成严谨认真的工作习惯，达到知识、技能和态度的有机统一。

八、检查评价

1. 本课程的评价以对税法构成要素及税制构成体系的把握作为主要依据。

2. 采用以结业考试为主平时成绩为辅的评价方法，考试方法以书面考试为主。

3. 结合课堂提问、平时作业、平时测验及考试情况，综合评价学生成绩。注重学生实践中分析问题、解决问题能力的考核，对在学习和应用上有创新的学生应予特别鼓励，全面综合评价学生能力。

4. 课程平时成绩占30%，主要考核完成学习性工作任务的准确度和深度，根据教师的记录和平时学习表现来评定。期末总评成绩占70%，主要指期末卷面考试。

“会计基础”课程标准

一、课程定位

“基础会计”是税务专业职业能力基础课程，对后续专业课程的学习起支撑和导航作用。针对教育对象的课程定位：“一个认同、两个基础、三个基本、四个目标”。“一个认同”：即通过本课程的教学，首先要解决的是学生对会计知识的认同问题，并通过认同，培育学生对学习会计知识和技能的兴趣，了解会计实践中的现状和社会生活中的功能；“两个基础”：即本课程一方面是税务专业的职业能力基础课程，另一方面是初级会计岗位职业综合能力的养成课程；“三个基本”：即基础会计课程教学内容主体是会计的基本技能、基本知识、基本理论；“四个目标”：即基础会计课程应实现认同职业角色、夯实专业基础、履行岗位能力、把握专业技术四个教学目标。

二、课程目标

本课程以单元设置进行教学活动，使学生认知会计职业岗位的背景、特点和要求，产生对会计知识和技能的兴趣；能熟练把握点钞、真假币识别、票据辨别、原始单据审核等会计基本技能，能具备出纳员、收银员岗位的基本能力；能正确应用会计的基本规范，能说出会计的基本术语；能正确判断经济业务性质和内容，能准确按照会计的专门方法进行会计基本业务处理；能根据案例资料有能力建账、记账、算账、更改错账，能具备中小企业记账员岗位的基本能力。总之，能够掌握会计核算基本原理，为继续学习职业专门能力课程打下良好基础。

三、课程设计思路

本课程的设计总体要求是：以就业为导向，以能力为本位，以职业技能为主线，以单元课程内容为主题，以会计岗位从业资格为主要考核依据，以夯实基础、适应岗位为目标，尽可能形成模块化课程体系；以“实现认同职业角色、夯实专业基础、履行岗位能力、把握初级会计岗位专业技术”四个基本目标，按照初学者的认知规律，以“会计职业认知、会计理论和知识基础、会计岗位操作训练”等设计教学单元，依据初级会计岗位群的工作任务和为学习其他专业课程以及会计从业资格考试需要来选择和组织课程内容；具体教学项目的选择和编排以教学单元为基础，按照“认知会计职业、理解会计专门方法、运用会计专门方法、会计基础理论、训练会计岗位基本技能”的逻辑顺序组织内容，从基础知识体系构建角度，保持会计的基本技能、基本知识、基本理论之间的内在必然关系；根据会计人员岗位的工作需要和相关专业学习必须的会计基础知识需要，在学习本课程后，可以根据教学计划的整体安排，参加“会计人员从业资格证书”考试和进行后续专业知识的学习；按照“体现学生学习主体地位，使课程内容具有实践性、层次性、趣味性”的教学组织要求，开发与本课程标准相适应的“理论实际一体化”教材。

四、课时分配

表 2-3　　课程项目模块及课时分配表

序号	课程项目	课程模块	课时分配	
1	会计职业	会计基本涵义	2	4
		会计职业岗位	1	
		会计职业道德	1	
2	会计核算基础	会计要素与会计等式	4	10
		账户与复式记账	6	
3	会计基本业务核算实务	经济业务与原始凭证	8	24
		企业基本业务的核算	16	
4	会计岗位能力训练	记账凭证	8	18
		登记账簿	8	
		财产清查	2	
5	财务会计报告	财务报告	4	4
6	会计工作规范	会计处理程序	2	4
		会计基本原则	2	
		我国的会计法规体系		
合计			60	60

五、教学内容

表 2-4 教学内容表

序号	课程项目	知识内容要求	技能内容要求
1	会计职业	• 了解会计的含义、会计基本职能和会计的扩展职能 • 掌握会计基本目标、会计的对象 • 掌握会计的基本核算方法 • 了解会计岗位范围、注册会计师岗位范围、审计岗位范围 • 熟悉会计从业资格、注册会计师执业资格、审计从业资格、会计人员素质要求 • 熟悉会计职业道德的涵义、内容及要求	• 把握会计的职能、会计的目标、对象、会计的基本方法体系 • 对会计岗位群、从业资格、执业资格有所认知 • 对会计人员素质要求有所认知
2	会计核算基础	• 掌握会计要素的概念、特征、分类 • 掌握会计等式 • 熟悉会计事项、会计事项对会计等式的影响变化 • 理解会计等式的平衡性 • 了解会计科目的意义、分类、设置原则 • 熟悉账户的概念、意义、结构 • 了解复式记账的概念、特点、种类 • 掌握借贷记账法的涵义、记账规律 • 掌握会计分录试算平衡平行登记相关知识	• 能自行进行账户的熟记训练 • 能熟练使用账户 • 熟练编制试算平衡的表 • 能采用“T”形账户进行总分类账户和明细分类账户的平行登记方法以及账户数据的核对
3	会计基本业务核算实务	• 了解资金进入企业的基本业务的核算 • 了解供应过程业务核算 • 了解生产过程业务的核算 • 了解销售过程业务的核算 • 了解经营成果的核算 • 了解其他经济业务的核算	• 能以制造业务的基本经济业务为基础，认知基本经济业务活动，并从会计角度把握体现经济业务的原始凭证，具有判断对应经济业务所形成的会计原始凭证的能力 • 能审核原始凭证，具有判断原始凭证代表经济业务性质的基本能力
4	会计岗位能力训练	• 熟悉会计凭证的涵义、种类、作用 • 熟悉原始凭证的含义种类和作用 • 掌握记账凭证的涵义、种类、作用 • 掌握记账凭证的内容和填制方法 • 了解会计凭证的保管 • 了解会计账簿的涵义、意义、种类	• 能正确编制各种凭证，具有根据原始凭证编制记账凭证基本能力 • 具有基本的建账、记账、算账、查账和更账的初步技能 • 能正确编制试算平衡表

续表

序号	课程项目	知识内容要求	技能内容要求
4	会计岗位能力训练	• 了解账簿启用知识 • 掌握记账规则、错账更正 • 掌握结账对账、试算平衡	
5	财务会计报告	• 了解财务报告的涵义、意义、种类 • 掌握资产负债表的涵义、作用、结构、编制方法 • 掌握利润表的涵义、作用、结构、编制方法 • 掌握现金流量表的涵义、结构 • 了解所有者权益变动表的含义和结构 • 了解会计报告附注	• 熟悉财务会计报告体系，能掌握资产负债表、利润表的结构、内容、编制方法 • 能根据所给的资料编制简化的资产负债表、利润表 • 理解会计报告附注的意义
6	会计工作规范	• 了解会计处理程序的涵义、意义、基本模式、种类 • 掌握记账凭证会计处理程序特点、使用的账簿、凭证、账务处理的程序和适应范围；掌握科目汇总表及处理程序的特点、使用的账簿、凭证、账务处理的程序和适应范围 • 了解会计主体的涵义、作用；和法律主体的关系；掌握持续经营的概念、作用；掌握会计分期的概念、作用、划分；货币期间的划分、作用、确定 • 掌握十三项会计原则的概念、要求、目的；重点掌握权责发生制原则与收付实现制原则的运用、区别；掌握划分收益性支出和资本性支出原则的运用 • 了解我国会计法规体系的构成；了解会计法、会计准则、会计制度的基本内容	• 熟知账簿登记的一般流程和简化流程及其适用的业务范围； • 能掌握记账凭证账务处理程序和科目汇总表账务处理程序； • 理解会计核算的基本原则；能够运用主要的会计基本原则； • 能读懂会计法等相关会计法规；具备掌握会计上岗证考核的会计法规知识要求

六、教学条件

（一）教师任职条件

1. 专任教师：具有丰富的理论及实践经验，熟悉现行会计准则及其相关法律制度；能够处理会计业务并分析相应会计业务特点；能够指导学生进行凭证取得、填制、账簿登记等会计核算；能够讲授本课程的业务知识。

2. 兼职教师：企业、会计师事务所的实际工作者（会计师、注册会计师）；具有会计宏观管理经验的财务经理。

（二）实践教学条件

1. 配备与本课程教学内容配套的会计实训室，配备相应教学软件，满足理论与实践相结合的要求。

2. 配有校外实训基地，满足专业教学和专业技能训练的需要。

3. 配有各种现代信息技术资源，充分利用 Flash 演示、视频演示、电子书籍、电子期刊、数据库、数字图书馆、教育网站和电子论坛等网上信息资源，教学资源品种多样、针对性强。

七、教学方法与手段

1. 本课程教学的关键是会计的基本核算方法和程序。教学中选用制造业典型的业务为载体，教师的讲授、示范与学生操作互动，学生提问与教师解答、指导相结合，让学生在“学”与“练”的过程中提高业务技能。

2. 在教学过程中，要充分利用实训室的各种设备和软件，应用多媒体、投影、电脑、网络等教学资源辅助教学，帮助学生熟练掌握会计核算操作要点。

3. 充分利用网络课程资源，引导学生自主学习。利用网络课程中形象化的操作演示指导学生的操作。通过网上提供模拟业务项目训练，指导学生进行大量操作练习，提升判断能力。

4. 教学过程中教师应积极引导学生提升职业素养，提高职业道德，养成严谨认真的工作习惯，达到知识、技能和态度的有机统一。通过分组训练、分角色训练等方式培养学生的协作意识和在真实业务场景下的职业适应能力。

5. 现场观摩。开课之初，要求学生通过家长、亲戚、朋友咨询其所在单位的财务人员，了解会计岗位，认识会计工作。利用周末组织学生到企业财务部门参观工作流程，建立对企业会计工作的感性认识。

八、检查评价

1. 本课程是一门实践性、应用性很强的课程，重在学生能力与综合素质的培养，同时注重学生对专业基础知识的掌握。在评价上必须兼顾理论与实践，过程与结果的统一，应当采用全过程、多样化、开放式的考核模式，努力做到考核主体多元、考核动态化、考核内容全面，成绩结构合理。

2. 改革传统的学生成绩以结业考试为主平时成绩为辅的评价方法，采用阶段评价、过程评价与目标评价相结合，理论与实践一体化以实际操作达标为主的评价模式。考试方法以上机考试为主，书面考试为辅。

3. 结合课堂提问、平时作业、平时测验、技能竞赛及考试情况，综合评价学生成绩。注重学生动手能力和实践中分析问题、解决问题能力的考核。

4. 课程平时成绩占60%，主要考核完成学习性工作任务的准确度和熟练度，根据软件系统的记载和平时学习表现来评定，也包括个人自评、小组互评和教师评价。期末总评成绩占40%，包括期末卷面考试和上机考试。

“财务会计”课程标准

一、课程定位

“财务会计”课程是会计知识最丰富、理论与实务结合最密切的课程，也是运用职业判断最多的课程之一。本课程是培养税务专业职业能力的核心课程，是参加国家注册税务师考试的重要课程，也是培养学生涉税职业判断能力的的切入点和重点。本课程从专业能力、社会能力的培养，达到培养学生职业能力的目标。课程定位于服务税务类及会计类工作岗位的知识和技能需要，既可用以单独形成会计核算能力，又可以利用会计核算能力为税收政策运用能力、政策评价能力打下基础。本课程的功能在于培养学生具有熟练按照《企业会计准则》和相关法律法规的要求进行会计实务处理的能力，使学生具有学习后续专业知识和技能的能力，具备利用财务会计知识和其他专业知识判断、分析、处理涉税业务的能力。

二、课程目标

通过以项目为教学单元的教学活动，使学生能够系统全面地掌握会计准则和企业会计核算的程序和方法，强化学生对会计基本方法和基本技能方面的训练，实现会计专业知识和实务有机结合，使之真正掌握各种会计业务处理以及有关会计凭证的编制，掌握账簿的设置及其登记方法、会计报表的编制原理和编制方法，有意识地强化学生对涉税会计业务的会计处理，使学生具备会计核算能力。

职业能力培养目标：

1. 以职业岗位能力为导向，初步具有会计职业判断能力；
2. 熟悉会计岗位职责，熟练处理日常会计业务；
3. 利用会计理论解释会计报表信息的生成过程以及勾稽关系；
4. 在具备会计核算能力的基础上，形成会计知识与涉税知识的融合，初步具有利用财务会计知识处理涉税问题的能力。

三、课程设计思路

课程设计原则：本课程把“会”、“税”结合作为人才培养模式的切入点组织教学内容；“坚持理论与实践相结合”、“学生为中心”、“能力为根本”、“在实训中学”、“在实践中学”；把职业能力、就业能力和可持续发展能力相结合。

课程的总体设计思路：以培养完成涉税工作所需的财务会计能力知识和技能为核心，根据财务会计在税务专业的定位确定教学内容，注重专业人才培养目标、职业岗位能力需求和前后续课程衔接；根据财务会计的教学内在规律组织教学过程，根据税务专业执业资格对会计知识技能的要求强化相关会计技能，实现毕业证书和职业资格证书“双证书融通”；以多媒体教室作为上课场所，以“双师”教师承担教学任务，采用教、学、练三者结合以练为主的教学方式，以服务于税务专业所需要的会计专业知识和专业技能作为成绩考核的主要方式，达到税务专业人才对会计核算能力的要求。

课程设计的目标：通过准确把握课程定位，理清课程设计思路，有针对性地选择适用的教学内容，科学安排课程内容结构，全面建设立体化的教学资源，在行动导向下以任务驱动教学进程，广泛采用现代教育技术手段，充分利用网络教学在促进学生自主学习方面的作用，运用多种科学的教学方法，充分发挥“双师”教学团队的优势，充分利用校内外实践教学条件，完善与行业要求相适应的评价体系，把本课程建设成真正意义上的工学结合的一体化课程，使其在促进更多学生到各类企业、中介机构就业产生推动作用。

课程设置的依据：本课程设置的依据是会计类、税务类岗位工作任务对会计核算能力的需要，教学场所选择校内仿真实训室的依据是一体化性质课程的教学需要及网络查找资料的需要，课程开发的主体是在学校与企业、中介机构合作基础上的行业专家和专职教师共同组织的团队，课程开发的全过程自始至终贯彻基于会计处理工作过程的思想，课程开发的立足点是广泛的行业岗位调研和行业专家岗位工作任务分析。

课程内容的确定：课程教学内容根据完成会计类、税务类岗位工作任务对知识、技能和素质的要求以及行业发展的需要来确定，具体内容涵盖现行现行企业会计准则的主要内容。根据根据财务会计在税务专业中的定位，本课程按照项目单元设置：货币资金和交易性金融资产，应收和预付款项，存货，长期性对外投资，固定资产，无形资产及其他资产，流动负债，非流动负债，所有者权益，收入、费用和利润，财务报告等十五个教学项目。在每个教学项目中，再根据会计科目设置相应的模块，使学生通过课程的学习能够全面地掌握现行会计准则规定的主要核算内容。课程内容既是从事涉税会计工作必须的，同时也为未来学生职业发展和迁移提供必须的知识储备。教学内容的编排以从理论到实务的逻辑顺序为依据，在项目顺序上按照会计要素和会计等式组成顺序并由简单业务到复杂业务循序渐进地编排，在每个项目的模块安排上根据会计科目构成情况和教学规律的基本要求确定教学内容的先后。

课程内容的组织：课程的全部内容就是完成相关教学项目，每一个学习模块的学习性工作任务就是一个相应会计要素中相同类别的科目的核算和使用过程。每一个教学模块都是对知识的学习、技能的训练和态度的培养三者的有机结合，在讲授操作过程的同时进行动手操作训练，在训练的同时强化风险防范的意识。课程中的理论、法律、规程等知识点分别与对应的实践相结合，分解到相应的操作过程中。

四、课时分配

表 2－5　　　　课程项目模块及课时分配表

<table>
<tr><th>序号</th><th>课程项目</th><th>课程模块</th><th colspan="2">课时分配</th></tr>
<tr><td rowspan="3">1</td><td rowspan="3">货币资金和交易性金融资产核算</td><td>货币资金的管理</td><td>1</td><td rowspan="3">3</td></tr>
<tr><td>货币资金的会计处理</td><td>1</td></tr>
<tr><td>交易性金融资产及其会计处理</td><td>1</td></tr>
<tr><td rowspan="4">2</td><td rowspan="4">应收和预付款项</td><td>应收账款的核算</td><td>2</td><td rowspan="4">5</td></tr>
<tr><td>应收票据的核算</td><td>1</td></tr>
<tr><td>预付账款的核算</td><td>1</td></tr>
<tr><td>其他应收款的核算</td><td>1</td></tr>
<tr><td rowspan="4">3</td><td rowspan="4">存货</td><td>存货基础知识</td><td>1</td><td rowspan="4">7</td></tr>
<tr><td>原材料的核算</td><td>3</td></tr>
<tr><td>周转材料的核算</td><td>2</td></tr>
<tr><td>其他存货的核算</td><td>1</td></tr>
<tr><td rowspan="3">4</td><td rowspan="3">长期性对外投资</td><td>持有至到期投资的核算</td><td>3</td><td rowspan="3">9</td></tr>
<tr><td>可供出售金融资产的核算</td><td>2</td></tr>
<tr><td>长期股权投资的核算</td><td>4</td></tr>
<tr><td rowspan="3">5</td><td rowspan="3">固定资产</td><td>固定资产基础知识及其初始确认和计量</td><td>2</td><td rowspan="3">6</td></tr>
<tr><td>固定资产的后续计量</td><td>3</td></tr>
<tr><td>固定资产的终止确认</td><td>1</td></tr>
<tr><td rowspan="3">6</td><td rowspan="3">无形资产及其他资产</td><td>无形资产基础知识及其初始确认和计量</td><td>1</td><td rowspan="3">5</td></tr>
<tr><td>无形资产的后续计量</td><td>2</td></tr>
<tr><td>无形资产的终止确认</td><td>2</td></tr>
<tr><td rowspan="5">7</td><td rowspan="5">流动负债</td><td>流动负债基础知识及其确认计量原则</td><td>1</td><td rowspan="5">10</td></tr>
<tr><td>应付账款和应付票据的核算</td><td>3</td></tr>
<tr><td>应付职工薪酬的核算</td><td>3</td></tr>
<tr><td>应交税费的核算</td><td>2</td></tr>
<tr><td>其他流动负债的核算</td><td>1</td></tr>
</table>

续表

序号	课程项目	课程模块	课时分配	
8	非流动负债	非流动负债基础知识及其确认和计量原则	2	9
		长期借款的核算	1	
		应付债券的核算	3	
		其他长期负债的核算	1	
		或有事项和预计负债的确认和计量	2	
9	所有者权益	所有者权益基础知识	1	5
		实收资本（股本）的核算	1	
		资本公积的核算	2	
		留存收益的核算	2	
10	收入、费用和利润	收入的确认条件及其核算	3	10
		费用的确认及其核算	2	
		所得税费用的核算	4	
		利润的核算	1	
11	财务报告	财务报告及其构成	1	11
		资产负债表的编制原理和方法	2	
		利润表的编制原理和方法	2	
		现金流量表的编制原理和方法	4	
		所有者权益（股东权益）变动表的编制原理和方法	2	
12	债务重组	债务重组的含义	1	6
		债务重组的方式	1	
		债务重组的核算方法	4	
13	非货币性资产交换	非货币性资产交换的含义	1	7
		非货币性资产交换商业性质的判断	1	
		商业性质非货币性资产交换的核算	4	
		非商业性质的非货币性资产交换	1	
14	借款费用	借款和借款费用	1	6
		借款费用的范围	1	
		借款费用资本化的条件以及暂停资本化条件	3	
		借款费用资本化的核算	1	

续表

序号	课程项目	课程模块	课时分配	
15	会计差错、会计估计、会计政策变更、报表日后事项	认知会计差错、会计估计、会计政策变更、报表日后事项的含义	4	9
		掌握会计差错、会计估计、会计政策变更、报表日后事项的分类可会计处理	5	
总计			108	108

五、教学内容

表 2-6 **教学内容表**

序号	课程项目	知识内容要求	技能内容要求
1	货币资金和交易性金融资产核算	• 认识货币资金的特点，掌握货币资金控制的原则和方法 • 熟悉货币资金收付的业务手续，掌握现金账户的设置方法和会计处理方法 • 熟悉金融资产的分类方法，掌握交易性金融资产的核算	• 熟悉货币资金控制制度的构成 • 能够登记现金银行存款日记账 • 熟练编制银行存款余额调节表 • 能够进行实际交易性金融资产的会计处理
2	应收和预付款项	• 认识应收账款的产生原因，熟悉应收账款的确认和计量 • 掌握应收账款的核算，熟悉坏账产生的原因 • 掌握坏账的计提方法和核算方法 • 熟悉票据基础知识，掌握应收票据的核算方法 • 掌握票据贴现利息的计算原理，掌握应收票据贴现的核算 • 掌握预收账款和其他应收款的核算口径和方法	• 能够编制应收预付账款的有关记账凭证 • 能进行坏账准备的计提和坏账的核算 • 熟悉票据基本知识 • 能够进行票据贴现的具体操作
3	存货	• 了解存货的分类，认识存货的特点和确认要求条件，掌握存货初始确认的入账价值 • 认识存货的不同计价方法的特点，掌握存货期末计价、盘存及其核算方法 • 熟悉两种核算方法，掌握两种方法的特点和会计处理 • 熟悉工业企业周转材料的构成，掌握不同领域使用包装物的核算和低值易耗品的摊销方法	• 明了存货购销的具体程序 • 能够登记存货收发的明细账 • 能够填制存货盘存报告单 • 会计算存货的可变现净值 • 能进行存货涉税问题的处理

续表

序号	课程项目	知识内容要求	技能内容要求
4	长期性对外投资	• 熟悉持有至到期投资的基础知识，掌握其会计处理 • 熟悉持有至到期投资的出售和期末计价，掌握实际利率摊销法的使用原理 • 熟悉可供出售金融资产的分类依据和确认标准及其会计处理 • 熟悉长期股权投资的含义，掌握不同条件下取得长期股权投资的核算方法	• 能运用实际利率法进行持有至到期投资摊销的核算并登记有关明细账 • 能进行可供出售金融资产的核算并登记有关账簿 • 能运用成本法、收益法核算长期股权投资
5	固定资产	• 认识固定资产价值转移的特点和分类方法，掌握计价方法和账户设置方法 • 认识每种固定资产取得方式的含义和特点，掌握会计处理方法 • 认识折旧的含义和范围，掌握不同的折旧方法以及对企业财务的影响 • 掌握固定资产折旧的会计处理和固定资产后续支出的会计处理原则 • 熟悉各种固定资产减少的含义，掌握其处理方法 • 熟悉各种固定资产减少的含义，掌握其处理方法 • 熟悉固定资产、在建工程减值计提依据，掌握其会计处理方法	• 能运用不同方法计算固定资产折旧 • 能够编制不同渠道取得固定资产的会计凭证并登记相应账簿 • 能编制折旧计算表并登记有关账簿 • 能判断固定资产后续支出的资本化或者费用化 • 能进行固定资产减值资产组的划分 • 熟知固定资产终止确认核算程序，能够编制有关凭证并登记账簿
6	无形资产及其他资产	• 熟悉无形资产及其特征，认识无形资产的分类 • 熟悉不同渠道取得无形资产的计价，掌握无形资产（含摊销）的核算方法 • 认识长期待摊费用、其他长期资产的性质和特点，熟悉无形资产、长期待摊费用、其他长期资产的核算方法（减值）的测试方法和会计处理	• 能够编制不同渠道取得无形资产的会计凭证并登记相应账簿 • 能编制无形资产摊销计算表并登记有关账簿 • 能判断研发支出的资本化或者费用化 • 能进行无形资产减值资产组的划分 • 熟知无形资产终止确认核算程序，能够编制有关凭证并登记账簿
7	流动负债	• 了解流动负债及其特点 • 熟悉各种主要流动负债（应付账款、应付票据、应付职工薪酬等），掌握其核算方法	• 能编制主要流动负债发生、利息计提、偿还的有关会计凭证，并登记有关账簿 • 会计算计提应付职工薪酬并编制有关表格并登记薪酬明细账 • 能计算应交税费并登记有关账簿

续表

序号	课程项目	知识内容要求	技能内容要求
8	非流动负债	• 了解非流动负债及其特点 • 熟悉各种主要非流动负债（长期借款、应付债券、长期应付款）的核算范围，掌握其核算方法	• 了解长期借款、应付债券明细账的设置 • 能够进行实际利率法摊销的计算和有关表格的编制 • 会使用混合证券权益成分的分离方法
9	所有者权益	• 了解所有者权益的含义，认识所有者权益的构成 • 熟悉所有者权益各组成部分的区别 • 掌握所有者权益的各主要组成部分的核算	• 能编制实收资本核算的有关凭证 • 能够进行资本公积核算有关凭证的编制和账簿的登记 • 熟悉留存收益的核算程序，能够进行有关凭证的编制以及账簿的登记
10	收入、费用和利润	• 了解收入的概念和分类，认识收入的确认条件，熟悉不同类型收入确认标准的差异 • 掌握收入的核算方法 • 了解费用及其构成，熟悉费用的归集和分配以及生产成本的形成 • 掌握费用核算方法 • 了解利润的及其构成，熟悉利润核算的基本程序 • 掌握利润及其分配的核算方法	• 能够进行收入凭证的填制和编制 • 能够进行收入确认和计量的判断 • 能够进行费用的计算和归集 • 能够进行费用凭证的填制以及相关明细账的登记 • 熟知利润核算程序，能够进行利润分配的计算和有关凭证的编制、账簿的登记
11	财务报告	• 了解财务报告及其构成，认识各主要报表的作用 • 熟悉报表之间的关系 • 掌握各主要报表的编制方法	• 能够掌握资产负债表、利润表、现金流量表、权益变动表的编制技巧
12	债务重组	• 认识债务重组的含义 • 区分债务重组的范围 • 掌握不同债务重组方式的核算	• 能够对债务重组实务进行方式区分 • 学会编制相应的不同债务重组方式的会计凭证
13	非货币性资产交换	• 认识非货币性资产交换的判断 • 掌握不同类别的非货性资产交换的划分依据 • 掌握不同类别非货币性资产交换的会计处理	• 能够编制按照公允价值计量的非货币性资产交换的会计凭证 • 能够编制按照账面价值计量的非货币性资产交换的会计凭证

续表

序号	课程项目	知识内容要求	技能内容要求
14	借款费用	• 认识专门借款、一般借款 • 掌握借款费用的范围 • 掌握不同借款费用、不同借款的不同借款费用的核算	• 能够计算专门借款、一般借款的资本化金额 • 能够编制借款资本化的会计凭证
15	会计差错、会计估计、会计政策变更、会计日后事项	• 熟悉会计差错、会计估计、会计政策变更、会计日后事项的含义以及分类 • 掌握上述四项内容的会计核算方法 • 重点掌握会计政策变更和会计日后事项的核算	• 能够编制会计差错、会计估计、会计政策变更、会计日后事项的会计凭证并能在会计报告附注中披露

六、教学条件

（一）教师任职条件

1. 专任教师：具有丰富的理论及实践经验，熟悉现行会计准则及其相关法律制度；能够是处理会计业务并分析相应会计业务特点；能够指导学生进行凭证取得、填制、账簿登记等会计核算；能够讲授本课程的业务知识。

2. 兼职教师：企业、会计师事务所的实际工作者（会计师、注册会计师）；具有会计宏观管理经验的财务经理或总监。

（二）实践教学条件

1. 配备与本课程教学内容配套的会计仿真模拟实训室，配备相应教学软件，满足理论与实践相结合的要求。

2. 配有校外实训基地，满足专业教学和专业技能训练的需要。

3. 配有各种现代信息技术资源，充分利用 flash 演示、视频演示、电子书籍、电子期刊、数据库、数字图书馆、教育网站和电子论坛等网上信息资源，教学资源品种多样、针对性强。

七、教学方法与手段

1. 本课程教学的关键是对不同会计要素采用不同的核算程序和方法。教学中应选用典型的业务为载体，教师的讲授、示范与学生操作互动，学生提问与教师解答、指导相结合，让学生在“学”与“练”的过程中提高业务技能。

2. 在教学过程中，要充分利用实训室的各种设备和软件，应用多媒体、投影、电脑、网络等教学资源辅助教学，帮助学生熟练掌握会计核算操作要点。

3. 充分利用网络课程资源，引导学生自主学习。利用网络课程中形象化的操作演示指导学生的操作。通过网上提供模拟业务项目训练，指导学生进行大量操作练习，提升判断能力。

4. 教学过程中教师应积极引导学生提升职业素养，提高职业道德，养成严谨认真的工作习惯，达到知识、技能和态度的有机统一。通过分组训练、分角色训练等方式培养学生的协作意识和在真实业务场景下的职业适应能力。

八、检查评价

1. 本课程的评价以对会计核算和相应的职业判断掌握作为主要依据。

2. 改革传统的学生成绩以结业考试为主、平时成绩为辅的评价方法，采用阶段评价、过程评价与目标评价相结合的评价模式。考试方法以上机模拟操作为主，书面考试为辅。

3. 结合课堂提问、平时作业、平时测验、技能竞赛及考试情况，综合评价学生成绩。注重学生动手能力和实践中分析问题、解决问题能力的考核，对在学习和应用上有创新的学生应予特别鼓励，全面综合评价学生能力。

4. 课程平时成绩占 60%，主要考核完成学习性工作任务的准确度和深度，根据软件系统记载和平时学习表现来评定，也包括个人自评、小组互评等。期末总评成绩占 40%，主要指期末卷面考试。

“税法”课程标准

一、课程定位

税法是我国现行经济法律体系的重要组成部分，“税法”课程是税务专业职业能力核心课程。本课程主要内容为现行税收实体法。通过本课程的学习，使学生在掌握税收计税原理和一定会计核算能力的基础上，掌握流转税、所得税、财产税、行为税类各税种的基本原理、立法原则、税制要素、税额计算和申报缴纳。该课程法规琐碎，实用性强，学习本课程要求理论与实践相结合，税法与会计相结合，在透彻理解税收法规时，以各税种计税原理将琐碎的税收法规一气贯穿，全面准确地掌握税收实体法，具备较强的税收政策运用能力。本课程承会计核算能力之先，启税收政策评价能力之后，是核心课程之中的核心。

二、课程目标

通过本课程的学习，使学生在理解各税种计税原理和具备一定会计核算能力基础上，全面准确掌握税收实体法，具备较强的税收政策运用能力。本课程从结构上由三部分组成：基础理论、税收实体法规、税收程序法规。基础理论包括税收的基础理论和税法的基础理论；税收实体法规包括流转税法律制度、所得税法律制度、财产税法律制度等；税收程序法规包括税收的管理制度、税收征收制度、争讼制度等。

通过本课程的学习，最终掌握现行税收实体法法规，能够进行各税种计算，具有确定税款影响因素的能力。

三、设计思路

课程的总体设计思路：以培养税收政策运用能力（实体法方面）的职业能力为核心，根据现行税收实体法规体系构成确定教学内容，以税收实体法、程序法分类为第一线索，以现行实体法构成为第二线索，以税法构成要素为第三线索组织教学过程，以配备仿真模拟软件的校内模拟实训室作为上课场所，以“双师”教师承担教学任务，采用教、学、练三者结合的教学方式，以适应其一体化课程性质。

课程设计的目标：通过准确把握课程定位，理清课程设计思路，科学安排课程内容结构，既能高屋建瓴，又可具体深入。同时广泛采用现代教育技术手段，充分利用网络教学在促进学生自主学习方面的作用，运用多种科学教学方法，充分发挥“双师”教学团队的优势，充分利用校内外实践教学条件，完善评价体系，把本课程建设成真正意义上的工学结合的一体化课程。

课程设置的依据：本课程设置的依据是税务类岗位工作任务对税收政策运用能力的需要，教学项目设计的依据是现行税种，教学场所选择校内模拟实训室的依据是其一体化课程性质的教学需要及网络查找资料的需要，课程开发的主体是在学校与企业、中介机构合作基础上的行业专家和专职教师共同组织的团队。

课程内容的确定：本课程包含税法概论、增值税法、消费税法、企业所得税法、个人所得税法、资源税法、财产税法及其他税种的教学。教学内容的编排以从理论到实务的逻辑顺序为依据，在项目顺序上按照税种的重要性排序并由简单业务到复杂业务循序渐进地编排，在每个项目的模块安排上根据税法构成要素顺序来确定教学内容的先后。

课程内容的组织：课程的全部内容就是完成 11 个教学项目，每一个学习模块的学习性工作任务就是一个较大税种的计税规律、原理分析、计算过程，每一个教学模块都是对知识的学习、技能的训练和态度的培养三者的有机结合，在讲授操作过程的同时进行动手操作训练。课程中的理论、法律、规程等知识点分别与对应的实践相结合，分解到相应的操作过程中。

四、课时分配

表 2－7　　课时分配表

序号	课程项目	课程模块	课时分配	
1	税法概论	税法概述	2	4
		我国税法的制定与实施	1	
		我国税收管理体制	1	
2	增值税法	增值税概述	4	28
		增值税应纳税额的计算	12	
		增值税的征收管理	8	
		增值税专用发票的使用与管理	2	
		出口货物退（免）税	2	
3	消费税法	消费税概述	2	10
		消费税应纳税额的计算	6	
		消费税的征收管理	2	

续表

<table>
<tr><th>序号</th><th>课程项目</th><th>课程模块</th><th colspan="2">课时分配</th></tr>
<tr><td rowspan="3">4</td><td rowspan="3">关税法</td><td>关税的概述</td><td>2</td><td rowspan="3">8</td></tr>
<tr><td>关税应纳税额的计算</td><td>4</td></tr>
<tr><td>关税的征收管理</td><td>2</td></tr>
<tr><td rowspan="4">5</td><td rowspan="4">企业所得税法</td><td>企业所得税概述</td><td>2</td><td rowspan="4">18</td></tr>
<tr><td>企业应纳税所得额的计算</td><td>10</td></tr>
<tr><td>企业应纳所得税额的计算</td><td>4</td></tr>
<tr><td>企业所得税的征收管理</td><td>2</td></tr>
<tr><td rowspan="3">6</td><td rowspan="3">个人所得税法</td><td>个人所得税概述</td><td>2</td><td rowspan="3">12</td></tr>
<tr><td>个人所得税应纳税额的计算</td><td>9</td></tr>
<tr><td>个人所得税的征收管理</td><td>1</td></tr>
<tr><td rowspan="4">7</td><td rowspan="4">资源税（类）法</td><td>资源税法</td><td>3</td><td rowspan="4">10</td></tr>
<tr><td>土地增值税法</td><td>3</td></tr>
<tr><td>城镇土地使用税法</td><td>3</td></tr>
<tr><td>耕地占用税法</td><td>1</td></tr>
<tr><td rowspan="4">8</td><td rowspan="4">财产税（类）法</td><td>房产税法</td><td>2</td><td rowspan="4">8</td></tr>
<tr><td>契税法</td><td>2</td></tr>
<tr><td>车辆购置税法</td><td>2</td></tr>
<tr><td>车船税法</td><td>2</td></tr>
<tr><td rowspan="3">9</td><td rowspan="3">其他税（类）法</td><td>印花税法</td><td rowspan="2">5</td><td rowspan="3">6</td></tr>
<tr><td>城市维护建设税法</td></tr>
<tr><td>教育费附加法</td><td>1</td></tr>
<tr><td rowspan="4">10</td><td rowspan="4">税收征收管理法</td><td>税务管理</td><td rowspan="2">1</td><td rowspan="4">2</td></tr>
<tr><td>税款征收</td></tr>
<tr><td>税务检查</td><td rowspan="2">1</td></tr>
<tr><td>税务违法处理</td></tr>
<tr><td rowspan="4">11</td><td rowspan="4">税务行政管理法</td><td>税务行政处罚</td><td rowspan="2">1</td><td rowspan="4">2</td></tr>
<tr><td>税务行政复议</td></tr>
<tr><td>税务行政诉讼</td><td rowspan="2">1</td></tr>
<tr><td>税务行政赔偿</td></tr>
<tr><td></td><td>总计</td><td></td><td>108</td><td>108</td></tr>
</table>

五、教学内容

表 2-8　　教学内容

序号	课程项目	知识内容要求	技能内容要求
1	税法概论	• 税法概述 • 我国税法的制定与实施 • 我国税收管理体制	• 能区分税法与税收，熟知税法的构成要素，能熟练进行税法的分类
2	增值税法	• 增值税概述 • 增值税应纳税额的计算 • 增值税的征收管理 • 增值税专用发票的使用与管理 • 出口货物退（免）税	• 能理解增值税计税原理，能判断增值税征税范围，能进行应纳税额的计算
3	消费税法	• 消费税概述 • 消费税应纳税额的计算 • 消费税的征收管理	• 能理解消费税计税原理，能判断消费税征税范围，能计算应纳税额 • 能理解消费税与增值税的关系
4	关税法	• 关税概述 • 关税应纳税额的计算 • 关税的征收管理	• 能知晓关税计税价格构成，能计算关税税额 • 能理解进口环节流转税与国内流转税关系，能把握进口环节增值税、消费税、关税之间关系
5	企业所得税法	• 企业所得税概述 • 企业所得税应纳税所得额的计算 • 企业所得税应纳税额的计算 • 企业所得税的征收管理	• 能理解企业所得税计税原理，能准确计算应纳税所得额，熟知现行税收优惠政策 • 能理解把握流转税与所得税的关系
6	个人所得税法	• 个人所得税的概述 • 个人所得税应纳税额的计算 • 个人所得税的征收管理	• 能理解个人所得税计税原理，能判断征税对象所属类别，能准确计算应纳税所得额和应纳税额 • 能对比分析企业所得税与个人所得税的异同
7	资源税（类）法	• 资源税法 • 土地增值税法 • 城镇土地使用税法 • 耕地占用税法	• 能理解各个小税种的计税原理，熟练判断征税范围，熟知税收优惠政策并能准确计算应纳税额

续表

序号	课程项目	知识内容要求	技能内容要求
8	财产税（类）法	• 房产税 • 契税 • 车辆构置税 • 车船税	• 能理解各个小税种的计税原理，熟练判断征税范围，熟知税收优惠政策并能准确计算应纳税额
9	其他税（类）法	• 印花税 • 城市维护建设税 • 教育费附加	• 能理解附加与正税的关系，能准确计算应纳税额
10	税收征收管理法	• 税务管理 • 税款征收 • 税务检查 • 税务违法处理	• 能对税收征管法的基本构成有所了解，明了程序法与实体法关系
11	税务行政管理法	• 税务行政处罚 • 税务行政复议 • 税务行政诉讼 • 税务行政赔偿	• 能理解税收争讼规定存在的必要性

六、教学条件

（一）教师任职条件

1. 专任教师：具有丰富的理论及实践经验，熟悉现行税法及税务操作软件；能够把握各税种基本规律；能够讲授本课程的业务知识；能利用税务实训软件进行纳税申报及会计核算。

2. 兼职教师：税务中介机构项目负责人等经验丰富的从业人员；会计中介机构经验丰富的从业人员；企业财务负责人。

（二）实践教学条件

1. 配备与本课程教学内容配套的税务实训室，配备相应教学软件，满足理论与实践相结合的要求。

2. 配备校外实训基地，满足专业教学和专业技能训练的需要。

3. 配备各种现代信息技术资源，充分利用 Flash 演示、视频演示、电子书籍、电子期刊、数据库、数字图书馆、教育网站和电子论坛等网上信息资源，教学资源品种多样、针对性强。

七、教学方法与手段

1. 本课程教学的关键是对税法规律的理解和把握，最终体现在多税种应纳税额的综合计算和纳税申报表填制逻辑上。教学中应选用典型的业务为载体，教师的讲授、示范与学生操作互动，学生提问与教师解答、指导相结合，让学生在“学”与“练”的过程中提高业务技能。

2. 本课程以培养学生政策运用能力为目的，应充分利用会计与税法的异同，既加强课程间联系，促进对会计、税法的理解，又回顾了已掌握的知识和技能，提高学习效率。在教学过程中，通过项目教学，多以实际案例提高学生学习兴趣及实际操作能力。

3. 在教学过程中，应充分利用税务实训室的各种设备和软件，应用多媒体、投影、电脑、网络等教学资源辅助教学，帮助学生熟练掌握纳税申报的操作要点。

4. 充分利用网络课程资源，引导学生自主学习。利用网络课程中形象化的操作演示指导学生的操作。通过网上提供模拟业务项目训练，指导学生进行大量操作练习，提升纳税申报能力。

5. 教学过程中教师应积极引导学生提升职业素养，提高职业道德，养成严谨认真的工作习惯，达到知识、技能和态度的有机统一。

6. 以项目为主线、教师为引导、学生为主体，先练后学，学练结合，理论与实践相结合。

八、检查评价

1. 本课程的评价以对主要税种应纳税额计算的掌握作为主要依据。

2. 结合课堂提问、平时作业、平时测验、考勤及考试情况，综合评价学生成绩。注重学生动手能力和实践中分析问题、解决问题能力的考核，对在学习和应用上有创新的学生应予特别鼓励，全面综合评价学生能力。

3. 课程平时成绩占30%，主要考核完成学习性工作任务的准确度和深度，根据教师的记录和平时学习表现来评定，也包括个人自评、小组互评等。期末总评成绩占70%，包括期末卷面考试和上机考试。

“税务管理”课程标准

一、课程定位

本课程是税务专业的职业能力核心课程，以培养税收政策运用能力（程序法方面）为直接目标，属于一体化课程。税收程序法既是税法的必要构成，又服务于实体法、影响到实体法，是征纳双方办税的重要政策依据。本课程旨在通过完成学习性工作任务的训练，为完成真实性工作任务和岗位工作任务打下基础。

二、课程目标

通过本课程的学习，使学生掌握税务管理的基本理论和基本技能，熟悉税务管理的流程，明确征纳双方的权利和义务，掌握税收管理的程序、内容与方法。通过对征收管理流程中各类业务的模拟操作，使学生初步具备综合运用实体法与程序法相关规定，进行实际办税的能力。

职业能力培养目标：

1. 了解税务管理的构成体系和税收征管改革的历史与发展方向。

2. 掌握税务登记、发票管理、纳税申报、税款征收、税务检查、减免税管理、税务行政处罚等业务流程，具备基本办税能力。

3. 掌握税务行政复议、税务行政诉讼的有关法律法规、基本程序，初步具备进行税务行政争讼的实务操作能力。

4. 具备税收程序法方面的政策运用能力。

三、设计思路

课程的总体设计思路：以培养完成税务管理工作任务所需的职业能力为核心，根据税务管理工作内容及流程顺序确定教学内容，根据税务管理的教学内在规律组织教学过程，以校内仿真模拟实训室作为上课场所，以“双师”教师承担教学任务，采用教、学、练三者结合以练为主的教学方式，以对税务管理基本体系及征管法理解程度和能否掌握征收管理基本业务及流程作为成绩考核的主要方式。

课程设计的目标：通过准确把握课程定位，理清课程设计思路，有针对性地选择适用的教学内容，科学安排课程内容结构，既便于对税务管理工作流程有全面认识，也便于把握税务管理的关键环节。同时广泛采用现代教育技术手段，充分利用网络教学在促进学生自主学习方面的作用，运用多种科学的教学方法，充分发挥“双师”教学团队的优势，充分利用校内外实践教学条件，把本课程建设成真正意义上的工学结合的一体化课程。

课程设置的依据：本课程设置的依据是培养程序法方面政策运用职业能力的需要，根本依据在于税收程序法是税收法规的必要和重要构成。教学项目设计的依据是征管流程，教学场所选择校内仿真模拟实训室的依据是一体化课程性质的教学需要及网络查找资料的需要，课程开发的主体是在学校与企业、中介机构合作基础上的行业专家和专职教师共同组织的团队，课程开发的全过程自始至终贯彻基于税务征管工作流程的思想，课程开发的立足点是广泛的行业岗位调研和行业专家岗位工作任务分析。

课程内容的确定：课程教学内容根据完成税务管理岗位工作任务对知识、技能和素质的要求来确定，具体内容涵盖纳税人办税过程中涉及的主要业务。本课程设置了税务管理概论、税收法制管理、税收管理体制、税收征收基础管理、发票管理、税款征收管理、税务检查与税务稽查、税务处罚、税务行政争讼等九个教学项目。其中通过前三个项目的学习建立起税务管理的基本理论框架与前提；税收征收基础管理、发票管理、税款征收管理、税务检查与税务稽查、税务处罚等项目以征管法及相关法律法规的学习为基础，综合培养实务办税能力；税务行政争讼项目旨在培养学生运用相关法律法规，解决税务行政纠纷的能力。通过本课程的学习，使学生能够较全面地掌握税务管理的基本内容与方法，具备基本的办税能力。课程内容既是从事税务管理工作必须的，同时也是未来职业发展的需要。教学内容的编排以从理论到实务的逻辑顺序为依据，在项目顺序上按照征管业务流程循序渐进地编排，在每个项目的模块安排上理论结合实务。

课程内容的组织：课程的全部内容就是完成九个教学项目，每一个教学模块都是对知识的学习、技能的训练和态度的培养三者的有机结合，在讲授操作过程的同时进行动手操作训练，在训练的同时强化程序法对实体法的服务与影响。课程中的理论、法律、规程等知识点分别与对应的实践相结合，分解到相应的操作过程中。

四、课时分配

表 2-9　　课程项目模块及课时分配表

序号	课程项目	课程模块	课时分配	
1	税务管理概论	税务管理的概念	2	6
		税务管理的职能和作用	1	
		税务管理的原则	1	
		税务管理的内容与方法	2	

续表

序号	课程项目	课程模块	课时分配	
2	税收法制管理	税收法制管理的依据	1	6
		税收立法	2	
		税收执法	2	
		税收司法	1	
3	税收管理体制	税收管理体制的意义	2	6
		我国现行税收管理体制	4	
4	税收征收基础管理	税务登记	6	10
		账证管理	2	
		税控装置管理	2	
5	发票管理	发票管理概述	2	8
		普通发票的管理	2	
		增值税专用发票的管理	4	
6	税款征收管理	纳税申报管理	2	12
		税款征收与入库	4	
		税款征收制度与措施	4	
		延期纳税及减免税	2	
7	税务检查	税务检查概论	2	6
		税务检查权	2	
		税务检查的程序与方法	2	
8	税务处罚	税务行政处罚概述	1	5
		税务行政处罚的设定	2	
		税务行政处罚的程序	2	
		税务行政处罚的执行	1	3
		税务刑事处罚	2	
9	税务行政争讼	税务行政复议	4	10
		税务行政诉讼	4	
		税务行政赔偿	2	
总计			72	72

五、教学内容

表 2－10 教学内容

序号	课程项目	知识内容要求	技能内容要求
1	税务管理概论	• 掌握税务管理的概念 • 掌握税务管理的职能作用 • 理解税务管理的必要性和原则 • 掌握税务管理的内容和方法	• 对税务管理有一个准确的认识 • 超越税务管理的常见误区
2	税收法制管理	• 了解税收法制管理的依据 • 理解征管法的立法目的和税收立法的意义 • 掌握税收立法的原则、程序 • 掌握税收执法特征、原则 • 了解税收司法的特征、原则	• 能够建立税收法制体系的基本框架 • 能够认识到征管法的重要作用 • 能够对当前依法治税中的突出问题提出自己的见解
3	税收管理体制	• 掌握税收管理体制的概念 • 理解我国建立税收管理体制的原则 • 掌握现行税收管理体制的内容	• 理解税收管理体制的重要作用及其对税收立法、执法所产生的影响 • 能够借鉴各国经验，理解我国税收管理体制的类型及原则 • 能够对现行税收管理体制作出评价
4	税收征收基础管理	• 掌握税务登记的种类及管理规程 • 掌握账簿、凭证管理的具体内容和基本要求 • 掌握税控装置管理的基本内容及相关法律规定	• 能够正确办理各类税务登记业务，掌握操作要点 • 能够把握账证管理的基本要求，掌握操作要点 • 能够发现各类税务登记业务的内在联系
5	发票管理	• 了解发票管理的意义 • 掌握普通发票的种类和管理 • 掌握增值税发票的管理	• 能够根据纳税人生产经营基本情况判断其使用发票的种类 • 能够掌握各类发票领购、开具、取得、保管等业务的操作要点 • 能够对当前发票管理的突出问题提出自己的见解
6	税款征收管理	• 掌握纳税申报的对象、内容、方式及要求 • 掌握税款征收的方式 • 掌握税款征收保证制度与措施	• 能够理解征管法对纳税申报的基本规定 • 能够对税款征收中的出现的各种情况，依据征管法作出自己的判断

续表

序号	课程项目	知识内容要求	技能内容要求
7	税务检查	• 了解税务检查的概念、意义和依据 • 掌握税务机关在税务检查中的权力 • 掌握税务检查相对人的权利与义务 • 掌握税务检查的内容、方式及基本程序	• 能够正确理解税务检查与税务稽查的联系与区别 • 能够掌握征管法对税务检查中的权力与义务的基本规定及运用
8	税务处罚	• 了解税务行政处罚与刑事处罚的设定 • 明确税务行政处罚的原则 • 掌握税务行政处罚的程序和执行	• 能够正确适用各项税务行政处罚的原则及各项法律规定
9	税务行政争讼	• 了解税务行政争讼的意义和作用 • 掌握税务行政争讼的法律规定 • 掌握税务行政争讼的程序	• 能够正确理解并运用税务行政复议、税务行政诉讼的程序性规定 • 能够对税务综合案例进行分析并提出解决方案

六、教学条件

（一）教师任职条件

1. 专任教师：具有丰富的理论及实践经验，熟悉现行税收程序法与实体法；能够把握各类征管业务；能够指导学生进行实务操作；能够讲授本课程的理论及业务知识。

2. 兼职教师：税务机关业务负责人；税务中介机构负责人或注册税务师；有经验的企业专职办税人员。

（二）实践教学条件

1. 配备与本课程教学内容配套的税务实训室，配备相应教学软件，满足理论与实践相结合的要求。

2. 配有校外实训基地，满足专业教学和专业技能训练的需要。

3. 配有各种现代信息技术资源，充分利用 Flash 演示、视频演示、电子书籍、电子期刊、数据库、数字图书馆、教育网站和电子论坛等网上信息资源，教学资源品种多样、针对性强。

七、教学方法与手段

税务管理教学在突出基本理论、基本知识、基本操作技能的培养和训练的同时，还应增强综合业务能力的培养和训练。

1. 对基本理论部分，采取组织课堂讨论与设置专题，课下搜集资料，教师予以引导的方法，开阔学生知识面，把握税务管理现状与发展方向，强化对基本理论的理解与运用。

2. 在税收征收基础管理、发票管理、税款征收管理教学中应使用大量的教学辅助资料，将税务管理的账、证、表、单与相关法规相结合，选用典型业务为载体，教师的讲授、示范与学生操作互动，学生提问与教师解答、指导相结合，让学生在“学”与“练”的过程中提高业务技能。

3. 在税务行政处罚与税务行政争讼部分，广泛采用案例教学方式，调动学生思考问题的积极性、主动性，掌握税务行政处罚与争讼的法律规定，提高分析和解决实际问题的综合能力。

4. 在教学过程中，要充分利用税务实训室的各种设备和软件，应用多媒体、投影、电脑、网络等教学资源辅助教学，帮助学生熟练掌握税务筹划操作要点。

5. 充分利用网络课程资源，引导学生自主学习。利用网络课程中形象化的操作演示指导学生的操作。通过网上提供模拟业务项目训练，指导学生进行大量操作练习，提升筹划能力。

6. 教学过程中教师应积极引导学生提升职业素养，提高职业道德，养成严谨认真的工作习惯，达到知识、技能和态度的有机统一。通过分组训练、分角色训练等方式培养学生的协作意识和在真实业务场景下的职业适应能力。

八、检查评价

1. 本课程的评价以对税收程序法理解度和征管业务操作能力作为主要依据。

2. 改革传统的学生成绩以结业考试为主、平时成绩为辅的评价方法，采用阶段评价、过程评价与目标评价相结合的评价模式。考试方法以上机模拟操作考试为主。

3. 结合课堂提问、平时作业、平时测验、技能竞赛及考试情况，综合评价学生成绩。注重学生动手能力和实践中分析问题、解决问题能力的考核，对在学习和应用上有创新的学生应予特别鼓励，全面综合评价学生能力。

4. 课程平时成绩占60%，主要考核完成学习性工作任务的准确度和熟练度，根据软件记载的记录和平时学习表现来评定，也包括个人自评、小组互评等。期末总评成绩占40%，包括上机模拟操作考试和期末卷面考试。

“国际税收”课程标准

一、课程定位

“国际税收”课程是税务专业的职业能力核心课程。国际税收并不是国际社会或超国家组织凭借一种超国家的政治权力取得收入的工具，不涉及国内税收以外的新的税种，因此本课程不注重于国内税收课程讲授过的税收的基本概念条款等的解释，而是着力介绍其作为国家之间的税收关系在国与国的税收分配和税收协调过程中表现出的不同之处。本课程亦属于培养税收政策运用能力的课程，与国内税收政策（实体法及程序法）构成对应关系。“国际税收”属于理论性质课程。

二、课程目标

“国际税收”以培养税收政策运用能力（国际税法方面）为直接目标，具体通过学习国际税收的基本概念、解决国际重复征税的方法和相关国际税收协定、国际避税活动基本手段及各国反避税措施等知识，培养学生思考税收问题的国际视野，为将来职业生涯提升打下基础。

职业能力培养目标：

1. 了解国际税收的基本概念、知识，掌握国际税务筹划的基本方法。
2. 熟悉国际税收的本质问题及一般的国际避税的基本思路。
3. 掌握具体的国际重复征税避免的方法，比较其优劣，掌握国际避税的基本手段，并有一定的运用能力。
4. 具备国际税法方面的税收政策运用能力。

三、设计思路

课程的总体设计思路：以培养完成税务类岗位工作任务所需的国际税法方面的税收政策运用能力为核心，根据国际税收分配问题的构成内容及层次确定教学内容，根据国际税收分配问题形成的内在逻辑顺序组织教学过程，以多媒体教室作为上课场所，以具备深厚理论素养的教师承担教学任务，采用理论教学为主的教学方式，以对国际税收问题的理解准确度和深度作为成绩考核的主要依据，最终目的实现对税务专业人才的职业能力要求。

课程设计的目标：通过准确把握课程定位，理清课程设计思路，合理确定教学内容，科学安排课程内容结构，全面建设立体化的教学资源，广泛采用现代教育技术手段，充分利用网络教学在促进学生自主学习方面的作用，运用多种科学的教学方法，充分发挥教学团队的优势，使学生思考税收问题具备一定的国际视野，使税收政策运用能力更加完整。

课程设置的依据：本课程设置的依据是税收政策运用能力完整性的需要，教学项目设计依据的是国际税收分配问题的构成内容及层次，教学场所选择多媒体教室的依据是本课程教学需要及网络查找资料的需要，课程开发的主体是在校企合作基础上的行业专家和专职教师共同组织的团队，课程开发的全过程自始至终关注国际税收分配问题形成的内在逻辑，课程开发的立足点是广泛的行业岗位调研和行业专家岗位工作任务分析。

课程内容的确定：课程教学内容根据国际税收分配问题的构成内容及层次确定，具体内容包括对跨国课税对象征税的国际规范、所得的国际重复征税及其减除方法、国际避税与反避税、国际税收协定以及商品课税的国际协调问题等等。由于现实中大量的国际税收问题与所得课税有关，课程大部分内容讲述的是所得课税的国际税收问题。但从国际经济的角度看，商品课税的国际税收问题同样也十分重要，所以课程的最后一章专门研究商品课税的国际税收问题。

课程内容的组织：课程教学内容按照从抽象到具体，从一般到特殊的顺序排序，以发现问题、分析问题、解决问题的过程序化教学过程。在具体学习上，注重原因分析，根据分析提出解决措施便相对容易。课程的全部内容就是完成八个教学项目。除基本概念、理论部分外，每一个教学模块都是一个相对独立的国际税收分配问题，几个模块可以综合成一个大类的国际税收分配问题，整体则构成国际税收。

四、课时分配

表 2－11　　课程项目模块及课时分配表

<table>
<tr><th>序号</th><th>课程项目</th><th>课程模块</th><th colspan="2">课时分配</th></tr>
<tr><td rowspan="2">1</td><td rowspan="2">导言</td><td>国际税收的概念</td><td>1</td><td rowspan="2">3</td></tr>
<tr><td>国际税收问题产生的历史考察</td><td>2</td></tr>
<tr><td rowspan="4">2</td><td rowspan="4">税收管辖权</td><td>税收管辖权的概念和类型</td><td rowspan="2">2</td><td rowspan="4">4</td></tr>
<tr><td>所得来源地的判断标准</td></tr>
<tr><td>居民管辖权的居民判断标准</td><td rowspan="2">2</td></tr>
<tr><td>公民管辖权的判断标准</td></tr>
</table>

续表

序号	课程项目	课程模块	课时分配	
3	国际重复征税	重复征税概述	1	4
		国际重复征税的发生及扩大	1	
		对所得的国际重复征税	1	
		对商品的重复征税	1	
4	国际重复征税的解决方法	国际重复征税内涵扩大的约束规范	5	11
		国际重复征税及其外延扩大的免除规范	6	
5	国际避税、逃税和国际避税地	国际避税、逃税	1	13
		国际避税的条件	2	
		国际避税地的概念和介绍	3	
		国际避税的基本思路和具体手段	7	
6	跨国公司的国际税收筹划	利用中介国际控股公司避税	3	7
		利用中介国际金融公司避税	2	
		利用中介国际贸易公司避税	1	
		利用中介国际许可公司避税	1	
7	转让定价的税务管理	转让定价法规的基本内容	1	6
		转让定价审核、调整的原则与方法	2	
		预约定价协议（APA）	1	
		经合组织的转让定价报告与准则	1	
		我国的转让定价法规	1	
8	其他反避税法规与措施	对付避税地的法规	1	6
		防止滥用税收协定	1	
		限制资本弱化法规	1	
		限制避税性移居	1	
		限制利用改变公司组织形式避税	1	
		加强防范国际避税的行政管理	1	
总计			54	54

五、教学内容

表 2－12 教学内容

序号	课程项目	知识内容要求	技能内容要求
1	导言	• 掌握国际税收的基本概念 • 掌握国际税收的起源和发展	• 理解国际税收分配和国家税收分配的联系与区别 • 明了国际税收产生的条件 • 能够掌握国际税收和一般意义的其他税收概念的本质不同之处
2	税收管辖权	• 了解税收管辖权的类型 • 理解不同税收管辖权的征税范围 • 掌握居民管辖权的居民判断标准 • 掌握属地管辖权来源地的判断标准	• 掌握税收管辖权的征税范围 • 能够理解不同类型的管辖权判断标准差异的原因
3	国际重复征税	• 了解重复征税的普遍性 • 理解国际重复征税发生的原因 • 掌握法律性国际重复征税发生及扩大的原因及过程 • 掌握经济性国际重复征税发生的原因	• 能够通过对国际重复征税的了解来理解国际重复征税的发生是导致国际税收分配的根本原因 • 能够通过案例对重复征税发生的原因有更感性的认识并能够举一反三，举出现实生活中各种国际重复征税的现象
4	国际重复征税的解决方法	• 了解国际重复征税解决的基本方法 • 理解四个基本方法的优劣 • 掌握税收抵免法 • 掌握免税方法	• 能够区别四个免除重复征税方法的优缺点 • 能够熟练掌握免税方法 • 能够熟练掌握直接抵免方法 • 熟悉间接抵免方法
5	国际避税、逃税和国际避税地	• 了解国际避税和逃税的概念 • 理解国际避税和国际逃税的区别 • 掌握国际避税的一般思路和方法 • 掌握具体国际避税的方法和手段	• 能够理解国际避税活动和国际避税地的联系 • 能够掌握基本的国际避税方法
6	跨国公司的国际税收筹划	• 了解国际税收筹划和避税活动的区别 • 理解中介公司的法律地位 • 掌握不同类型的中介公司功能不同	• 能够运用前一章所学的国际避税的方式方法 • 能够根据不同的中介公司的功能进行相应的税收筹划活动 • 能够掌握每一种具体的税收筹划所需要的条件 • 能够举一反三，进行基本的国际税收筹划

续表

序号	课程项目	知识内容要求	技能内容要求
7	转让定价的税务管理	• 了解转让定价的概念 • 理解转让定价和关联企业的关系 • 掌握关联企业收入与费用的分配原则 • 掌握预约定价协议的相关内容	• 能够理解转让定价和避税没有必然的联系 • 能够熟练掌握转让定价法规的具体内容 • 能够对预约定价协议的意义有比较深刻的理解
8	其他反避税法规与措施	• 了解反避税法规的概念 • 理解反避税法规的意义 • 掌握具体有关反避税法规的内容	• 能够理解反避税法规存在的意义 • 熟悉具体的反避税法规的内容 • 能够对我国要加强国际避税行政法规的必要性深入探讨

六、教学条件

（一）教师任职条件

1. 专任教师：具有丰富的理论素养和一定实践经验，熟悉国际税收约束规范，熟悉国际税收筹划的方式方法；能够把握各国税收基本制度；能够指导学生进行一般国际税收筹划；能够讲授本课程的业务知识。

2. 兼职教师：具有涉外税收经验的税务中介机构负责人或资深税务筹划师；具有涉外税收经验的企业财务负责人；具有涉外税收管理经验的税务管理人员。

（二）实践教学条件

本课程为理论性课程，但可以制作一些教学用具、教学模型。

七、教学方法与手段

1. 本课程教学的关键是对国际税收分配问题的规律理解和掌握。教学中应选用典型的业务为载体，教师的讲授、示范与学生操作互动，学生提问与教师解答、指导相结合，让学生互动的过程中增进理解。

2. 本课程不以学生毕业即用为目的，重在理解力、思考力的培养，最终理解并掌握一定量的国际税法。在教学过程中，应制作一些教学用具、教学模型，以理顺多主体的复杂关系，并注重以实际案例提高学生学习兴趣。

3. 在教学过程中，应充分利用多媒体、投影、电脑、网络等教学资源辅助教学，帮助学生收集整理相关资料。

4. 充分利用网络课程资源，引导学生自主学习。利用网络课程中形象化的操作演示多主体的复杂关系。

5. 教学过程中教师应积极引导学生思考分析，培养独立分析问题解决问题的能力。

八、检查评价

1. 本课程的评价以对国际税收分配问题理解的准确度和深度作为主要依据。

2. 采用传统的结业考试为主、平时成绩为辅的评价方法，考试方式以书面考试为主。

3. 结合课堂提问、平时作业、平时测验、小论文及考试情况，综合评价学生成绩。注重学生分析问题、解决问题能力的考核，对独立思考的学生应予特别鼓励。

4. 课程平时成绩占30%，主要考核完成学习性工作任务的准确度和深度，根据教师的记录和平时学习表现来评定，也包括个人自评、小组互评等。期末总评成绩占70%，主要指期末卷面考试。

“税务会计”课程标准

一、课程定位

本课程是税务专业的职业能力核心课程，课程对应企业及中介机构涉税工作岗位。税务会计是会计核算能力体系的组成部分，同时也是税收政策评价能力体系的组成部分，是税务与会计相结合的一个简单直观的体现。本课程旨在通过完成学习性工作任务的训练，为完成真实性工作任务和岗位工作任务打下基础。课程的目的是在学生理解税法基本原理、会计核算原理的基础上，通过各税种会计核算的学习，能够掌握各税种主要经济业务的会计处理，形成会计核算能力、税收政策评价能力。本课程属于一体化课程。

二、课程目标

通过对税法的再认识，掌握计税原理和会计核算原理，理解各税种基本规律，在此基础上，结合本课程内容综合运用会计核算、税务管理、税务稽查等相关知识，形成初步进行涉税会计核算的能力并能够根据核算情况评价税法优劣。

职业能力培养目标：

1. 掌握税收与税务会计的基本理论和基础知识。
2. 掌握各税种实体法的基本内容及其会计处理。
3. 掌握各税种纳税申报、税款缴纳与退还、减免税等办税实务的会计处理。
4. 能够运用税务会计方法处理经济领域中各种涉税经济行为，具备一定分析、解决实际问题的能力。
5. 掌握各税种会计核算的基本方法，能够进行企业涉税经济核算，理解会计核算与纳税申报之间的关系，能够独立思考，举一反三。

三、设计思路

课程的总体设计思路：以培养完成税务会计工作任务所需的职业能力为核心，根据税务会计的工作内容确定教学内容，根据税务会计的教学内在规律组织教学过程，以校内实训室作为上课场所，以“双师”教师承担教学任务，采用教、学、练三者结合以练为主的教学方式，以能否掌握各税种主要业务核算方法，满足纳税人涉税会计核算作为成绩考核的主要依据，最终目的实现税务专业人才的职业能力要求。

课程设计的目标：通过准确把握课程定位，理清课程设计思路，有针对性地选择适用的教学内容，科学安排课程内容结构，全面建设立体化的教学资源，在行动导向下以任务驱动教学进程，广泛采用现代教育技术手段，充分利用网络教学在促进学生自主学习方面的作用，运用多种科学的教学方法，充分发挥“双师”教学团队的优势，充分利用校内外实践教学条件，完善与行业要求相适应的评价体系，把本课程建设成真正意义上的工学结合的一体化课程，使其在促进更多学生到中小企业、中介机构就业产生推动作用。

课程设置的依据：本课程设置的依据是岗位工作任务对职业能力的需要，教学项目设计的依据是现行税种，教学场所选择校内仿真实训室的依据是一体化课程性质的教学需要及网络查找资料的需要，课程开发的主体是在学校与企业、中介机构合作基础上的行业专家和专职教师共同组织的团队，课程开发的全过程自始至终贯彻基于税务会计工作过程的思想，课程开发的立足点是广泛的行业岗位调研和行业专家岗位工作任务分析。

课程内容的确定：课程教学内容根据完成税务会计岗位工作任务对知识、技能和素质的要求以及行业发展的需要来确定，具体内容涵盖现行各税种的会计核算。根据税务会计工作任务的需要，本课程设置了税务会计概论、增值税会计、消费税会计、企业所得税会计、个人所得税会计、其他税种会计六个教学项目。在每个教学项目中，再根据税法纳税义务规定设置相应的模块，使学生通过课程的学习能够全面地进行现行各税种的税务会计核算。课程内容既是从事税务会计工作必须的，同时也是未来职业发展的需要。教学内容的编排以从核算对象到相关科目到会计核算再到实际案例的逻辑顺序为依据，在项目顺序上按照税种的重要性排序编排，在每个项目的模块安排上根据产生纳税义务的经济业务来确定教学内容，同时也适当考虑了教学规律的要求。

课程内容的组织：课程的全部内容就是完成六个教学项目，每一个学习模块的学习性工作任务就是一个较大税种的计税规律，会计核算原理的分析过程，是每一税种会计核算基本方法的掌握过程。每一个教学模块都是对知识的学习、技能的训练和态度的培养三者的有机结合，在讲授操作过程的同时进行动手操作训练，在训练的同时强化会计和纳税风险防范的意识。课程中的理论、法律、规程等知识点分别与对应的实践相结合，分解到相应的操作过程中。

四、课时分配

表 2－13　　课程项目模块及课时分配表

<table>
<tr><th>序号</th><th>课程项目</th><th>课程模块</th><th colspan="2">课时分配</th></tr>
<tr><td rowspan="4">1</td><td rowspan="4">税务会计概论</td><td>税务会计的概念</td><td>2</td><td rowspan="4">6</td></tr>
<tr><td>税务会计的特点</td><td>1</td></tr>
<tr><td>税务会计的职能、作用和任务</td><td>1</td></tr>
<tr><td>税务会计的基本方法</td><td>2</td></tr>
</table>

续表

序号	课程项目	课程模块	课时分配	
2	增值税会计	增值税概述	3	26
		增值税会计核算基础	3	
		进项税额的会计处理	5	
		销项税额的会计处理	7	
		增值税减免、上缴与转账的会计处理	3	
		小规模纳税人的会计处理	2	
		出口退税的会计处理	3	
3	消费税会计	消费税会计概述	2	10
		消费税的计算与征收管理	4	
		消费税的会计处理	4	
4	企业所得税会计	企业所得税概述	2	15
		企业所得税的计算与征收管理	3	
		企业所得税会计处理	10	
5	个人所得税会计	个人所得税概述	2	6
		个人所得税的计算与征收管理	2	
		个人所得税会计处理	2	
6	其他税种会计	资源税会计	2	9
		土地增值税会计	2	
		城建税、房产税会计	1	
		车船税、城镇土地使用税会计	1	
		印花税会计	2	
		车辆购置税、契税会计	1	
总计			72	72

五、教学内容

表 2－14　　**教学内容**

序号	课程项目	知识内容要求	技能内容要求
1	税务会计概论	• 了解税务会计的概念 • 了解税务会计的特点 • 掌握税务会计的对象、会计要素、基本假设 • 了解税务会计的职能、作用及任务 • 掌握税务会计的基本方法	• 能建立税务会计基本框架 • 能明确税务会计核算原理，对税务会计特殊性有基本认识

续表

序号	课程项目	知识内容要求	技能内容要求
2	增值税会计	• 理解增值税基本规定 • 掌握增值税应纳税额的计算 • 掌握销项税额的核算 • 掌握进项税额的核算 • 增值税减免、上缴与转账的会计处理 • 掌握小规模纳税人的会计处理 • 掌握出口退税的会计处理	• 能够把握增值税税法规定，正确计算应纳税额 • 能够对各类增值税经济业务进行会计处理 • 能够运用会计核算反映增值税税额的形成、计算、缴纳、减免、退还全过程
3	消费税会计	• 理解消费税基本规定 • 掌握消费税应纳税额的计算 • 掌握消费税会计处理	• 能够把握消费税税法规定，正确计算应纳税额 • 能够对各类消费税经济业务进行会计处理 • 能够运用会计核算反映消费税税额的形成、计算、缴纳、减免、退还全过程
4	企业所得税会计	• 理解企业所得税基本规定 • 掌握永久性差异、暂时性差异和企业所得税应纳税额的计算 • 掌握企业所得税会计处理	• 能够把握企业所得税税法规定，正确计算应纳税额 • 能够对各类企业税经济业务进行会计处理 • 能够运用会计核算反映企业所得税税额的形成、计算、缴纳、减免、退还全过程
5	个人所得税会计	• 理解个人所得税基本规定 • 掌握个人所得税应纳税额的计算 • 掌握个人所得税会计处理	• 能够把握个人所得税税法规定，正确计算应纳税额 • 能够对各类个人所得税经济业务进行会计处理 • 能够运用会计核算反映个人所得税税额的形成、计算、缴纳、减免、退还全过程
6	其他税种会计	• 理解其他各税基本规定 • 掌握其他各税应纳税额的计算 • 掌握其他各税会计处理	• 能够把握其他各税税法规定，正确计算应纳税额 • 能够对其他各税各类经济业务进行会计处理 • 能够运用会计核算反映各税种税额的形成、计算、缴纳、减免、退还全过程

六、教学条件

（一）教师任职条件

1. 专任教师：具有丰富的理论及实践经验，熟悉现行税法及税收征管法；能够把握各税种税务会计核算；能够指导学生进行税务会计核算实务模拟训练；能够讲授本课程的业务知识。

2. 兼职教师：具备税务会计核算经验的税务中介机构从业人员或资深税务会计师；具有税务会计核算经验的企业财务人员。

（二）实践教学条件

1. 配备与本课程教学内容配套的税务实训室，配备相应教学软件，满足理论与实践相结合的要求。

2. 配有校外实训基地，满足专业教学和专业技能训练的需要。

3. 配有各种现代信息技术资源，充分利用 Flash 演示、视频演示、电子书籍、电子期刊、数据库、数字图书馆、教育网站和电子论坛等网上信息资源，教学资源品种多样、针对性强。

七、教学方法与手段

1. 本课程教学的关键是对税务会计核算的理解和掌握。教学中应选用典型的业务为载体，教师的讲授、示范与学生操作互动，学生提问与教师解答、指导相结合，让学生在“学”与“练”的过程中提高业务技能。

2. 在教学过程中，应立足于加强学生应用能力的培养，引入实际的税务会计案例，提升学习兴趣和解决实际问题的能力。指导学生在正确进行各类涉税业务基本会计核算的基础上，使学生对现有案例能举一反三，系统把握税务会计核算全过程。

3. 在教学过程中，要充分利用税务实训室的各种设备和软件，应用多媒体、投影、电脑、网络等教学资源辅助教学，帮助学生熟练掌握税务会计操作要点。

4. 充分利用网络课程资源，引导学生自主学习。利用网络课程中形象化的操作演示指导学生的操作。通过网上提供模拟业务项目训练，指导学生进行大量操作练习，提升会计核算能力。

5. 教学过程中教师应积极引导学生提升职业素养，提高职业道德，养成严谨认真的工作习惯，达到知识、技能和态度的有机统一。通过分组训练、分角色训练等方式培养学生的协作意识和在真实业务场景下的职业适应能力。

八、检查评价

1. 本课程的评价以对税法理解度和税务会计核算的掌握作为主要依据。

2. 改革传统的学生成绩以结业考试为主、平时成绩为辅的评价方法，采用阶段评价、过程评价与目标评价相结合的评价模式。考试方法以上机操作为主。

3. 结合课堂提问、平时作业、平时测验、技能竞赛及考试情况，综合评价学生成绩。注重学生动手能力和实践中分析问题、解决问题能力的考核，对在学习和应用上能发现会计或税收弊端的学生应予特别鼓励，全面综合评价学生能力。

4. 课程平时成绩占60%，主要考核完成学习性工作任务的准确度和熟练度，根据软件记载的记录和平时学习表现来评定，也包括个人自评、小组互评等。期末总评成绩占40%，包括期末卷面考试和上机考试。

“税务代理实务”课程标准

一、课程定位

本课程是税务专业的职业能力核心课程，课程对应中介机构税务代理工作岗位。税务代理是对其他所学知识、技能的综合运用，属于培养税收政策评价能力的课程。课程旨在通过完成学习性工作任务的训练，为完成真实性工作任务和岗位工作任务打下基础。在学生理解税法基本原理、掌握税务、会计相关技能的基础上，能够掌握税务代理基础知识和基本技能，把握会计反映生产经营的基本规律，把握税务机关控制纳税人的关键环节，重点掌握代理纳税审查技能，具备一定分析问题解决问题的能力。本课程属于一体化课程。

二、课程目标

以代理角度和眼光审视税务管理工作流程；通过对税法和会计的再认识，利用计税原理、会计核算原理，把握会计反映生产经营的基本规律，把握税务机关控制纳税人的关键环节，掌握查账内、账外的基本方法，具有发现线索、锁定检查重点的能力，能够进行税务稽查或代理纳税审查。

职业能力培养目标：

1. 了解税务代理的基本程序，掌握税务代理的基本知识；
2. 掌握税务代理基本技能，重新审视税务管理工作流程；
3. 掌握查账表证的基本技巧，查账内、账外的基本方法，具有发现线索、锁定检查重点的能力。

三、设计思路

课程的总体设计思路：以培养完成税务代理工作任务所需的职业能力为核心，根据法定的税务代理范围选择以代理纳税审查为主，一般税务代理为辅确定教学内容，根据会计核算流程和税种构成组织教学过程，以校内实训室作为上课场所，以“双师”教师承担教学任务，采用教、学、练三者结合以练为主的教学方式，以对会计、税法理解程度和能否初步掌握查账内账外的基本方法作为成绩考核的主要依据，最终目的是达到税务专业人才的职业能力要求。

课程设计的目标：通过准确把握课程定位，理清课程设计思路，有针对性地选择适用的教学内容，科学安排课程内容结构，全面建设立体化的教学资源，在行动导向下以任务驱动教学进程，广泛采用现代教育技术手段，充分利用网络教学在促进学生自主学习方面的作用，运用多种科学的教学方法，充分发挥“双师”教学团队的优势，充分利用校内外实践教学条件，把本课程建设成真正意义上的工学结合的一体化课程，使其在促进更多学生到各类企业、中介机构就业产生推动作用。

课程设置的依据：本课程设置的依据是企业及中介机构对代理纳税审查及其他税务代理的需要，教学项目设计的依据是现行税种，教学场所选择校内实训室的依据是一体化课程性质的教学需要及网络查找资料的需要，课程开发的主体是在学校与企业、中介机构合作基础上的行业专家和专职教师共同组织的团队，课程开发的立足点是广泛的行业岗位调研和行业专家岗位工作任务分析。

课程内容的确定：课程教学内容根据法定的税务代理范围选择以代理纳税审查为主，一般税务代理为辅确定。根据税务代理工作任务的需要，本课程设置了税务代理基本原理、代理纳税申报、代理纳税登记、代理记账、代理纳税审核的技能等教学项目。在每个教学项目中，再根据税务代理内容设置相应的模块，使学生通过课程的学习能够全面地了解税务代理。课程内容既是从事税务代理工作必须的，同时也是未来职业发展的需要。一般税务代理部分教学内容的编排以办税流程顺序为依据，代理纳税审查部分教学内容的编排以会计核算流程为暗线，以影响应纳税额计算的税法要素为明线。在项目顺序上按从理论到实务，从次要到重要的顺序编排。

课程内容的组织：课程的全部内容就是完成九个教学项目，导论部分用以形成对税务代理的初步了解，一般税务代理实务部分以代理角度和眼光重新审视税务管理工作流程，其余均属于代理纳税审查内容，按现行主要税种划分项目，每一项目内以会计核算流程为暗线，以影响应纳税额计算的税法要素为明线组织教学。每一个教学模块都是对知识的学习、技能的训练和态度的培养三者的有机结合，在讲授操作过程的同时进行动手操作训练。课程中的理论、法律、规程等知识点分别与对应的实践相结合，分解到相应的操作过程中。

四、课时分配

表 2－15　课程项目模块及课时分配表

序号	课程项目	课程模块	课时分配	
1	导论	注册税务师概述	1	5
		注册税务师与税务师事务所	1	
		税务代理的范围与原则	1	
		税务代理的法律关系与法律责任	1	
		注册税务师的职业道德	1	

续表

序号	课程项目	课程模块	课时分配	
2	一般税务代理实务	企业税务登记代理实务	1	4
		发票领购与审查代理实务	1	
		纳税申报代理实务	2	
3	代理纳税审查方法	纳税审查的基本方法	8	12
		纳税审查的基本内容	2	
		账务调整的基本方法	2	
4	增值税纳税审核代理实务	征税范围的审查	3	19
		销项税审查	9	
		进项税审查	7	
5	消费税纳税审核代理实务	征税范围审查	1	6
		计税依据的审查	4	
		税率的审查	1	
6	企业所得税纳税审核代理实务	纳税人的审查	2	12
		收入的审查	4	
		成本费用的审查	6	
7	个人所得税纳税审核代理实务	征税对象的审查	4	7
		税率的审查	1	
		计税依据的审查	2	
8	其他税纳税审核代理实务	征税范围、纳税人的审查	2	7
		计税依据的审查	3	
		税率的审查	2	
总计			72	72

五、教学内容

表 2－16　　　　教学内容

序号	课程项目	知识内容要求	技能内容要求
1	导论	• 了解注册税务师的概念 • 了解税务代理基本原则 • 了解税务师事务所的概念 • 掌握税务代理的法律责任 • 熟悉注册税务师的职业道德	• 对税务代理有一个基本认识

续表

序号	课程项目	知识内容要求	技能内容要求
2	一般税务代理实务	• 熟悉纳税申报代理的操作要点 • 掌握税务登记代理的操作要点 • 掌握发票领购与审查代理的操作要点	• 以代理角度和眼光重新审视税务管理工作流程，能够办理一般税务代理事项
3	代理纳税审查方法	• 熟悉代理纳税审查的基本内容，理解会计核算的基本原理 • 掌握代理纳税审查的基本方法 • 掌握账务调整的基本方法	• 能够审查会计账簿、凭证、报表及纳税申报表 • 能够在审查后调整账务 • 能运用代理纳税审查的基本方法
4	增值税纳税审核代理实务	• 熟悉增值税征税范围的审查 • 掌握增值税销项税的审查 • 掌握增值税进项税的审查	• 能运用基本方法进行增值税纳税审核 • 能够在纳税审核完成后进行账务调整 • 能够填报增值税纳税审核报告
5	消费税纳税审核代理实务	• 了解消费税税率的审查 • 熟悉消费税征税范围的审查 • 掌握消费税计税依据的审查	• 能运用基本方法进行消费税纳税审核 • 能够在纳税审核完成后进行账务调整 • 能够填报消费税纳税审核报告
6	企业所得税纳税审核代理实务	• 掌握企业所得税纳税人的审查 • 重点掌握企业所得税收入的审查 • 掌握企业所得税成本费用的审查	• 能运用基本方法进行企业所得税纳税审核 • 能够在纳税审核完成后进行账务调整 • 能够填报企业所得税纳税审核报告
7	个人所得税纳税审核代理实务	• 了解个人所得税税率的审查 • 熟悉个人所得税征税对象的审查 • 掌握个人所得税计税依据的审查	• 能运用基本方法进行个人所得税纳税审核 • 能够在纳税审核完成后进行账务调整 • 能够填报个人所得税纳税审核报告
8	其他税纳税审核代理实务	• 了解其他税种纳税人、征税范围、税率、计税依据等影响应纳税额要素的审查	• 能运用基本方法进行其他税种纳税审核 • 能够在纳税审核完成后进行账务调整 • 能够填报其他税种纳税审核报告

六、教学条件

（一）教师任职条件

1. 专任教师：具有丰富的理论及实践经验，熟悉现行税法及税务稽查；能够把握各税种基本规律；能够指导学生进行税务代理；能够讲授本课程的业务知识。

2. 兼职教师：有代理纳税审查经验的税务中介机构从业人员；有税务稽查经验的税务稽查人员。

（二）实践教学条件

1. 配备与本课程教学内容配套的税务实训室，配备相应教学软件，满足理论与实践相结合的要求。

2. 配备校外实训基地，满足专业教学和专业技能训练的需要。

3. 配备各种现代信息技术资源，充分利用 Flash 演示、视频演示、电子书籍、电子期刊、数据库、数字图书馆、教育网站和电子论坛等网上信息资源。教学资源品种多样、针对性强。

七、教学方法与手段

1. 本课程教学的关键是对税法、会计规律的理解和掌握。教学中应选用典型的业务为载体，教师的讲授、示范与学生操作互动，学生提问与教师解答、指导相结合，让学生在“学”与“练”的过程中提高业务技能。

2. 本课程以在教学过程中能对现有案例举一反三，把握各案例切入点为主要目的。在教学过程中，应立足于加强学生对税法理解能力的培养，通过项目教学，以实际案例提高学生学习兴趣。

3. 在教学过程中，要充分利用税务实训室的各种设备和软件，应用多媒体、投影、电脑、网络等教学资源辅助教学，帮助学生熟练掌握代理纳税审查及一般税务代理工作操作要点。

4. 充分利用网络课程资源，引导学生自主学习。利用网络课程中形象化的操作演示指导学生的操作。通过网上提供模拟业务项目训练，指导学生进行大量操作练习，提升筹划能力。

5. 教学过程中教师应积极引导学生提升职业素养，提高职业道德，养成严谨认真的工作习惯，达到知识、技能和态度的有机统一。通过分组训练、分角色训练等方式培养学生的协作意识和在真实业务场景下的职业适应能力。

八、检查评价

1. 本课程的评价以对一般税务代理实务和代理纳税审查基本技能的掌握程度作为主要依据。

2. 改革传统的学生成绩以结业考试为主平时成绩为辅的评价方法，采用阶段评价、过程评价与目标评价相结合的评价模式。考试方法以上机操作考试为主。

3. 结合课堂提问、平时作业、平时测验、搜集分析案例及考试情况，综合评价学生成绩。注重学生动手能力和实践中分析问题、解决问题能力的考核，对在学习和应用上有创新的学生应予特别鼓励，全面综合评价学生能力。

4. 课程平时成绩占60%，主要考核完成学习性工作任务的准确度、熟练度和理解深度，根据软件记载的记录和平时学习表现来评定，也包括个人自评、小组互评等。期末总评成绩占40%，包括期末卷面考试和上机考试。

“纳税筹划”课程标准

一、课程定位

本课程是税务专业的职业能力核心课程，课程对应企业及中介机构涉税工作岗位。纳税筹划是对税法的再认识，理解税法内在规律，评价税法优劣，主要通过改变应税行为以适用有利税法的行为。所以对税法的理解和再认识是关键，决定了该课程是税务专业终极课程之一。课程旨在通过完成学习性工作任务的训练，为完成真实性工作任务和岗位工作任务打下基础。课程的目的是在学生理解税法基本原理，能够评价税法优劣的基础上，通过各税种筹划的学习，能够掌握各税种基本筹划，具备一定分析问题解决问题的能力。本课程属于一体化课程。

二、课程目标

通过对税法的再认识，掌握计税原理，理解各税种基本规律，在此基础上，结合本课程内容综合运用财务管理、会计核算、税务管理、税务稽查等相关知识，形成初步进行纳税筹划的能力。

职业能力培养目标：

1. 了解纳税筹划的基本程序，掌握纳税筹划的基本方法；
2. 熟悉纳税筹划的基本原则和目标；
3. 掌握各税种具体筹划的基本方法，初步具备评价税法优劣能力，能够独立思考，举一反三。

三、设计思路

课程的总体设计思路：以培养完成税务筹划工作任务所需的职业能力为核心，根据税务筹划的工作内容确定教学内容，根据税务筹划的教学内在规律组织教学过程，以校内实训室作为上课场所，以“双师”教师承担教学任务，采用教、学、练三者结合以练为主的教学方式，以对税法理解程度和能否掌握税务筹划基本方法作为成绩考核的主要依据，最终目的是使学生达到税务专业人才的职业能力要求。

课程设计的目标：通过准确把握课程定位，理清课程设计思路，有针对性地选择适用的教学内容，科学安排课程内容结构，全面建设立体化的教学资源，在行动导向下以任务驱动教学进程，广泛采用现代教育技术手段，充分利用网络教学在促进学生自主学习方面的作用，运用多种科学的教学方法，充分发挥“双师”教学团队的优势，充分利用校内外实践教学条件，把本课程建设成真正意义上的工学结合的一体化课程。

课程设置的依据：本课程设置的依据是岗位工作任务对职业能力的需要，教学项目设计的依据是现行税种，教学场所选择校内实训室的依据是一体化课程性质的教学需要及网络查找资料的需要，课程开发的主体是在学校与企业、中介机构合作基础上的行业专家和专职教师共同组织的团队，课程开发的全过程自始至终贯彻基于税务筹划工作过程的思想，课程开发的立足点是广泛的行业岗位调研和行业专家岗位工作任务分析。

课程内容的确定：课程教学内容根据完成税务筹划岗位工作任务对知识、技能和素质的要求以及行业发展的需要来确定，具体内容涵盖现行各税种的税务筹划。根据税务筹划工作任务的需要，本课程设置了税务筹划基本原理、增值税筹划、消费税筹划、个人所得税筹划、企业所得税筹划、其他税种筹划等六个教学项目。在每个教学项目中，再根据税法构成要素设置相应的模块，使学生通过课程的学习能够全面地现行税种的税务筹划。课程内容既是从事税务筹划工作必须的，同时也是未来职业发展的需要。教学内容的编排以从理论到实务的逻辑顺序为依据，在项目顺序上按照税种的重要性排序并由简单业务到复杂业务循序渐进地编排，在每个项目的模块安排上根据税法构成要素顺序来确定教学内容的先后，同时也适当考虑了教学规律的要求。

课程内容的组织：课程的全部内容就是完成六个教学项目，每一个学习模块的学习性工作任务就是一个较大税种的计税规律原理分析过程，是每一税种筹划基本方法的掌握过程。每一个教学模块都是对知识的学习、技能的训练和态度的培养三者的有机结合，在讲授操作过程的同时进行动手操作训练，在训练的同时强化筹划风险防范的意识。课程中的理论、法律、规程等知识点分别与对应的实践相结合，分解到相应的操作过程中。

四、课时分配

表 2－17　　课程项目模块及课时分配表

<table>
<tr><th>序号</th><th>课程项目</th><th>课程模块</th><th colspan="2">课时分配</th></tr>
<tr><td rowspan="3">1</td><td rowspan="3">纳税筹划原理</td><td>纳税筹划的概念、原则</td><td>2</td><td rowspan="3">5</td></tr>
<tr><td>纳税筹划的基本方法</td><td>2</td></tr>
<tr><td>纳税筹划的风险防范及常见误区</td><td>1</td></tr>
<tr><td rowspan="4">2</td><td rowspan="4">增值税筹划</td><td>纳税人、税率的筹划</td><td>4</td><td rowspan="4">12</td></tr>
<tr><td>销项税额的筹划</td><td>4</td></tr>
<tr><td>进项税额的筹划</td><td rowspan="2">4</td></tr>
<tr><td>税收优惠的筹划</td></tr>
</table>

续表

序号	课程项目	课程模块	课时分配	
3	消费税筹划	纳税人、税率的筹划	2	9
		计税依据的筹划	4	
		税收优惠的筹划	1	
		纳税义务发生时间的筹划	2	
4	企业所得税筹划	纳税人、税率的筹划	4	13
		计税依据的筹划	5	
		税收优惠的筹划	4	
5	个人所得税筹划	纳税人的筹划	1	10
		税率的筹划	4	
		计税依据的筹划	4	
		税收优惠的筹划	1	
6	其他税种筹划	房产税、土地使用税筹划	4	16
		土地增值税筹划	4	
		印花税契税筹划	4	
		车船税、车辆购置税筹划	4	
总计			72	72

五、教学内容

表 2－18　　　　教学内容

序号	课程项目	知识内容要求	技能内容要求
1	纳税筹划原理	• 了解纳税筹划的概念 • 了解纳税筹划基本原则 • 了解纳税筹划的基本程序 • 掌握纳税筹划的基本方法 • 熟悉纳税筹划的风险及防范	• 对纳税筹划有一个准确的认识 • 超越纳税筹划的常见误区
2	增值税筹划	• 了解增值税基本规定 • 理解增值税计税原理 • 掌握增值税纳税人的筹划 • 掌握销项税额的筹划 • 掌握进项税额的筹划	• 能够判断增值税相关规定的优劣 • 能够找到相关案例的切入点 • 能够把握公开的增值税筹划基本方法 • 能够举一反三，进行增值税的基本筹划

续表

序号	课程项目	知识内容要求	技能内容要求
3	消费税筹划	• 了解消费税基本规定 • 理解消费税计税原理 • 掌握消费税征税范围的筹划 • 掌握计税依据的筹划	• 能够判断消费税相关规定的优劣 • 能够找到相关案例的切入点 • 能够把握公开的消费税筹划基本方法 • 能够举一反三，进行消费税的基本筹划
4	企业所得税筹划	• 了解企业所得税基本规定 • 理解企业所得税计税原理 • 掌握企业所得税纳税人的筹划 • 掌握计税依据的筹划 • 掌握税收优惠的筹划	• 能够判断企业所得税相关规定的优劣 • 能够找到相关案例的切入点 • 能够把握公开的企业所得税筹划基本方法 • 能够举一反三，进行企业所得税的基本筹划
5	个人所得税筹划	• 了解个人所得税基本规定 • 理解个人所得税计税原理 • 掌握个人所得税税率的筹划 • 掌握计税依据的筹划 • 掌握税收优惠的筹划	• 能够判断个人所得税相关规定的优劣 • 能够找到相关案例的切入点 • 能够把握公开的个人所得税筹划基本方法 • 能够举一反三，进行个人所得税的基本筹划
6	其他税种筹划	• 了解其他各税基本规定 • 理解其他各税计税原理 • 掌握其他各税税率的筹划 • 掌握计税依据的筹划 • 掌握税收优惠的筹划	• 能够判断其他各税相关规定的优劣 • 能够找到相关案例的切入点 • 能够把握公开的其他各税筹划基本方法 • 能够举一反三，进行其他各税的基本筹划

六、教学条件

（一）教师任职条件

1. 专任教师：具有丰富的理论及实践经验，熟悉现行税法及税务筹划；能够把握各税种基本规律；能够指导学生进行税务筹划；能够讲授本课程的业务知识。

2. 兼职教师：税务中介机构负责人或资深税务筹划师；有税务筹划经验的企业财务负责人。

（二）实践教学条件

1. 配备与本课程教学内容配套的税务实训室，配备相应教学软件，满足理论与实践相结合的要求。

2. 配备校外实训基地，满足专业教学和专业技能训练的需要。

3. 配备各种现代信息技术资源，充分利用 Flash 演示、视频演示、电子书籍、电子期刊、数据库、数字图书馆、教育网站和电子论坛等网上信息资源，教学资源应品种多样、针对性强。

七、教学方法与手段

1. 本课程教学的关键是对税法的规律理解和掌握。教学中应选用典型的业务为载体，教师的讲授、示范与学生操作互动，学生提问与教师解答、指导相结合，让学生在“学”与“练”的过程中提高业务技能。

2. 本课程不以学生即时能独立进行税务筹划为目的，而是以在教学过程中对现有案例能举一反三，把握各案例切入点为主要目的。在教学过程中，应立足于加强学生对税法理解能力的培养，通过项目教学、以实际案例提高学生学习兴趣。

3. 在教学过程中，要充分利用税务实训室的各种设备和软件，应用多媒体、投影、电脑、网络等教学资源辅助教学，帮助学生熟练掌握税务筹划操作要点。

4. 充分利用网络课程资源，引导学生自主学习。利用网络课程中形象化的操作演示指导学生的操作。通过网上提供模拟业务项目训练，指导学生进行大量操作练习，提升筹划能力。

5. 教学过程中教师应积极引导学生提升职业素养，提高职业道德，养成严谨认真的工作习惯，达到知识、技能和态度的有机统一。通过分组训练、分角色训练等方式培养学生的协作意识和在真实业务场景下的职业适应能力。

八、检查评价

1. 本课程的评价以对税法理解度和税务筹划基本方法的掌握作为主要依据。

2. 改革传统的学生成绩以结业考试为主平时成绩为辅的评价方法，采用阶段评价、过程评价与目标评价相结合的评价模式。考试方法以书面考试为主。

3. 结合课堂提问、平时作业、平时测验、搜集分析案例情况及考试情况，综合评价学生成绩。注重学生动手能力和实践中分析问题、解决问题能力的考核，对在学习中有筹划新思路或能发现税法缺陷的学生应予特别鼓励，全面综合评价学生能力。

4. 课程平时成绩占 70%，主要考核完成学习性工作任务的准确度和深度，根据教师的记录和平时学习表现来评定，也包括个人自评、小组互评等。期末总评成绩占 30%，包括期末卷面考试和上机考试。

第三部分

税务专业教学仪器设备配备标准

一、专业基本信息

专业名称：税务专业
专业代码：630102
招收对象：全日制普通高中毕业生或同等学力者。
学　　历：专科。
学　　制：基本学制三年，可实行学分制为基础的弹性学制。

二、专业基本技能

1. 能够进行会计核算。能正确取得或制作原始凭证，熟练编制记账凭证；能熟练登记账簿；能熟练编制会计报表；能够熟练运用常用会计核算软件进行会计核算。

2. 熟练掌握税收实体法，掌握纳税申报的基本技能。熟悉各税种应纳税额计算、熟悉各税种申报程序，能准确提供申报资料、能够了解纳税申报资料、纳税申报程序、纳税申报表与税收实体法之间的联系、能够准确从会计核算资料中获取纳税申报有用信息、能够正确填写纳税申报表；能够运用电子报税软件熟练报税。

3. 熟练掌握税收程序法，掌握税务管理的基本技能。能够按照企业从注册到清算的时间顺序，知晓应办理的主要税务事项；能够熟练掌握和运用税务登记、账簿和凭证管理、发票领购、纳税申报、纳税评估、税款征收、税务检查、税务行政复议等的基本规定和程序要求；能按照规定的程序和要求处理企业常见涉税事项。

4. 掌握会计核算基本原理和税收实体法、程序法知识，熟悉会计账、表、证的正常特征，熟悉各会计信息之间的勾稽关系，熟悉会计信息与企业纳税状况之间的联系；能准确分析和解读会计信息，能够根据会计信息分析企业纳税状况是否异常，并在此基础上发现线索，锁定检查重点。

5. 掌握查账外的基本技能，熟悉企业账外账的各种类型，熟悉企业账外账的典型表现，熟悉外账与内账的主要联系点；能够具体情况具体分析，灵活运用账外检查的基本方法发现企业纳税疑点，证实纳税问题。

6. 在掌握会计核算原理和税法的基础上，具备企业涉税事项的会计处理能力。能完成从原始凭证审核到编制报表的完整账务流程及各税种纳税申报、报表分析等会计实践操作；能熟练掌握各税种主要业务会计核算方法，全面熟悉和掌握税收资金运动全过程会计核算。

三、实训项目及主要内容

（一）会计基本技能实训

本项目主要训练学生全面处理企业基础会计业务的能力，学生通过职业岗位认知、基础会计业务处理、综合账务处理流程实训，了解企业会计工作组织与岗位职责，熟练掌握各环节基本业务操作方法，全面熟悉和掌握会计业务基本流程，具备中小企业会计核算的基本技能，为企业涉税业务处理奠定会计基础。

具体训练项目如下：

1. 会计职业岗位认知实训，根据企业资料，认知会计岗位职责。

2. 单项实训。以课程教材学习单元为实训单位，按照课程教学进度分别组织进行。

（1）原始凭证填制和审核实训，包括货币资金收支、销售、购货、与其他方面经济活动有关的原始单据填制及原始凭证审核；

（2）记账凭证填制和审核实训；

（3）现金日记账、银行存款日记账开设和登记实训；

（4）总账、日记账开设和登记实训，编制科目汇总表，登记总分类账，对账；

（5）对账、错账更正与结账实训；

（6）财产清查实训；

（7）会计报表编制实训。

3. 综合实训。完成全部单项实训后，对会计循环工作过程进行较系统的综合实训。应至少安排一周以上时间，模拟企业一个月的经济业务，让学生完成从建账开始，逐步完成取得或填制审核原始凭证、编制审核记账凭证、登记各类账簿、编制会计报表，完成一套完整的企业账务处理流程操作。

（二）会计综合技能实训

本项目主要训练学生对企业各类经济业务的会计处理能力，训练内容以会计核算岗位所涉及的资产业务核算工作、权益核算工作、收益核算工作、企业财务报告编制工作为依据，通过不同业务分项分组实训及会计实务综合实训，全面熟悉和掌握企业主要经济业务会计核算方法，训练学生处理具体税收事项的会计核算能力。

具体训练项目如下：

1. 分项实训。

（1）金融资产核算实训：按照四种典型任务分别设计交易性金融资产核算、持有至到期投资核算、应收款项核算、可供出售金融资产核算四个单元实训；

（2）存货核算实训：按照三种典型任务分别设计原材料核算、委托加工物资核算、周转材料核算三个单元实训；

（3）长期股权投资核算实训：按照两种典型任务分别设计成本法核算、权益法核算两个单元实训；

（4）固定资产核算实训：按照两种典型任务分别设计固定资产核算、在建工程核算两个单元实训；

（5）无形资产核算实训：按照三种典型任务分别设计专利权核算、特许经营权核算、土地使用权核算三个单元实训；

（6）投资性房地产核算实训：按照实际工作需要设计成本模式核算一个单元实训；

（7）债权人权益（负债）核算实训：按照负债业务的五种典型任务分别设计了应付款项核算、应付职工薪酬核算、应交税费核算、银行借款核算、应付债券核算五个单元实训；

（8）所有者权益核算实训：按照企业所有者权益的不同来源设计了投入资本核算、利得和损失核算、留存收益核算三个单元实训；

（9）收入、费用、利润核算实训；

（10）财务报表编制实训：按照企业会计准则规定的五种典型工作任务分别设计了资产负债表编制、利润表编制、现金流量表编制、所有者权益变动表编制、报表附注披露五个单元实训。

2. 会计实务综合实训。根据不同的企业类型、不同的企业规模设置六套及六套以上模拟企业实训数据，包括大中小型工业企业及大中小型商品流通企业，以使学生掌握不同会计准则、会计制度及会计政策的使用，全面提升处理各类企业综合会计业务的能力。

（三）税收申报技能实训

本实训项目主要训练学生从会计信息获取纳税信息的技能、应纳税额计算技能、纳税申报表填写技能、电子报税软件操作技能等操作能力。每一训练项目均由从会计信息获取纳税信息、应纳税额计算、纳税申报程序、纳税申报资料、纳税申报表填写、电子报税软件操作等要素构成。具体训练项目如下：

1. 训练增值税纳税申报。包括一般纳税人增值税纳税申报实训、小规模纳税人增值税纳税申报实训、生产企业“免、抵、退”税申报实训等项目。

2. 训练消费税纳税申报。包括销售自产应税消费品的纳税申报实训、委托加工应税消费品代收代缴申报实训、出口应税消费品的免税或退税申报实训等项目。

3. 训练企业所得税纳税申报。包括企业所得税申报表（A类，下同）主表填制的实训、企业所得税申报表各主要附表填制实训等项目。

4. 训练个人所得税纳税申报。包括一般个人所得税纳税申报实训；年所得12万元以上的纳税人申报实训、扣缴个人所得税报告实训、个人独资企业和合伙企业投资者个人所得税申报实训、特定行业个人所得税月份申报实训、特定行业个人所得税年度申报实训、个体工商户所得税年度申报实训等项目。

5. 其他税种纳税申报。包括土地增值税纳税申报实训、房产税纳税申报实训、城镇土地使用税纳税申报实训、资源税纳税申报实训等项目。

（四）税收征管技能实训

本项目主要训练学生办理征管业务的能力，训练内容主要包括税务局征管系统业务流程及业务规范。学生通过分岗位、分任务进行实训，全面熟悉和掌握税收征管业务基本流程，熟练掌握各环节基本业务操作方法，通过对模拟纳税人具体资料的处理，训练学生处理税收征管事项的能力。

具体训练项目如下：

1. 税务登记。包括设立登记、变更登记、停复业登记、报验登记、注销登记、非正常户处理、验证管理等业务流程操作。

2. 税种认定。纳税人基本纳税义务，适用税目税率、计税方法、征收方法、缴税方式分析和处理。

3. 增值税一般纳税人认定。包括一般纳税人认定操作与管理流程实训。

4. 发票领购。包括初次领购发票、再次领购发票、申请代开发票、外出经营购票、特殊业务办理等流程操作实训。

5. 纳税申报。包括分税种纳税申报流程操作，纳税申报资料分析和处理。

6. 税款征收。包括单位纳税人、个体工商户、扣缴义务人、个人税款征收流程实训，税款缴纳方式、税款缴库方式、延期纳税、减免退税业务分析与处理。

7. 催报催缴。包括征收事项分析和处理，催报（缴）管理、扣缴抵缴实训等。

（五）税务稽查技能实训

本实训项目主要训练学生读懂会计账、表、证的能力、认识会计相关资料与税法关系的能力、账内与账外联系的能力、对问题的逻辑分析能力、账务调整的能力等。

1. 训练会计报表审查。熟悉各会计报表反映的内容，报表之间的勾稽关系；会计报表与纳税申报表之间的关系；训练比较、分析、控制、分类、联系等会计报表审查基本功，能够根据会计报表所提供的信息了解企业经营情况、盈利情况，发现线索，确定纳税审查重点。

2. 训练会计账簿审查。熟悉会计账簿的分类及其基本特点，明了账簿与报表之间的关系，训练会计账簿审查的基本能力：能够进行账簿和报表的核对；能够进行账簿和账簿之间的核对、分析；能够掌握账簿和纳税情况的联系；能够发现账簿中可疑之处。

3. 训练会计凭证审查。熟悉会计凭证的分类及其基本特点，明了账簿与凭证之间的关系，训练会计凭证审查的能力；能够有效运用所学会计、税收知识，辨别原始凭证真伪，分析会计科目及对应关系的正确性、判断会计核算的完整性；能够根据会计凭证描述企业经济业务，能够进行会计凭证与账簿的审核的能力。

4. 训练各税种纳税审查。在会计账、表、证审查训练的基础上，结合各税种具体特点，训练各税种纳税审查的能力，即根据税种特点确定重点审查会计资料的能力；根据税种特点确定会计资料表现特征的能力；各税种应纳税额计算能力；账内联系账外能力以及编写纳税审核报告的能力等。

5. 训练账务调整业务。训练学生进行相关业务正确会计核算的能力；分析、判断企业会计核算错误的能力以及进行账务调整的能力。

（六）税务会计技能实训

本项目主要训练学生对企业涉税事项的会计处理能力，训练内容包括从原始凭证审核到编制报表的完整账务流程，及各税种纳税申报、报表分析等会计实践操作。学生通过系统训练及分层次实训，熟练掌握各税种主要业务会计核算方法，全面熟悉和掌握税收资金运动全过程会计核算，训练学生处理具体税收事项的会计核算能力。具体训练项目如下：

1. 增值税会计实训。包括增值税一般纳税人会计实训，小规模纳税人会计实训，增值税出口退税会计实训。
2. 消费税会计实训。包括生产、委托加工、进口应税消费品会计实训，消费税出口退税会计实训。
3. 企业所得税会计实训。包括资产负债表债务法企业所得税会计实训，应付税款法企业所得税会计实训。
4. 个人所得税会计实训。包括工资薪金、劳务报酬、特许权使用费、财产转让、股息、红利等各项应税所得代扣代缴个人所得税会计实训，个体工商户生产经营所得个人所得税会计实训。
5. 其他各税会计实训。包括各税种主要经济业务会计实训。

四、实训设施整体构架及环境要求

（一）实训设施整体构架

税务专业教学采取理实一体化教学与集中实训相结合的方式进行，建立会计仿真模拟实训室及税收综合实训室两大校内实训室，由以下集中实训项目构成：会计基本技能实训、会计综合技能实训、税收申报技能实训、税收征管技能实训、税务稽查技能实训和税务会计技能实共计训等六项，每一大项目又由若干小的实训项目构成。

（二）实训室环境总体要求

1. 实验室面积和位置：单个实验室建筑面积180平方米左右，位置由学校统一安排。
2. 实验人数：单个实验室按照满足50人同时实训的要求设置，可以满足三年制税务类专业每年招生200人的教学需求。执行中应根据招生人数增减每个实训室的座位数或增加实训室的数量。
3. 实训室装修设计应考虑与实际工作需要基本一致，达到模拟仿真的效果。

五、实训室软硬件配备标准

校内仿真实训室软硬件配备标准简表

实训室名称	实训项目	设备配置要求		实训室规模
		主要设备名称	数量	
税收综合实训室	1. 税收申报 2. 税收征管 3. 税务稽查 4. 税务会计	学生桌	50	以 50 人为标准教学班配置
		学生椅	60	
		服务台	4	
		老师示教台	1	
		计算机	51	
		投影机	1	
		幕布	1	
		中控系统	1	
		功放	1	
		音箱	4	
		反馈抑制器	1	
		会议话筒	1	
		无线话筒	2	
		交换机	3	
		网络机柜	1	
		文件柜	6	
		网络线材及布线	1	
		纳税申报软件	1	
		税收征管软件	1	
		税务稽查软件	1	
		税务会计软件	1	
		文化墙	6	
		打印复印一体机	1	

续表

实训室名称	实训项目	设备配置要求		实训室规模
		主要设备名称	数量	
会计仿真模拟实训室	1. 会计基础 2. 会计综合	学生桌	50	以 50 人为标准教学班配置
		学生椅	60	
		老师示教台	1	
		计算机	51	
		功放	1	
		音箱	4	
会计仿真模拟实训室	1. 会计基础 2. 会计综合	反馈抑制器	1	以 50 人为标准教学班配置
		会议话筒	1	
		无线话筒	2	
		交换机	3	
		网络机柜	1	
		文件柜	6	
		网络线材及布线	1	
		应用服务器	1	
		IP－SAN 存储系统	1	
		防静电地板	250	
		46 寸超窄边高清液晶拼接单元	9	
		拼接器	1	
		大屏拼接控制系统软件	1	
		屏支架	1	
		VGA 矩阵及远传发送接收设备	1	
		打印复印一体机	1	
		文化墙、挂图	6	
		会计基础实训软件	1	
		会计综合实训软件	1	
		指纹存物柜	8	
		防盗系统	2	
		信号屏蔽仪	2	
		手工会计各种凭证、账簿、单据、印章、人民币票样	各数套	
		教师展示台	1	

编写说明

本项目由河南财政税务高等专科学校财税系主任韩宗保教授主持，负责完成了项目的总体设计、组织协调、初稿撰写、补充修改和最后定稿。课题具体分工为：韩宗保与李卫华共同执笔编写了税务专业专业标准和税务专业教学仪器设备配置标准；河南财政税务高等专科学校李卫华执笔编写了“税收基础课程标准”、“纳税筹划课程标准”等；四川财经职业学院祝刚参与了专业标准论证审稿和“税收基础课程标准”的设计；江西财经职业学院熊瑛参与了专业标准、课程标准、教学仪器设备配置标准的论证建设；河南财政税务高等专科学校巩晖执笔编写了“税务管理课程标准”和“税务会计课程标准”，并参与论证撰写专业标准和教学仪器设备配置标准；河南财政税务高等专科学校孟小迷执笔编写了“税务代理实务课程标准”；河南财政税务高等专科学校王建军执笔编写了“会计基础课程标准”、“财务会计课程标准”，参与教学仪器设备配置标准的论证完善和专业标准建设；河南财政税务高等专科学校全胜奇参与了全部三项标准的完善建设；河南财政税务高等专科学校金克明、李硕、宋华参与了教学仪器设备配置标准的建设工作；河南财政税务高等专科学校杜东华执笔编写了“国际税收课程标准”；河南财政税务高等专科学校凌云执笔编写了“税法课程标准”；河南财政税务高等专科学校刘瑞生参与了专业标准建设；四川财经职业学院刘旭东参与税法课程标准设计；江西财经职业学院付文清、徐双泉参与人才培养方案建设；四川财经职业学院兰艳红朱丹、罗艾参与了课程标准论证建设和专业实训室标准论证建设；江西财经职业学院周莉参与了税务专业标准论证建设；河南漯河市地税局张继民、郑州市高新区国税局王烨、郑州市高新区地税局贾中谊、郑州市高新区地税局办税服务大厅主任赵红伟参与了三项标准建设论证；河南中昊会计师事务所高级会计师常法亮参与了三项标准建设；中国人民解放军信息工程大学陈越、河南安强科贸有限公司张涛参与了实验实训仪器设备建设。

本项目研究得到了全国财政职业教育教学指导委员会、财政部人事教育司、财政部干部教育中心、全国财政职业教育教学指导委员会领导贾荣鄂、王庆阁的指导，得到全国财政职业教育教学指导委员会常务副秘书长、财政部干部教育中心教研处韩玉国处长、山西省财政税务专科学校校长赵丽生教授、江苏财经职业学院院长程淮中教授、江西财经职业学院副院长何先应教授、河南财政税务高等专科学校校长赵水根教授、副校长张学功教授、副校长王振华教授、广州番禺职业技术学院教务处处长杨则文教授和河南财政税务高等专科学校教务处处长董云展教授等领导和专家的大力指导、支持、关心和帮助，在此一并致谢！

税务专业三项标准项目组